巴基斯坦人民党研究

向文华 著

人民出版社

传统社会结构中苦苦挣扎的现代性政党

——《巴基斯坦人民党研究》序

杨光斌

拿着我同事向文华副教授厚重的《巴基斯坦人民党研究》书稿,心里沉甸甸的,感怀很多——对人生的感怀,对学术的敬畏。

文华博士动过两次大手术。人生经此劫难,无疑会打击人的生活信心和勇气,更别提正常的工作、尤其是耗费心血的学术研究了。但是,文华博士坚持正常上课,坚持学术研究,依然出国进修,依然在源源不断地出学术成果。这需要何等的毅力、何等的韧性、何等的追求才能做到! 这是一个典型的湖南人的品性,对人生、事业和生活的执著与坚守。经过磨难的文华博士的科研成果居然一点不比很多健康状况正常的学者少,不由得更让人敬佩其将学术作为天职的追求!

文华博士研究的大领域是国际左翼政治,从过去的西欧社会党到今天发展中国家的左翼运动,包括巴基斯坦人民党。我一直说,中国社会科学深受美国的影响,有"美国化"病症。在这一大环境下,谈西方政治学的吃香,谈论大国外交的学问也是显学,更别说那些能赚钱的经济学、法学了。但是,也正是在这一大环境下,很多学者失去了思想自觉和学术自觉。学术到底为了什么? 学问到底为了谁? 世界上还有那么多受苦受难的人。他们的诉求和利益难道不是最应该值得关注的吗? 左翼思潮就是为底层百姓鼓与呼。但是,在"美国化"社会科学环境下,"左翼"被贴上了特定的标签,研究左翼思潮也成了边缘学科的事。这是多么反常的一件大事! 多么不可思议的现象! 所谓热门学科、热点问题的研究到底是研究些什么性质的问题? 经济学界公与私的争论到底是为了几个人? 政治学界关于宪政民主的争论又关乎谁的利益? 卷入其中的学者到底有几个是出于学术自觉性? 真正最应该关注的恰恰是芸芸众生的命运。这就是左翼思潮的政治价值所在,不为自己的喜好、不为卖弄自己的"学问",直指大众命运。

也正是在这一使命的驱使下,研究了西欧社会党的文华博士转而研究巴基斯坦人民党。这是我们身边的人和事,其亲切感和价值远远高于那些不着边际的东西。读完长达四十多万字的《巴基斯坦人民党研究》,我脑海里立即浮现出本文的标题:"传统社会结构中苦苦挣扎的现代性政党"。

何出此言? 政党是现代性政治的产物,现代性意味着同一性,即大家似乎都变得一样了,都是政党政治、选举政治、议会政治、宪政民主、宪法法院、总统制或者议制,等等。但是,南橘北枳却是放之四海而皆准的道理。同样名称的事物,比如政党政治和议会政治,此政党非彼政党,此议会非彼议会。这就是被称为"新科学"的复杂性理论所讲的质的多样性。

不是吗? 巴基斯坦人民党的历史马上有半个世纪,期间先后有布托家族的两代人为其付出生命:人民党建党者阿里·布托死于军人之手,其女贝·布托死于恐怖袭击。这两个悲惨的故事已经告诉我们巴基斯坦的政治生态了:军人政治和恐怖主义政治。故事还在继续,那就是贝·布托死后人民党推举布托还在英国读大学的儿子继续担任人民党主席。这说明了什么? 这与其说是一部政党史,不如说是一部家族史。家族政治是巴基斯坦乃至整个南亚政治生态的基因,正如印度国大党的历史就是甘地家族史一样。政治的家族性质意味着,政治认同和政治忠诚不是建立在好政治、好政策之上,而是一个族、一个姓。正因为如此,被称为"10% 先生"的贝·布托的丈夫扎尔达里依然能顶着布托家族的光环而赢得 2008 年总统选举并担任总统。10% 先生的称号就是指他拿下的工程转包给他人,收取10% 的好处费。就是这样一个家喻户晓的、也被国际刑警组织通缉过的人物,巴基斯坦人民依然不在乎,原因只有一个:他是贝·布托的丈夫,他属于布托家族。

作为现代性政治的政党依赖传统家族才有出路,这样政党的基础必然植根于传统的社会结构之中。正因为如此,我们才得以看到,以"人民"而命名的、曾以社会主义为宗旨的"人民党",不得不以与被称为"柴明达尔(Zamindar)"的土地贵族打得火热。要知道,在巴基斯坦和印度的柴明达尔是世袭制的,可继承,拥有大片土地和控制数量庞大的农民,并且保留自己收税的权利。他们拥有王子和王室头衔,如大君、拉贾(国王)、纳瓦布(高勋爵)、米尔扎(王子)、乔杜里(主)等。在占巴基斯坦人口 60% 的旁遮普省,柴明达尔的支持对于任何一个政党都至关重要。现任巴基斯坦总理即穆斯林联盟(谢里夫派)主席谢里夫及其家族在旁遮普的深根,同样离不开柴明达尔。

政党不但要面对传统社会与现代政治之间的挑战,还要处理世俗与宗教之间的关系。巴基斯坦北部的白沙瓦地区是最有名的恐怖势力据点。这只是极端宗教势力的外部渗透,更大的挑战是巴基斯坦内部的宗教势力。为此,巴基斯坦设有专门的伊斯兰宗教法庭,有权审查和决定国家之法是否符合伊斯兰教法。

有意思的是,伊斯兰是多元化的,除了正常的伊斯兰教以及极端的伊斯兰主义即伊斯兰原教旨主义,还有信奉马克思主义和社会主义的"红色毛拉"。民族人民党的创始人和主要领导者大毛拉阿卜杜勒·哈米德·巴沙尼（1880—1976）是巴基斯坦著名的政治活动家,由于他的观点接近社会主义和共产主义,他又被称为"红色毛拉"。

在巴基斯坦,除了家族主义、伊斯兰主义、恐怖主义外,最主要的政治势力依然是军队。文武之争历史悠久,军事政变如家常便饭。还好,政治斗争越来越文明化,过去是从物理上加以清除,如阿里·布托被绞死,现在则是如政变上台的穆巴拉夫流放谢里夫,谢里夫翻盘后流放穆巴拉夫。但是,与政党政治原则不一样,恐怖主义则是以血腥为唯一原则,因此炸死了刚下飞机回国不久的贝·布托。

这就是巴基斯坦社会结构下的政治图景。巴基斯坦有了现代性政治的一切要素,甚至有了一些中国人崇拜的作为宪政主义象征的宪法法院,但这一切又有什么用呢?难道巴基斯坦的腐败程度比中国轻?难道巴基斯坦的法治指数比中国好?难道巴基斯坦人民的生命财产更有保障?难道巴基斯坦的治理比中国更好?政治制度是很容易移植、很容易改变的,但难以改变的是一个国家的政治文化和社会结构。同样的政治制度在不同的文化和社会结构中具有完全不同的意义。这就是"质"的多样性,同样的制度,具有完全不同的本体论意义。

让我们进入到"好制度"下的政治图景。动态而非教条主义地理解"好制度"下的残酷政治现实,正是本书的最大意义之所在。读完书稿,让我立刻联想到北洋政府时期的政治乱象,那时也有了西方政治中的"好制度",有政党有选举有议会,但是管用的却是丛林规则。因此,读我们邻国的政治自然比较起中国政治以及对中国的意义。我相信,这样的成果意义绝不亚于发表在所谓 SSCI 杂志的几篇应景论文。很多读书人的自主性意识并不强,读的做的大多是与中国没有关系的无用之学,而不同于人文哲学的社会科学必须是有现实之用的。因此,中国的社会科学必须转向,其中一个方向就是对发展中国家的更多了解,因为发展中国家与中国的关联度越来越高,可比性更强。何况,随着中国地位的变化,中国更需要理解发展中国家的基本情况和基本知识,不但应该更多地了解我们周边的巴基斯坦和印度,还应该更详细地了解非洲和拉丁美洲的政治,否则基于"美国化"社会科学的中国的言论就是不负责任的,是不靠谱的。

世界很大,很丰富,很多元化,而中国社会科学的整体滞后性以及个人理性的有限性,都意味着我们关于世界知识的局限性乃至"博学的无知"。奢谈人类前途、中国前途的人,是否了解与中国具有高度可比性的包括巴基斯坦这样的人口过亿的 10 个巨型发展中国家? 是否知道,世界上 60% 的人口生活在巴基斯坦一样的政治制度之下而处于欠发达和中等收入陷阱之中? 知道得越多,说话就会越谨慎。也正是在这个意义上,《巴基斯坦人民党研究》丰富了我们关于世界的知识,填补了中国社会科学亟需的一处知识的空白。

是为序。

中国人民大学明德国际楼

2015 年 1 月 9 日星期五

目　录

前　言 / 1

第一章　布托与人民党的成立与组织 / 27

　　第一节　布托的家世与早期政治经历 / 27

　　第二节　巴基斯坦人民党的成立与纲领 / 38

　　第三节　巴基斯坦人民党的组织结构与派别活动 / 49

第二章　人民党成立后的发展与反阿尤布运动 / 60

　　第一节　人民党的社会动员活动 / 60

　　第二节　人民党与1968年至1969年的人民运动 / 67

第三章　人民党在1970年大选中的表现与大选后的谈判与组阁 / 77

　　第一节　人民党在1970年大选中的表现 / 77

　　第二节　大选后的谈判与人民党组阁 / 98

第四章　人民党的社会主义思想与政策设想 / 117

　　第一节　人民党的社会主义思想 / 117

　　第二节　人民党的政策设想 / 122

第五章　人民党的执政尝试：执政政策与布托下台 / 127

　　第一节　人民党的政治、经济与社会改革 / 127

　　第二节　布托改革政策评价 / 137

　　第三节　布托政府的下台及其原因 / 146

第六章　贝·布托领导下的人民党恢复民主运动 / 158

　　第一节　人民党领导下的"恢复民主运动"活动 / 158

　　第二节　贝·布托领导的恢复民主运动 / 162

第七章　1988 年大选与贝·布托首次执政 / 173

第一节　人民党在 1988 年大选的表现及原因 / 173

第二节　贝·布托首次执政实践与下台的原因 / 185

第八章　1990 年大选与人民党的在野活动 / 206

第一节　人民党在 1990 年大选中失利及原因 / 206

第二节　人民党在野期间的抗争活动 / 214

第九章　1993 年大选与贝·布托的第二次执政 / 225

第一节　人民党在 1993 年大选的胜利及原因 / 225

第二节　贝·布托第二次执政政策与下台原因 / 235

第十章　人民党的再次在野与恢复民主活动 / 254

第一节　人民党在 1997 年大选中的表现与挫折 / 254

第二节　2002 年大选与贝·布托恢复民主活动 / 261

第十一章　扎尔达里领导下的人民党执政实践 / 272

第一节　人民党在 2008 年大选中的表现及其组阁 / 272

第二节　人民党执政的国内政治活动 / 284

第三节　人民党执政的经济政策与经济活动 / 304

第四节　人民党执政的社会保障政策 / 319

第五节　人民党政府的俾路支抚慰计划及其实施效果 / 365

第六节　人民党政府关于北部地区政治改革及其溢出效应 / 411

第七节　人民党政府的反恐政策与宪法修正案的通过 / 433

第八节　扎尔达里时代人民党执政实践评价 / 439

参考文献 / 460

后　记 / 485

前　言

　　巴基斯坦人民党（Pakistan People's Party，以下简称人民党）成立于 1967 年 11 月 30 日，是社会党国际正式成员党、南亚地区社会党。目前，人民党已经经历四代领导人，即佐菲卡尔·阿里·布托（Zulfikar Ali Bhutto，以下简称布托）、贝娜齐亚·布托（Benazir Bhutto，以下简称贝·布托）、阿西夫·阿里·扎尔达里（Asif Ali Zardari，以下简称扎尔达里）和比拉瓦尔·布托·扎尔达里（Bilawal Bhutto Zardari，以下简称比拉瓦尔）。人民党在阿里·布托、贝·布托和扎尔达里的领导下分别在 1971 年 12 月—1977 年 7 月，1988 年 12 月—1990 年 8 月，1996 年 11 月—1999 年 10 月，2008 年 3 月—2013 年 3 月执政。人民党成为巴基斯坦的主要政党之一，为推动巴基斯坦的民主、人权，改善巴基斯坦工人、农民与妇女的权利与生活，建设巴基斯坦社会福利制度作出了重要贡献。

一、巴基斯坦人民党的历史发展

　　由于比拉瓦尔从 2014 年 10 月 18 日才正式开始其政治生涯，人民党的历史发展实际经历阿里·布托时代、贝·布托时代和扎尔达里时代。

（一）阿里·布托时代的人民党

　　人民党的创始人是佐菲卡尔·阿里·布托。其家族是信德省拉尔卡拉区最富有的大地主。到巴基斯坦 1959 年土地改革之前，布托家族的每个主要族系都在拉尔卡拉、雅各布阿巴德（Jacobabad）、特达（Thatta）和苏库尔（Sukkur）等地拥有 4 万到 6 万英亩肥沃的可灌溉地。① 布托的父亲沙赫·纳瓦兹·布托

---

① 　Salmaan Taseer, *Bhutto: a political biography*, Delhi: Vikas Publishing House PVT LTD, 1980, p.13.

（Shah Nawaz Bhutto）通过教育和家族背景，在英国殖民的印度社会中取得了重要地位。① 沙赫·纳瓦兹·布托出任过信德省政府的首席顾问，还成立了自己的政党——信德统一党（Sind United Party）②。

布托利用家庭的关系得以在巴基斯坦的伊斯坎德尔·米尔扎（Iskander Mirza）政府中出任巴基斯坦驻联合国的代表和商业部长。布托也在阿尤布·汗（Ayub Khan）政府中先后出任商业部、少数族裔部、信息部、国家重建部、能源部、电力部、克什米尔部和外交部的部长。他成为当时阿尤布政府的一颗政治新星。

1966 年 1 月第二次印巴战争爆发后，阿尤布完全敞开他的外交部长布托，在苏联塔什干接受了苏联人起草的印巴停火协议。该协议回避查谟和克什米尔问题，尤其是回避了印军对巴基斯坦的入侵和印军占有的克什米尔地区。巴基斯坦等于放弃了对克什米尔有争议地区的权力。③ 布托坚决反对这一协议。布托与阿尤布的关系恶化。1966 年 6 月 22 日，布托正式从阿尤布政府辞职。

布托在孟加拉社会主义者贾拉勒丁·阿克巴尔·拉希姆（Jalaluddin Akbar Rahim，普遍称之为 J. A. Rahim）④ 和西巴主张伊斯兰社会主义的左翼知识分子哈尼夫·拉迈（Hanif Ramay）⑤ 等的建议下决定成立一个新的政党。

拉希姆曾是巴基斯坦外交部资深外交官。1966 年退休后，拉希姆在国内和欧洲游历，致力于为巴基斯坦建立一个"真正的社会主义政党"⑥。拉希姆信奉的社会主义倾向于英国工党的社会主义。拉希姆为人民党提供意识形态，而布托则为人民党提供现实主义和对民众的吸引力。⑦

1967 年 11 月 30 日，人民党在旁遮普首府拉合尔市的左翼社会主义者穆巴希尔·哈桑家中成立。阿里·布托当选巴基斯坦人民党主席。人民党通过的大

　　① 　Piloo Mody, *Zulfi;My friend*, New Delhi: Thomson Press（India）Limited, 1973, p.14.
　　② 　信德统一党是信德省的政党，成立于 1936 年 6 月，有两名创始人，除沙赫·纳瓦兹·布托外，还有阿吉·阿卜杜拉·哈龙（Haji Abdullah Haroon），沙赫·纳瓦兹·布托出任该党的副主席；该党公开目标是促进印度人和穆斯林人的社区和谐。
　　③ 　Salmaan Taseer, *Bhutto: a political biography*, Delhi: Vikas Publishing House PVT LTD, 1980, p.70.
　　④ 　J. A. 拉希姆（1913—1977）巴基斯坦人民党的创始人之一，任人民党的秘书长，是布托的政治导师，协助布托推翻阿尤布政权，在布托执政时期，出任过生产部长、法律部长、计划部长等，后与布托发生矛盾，被布托解除秘书长一职。
　　⑤ 　哈尼夫·拉迈（1930—2006）是巴基斯坦著名左翼知识分子记者，在布托执政时间，曾是旁遮普省的省督和首席部长；他是人民党的创始人员，1993 年 10 月至 1996 年 11 月是巴基斯坦国民议会的发言人，是人民党内"伊斯兰社会主义"派的代表人物。
　　⑥ 　Philip E. Jones, *The Pakistan People's Party: Rise to Power*, Oxford: Oxford University Press, 2003, p.108.
　　⑦ 　Rafi Raza, *Zulfikar Ali Bhutto and Pakistan, 1967–1977*, Oxford: Oxford University Press, 1997, p. 5.

会文件确立人民党的目标是把巴基斯坦社会转变为社会主义社会,最终建立无阶级社会。人民党成立后立即投入到反阿尤布·汗的群众运动,并迫使阿尤布于1969年3月下台。人民党的社会基础扩大。人民党得到了农民、学生、工人、小企业主、商人、小资产阶级和城市专业人士的支持。①人民党还得到了许多非政治团体的支持,如西巴工会联合会、各种地方福利团体和各种宗教组织:人民乌里玛党、穆斯林什叶派、基督教和印度教派。②人民党成为巴基斯坦首个群众党。

在1970年巴基斯坦国民议会选举中,东巴基斯坦人民联盟获得39.2%的选票,160个议席,成为第一大党;人民党获得37.7%的选票,81个议席,成为西巴基斯坦第一大党。人民党在巴省议会选举中,在旁遮普省获得113席,在信德省获得28席,成为两省议会的第一党。③1971年11月,第三次印巴战争爆发,东巴基斯坦独立,建立孟加拉国。人民党成为巴基斯坦国民议会的第一大党。

1971年12月,巴基斯坦古尔·哈桑和拉希姆两位将军要求叶海亚·汗总统辞职,将权力移交给民选领导人布托。12月20日,布托宣誓就任巴基斯坦总统和军法管制首席执行官。人民党成为执政党。1972年3月,布托在联邦组成人民党政府,在旁遮普省、信德省和西北边境省组成了自己的省政府。

在阿里·布托执政时期,人民党对巴基斯坦进行了全面的政治、经济与社会改革。人民党政府于1973年8月14日颁布新宪法。这部宪法也称之为"布托宪法",规定巴基斯坦国家政体是西方议会内阁制:总统是荣誉职务,有权任命国民议会选举为总理的人担任总理职务;总理及内阁对国民议会负责。1973年宪法同时也规定巴基斯坦是伊斯兰国家,只有穆斯林才能担任国家最高职务,并采取措施保证穆斯林能够依照《古兰经》和《圣训》所规定的伊斯兰教义和要求,在个人和集体领导内安排生活。④

"布托宪法"规定的议会内阁制实权集中于担任总理的布托手中。布托的集权程度实质上同阿尤布总统差不多。这使反对党不满。该宪法强调穆斯林严格按伊斯兰教义生活也是人民党对保守宗教政党的妥协,使宪法体现巴基斯坦世俗主义与宗教原教旨主义的矛盾。尽管"布托宪法"存在诸多问题,但是谁都不能否

---

①　Khalid B. Sayeed, "How Radical is the Pakistan People's Party", *Pacific Affairs*, Vol.48, No. 1 (Spring, 1975), pp.42–59.

②　Philip E. Jones, *The Pakistan People's Party: Rise to Power*, Oxford: Oxford University Press, 2003, p.297.

③　Craig Baxter, "Pakistan Votes–1970", *Asian Survey*, Vol. 11, No. 3 (Mar., 1971), pp.197–218.

④　See "Preamble" in "The Constitution of The Islamic Republic of Pakistan" (as modified upto the 20th April 2010) http://www.na.gov.pk/publications/constitution.pdf.

认布托是第一个凝聚巴所有政党共识,带领巴基斯坦议会制定宪法的第一人。[1]

人民党政府同时改革巴基斯坦的文官制度、司法制度和军事制度。1973 年 8 月,布托宣布解散巴文官组织,先后颁布了《1973 年联邦文官委员会条例》、《1973 年文官法令》和《1973 年联邦文官委员会法令》等[2],从各方面取消文官特权。人民党政府还通过宪法修正案来限制和削弱司法权力,特别是通过宪法第一修正案限制法院对关于国家统一和国家巩固一些敏感问题作出判决的权力;通过宪法第五修正案限制法官的任期和年龄,政府有权任命大法官,而不用论资排辈。[3] 人民党政府还将陆、海、空三军总司令的职能一分为三,防止军人集团控制政权,以军权压政权;同时建立联邦安全部队的准军事组织。

在经济上,1972 年 1 月,人民党政府宣布对 10 个基础行业实行国有化。这些行业是:钢铁业、金属业、重型机械、重型电机、汽车业、拖拉机工厂、重化工业、水泥、石油化工、燃气和石油提炼业。[4] 8 月以后,人民党政府又先后对巴榨油工业、私有银行实行国有化。

在社会上,布托政府实行土地改革、新的劳工政策和新的教育政策。人民党执政下的巴基斯坦经济取得了一定的发展,尤其是农业和国营部门得到大的发展。GDP 总值从 1971—1972 财年的 367.47 亿卢比上升到 1976—1977 财年的 462.23 亿卢比。[5] 但是自 1973 年以后,大型国有企业生产处于停滞。经济每年平均增长 2% 甚至更低,低于每年的人口增长比率。人均收入呈下降趋势。

布托在执政后期,改革倒退,思想开始右倾。1974 年后,布托逐渐疏远党内的激进社会主义派别。1974 年,布托改组内阁,解除了在改革中起重要作用的左派代表人物。人民党的主要理论家 J.A. 拉希姆于 1974 年 7 月被解除了商业与工业生产部长职务;同年 10 月,人民党秘书长穆巴希尔·哈桑被解除了财政部长职务。[6]

---

① Surendra Nath Kaushik, *Pakistan Under Bhutto's Leadership*, New Delhi: Uppal Publishing House, 1985, p.132.

② 李德昌:《巴基斯坦的政治发展(一九四七——一九八七)》,四川人民出版社 1989 年版,第 155 页。

③ Rafi Raza, *Zulfikar Ali Bhutto and Pakistan:1967–1977*, Oxford University Press, 1997, p.186.

④ Subrata K. Mitra, Mike Enskat, and Clemens Spiess(edited.), Kay Lawson(foreword), *Political Parties in South Asia*, Westport: Praeger Publisher, 2004, p.162.

⑤ See Government of Pakistan, *Economic Survey*, Statistical Supplement, 1992–3, GDP, Finance Division, Islamabad, 1992, p.37, Table 2.1. 但是在齐亚·哈克政府公布关于布托政府表现的白皮书中,布托执政期间的 GDP 的年均增长率只有 4.16%, See Government of Pakistan, *White Paper on The Performance of the Bhutto Regime Vol.IV The Economy*, Islamabad, 1979, p.2.

⑥ W. Eric Gustafson, "Economic Problems of Pakistan Under Bhutto", *Asian Survey*, Vol. 16, No.4 Apr., 1979), pp.364–380.

布托后期改革后退导致人民党支持基础的变化,从过去得到城市工人、边缘人士、小资产阶级、青年学生的支持变为主要得到农村地主、农民和城市边缘人士的支持。

1977 年 3 月,人民党在国民议会选举中获得 155 席,但是,以九个反对党组成的巴基斯坦全国联盟不承认选举结果,发起声势浩大的倒布托运动。巴基斯坦社会出现激烈动荡。以巴陆军参谋长齐亚·哈克为首的军人集团发动军事政变,推翻人民党政府。布托于 1979 年在拉瓦尔品第中央监狱被绞死。人民党阿里·布托时代结束。

(二)贝·布托时代的人民党

巴基斯坦人民党领导人阿里·布托遇难后,巴基斯坦人民党进入贝·布托[①]的时代。人民党指定布托夫人努斯拉特·布托(Nusrat Bhutto)为该党终身主席,同时确定如果军人政府取消她参加政治活动的资格,那么她的职位由贝·布托代行。1982 年,布托夫人生病住院,后又出国治疗,贝·布托出任巴基斯坦人民党代理主席,成为人民党的实际负责人。

1981 年 2 月,人民党与以前的对手巴基斯坦全国联盟成员抛弃前仇,组成"恢复民主运动"。[②]人民党在"恢复民主运动"的旗帜下,反对齐亚的军人统治,要求齐亚辞职。1983 年 8 月,"恢复民主运动"发起新的民主运动。贝·布托以人民党主席努斯拉特·布托夫人的名义,起草了一份倡议书,向全党呼吁,起来推翻齐亚独裁统治。[③]巴基斯坦的城市与农村的人民,以及各地宗教人士都参加了抗议活动。

1984 年 1 月,贝·布托获准去国外治病,并在伦敦从事反对齐亚军人政府的活动。贝·布托在全英国和其他欧洲国家旅行,对巴基斯坦团体演讲。她慢慢地建立了一个不断扩大的反对派。在贝·布托的努力下,美国政府开始对齐亚施压,要求在巴基斯坦举行大选。

迫于国内外的压力,1985 年 12 月 30 日,齐亚总统在巴基斯坦两院会议上,宣布在全国范围内取消军法管制,完全恢复宪法。当天,居内久总理宣布取消

---

①　贝·布托生于 1953 年 6 月,是阿里·布托的长女。她早年就读于拉瓦尔品第和卡拉奇的教会学校,后赴美国哈佛大学攻读政治经济学,毕业后,又去英国牛津大学深造。学成回国后,在巴基斯坦外交部从事战略研究工作。老布托对她极为赏识,她也深受其父的影响。

②　李德昌:《巴基斯坦的政治发展》,四川大学出版社 1989 年版,第 201 页。

③　Amir Ahmed Khuhro and Ishtiaque Ahmed Choudhry, "Benazir Bhutto's Struggle for Democracy", *European Journal of Social Science*, Vol. 10, No.1 (2009), pp.162–165.

1965 年以来实行的长达二十年的紧急状态,恢复公民基本权利。1986 年 4 月,为准备即将到来的选举,贝·布托回国。

贝·布托从 1986 年 4 月 10 日到 5 月 10 日,在全国 4 个省的二十多个大中城市,召开群众大会,要求齐亚总统立即下台,在政党基础上举行大选。据报道,总共有 400 万人参加了人民党组织的集会。[①]

1988 年 8 月 17 日,齐亚死于一次空难。当年 10 月 8 日,巴政府宣布:联邦国民议会和各省议会的选举分别定于 11 月 16 日和 11 月 19 日。

在 1988 年的国民议会选举中,人民党成为国民议会的最大政党,在 204 席中获得 93 席,占全部议席数的 45.5%,得票率为 38.5%。第二大党伊斯兰民主联盟只获得 55 个议席。[②] 在各省议会选举中,人民党在信德省获得 67 席,为第一大党;在旁遮普省只获得 94 席,不敌伊斯兰民主联盟。该联盟获得 108 席,为第一大党;人民党还在西北边境省获得 20 个议席,在俾路支省获得 3 席。[③]

人民党得到穆哈吉尔民族运动和人民民族党的议员以及一些独立议员的支持,组成了自己的政府。1988 年 12 月 1 日, 35 岁的贝·布托正式宣誓就职,成为巴基斯坦历史上首位女总理。

首届贝·布托政府实行了私有化,吸引外资,鼓励私营部门发展的经济措施。但是,首届贝·布托政府的主要工作在推动政治民主化:废除了歧视妇女的法律条款,大赦政治犯,恢复工会和学生会的活动,废除新闻检查制,尊重人民的新闻和演讲自由。[④] 由贝·布托总理提议,由伊沙克·汗批准的赦免政治犯的八点计划,有 17000 名犯人获得释放,其中 2029 名死刑犯改为有期徒刑,并释放了 89 名妇女犯,判刑的 1145 名从犯被释放。[⑤] 这是巴基斯坦历史上少有的政治宽松时期。

由于贝·布托与巴军方与总统发生利益冲突,加上国内政治局势不稳, 1990 年 8 月,巴总统伊沙克·汗总统宣布解散政府和议会,解除贝·布托的总理之职。

人民党在 1990 年的国民议会选举中,不敌以穆斯林联盟(谢里夫派)为中心的伊斯兰民主联盟。人民党只获得 45 个议席,而伊斯兰民主联盟获得 105 个

---

① 杨学纯:《巴基斯坦:政府控制着局势》,《世界知识》1986 年第 18 期。

② M. D. Dharamdasani (ed.), *Pakistan Under Democratic Regime*, Varanasi: Shalimar Publishing House, 1994, p.167.

③ Verinder Grover and Ranjana Arora (edit), *Political System in Pakistan 3: Political Parties, Elections and Regionalism in Pakistan*, New Delhi: Deep&Deep Publications, 1995, p.66.

④ Anita M. Weiss, "Benazir Bhutto and the Future of Women in Pakistan", *Asian Survey*, Vol. 30, No. 5 (May, 1990), pp.433–445.

⑤ 李德昌:《贝·布托获胜的原因及面临的困难》,《世界经济与政治》1989 年第 8 期。

议席。人民党甚至丧失了自己的传统支持基地:信德省。[①] 人民党再次成为在野党。

在这次大选中,伊斯兰民主联盟紧紧抓住人民党执政时期的腐败问题大做文章,发起对人民党领导人及其骨干的多项指控,尤其是发起对贝·布托丈夫扎尔达里的指控。这些措施不但损害人民党的形象,而且打击了人民党骨干的士气,尤其是打击贝·布托反对伊斯兰民主联盟的激情。

在1993年的国民议会选举中,人民党获得86个议席,比穆斯林联盟(谢里夫派)多14席。穆斯林联盟(谢里夫派)在国民议会获得72席。大选后,人民党与穆斯林联盟(查塔派)和一些独立议员联合。贝·布托共获得121位国民议会议员的支持。人民党领导人贝·布托在伊斯兰堡组成了联合政府。

第二届贝·布托政府处境艰难,遭到以穆斯林联盟(谢里夫派)领导人纳瓦兹·谢里夫为首的反对派的激烈对抗,在巴基斯坦造成"弱政府,强反对派"局面。人民党政府接受国际货币基金组织的建议,实行结构改革与紧缩政策,反而使经济更加恶化。由于反对党的蓄意抵制与对抗人民党政府,巴个别地区,如卡拉奇的社会秩序失控。1996年11月4日,人民党出身的总统莱加里突然宣布解散贝·布托政府和国民议会。人民党再次在野。

此后的12年期间,人民党一直是反对党。1999年10月,巴基斯坦军人集团发动军事政变推翻了民选的纳瓦兹·谢里夫政府。巴基斯坦重新回到军人执政。人民党与巴基斯坦其他反对党为恢复巴基斯坦的民主而奋斗。2005年2月,巴基斯坦反对党的主要领导人贝·布托和纳瓦兹·谢里夫摒弃前嫌,握手言和。[②]

两位昔日的竞争者会谈的最重要成果是签订了"民主宪章"。

"民主宪章"列出了结束穆沙拉夫政权,恢复民主统治的具体步骤:恢复1973年宪法,在议会两院中为少数族裔、妇女预留议席,降低选举资格年龄到18岁;废除国家安全委员会委员,国防内阁委员会将由总理领导,总理任命联邦安全顾问;成立真相与和解委员会,调查受到监禁、判刑等由国家发起迫害的各种受害人;不加入军人政权或任何军人支持的政府,任何一个党都不应为执政向军队寻求支援;国防预算应由国民议会讨论和批准。他们并于2006年7月2日,提交给恢复民主联盟讨论,获得批准。

贝·布托和纳瓦兹·谢里夫重申:我们承诺真正的民主和普遍公认的基本权

---

① Safdar Mohmood, *Pakistan Political Roots and Development 1947–1999*, Oxford: Oxford University, 2000, p.171.

② K. Alan Kronstadt, "Pakistan's Domestic Political Developments", *CRS Report for Congress*, Received through the CRS Web.Updated February 14, 2005, p.3.

利,一个充满活力的反对派的权利,党内民主,思想和政治宽容,国会两党合作,权力下放,最大程度的省自治,提升妇女和少数民族的地位等。①

2007 年 9 月初,通过谈判,贝·布托与穆沙拉夫达成了权力分享的协议。作为交换,她答应支持穆沙拉夫再次当选总统。②2007 年 12 月,贝·布托回国后,在拉瓦尔品第市的集会上发表演讲,遭遇恐怖分子袭击,不幸遇难。

(三) 扎尔达里时代的人民党

贝·布托遇难后,贝·布托的儿子比拉瓦尔·布托·扎尔达里担任人民党主席,承继布托家族的法统,而贝·布托的丈夫阿西夫·阿里·扎尔达里则出任人民党联合主席,直到比拉瓦尔完成学业。2008 年 9 月 6 日,扎尔达里当选巴基斯坦第 11 届总统。扎尔达里成为人民党的实际掌舵人。人民党进入扎尔达里时代。

在 2008 年的国民议会选举中,人民党获得 88 个议席。当选国会议员的独立候选人中有 7 位愿意加入人民党,从而使人民党在国民议会中的总席位增加到 95 席。此外,人民党还从预留席位中按得票率获得为非穆斯林少数族裔预留的 4 个议席,以及为妇女预留的 23 个议席。人民党在国民议会中的总席位进一步增加到 122 席,占议会全部议席的 36.1%,成为国民议会第一大党。③ 穆斯林联盟 (谢里夫派) 总共获得 91 个议席。

大选后,人民党组成了由人民党、穆斯林联盟 (谢里夫派)、人民民族党和伊斯兰神学者协会 (法鲁兹派) 参加的联合政府。人民党提名的本党副主席优素福·拉扎·吉拉尼当选巴基斯坦总理。同时,在巴基斯坦 4 个省级政府中,人民党主导了信德省和俾路支省政府。人民党在西北边境省和旁遮普省政府中成为执政伙伴。

由于穆斯林联盟 (谢里夫派) 于 2008 年 8 月退出联合政府;2010 年 12 月,另一个执政伙伴伊斯兰神学者协会 (法鲁兹派) 也退出联合政府;后来加入联合政府中的统一民族运动党也是几进几出联合政府,因此,人民党主导的联合政府实际上就是人民党政府。

人民党执政后,在恢复被穆沙拉夫解除的法官,尤其是大法官伊夫蒂哈

---

① "EDITORIAL: Charter of Democracy and after…", *Daily Times*, Lahore, Tuesday, May 16, 2006.

② Sean Stewart Price, *Benazir Bhutto*, London: Raintree, 2010, p.84.

③ Katharine Adeney, "The Federal election in Pakistan, February 2008", *Electoral Studies*, Vol. 28, No. 1 (2009), pp. 141–173.

尔·穆罕默德·乔杜里的问题上与穆斯林联盟（谢里夫派）产生分歧。扎尔达里之所以对恢复大法官的职务不积极，因为他担心乔杜里大法官的复职有可能重新提出对自己的司法诉讼，重新审理他的腐败案。为此，穆斯林联盟（谢里夫派）以人民党不履行"穆里宣言"承诺为由宣布退出联合政府。穆斯林联盟（谢里夫派）在巴基斯坦处于困难之际，保持与人民党的距离，不承担政府治理的责任，等待时机上台。

由于统一民族运动党在意识形态上与人民党有一定接近，两党都主张世俗主义的价值观，人民党领导人扎尔达里说服党内同志，邀请人民党在卡拉奇市的老对手统一民族运动党（前身为穆哈吉尔民族运动）加入联合政府。扎尔达里成功化解因为穆斯林联盟（谢里夫派）退出，导致的人民党执政危机。

随着联合政府内的另两个执政伙伴党：伊斯兰神学者协会（法鲁兹派）和统一民族运动党宣布退出人民党主导的联合政府，扎尔达里不顾党内一些同志的反对于 2011 年 5 月邀请穆沙拉夫政权的执政党穆斯林联盟（领袖派）加入联合政府。人民党领导人扎尔达里以马基雅弗利式的政治手段再次化解人民党的执政危机，使人民党首次完成五年任期。

穆斯林联盟（领袖派）在其执政期间采取各种手段打压人民党。穆斯林联盟（领袖派）与人民党的意识形态相差甚远。两党的联合实际上中右联合。人民党内的民主社会主义坚定分子，如沙阿·马哈茂德·库雷希、马利克·阿里·汗等离开人民党，反对人民党与中右政党：穆斯林联盟（领袖派）达成联合政府。

在人民党执政期间，恢复首席大法官乔杜里的最高法院扮演挑战人民党的角色。2009 年 7 月 31 日，最高法官宣称，穆沙拉夫当年宣布巴基斯坦进入紧急状态的做法违宪。同年 12 月，最高法官判定全国和解令的大赦是违宪的，从而为重启对扎尔达里的腐败指控清除障碍。最高法院要求人民党政府向瑞士当局去函重开扎尔达里的腐败案[1]。

由于人民党政府采取拖延战术，2012 年 1 月 16 日，最高法院向吉拉尼总理发出蔑视法庭的指控，其理由是巴政府没有按照最高法院的要求，向瑞士当局去函，重启对巴总统扎尔达里腐败案的调查。[2] 2012 年 4 月 26 日，巴基斯坦最高法

---

[1]　1996 年 11 月巴政府声称贝·布托与其丈夫在瑞士银行的秘密账户上有数百万美元。1999 年 4 月，人民党领导人贝·布托与其丈夫被拉合尔高等法院判处五年监禁，同时禁止贝·布托五年内不能担任公职。2004 年 12 月，瑞士检察机关以洗钱罪名控告了贝·布托与扎尔达里。2007 年 9 月，穆沙拉夫颁布"全国和解令"，放弃对有关官员和商界人士的腐败指控，包括对扎尔达里的腐败指控。

[2]　"Pakistan: Zardari faces battle for survival", *Oxford Analytic a Daily Brief Service*, Jan. 16, 2012.

院正式判决吉拉尼藐视法庭罪成立。按照藐视法庭罪第五款,象征性判吉拉尼在法庭上服刑 3 分钟。

2012 年 6 月 19 日,最高法院宣布总理吉拉尼失去担任总理职位的资格,认为吉拉尼实际上自 4 月 26 日就已经失去资格。随后,巴选举委员会也相应宣布,随着法庭的判决下达,宣布吉拉尼失去担任议员的资格。法院判决下来后数小时,人民党宣布尊重最高法院的判决。扎尔达里重新寻找总理人选。最后,没有什么争议的人民党党员拉贾·佩尔瓦伊兹·阿什拉夫(Raja Pervaiz Ashraf)当选巴基斯坦第 25 届总理。

但是,最高法院仍抓住扎尔达里的腐败案不依不饶。2012 年 10 月,人民党政府决定答应最高法院的要求向瑞士当局去函。最高法院宣布取消对阿什拉夫总理藐视法庭案的通告,并撤销对巴政府的诉讼。至此,最高法院与人民党政府之间的对抗,以政府的屈服结束。

2013 年 2 月 9 日,瑞士政府正式回函给巴法律部长,对巴基斯坦政府应巴最高法院要求的来信作出答复:不再重开巴总统扎尔达里的案件。[①] 最高法院纠缠人民党领导人扎尔达里的腐败案以失败告终。

2013 年 3 月 16 日,巴基斯坦议会事务部发布通告:巴基斯坦国民议会将于 3 月 16 日 24 时完成 5 年任期,届时期满解散;巴基斯坦内阁也将同时解散。人民党在扎尔达里的领导下克服最高法院、反对党的挑战,渡过一个个执政危机。人民党政府自齐亚军人执政后首次完成 5 年任期。

二、巴基斯坦人民党的意识形态及其演变

巴基斯坦人民党的意识形态在不同时期有不同的变化。阿里·布托时期人民党的意识形态从成立之初的科学社会主义,转向伊斯兰社会主义,执政后期再转向伊斯兰主义。贝·布托时期人民党的意识形态从布托主义、左翼自由主义转向社会民主主义。扎尔达里时期人民党的意识形态继续坚持布托主义和社会民主主义,同时辅之以实用主义。

在阿里·布托时期,人民党成立时的纲领深受孟加拉马克思主义者 J.A. 拉希姆的影响。J. A. 拉希姆撰写了人民党成立大会的第四个文件:"为什么巴基斯坦

---

① "Swiss authorities say cases against Zardari cannot be reopened", *The Express Tribune*, February 9, 2013.

需要社会主义"。J. A.拉希姆断定只有社会主义才能治疗巴基斯坦的经济与政治危机;只有社会主义才能为所有人提供平等的机会,并保护人免受剥削,废除阶级界线和特权,建立经济和社会正义。社会主义是民主的最高表现,也是它逻辑地实现。J. A.拉希姆在文件中指出亚非国家不必走相同的发展道路,在走向社会主义以前,也不必再经过资本主义阶段;通往社会主义的道路并非只有一条,每个国家特有的国情、价值观都将影响社会主义的实现形式。[①]

J. A.拉希姆以上成立文件强调巴基斯坦的基础行业必须国有化,以满足整个国家的福利;这些基础行业包括银行和保险业、钢铁业、冶金业、机械业、化工业、石化、船泊制造、武器弹药、汽车业、天然气与石油业、采矿、电力、航运、铁路、航空和公路交通等。[②] 那些有能力并真正竞争的企业可以照常经营,并在其他领域挣得他们应有的利润。一句话,人民党的目标是把巴基斯坦转变为社会主义社会。

巴基斯坦另一个马克思主义者谢赫·拉希德起草了成立大会的第五个文件:"原则的草案声明"。该文件指出人民党的目标是把巴基斯坦转变为社会主义社会;人民党对政策和活动的指导性原则是:人人平等的民主,也就是说,无阶级的社会,通过社会主义理念去实现经济和社会的正义。拉希德成功地在文件中写上"废除封建主义",而布托以前趋向于"消灭封建行为"。[③]

人民党成立大会通过的最初纲领体现出科学社会主义的特点。中国当时的社会主义建设对人民党的政策有一定影响。布托曾决定创建一个中国共产党的巴基斯坦版。[④] 布托曾以中国领导人为偶像。[⑤] 他不无羡慕地说:"我没有看见过世界上哪个国家像中国人民那样努力工作。"[⑥]

在人民党成立时,伊斯兰还不是其意识形态,只是人民的信仰,属于一种生活方式。在成立大会上,人民党确立的目标:把巴基斯坦社会转变为社会主义社会,

①　Verinder Grover and Ranjana Arora（ed.）, *Political System in Pakistan 3: Political Parties, Elections and Regionalism in Pakistan*, New Delhi: Deep&Deep Publications, 1995, pp. 348–355.

②　Lawrence Ziring, Ralph Braibanti, and W. Howard Wriggins（ed.）, *Pakistan ; The Long View*, Durham: Duke University Press, 1977, pp. 78–79.

③　Maleeha Lodhi, *Bhutto, The Pakistan People's Party and Political Development in Pakistan, 1967-1977*, PhD Dissertation for London School of Economics and Political Science, University of London, November 1980, p.125.

④　Raj Kumar, *Pakistan Peoples Party:Zulfikar Ali Buhtto to Benazir Bhutto*, New Delhi: Sumit Enterprise, 2008, p.54.

⑤　Lawrence Ziring, *Pakistan: The Enigma of Political Development*, Boulder: Westview Press, Inc., p.120.

⑥　Sayed Rasul Raza, *Zulfikar Ali Bhutto: The Architect of New Pakistan*, Peshawar: Sarhad Publications, 1977, p.23.

并最终通过社会主义实现一个无阶级的社会。

人民党领导人布托说道:"我相信社会主义。这也就是为什么我抛弃自己的阶级,加入到劳工、农民和贫穷学生队伍的原因。我热爱他们。我从他们那里得到友爱和尊重。社会主义是正义、平等和人类至上的象征。天底下没有什么力量阻止巴基斯坦实行社会主义。这是时代和历史的要求。你能看到我在群众中高举这一革命旗帜。我是一个社会主义者,并且是一个诚实的社会主义者,将为穷苦人战斗到我生命的最后一刻。有些人嘲笑我是一个社会主义者,我不在乎。"[1]

人民党的社会主义纲领遭到伊斯兰教政党与伊斯兰神学家的攻击。伊斯兰之爱宗教党认为人民党的社会主义纲领忽视了巴基斯坦的意识形态,与法律框架命令(Legal Framework Order)规定的"(巴基斯坦政党)保存巴基斯坦的伊斯兰教意识形态"不相符合。伊斯兰神学家攻击社会主义是无神论,因此布托也是无神论者。巴基斯坦毛拉们认为人民党的社会主义将完全毁灭伊斯兰;妇女将不受控制,穿上比基尼在街上行走;社会主义意味着将禁止《古兰经》。

为应对宗教政党与宗教人士的批评,布托本人开始接受哈尼夫·拉迈(Hanif Ramay)[2]等围绕《胜利》刊物一批学者提出的伊斯兰社会主义主张,促进社会主义与伊斯兰教的和谐结合。拉迈向布托进言:"要使巴基斯坦的政治生活得以新生,只有走'伊斯兰社会主义'的道路。"[3]为此,布托在1968年和1969年的公开演讲中,反复解释伊斯兰教与社会主义之间不存在对立关系。1968年1月29日,布托在拉合尔告诉人民党的妇女工作人员:"社会主义的首批种子在伊斯兰教之下开花",伊斯兰教催生了社会主义的原则和概念。"[4]

为应对伊斯兰神学家们指控社会主义反对伊斯兰,布托说道,伊斯兰社会主义正如先知穆罕默德所提倡的平等原则。[5]布托明确表示如果伊斯兰体制与社会主义体制之间存在冲突,他将放弃社会主义,首先他是一个穆斯林;但是它们在社会与经济方面是不存在冲突的。那些宣称伊斯兰教与社会主义相互对立的人

---

[1]　Abbas Zaidi, "Whose Pakistan People's Party", hhtp://www.gowanusbooks.com/party.htm.

[2]　哈尼夫·拉迈(1930—2006)是巴基斯坦著名左翼知识分子记者,在布托执政时间,曾是旁遮普省的省督和首席部长;他是人民党的创始人员,1993年10月至1996年11月是巴基斯坦国民议会的发言人,是人民党内"伊斯兰社会主义"派的代表人物。

[3]　Philip E. Jones, *The Pakistan People's Party: Rise to Power*, Oxford: Oxford University Press, 2003, p.101.

[4]　Zulfikar Ali Bhutto, *Awakening the People: A Collection of Statement, Article, Speeches 1966–1969*, Rawalpindi: Pakistan Publications, 1969, p.54.

[5]　V. Y. Belokrenitsky and V. N. Moskalenko, *A Political History of Pakistan 1947–2007*, Karachi: Oxford University Press, 2013, p.213.

只是政府的宣传者，"试图利用人民，吸干他们的血"。[1] 在阐述人民党原则时，布托更是宣称："人民党的工作人员为了伊斯兰教愿意牺牲自己的生命。"[2]

1968 年，布托开始使用伊斯兰社会主义这一术语，把伊斯兰教中的人人平等原则引入到经济领域。人民党宣称只有通过这一内生的制度——伊斯兰社会主义，巴基斯坦才能消除贫困和侵蚀社会核心的资本主义。布托提出他不是这一概念的发明者。巴基斯坦国父真纳在 1948 年 3 月 26 日演讲中使用过这一概念。为此，他告诉他的听众支持伊斯兰社会主义体制"只需要追随伟大领袖（Quaid-e-Azam）[3] 和利雅卡特·阿里·汗的教导"[4]。

因此，从 1968 年开始，人民党的意识形态从科学社会主义转向伊斯兰社会主义。人民党在 1968 年 4 月通过的纲领中，正式提出人民党的四大原则："伊斯兰教是我们的信仰，民主是我们的政策，社会主义是我们的经济，一切权力归人民。"[5]

在 1968 年 4 月的纲领和 1970 年的竞选宣言中，人民党阐述了自己的伊斯兰社会主义思想，指出伊斯兰教和社会主义的原则不是相互排斥的；伊斯兰教祈求平等，而社会主义正是实现平等的现代工具；伊斯兰教是我们的信仰，也是巴基斯坦的立国之本；巴基斯坦没有伊斯兰教的权威便不会持续；巴基斯坦的社会主义政府不会挑战伊斯兰教的至尊地位；相反，社会主义会使全国人民遵守伊斯兰教。

人民党指出一个社会主义国家不会与巴基斯坦的文化和宗教价值观相对立。通往社会主义之路并不是相同的；社会主义可以适应巴基斯坦的文化；社会主义的主要价值观：人人平等和禁止剥削，也是伊斯兰教的价值观。[6]

从人民党以后实行的政策来看，人民党提出的"伊斯兰社会主义"是社会主

---

[1]　布托 1968 年 11 月 3 日和 5 日在巴基斯坦谢尔帕奥和白沙瓦的演讲，Zulfikar Ali Bhutto, *Awakening the People: A Collection of Statement, Article, Speeches 1966-1969*, Rawalpindi: Pakistan Publications, 1969, p.179, 193.

[2]　Meenakshi Gopinath, *Pakistan in Transition: Political Development and Rise to Power of Pakistan People's Party,* New Delhi: Manohar Books, 1975, p.64.

[3]　巴基斯坦建国之父穆罕默德·阿里·真纳被巴基斯坦人民尊称为"伟大的领袖（Quaid-e-Azam）"。

[4]　Lawrence Ziring, Ralph Braibanti, and W. Howard Wriggins（ed.）, *Pakistan ; The Long View*, Durham: Duke University Press, 1977, p.85.

[5]　Meenakshi Gopinath, *Pakistan in Transition: Political Development and Rise to Power of Pakistan People's Party*' New Delhi: Manohar Books, 1975, p.24.

[6]　Helen Desfosses and Jacques Levesque（ed.）, *Socialism in The Third World*, New York: Praeger Publishers, 1975, p.296.

义、民众主义和民主社会主义的混合物。

布托曾表示：他们之所以把他领导的党叫人民党，是因为这个党属于人民。这个党不是个人的党，而是群众、农民、工人的党。如果这个党成功，则是人民获得成功。[①]

布托参与和领导了1968年—1969年的反阿尤布独裁统治的人民运动。布托在1968年走进偏僻的山区、乡村向那里的民众宣讲人民党纲领，掀起一阵布托旋风，表明布托走的是民众主义路线。

布托的民主社会主义思想，反映在他的论述："社会主义的范围之广，是可以想像……适应巴基斯坦的社会主义将与巴基斯坦的意识形态相适应，保持民主的本质。如果存在斯堪的纳维亚社会主义模式，为什么没有适应我们创造能力的巴基斯坦社会主义？"[②]

在1970年的竞选中，布托经常阐述其非常激进的社会主义观点，但是，他也无意于阻止温和团体加入到人民党。他宣扬他笃信民主和英国工党和西德类型（主要是勃兰特政府的政策）的民主社会主义。[③]

人民党的伊斯兰社会主义力求减少社会经济的分裂，以吸引社会各个阶层人民的支持。这一意识形态试图代表除工业家、官僚和军队以外的巴基斯坦的各个阶层。在1973年以前，巴基斯坦社会中的劳工队伍、农民、中小农场主、城市和农村中的中产阶级、受过教育的城市知识分子都支持布托的伊斯兰社会主义。[④]这一意识形态为人民党取得1970年大选的胜利，也为布托政府的政治与经济改革提供强大的精神动力。

但是布托执政后期，由于巴官僚队伍的腐败、低效和不合作，人民党政府的许多政策得不到有效实施。布托政府推行的许多改革没有达到预期的效果。因此，生产处于停滞，国有企业每年产生数百万卢比的损失。巴基斯坦经济更由于1973年的油价上涨和洪灾而雪上加霜。为应对经济危机和反对党的攻击，布托改变其策略，决定依赖和加强在封建贵族、宗教领导人和实业家的权力基础。他开始与他们密切交往，疏远他在人民党内的忠诚支持者。布托甚至开始在党的纲领中有

---

① 陈峰君：《试析布托主义》，《南亚研究》1991年第1期。

② Dilip Mukerjee, *Zulfiqar Ali Bhutto:Quest for Power*, Delhi: Vikas Publishing PVT LTD, 1972, P. 179.

③ V. Y. Belokrenitsky and V. N. Moskalenko, *A Political History of Pakistan 1947-2007*, Karachi: Oxford University Press, 2013, p.213.

④ Bidanda M. Chengappa, "Pakistan: Impact of Islamic Socialism", *Strategy Analysis*, Vol. 26, No.1（2002）, pp. 27–47.

意稀释社会主义色彩,将伊斯兰社会主义从 1977 年的竞选宣言中删除。[①]

1973 年,布托政府镇压卡拉奇工会的罢工,表明布托思想逐渐右倾。工会是人民党崛起的重要支持力量。布托上台时解除了对工会活动的限制。1973 年,卡拉奇工会的一系列罢工活动阻碍了卡拉奇的工业活动。布托不愿意满足工会的要求,从而镇压了工会的罢工。人民党内部的激进左翼领导人迈拉杰·穆罕默德·汗受此事件的影响愤而离开人民党。[②]

1974 年,布托改组内阁,解除了在改革中起重要作用的左派代表人物。人民党的主要理论家 J.A. 拉希姆于 1974 年 7 月被解除了商业与工业生产部长职务;同年 10 月,人民党秘书长穆巴希尔·哈桑被解除了财政部长职务。[③]

1973 年石油危机爆发后,巴基斯坦的经济陷于困境,而石油输出国组织的中东国家如沙特阿拉伯却因为出口石油而积累大量的石油美元。作为逊尼派堡垒的沙特阿拉伯提倡泛伊斯兰主义,鼓吹伊斯兰团结与合作,大力资助伊斯兰教瓦哈比学派的发展及其全球扩张。为向沙特阿拉伯等中东国家寻求援助,摆脱经济困境,布托政府减缓改革,向宗教势力让步,放弃伊斯兰社会主义,转向伊斯兰主义[④]。

在 1973 年宪法的制定过程中,人民党对巴乌里玛等伊斯兰势力作出了让步。最终通过的 1973 年宪法规定巴基斯坦是伊斯兰教所主张的社会主义基础上的民主制国家。该宪法明确提出,只有穆斯林才能担任国家的最高领导职务。宪法第 227 条规定:"一切现行法律必须同《古兰经》和《圣训》所规定的伊斯兰戒律保持一致。"该宪法的序言规定:"穆斯林能够依照《古兰经》和《圣训》所规定的伊斯兰教教义和要求,在个人和集体领导内安排其生活。"[⑤] 这些规定表明布托与人民党的思想开始转向伊斯兰主义。

1974 年以后,人民党三色旗中的红色逐渐褪去,而绿色却越来越宽阔和明亮。在布托与人民党其他领导人的讲话与演讲中,伊斯兰社会主义逐渐与伊斯兰正义、宗教伦理与道德联系在一起,社会主义被摒弃。1974 年,巴基斯坦在拉合尔市

[①]　Sameel Ahmed Qureshi, "An Analysis of Contemporary Pakistani Politics: Bhutto versus the Military", *Asian Survey*, Vol. 19, No.9（September 1979）, pp. 901–921.

[②]　Nadeem, F. Paracha, "Ridding the Arrow: An ideological history of the PPP", *The Dawn*, Jun 07, 2012.

[③]　W. Eric Gustafson, "Economic Problems of Pakistan Under Bhutto", *Asian Survey*, Vol. 16, No.4 Apr., 1979）, pp.364–380.

[④]　伊斯兰主义是指一种主张伊斯兰不仅仅是宗教信仰,而且是一套政治体制的意识形态。伊斯兰主义呼吁现代的穆斯林去他们的宗教信仰中寻根,并且在政治上统一思想,强调全世界信奉伊斯兰教的各族人民有共同的历史文化传统、共同的利益、愿望和要求,应团结起来,捍卫、复兴伊斯兰信仰。

[⑤]　陈峰君:《试析布托主义》,《南亚研究》1991 年第 1 期。

举办穆斯林国际会议。布托在会议上发言指出："先知的生命与教诲一直是我政府的外交政策、我们土地、劳工立法、教育和其他众多改革的基石"。[①] 布托也从过去的"人民领袖"转变为穆斯林世界捍卫伊斯兰堡垒的领导人。

为加强与阿拉伯国家的联系,布托政府甚至开始了一项知识工程。该工程汇聚巴基斯坦著名的保守派历史学家和作家,重新修改巴基斯坦学校教材,强调该国的阿拉伯历史,而有意淡化与印度人的共同历史。应穆斯林中的逊尼派的要求,布托政府在 1974 年宣布艾哈迈迪亚派(Ahmadiyya)[②] 为非伊斯兰。布托政府的这一决定表明布托向巴宗教力量妥协。

1977 年 4 月,布托宣布一系列的伊斯兰教法,禁止赛马、饮酒,关闭所有酒吧和酒店;驻外使馆举行招待会时,不得提供酒类饮料;禁止所有赌博行为,关闭夜总会;在六个月内完成巴基斯坦民法、刑法的伊斯兰化,并在 1977 年 7 月 1 日宣布星期五为官方假日以与伊斯兰意识形态一致。1977 年的人民党竞选宣言正式以伊斯兰平等取代了伊斯兰社会主义,标志着人民党的思想与政策转向伊斯兰主义。

人民党思想的右倾化并没有讨到国内宗教右翼势力的欢心。相反,被布托政府社会主义政策所激怒的工业家和商人们资助和支持宗教政党疯狂地反对人民党政权。当人民党在 1977 年的竞选宣言中放弃社会主义时,巴宗教等右翼力量组成巴基斯坦全国联盟(Pakistan National Alliance)与人民党竞争。最后代表右翼势力的军方代表人物齐亚·哈克(Zia-ul-Haq)将军推翻了人民党政权,并将人民党领袖布托处以绞刑。因此,人民党思想转向伊斯兰主义,既得不到中东国家的支持,也得不到本国宗教势力的认同,带来人民党的灾难。

1977 年 7 月,齐亚将军推翻人民党政权后,实行独裁的军人统治。人民党的高层领导人要么被军政府关进监狱,要么被驱逐出国。人民党指定布托遗孀努斯拉特·布托夫人为该党主席,同时确定如果军人政府取消她参加政治活动的资格,那么她的职位由她的女儿贝·布托(Benazir Bhutto)代行。在努斯拉特·布托夫人的领导下,人民党被军人政府的暴行所激怒,很快转向激进左翼。因此,从 1978 年到 1985 年贝·布托回国实际负责人民党事务之前,人民党处于非正常的激进时期。

面对选举无望和高压统治,人民党的领导权再次回到自 1973 年后靠边站的

---

① V. Y. Belokrenitsky and V. N. Moskalenko, *A Political History of Pakistan 1947–2007*, Karachi: Oxford University Press, 2013, p.243.

② 艾哈迈迪亚派为穆斯林的一个分支,出现在 19 世纪晚期的英属印度,起源于米尔扎·古拉姆·艾哈迈德的生活与教导。艾哈迈德宣称他是弥赛亚和阿拉伯人期待已久的救世主。

激进左翼手中。人民党内处在第二和第三层领导层的马克思主义者和激进左翼分子成为领导反抗齐亚独裁统治的前沿力量。他们也最终使人民党的联合主席贝·布托清除了党内右翼领导干部。他们被指控背叛了布托,没有采取有力的反击措施挽救布托的生命。

布托最小的儿子沙赫·纳瓦兹·布托(Shah Nawaz Bhutto)与布托的大儿子蒙塔兹·布托(Murtaza Bhutto)为给他们的父亲报仇,组织了名为"阿里·佐菲卡里"的城市游击队。1981年3月2日,该游击队劫持巴基斯坦航空公司的一架飞机,在冲突中一名巴基斯坦外交官人质被杀害。这一事件说明,布托之死使整个人民党走上激进反抗的道路。

1986年4月,贝·布托回国后,开始主持人民党的工作。她高举布托主义旗帜反抗齐亚的军人独裁统治。贝·布托不主张激进的暴力反抗。她认为恢复巴基斯坦的民主,让齐亚军人统治下台是对齐亚最好的报复。

1985年,贝·布托回国前,阐述了她对布托主义的理解:联邦主义、社会主义和民主。[①]1986年贝·布托回国后,在同一位记者的谈话中更具体地阐述了布托主义。她认为布托主义就意味着要恢复宪法、人民的基本权利和独立的司法;意味着扩大教育和卫生开支,实行保护劳工的立法,没有腐败、裙带关系和毒品走私。此外,布托主义还意味着世俗主义。[②]

有些学者根据贝·布托的多次演说,认为布托主义的基本含义包括三项内容:伊斯兰、政治民主和社会主义,实际上也就是人民党的指导思想:"信仰是伊斯兰,经济是社会主义,政治是民主,一切权力归人民。"[③]也有的学者根据人民党的首次执政实践得出,布托主义就是民众的解放与国家自立。[④]

贝·布托回国后反对齐亚·哈克军人政权,恢复民主,唤醒民众对布托执政期间的经济与社会改革记忆。贝·布托承继她父亲的民众主义风格,向广大民众寻求支持力量。从1986年4月10日贝·布托回国起到5月10日,她在全国4个省的20多个大中城市,召开群众大会,要求齐亚总统立即下台,在政党基础上举行大选。据报道,总共有400万人参加了人民党组织的集会,因此,贝·布托夸

---

①　Joan Loveridge-Sahbonmatsu, "Benazir Bhutto: Feminist Voice for Democracy in Pakistan", *The Howard Journal of Communications*, Vol. 4, No. 4(Summer 1993), pp. 295–316.

②　Steven R. Weisman, "Pakistan and 'Bhuttoism'; Term often Invoked by Opposition Leader Stirs Emotion, Memories, Fear and Debate", *New York Times*, August 23, 1986.

③　郭晨风:《评布托政绩与布托主义》,《国际政治研究》1991年第2期。

④　Farid Malik, "Bhuttoism", *The Nation*, September 13, 2008.

耀道,她"胜利实现了第一阶段动员人民的计划"。① "贝娜齐亚旋风"最终迫使齐亚及其他的钦点总理穆罕默德·汗·居内久举行大选。② 在这一段时间里,贝·布托充分展示了布托这一姓氏的情感共鸣和群众推动力。

贝·布托在发起"贝·布托旋风"的同时,为巩固自己在党内的地位,也在排挤人民党内的老战士们,即贝·布托在人民党内的"伯伯叔叔们",如古拉姆·穆斯塔法·贾托伊(Ghulam Mustafa Jatoi)、阿卡杜勒·哈菲兹·皮尔扎达(Abdul Hafeez Peerzada)和蒙塔兹·阿里·布托(Mumtaz Ali Bhutto)。这些人是她父亲的亲密战友,在党内有自己的支持团体。③ 1986年5月,巴基斯坦中央执委会选举贝·布托为人民党的联合主席。由于努斯拉特夫人身体多病,贝·布托成为人民党的实际负责人。

1988年,贝·布托领导人民党取得选举胜利,并组建了人民党首届贝·布托政府后,贝·布托充分展示了她的现实主义立场,领导人民党转向一条新意识形态路线。与她父亲赞同社会主义意识形态、热衷于将巴基斯坦主要工业企业、金融机构实行国有化不同,贝·布托强调经济增长、降低政府的补贴和对巴基斯坦经济进行大规模的私有化,提倡社会市场经济,放弃了社会主义目标。

在首任总理期间,贝·布托展示了她为巴基斯坦赢得国际外交和经济支持的个人魅力。贝·布托首届政府成立了一个以法鲁克·莱加里为主席的高层委员会。其任务是重振工业化,促进地方分权和加快私有化。在外交上,与其父亲是一个坚定的民族主义者,号召要与印度打"一千年"的战争不同,贝·布托希望巴基斯坦与其邻国保持友好关系,甚至提出地区软边界和南亚联邦(a Commonwealth of South Asia)的概念。④

随着社会主义在全球衰退,贝·布托将人民党的意识形态从激进的布托主义转向左翼自由主义。贝·布托称之为"左翼自由主义的民众主义表达(populist expression of left-liberalism)"⑤。

左翼自由主义是自由主义的一种政治思想,关注支持弱势群体和每个人的

①　杨学纯:《巴基斯坦:政府控制着局势》,《世界知识》1986年第18期。

②　P. L. Bhola, *Benazir Bhutto: Opportunities and Challenges*, New Delhi: Yuvraj Publishers & Distributors, 1989, p.18.

③　Saeed Shafqat, "Pakistan under Benazir Bhutto", *Asian Survey*, Vol. 36, No. 7(July 1996), pp. 655–672.

④　Aamir Hussaini, "Ideology of Benazir Bhutto and a Conservative Society", December 22, 2010, https://lubpak.com/archives/34344.

⑤　Nadeem F. Paracha, "Ridding the Arrow: An ideological history of the PPP", *The Dawn*, June 07, 2012.

自由,认为贫穷人民的自由与富人的自由同等重要,主张普遍的社会福利、医疗与教育,注重为贫穷人民提供受教育和工作的机会,以使他们最终摆脱贫困。左翼自由主义希望通过赋予个人权利、保护弱势群体免受有权势的个人和团体的主导和剥削来实现社会平等。① 与古典自由主义一样,左翼自由主义支持市场经济,扩大公民的政治权利与自由。但是与古典自由主义不同的是,左翼自由主义赋予国家权利来保护弱势群体,赋予国家处理经济与社会问题,如贫困、健康和教育问题的合法作用。左翼自由主义认为国家的税收虽然侵犯了个人自由,但是为了正义,也是必要的。为此,左翼自由主义接受国家扩展就业机会,保证福利底线的作用;国家可以通过税收等手段来保障财富、收入和其他商品的分配,以满足正义所需要的某种平等。总之,国家应正义的要求,在改变社会基本结构中发挥着重要作用。但是,左翼自由主义也强烈地拒绝任何威胁个人自由与平等的国家干预。② 第二次世界大战后,左翼或中左翼的政党,如社会民主党普遍接受左翼自由主义政策。

贝·布托接管人民党以来,逐渐在党内去社会主义意识形态化,提倡市场经济,同时主张发挥国家的作用,为巴基斯坦的弱势群体,如妇女、劳工、农民提供政策保护,改善他们的状况。贝·布托主持制定的 1988 年的人民党竞选宣言充分反映人民党思想的转换。

在 1988 年人民党竞选宣言中关于人民党的“我们的理念（Our Philosophy）”中,人民党提出与老布托时期人民党不同的五大基本原则:伊斯兰是我们的信仰;民主是我们的政体;社会主义是我们的经济;为我们的事业献身;一切权力归人民。

该宣言阐述了人民党的五大原则的内容:

“伊斯兰是我们的信仰”是人民党的首要原则,也是人民党意识形态大厦的基石;强烈的利他精神和伊斯兰特色是人民党历史的主要特征。

人民党之所以强调“民主是我们的政体”是因为人民党认为国家应该通过选出的人民代表运用自己的权力和权威;民主的原则、自由、平等、宽容和社会正义应该得到全面实现;公民的基本权利、独立的司法和新闻自由应得到保障。

“社会主义是我们的经济”意味着必有结束剥削,创造平等的经济机会,不同的经济组织在正义的基础上和谐共处。

“为我们的事业献身”源于人民党的工人和干部为人民的权利奋斗的过程

---

① “Left Liberalism”, http://LIBERAPEDIA.WIKIA.COM/LEFT_LIBERALISM.

② Stuart White, “Left Liberalism: Principles and Prospects”, *Renewal: a Journal of Labour Politics*, Vol 18, No. 3/4（2010）, pp. 28−35.

中。为正义事业献身是伊斯兰的一项基本的行动原则;一个人在世界上的胜利不仅是在物质上的事情,而且是为达到更高层次的自觉和自我实现进行不断的奋斗。

"一切权力归人民"暗含着整个宇宙的主权只属于万能的真主安拉,权威来自于神圣的信仰;人民是真主的庇护者;权威只来自全体人民,通过他们选出的代表;人民必须成为他们命运的主宰。[1]

人民党此时对基本原则的解释表明此时的人民党已经去激进化,转向左翼自由主义,认为人民党的事业来自正义。同时,此时的人民党也没有完全放弃齐亚·哈克时期的伊斯兰化,因为代表齐亚伊斯兰化传统的代表人物伊沙克·汗(Ishaque Khan)此时仍担任巴基斯坦的总统,同时,齐亚传统势力控制的巴基斯坦参议院对任何推翻齐亚伊斯兰化政策的动议持敌对态度。贝·布托首次执政期间,也只能等待机会。[2]

由于左翼自由主义与社会民主主义思想之间存在重叠,社会民主主义的许多思想乃至政策主张与左翼自由主义相同,所以,贝·布托首次执政时期人民党的思想实际上已经转向社会民主主义。贝·布托首先对其父亲时期建立起来的国有企业进行了大规模的私有化,同时废除了歧视妇女的法律条款,大赦政治犯,恢复工会和学生会的活动,废除新闻检查制,尊重人民的新闻和演讲自由。[3]

为此,贝·布托公开承认自己是社会民主主义者。她说道:"当人民党开始成立时,人民党的意识形态有各种各样的思想,从马克思主义到右翼思想,从民众主义、激进主义到社会民主主义。二十年后,我们努力赋予人民党更清晰的意识形态定位或方向。这种意识形态定位就是中左或社会民主主义"。[4] 1989 年,巴基斯坦人民党申请加入社会党国际,被该组织吸收为咨询成员党。[5] 这表明人民党的思想实际转向社会民主主义。

1991 年苏东剧变后,巴基斯坦人民党的意识形态完全转变为社会民主主义。社会主义这个术语在人民党 1993 年的竞选宣言再次被稀释,被诸如人权、私有化、放松管制、伙伴关系、社会福利国家等社会民主主义术语所代替。不过,提倡解决

---

　　[1]　以上内容参见 "Election Manifesto of Pakistan Peoples Party 1988", http://www.pppusa.org/M.1988.htm.

　　[2]　Smruti S. Pattanaik, "Islam and the Ideology of Pakistan", http:www.idsa.india.org/an-dec8-2.html.

　　[3]　Anita M. Weiss, "Benazir Bhutto and the Future of Women in Pakistan", *Asian Survey*, Vol. 30, No. 5 (May, 1990), pp.433-445.

　　[4]　Lucy Komisar, "Benazir Bhutto if Running Hard", *The Nation*, January 23, 1988.

　　[5]　中共中央对外联络部《各国社会党手册》编辑委员会编:《各国社会党手册》,人民出版社1992 年版,第 53 页。

农民和工人阶级问题的民众主义思想仍得到保留,因为曾经在20世纪70年代全力支持人民党的旁遮普省的城市资产阶级和小资产阶级此时已转向支持保守右翼政党,如巴基斯坦穆斯林联盟。农民与工人阶级成为此时人民党的主要支持基地。

在人民党1993年的竞选宣言中,贝·布托为人民党提出两个新的社会民主主义的思想:新社会契约和公私伙伴关系。该竞选宣言指出:当我们进入21世纪的时候,我们的指导思想是重新界定联邦、省与地方关系的新社会契约,和公共与私人部门、国家与人民和谐共处的公私伙伴关系。①

早在1992年11月,人民党拉合尔会议上,贝·布托重新界定了党的纲领,提出了新社会契约观念。贝·布托的新社会契约前提是社会市场经济、生产工具手段的私有化、政府减少规模,并向省下放权力、地方政府再分权等。② 新的社会契约力求重新界定联邦、省和地方政府的关系,以及重新界定国家和社会的关系。

人民党1993年的竞选宣言详细列出了新社会契约包括的基本结构改革内容:新的权力平衡、新选举制度、总统与议会之间的新关系、新议会准则、内阁国会委员会和任命高等法官的新方法。

该竞选宣言指出:单一的政府形式会在小省中创造出不安全意识,从而要求省自治权。省自治权又会使该省自身的少数族裔产生不安全意识,则进一步产生种族意识。各省聚合反对中央,而族裔社区聚合反对各省。争论的焦点在于发展资金和工作机会。新的权力平衡的目的就是要解决这一问题。人民党希望联邦、省和地方机构取得权力平衡。解决这一问题的根本方法在于权力下放。

人民党认为巴议会被封建地主和企业主阶层所把持,因此,人民党要求一个真正的代议机构。人民党支持比例名单投票制。议会通过直接选举产生。议席的分配将以政党在直接选举的得票比例为基础,为参加联邦和省议会选举的政党设立最低得票率准入门槛。同时,人民党建议将投票年龄由21岁降至18岁。人民党也要求通过《政党法》确保终结议会内的跳党和讨价还价行为。

至于什么是公私伙伴关系,1993年的竞选宣言模糊地指出,人民是国民财富的真正创造者;国家的经济作用是制定确保人民能充分运用自己潜能的政策;追求更好的生活是发展的推动力;国家的职责是发挥人民的创造力;这就是我们公私伙伴关系的含义。

该竞选宣言还详细阐述了人民党关于公私伙伴关系的政策含义:我们党提出

---

① "Election Manifesto of Pakistan Peoples Party-1993", http://www.pppusa.org/M-1993.htm.

② Raj Kumar, *Pakistan Peoples Party: Zulfikar Ali Bhutto to Benazir Bhutto*, New Delhi: Sumit Enterprises, 2008, p.4.

公共企业（Public Enterprises）概念，不过，我们承诺促进私人部门的经济活动，而不只是将公共部门私有化的政策；我们提出"公共－私人合伙企业（Business Enterprise of Public－Private Partnership）"的革命性概念，以促进私人企业，尤其是那些小微企业的真正繁荣；在这一政策之下，如果私人企业计划开始一项经济上可行的项目，政府就可以提供与私人企业投资的相同规模的资金与该私人企业联手共同从事这一项目；这一政策同样适应那些已经开始或准备扩张，急切需要追加资金的项目；公私伙伴关系将大规模刺激投资；公私伙伴关系将产生合力，勤劳的巴基斯坦人民将自由创业，实现他们的梦想；巴基斯坦人民党确信它将为统一的巴基斯坦提供动力，向贫困、疾病、文盲和腐败等社会问题开战。①

　　1999 年，穆沙拉夫将军发动军事政变，推翻民选的谢里夫政府。在穆沙拉夫军人独裁时期，人民党的思想的核心观点在于反伊斯兰极端主义。人民党 2002 年的竞选宣言指出，恐怖主义诞生在独裁者（指穆沙拉夫，作者注）手中。独裁者招募、训练、武装和资助极端派别，让温和的、民主的和多元的力量边缘化。历史告诉我们民主政体之间不发生战争；民主政体不促进国际恐怖主义；对巴联邦安全的最好保障是自由的价值观、人民的基本权利和赋予人民经济权力，控制权力、平衡权力和结束权力的集中。独裁者已经被巴地下武装分子和极端分子所玩弄。现在这些势力在巴基斯坦重新组织。恐怖的自杀性炸弹使国家震惊，造成更大的经济贫困。

　　2002 年的竞选宣言将人民党的原则之一"社会主义是我们的经济"改为"平等是我们的经济（Musawaat is our economy）"，表明人民党放弃社会主义意识形态，转向社会民主主义。该宣言指出，人民党笃信人道的经济体制，人民党的目的在于创造一个正义与平等的社会，为所有公民提供平等的机会；人民党通过承诺改善贫困者、受压迫者和受歧视者的生活以减少富人与穷人的差距；人民党骄傲地成为穷人、劳工阶级和中产阶级的代言人。人民党的政策是在改善贫困者生活的同时，创造条件使企业与商业的活动得到繁荣。②

　　为推翻军人统治，实现巴基斯坦的民主，贝·布托提出和解政治概念，与自己的老对手纳瓦兹·谢里夫达成和解。2006 年 5 月，两位昔日的竞争者会谈的最重要成果是一起签订了"民主宪章"的文件。

　　贝·布托和纳瓦兹·谢里夫在"民主宪章"中重申："我们承诺真正的民主

---

① "Election Manifesto of Pakistan Peoples Party–1993", http://www.pppusa.org/M-1993.htm.

② "Election Manifesto of Pakistan Peoples Party–2002：For a Just, Equitable and Egalitarian Pakistan", http://www.pppp.org.pk/pppchange/manifestos/manifesto2002pdf.

和普遍公认的基本权利,一个充满活力的反对派的权利,党内民主,思想和政治宽容,实行强大的委员会制度的国会两党合作,一个没有对联邦单位相互歧视的合作联邦,权力下放,最大程度地实行省自治,赋予基层人民权力,使我们的人民摆脱贫困、愚昧、匮乏和疾病,提升妇女和少数民族的地位。"①

2007 年 10 月,贝·布托回国参加 2008 年的大选。人民党在 2008 年的竞选宣言中公开宣布人民党的意识形态是社会民主主义。该宣言将 2002 年提出的"平等是我们经济",明确改为"社会民主主义是我们的经济(Social Democracy is our economy)",提出人民党的目标在于创造一个正义与平等的社会,为所有公民提供平等的机会;人民党的政策是在关注贫困者的同时创造能使企业与商人阶级在公开市场上竞争的条件;人民党支持社会市场经济、公共部门与私人部门的伙伴关系,将经济自由主义与社会民主主义的国家责任观相结合,以满足人的基本需求:充分就业、国民医疗保健、全民教育、清洁供水系统和卫生系统。

该宣言重申:人民党通过强调充分就业,为巴基斯坦每个贫困家庭提供食品、衣物和居所;人民党是唯一持续要为巴基斯坦建立一个福利国家的政党;在这个福利国家中市场力量将为贫困者和穷人的社会安全网保持平衡;人民党将公共部门限制在医疗卫生、教育和基础设施中;国家的作用仅限制在这些领域,因为这些领域私人部门不愿进入;人民党的意识形态强调持续的经济增长与社会正义相结合。②

人民党以上关于社会民主主义的观点接近西欧社会党的社会民主主义观点,表明人民党深受西欧社会党的影响,成为社会党家族的一员。

2007 年 12 月,贝·布托在巴基斯坦的拉瓦尔品第市的集会上遭到伊斯兰极端分子的袭击后遇害。贝·布托的丈夫阿西夫·阿里·扎尔达里出任人民党联合主席。贝·布托与扎尔达里 19 岁的儿子比拉瓦尔·布托·扎尔达里担任人民党主席,承继布托家族的法统。2008 年 9 月 6 日,扎尔达里当选巴基斯坦第 11 任总统。由于比拉瓦尔尚未完成在牛津大学的学业,扎尔达里成为人民党的实际掌舵人。人民党进入扎尔达里时期。

人民党在扎尔达里的领导下继承阿里·布托和贝·布托的思想传统,坚持布托主义和社会民主主义思想。2008 年 1 月 18 日,扎尔达里在贝·布托遇害后不

---

① "EDITORIAL: Charter of Democracy and after…", *Daily Times,* Lahore, Tuesday, May 16, 2006.

② "Manifesto of Pakistan Peoples Party–2008:Towards Peace and Prosperity", http://www.pppfrance.com/wp-content/uploads/2014/06/manifesto2008.pdf.

久接受记者的采访时说道:我们决定化悲痛为力量,继承贝·布托的事业;布托主义已经成为穷人的一部分,并上升成为一种民主力量;我们将以布托主义为旗帜,决不违背布托主义。①

人民党副主席、政府总理吉拉尼表示人民党领导层将坚定推行佐菲卡尔·阿里·布托为国家进步与繁荣的意识形态。向布托烈士表示敬意最好方式是捍卫他的政治和意识形态遗产;人民党政府将努力使国家变为繁荣的民主福利国家。②

为保持人民党的意识形态传统,扎尔达里选择一批左翼民主人士,如拉扎·拉巴尼(Raza Rabbani)领导人民党的左翼。实际上,这批左翼民主人士实际上转变为社会民主主义者。拉扎·拉巴尼曾领导所有政党参加的议会委员会,负责调查俾路支民族的不满,并对这些不满提出建议,最终形成新的俾路支抚慰计划,为缓解巴基斯坦联邦危机作出了贡献。

2008年组成的人民党领导的联合政府屡次受到伙伴党、反对党和最高法院的挑战。为维系人民党的执政地位,完成五年任期,人民党领导人扎尔达里充分展示其马基雅弗利主义的政治技巧,出人意料地与人民党的老对手右翼政党穆斯林联盟(谢里夫派)分享政治权力,组成左中右翼政党参加的大联合政府。当穆斯林联盟(谢里夫派)退出执政联盟时,扎尔达里又邀请人民党在卡拉奇市多年的对手统一民族运动党加入人民党的联合政府,使人民党领导的政府渡过难关。当伊斯兰神学者协会(法鲁兹派)、统一民族运动退出联合政府时,扎尔达里决定让曾经打压和迫害人民党的穆沙拉夫时期的执政党穆斯林联盟(领袖派)加入联合政府。尽管人民党领导的联合政府完成了五年任期,但是,扎尔达里这种不顾政治原则和意识形态的做法,遭到人民党党内许多人的批评。人民党内的一些领导人批评扎尔达里沉溺于权力政治,使人民党逐渐远离人民党的基本原则。不过,人民党内也有一些人为扎尔达里这种做法辩护,认为此时的人民党仍然忠诚于党的基本原则:建立一个平等的民主,运用社会主义思想去实现经济与社会的正义。③

对于党内的分歧,人民党领导人扎尔达里再次强调人民党的政治意识形态,

---

① Talat Hussain, "Interview: Asif Zardari", January 18, 2008, http://www.newslinemagazine.com/2008/01/interview-asif-zardari/.

② Farrukh Khan, "PPP to pursue Bhutto's Ideology", January 6, 2011, http://www.epakistannews.com/14272/ppp-to-pursue-bhuttos-ideology.htm.

③ "PPP Says goodbye to Left-wing Politics", *The Nation*, April 30, 2014.

指出：人民党仍是一个进步的、自由的、民主的党，将不遗余力实现党的自由纲领，不允许任何团体或任何政党通过宗教的名义改变人民党的政治意识形态；人民党从未放弃为劳工、工作人员和农民的权利、尊严和地位而奋斗。①

扎尔达里领导下制定的 2013 年竞选宣言，将 2008 竞选宣言提出的"社会民主主义是我们的经济"进一步改为"社会正义是我们的经济（Social just is our economy）"，表明此时的人民党仍然坚持社会民主主义，因为社会民主主义突出强调经济领域的平等、公正或正义。在西欧社会党的思想当中，由于西欧已经进入后物质主义时代，人民更多考虑自己的精神生活，而不是物质生活，所以，西欧社会党突出强调公正价值观。广大发展中国家的社会党，包括巴基斯坦人民党，由于本国经济发展水平低于发达国家，有许多弱势群众和穷人为生存而忧虑，所以发展中国家，包括一些转型国家的社会党突出强调社会正义观，主张通过国家转移支付来改善穷人、弱势群体的生活。

2013 年的竞选宣言指出：人民党的目标是确保每个公民的社会公正和平等机会；我们承诺通过平等的财富和资源的分配手段，使穷人生活得到改善，使弱势群体的社会地位得到提高；人民党是得到穷人、受压迫者和被边缘化的人群所认同的政党；人民党是在土地上的耕种者、在工厂和农场的劳动者和工薪阶层的发言人；人民党将继续为他们的权利而斗争；在改善穷人生活的同时，人民党也将为企业主和商人们创造出发展的空间，因此，任何人都可以得到机会；我们继续支持建立在平等、机会和健康的公私伙伴关系之上的正义的社会市场经济；我们将综合经济自由主义和社会民主主义的国家责任观，满足人们的基本需求。

2013 年的竞选宣言表明，人民党仍在坚持社会民主主义。正是由于人民党坚持社会民主主义思想，为建立本国的社会福利国家而奋斗，人民党的领导人扎尔达里当选社会党国际的副主席。②

2014 年，比拉瓦尔完成了他在牛津大学的学业。为应对下一届选举，为人民党注入新鲜血液，同时，也为了兑现扎尔达里的承诺：比拉瓦尔完成学业后扎尔达里逐步将人民党的领导权移交给比拉瓦尔。人民党开始推出新领导人比拉瓦尔。

2014 年 10 月 19 日，比拉瓦尔在卡拉奇开始了他政治生涯的首场演讲。比拉瓦尔阐述了他民众主义思想，以及不同于其父的强硬原则立场。面对有 15 万人民党党员和支持者参加的集会，比拉瓦尔说道：我们权力的源泉来自人民；如果

---

① "Zardari reaffirms PPP's Political Ideology", *The Dawn*, January 11, 2014.

② "Asif Zardari", http://www.globalsecurity.org/military/world/pakistan/asif-zardari.htm.

你想拯救巴基斯坦,唯一的答案是布托主义和人民党;布托主义就是为穷人的意识形态;你如果砍断我们的手,但是我们会举起我们的旗帜;如果他们封住我们的嘴,但是我们会哼;我们督促纳瓦兹·谢里夫支持布托主义,履行一个好政府,以加强巴基斯坦民主,拯救这个国家。

比拉瓦尔虽然已经首次登上了政治舞台,但是由于其政治经验不足,人民党的日常事务仍由其父扎尔达里控制。比拉瓦尔将来掌管人民党后,会将人民党领向何方,仍值得我们观察。

总之,人民党的意识形态虽然一直称之为民主社会主义或社会民主主义,但是其在不同阶段仍呈现略有区别的思想变迁。在不同时期,在不同领导人之下,人民党的处境不同,要解决的问题不同,必然会产生不同的意识形态。

人民党意识形态的演变经历也充分展示了发展中国家社会党意识形态的发展规律:从民众主义转向民主社会主义;从民族主义转向民主社会主义;从左翼自由主义转向民主社会主义;从民主社会主义再转向社会民主主义。发展中国家的社会党的意识形态突出关注民生、民主、正义问题,这是由发展中国家的经济发展水平、政治民主化水平所决定的。

在有着军人干政传统、右翼与极右翼势力比较活跃以及弥漫着伊斯兰原教旨主义思想的政治生态环境中,人民党为了生存与取得执政机会,还会将其意识形态进行调整,以适应变化的环境。

第一章　布托与人民党的成立与组织

巴基斯坦人民党（Pakistan People's Party，以下简称人民党）是社会党国际的正式成员党、南亚地区的社会党。该党成立于 1967 年，在佐菲卡尔·阿里·布托（Zulfikar Ali Bhutto，以下简称布托）领导下，进行反阿尤布政权的斗争，促使巴基斯坦军人政权倒台。在 1970 年巴基斯坦大选中成为西巴基斯坦最有实力的政党。1970 年 12 月，布托建立了人民党政府，开始了人民党的社会主义实践。

巴基斯坦人民党的创始人和党的领袖是布托。布托是人民党的核心。人民党也充分体现布托的个人色彩。最初成立的人民党实际上是布托用以推翻阿尤布政权的工具。[①] 因此，我们先得了解布托其人及早期经历，才能更好地理解人民党成立的环境以及布托本人的思想演变。

第一节　布托的家世与早期政治经历

布托生长在一个富有的地主家族，为他以后接受精英教育提供了条件，也为他早期政治活动提供了许多便利。探寻布托的家世对于我们认识布托的思想轨迹与政治动机具有重要意义。

一、布托的家世

布托出生于 1928 年 1 月 5 日，出生地为巴基斯坦信德省一个富有的农业地区拉尔卡拉区[②]。布托的家族最早是印度拉贾斯坦邦的拉吉普特人，在印度莫卧

---

①　Maleeha Lodhi, Bhutto, *The Pakistan People's Party and Political Development in Pakistan, 1967–1977*, PhD Dissertation of London School of Economic and Political Science, November 1980, p.97.

②　拉尔卡拉市是巴基斯坦信德省西北地区第四大城市，位于拉尔卡拉选区，以布托的故乡而闻名。

尔王朝时期皈依了伊斯兰教。其祖先塞赫托·汗·布托（Sehto Khan Bhutto）于16世纪中期 ① 从印度拉贾斯坦邦的斋沙默尔（Jaisalmer）②，移居到上信德省的拉尔卡拉区的勒多代罗（Ratodero）的地方，建立了居住地。③

布托家族到乔贾·汗·布托（Doda Khan Bhutto）一代时，布托家族的势力得到大的发展。乔贾·布托无情地与周围的部落们争战，从而为布托家族夺取了成片的农业用地。乔贾·布托的儿子安拉·巴克什·布托（Allah Buksh Bhutto）承继父亲的传统，通过与雅各布阿巴德的布尔迪家族（Burdi Clans）和海罗堡的贾迈利家族的抗争，成功地拓展布托家族的领地。布托家族成为信德地区最富有的地主。巴克什·布托后成为拉尔卡拉区的名誉地方长官，却在28岁时神秘地死去。

布托的父亲——沙赫·纳瓦兹·布托（Shah Nawaz Bhutto）就是巴克什·布托的孙子。经过几代人的努力，布托家族到巴基斯坦1959年土地改革之前，布托家族的每个主要族系都在拉尔卡拉、雅各布阿巴德（Jacobabad）、特达（Thatta）和苏库尔（Sukkur）等地拥有4万到6万英亩的肥沃的可灌溉地。④ 布托家族的雄厚实力为布托以后在反阿尤布政权中发挥了重要的作用。

他们的生活方式和行为方式也与信德地区其他地主家族完全不同。他们能面对任何不利形势和任何要人的要挟。布托家族崇尚排场、华丽、尊严和权威。他们在任何敌人面前不屈服。⑤ 布托家族先人所具有的这些特点，在布托身上得到体现：他不畏阿尤布政权的打压，敢于挑反对军人政权的担子；在其执政后，名义上讲民主，实际上行集权。

布托家族的势力也遭到其他当局者的嫉恨。布托的祖父古拉姆·穆尔塔扎·布托（Ghulam Murtaza Bhutto）遭人陷害，被指控犯有谋杀罪而受审。据布托家族及其盟友宣称古拉姆·穆尔塔扎·布托是被他的敌人——地方英国殖民当局所陷害。⑥ 这一案件成为当时轰动一时的丑闻。古拉姆·穆尔塔扎雇请了当时旁遮普省最有名律师威廉·亨利·穆尔塔扎（William Henry Murtaza）为他的辩护律师，费用为每天1250卢比（当时相当于80英镑或125美元），当时是一笔高昂的费用。这次，法庭宣判他无罪。但是地方英国当局再一次提起对他一系

---

① 另一说，布托家族迁移到信德地区的时间为18世纪初，参见 Stanley Wolpert, *Zulfi Bhutto of Pakistan: His Life and Times*, Oxford: Oxford University Press, 1993, p.4.

② 斋沙默尔意为"黄金之城"，是印度拉贾斯坦邦的一个小镇，位于印度的西北部，靠近印巴边境。

③ Salmaan Taseer, *Bhutto: a political biography*, Delhi: Vikas Publishing House PVT LTD, 1980, p.14.

④ Salmaan Taseer, *Bhutto: a political biography*, p.13.

⑤ Abdul Ghafoor Bhurgri, *Zulfikar Ali Bhutto: The Falcon of Pakistan*, Karachi: SZABIST, 2002, p.24.

⑥ Salmaan Taseer, *Bhutto: a political biography*, p.15.

列的谋杀指控。由于意识到有人要置他于死地而后快,他选择了逃亡。他的所有
财产和土地被没收。经过多年的逃亡,古拉姆·穆尔塔扎因思念和担心其两个小
孩,选择向英国殖民当局司法机构自首。他成功地让其案件重审,被宣判无罪,
布托家族的财产和土地被恢复。不过,他在 31 岁时,就意外地死亡,据报道是被
毒死的。

布托的父亲沙赫·纳瓦兹·布托于 1888 年 3 月 3 日出生在布托家族的庄园
中。通过吸取其父的教训,布托的父亲通过教育和家族背景,在英国殖民的印度
社会中取得了重要地位。[①] 布托的父亲在其祖父流亡期间,由其叔父苏拉尔·巴
克什·汗·布托抚养与监护。沙赫·纳瓦兹·布托曾在伊斯兰宗教学校学习,后
又去卡拉奇的圣帕特里克学校学习。由于其父过早去世,沙赫·纳瓦兹·布托完
成六年学习后,不得不回家打理家产。自此,沙赫·纳瓦兹·布托再也没有受过
其他正规教育,不过,他熟练掌握了英语,为他日后的晋升打下了基础。

1919 年,沙赫·纳瓦兹·布托当选印度总督立法委员会在信德地区的代表。
1920 年,他再次当选为拉尔卡拉选区立法委员会的主席——拉尔卡拉选区最有权
力的位置。他的当选表明布托家族在当地仍是最有影响的家族。

1931 年,沙赫·纳瓦兹·布托参加有关印度问题的圆桌会议。他在信德省与
孟买的分离中发挥了领导作用。1934 年,他被任命为孟买市政府的部长。信德省
与印度分离后,他出任信德省政府的首席顾问,直到 1937 年信德省地方选举新的部
长就任时。[②] 此时,沙赫·纳瓦兹·布托还成立了自己的政党——信德统一党(Sind
United Party)[③]。在 1937 年信德省选举中,在 34 个穆斯林议席中,获得 21 个席位,
成为信德省地方议会中最大的政党。[④] 不过,他自己的席位,在选举中失去。

为此,沙赫·纳瓦兹·布托重新回到孟买,出任孟买–信德公共服务委员会
的主席。1947 年,他搬到朱纳加德土邦国(Junagadh),很不情愿地接受了首相
一职。在真纳(Jinnah)[⑤] 的指示下,沙赫·纳瓦兹·布托建议该土邦的统治者马
哈巴特·拉苏尔·汗(Mahabat Rasool Khan)加入巴基斯坦。由于该地区的大多

---

① Piloo Mody, *Zulfi;My friend*, New Delhi:Thomson Press(India)Limited, 1973, p.14.

② Piloo Mody, *Zulfi;My friend*, p.15.

③ 信德统一党是信德省的政党,成立于 1936 年 6 月,有两名创始人,除沙赫·纳瓦兹·布托外,
还有阿吉·阿卜杜拉·哈龙(Haji Abdullah Haroon),沙赫·纳瓦兹·布托出任该党的副主席;该党公开
目标是促进印度人和穆斯林人的社区和谐。

④ Ian Talbot , *Pakistan: a Modern History*, New York:St. Martin's Press, 1998. p.76

⑤ 真纳全名为"穆罕默德·阿里·真纳"(1876 年 12 月 25 日—1948 年 9 月 11 日)是巴基斯
坦建国之父,律师和政治家。

数人是印度教徒,当地居民都不愿看到朱纳加德土邦成为巴基斯坦的一部分。面对即将发生的动乱和印度军队的进驻,沙赫·纳瓦兹·布托只好请求印度政府接管该地区以避免动乱。①

1947年11月8日,沙赫·纳瓦兹·布托带着全家重新回到巴基斯坦,在拉尔卡拉过着退休生活。1957年11月19日,布托的父亲去世。

从布托父辈与祖辈们的生活与经历来看,年青的布托是生活在高度政治化的环境。正如布托后来的描述:"我与政治的联系是植根于我的环境。我是来自一个弥漫政治的地方,在那里,我的家族起着重要的作用。政治就是我出生时给我的奶。"②

布托的父亲与其祖辈们不同。他受过一定教育,视野开阔,从政经验丰富,不是一个纯封建地主。布托父亲长期从政所结识的朋友与同事为其儿子布托走向巴基斯坦政坛打下了基础。同时,布托能够成为巴基斯坦的著名人物也有其父亲精心安排与培养的苦心。

二、布托早期政治经历

布托出生后,他父亲给他取名为佐菲卡尔·阿里(Zulfikar Ali)。佐菲卡尔是阿拉伯四大哈里发之一并且是有名的武士——哈兹拉特·阿里(Hazrat Ali)给自己的剑取的名字。在历史上,阿里之剑长期被看成是反抗压迫的标志。对于沙赫·纳瓦兹·布托来说,佐菲卡尔的出生对他有特殊意义,因为布托是他第四个妻子给他生的第一个男孩。③ 按照当时布托家族的习俗,沙赫·纳瓦兹·布托有四位妻子。布托的母亲是他的第四位妻子,前三位妻子为他带来四位女儿和一位儿子,不过那位儿子死了。④ 布托成为他唯一的继承人。

布托的母亲是印度教徒,在结婚之前,转信伊斯兰教,改名为"库尔希德(Khurshid)"。库尔希德的卑微出身遭到布托封建家族的反对。很长一段时间,布托家族的其他人反对她与布托父亲结合。即使在孩提时期,布托也能感受到布

---

① Philip E. Jones, *The Pakistan People's Party: Rise to Power*, Oxford: Oxford University Press, 2003, p.64.

② Maleeha Lodhi, *Bhutto, The Pakistan People's Party and Political Development in Pakistan, 1967–1977*, PhD Dissertation for London School of Economics and Political Science, University of London, November 1980, p.100.

③ Salmaan Taseer, *Bhutto: a political biography*, Delhi: Vikas Publishing House PVT LTD, 1980, p.21.

④ Dilip Mukerjee, *Zulfikar Ali Bhutto: Quest for Power*, Delhi: Vikas Publishing House PVT LTD, 1972, p.27.

托家族对他母亲的敌意。她的苦恼深深地印在布托的脑海里。布托母亲对穷苦人的同情及其身受封建制度的不公正待遇影响了布托的世界观。

布托从小在学习上就受到他父亲的特别关注。布托首先进入的学校是卡拉奇的修道院幼儿园。当他父亲进入孟买内阁时,布托 1937 年转入到孟买的大教堂及约翰·康农（Cathedral and John Connon School）中学 ①。该所中学主要是为孟买精英阶层的孩子开办的,以英国人、印度人为主。在学校,布托喜欢运动项目,尤其是喜欢板球运动,成为小有名气的板球运动员。在那里,布托日益关心世界大事,偶尔也会与学校当局发生冲突。在中学快结束之际,布托的一次演讲批评英国政府,引来校方的不满。

由于布托的父亲与穆罕默德·真纳经常在孟买的俱乐部讨论政治热点话题,布托经常跟随他父亲参加那些讨论。布托被真纳的见解所折服,从而成为真纳的追随者。② 布托坚信真纳的两国理论,认为如果没有独立的巴基斯坦,穆斯林的权益就得不到保障。对于布托来说,真纳所有说的做的都是正确。③ 作为少年的布托也参加了有关政治问题的讨论。这一经历给布托留下了深刻的印象,影响了布托对印度总的看法,尤其是对克什米尔和孟加拉人分离主义分子的看法。④

1946 年,巴基斯坦争取与印度分离的斗争达到了高潮。真纳确定 1946 年 8 月 16 日为"直接行动的日子",以展示扩大穆斯林对成立巴基斯坦的支持。这一天,布托不但聆听了真纳的演讲,同时还参加了抗议活动。这是布托人生中第一次参加政治活动。他的组织才干引起真纳的注意。⑤ 布托的政治意识就在巴基斯坦运动中强烈的民族主义氛围中形成。强烈的民族主义色彩充分体现在布托的思想中。

1947 年 9 月,印巴分离后的一个月,布托离开孟买,前往美国南加州大学洛杉矶分校留学,开启人生新的阶段。1949 年 1 月,布托又转学到加利福尼亚大学伯克利分校,主修政治学。在那里,布托广泛涉猎了政治学、法学、哲学和国际法的书籍,尤其是对柏拉图、穆勒、亚里士多德、霍布斯和洛克的著作进行了摘要。他尤其喜欢马基雅弗利、汤因比、尼赫鲁、拉斯基的著作,尤其是他们的历史传记。

---

① 大教堂及约翰·康农学校成立于 1860 年,实行合作办学,位于印度马哈拉施特拉邦（Maharashtra）的孟买市,是全印度排名第一的学校。

② Abdul Ghafoor Bhurgri, *Zulfikar Ali Bhutto: The Falcon of Pakistan*, Karachi: SZABIST, 2002, p.40.

③ Piloo Mody, *Zulfi;My friend*, Delhi: Thomson Press（India）Limited, 1973, p.35.

④ Shahid Javed Burki, *Pakistan Under Bhutto, 1971–1977*, New York: St. Martin's Press, 1980, p.37.

⑤ Salmaan Taseer, *Bhutto: a political biography*, Delhi: Vikas Publishing House PVT LTD, 1980, pp.24–25.

在伯克利,布托在汉斯·凯尔森(Hans Kelsen)①的课中打下了坚实的国际法知识。这为布托以后在联合国有关国际法问题上的演讲奠定了基础。

布托在伯克利的学习成绩是优秀的。同时,他还参加了一些社会活动,第一次竞选学生会主席,成为伯克利亚裔学生会主席第一人。他也志愿协助美国国会议员海伦·加黑根·道格拉斯(Helen Gahagan Douglas)②与理查德·尼克松(Richard Nixon)竞选参议院席位。布托通过参加这些竞选活动,对竞选有了一定的感性认识,对他以后回国参加竞选活动有帮助。

在美国留学这段时间,布托逐渐对社会主义感兴趣,尤其比较认可印度尼赫鲁的社会主义思想。他认为社会主义是使亚洲和非洲新兴国家尽快摆脱贫困的最好方式。对于这一点,布托母亲对他的影响是深刻的。布托自己曾谈到他母亲:"她教我热爱穷人并让我意识到他们生活的艰难。"③多年以后,布托把自己对社会主义的思考转变为巴基斯坦人民党的思想。

1950年,布托以优异成绩从伯克利政治学系毕业后,旋即转入牛津大学基督学院,攻读法学硕士学位。他很快被牛津大学接受为高年级研究生,所以,必须以二年时间学完三年的课程。由于必须学习罗马法,布托不得不通过拉丁语的考试,而在此以前,他一点也没有学过拉丁语。通过努力学习,布托通过罗马法的考试,还以优异的成绩获得法学硕士学位。

在牛津大学,人类学者维里尔·埃尔温(Verrier Elwin)④关于印度东北部高山部落的透彻了解给布托留下了很深的印象。布托后来写到,正是埃尔温"他第一次使我认识到贫穷的含义"⑤。布托后来在人民党的纲领中突出对人民贫穷的关注。

1951年,布托与家族来源于伊朗克尔曼沙阿省的商人家庭女儿——努斯拉

①　汉斯·凯尔森(1881年10月11日—1973年4月19日)法学家、法哲学家,一直被视为20世纪最有权威法律学者。

②　海伦·加黑根·道格拉斯(1900年11月15日—1980年6月28日)是美国著名演员和国会议员。

③　Philip E. Jones, *The Pakistan People's Party: Rise to Power*, Oxford: Oxford University Press, 2003, p.67.

④　维里尔·埃尔温(1902—1964)是著名的人类学家、种族学家和部落活动者;他首先以基督教牧师身份在印度开始他的研究,后放弃牧师身份,为圣雄甘地和国大党工作,担任过尼赫鲁政府关于少数族裔状况的宪法顾问;他以早期对印度中部的白伽人和贡达人少数族裔的研究而出名,后来又对印度东北部的几个部落进行了研究。

⑤　Zulfikar Ali Bhutto, *The Quest for Peace*, Karachi: The Pakistan Institute of International Affairs, 1966, p.59.

特（Nusrat）结婚。努斯拉特·布托女士（Begum Nusrat Bhutto）[1] 以后对其丈夫的事业作出过很大的贡献。

1952 年，布托完成在牛津的学习之后前往伦敦，准备他的律师资格考试。在不到一年的时间里，布托当上律师，并获得英国南安普敦大学国际法教授的邀请，但是他没有履约，因为他父亲病重，他必须马上回国。[2] 另外，布托也被剑桥大学国王学院录取，以继续学习，但是也没有能成行。

1953 年 11 月，布托回到巴基斯坦的拉尔卡拉，从他生病父亲的手中接管家族地产的管理。不久，他父亲安排布托到卡拉奇一家律师事务所，担任一位在民事和刑事诉讼小有名气的信德人律师的助理，但是布托在该律师事务所中受到排挤。为此，他离开该所，并在隔壁开了自己的律师事务办公室。布托很快熟悉了律师业务，办了几件复杂的刑事诉讼案子，也遭到当地同行的嫉妒。布托发现法律也像政治一样是"一个嫉妒的情妇"[3]，需要花费全部时间。1956 年，布托还趁到卡拉奇办事之际，在信德穆斯林法学院兼教宪法学课程。

1954 年，巴基斯坦中央政府决定合并原来的四个省：旁遮普省、信德省、西北边境省和俾路支省为"一个单位（A Unit）"："西巴基斯坦省"。[4] 这一决定伤害了巴基斯坦各省人民的感情，激起各省人民的反对。布托感觉自己不能袖手旁观，首次卷入国内政治鼓动之中。布托被选为信德青年阵线的主席，并言辞激烈地反对政府推行的单一制。布托专门写了一份小册子，题目是"巴基斯坦：联邦制还是单一制国家"，批评政府的做法。他还在家乡拉尔卡拉，举办新闻记者招待会，强烈谴责单一制。

针对布托的行为，信德省政府曾考虑要逮捕布托，但是考虑到布托家族在信德省的势力，以及布托父亲在信德省的特殊地位，政府才放弃逮捕布托。布托的父亲忠告布托：如果卷入地方主义、地区主义，他将成为巴基斯坦的政治敌人。布托很快从弥漫在"单一制"周围的地区主义和地方主义政治中抽身。[5] 布托的

---

[1] 努斯拉特·布托女士（1929 年 3 月 23 日—2011 年 10 月 23 日）是伊朗裔巴基斯坦人，曾为巴基斯坦的第一夫人（1971—1977）；1979—1983 年，继任丈夫在人民党的职务：巴基斯坦人民党的主席；她也是前巴基斯坦总理贝娜齐尔·布托的母亲。

[2] Piloo Mody, *Zulfi; My friend*, Delhi: Thomson Press（India）Limited, 1973, p.51.

[3] Piloo Mody, *Zulfi; My friend*, p.52.

[4] Salmaan Taseer, *Bhutto: a political biography*, Delhi: Vikas Publishing House PVT LTD, 1980, p.36.

[5] Maleeha Lodhi, *Bhutto, The Pakistan People's Party and Political Development in Pakistan, 1967– 1977*, PhD Dissertation for London School of Economics and Political Science, University of London, November 1980, p.101.

父亲劝他暂时远离政治。对于儿子参与政治的行为,布托的父亲窃喜。不过,他告诉布托在政治的艺术中,时间是一个必要的要素。①

1956 年,布托进入仕途的机会来临。当时巴基斯坦总统伊斯坎德尔·米尔扎(Iskander Mirza)②是布托家族的老朋友。布托的父亲和伯父与伊斯坎德尔·米尔扎都是密友。当总统伊斯坎德尔·米尔扎冬季到他们家的狩猎地打猎时,布托有机会经常见到他。年轻的布托给伊斯坎德尔·米尔扎留下了深刻印象,尤其是布托提出的观点:巴基斯坦没有必要把自身专门捆绑在英美联盟上,而限制自己的外交政策。③

伊斯坎德尔·米尔扎总统帮助布托实现其最早的愿望:让他参加巴基斯坦去联合国的代表团。因此,布托早期走的是一条精英政治,而不是民众政治。

1957 年 9 月,年仅 29 岁的布托被任命为巴基斯坦联合国的代表,开始了布托新的人生。在联合国第 16 次会议上,布托作了关于"侵略的定义"的演讲。他的演讲一直被认为是关于此问题的最好论述。

1958 年 2 月,布托代表巴基斯坦出使联合国在日内瓦召开的海洋会议。布托在这次会议上的表现引起各国代表的关注,他本人在巴基斯坦国内的政治地位也得到了大幅度的提高。

1958 年 10 月 7 日,伊斯坎德尔·米尔扎总统提名与前任政府没有联系、但有影响的布托为商业部长。当年 10 月 27 日,巴国防部长阿尤布·汗(Ayub Khan)将军发动政变,把伊斯坎德尔·米尔扎赶出国门时,仍然把布托留在内阁中。作为最年轻的商业部长,布托重组了巴基斯坦外贸机构。商务部在布托领导下,制定了一系列的具体规章,如制定了政府对出口质量控制的规章。

布托在巴基斯坦政坛迅速崛起。他的智力、才干和努力工作很快赢得了阿尤布总统的信任。1960 年 1 月,布托离开商务部,先后出任过少数族裔部长、信息部长和国家重建部长。他工作的主要任务是负责规范阿尤布政权,因此,布托与阿尤布的接触越来越多,得到他的信任也越来越多。几个月后,布托又相继出任能源、电力和自然资源部长和克什米尔部长。可以看出,布托已经成为阿尤布核心小圈子的成员。正如赫伯特·费尔德曼观察道:"阿尤布正需要一些高素质的人,

　　① Piloo Mody, *Zulfi:My friend*, Delhi: Thomson Press(India)Limited, 1973, p.53.
　　② 伊斯坎德尔·米尔扎(1899 年 12 月 14 日—1969 年 11 月 12 日)是巴基斯坦的首任总统;1956 年巴基斯坦宪法通过后,制宪会议一致选举他为巴基斯坦总统;1958 年 10 月 7 日,宣布废除 1956 年宪法,实行紧急状态法;该年 10 月 27 日,却被阿尤布赶下台,流亡英国,死于伦敦。
　　③ Philip E. Jones, *The Pakistan People's Party: Rise to Power*, Oxford: Oxford University Press, 2003, p.69.

以弥补他自己的知识和学识的差距。"① 布托满足了阿尤布的需要，同时，阿尤布也给他父亲般的关心。当然，对政府各个方面工作的介入也大大地锤炼了布托的领导能力。

1962 年，巴基斯坦颁布《政党法》，政党政治开始活跃起来。阿尤布也想寻找一个适合的政党，作为维系他统治的工具。长期没有活动的大会派穆斯林联盟（Convention Muslim League）② 成为阿尤布看中的政党。布托负责大会派穆斯林联盟的重组，以保证该联盟忠于阿尤布。经过一系列的秘密会议、幕后谈判，大会派穆斯林联盟在 1962 年 9 月 4 日召开成立大会。布托主持大会，出任大会派穆斯林联盟的副主席。会后不久，他又被阿尤布任命为该党秘书长。③ 这一职务使布托建立了自己的政治小圈子，同时，布托也能从中深入地了解巴基斯坦政治的动态。实际上，布托本人没有多少时间参加该党活动，但是他协助起草了一个新党纲，主张该党实行集权，并尽可能少地举行党内选举。这反映出布托趋向于集权，并不看好政党的组织形式。④

通过参加大会派穆斯林联盟的全面重组，布托进一步了解政党的内部秘密，学会了政党内部的谈判、交易与赎买、联盟和巴基斯坦特有的庇护政治，洞察到巴基斯坦政治精英们存在的纪律散漫、不断跳党（Floor-Crossing）⑤ 的特点。改组后的大会派穆斯林联盟是一个阿尤布主导的庇护党。阿尤布提名该党中央委员会成员进入国家机构各个关键部门，并利用庇护关系来巩固党的组织。

布托后来组织人民党时，人民党的很多特点与阿尤布这个执政党——大会派穆斯林联盟相似。布托也从大会派穆斯林联盟的失败中吸取了许多经验教训。例如，该党缺乏群众基础的教训被布托所吸取。

布托通过参加大会派穆斯林联盟的重组工作与国内数个要人建立了个人

---

① Philip E. Jones, op.cit., p.70.

② 大会派穆斯林联盟是在 1962 年从巴基斯坦穆斯林联盟分裂出来的一支分支，改组后成为阿尤布政权的执政党。

③ 对于秘书长这一职务，布托开始时并不想担任。经过一段时间思考阿尤布这一决定背后的原因，并分析该党性质后，布托才愿意接受这一职务。See Rounaq Jahan, *Pakistan: Failure in National Integration*, New York: Columbia University Press, 1972, pp.127–132.

④ Raj Kumar, *Pakistan Peoples Party : Zulfikar Ali Bhutto to Benazir Bhutto*, New Delhi: Sumit Enterprises, 2008, p.52.

⑤ 跳党最早指在威斯敏斯特议会中议员对党忠诚的变化，主要有两层含义：一是指党员对本党的路线投反对票，二是指离开本党加入另一个政党。在巴基斯坦，经常出现某个议员当本党未能满足其要求时，就加入另一个政党，同时，也有一个政党通过贿赂手段去收买另一个党的议员使其改变对本党的忠诚。

关系,并试图建立他自己的派别。许多前穆斯林联盟的朋友,如古拉姆·拉苏尔(Pir Gulam Rasool)、穆斯塔法·哈尔(Mustafa Khar)、古拉姆·穆斯塔法·贾托伊(Ghulam Mustafa Jatoi)、法扎勒·埃拉希(Fazal Elahi)等,后来都加入了巴基斯坦人民党。

1962年,布托在西巴基斯坦省督的盛邀下,竞选拉尔卡拉选区的国会议员。由于得到地方政府的帮助,布托轻松赢得该区的国会议席。

第二年,巴基斯坦最高法院认定,行政权要与立法权分离,内阁部长不能兼任国会议员。布托辞去议员职务。布托支持自己家族的毕尔·巴克什·布托(Pir Bux Bhutto)当选。

布托在家乡的竞选成功,他的地位被拉尔卡拉选区所承认。1965年,布托又劝自己的表弟蒙塔兹·阿里·布托(Mumtaz Ali Bhutto)[①]竞选该选区的议席,并成功当选。[②]从此,拉尔卡拉选区成为布托的政治支持基地。布托也支持大会派穆斯林联盟在信德省的其他候选人竞选。布托逐渐与信德省的地主们取得联系,建立了政治联盟。布托在培育自己政治基地的同时,也逐渐转向左翼。[③]这一转变具有重要意义,标志着巴基斯坦左翼获得了拥有政治技巧和能量的领导人。

布托在出任巴基斯坦能源、电力和自然资源部长期间,劝说阿尤布改变巴基斯坦向西方一边倒的局面。布托开始着手与苏联、中国等社会主义国家联系。

1960年12月13日,布托飞往莫斯科与苏联洽谈,合作开发巴基斯坦石油。经过艰苦谈判,布托为巴基斯坦带回了苏联提供利息为2.5%的3亿美元信贷,支持巴石油开发的石油协议。[④]石油协议的签订表明巴基斯坦外交政策的变化:巴基斯坦逐渐向社会主义国家靠拢。苏联人逐渐改变对巴基斯坦的看法。布托也开始接受社会主义思想。[⑤]

布托自出任少数族裔部长,就开始接触巴基斯坦的外交事务,这也是其专业和兴趣所在。作为奉行实用主义的部长,他认识到巴基斯坦没有永远的敌人,只有永远的利益。布托向阿尤布建议:小国的外交政策应采取现实主义的态度;政

[①]　蒙塔兹·阿里·布托出生于1933年11月28日,是布托的大表弟,人民党创始成员之一,前联邦部长、信德省省督和信德省首席部长;1989年,成立"信德民族阵线"。

[②]　Anwar H. Syed, *The Discourse and Politics of Zulfikar Ali Bhutto*, New York: St. Martin's Press, 1992, p.28.

[③]　Shahid Javed Burki, *Pakistan Under Bhutto, 1971–1977*, New York: St. Martin's Press, 1980, p.37.

[④]　Salmaan Taseer, *Bhutto: a political biography*, Delhi: Vikas Publishing House PVT LTD, 1980, p.43.

[⑤]　Shahid Javed Burki, *Pakistan Under Bhutto, 1971–1977*, London: The Macmillan Press, 1988, Second edition, p.39.

策和策略的转变应建立在理性,而不是所谓主观路线上;小国的外交政策不应一直倾向某一超级大国,应始终以自我利益为出发点。

布托主张巴基斯坦奉行独立的外交政策,尤其要改善与中国、苏联和广大第三世界国家的关系,弱化美国的影响和经济援助。布托后来大力发展了与中国的关系,使中国与巴基斯坦成为友好邻邦。布托被认为是巴基斯坦发展与中国友好关系,逐渐摆脱对美国依赖的奠基人。

外交部长一职是布托心仪已久的职位。在阿尤布内阁外交部长穆罕默德·阿里·博格拉(Muhammad Ali Bogra)[①]身体状况每况愈下时,布托经常担任政府的外交事务发言人。他也被任命为巴基斯坦与印度就克什米尔问题谈判的首席代表。1963年1月,穆罕默德·阿里·博格拉去世后,布托成为阿尤布内阁外交部长。他以自己广博的知识和惊人的精力为自己赢得了谈判能手的声誉。

布托在阿尤布内阁中更出名的职务是外交部长。他在国内政策,尤其是组织政党的经验却并不那么引人注意。布托的主要精力放在外交政策上。尽管如此,他在国内问题上也积累了很多经验。在阿尤布内阁,布托是用心和小心的,对阿尤布也是忠心的。[②]在外交政策上,布托是一个现实主义者。

阿尤布对布托处理外交事务比较信任,但是布托关于外交问题的独立见解使他与阿尤布的意见渐行渐远。布托强烈的民族主义立场与阿尤布明哲保身、维护自身利益的做法最终发生冲突,并导致两人的分裂。

克什米尔地区是印巴两国长期争议的地区。1963年夏天,印巴就克什米尔地区的谈判失败后,两国关系日益紧张。布托作为外交部长参与了此次谈判。到1965年,印巴两国在克什米尔边境地区的摩擦加剧。以布托为首的阿尤布内阁部长们主张刺激克什米尔地区印度军队暴力镇压。该方案是:巴方游击队员渗透到克什米尔激起印度军队镇压;印度的镇压活动反过来引起世界,尤其是印度穆斯林的反应,同时还会引起世界舆论的抗议,这样将迫使印度重新考虑其在克什米尔的立场;这样的局面会带来对巴有利的谈判。[③]

随着巴方游击队员的渗透,印巴第一次克什米尔战争爆发。1965年9月6

---

① 穆罕默德·阿里·博格拉(1909年10月19日—1963年1月23日)为孟加拉人,1955年至1956年担任阿尤布内阁的外交部长。

② 据报道,1961年,布托曾向阿尤布建议通过合并国内政党和市政机构建立一党制国家,创建建立在强制和规劝基础上的新的政治结构。See Maleeha Lodhi, *Bhutto, The Pakistan People's Party and Political Development in Pakistan, 1967–1977*, PhD Dissertation for London School of Economics and Political Science, University of London, November 1980, p.106.

③ Salmaan Taseer, *Bhutto: a political biography*, Delhi: Vikas Publishing House PVT LTD, 1980, p.61.

日,印度军队穿过西巴基斯坦在拉合尔附近的国际调停线,巴基斯坦的军队惊慌失措。在印巴边境和克什米尔两国军队的停火线上,大规模的战争爆发。印度军队共有 65 万人,比巴基斯坦的军队多三倍,并有 1600 架飞机和 1500 辆坦克。印度拥有的重型武器比巴基斯坦多 50%。[①] 指挥印度军队的 J. N. 乔杜里（J. N. Chaudhry）将军夸耀道,他们将在巴基斯坦的拉合尔吃午餐,并在 9 月 5 日对巴基斯坦的边境城市锡亚尔科特市（Sialkot）发起猛攻。此时,阿尤布大为惊慌,赶紧向美国驻巴大使求救,请求停火。1965 年 9 月 23 日,阿尤布接受停火。作为巴基斯坦主要鹰派代表人物的布托对阿尤布接受停火非常生气,在联合国安理会上发表"我们要打一千年战争"的著名演讲。

1966 年 1 月 10 日,阿尤布完全敞开他的外交部长布托,在苏联塔什干接受了苏联人起草的印巴停火协议。该协议宣布了印巴两国维持克什米尔现状及其两国关系的一般原则,回避查谟和克什米尔问题,尤其是回避了印军对巴基斯坦的入侵和印军占有的克什米尔地区。这实际上意味着,巴基斯坦等于放弃了对克什米尔有争议地区的权力。[②] 布托确信塔什干协议决定了阿尤布政权倒台的命运。

当消息转回西巴基斯坦时,人民很是吃惊,进而奋起反抗塔什干协议,而布托被人民看成英雄。布托与阿尤布的关系恶化。政府因为战争的失败需要找一个替罪羊,为此,阿尤布决定解除布托的职务。此外,英美国家也对布托倾向于中国,强烈反对印度的立场不满,也促使阿尤布下这个决心。在布托方面,他也逐渐对阿尤布政权失去了信心。1966 年 6 月 22 日,布托正式从阿尤布内阁辞职,离开首都伊斯兰堡,决定成立新的政党。

第二节 巴基斯坦人民党的成立与纲领

巴基斯坦人民党的成立是巴国内政治发展的必然产物。阿尤布政权的腐败与无能迫切需要一个新的政治人物和组织来挽救巴基斯坦,布托成为当时有思想和有抱负的左翼人士寄予希望的理想人物。在这些人物的鼓动下,布托决定成立一个政党来推翻阿尤布政权,巴基斯坦人民党应运而生。

---

① Abdul Ghafoor Bhurgri, *Zulfikar Ali Bhutto: The Falcon of Pakistan*, Karachi: SZABIST, 2002, pp.201–202.

② Salmaan Taseer, *Bhutto: a political biography*, Delhi: Vikas Publishing House PVT LTD, 1980, p.70.

一、人民党的成立经过

布托辞职,乘坐火车经过拉合尔车站,短暂停留时,数千名学生和群众拥向站台,向布托致意,并高呼"布托万岁!"和"美国人滚蛋"等口号。在拉合尔车站对布托的欢迎仪式是布托人生的一个分水岭。布托首次受到群众的欢呼。他已经从伊斯兰堡封闭的象牙塔中投入广大群众的怀抱。正是广大群众后来把布托推向权力的顶端。布托也从过去的精英政治走向民众政治。

布托又重新回到各种政治论坛和会议中发表演讲,但是此时的布托尽量约束自己不要展示极端的政治观点,并避免攻击阿尤布。

但是布托越来越大的名声扰乱了阿尤布政权。阿尤布坐不住了。1967 年 2 月,阿尤布内阁的情报部长赫瓦贾·谢哈布丁(Khawaja Shahabuddin)发起对布托的攻击与打压。在达卡的新闻记者会上,谢哈布丁指控布托对塔什干协议采取两面手法:布托曾是主要谈判成员,也在塔什干赞扬过该协议,并为协议辩护过,但是当西巴出现群众反对该协议的抗议活动后,就掩盖了自己以前的看法。[1] 谢哈布丁的讲话早就准备了新闻稿,并到处散发。阿尤布内阁的其他部长也大肆抨击布托对塔什干协议的两面手法。谢哈布丁甚至指控布托在 1958 年出任内阁部长以前,一直保留着印度公民资格等等。正是谢哈布丁的攻击,促使布托投入反阿尤布的战斗。

1966 年 10 月初,布托从欧洲考察回到拉合尔时,在他下榻的酒店,再次受到来自律师、学生代表以及各类政治人物的欢迎。他们把布托看成 1965 年国家的守护神,并宣布无论布托在政治上作出什么决策,他们都愿意跟随他。[2] 更为重要的是,布托还会见了"伊斯兰社会主义团体"的作者、教授和记者们。他们团结在一份高质量的月刊:《胜利(Nusrat)》的周围。在 1965、1966 年,《胜利》成为一群思想家的工具。这些思想家中有哈尼夫·拉迈(Hanif Ramay)[3]、萨夫达尔·米尔(Safdar Mir)[4]、穆罕默德·乌斯曼(Muhammad Usman)教授、大毛

---

[1]　Salmaan Taseer, *Bhutto: a political biography*, Delhi: Vikas Publishing House PVT LTD, 1980, p.80.

[2]　Philip E. Jones, *The Pakistan People's Party: Rise to Power*, Oxford: Oxford University Press, 2003, p.101.

[3]　哈尼夫·拉迈(1930—2006)是巴基斯坦著名左翼知识分子记者,在布托执政时间,曾是旁遮普省的省督和首席部长;他是人民党的创始成员, 1993 年 10 月至 1996 年 11 月是巴基斯坦国民议会的发言人,是人民党内"伊斯兰社会主义"派的代表人物。

[4]　萨夫达尔·米尔(1922—1988)是《巴基斯坦时报(*Pakistan Times*)》著名记者,著作颇丰,一直独身。

拉古拉姆·拉苏尔·梅尔（Maulana Ghulam Rasul Mehr）等。他们想在巴基斯坦推广"伊斯兰社会主义"思想，以促使社会主义与伊斯兰教的和谐结合。拉迈向布托进言："要使巴基斯坦的政治生活得以新生，只有走'伊斯兰社会主义'的道路。"[①] 布托后来在 1966 年 11 月 23 日论及巴基斯坦的问题时，第一次公开使用这一概念，表明拉迈等人的思想为布托所用。

自 1966 年 6 月布托辞职到 1967 年 6 月，布托通过仔细观察巴基斯坦的经济和政治局势，并与许多政党和团体咨询后，转向采取左翼的政治立场，并成立社会主义政党（更类似于民主社会主义政党）。有许多因素促使布托作出成立新党的决定。学生、知识分子和群众的推动，使布托认识到自己的魅力和潜力所在，促使他考虑成立自己的政党。

在成立人民党之前，布托也曾考虑过参与或改组一个现成的政党。在巴基斯坦的现有政党中，布托最感兴趣的是大会派穆斯林联盟（Council Muslim League）和民族人民党（National Awami Party）。民族人民党的主要领导人大毛拉阿卜杜勒·哈米德·巴沙尼（Abdul Hamid Bhashani）[②] 在阿尤布执政期间支持倾向中国的政策，令布托有好感。布托希望在大会派穆斯林联盟中建立自己的派别：前进集团（Forward Bloc），但是这一建议被该联盟中的中坚分子，如胡达·巴赫什·布恰（Khuda Bakhsh Bucha）[③] 所否决。[④] 布托同时也与民族人民党和大会派穆斯林联盟谈判。后来，民族人民党（National Awami Party）、大会派穆斯林联盟、伊斯兰促进会（Jamaat-e-Islami）和伊斯兰秩序党（Nizam-e-Islam）组建为巴基斯坦民主运动。布托没有参加有多种原因：作为阿尤布最亲信的人，布托曾在过去猛烈批评过这些反对党；尽管他们欢迎布托加入他们的队伍，但是不能接受他为领导人，并且反对党显示无法与过去决裂；他们中很少有群众的力量；他们继续执迷于抽象的理论，坚持把伊斯兰教看成包治百病的灵丹妙药。[⑤] 布托无法接受他们的现状。

布托认识到巴基斯坦的新一代将登上政治舞台。这一代没有见证过外国人

---

①　Philip E. Jones, *The Pakistan People's Party: Rise to Power*, Oxford: Oxford University Press, 2003, p.101.

②　大毛拉阿卜杜勒·哈米德·巴沙尼（1880—1976）是巴基斯坦著名的政治家，民族人民党的创始人和主要领导者。由于他的观点接近社会主义和共产主义，因此，他又被称为"红色毛拉"。

③　胡达·巴赫什·布恰曾担任阿尤布内阁的农业部长、布托政府的农业顾问，1966—1968 年曾担任西巴国民议会的领导人，于 2002 年 97 岁时去世。

④　Lawrence Ziring, Ralph Braibanti, and W. Howard Wriggins（ed.）, *Pakistan ; The Long View*, Durham: Duke University Press, 1977, p.76.

⑤　Meenakshi Gopinath, *Pakistan in Transition:Political Development and Rise to Power of Pakistan People's Party*, New Delhi:Manohar Book Service, 1975, p.23.

统治的暴行。他们处在一个新的时代:同胞之间相互剥削,经济不平等扩大,政治自由受到嘲弄。后来的事件证明被剥夺的这一代,尤其是学生成为布托最强有力的支持基地。布托认为已经是该用不同的方法来处理巴基斯坦问题的时候了。

到1967年秋,布托逐渐确立自己的政治信念。在反阿尤布政权斗争的早期,布托把自己的演讲主要局限于外交政策事务。他的立场经常是反印度和支持中国。他知道他的立场得到公众的支持。他向社会主义的转变是小心翼翼。只有当他意识公众的反映与他的意见一致时,他才公开主张社会主义。到1970年大选竞选时,他的观点更加激进,甚至有科学社会主义的味道。

布托在巴基斯坦各地寻找支持者。布托感觉需要一个正式的组织来协助自己进行宣传和鼓动。这个组织有自己的宣言,有一批职业干部和骨干。这个组织只能是政党。促成布托要建立一个自己新的政党的主要人物是贾拉勒丁·阿克巴尔·拉希姆(Jalaluddin Akbar Rahim,普遍称之为 J. A. Rahim)①。

拉希姆是印度高等法院法官的儿子,早年在印度马德拉斯(Madras)和加尔各答学习,后在英国剑桥大学和慕尼黑大学获得学位。1931年,拉希姆成为印度文官,成为外交部资深外交官。1966年退休后,拉希姆在国内和欧洲游历,致力于为巴基斯坦建立一个"真正的社会主义政党"。②拉希姆信奉的社会主义倾向于英国工党的社会主义。在人民党早期,拉希姆为布托提供意识形态,而布托则提供他的现实主义和对民众的吸引力。③

拉希姆发现布托是实现这一社会主义政党最佳人选,因为布托是阿尤布内阁中最出色的部长。1966年秋,拉希姆在巴黎与布托会面时,就力劝布托组织新党。1966年10月30日,布托来到伦敦对外籍巴基斯坦人演讲时,他们也向布托提出建立一个真正的组织而不是个人小圈子之上的一个新的左翼政党。这个政党有面向广大人民群众的社会主义纲领,而不仅仅是几句口号,并有一个职业的干部队伍。1967年夏,拉希姆与布托在日内瓦会面,再次劝布托组织新的政党。

除拉希姆和伦敦外籍人士力劝布托组党外,在旁遮普省,也有社会团体和个人劝布托组织新的政党。这些团体主要有律师协会、学生联合会以及一些非正式的政治团体。这些团体的代表人物有穆巴希尔·哈桑(Mubashir Hasan)、穆赫塔

---

① 贾拉勒丁·阿克巴尔·拉希姆(1913—1977)巴基斯坦人民党的创始人之一,任人民党的秘书长,是布托的政治导师,协助布托推翻阿尤布政权,在布托执政时期,出任过生产部长、法律部长、计划部长等,后与布托发生矛盾,被布托解除秘书长一职。

② Philip E. Jones, *The Pakistan People's Party: Rise to Power*, Oxford: Oxford University Press, 2003, p.108.

③ Rafi Raza, *Zulfikar Ali Bhutto and Pakistan, 1967–1977*, Oxford: Oxford University Press, 1997, p.5.

尔·拉纳（Mukhtar Rana）、迈拉杰·穆罕默德·汗（Mairaj Mohammad Khan）、K.
H. 梅尔（K. H. Meer）、泰·穆罕默德·兰加（Taj Muhammad Langah）和谢赫·拉
希德（Sheikh Rashid）、阿卜杜勒·哈尼夫·皮尔扎达（Abdul Hanif Pirzada）、穆
斯塔法·哈尔（Mustafa Khar）。他们很钦佩布托无情地反对帝国主义,并劝说布
托发起他自己的党。实际上,这些人后来大部分成为人民党的骨干。①

到 1967 年 2 月,布托汇聚了来自各方面的力量,决定采取更加公开的立场,
反对阿尤布政权。1967 年 9 月 16 日,布托在海德巴德拉苏尔·巴克什·塔尔普
尔（Rasul Bakhsh Talpur）家中首次公开表示准备成立新的政党。他指出新党将
会是激进和改革的、民主和社会主义。他强调他的社会主义是和平的、消除剥削,
但是也鼓励小规模的私营企业发展。② 布托明确地指出,只有新政党才能成功地
与新兴社会团体以及新一代的公民相适应。③

1967 年 11 月 30 日至 12 月 1 日,布托与其支持者在拉合尔穆巴希尔·哈
桑家中,举行新党成立大会。来自信德省的代表有塔尔普尔（Talpur）兄弟④,
拉苏尔·巴克什（Rasul Baksh）和阿里·艾哈迈德（Ali Ahmad）;西北边境省
的代表由哈克·纳瓦兹·甘达普尔（Haq Nawaz Gandapur）和哈亚特·穆罕默
德·汗·谢尔帕奥领导;俾路支省由塔赫尔·穆罕默德领导;旁遮普省参加的只有
谢赫·拉希德;东巴基斯坦没有代表参加。

1967 年 11 月 30 日,当各地代表登记后,大会开始。大会先由毛拉穆罕
默德·赛德·纳兹里朗诵《古兰经》的诗,阿斯拉姆·甘达斯普瑞（Aslam
Gurdaspuri）和哈勒姆·拉扎（Halim Raza）两位诗人分别朗诵了自己的诗歌。
这是巴基斯坦知识分子集会惯有的仪式。

马利克·哈米德·萨尔拉兹（Malik Hamid Sarfraz）向大会代表介绍了参加成
立大会的主要代表,有以下人员:拉苏尔·巴克什·塔尔普尔（Rasul Buksh Talpur）、
谢赫·拉希德、J. A. 拉希姆、奥巴德·艾哈迈德汗女士（Begum Abad Ahmad Khan）、
古拉姆·艾哈迈德（Ghulam Ahmad）、哈亚特·穆罕默德·汗·谢尔帕奥（Hayat
Mohammad Khan Sherpao）、巴克什·布托、米尔·哈米德·侯赛因（Mir Hamid

① Lawrence Ziring, *Pakistan: The Enigma of Political Development*, Boulder: Westview Press, Inc., p.119.

② Salmaan Taseer, *Bhutto: a political biography*, Delhi: Vikas Publishing House PVT LTD, 1980, p.86.

③ Maleeha Lodhi, *Bhutto, The Pakistan People's Party and Political Development in Pakistan, 1967–1977*, PhD Dissertation for London School of Economics and Political Science, University of London, November 1980, p.115.

④ 塔尔普尔兄弟:拉苏尔·巴克什·塔尔普尔和阿里·艾哈迈德·塔尔普尔之所以比较显眼是因为在英国人 1843 年打败他们家族以前,他们家族在信德省建立过塔尔普尔王朝。

Hussain）、A. W. 卡特帕尔（A. W. Katpar）、尼萨尔·艾哈迈德·汗（Nisar Ahmad Khan）、迈拉杰·穆罕默德·汗、库尔希德·哈桑（Khurshid Hasan）、阿卜杜勒·拉扎克·苏姆罗（Abdul Razzaq Soomro）、肖卡特·阿里·居内久（Shaukat Ali Junejo）、加齐·库德拉图拉（Ghazi Qudratullah）、毛尔维·穆罕默德·叶海亚（Maulvi Mohammad Yahya）、米安·穆罕默德·阿斯拉姆（Mian Mohammad Aslam）、穆尔塔扎·哈尔（Murtaza Khar）、M. 阿曼拉亚·汗（M. Amanullah Khan）、拉贾·穆拉瓦尔·艾哈迈德（Raja Munawar Ahmad）、马利克·穆罕默德·帕尔韦兹（Malik Mohammad Parvez）、法鲁克·贝达尔（Farooq Bedar）、艾哈迈德·拉扎·汗（Ahmad Raza Khan）、阿卜杜勒·拉赫曼（Abdur Rahman）、马利克·拉韦德·艾哈迈德（Malik Naved Ahmad）、穆罕默德·阿赫桑（Mohammad Ihsan）。[①] 一些学生、律师代表、一对工会组织者夫妇也参加成立大会。两名乌理玛（Ulema）参加以保证党的伊斯兰信念。

人民党从成立之初就具有成分复杂的特点：参加成立大会的不但有左翼组织者，知识分子社会主义者，还有贵族和追随布托的保守分子。不过，无论从人数上还是从对会议进程的影响来看，左翼社会主义者占主导。参加会议的成员中也有政府机构和情报机构的线人。[②]

在成立大会上，布托作了简短的演讲。首先，布托对现行的社会经济制度进行了猛烈的抨击，号召广大群众推翻这个政权。布托指出阿尤布没有给巴基斯坦带来应有的体面；这个国家的广大群众处于可怜的状况，巴基斯坦宗教政党成为国家发展的障碍。阿尤布政权的经济政策是使穷人越穷，富人越富。布托还严厉地批评了各种反动阶级，他们把国家和人民带向崩溃的边缘。

布托讲话中突出对人民的重视：任何个人都不可能从真主那里获得为巴基斯坦人民制定什么法规的授权；人民有权为他们创建的巴基斯坦，去争取理想目标；他们为创建巴基斯坦牺牲了自己，而他们现在的生存状况和福利却处在危急之中；只有人民才能决定这个国家和政府的性质；现在国家的持续危机正是人民被否决了他们自己决定自己未来所造成的。[③]

---

① 据报道，参加人民成立的代表大约有 300 人，See *The Dawn*, 1 December 1967, 但是据人民党的乐观估计有 500 多名代表。

② Maleeha Lodhi, *Bhutto, The Pakistan People's Party and Political Development in Pakistan, 1967–1977*, PhD Dissertation for London School of Economics and Political Science, University of London, November 1980, p.119.

③ 布托在成立大会上的发言内容可参看 Verinder Grover and Ranjana Arora（ed.），*Political System in Pakistan 3: Political Parties, Elections and Regionalism in Pakistan*, New Delhi: Deep&Deep Publications, 1995, pp.339–343.

　　布托指出巴基斯坦的政治与经济现实要求建立一个新党,并宣布新党的基本原则是:伊斯兰是我们的信仰;民主是我们的政策;社会主义是我们的经济。[①]

　　布托解释这个党的经济纲领目的是社会正义;党的原则是生产工具不应成为剥削人民群众的工具;为与这个原则相适应,所有关键企业的所有权应归人民所有;所有基础行业将实行国有化,国家的公共部门应包括银行、保险、交通、电力生产、燃料、国家矿产资源开发。布托指出社会主义经济纲领将加快经济发展的步伐。现在毫无限制的垄断资本主义阻碍了国家经济的进步。党的社会主义的纲领赋予工人阶级享受自己劳动果实的权力,从而释放他们的能量。

　　成立大会从提交的三个党的备选名称:巴基斯坦进步党、人民党、巴基斯坦社会党,选出第二个名称,同时加以修改为:巴基斯坦人民党（Pakistan People's Party）[②]。大会一致选举布托为巴基斯坦人民党主席,并通过任命方式组成了四个委员会:指导委员会、决议委员会、章程委员会和宣言草案委员会。[③] 这四个委员会都由布托出任主席。

　　成立大会一致通过了人民党成立大会的决议。该决议首先向巴基斯坦的军人们致敬,谴责当局试图阻止大会召开;决议宣布查谟和克什米尔地区没有解决的可能,除非建立在巴基斯坦、印度和美国都认可的自决的基础上;在大多数人中为非印度人的阿萨姆（Assam）[④] 邦应该成为巴基斯坦整体的一部分,正如印巴分离前穆斯林联盟所宣称的那样。决议还宣称巴基斯坦应从南亚条约组织（SEATO）[⑤] 和中央条约组织（CENTO）[⑥] 中退出,保护工人阶级权利,工人有成立工会和罢工的权力;并表示为恢复人民的权利,愿意寻求与其他反对党的合作,恢

---

　　① 拉希姆在人民党的会后起草的临时章程中把人民党的基本原则改为:伊斯兰是我们的信仰;民主是我们的政体（Democracy is our polity）;社会主义是我们的经济;一切权力归人民（All power to the people）, See Rafi Raza, *Zulfikar Ali Bhutto and Pakistan, 1967–1977*, Oxford: Oxford University Press, 1997, p.6.

　　② 在成立大会上,当时的代表没有意识到巴基斯坦人民党（Pakistan People's Party）这个名称并不是什么新名称。在印巴分离后不久,西北边境省支持国大党的领导人加法尔汗（Ghaffar Khan）组成过世俗的政党,该党名称也叫"巴基斯坦人民党（Pakistan People's Party）"。不过,该党与其后继者不同,只存在很短的时间,于1948年消失。

　　③ 四个委员会的具体名单, See Verinder Grover and Ranjana Arora（ed.）, *Political System in Pakistan 3: Political Parties, Elections and Regionalism in Pakistan*, New Delhi: Deep&Deep Publications, 1995,p.344.

　　④ 阿萨姆又称阿萨姆山谷、阿萨姆省,位于印度东北部,是印度最具有文化和地理特点的地区,印巴分离后,当地穆斯林人想加入巴基斯坦,为分裂阿萨姆出现种族斗争。

　　⑤ 南亚条约组织是为南亚集体安全的集体组织, 1954年9月在菲律宾的马尼拉市签订,条约的成员国包括澳大利亚、法国、新西兰、巴基斯坦（含东巴）、菲律宾、泰国、英国和美国,条约的目的是为了遏制共产主义。

　　⑥ 中央条约组织成立于1959年,成员有伊朗、伊拉克、巴基斯坦、土耳其和英国,于1979年解散。

复学术自由,加强第三世界国家的团结等。①

二、人民党成立大会文件与纲领

在成立大会上,10个系列基本大会文件在代表面前宣读。成立大会文件主要由人民党的创始人:J. A. 拉希姆、穆巴希尔·哈桑、哈尼夫·拉迈和布托起草。这些成立大会文件全面地阐述了人民党的纲领:意识形态、信念和主张。

第一个大会文件规定了党的名称是巴基斯坦人民党（简写为PPP）。第二个大会文件规定党旗的图案。

穆巴希尔·哈桑撰写了大会的第三个文件:"为什么要成立新党"。该文件充分阐述了需要一个新政党的理由,指出巴基斯坦已经存在了二十年,但是有关公民身份的基本问题仍然处在一个不确定状态;现在的政权不但没有解决民族问题,而且其政策导致巴基斯坦人生活质量恶化;犯罪和暴力在增加,腐败和裙带关系达到了一个新的高度,劳工处在骚动的状态,穷人和中产阶级发现日益攀升的物价带来的负担使他们无法承受;知识分子、年轻人和学生的价值观却随着他们的逐步成长在下降,变得冷漠和疏远。文件指出政党分裂成不同的派别,正处于无序之中;在这样的环境中成立新党的目的是为了团结现存的所有政党;此外,以年青一代为主导的新一代人民正在壮大,他们确信过去的老方法和传统的方法不能解决巴基斯坦的问题;每一个时代都有自己重要性的一面;这个时代如此让人兴奋,充满了挑战,需要一个有新面孔、有建立新社会激情的新政党。②

J. A. 拉希姆撰写了第四个大会文件:"为什么巴基斯坦需要社会主义"。该文件断定只有社会主义才能解决巴基斯坦的经济与政治危机;只有社会主义才能为所有人提供平等的机会,并保护人免受剥削,废除阶级界线和特权,建立经济和社会正义。社会主义是民主的最高表现,也是它逻辑地实现。文件引用列宁的观点:亚非国家不必走相同的发展道路,在走向社会主义以前,也不必再经过资本主义阶段;通往社会主义的道路并非只有一条,每个国家特有的国情、价值观都将影响社会主义的实现形式。文件还借鉴了英国工党的社会主义观:社会主义的实现

---

① 巴基斯坦人民党成立大会时通过的决议的详细内容请参考 Foundation Documents of the Pakistan People's Party（Lahore, November 1967）; Verinder Grover and Ranjana Arora（ed.）, *Political System in Pakistan 3: Political Parties, Elections and Regionalism in Pakistan*, New Delhi: Deep&Deep Publications, 1995,pp.348–355.

② Verinder Grover and Ranjana Arora（ed.）, *Political System in Pakistan 3: Political Parties, Elections and Regionalism in Pakistan*, New Delhi: Deep&Deep Publications, 1995, pp.356–362, "Foundation Meeting Document No. 3: Why a new party".

不必在政治和经济结构中出现暴力变革。

该文件还针对巴基斯坦的情况指出，其他国家人民的经历会给巴基斯坦提供有益的借鉴，但是归根结底，巴基斯坦必须有自己的社会主义类型，以适应她的宗教和文化价值观。展望未来，巴基斯坦并不想抛弃过去。有了知识和决心，巴基斯坦的社会主义者会重新发现自己文化的春天和文明，再现民族荣誉和尊严。[①]

该文件还强调巴基斯坦的基础行业必须国有化，以满足整个国家的福利；这些基础行业包括银行和保险业、钢铁业、冶金业、机械业、化工业、石化、船舶制造、武器弹药、汽车业、天然气与石油业、采矿、电力、航运、铁路、航空和公路交通等。[②] 那些有能力并真正竞争的企业可以照常经营，并在其领域挣得他们应有的利润。一句话，人民党的目标是把巴基斯坦转变为社会主义社会。

谢赫·拉希德负责起草了第五个文件："原则的草案声明"。该文件指出人民党的目标是把巴基斯坦转变为社会主义社会，以适应人民的愿望；人民党对政策和活动的指导性原则是：人人平等的民主，也就是说，无阶级的社会，运用社会主义理念去实现经济和社会的正义。此文件还确立了一系列纲领性原则，如，男女平等，普选制，保护人权，农民和工人应享有自己的劳动果实和社会福利，加强工会，确定最低工资，动员群众，提升人民文化生活，妇女平等。拉希德成功地在文件中写上"废除封建主义"，而布托以前趋向于"消灭封建行为"。[③]

大会第六个文件："经济的演变"，主要由 J. A. 拉希姆和他的儿子西坎德尔·拉希姆（Sikander Rahim）撰写。该文件明确地描绘出社会主义的前景，论述了巴基斯坦经济发展不足、西方的剥削和经济缺陷等问题，同时，也给出了一个社会民主主义的解决办法，尽管其语言是极左的。

该文件提出把"无阶级的社会"作为人民党的主要目标，但是没有提出可行的实现办法。尽管如此，文件还是提出有积极意义的主题，如"消灭封建主义"、"消除文盲"、规定最低工资和学术自由。[④]

大会第七个文件："人民团结宣言"，是哈尼夫·拉迈起草的，像一个 19 世纪马克思主义的小册子。在断断续续的句子中，充满着互相矛盾的思想，更像是一

①　Anwar H. Syed, *The Discourse and Politics of Zulfikar Ali Bhutto*, New York: St. Martin's Press, 1992, p.62.

②　Lawrence Ziring, Ralph Braibanti, and W. Howard Wriggins（ed.）, *Pakistan；The Long View*, Durham: Duke University Press, 1977, pp.78–79.

③　Maleeha Lodhi, *Bhutto, The Pakistan People's Party and Political Development in Pakistan, 1967–1977*, PhD Dissertation for London School of Economics and Political Science, University of London, November 1980, p.125.

④　Salmaan Taseer, *Bhutto: a political biography*, Delhi: Vikas Publishing House PVT LTD, 1980, p.8.

个剧本,如:

> 正义被延迟
>
> 篡权是自作主张
>
> 受压迫的申诉失去了所有希望
>
> 财富和权力阻止正义。[①]

大会第八个文件:"查谟和克什米尔"是布托所撰写。文件表达人民党关于查谟和克什米尔地区的强硬立场,承诺支持争议地区人民的权利,并要求他们坚持抗争政策。布托在该文件中指出:"巴基斯坦要求建立在自决基础上的和平解决;我们希望在对查谟和克什米尔地区人民承诺不使用武力的基础上实现;但是害怕战争比战争本身更可怕。巴基斯坦意识到战争和流血的灾难。巴基斯坦在其年轻的阶段就见过两次大规模的战争和流血。真心地说,我们不要战争和冲突,我们寻求和平,但是我们不能以克什米尔为代价购买这样的和平。难道这不是真的吗? 巴基斯坦为避免冲突向印度出让了大片土地,希望得到和平。我们不是继续受欺骗?"[②]

根据人民党在成立大会上各大会文件,我们把人民党的纲领归纳如下:

(1)把巴基斯坦社会转变为社会主义社会。

(2)人人平等的民主或者一个无阶级的社会,运用社会主义思想去实现经济与社会正义。

(3)共和制政府,对直接选举的议会负责。

(4)男女成人普选。

(5)充分保障公民的自由,尤其是良心自由、言论自由、新闻自由,集会权和自由结社权。

(6)作为国民收入生产者的农民和工人阶级充分享受其生产成果。

(7)金融与重点产业的国有化以促进工业的快速增长,消除少数人对人民的剥削,铲除外国人对巴基斯坦内部事务的干预。

(8)农业方面的措施是废除封建残余行为对土地耕种者的剥削。

(9)加强工会与承认罢工权是不可分割的,落实国际劳工组织的原则。

(10)确立最低工资。

(11)建立为农民和工人,以及为人口中所有部分的国民医疗服务。

---

① Verinder Grover and Ranjana Arora（ed.）, *Political System in Pakistan 3: Political Parties, Elections and Regionalism in Pakistan*, New Delhi: Deep&Deep Publications, 1995, p.398.

② Verinder Grover and Ranjana Arora（ed.）,op.cit. ,pp.401–402.

（12）动员群众。

（13）废除文盲,教育的方向是形成无阶级的社会。

（14）提升人民的文化生活。

（15）大力发展本国语言,以在国家事务中取代外国语言,如英语的使用。

（16）妇女平等。

（17）司法独立。

（18）废止过时的法律。

（19）学术自由,大学独立。

（20）为国家建设的目的,大力动员青年人。

（21）人民有权参加国防,在东西巴基斯坦和全国的所有地区建立民兵组织。[1]

人民党的成立大会正如布托所承认的那样,不是非常壮观。按照人民党的说法,阿尤布政府尽了很大的努力,以达到这样的结果。他们威胁来自区镇有可能参加成立大会的代表,阻止大会的组织者在拉合尔租到比较大的会堂。这些会堂在成立大会前一天被从来自达卡的巴基斯坦情报部门全部租完。最后,成立大会只能在穆巴希尔在古尔贝格郊区的房子里召开,离市区有五英里远。

人民党成立时并不那么引人注意,巴国内的新闻媒体对成立大会都比较忽视。政府控制的报纸:《巴基斯坦时报》的文章对人民党的成立充满了嘲弄:"上周,由佐菲卡尔·阿里·布托发起成立的巴基斯坦人民党,几乎没有激起任何反应。很遗憾的是,像其他反对党那样,她也只会喊几句口号。"[2]

在人民党成立初期,这样的评价不足为奇。人民党成立大会的决议和大会文件表明人民党向左翼靠拢,充满激进的言辞,使用马克思主义术语,也许正反映了准备大会文件的一些社会主义知识分子的观点,最著名的有拉希姆·穆巴希尔、谢赫·拉希德和哈尼夫·拉迈。但是总体来看,人民党主张的社会主义是温和的、改革的社会主义,而不是马克思主义和共产主义,接近英国工党的社会民主义。据于巴基斯坦实际,为吸引更多的人,尤其是青年学生加入人民党。布托曾经私下给其保守和封建分子追随者解释道:他拥护社会主义对于防止那些更加激进的人利用社会与经济的紧张局势,带来暴力与流血是必要的。[3]

---

[1]　Meenakshi Gopinath, Pakistan in Transition: Political Development and Rise to Power of Pakistan People's Party, New Delhi: Manohar Books Service, 1975, pp.28–29.

[2]　Salmaan Taseer, *Bhutto: a political biography*, Delhi: Vikas Publishing House PVT LTD, 1980, p.91.

[3]　Maleeha Lodhi, *Bhutto, The Pakistan People's Party and Political Development in Pakistan, 1967–1977*, PhD Dissertation for London School of Economics and Political Science, University of London, November 1980, p.116.

从人民党以后的政策来看,人民党更倾向于是一个有适应性的现实主义的党,而不是一个意识形态的党。从政党类型来看,从人民党的动作方式来看,人民党更是一个群众党。正如布托本人在群众集会演讲中所说:"巴基斯坦人民党是群众的党,是你的党,代表你的感情……从卡拉奇市到开伯尔市(Khyber)的人民都支持巴基斯坦人民党,因为这个党属于普通人。"①

从参加成立大会代表的职业来看,大多数是学生、律师、工人和政治团体的负责人,这些代表都与布托保持着联系。从大会委员会委员的身份来看,主要是与布托联系紧密的地主、学生、律师、前政府公务员和小企业主。我们可以看出参加成立大会以学生和律师代表居多。他们中间大部分都是年轻人,因此倾向于激进的左翼思想。同时,参加成立大会的代表还有各行业的代表,成分复杂。由于大部分代表与布托有联系,认同布托的领导能力,人民党更是体现布托个人的色彩。

第三节　巴基斯坦人民党的组织结构与派别活动

人民党成立后,很快确定了垂直的权力结构,保证了党主席布托的权威。人民党的垂直结构充分体现了群众党的寡头结构和个人集权特征。由于人民党党员成分复杂,是多阶级的党,加上党的领袖疏于组织管理,人民党内派别林立,勾心斗角,削弱了人民党的战斗力。

一、人民党的组织结构

人民党的正式组织结构由临时章程规定。成立大会设想了两个阶段:在人民党的初期,临时章程为政党的组织提供设计方案,在人民党以后的发展阶段,新的章程将规定了一个更为持久的政党组织结构。

成立大会通过党的主席享有党的最高权力,并由党主席在会后负责组织三个委员会。其中,组织和原则委员会由党主席与成立大会的指导委员会协商后确定。这两个委员会的职责分别是在全国承担党的组织工作,阐明和宣传党的各项原则。临时章程规定党主席应是这两个委员会的当然主席,并经与委员会商议

---

① 　Stanler Wolpert, *Zulfi Bhutto of Pakistan: His life and times*, Oxford: Oxford University Press, 1993, p.140.

后,负责增选新的成员。①

第三个委员会为中央委员会。该委员会是人民党在临时时期的最高权力机构。由党主席与党的组织者协商后组建。临时章程规定中央委员会组织人员将在成立大会之后,由党主席决定,因为主席拥有党的最高权力。中央委员会再选出党的全国性官员:副主席、秘书长、司库等。同时,中央委员会也有权修改临时章程,以备全国会议通过。

党主席与中央委员会商议后,确定全国会议的召开时间。全国会议有权重新组建中央委员会和组织委员会,重新选出党的全国领导人。这些事情将由参加全国会议的代表审议。全国会议的日程由党主席与组织委员会、党的省主席商议后确定。

临时章程规定的垂直向下发展党员的过程为党组织的最初模式。在党主席的指导下,组织委员会将建立省级组织委员会(包括巴基斯坦的两部分:西巴和东巴)、区域(Zonal)委员会、区(district)委员会和市委员会,并且党的主席与党的组织委员会商议后,向省、区域、区和市委员会派出主席。这些主席与上一级主席商议后,再组织自己的委员会。他们在向更下一级派出主席之前,必须与上一级商议。这一过程向下一直到最基层的单位:乡和选举区。

一旦党的各级单位都组织完以后,党主席经与组织委员会和省主席商议后,可允许省、区域、区和市级单位举行党的会议。这些党的会议有权经由选举更换或保留原来各级的主席和组织委员会。一旦这些过程都已完成,党的组织委员会被称为党的委员会。②

临时章程认识到那些最基层的单位是党基层建设阵地。他们被各自的区和市组织分隔,并选出他们自己的党务官和基层委员会,每二十个党员中选出一名委员。最基层的委员会成员和党务官是区和市委员会的当然成员。在临时章程中,各基层单位将由党员选举党务官和委员会成员。区和市委员会按固定选举比例选举自己的党务官和委员会,区域委员会选举自己的委员。这一过程也将在省委员会重复。最后,两省(西巴省和东巴省)委员会将各自选出 110 名全国委员,这些委员将组织全国会议的 220 名委员。全国会议将由党主席与中央委员会商议后发起召开。全国会议将选出党主席,决定中央委员会的章程,正式通过永久的章程。③

---

① 人民党临时章程关于组织结构的规定的内容,参见 Verinder Grover and Ranjana Arora(ed.),*Political System in Pakistan 3: Political Parties, Elections and Regionalism in Pakistan*, New Delhi: Deep&Deep Publications, 1995, pp.421–428, "Pakistan People's Party Interim Constitution". 下同。

② Philip E. Jones, *The Pakistan People's Party: Rise to Power*, Oxford: Oxford University Press, 2003, pp.208–209.

③ Philip E. Jones, *The Pakistan People's Party: Rise to Power*, Oxford: Oxford University Press, 2003, p.209.

临时章程的一个特点是党各级委员会都有权力按比例增选成员。章程第 14 款规定："各级组织委员会应保证有那些在工人、农民、年轻人、妇女和知识分子中活跃党员的代表。"[1] 两名增选的委员应占区和市委员会的 1/5，并能够作为一组参加区域委员会代表的投票。在两省委员会中的这些增选小组的代表将参加全国委员会的 20 个名额选举投票。[2] 此外，人民党为适应大选的需要，还成立一个中央议会委员会。

从以上临时章程关于党组织的规定中可以看出，党的领袖在人民党所有关键正式职能和组织中发挥中枢作用。实际上，他控制着组织的扩张和原则委员会、中央委员会的组成、区和市基层单位主席的人选、全国会议开会的时间、日程和代表。他同时也在维护党的纪律中发挥重要作用。按照临时章程的规定，在组织时间，党主席在与省主席商议后，有权开除那些不遵守党的纪律或与党的原则和章程相违背的党员。此外，党主席还是党内纠纷的最高仲裁者，解决下一级主席无法解决的纠纷。[3]

人民党在早期的组织结构参见图 1—1 人：

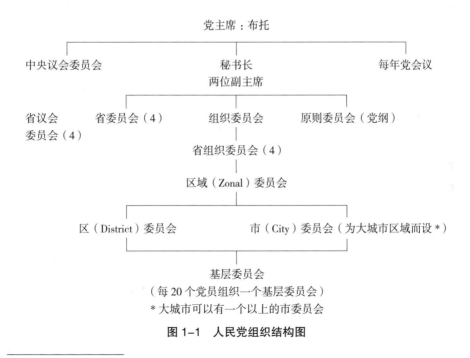

图 1—1　人民党组织结构图

① Verinder Grover and Ranjana Arora（ed.），*Political System in Pakistan 3: Political Parties, Elections and Regionalism in Pakistan*, New Delhi: Deep&Deep Publications, 1995, p.425.

② Philip E. Jones, *The Pakistan People's Party: Rise to Power*, Oxford: Oxford University Press, 2003, p.209.

③ Raj Kumar, *Pakistan Peoples Party: Zulfikar Ali Bhutto Benazir Bhutto*, New Delhi: Sumit Enterprises, 2008, p.61.

人民党的临时章程中采取了东巴和西巴组织平等的原则。人民党临时章程一个特点是党员开放，没有任何阶级或职业团体的限制。章程第六款规定："每一个拥护党原则的成年人都有资格成为党员；党费为 25 派萨（paisas）[1]；入党须填写由党主席授权发行的有关表格。"[2] 该章程的特殊要求规定："有法人社团城市区域，市政委员会和镇委员会应有独立于区组织的市组织。"[3] 根据人民党一份通告，这样的规定是城市律师和专业人士在成立大会所要求的。他们不想让市组织服从于区组织，因为他们相信后者很可能会被农村利益集团所主导。[4]

区和市组织的分开表示临时章程反映了人民党内不同团体之间的妥协。一些妥协将很快成为党内派系斗争的焦点。左翼分子对党内集中的规定不满意，尤其对垂直向下发展党员的过程为党组织最初模式的规定特别不满。他们更倾向于向上的发展党员模式。左翼团体由于担心阶级敌人渗透，对临时章程中实行党员开放的做法不满。

总之，人民党的组织结构倾向于集中、集权，缺乏对党主席的监督和制约，最后导致人民党成为布托一个人的党。

在人民党的早期，组织事宜不得不服从于赢得选举的战略目标。与人民党不断膨胀的知名度相比，在旁遮普省和信德省的许多地区的地方党却只有零星增长。这形成了鲜明的对比。按照临时章程，建立基层党组织的工作非常缓慢，特别是在旁遮普省。从人民党最初活动情况看，党的组织工作不是党主席首先考虑的事。成立大会后，人民党的组织工作有很长一段时间，保持在最初状态，没有发展。中央组织委员会和原则委员会在成立大会后不久便组建，但是这两个委员会因未收到党主席的任何指示，所以都没有什么动作。这两个委员会都是小规模，主要由成立大会有影响的人组成。中央委员会直到 1971 年 1 月 10 日才任命，也就是在 1970 年大选之后。

对于推迟中央委员会成员的任命，布托的解释是对于从政府机关加入到人民

①　派萨为印度、巴基斯坦、卡塔尔、马斯喀特和阿曼的货币单位，等于 1/100 卢比。25 派萨相当于 0.06 美元（1967 年价格）。

②　Verinder Grover and Ranjana Arora（ed.），*Political System in Pakistan 3: Political Parties, Elections and Regionalism in Pakistan*, New Delhi: Deep&Deep Publications, 1995, p.422.

③　巴基斯坦人民党临时章程第九款第三项规定，See Verinder Grover and Ranjana Arora（ed.），*Political System in Pakistan 3: Political Parties, Elections and Regionalism in Pakistan*, New Delhi: Deep&Deep Publications, 1995, p.423.

④　Philip E. Jones, *The Pakistan People's Party: Rise to Power*, Oxford: Oxford University Press, 2003, pp.210.

党的一些人,其忠诚度还有待检验。但是人民党的其他领导人则认为推迟任命的最合理的解释是布托需要时间和机会在任命中央委员之前把那些更加封建保守的人拉进人民党,以确保对激进和进步派的制约。① 尽管如此,影子中央委员会却很早就存在,主要由组织和原则委员会的成员,加上布托特邀请的个别人所组成。

原则委员会主要由布托、拉希姆、穆巴希尔·哈桑、哈尼夫·拉迈(1968 年任命)、阿卜杜勒·哈尼夫·皮尔扎达(1969 年任命)。原则委员会的成员暂时成为特设中央委员会②。J. A. 拉希姆在 1970 年初担任人民党秘书长,从而使布托从党内的争论中摆脱出来。1970 年后,党的创始成员没有再任命党务干部。不过,在 1970 年的竞选中加入人民党的许多有影响、有名望人被委以重任,如马赫杜姆·塔里布毛拉(Makhdum Talib ul-Moula)被任命为党的副主席,米安·马哈茂德·阿里·卡苏里(Mian Mahmud Ali Kasuri)③ 也被任命为党的副主席,大毛拉考萨尔·尼亚齐(Maulana Kausar Niazi)④ 被任命为宣传秘书。

在实际工作中,人民党在东巴基斯坦的组织工作遇到障碍。人民党在 1968 年与 1970 年之间,在东巴做了大量的组织工作。1968 年,人民党还宣称在东巴的所有区(district)都建立了组织,但是人民党的组织很难渗入到东巴的主流社会,主要依靠东巴的少数族裔,如比哈尔人(Biharis)⑤,以及在东巴的西巴基斯坦人。

1969 年 3 月 4 日,东巴基斯坦人民党解散。其主要原因是党的领导人马利克·哈米德·萨尔夫拉兹(Malik Hamid Sarfraz)的离去。东巴人民党的创始成员主要由他掌握。重组东巴人民党的工作由任省组织委员会执行主席的大毛拉努尔扎曼(Maulana Nuruzzaman)领导。不过,他的组织工作,也因为 J. A. 拉希姆

① Maleeha Lodhi, *Bhutto, The Pakistan People's Party and Political Development in Pakistan, 1967–1977*, PhD Dissertation for London School of Economics and Political Science, University of London, November 1980, p.122.

② 人民党后来的正式中央委员会的成员为 26 名,成员广泛得多 , See Saeed Shafqat, *Military Hegemony Versus Party Dominance: The Politics of Reform, Resistance and Conflict*, PhD Dissertation for Political Science, University of Pennsylvania, 1986, p.213.

③ 米安·马哈茂德·阿里·卡苏里出生于 1910 年,是巴基斯坦有名的反对派政治家、人权提倡者和律师,民族人民党(National Awami Party)的创始人之一,担任过该党的主席;他逐渐与布托发展联系,并加入人民党,为 1973 年宪法的一致通过起了重要作用,但是后来对人民党残酷镇压反对派不满,退出人民党,加入独立党。

④ 考萨尔·尼亚齐(1934—1994)是巴基斯坦政治家和人民党内的著名宗教领导人,曾出任过联邦部长,是布托的好朋友,直到布托死,都忠于布托。

⑤ 比哈尔人又译为贝哈里人,来自印度比哈尔邦的穆斯林。1971 年,一批讲乌尔都语的比哈尔人移民到巴基斯坦。世界上有 37% 的比哈尔人住在巴基斯坦,主要集中在卡拉奇。

停他的职而中断。拉希姆本人并不喜欢此人,认为努尔扎曼与东巴的其他政党和领导人谈判没有经过布托的同意。即使后来卡西姆·乔杜里试图重新组织东巴人民党分部,也没有取得成功。[①] 其中的原因主要是东巴基斯坦学生、左翼分子和进步知识分子已经加入人民联盟(The Awami League)和民族人民党(NAP)。即使布托本人在成立大会前去东巴各地游说、演讲,也没有获得多少支持。[②] 在1970 年大选中,人民党在东巴没有提名一个候选人。

在西巴,信德省和西北边境省的组织委员会在成立大会后就任命拉苏尔·巴克什·塔尔普尔任信德省组织委员会主席,哈亚特·穆罕默德·汗·谢尔帕奥任西北边境省组织委员会主席。塔尔普尔在本地与当地社会精英有很密切的联系。他对社会主义政策的认同在当地也很出名。他可以与信德崛起的地区主义分子取得联系。谢尔帕奥与普什图族(Pashtuns)[③] 政治的中心有着部落和政治联系。通过塔尔普尔的联系,人民党很快在信德省南部建立了组织。但是旁遮省 – 巴哈瓦尔布尔专区(Bahawalpur)的组织委员会直到 1968 年 9 月才建立。俾路支组织委员会直到 1969 年 12 月才建立。

人民党在旁遮普省的基层得到了较快的发展。成立大会后,代表们返回到家乡后组织了第一批基层组织。这些基层组织是由当地团体自愿组成,没有请示上级,因为那时上级组织还不存在。这些组织主要出现在城市,从而有效地吸收了城市专业人士。第二次基层组织的大发展是在 1969 年年底到 1970 年年初之间,主要是因为竞选带来的,主要吸收了城市工人、学生和记者们,还包括许多妇女基层组织。第三次基层组织的发展是在 1970 年 3 月后。基层组织扩展到了村庄和小镇。人民党在旁遮普省得到了充分的发展,为大选的胜利打下了坚实的基础。

在人民党上层,加入人民党更多是因为布托的关系。在发展早期,人民党主要依赖于布托的个人魅力及个人社会联系。布托过人的才华和智慧给知识分子、记者和学者留下了深刻的印象。对于普通人,布托的活力、激情和幽默在他们中间产生共鸣。布托通过自己的号召力为人民党争取广大的支持者。很多人就是冲着布托加入人民党组织。因此可以说,布托就是人民党的形象与化身。

---

① Philip E. Jones, *The Pakistan People's Party: Rise to Power*, Oxford: Oxford University Press, 2003, p.213.

② Maleeha Lodhi, *Bhutto, The Pakistan People's Party and Political Development in Pakistan, 1967–1977*, PhD Dissertation for London School of Economics and Political Science, University of London, November 1980, p.131.

③ 普什图族(也称帕坦人、普什图人)是居于南亚的一个民族,为阿富汗第一大民族和巴基斯坦第二大民族,人口 4000 到 4500 万人;分布于阿富汗南部和巴基斯坦联邦直辖部落地区、西北边境省和俾路支省;讲普什图语,强调信仰普什图族特性的伊斯兰教。

正是因为布托在人民党党内特殊影响力,布托在党内形成自己的独断地位。布托要求下级无条件地服从。如果惹他生气,他就会极为武断和傲慢地对你采取行动。例如,马利克·哈立德·萨尔夫拉兹(Malik Hamid Sarfraz)、阿曼诺拉·汗和巴布·菲罗兹·安萨里(Babu Feroze Ansari)与布托冲突,布托一怒之下,将他们全部开除出党。在人民党内只有 J. A. 拉希姆能与布托争论,到布托执政后期,布托连拉希姆的批评都不能接受。此时的布托已经转变成党内独裁者。布托通过在党内的个人朋友关系,以非正常的联系渠道形成自己的小圈子。这些小圈子的成员被党员称之为“核心中央(Central Cell)”。

作为人民党的领导人,布托其实并不太关心组织建设。他的作用是传道而不是组织行为。他的时间主要花在发展个人和有势力的团体入党。① 布托在相当长的时间里,对党的组织问题保持着沉默。人民党内的知识分子代表哈尼夫经过一段时间观察发现:人民党更像一个统一阵线;人民党主席坚持要实行开放而不是封闭的党员政策,任何同意我们主张的人都可以加入,也就是,该党的组织和意识形态都不是刚性的,富有弹性。② 在布托眼里,人民党与其说是组织严密的政党,还不如说是一个广泛的政治运动。③

经常陪伴布托四处游说的侯赛因·纳吉(Hussain Naqi)观察道:“人民党不是一个真正的政党。它是一个松散的群众组织、群众运动,也就是说,是一群人为一个特定的目标汇集在一起,由一个有领导权,有卓越眼光的人领导。”④

我们认为人民党实际上是布托赢得 1970 年大选的工具。这也正是他为什么要坚持人民党应是一个开放的、多阶级的,而不是以阶级为基础的意识形态政党的原因。

二、人民党内的派别活动

人民党内成分复杂,既有封建地主、贵族,也有城市专业人士和学生、工人。人民党党内的派别自然而生。人民党内的派别首先体现在意识形态上的差异。

① Salmaan Taseer, *Bhutto: a political biography*, New Delhi: Vikas Publishing House PVT LTD, 1980, p.93.

② Raj Kumar, *Pakistan Peoples Party: Zulfikar Ali Bhutto Benazir Bhutto*, New Delhi: Sumit Enterprises, 2008, p.54.

③ Maleeha Lodhi, *Bhutto, The Pakistan People's Party and Political Development in Pakistan, 1967–1977*, PhD Dissertation for London School of Economics and Political Science, University of London, November 1980, pp.134–135.

④ Raj Kumar, *Pakistan Peoples Party: Zulfikar Ali Bhutto Benazir Bhutto*, New Delhi: Sumit Enterprises, 2008, p.55.

在人民党的中央委员中实际上就存在四个派别:激进派、社会主义派、伊斯兰社会主义(Islamic Socialists)派和贵族(Zamindars)①派。参见下表1-1巴基斯坦人民党中央委员会的派别。

表1-1　巴基斯坦人民党中央委员会的派别②

激进派	伊斯兰社会主义派
迈拉杰·穆罕默德·汗 J. A. 拉希姆 哈克·纳瓦兹·甘达普尔	哈尼夫·拉迈 库尔希德·哈桑 马利克·迈拉杰·哈立德 塔赫尔·穆罕默德
社会主义派	贵族派(Zamindars)
谢赫·拉希德 穆巴希尔·哈桑 马哈茂德·阿里·卡苏里	马赫杜姆·塔里布毛拉 古拉姆·穆斯塔法·哈尔 古拉姆·穆斯塔法·贾托伊 蒙塔兹·阿里·布托

　　人民党内的社会主义派和激进派主张人民党应是革命党,应发展自己的干部队伍,为发动社会主义革命作准备。人民党内的伊斯兰社会主义派则认为在巴基斯坦,宗教是一种很普遍的现象,忽视这一特点,意味着疏远群众。他们提出参加选举与伊斯兰之爱党(The Islam Passands)竞争、教育群众是必要的。伊斯兰之爱党等宗教党攻击人民党的社会主义纲领③更加巩固了伊斯兰社会主义派在人民党内的地位。社会主义派也开始向伊斯兰社会主义派靠拢,逐渐疏远了党内的激进派,如迈拉杰·穆罕默德·汗、J. A. 拉希姆等。

　　我们从政党光谱来分析,人民党中央委员会的主要成员在光谱中的位置参见表2-2人民党中央委员会主要成员的政党光谱:

---

　　①　柴明达尔(Zamindar)指南亚地区的一种特殊的贵族,尤其是通过继承而当的贵族。这种贵族一般拥有广大的大片土地,并控制着他们自己的农户。这种贵族还保留了征税的权力(通常为了战争的目的)。他们经常拥有王子或皇室称号。虽然这种柴明达尔相当于领主和男爵,但是在有些情况下,可以被看成是独立、有主权的王子。

　　②　Source:Saeed Shafqat, *Military Hegemony Versus Party Dominance: The Politics of Reform, Resistance and Conflict,* PhD Dissertation for Political Science, University of Pennsylvania, 1986, p.213.

　　③　伊斯兰之爱宗教党认为人民党的社会主义纲领忽视了巴基斯坦的意识形态,与法律框架命令(Legal Framework Order)规定的"(巴基斯坦政党)保存巴基斯坦的伊斯兰教意识形态"不相符合。

表1-2　人民党中央委员会主要成员的政党光谱

左翼	中左翼	中间	中右翼	右翼
迈拉杰	拉希德	拉迈	哈尼夫·皮尔扎达	马赫杜姆
	拉希姆	穆巴希尔		

Source：Khalid B. Sayeed, "How Radical is the Pakistan People's Party", Pacific Affairs, Vol. 48, No. 1 (Spring, 1975), pp.42-59.

从政党光谱来来定位人民党中央委员会一些主要成员的意识形态会更加准确。拉希姆与迈拉杰虽然同为激进派别,但是拉希姆的观点更加温和些,与拉希德同为中左翼。正是因为迈拉杰比拉希姆更激进,所以布托上台后为实行渐进稳定的政策,首先解除迈拉杰中央委员之职,甚至被布托关进监狱。拉希姆的意识形态定位也决定了最终与布托发生冲突。随着布托日益实行保守的政策,拉希姆也与布托闹翻。

在政党光谱中,马赫杜姆属于右翼。他帮助布托与土地贵族和宗教领导人加强联系。如果没有这些土地贵族和宗教领导人的支持,人民党要想大选中在信德省取得全面胜利是不可能的。皮尔扎达在卡拉奇非乌尔都语的选区中有主导地位。穆巴希尔从一开始就无私地支持布托,在布托内阁中曾出任财政部长。拉迈是人民党的主要理论家之一,人民党《胜利》刊物的主编兼主笔,为宣传伊斯兰社会主义作出了巨大贡献。拉希德曾经是一个共产主义者,但是其观点相当温和,与拉希姆的观点比较接近。

人民党内派系不只是意识形态的分歧,还有来自权力斗争、阶级差别、种族区别、个人野心与利益冲突、甚至是祖传的对抗。[①] 人民党的主要领导人一般都有自己的派系支持者,为控制当地团体相互竞争。1969 年, J. A. 拉希姆在人民党内成立了一个小团体,经常在他家聚会,一起阅读有见解的文章。该团体不引人注意地存在了好几个月。

1970 年大选后,人民党国会议员艾哈迈德·拉扎·卡苏里反抗布托的领导地位,尤其是反对布托不参加国民议会 1971 年 3 月会议的决定。很长一段时间,卡苏里都像一个派系领导人,最终,他加入独立党。1970 年 3 月 29 日,人民党内的一个左翼团体,包括谢赫·拉希德、泰·穆罕默德·兰加、艾哈迈德·拉扎·卡苏里、库尔希德·哈桑、阿曼拉亚·汗等决定起草一份决定大幅降低拥有土地的

---

① 　Lawrence Ziring, Ralph Braibanti, and W. Howard Wriggins (ed.), *Pakistan ; The Long View*, Durham: Duke University Press, 1977, pp.91-92.

最高限令到 25 英亩（灌溉地）和 50 英亩（非灌溉地），并废除拥有 12 英亩土地的土地税。他们的决定遭到人民党旁遮普省的右翼，如穆斯塔法·哈尔、迈拉杰·哈立德的强烈反对，因为他们家族本身就拥有大片的土地。不久，阿曼拉亚·汗被开除出人民党。①

1972 年 3 月，人民党内的一个派别破坏布托在拉合尔卡扎菲体育馆（Qaddafi Stadium）② 的公开大会，并嫁祸于负责会议安排的拉迈派。另一次人民党内的派系斗争打乱了为新任旁遮普省首席部长马利克·迈拉杰·哈立德在拉合尔举行的茶话会。③ 人民党内这样的派系斗争经常发生。

旁遮普省参加人民党成立大会的代表明显地分为四个派别。"乡村政治家"派一般在农村地主中具有较高的地位。他们加入人民党主要是因为与布托或古拉姆·穆斯塔法·哈尔有很强的联系，或因为看到布托在巴基斯坦的前途，能够得到布托未来的政治庇护，并支持打击工业巨头的改革。这些"乡村政治家"总是据于实际利益考虑。"伊斯兰社会主义"派一般主张温和改革，主张适应巴基斯坦的宗教环境和传统文化。这个派别的人一般忠于布托，以个人方式推崇布托领袖地位，认为人民党的发展与壮大主要是布托个人社会动员的结果。"城市政治家"派一般出身于中产阶级，在法律、医生、科学、教育和文官职业中有较好的发展，在不同程度上深受社会主义思想的影响。"第三世界"观点派同意"乡村政治家"派关于"一个单位"、工业和文官改革的意见，但是更多支持土地改革，热衷混合经济，更多关注人的基本自由权利和议会制政府。④

在 1970 年大选的竞选中，当时旁遮普省人民党主席谢赫·拉希德做了许多组织工作，并赢得该省众多党工作人员的支持。布托的朋友与亲信古拉姆·穆斯塔法·哈尔当时是旁遮普人民党的秘书长。但是不久，拉希德和哈尔成为竞争对手。在 1972 年和 1973 年上半年间，许多支持拉希德的人被骚扰和威胁，并从全省党的各级中清理出去。只有在拉合尔市的一个分支组织——巴格邦普拉（Baghbanpura）镇的人民党组织还是支持拉希德的组织。哈尔之所以敢采取这些措施，是因为他作为旁遮普省的省督，不但控制了该省的所有官员任免权和警

---

① Salmaan Taseer, *Bhutto: a political biography*, Delhi: Vikas Publishing House PVT LTD, 1980, p.92.

② 卡扎菲体育馆是巴基斯坦拉哈市的一个板球场，由建筑师、设计师纳西鲁丁·米拉·汗（Nasreddin Murat-Khan）设计于 1959 年落成；该板球场是巴基斯坦最大的板球场，能同时容纳 6 万名观众。

③ Anwar H. Syed, *The Discourse and Politics of Zulfikar Ali Bhutto*, New York: St. Martin's Press, 1992, p.208.

④ RajKumar, *Pakistan Peoples Party: Zulfikar Ali Bhutto Benazir Bhutto*, New Delhi: Sumit Enterprises, 2008, pp.73-74.

察,而且还在中央政府中得到人民党其他大佬的支持,如穆巴希尔·哈桑、阿卜杜勒·哈菲兹·皮尔扎达、古拉姆·穆斯塔法·贾托伊、考萨尔·尼亚齐。拉希德只得到中央政府的库尔希德·哈桑、马利克·迈拉杰·哈立德和哈尼夫·拉迈的道义上的支持。[①] 1973 年夏,哈尔的支持者米安·穆罕默德·阿夫扎尔·瓦都(Mian Mohammad Afzal Wattu)取代谢赫·拉希德为旁遮普省人民党主席。[②] 这实际上意味着哈尔成为旁遮普省人民党和政府的实际控制人。

在信德省蒙塔兹·布托人民党政府也出现派别活动。到 1973 年秋,布托认为自己必须从这种派别斗争中解脱出来。他要哈尔解除米安·塔里(Mian Tari)在旁遮普省内阁的职务。1973 年 12 月,布托解除了蒙塔兹·布托的信德省首席部长之职。布托内阁的大员们此时已经感悟到布托的想法。他们开始撤出对哈尔的支持。穆巴希尔已拒绝见哈尔,皮尔扎达也赶紧撇清与哈尔的关系,避免与哈尔照面。在同年 12 月 20 日,在拉瓦尔品第人民党的会议上,库尔希德·哈桑转得最快,首先批评哈尔把自己称作“旁遮普领导”的做法,损害了布托“群众领导人”的地位,因为群众当然包括旁遮普人。1974 年 1 月底,在人民党高层的内部会议上,决定解除哈尔职务。旁遮普省的 40 名国会议员向布托提交请愿书,控告哈尔犯下了许多腐败和渎职案。1974 年 3 月 10 日,哈尔从其职位上辞职。布托任命哈尼夫·拉迈接替哈尔之职。[③]

人民党在旁遮普省和信德省出现的派别活动,是最典型人民党内部派别斗争。人民党因为实行开放党员的制度,党员成分复杂,组织松散,加上人民党更多依赖布托个人威信,人民党内部的派别始终存在。

---

① Lawrence Ziring, Ralph Braibanti, and W. Howard Wriggins(ed.), *Pakistan ; The Long View*, Durham: Duke University Press, 1977, p.95.

② Anwar H. Syed, *The Discourse and Politics of Zulfikar Ali Bhutto*, New York: St. Martin's Press, 1992, pp.208–209.

③ Lawrence Ziring, Ralph Braibanti, and W. Howard Wriggins(ed.), *Pakistan ; The Long View*, Durham: Duke University Press, 1977, pp.96–97.

第二章 人民党成立后的发展与 反阿尤布运动

人民党成立后,在布托的领导下进行广泛的社会动员,逐步得到各阶层人民的支持,尤其是左翼团体、学生、工人、城市专业人士的响应。随着人民党势力的壮大,人民党发起了反阿尤布运动。布托成为反阿尤布运动的核心和主要推动力。

第一节 人民党的社会动员活动

人民党成立后立即开始反阿尤布政权的社会动员活动。但是由于人民党成立之初,党内其他领导人的经验不足,对社会动员的责任主要落在布托身上。布托通过自己原有政治基础,以及富有感召力的演讲宣传党的主张,吸引人民加入反阿尤布运动。

一、布托的演讲旋风

在人民党初期,人民党的主要骨干在政治活动上都是新手,没有什么经验。除布托、旁遮普省的拉希德和信德省的塔尔普尔兄弟外,人民党没有其他公认的政治家。人民党第一任秘书长 J. A. 拉希姆是老资格的外交部前外秘。尽管他颇有才华,但是他没有一点政治经验,又不能讲乌尔都语①。第二任秘书长穆巴希尔·哈桑是教授工程师,1970 年首次参加大选。人民党的知识分子哈尼夫·拉迈在一份不知名的乌尔都语杂志中是不起眼的编辑。穆斯塔尔·哈尔在阿尤布

---

① 乌尔都语是巴基斯坦的国语,也是印度规定的 24 种语言之一;在巴基斯坦的一些城市,如卡拉奇、伊斯兰堡、拉合尔、拉瓦尔品第、白沙瓦、奎达、海德拉巴德、木尔坦等通用。

议会中是没有名气的议员。迈拉杰·穆罕默德·汗只是卡拉奇左翼学生领导人。他是一个天才的鼓动家。正是布托的政治技巧才把这些人团结在一起。

人民党成立后，由于人民党其他领导人经验不足，对选民的社会动员的担子主要落在布托肩上。布托首先游历于巴基斯坦的乡村，举行集会，发表演讲，建立人民党的支持基地。人民党成立后不久，阿尤布政权对人民党显示出不屑与蔑视，宣布人民党只是一个学生党。人民党成为所有政府部长攻击和嘲笑的对象。① 在反对党中，保守派宗教政党日益对人民党的社会主义倾向心生怀疑。其他反对党对布托是否遵守民主的承诺表示忧虑。

在人民党早期阶段，布托经常在小范围会议上向小团体发表演讲，努力劝这些社会精英加入人民党，但是他的努力不是每次都成功，主要因为当时人民党突出宣传社会主义纲领，并由城市专业人员占主导。在这一阶段，布托的演讲主要关注民族主义主题，如反印度和反塔什干协议。到1968年6月，布托开始就经济问题，如物价上涨、官僚腐败发表演讲，同时对当局的政策发起攻击。② 起初，布托的政治活动被阿尤布当局有意忽视。政府控制的媒体几乎完全忽略了布托的演讲和声明。正是这些演讲最终导致阿尤布下台。③

布托的会议经常受到破坏。在有些场合，他甚至成为人身攻击的对象。与此同时，政府控制的媒体开始对布托进行负面宣传，把布托描绘成一个爱吹牛的机会主义者，并提醒公众：布托与阿尤布政府密切的联系，曾经无条件地支持阿尤布的政治和经济政策。④ 为了阻止布托在人民党组织的集会演讲，政府派人连夜在布托要演讲的场地灌满水。如果这还不能阻止群众集会，政府则让人把附近的电线剪断，把通电的线头扔进充水的场地，使听众出现混乱。⑤ 因此，人民党最初是在严厉监控、敌对宣传和政府的骚扰、恐吓和威胁中发展的。不过，政府的阻止是徒劳的，反而使人民党声名鹊起。

1968年见证了布托在巴基斯坦全国各地游说，建立与公众联系的"布托旋

① Maleeha Lodhi, *Bhutto, The Pakistan People's Party and Political Development in Pakistan, 1967–1977*, PhD Dissertation for London School of Economics and Political Science, University of London, November 1980, pp.129.

② Saeed Shafqat, *Military Hegemony Versus Party Dominance: The Politics of Reform, Resistance and Conflict*, PhD Dissertation for Political Science, University of Pennsylvania, 1986, p.186.

③ Muneer Ahmad, *Political Sociology:Perspective on Pakistan*, Lahore: Punjab Adbi Markaz, 1978, p.8.

④ Lawrence Ziring, *The Ayub Khan Era: Politics in Pakistan, 1958–1969*, Syracuse: Syracuse university Press, 1971, p.97.

⑤ Muneer Ahmad, *Political Sociology:Perspective on Pakistan*, Lahore: Punjab Adbi Markaz, 1978, p.9.

风"。布托是一个不知疲倦的工作者,有魅力、有个性的演讲家,他像一个强大的磁体吸引人民群众。人民党尽管受到政府的阻碍,但是得到了很大的发展。布托在这一年内的演讲,很少见诸于报端。为寻求群众的支持,布托走进偏僻的山区、乡村,向那里的群众宣讲人民党纲领。从前,这些地方没有一个巴基斯坦政治家去过。[①] 布托乘坐随手可得的交通工具,同时也在城镇的集会上,发表演讲。通过这种全国性的演讲,人民党建立了自己的群众基础,最终打破阿尤布的形象,使巴基斯坦的公民意识到佐菲卡尔·阿里·布托是他们唯一的未来领导人和代言人。[②] 这些演讲被党的工作人员录音并在各场馆播放。布托演讲最全面的纪录是布托最热心的崇拜者哈亚特·谢尔帕奥在 1968 年 10 月 25 日至 11 月 5 日在西北边境省所录的演讲。[③] 这些演讲针对阿尤布,宣讲人民党纲领,尤其是阐述社会主义如何与伊斯兰教不冲突。布托的演讲也就是人民党对人民群众的一次全面的社会动员。

与巴基斯坦其他政治家不同,布托使公开的大型群众集会成为运动和选举政治的有效工具。他的演讲技巧可以理解是一种政治戏剧,与他给知识分子所作的报告有明显不同:他在演讲中夹杂着幽默和马克思主义语言,偶尔也有些笑话,但是主要是精力充沛地批评政府,并对人民党政府能为人民做事充满乐观情绪。布托的演讲激起人民的政治热情。他也成功地使自己成为全国政治舆论的中心。这些大型群众集会也显示了布托和人民党日益增加的实力和受欢迎度。当然,这些大型群众集会的最重要功能是把布托富有魅力的形象和人民党的纲领贯彻到群众选民中。

布托通过与群众接触,了解群众情绪,激起群众的支持。在集会演讲中,布托充分展示了自己的魅力,把群众的支持转化成对当局的压力。[④] 在反对党中,没有一个政治家像布托那样游历巴基斯坦那么多的地方。1968 年,人民党开始提升布托为 "人民的伟大领袖(the Quaid-i-Awam)"[⑤]。

通过布托的全面动员,巴基斯坦的政治不再局限于豪宅诡计或宫廷阴谋。布托为巴基斯坦的政治提供了一个新的方向和新的方式,他创造性地向人民的思想和良心呼吁。布托向人民提出简单易懂的口号:"面包、衣服、住所(Roti, Kapra

① Piloo Mody, *Zulfi;My friend*, New Delhi: Thomson Press（India）Limited, 1973, p.100.

② Abdul Ghafoor Bhurgri, *Zulfikar Ali Bhutto: The Falcon of Pakistan*, Karachi: SZABIST, 2002, p.230.

③ 颇为讽刺的是,哈亚特·谢尔帕奥于 1975 年在白沙瓦大学演讲时,正是被在录音机里的爆炸设施所暗害。See Rafi Raza, *Zulfikar Ali Bhutto and Pakistan, 1967–1977,* Oxford: Oxford University Press, 1997, p.9.

④ Salmaan Taseer, *Bhutto: a political biography*, Delhi: Vikas Publishing House PVT LTD, 1980, p.94.

⑤ Philip E. Jones, *The Pakistan People's Party: Rise to Power*, Oxford: Oxford University Press, 2003, p.159.

Aur Makan）。"[1] 这些口号涵盖了人民党纲领的实质。

1968 年 11 月 5 日，布托来到白沙瓦市。在那里，他在规模宏大的集会上发表演讲，受到热烈欢迎。这次集会使阿尤布坐立不安，他决定采取行动。布托的公开活动受到限制和威胁。阿尤布还准备登台演讲，驳斥布托。11 月 7 日，布托从白沙瓦来到拉瓦尔品第市，继续在人民党组织的大型群众集会上演讲。遵照阿尤布的指示，此次会议受到破坏。

1968 年 11 月 10 日，阿尤布自己在拉合尔登台演讲，但是阿尤布的演讲被听众的一片嘘叫声赶下了台。[2] 布托又重回拉合尔，继续在人民党举行的大规模集会上发表演讲。

到 1968 年底，布托已开始为未来选举的总统候选人奠定基础。布托向巴基斯坦社会的弱势群体、妇女、律师、工人等群体发表演讲，寻求他们的支持。随着人民党发展势头越来越大，支持者越多，布托在每个省召开了一次党的会议：1968 年 8 月 22 日，在拉合尔召开旁遮普省和俾路支省的人民党会议；同年 9 月 21 日和 11 月 3 日，在海得拉巴市分别召开了信德省和西北边境省人民党会议。在海得拉巴，布托首次披露他辞职的原因：与阿尤布的分歧，政府拜倒在超级大国脚下。[3] 也正是在海德拉巴的会议上，布托正式确立人民党与阿尤布对抗的政策。他公开指控阿尤布腐败："总统先生，让我们知道你在当总统以前拥有什么和我在当部长之前不拥有什么，你在当总统的时候捞得了多少，我在当部长期间失去了多少，我不渴求财富；我曾经当过工业、石油、能源和相当长时间的外交部长，如果我搜括国家，我将获得你一样多的财富，甚至更多。"[4]

布托在演讲首次攻击了阿尤布家族的腐败和贪财，同时也把自己与阿尤布的腐败撇开，证明自己在阿尤布内阁时是清廉的。布托认为他与阿尤布的分歧并不是个人之间的冲突而是政策之间的分歧。在海德拉巴会议的演讲中，布托公开揭露阿尤布及其官员们的腐败，在运动中起了催化作用，有利于广大群众认清阿尤布的真面目，动员他们反对阿尤布政权，最终导致阿尤布政权的倒台。

在海得拉巴会议之前，布托曾经告诉党的工作人员，当前政府任期只剩 12 个

---

[1]　Abdul Ghafoor Bhurgri, *Zulfikar Ali Bhutto: The Falcon of Pakistan*, Karachi: SZABIST, 2002, p.229.

[2]　Piloo Mody, *Zulfi;My friend*, New Delhi: Thomson Press（India）Limited, 1973, p.101.

[3]　布托解释道："政府拜倒在超级大国脚下……我想阻止巴基斯坦的敌人，但是我的对手戏称我的爱国感情为感情主义。" See Rafi Raza, *Zulfikar Ali Bhutto and Pakistan, 1967-1977*, Oxford: Oxford University Press, 1997, p.11.

[4]　Saeed Shafqat, *Civil-Military Relations in Pakistan:From Zuflikar Ali Bhutto to Benazir Bhutto*, Boulder: Westview Press, 1997, p.60.

月零 19 天了,他明确表示他将参加总统选举。布托将作为总统候选人的消息引
起阿尤布阵营的一阵恐慌。布托的主要支持者来自旁遮普省,尤其是农村地区,
而这恰是阿尤布的支持基地。如果在下次总统选举中,东巴出现强有力的候选
人,那么阿尤布和布托将分裂西巴选民与东巴候选人竞争。在当前的情况下,布
托的风头只会压住阿尤布。鉴于这种情况,阿尤布通过其儿子阿赫塔尔·阿尤布
(Akhtar Ayub)和塔赫尔·阿尤布(Tahir Ayub)与布托接触、谈判,希望布托要
么退出竞选,要么就重新加入阿尤布内阁谈判。[1] 尽管如此,布托仍坚持留在反
对党阵营。

为了抵消布托在海得拉巴会议演讲的影响,西巴基斯坦总督穆萨(Musa)被
派往海得拉巴集合支持政府的力量,并在 1968 年 10 月 11 日,也在海德拉巴做了
一次公开的演讲,猛烈攻击布托。但是穆萨的长篇演说反而有助于布托周围聚集
了反政府力量,其人数大幅增加。人民党的事业由于布托不知疲倦地努力和永不
消退的热情而得到新发展。他不断地参加党的会议和讨论会,同时又与工人、记
者和学生团体进行数不清的讨论与辩论。[2] 他似乎无处不在,愿与任何人谈话。
他成为人民党力量的源泉。在海得拉巴演讲后,布托又前往其他地方,继续攻击
阿尤布及其政权。

二、人民党社会基础与组织的扩大

在 1968 年 9 月 21 日至 11 月 12 日之间,布托总共在 15 场大型群众集会作
了演讲[3],动摇了阿尤布政权的合法性。通过布托的社会动员,人民党首先吸引
左翼领导人和左翼团体。他们被布托强烈支持中国的外交政策和他的追随者宣
传马克思主义所吸引。在旁遮普省,著名左翼领导人阿瓦德·艾哈迈德·汗女
士(Abad Ahmad Khan)[4] 和阿萨布扎达·艾哈迈德·拉扎·汗(Sahibzada Ahmad
Raza Khan)及其领导的团体支持人民党。[5] 大会派穆斯林联盟内的一个由谢
赫·拉希德领导的一个派别加入人民党。拉希德也成为人民党在旁遮普省左派

---

[1]   Salmaan Taseer, *Bhutto: a political biography*, Delhi: Vikas Publishing House PVT LTD, 1980, p.95.

[2]   Salmaan Taseer, op.cit., p.96.

[3]   Saeed Shafqat, *Civil-Military Relations in Pakistan:From Zuflikar Ali Bhutto to Benazir Bhutto*,
Boulder: Westview Press, 1997, p.60.

[4]   阿瓦德·艾哈迈德·汗女士曾是巴基斯坦国父阿里·真纳妹妹法蒂玛·真纳的早期助手,后加
入真纳人民穆斯林联盟(Jinnah Awami Muslim League)。

[5]   Philip E. Jones, *The Pakistan People's Party: Rise to Power*, Oxford: Oxford University Press, 2003,
p.122.

的主导人物。

人民党在成立大会文件就提出民族人民党中支持对华友好的派别是努力争取的对象。这一设想变为了现实。民族人民党这个派别中的几个成员（与工会有联系）加入到人民党。在旁遮普省大城市的中心，这些左翼团体已经控制一些大行业和公用事业的工会。这些团体为人民党发展城市产业工人提供了渠道。与此同时，人民党也吸收了激进工会的一些组织者，如齐亚丁·巴特（Ziauddin Butt）和马哈茂德·阿伯尔（Mahmud Babar）[1]。有一些左翼团体并不相信社会主义，但是布托认为他们至少会与阿尤布政权和与其合作的垄断资本家们对抗。

人民党也吸收到左翼学生领导人，如卡拉奇担任全国学生联合会主席迈拉杰·穆罕默德·汗、拉瓦尔品第学生联合会主席的拉贾·安瓦尔（Raja Anwar）。这些学生活跃分子为人民党早期在城市的活动提供了人手，如散发党的传单，宣传党的纲领，为党的工作担当志愿者等。由于人民党好战的民族主义以及对学生要求的支持，西巴基斯坦的青年学生显示对人民党的同情。[2] 东巴基斯坦的情况有所不同，当地学生与左翼进步知识分子，早已加入人民联盟和民族人民党。布托在人民党成立之前，在东巴各地做宣传工作[3]，但是没有获得任何团体的支持。

人民党在旁遮普省发展党员的工作也取得相当大的进展，获得了城市专业人士团体，如律师、作家、记者和教师团体的支持。在中小城镇的专业人士团体中的一些成员对阿尤布政策所带来的收入分配不公正日益憎恨，对以农村为基础的政治体制中缺乏他们的代表也深表不满。人民党承诺进行社会和政治变革，因而吸引了他们。人民党也开始从人民中的"现代派"获得了支持。

布托利用他与信德省和旁遮普省地主贵族们的联系，带来不少封建地主、前大会派穆斯林联盟的人加入人民党。这些人在当地都有较大的影响，也给布托的左翼支持者带来了许多懊恼。在人民党早期阶段，只有布托地主派别的成员加入人民党。当阿尤布下台后，布托才能够使其他派别的地主贵族们加入人民党。在

---

① 马哈茂德·阿伯尔与木尔坦工会有联系；齐亚丁·巴特是铁路工人工会主席米尔扎·易卜拉欣（Mirza Ibrahim）的前助手。

② Maleeha Lodhi, *Bhutto, The Pakistan People's Party and Political Development in Pakistan, 1967–1977*, PhD Dissertation for London School of Economics and Political Science, University of London, November 1980, p.130.

③ 1967年11月，在人民成立以前，布托前往东巴各地演讲，公开地攻击阿尤布的独裁，指控到，正是政府一部分特权的促进了政府的腐败、裙带关系和混乱。布托也表示支持东巴人民联盟的"六点主张"。See Surendra Nath Kaushik, *Politics in Pakistan: With Special Reference to Rise and Fall of Bhutto*, Jaipur（India）: Aalekh Publishers,1985, p.5.

这一阶段,在旁遮普省,只有那些不甚出名的封建地主加入人民党。尽管如此,布托联系的封建地主朋友为人民党提供了必要的资金。他也从自己钱包里掏了不少钱做党的经费。实际上,在人民党早期发展中,很多左翼知识分子和学生领导人被布托的资金资源吸引到人民党来。不过,在早期,人民党的资金是不充足的。在党的领导人看来,只有当阿尤布倒台后,人民党能够从那些富人那里获得捐助,人民党才有机会上台执政。人民党内许多有钱的领导人也像布托那样为党自掏腰包。有些因为党工作花了很多钱,从而导致自己"破产"。①

人民党成立后经过两年多的发展,人民党已经成为过去旧势力和新社会力量的混合物,一个左翼团体与新兴城市社会团体(产业工人、学生、专业人员)与有经验政治家的联盟。人民党的支持基础既包括传统的、保守的成分,也包括现代和进步的成分。

布托除在体制外加强社会动员外,同时还加强体制内的工作。布托与巴基斯坦陆军总司令部少将皮尔扎达(S. G. M. M. Peerzada)取得联系。布托与皮尔扎达有共同的委屈:他们俩都被踢出阿尤布的核心小圈子。以此为基础,他们建立了政治友谊。当叶海亚(Yahya)② 当上陆军总参谋长后,皮尔扎达得到部分复出。布托与皮尔扎达会面时还包括叶海亚的儿子阿里。③

布托与他们的联系非常密切,他只与自己小圈子的人商量。布托与皮尔扎达的轴心实际是一个精心游戏,其中的每个人都想利用对方来达到自己的目的。布托知道他的政治前途取决于他发起的群众运动的规模,皮尔扎达和叶海亚把群众运动看成是动摇阿尤布政权的工具。布托认为大规模群众的觉醒不可避免要求体制变革,从而能使自己崛起成为巴基斯坦的领导人,就像苏加诺和纳赛尔的崛起。布托与皮尔扎达联系,对于获取巴基斯坦高层的动向,获取军队的支持,推动反阿尤布运动发挥了重要的作用。

为了实现推翻阿尤布政权的目标,布托曾认为最有效的办法是在共同接受的民主的基础上建立反对党阵线,号召各反对党共同合作以实现民主。但是在建立

---

① Lawrence Ziring, Ralph Braibanti, and W. Howard Wriggins(ed.), *Pakistan ; The Long View*, Durham: Duke University Press, 1977, p.101.

② 叶海亚全名为"阿迦·穆罕默德·叶海亚·汗"(1917年2月4日—1980年8月10日)是巴基斯坦高级军官,曾担任巴基斯坦陆军总参谋长,第三届巴基斯坦总统,也是军事独裁者;正是在他在任期间巴基斯坦东西巴分裂,东巴基斯坦独立成为孟加拉国,他不体面地下了台。

③ Philip E. Jones, *The Pakistan People's Party: Rise to Power*, Oxford: Oxford University Press, 2003, pp.150–151.

反对党阵线之前,不能耽搁"人民运动"。[①] 后来的事态发展说明,布托想建立反对党阵线的愿望并没有实现,正是"人民运动"推翻了阿尤布的军人政权。

随着第三轮基本民主体制的总统选举即将举行,布托宣布不管什么结果,人民党都将参加基本民主(Basic Democracy)[②] 的选举,以唤醒群众的政治觉醒。此时,是否抵制选举成为反对党热切讨论的话题。在巴基斯坦,反对党经常使用抵制选举的手段,使政府失去合法性。人民党对选举采取比较实际的观点,声称成为负责任的反对派,愿意接受有限的结果。

人民党从 1968 年 9 月 21 日正式开始竞选。布托在信德省的区域人民党会议上全面回应了阿尤布政权对他的指控,更加严厉地攻击了阿尤布家族的腐败和吸血的工业家们,并严正警告阿尤布政权:我们不怕革命,我们不怕流血。[③] 布托首次使用激进的语言。

对于人民党工作人员,他们的任务是把党的纲领带进每一个村庄和小镇。布托对党工作人员说道:我是一个真正的社会主义者;我早已准备公开反对我自己的阶级;尽管目标很远,人民党参加选举,就会唤醒群众,削弱独裁统治。[④]

人民党在竞选中关注重新开放学校和大学,并以此为出发点,把学生对政府的抗议活动引向广阔的政治运动,即巴基斯坦历史上有名的 1968 年"11 月运动",并最终推翻阿尤布政权。

第二节　人民党与 1968 年至 1969 年的人民运动

人民党成立后领导了 1968 与 1969 年的反阿尤布政权的"人民运动",并最终导致阿尤布政权的倒台。人民党也在这场运动中得到锻炼与发展,为人民党取得 1970 年大选的胜利打下了基础。

一、1968 年与 1969 年的人民运动

反阿尤布的运动到 1968 年 11 月进入全新的一个阶段,并最终导致阿尤布

---

① Philip E. Jones, *The Pakistan People's Party: Rise to Power*, Oxford: Oxford University Press, 2003, p.158.
② "基本民主"这一概念是指巴基斯坦还不能够实行议会民主制,因此,只能实行最基本的制度,称之为"基本民主"制,实质上是阿尤布实行的独裁的制度。有关详细介绍请看 Khalid B. Sayeed, "Pakistans Basic Democracy", *The Middle East Journal*, Vol. 15, No. 3(Summer 1961), pp.249–263.
③ Philip E. Jones, *The Pakistan People's Party: Rise to Power*, Oxford: Oxford University Press, 2003, p.163.
④ Philip E. Jones, op.cit., 165.

的下台。1968 年 11 月 6 日,拉瓦尔品第戈登学院（Gordon College）约七十名的学生和老师,在去白沙瓦市的途中,顺便去西北边境部落区的边境小镇兰迪科塔尔（Landi Kotal）购买了一些禁运的走私品。当戈登学院的师生返回部落区时,当地海关也许不愿意看到这么多人无视法律,放弃平时只征点税即放行的做法,没收了学生和老师所买的物品。学生们被激怒,回拉瓦尔品第商议对策,准备发动抗议活动。布托那天刚好来到拉瓦尔品第,准备向学生发表演讲。学生请求布托代表他们进行干预。布托认识到学生的政治力量,为此发表了抗议警察暴力的声明。布托很快卷入这一运动中。11 月 7 日,学生们举行的抗议活动,遭到警察的弹压。在随后发生的冲突与骚乱中,一名理工科的学生阿卜杜勒·哈米德（Abdul Hamid）被警察开枪打死。[1] 这一事件成为后来 11 月运动的导火索。

这一事件的第二天,骚乱扩展到拉瓦尔品第全市,地方行政机关一时对局势失去了控制。许多城市团体加入到学生的队伍,其中有政府职员,交通瘫痪,政府大楼和交通工具受到攻击和破坏。政府晚上实行宵禁。三天以后,阿尤布政府警察与学生的冲突中,一名普什图族学生穆罕默德·哈希姆（Mohammad Hashim）在白沙瓦穆斯林联盟的集会中又被警察枪杀。

布托充分利用这一事件。他参加了学生葬礼,成功地安排和组织集会、抗议、游行、罢工,谴责阿尤布政权、谴责霸道的官僚、谴责政府侵犯人权。布托使整个巴基斯坦处于政治动乱之中。他本人反也成为学生眼中的英雄。[2]

拉瓦尔品第学生的抗议运动很快扩展到其他大城市,再扩展到小城市,最后扩展到小镇和边远口岸。11 月 8 日,在拉合尔、卡拉奇和海得拉巴市出现逮捕学生和学生骚乱;11 月 9 日,在莱亚尔普尔市（Lyallpur）;11 月 10 日,在白沙瓦市;11 月 11 日,在旁遮普省的萨戈达专区（Sargodlha）;坎贝尔布尔市（Campbellpore）;在信德省的苏库尔专区（Sukkur）等地相继出现学生运动,并延伸到其他阶层的抗议活动,从而在全国范围燃起抗议之火。从 1968 年 8 月 7 日到 1969 年 3 月 25 日,巴基斯坦没有一天不出现公民的骚乱、抗议、罢工、流血和示威游行。

1968 年"11 月运动"人员卷入之广,影响之深远,在巴基斯坦以前的历史较为罕见,概括而言,主要分为四个阶段。

第一阶段为 11 月 7 日至 12 月 5 日。这一阶段主要参加者为学生、店主、律

[1]　Dilip Mukerjee, *Zulfiqar Ali Bhutto:Quest for Power*, Delhi: Vikas Publishing PVT LTD, 1972, p.61.
[2]　Abdul Ghafoor Bhurgri, *Zulfikar Ali Bhutto: The Falcon of Pakistan*, Karachi: SZABIST, 2002, p.239.

师和政治家。他们依靠各自的组织,如学生会、律师协会、商业和市场委员会和政党来组织抗议活动。值得注意的是,在这一阶段还出现了一批新政治家,如退休空军中将阿斯加尔·汗(Asghar Khan)①、中将阿扎姆·汗(Azam Khan)② 和高等法院法官穆尔希德·侯赛因(Murshed Hussain)。③ 这些人曾是体制内机构的要员,因为各种原因与阿尤布决裂。阿斯加尔·汗还是巴基斯坦空军的创始人,在巴基斯坦军方与民间享有崇高的威望。他们加入反阿尤布运动,增强了运动的号召力。阿尤布执政的合法性基本丧失。

阿尤布政权在这一阶段采取了许多镇压措施,逮捕反对党领导人。1968 年11 月10 日,人民党领导成员之一的胡尔希德·哈桑·米尔在拉瓦尔品第被捕,人民党领导成员之一迈拉杰·穆罕默德·汗在卡拉奇被捕。同年11 月13 日,布托与其四个战友在拉合尔被捕。在同一天,民族人民党创始人和领导人阿卜杜勒·瓦利·汗(Abdul Wali Khan)也遭监禁。

第二阶段为12 月6 日至1969 年1 月1 日。这一阶段运动的主要参加者由学生转向城市专业人士,主要包括记者、作家、知识分子、学校的教师。他们尽管与政府有联系,但是与学生和律师有着自然联系。他们通过各自的利益协会,如西巴教师协会,来反对整个体制,尤其是官僚队伍的权力。这一阶段的一个特点是伊斯兰教神学家们——乌理玛(Ulama)加入到抗议的队伍。他们集中在12 月20 日,发起全国范围对政权的抗议。与专业人士一样,他们同样讨厌官僚组织。他们在运动中突出地反对政府官僚。此外,巴基斯坦传统手工艺人士也加入到抗议队伍。抗议活动已转播到钦特(Chiniot)、伯斯鲁尔(Pasrur)等小镇。

针对抗议中提出了的各项要求,巴基斯坦国民议会秘书长,后来成为人民党旁遮普省首席部长的马利克·迈拉杰·哈立德(Malik Meraj Khalid)12 月6 日在大会派穆斯林联盟会议上提交了一份回应群众要求的决议。尽管这一决议以几票之差被否决,但是其影响力仍然对阿尤布产生了压力。1969 年1 月1 日,阿尤布发表广播讲话,语气更为妥协,承认存在政治分歧,实际上含蓄地承认了议会外的

①　阿斯加尔·汗出生于1921 年1 月,是巴基斯坦资深航空历史学家,退休将军——三星中将,1957 年至1965 年任巴基斯坦空军司令,是巴基斯坦空军的创始人,曾参加过1965 年印巴战争,1970 年成立独立运动党,后成为反布托运动的领导人。

②　阿扎姆·汗全名为穆罕默德·阿扎姆·汗(1908—1994)是巴基斯坦军队的资深将军,曾服务阿尤布政权,担任军队最高指挥官,但是在1964 年的总统选举中,支持总统候选人法蒂玛·真纳(国父真纳之妹),并强烈反对阿尤布,从而被阿尤布解除职务。

③　Philip E. Jones, *The Pakistan People's Party: Rise to Power*, Oxford: Oxford University Press, 2003, p.169.

反对派。①

　　第三阶段为 1969 年的 1 月和 2 月。在这一阶段反阿尤布运动更具有暴力冲突和复杂性。伊斯兰教的乌理玛直接煽动西巴基斯坦的流氓无产者进行暴力活动。在东巴基斯坦,扎哈罗·哈克(Zahurul Haq)警长在冲突中丧生;军队与城市平民也发生激烈的冲突。在这一阶段,与政府有关的组织也加入到抗议的队伍中,他们是大学老师、政府医院的医生、政府部门与机构的工程师和其他技术人员。各种新的劳工组织与工会在人民党的领导下建立。抗议活动要求阿尤布立即下台。面对压力,阿尤布不得不在 2 月 21 日宣布他将不参加 1970 年的总统选举。

　　最后阶段是政府下层工作人员的抗议活动。政府下层职员包括政府三级和四级公务员,政府医院、公共部门、邮电部门、交通部门、国家银行、水电部门的雇员。在这一阶段,有组织的产业工人成为运动的主力军。他们举行大规模的罢工,切断总统府和陆军总司令部的供电达两小时。阿尤布已经完全失去民心。在以叶海亚将军高层的强迫下, 1969 年 3 月 25 日,阿尤布被迫辞去总统职务,权力移交给叶海亚。巴基斯坦的“11 月运动”告一段落。在 11 月运动期间,总共有239 人丧生。参见表 2–1 1968 年 11 月至 1969 年 3 月的暴力案件。

表 2–1　1968 年 11 月至 1969 年 3 月出现的暴力事件

	西巴基斯坦	东巴基斯坦	总　　数
警察射杀的人数	41	88	129
暴力冲突死亡人数	2	103	105
暴民杀死的官员人数	—	5	5
总共	43	196	239

Source:Saeed Shafqat, *Civil-Military Relations in Pakistan:From Zuflikar Ali Bhutto to Benazir Bhutto*, Boulder: Westview Press, 1997, p.61.

二、布托被捕与人民党组织的营救活动

　　在 11 月运动中,刚成立不久的人民党全面参与了 11 月运动,也正是人民党组织了此次运动。布托和人民党领导人一开始就谋划抗议活动。布托与胡尔希

---

　　① 　Philip E. Jones, *The Pakistan People's Party: Rise to Power*, Oxford: Oxford University Press, 2003, pp.172–173.

德·哈桑·米尔在 11 月 7 日与 9 日在拉瓦尔品第的抗议活动中不断与学生领导人商议。11 月 8 日,布托领导人民党代表去宾迪凯布镇(Pindi Gheb)参加学生的葬礼,其他人民党领导则对聚集在布托下榻的洲际宾馆的群众发表演讲。[①] 11 月 11 日,布托在拉合尔律师协会发表演讲,明确地向与会的律师们表示:他拒绝政府要他向学生呼吁停止示威活动的建议。他说道:学生们正在为正义的事业而斗争,他站在学生一边;尽管他不想流血,但是他不害怕流血。[②]

1968 年 11 月 12 日,布托、阿卜杜勒·瓦利·汗和其他政党的领导人相继被捕。布托是在穆巴希尔·哈桑家中与他一起被捕。布托被指控:①非法拥有枪支;②当公职人员时挪用公款;③违反对运动的限制,煽动学生动乱。[③] 此外,布托的表弟、人民党领导成员之一的穆塔兹·布托也被捕。布托与其他领导人的被捕对巴基斯坦的政治有以下影响:①他们为人民党领导层提供了动员群众、扩大党组织的机会,使公众密切关注布托的被捕;②他们被捕鼓励了巴基斯坦著名人物,如巴基斯坦前空军司令阿斯加尔·汗、穆尔希德·侯赛因和阿扎姆·汗加入到抗议队伍中来。[④]

在以上这些人物中,阿斯加尔·汗最吸引公众的关注。布托被捕后,阿斯加尔成为政治上的活跃分子。他挑起批评阿尤布政府的大梁。作为巴基斯坦空军的创始人,阿斯加尔被公众认为是诚实的职业军人。人民党各级干部热情地欢迎他加入反阿尤布运动。阿斯加尔发表反对阿尤布的演讲,实际上是人民党的工作人员安排和组织。阿斯加尔加入反阿尤布运动,吸引了更多的人加入反阿尤布阵营。尽管布托自己被监禁,但是其在西巴鼓动的精神仍在。[⑤]

政府对反对派的逮捕更加重政府的危机。巴基斯坦开始 19 周的城市抗议活动。这次抗议活动不但造成死亡人数多,而且波及范围广。每个大中城市,乃至边远村庄都发生抗议活动,政府失去控制,对政府的抗议达到一个新高潮:从以学生为主的抗议活动扩展为中产阶级的抗议活动,并最终进一步扩展到产业工人和专业人士和下中层文职官员。

①　Philip E. Jones, *The Pakistan People's Party: Rise to Power*, Oxford: Oxford University Press, 2003, p.179.

②　Maleeha Lodhi, *Bhutto, The Pakistan People's Party and Political Development in Pakistan, 1967–1977*, PhD Dissertation for London School of Economics and Political Science, University of London, November 1980, p.140.

③　Muneer Ahmad, *Political Sociology:Perspective on Pakistan*, Lahore: Punjab Adbi Markaz, 1978, p.9.

④　Saeed Shafqat, *Civil-Military Relations in Pakistan:From Zuflikar Ali Bhutto to Benazir Bhutto*, Boulder: Westview Press, 1997, p.61.

⑤　Abdul Ghafoor Bhurgri, *Zulfikar Ali Bhutto: The Falcon of Pakistan*, Karachi: SZABIST, 2002, p.240.

布托的被捕曾一度造成人民党领导层混乱，直到克服内部斗争后，J. A. 拉希姆出任人民党实际领导人——人民党代理主席。1968 年 12 月 2 日，拉希姆与阿斯加尔在阿伯塔巴德（Abbottabad）[①] 深谈后，正式将人民党纲领交给阿斯加尔。此后直到 1969 年 1 月中旬，阿斯加尔在西巴基斯坦的演讲中可随时使用人民党的组织能力。[②] 为此，阿斯加尔不断地要求释放布托，并提出只有人民党的领袖参加任何政府与反对派的谈判，才能解决政治危机。

在布托被捕期间，人民党的许多高级领导人都竭力使广大民众关注布托的监禁以及宣传人民党的社会主义政策。人民党中央委员会成员之一的穆罕默德·哈尼夫·拉迈，通过《胜利》刊物不遗余力地宣传伊斯兰社会主义，树立人民对布托的个人崇拜。通过该刊物，拉迈发起一场塑造布托为敢于反抗的民族主义者、穷人的领导，以及唯一有勇气挑战独裁统治的人。拉迈与人民党其他领导努力通过该刊物向公众宣传人民党的社会主义纲领。1967 年，《胜利》刊物只有不到两千名读者，且主要局限在城市中心区域。随着人民党成员的增加，该刊物的读者在乡村和城市都有增加。据估计到 1969 年，该刊物发行六万份，即使在西巴的边远村庄都能看到该刊物。[③]

经过人民党社会动员，到 1969 年 2 月中旬，运动中的诉求从表达不满已经转向要求进行全面的改革，也就是向社会主义国家转变。当工会加入抗议队伍以后，这种要求更加明显。在拉合尔组织的集会中，要求废除资本主义，实行国有化，保障工人的罢工权。铁路工人工会主席提出 1956 年和 1962 年宪法都不能解救人民，只有通过社会主义，建立工人、农民、学生和中产阶级的统一阵线才能改变现有的经济制度。[④]

在布托被捕之前，人民党除了布托，没有其他在全国有影响的领导人。布托被监禁后，几位人民党领导人成为全国有影响力的政治家，在与其他政党领导人建立联盟关系中发挥了重要作用。J. A. 拉希姆作为人民党的秘书长，努力寻求扩大人民党的领导层联盟。当拉希姆成功地劝说拉合尔的著名刑事辩护律师马哈

[①] 阿伯塔巴德是位于巴基斯坦西北边境省（现改名为开伯尔－普赫图赫瓦省）的哈扎拉地区的一个城市，位于巴首都伊斯兰堡东北部 150 公里，白沙瓦市以东 50 公里，该城市气候宜人，2011 年 5 月 1 日，本·拉登就在该市一住宅内被美国特种部队炸死。

[②] Philip E. Jones, *The Pakistan People's Party: Rise to Power*, Oxford: Oxford University Press, 2003, p.182.

[③] Saeed Shafqat, *Civil-Military Relations in Pakistan:From Zuflikar Ali Bhutto to Benazir Bhutto*, Boulder: Westview Press, 1997, pp.63–64.

[④] Munir Ahmad, *Aspects of Pakistan's Politics and Administration*, Lahore: University of the Punjab South Asia Institute, 1974, pp.44–45.

茂德·阿里·卡苏里（Mahmud Ali Kasuri）和民族人民党重要领导人加入人民党后，他作为全国有影响力的政治家的地位得以确立。

谢赫·拉希德作为旁遮普省人民党主席，是一个与农民事业联系在一起的社会主义者。他发起了一场发展人民党党员的组织运动，把许多社会主义分子引进到人民党领导层的各级岗位中。在卡拉奇，迈拉杰·穆罕默德·汗成为有影响的学生领导人和律师，极力扩展了人民党的支持基地。尤为重要的是，努斯拉特·布托夫人为让自己丈夫获释，奔走于全国各地，发起营救布托的运动。她向人民党工作人员发表讲话，领导示威游行，签发人民党政策声明，劝民众加入人民党。以前，巴基斯坦的妇女很少参加政治抗议活动，经努斯拉特夫人的示范和动员，妇女已经成为支持人民党的重要选民。在布托监禁期间，人民党的领导层成功地维持了内部团结，从而有效地扩展了党的组织。

在布托被监禁后，领导反阿尤布运动的责任已经转移到布托夫人努斯拉特和阿斯加尔·汗身上，而不是人民党其他领导人。这表明人民党严重依赖布托领导魅力，暴露出人民党制度上的缺陷。[1] 布托被监禁期间，人民党的其他领导成员和积极分子在动员民众组织反对阿尤布的运动中虽然作出重要贡献，但是与布托相比，布托的政治动员与鼓动效应要更大。

1968 年 12 月 28 日，拉希姆在拉合尔律师协会上宣布：布托将成为 1970 年选举的人民党总统候选人，在可恶的基本民主体制下与阿尤布竞争。拉希姆宣称布托如此深受群众欢迎，人民党将推举他为总统候选人，因为如果不这样做，将会违背人民的意愿。拉希姆也承认此举也是先发制人：布托作为总统候选人将对现任总统阿尤布施加道义和政治压力，促使他早日释放布托。[2] 拉希姆宣布此决定是受布托的指示，没有与其他反对党和党内的同志通气，致使这一决定不但遭到其他反对党的批评，而且也使人民党内出现分裂，导致党内出现一个名为"前进集团（Forward Bloc）"的组织。拉希姆不得不全面否认该组织的存在，并宣称他宣布布托参选总统选举的决定是经过与人民党的原则委员会和组织委员会商议过。尽管拉希姆一再出面解释，实际上显示出人民党领袖布托的行为风格：他事前不与党内同仁商议，就作出决定。

1969 年 1 月，巴基斯坦一些老反对党，如民族人民党（瓦利集团）、伊斯兰神

---

① 　Maleeha Lodhi, *Bhutto, The Pakistan People's Party and Political Development in Pakistan, 1967–1977*, PhD Dissertation for London School of Economics and Political Science, University of London, November 1980, p.144.

② 　Philip E. Jones, *The Pakistan People's Party: Rise to Power*, Oxford: Oxford University Press, 2003, p.183.

学者协会、伊斯兰促进会、理事会派穆斯林联盟、伊斯兰秩序党、全国民主阵线、纳斯鲁拉领导的人民联盟派别成立了民主行动委员会,提出了 8 点主张:①联邦议会制政府;②公民拥有直接选举权;③结束国家紧急状态法;④废除恶法,包括拘留法;⑤释放政治犯,包括穆吉布·拉赫曼(Mujibur Rahman)① 和布托;⑥撤消刑事诉讼法 144 款关于预防性拘留的规定;⑦恢复劳工罢工的权力;⑧取消所有新闻限制,把没收的进步报刊退回给原主。② 民主行动委员会还号召抵制 1970 年的选举。民主行动委员会的主张回避了地区自治和经济与社会政策。人民党决定远离民主行动委员会的联盟。

1969 年 1 月,西巴基斯坦拉合尔高等法院正式开庭审判布托。布托在法庭的陈述中抱怨他被捕后受到非人的待遇,食物劣质,在他的牢房中到处都是"老鼠和蝙蝠(rats and bats)"③。布托接着控告阿尤布政府进行大范围的迫害:威胁他的表弟蒙塔兹·布托和他的侄子穆什塔格·布托(Mushtaq Bhutto),抢劫他的朋友穆斯塔法·哈尔,逮捕他的党内同仁胡尔希德·哈桑·米尔,破坏公共会议,夺取他家族成员的土地等。④

布托充分利用他的口才,全面揭露阿尤布政权对人民的镇压活动。他在陈述中说道:"在这个国家,民众表达对失职政权的抗议,在大街上回荡的抗议之声是人民自发反对这个政权的暴行,腐败,自私,践踏人权,腐蚀的机构,压迫人的官僚,迂腐地对待文化、封闭人民信息"。⑤

与此同时,布托在法庭上还宣布他将以绝食迫使政府取消紧急状态法。1969 年 2 月 14 日,布托开始绝食,反对紧急状态法。其实,自 1968 年 5 月起,阿尤布一直在考虑取消紧急状态法。布托开始绝食后,政府宣布将在 2 月 17 日取消紧

①　穆吉布·拉赫曼全名为谢赫·穆吉布·拉赫曼(Sheikh Mujibur Rahman)(1920 年 3 月 27 日—1975 年 8 月 15 日)是孟加拉人民族主义政治家,他领导人民联盟(The Awami League)为东巴基斯坦争取自治权遭阿尤布当局监禁,提出著名的"六点纲领";1971 年孟加拉国独立,成为孟加拉国首届总统,被尊称为孟加拉国国父。1975 年 8 月 15 日,一群初级军官闯入总统府,杀害了拉赫曼,他全家只有两个女儿因为在西德而幸免于难。

②　Maleeha Lodhi, *Bhutto, The Pakistan People's Party and Political Development in Pakistan, 1967–1977*, PhD Dissertation for London School of Economics and Political Science, University of London, November 1980, p.169, Note 156.

③　布托在最初的陈述中写的是"猫和老鼠(cats and rats)",布托辩护律师马哈茂德·阿里·卡苏里办公室的人指出猫和老鼠不能共存,所以改为"老鼠和蝙蝠"。

④　Salmaan Taseer, *Bhutto: a political biography*, Delhi: Vikas Publishing House PVT LTD, 1980, p.97.

⑤　Maleeha Lodhi, *Bhutto, The Pakistan People's Party and Political Development in Pakistan, 1967–1977*, PhD Dissertation for London School of Economics and Political Science, University of London, November 1980, p.169, Note 147.

急状态法,并私下地通知布托:他将不会受到任何限制了。但是布托坚持绝食到 2 月 17 日,除非政府解除紧急状态法不是一个诡计。取消紧急状态法,布托成为自由人。

从布托获释到阿尤布辞职期间的数周内,布托发起强大的社会动员。他不断地批评阿尤布政权,坚持要求阿尤布立即下台。他在巴基斯坦使用了一种全新的政治动员模式:群众示威、激进口号、党旗与党象征。他不但批评政府,也批评人民党对手及其纲领。布托的政治表现大大挫败他的对手,不过,群众很热爱他。布托在卡拉奇发动群众集会与群众进行直接沟通。有数千人参加这样的集会。

为挫败布托的群众动员活动,阿尤布邀请反对党、民主行动委员会参加圆桌会议。这实际上表明阿尤布正在失去军队的支持。巴基斯坦陆军、空军和海军的司令及其助手分别会见了阿尤布。他们要求阿尤布采取政治解决办法,而不是依靠军队力量去镇压革命运动。[1] 布托通过咨询其支持者和党内同志后,表示他将不参加圆桌会议,因为人民需要一个更彻底的变革而不仅仅是妥协。

圆桌会议在 3 月 10 日开始,经过几天讨论,没有取得任何成果。正如布托所预料,圆桌会议是一个闹剧,在混乱中结束。有着不同想法的反对派要取得一致意见是不可能的。这些反对派充满着争吵和阴谋诡计。

1969 年 3 月 24 日,布托乘坐巴基斯坦国际航空公司的飞机从卡拉奇回拉尔卡拉市,但是飞机因为"机械原因"转飞到拉瓦尔品第。到达后,布托被直接带到军队总指挥部。叶海亚·汗通知布托军队没有其他办法,只有接管政府,要求布托有条件支持。布托为此提了三点条件:独立的外交政策;"一个单位"制解体;年内实行普选。叶海亚接受了布托的条件,称赞布托是一个聪明人。[2] 1969 年 3 月 25 日,阿尤布辞职。布托欢迎阿尤布的辞职和叶海亚接任,并乐观地评论道:"总体上是一件好事,至少我们摆脱了阿尤布。除非军队想夺权,我认为这不太可能。恢复民主的前景是好的"。[3] 布托宣布反阿尤布运动停止。

总之,从 11 月运动各个阶段的情况来看,布托和人民党始终参与,并有效地领导了该运动。尽管参加 11 月运动的反对党不止一个,但是人民党是发挥重要

————————————

① Saeed Shafqat, *Civil-Military Relations in Pakistan:From Zuflikar Ali Bhutto to Benazir Bhutto*, Boulder: Westview Press, 1997, p.66.

② Philip E. Jones, *The Pakistan People's Party: Rise to Power*, Oxford: Oxford University Press, 2003, p.187.

③ Dilip Mukerjee, *Zulfikar Ali Bhutto: Quest for Power*, Delhi: Vikas Publishing House PVT LTD, 1972, p.66.

作用的政党。没有人民党就不会有阿尤布的倒台。当然,正是人民党在各个阶段发挥重要作用,人民党才成为这场运动中的唯一赢家:人民党的组织扩大了,人民党的领导成员得到锻炼,人民党的社会基础更广了,最为重要的是,布托成为西巴基斯坦唯一能挑战阿尤布的人。人民党在运动中的群众优势,很快在随后的大选中转化为选举优势。

第三章　人民党在 1970 年大选中的表现与大选后的谈判与组阁

叶海亚接管政权后，承诺举行大选。巴基斯坦 1970 年的大选是巴历史上一次比较公正自由的选举，各方对选举结果没有多少异议。人民党在大选中取得了令人惊喜的成绩，成为西巴国民议会和旁遮普省、信德省议会的大党。由于东巴基斯坦的多数党人民联盟奉行"六点纲领"追求东巴基斯坦完全自治，与西巴主流观点发生冲突。布托和叶海亚总统多次与人民联盟领导人穆吉布·拉赫曼谈判无果，从而引发 1971 年第三次印巴战争和东巴独立。

第一节　人民党在 1970 年大选中的表现

1969 年 3 月。叶海亚将军取代阿尤布，成为巴基斯坦统治者。叶海亚将军宣布在 1970 年举行大选。人民党充分利用这一机会，取得在西巴基斯坦选举的胜利。

一、人民党的选举动员

1969 年 3 月 25 日，权力从阿尤布转移到叶海亚的手中，表明巴基斯坦再次回到军人统治。叶海亚颁布戒严令，但是无法阻止各地的骚乱和罢工。叶海亚继承了其前任的困境，但是叶海亚表示愿意接受广大群众的愿望，并重新调整商业、工业、财政和外贸政策，以安抚社会不满团体如城市劳工和知识分子团体。为兑现人民选举要求，叶海亚于 1969 年 11 月 28 日正式宣布国民议会和省议会的选举将在 1970 年 10 月举行。1970 年 1 月，限制政党政治活动的规定被解除成为选举的前奏,选举正式展开。大选对巴基斯坦人来说是一个新现象。这是在全国层面的首次直接选举。最近的省直接选举东巴基斯坦在 1951 年;信德省在 1953 年,旁遮普省在 1951 年。[①]

1970 年 3 月 31 日,叶海亚政权颁布了包括选举制度和运作的"法律框架条令（Legal Frame Order）"。该条令详细规定国民议会和省议会的组成,选举日程,候选人资格,以及选举制度:"一人一票",普选以及将在 120 天后制定宪法等。该条令还规定所有政党参加选举必须同意以下原则:①保存巴基斯坦伊斯兰意识形态;②制定民主宪法,以确保按期在人口基础上进行选举,保证基本权利和司法独立;③保持领土完整和巴基斯坦团结;④通过法令和条规消除不同地区之间的不平等;⑤承诺各省的"最大程度上的自治"。[②] 该条令同时还规定:"联邦政府也应有适当的权力,包括立法、管理和承担与内外事务有关责任的财政能力,保护国家的独立和领土完整。"[③]

法律框架条令得到巴基斯坦所有政党的认同。1970 年 4 月 1 日,叶海亚政府还颁布了"西巴基斯坦省解散条令"。该条令结束单一政治实体单位,西巴基斯坦重新划分为四个省:旁遮普省、信德省、西北边境省和俾路支省。该条令也解决了一个棘手的难题,以人口为基础确定代表人数,从而使东西巴议席分配的不平等得以解决。[④]

在选举之前,叶海亚当局认为没有哪个政党能够赢得国民议会的绝对多数,从而为巴基斯坦军队留出了运作空间,可以在宪法制定和政府组织过程中发挥重要作用。这一判断还得到巴情报部门、政治家和学者的认同。在大选前一周,叶海亚当局预测在国民议会选举中人民联盟将获得 80 席,穆斯林联盟（加尧姆派）获得 70 席,穆斯林联盟（道勒塔纳派）获得 40 席,民族人民党（瓦利派）获得 35 席,人民党获得 25 席。[⑤] 巴基斯坦的主流媒体认为人民党将在国民议会选举中有幸在旁遮普省获得 3—4 个议席;穆斯林联盟的三个后继者政党将在巴基斯坦赢得多数席位;叶海亚可以通过重组这三个穆斯林联盟派别为一个统一的

---

① Salmaan Taseer, *Bhutto: a political biography*, Delhi: Vikas Publishing House PVT LTD, 1980, p.104.

② Saeed Shafqat, *Civil-Military Relations in Pakistan:From Zuflikar Ali Bhutto to Benazir Bhutto*, Boulder: Westview Press, 1997, p.69.

③ David Dunbar, "Pakistan: The Failure of Political Negotiation", *Asian Survey*, Vol. 15, No. 2（May, 1972）, pp.441–461.

④ Sharif al Mujahid, "Pakistan : First General Election", *Asian Survey*, Vol. 11, No. 2（Feb., 1971）, pp.159–171.

⑤ Ian Talbot, *Pakistan: A Modern History*, London: Hurst & Company, 2009, p.195.

政党,从而成为自己的政权党。布托也无法预见人民党是否能突破传统势力的压制。在1970年8月,布托预测人民党将获得西巴基斯坦全部选票的75%。但是就在正式投票时,布托就没有这么乐观了。他在人民党在拉合尔的会议上说人民党最多能从西巴基斯坦138个议席中获得40个议席。[①]

在选举之前,尽管布托能够接触到叶海亚,并与皮尔扎达有紧密关系,但是人民党得不到当局的青睐。叶海亚倾向于穆斯林联盟三个派别的领导人,人民党领袖有点处于政权核心圈子的边缘。在私下里,人民党得到上层官僚、技术专家和军队的支持。这些官僚和技术专家认为随着银行和工业的国有化,人民党没有官僚和技术专家便无法进行管理。此外,人民党在某些将军、上校和普通士兵中得到支持。

到1969年年底,经过11个月运动的锤炼,人民党的组织也扩展到许多镇和市,布托确立了自己在西巴最受欢迎的领导人地位。他和他的党提高了地位和自信。不过,人民党的快速发展受到地方政府和警察的骚扰和敌视。人民党的众多领导人被当局以违反戒严令条例的名义被逮捕和拘留。到1970年1月,人民党有150名领导和干部被监禁。布托曾威胁到如果政治犯不在选举前得到释放,他将抵制选举并领导群众运动。当他发出威胁后,对人民党领导人的逮捕实际上仍在增加,布托感到这是一场设计好的陷阱,以激怒人民党抵制选举。布托表示人民党不会上这个圈套。

人民党在关于是否参加选举的问题也发生意见分歧和争执。1970年1月1日,从巴基斯坦各省来的700余名代表以及大约1000名随从云集在海拉市(Hala)的塔拉卡(Taluka)镇人民党副主席马赫杜姆·穆罕默德·扎曼·塔利布(Makhdum Muhammad Zaman Talib)[②]的家中开会。此次海拉会议是人民党在大选临近前的一次重要会议,主要讨论人民党竞选宣言的起草、组织和选举问题。大会讨论选举的文件是人民党秘书长拉希姆准备的三份文件:①法律框架条令的政治含义;②政权的态度与行为;③对人民党竞选的影响。这些文件明确地反映了人民党内左翼的忧虑。他们对布托是否真实行革命变革日益怀疑。对他们中的许多人来说,布托在20世纪70年代是似是而非的左派,至少是民主社会主义者。但是当信德省地主精英们蜂拥而至人民党时,他们对布托表示怀疑。

在海拉会议上,人民党的左翼感觉到他们在党的核心圈的影响在减少,认识

---

①　Philip E. Jones, *The Pakistan People's Party: Rise to Power*, Oxford: Oxford University Press, 2003, p.258.

②　马赫杜姆·穆罕默德·扎曼·塔利布(1919年10月4日—1993年1月11日)出身于贵族之家,是著名的学者、诗人和领导人,是人民党的创始成员和人民党的副主席,是布托的好朋友,多次当选国民议会议员,在反齐亚军人政权的"恢复民主运动"中发挥重要作用,他出版的诗集有三十多本。

到他们必须在选举问题表示自己的立场,以换取他们在组织、竞选宣言和候选人提名上的影响力。人民党内的左派哈尼夫·皮尔扎达、穆巴希尔和拉迈在发言中认为,帝国主义是巴基斯坦的敌人,正是帝国主义使第三世界国家要么成为殖民地,要么失去主权。人民党内激进左翼迈拉杰发言表示同意他们的一些观点,但是他认为巴基斯坦的主要问题是封建主义。他指出在亚洲的巴基斯坦,封建主义通过与资本主义的密切联系,破坏人民的斗争;资产阶级民主在没有消灭封建主义之前也不能建立。在任何情况下,革命从不靠选举来实现。①

迈拉杰激动地提出:选举和议会不能够为人民带来食物和住所,相反,人民党会被资本家们和封建地主们所俘虏。在海拉会议上,人民党的左派和中间派纷纷引用毛泽东关于革命和夺取政权方法的论述。当迈拉杰在大声反对参加选举时,哈尼夫·拉迈论述林彪曾提出了革命分两步走的思想:首先,正如毛与孙中山合作打败帝国主义那样,人民党也应该与资本家和其他势力合作打败帝国主义,主要是帝国主义与军人政权联盟;第二步阶段才是思考建设社会主义。②

人民党右翼不同意迈拉杰的观点。布托对此更是非常生气和不耐烦。他忠告左派:他曾经会见过他们的"前辈"毛泽东,但是你们(左派)只读过几本关于社会主义的书,凭此就以为什么都知道。③ 布托指出国民议会的席位将给人民党另一个舞台。如果人民党抵制选举的话,那么人民党和伊斯兰社会主义运动将走弯路。布托最后也承认左翼的一个观点:选举不能解决巴基斯坦的所有问题,承诺如果宪法不能在120天内制定以及国民议会不解散,人民党将发动人民斗争。

在海拉会议上,人民党的意识形态争论告一段落,人民党决定参加选举。激进左翼也同意支持这一决定,但是他们将不参加选举。后来的政治发展显示激进左翼不参加选举是严重的失算。他们在党内各级的影响开始减弱,再也没有获得过去的地位。

人民党内的左翼在这场争论中失败,主要因为:

人民党更像是一个抗议运动,把许多对政府不满的社会团体吸收进一个伞式

---

① Philip E. Jones, *The Pakistan People's Party: Rise to Power*, Oxford: Oxford University Press, 2003, pp.272-273.

② Khalid B. Sayeed, "How Radical is the Pakistan People's Party", *Pacific Affairs*, Vol.48, No. 1（Spring,1975）, pp.42-59.

③ 尽管布托因为迈拉杰对卡拉奇劳工圈的影响力,对他尊重,但是他对"咖啡屋的知识分子"表示出轻蔑。布托自己的超凡智慧和对行动的热爱使他对意识形态的争论显得很不耐烦。布托曾这样评价人民党的知识分子:"在外观上他们是知识分子,但是他们只不过是坐在咖啡屋,品着咖啡,披着长发。毫无疑问他们能洞悉权力的真相。他们试图给人以印象:他们知道内部秘密。他们剽窃别人的精辟评论据为己有。他们正是这个国家谣言四起的部分原因。"Philip E. Jones, *The Pakistan People's Party: Rise to Power*, op.Cit.p.307,Note, 73.

组织,以适应不同阶级利益。以迈拉杰为首的激进左翼在群众中没有支持基地,
也得不到人民党高层领导的支持;

在布托被监禁期间,社会主义派和伊斯兰社会主义派得到了扩张并巩固了他
们对人民党分支的控制,尤其是在旁遮普省。激进左翼除在卡拉奇和莱亚尔普尔
(Lyallpur)对劳工组织有影响外,在其他地区没有什么影响。激进左翼最弱的地
方在于未能掌握资金资源和组织技巧不佳;

人民党的媒体主要控制在社会主义派和伊斯兰社会主义派手中。从 1968 年
3 月到 1970 年 3 月,周刊《胜利》是唯一同情人民党纲领的杂志。它发挥了两项
功能:成为西巴知识分子讨论和完善伊斯兰社会主义概念的论坛;成为把人民党
的信息转到群众的重要工具;自 1970 年以后,人民党的几个团体为宣传自己的观
点,相继出版了自己的周刊;

阿尤布倒台后,布托开始改变自己的策略,从与政权对抗和群众运动转为组
织联盟。1970 初,他开始在西巴与封建阶级联盟。①

在海拉会议上,人民党还讨论了人民党竞选宣言。竞选宣言描述人民党实质
上为社会民主党,确立人民党的最终目标与成立大会的基本文件一致:"党政策的
最终目标是实现无阶级的社会。这个目标在我们的时代只有通过社会主义才能
实现。这意味着公民的真正平等,在经济与社会公正的基础上实现民主制度下的
兄弟友爱。这些目标来自于伊斯兰教的政治和社会的道德规范。因此,党得努力
把穆斯林信仰的高贵理想转化为实践。"②

在外交政策上,人民党竞选宣言要求巴基斯坦退出中央条约组织、南亚条约
组织和英联邦,废除塔什干协议,与印度在克什米尔地区对抗,穆斯林和第三世界
团结一致;保护在国外的巴基斯坦人(尤其是在英国的巴基斯坦人)。在工业问
题上,人民党接受混合经济——私人部门与国营部门同时存在,基础产业和重工
业、设备业、矿产开发和所有主要的公共交通都将是国营部门,也包括有一定规模
的纺织和碾米厂;所有银行和保险公司将国有化,税收制度将进行改革等。③

关于农业改革,竞选宣言重复人民党成立大会基本文件的承诺"党要求消灭

①　Saeed Shafqat, *Civil-Military Relations in Pakistan:From Zuflikar Ali Bhutto to Benazir Bhutto*,
Boulder: Westview Press, 1997, p.71.

②　PPP, *Manifestos of Pakistan Peoples Party, 1970&1977*, p.9, Reproduced by Sani Hussain
Panhwar Member Sindh Council , PPP, Manifestos of Pakistan Peoples Party, 1970 & 1977 Copyright © www.
bhutto.org, 05/05, 2012.

③　Meenakshi Gopinath, *Pakistan in Transition:Political Development and Rise to Power of Pakistan
People's Party*, New Delhi:Manohar Book Service, 1975, p.34.

封建主义",规定个人拥有的灌溉地的最高上限为 50 到 150 英亩。不同的土地有不同的上限标准,主要根据土地的质量、现有产量和灌溉设备等条件来确定。[①]表述的模糊性很明显是布托与谢赫·拉希德派妥协的结果。布托不想疏远旁遮普省和信德省的地主们,也不想吓走信德省的贵族们,他们是人民党重要的赞助者,而拉希德派首次使人民党接受最高上限为 50 英亩的潜在上限。在此之前,1969 年 3 月,在旁遮普省委员会的会议上,以谢赫·拉希德、阿曼诺亚·汗和胡尔希德·哈桑·米尔为代表的左派要求在竞选宣言中个人拥有的土地最高上限为 25 英亩,遭到以穆斯塔法·哈尔为代表的地主党员的强烈反对,没有达成任何共识,党的会议也不得不延迟。[②] 与此同时,左翼学生运动领导人阿曼诺亚·汗被开除出党。[③]

　　在竞选宣言中,人民党支持公民的就业权:每一个公民有根据自己的能力和资质,而不是阶级、社会出身和家族关系就业的权利。国际劳工组织关于罢工和工人参加企业管理的权利在宣言中也被采纳。为寻求广大知识分子的支持,人民党在宣言中承诺大学自治,学术自由,改变大学的精英教育模式,满足广大群众教育的需要。此外,人民党还强调选举制度改革,实行政党名单制度,政党进入国民议会的准入标准为 5% 的得票率等。[④]

　　为适应巴基斯坦的穆斯林文化,1970 年竞选宣言比成立大会基本文件更加突出伊斯兰教。宣言把伊斯兰教看作是人民党各项政策建议的起源:"党的纲领、要求、行为的本质与精神遵循伊斯兰教的教导。党赞同法律不能与伊斯兰教和《古兰经》相冲突。"[⑤] 在以后布托的竞选演讲中,伊斯兰教也成为重要的内容。尽管宣言也使用社会主义的词汇,谈论阶级冲突,但是已经缺乏好战强硬的观点,这也是竞选的需要。

　　布托直到 1970 年 7 月才正式对外宣布人民党将参加选举, 是出于两个原因:一是他试图安抚人民党内的左翼;二是他想警告当局。如果人民党抵制选举,大

---

　　①　PPP, *Manifestos of Pakistan Peoples Party, 1970&1977, op.cit.,* p.19.

　　②　Salmaan Taseer, *Bhutto: a political biography*, Delhi: Vikas Publishing House PVT LTD, 1980, p.92.

　　③　Maleeha Lodhi, *Bhutto, The Pakistan People's Party and Political Development in Pakistan, 1967–1977*, PhD Dissertation for London School of Economics and Political Science, University of London, November 1980, p.185.

　　④　更多内容请参见 PPP, *Manifestos of Pakistan Peoples Party, 1970&1977*, PPP, Manifestos of Pakistan Peoples Party, 1970 & 1977 Copyright © www.bhutto.org.

　　⑤　PPP, *Manifestos of Pakistan Peoples Party, 1970&1977*, op.Cit., p.3.

选将受挫。① 不过,抵制也只是口头威胁。政府和右翼政党恰恰是欢迎人民党不参加选举。他们在选举中失去一个有力的竞争者。人民党内许多来自信德省和旁遮普省的乡绅地主都想通过选举谋得席位,拒绝抵制选举。

竞选开始后,布托经过精心准备并借鉴过去两年反阿尤布运动的经验,实行以下四个方面的竞选策略。

首先,布托努力宣传人民党的基本原则,通过使用"伊斯兰社会主义"来使社会主义在群众中更易接受。布托通过指出真纳在 1948 年 3 月 26 日的演讲中使用过"伊斯兰社会主义"来使这一说法更具有权威性。布托认为如果阿尔及利亚、埃及、伊拉克、利比亚和叙利亚等阿拉伯国家通过伊斯兰社会主义而获得发展,巴基斯坦人民也不应该否认这一机会。

其次,布托猛烈抨击阿尤布和竞争政党。他谴责那些圆桌会议的参加者是阴谋反对巴基斯坦人民。人民党卡拉奇秘书长迈拉杰也在集会上谴责伊斯兰促进会在最近的表现,并就有关议题挑战其领导人。

再次,布托展示了自己的民族主义和反印度的立场。他呼吁独立的外交政策,退出美国支持的防务条约:中央条约组织和南亚条约组织,"清算"塔什干协议,逐步揭露塔什干的秘密,继续与印度的"千年战争"。

第四,布托指控叶海亚的情报机构全面干涉人民党的选举,尽管叶海亚保证完全中立。布托指巴情报部长利用政府媒体反对人民党。不过,布托在竞选时,避免直接批评叶海亚总统,在任何时候也没有挑战军方。②

布托的策略是建立在对当时政治格局的综合考虑。西巴基斯坦的四个省都有各自独有的特点。他把自己重点集中于得到人民响应的地方。人民党在东巴基斯坦和俾路支省影响薄弱。布托和人民党集中竞选的地方是旁遮普省和信德省,以及一部分西北边境省。在信德省,除卡拉奇和海德拉巴两城市外,投票是按照传统封建阵营进行。为此,人民党设法对信德省有竞争力有希望赢得席位的候选人进行了重新布阵组合。他们中最著名的有特伯卡尔选区(Tharparkar)的古拉姆·拉苏尔·沙阿(Ghulam Rasool Shah),雅各布阿巴德的达里亚·汗·霍索(Darya Khan Khoso),纳瓦布沙阿(Nawabshah)的古拉姆·穆斯塔法·贾托伊和哈基姆·阿里·扎尔达里(Hakim Ali Zardari),海拉的马赫杜姆·穆罕默德·扎

① Rafi Raza, *Zulfikar Ali Bhutto and Pakistan, 1967–1977,* Oxford: Oxford University Press, 1997, p.31.

② Rafi Raza, *Zulfikar Ali Bhutto and Pakistan, 1967–1977,* op.Cit., p.27.

曼·塔利布,特达（Thatta）的梅蒙人（Memom）① 哈吉·萨迪克·阿里（Haji Sadik Ali）,海得巴德的米尔·阿里·艾哈迈德（Mir Ali Ahmad）和拉苏尔·巴克什·塔尔普尔。在选举前夕,布托还设法争取到信德省桑加尔地区帕加罗贵族家族领头人物杰姆·萨迪克·阿里（Jam Sadiq Ali）加入人民党。因此,到1970年年中,信德省人民党已汇集了当地显赫家族——布托家族、塔尔普尔家族、贾托伊家族、皮尔扎达家族和马赫杜姆家族。

作为左派政党的人民党拥有这么多封建贵族的团队,布托不得不解释为什么要吸收这么多的大地主和所谓"反动派"进入人民党队伍。布托解释道:"一些资本家和封建地主加入了人民党。这是事实。但是这并不意味着人民党蜕化成吸穷人血的扎吉尔达尔（Jagirdar）② 的党。资本家和封建地主加入人民党是在我面前发誓遵守宣言规定的各种条件。"③

人民党的许多候选人,尤其是在旁遮普省的候选人主要是不怎么有名的律师、工程师和其他政治上的新手。他们中有些人是社会主义者,例如,穆巴希尔·哈桑、谢赫·拉希德、胡尔希德·哈桑·米尔,迈拉杰·穆罕默德·汗和拉纳·穆赫塔尔·艾哈迈德。不过,有些封建分子也是党的候选人。这些人中在旁遮普省显赫的有赛义德·纳赛尔·阿里·里兹维（Syed Nasir Ali Rizvi）、沙赫扎德·赛义德·乌尔·拉希德·阿巴西（Shahzad Saeed-ur-Rashid Abbasi）、马利克·穆扎法尔·汗（Malik Muzaffar Khan）、马利克·安瓦尔·阿里（Malik Anwar Ali）、萨迪克·侯赛因·库雷希（Sadiq Hussain Qureshi）和古拉姆·穆斯塔法·哈尔;在信德省显赫的有达里亚·汗·霍索、蒙塔扎·布托、阿卜杜勒·哈菲兹·皮尔扎达、古拉姆·穆斯塔法·贾托伊、杰姆·萨迪克·阿里和海拉的马赫杜姆等。④

布托本人在巴丁（Badin）⑤ 挑战纳杰姆丁·汗（Najmuddin Khan）。此人曾是信德省政府和西巴政府的部长,在此选区拥有好的名声。布托也在拉合尔挑战贾韦德·伊克巴勒（Javed Iqbal）。布托还在自己家乡拉尔卡拉选区挑战阿尤

---

① 梅蒙人是一个少数民族,主要分布在巴基斯坦的信德省、伊拉克南部的库特省和印度的卡提阿瓦半岛,他们主要信仰逊尼派伊斯兰教;梅蒙（Memom）在阿拉伯语中表示"信徒"之意。

② 扎吉尔达尔是在中世纪印度穆斯林的德里素丹国时期,拥有国王分封的土地（扎吉尔）的受封者,这些受封者在自己的领地享有征收租税和徭役的权利。

③ Maleeha Lodhi, *Bhutto, The Pakistan People's Party and Political Development in Pakistan, 1967–1977*, PhD Dissertation for London School of Economics and Political Science, University of London, November 1980, p.204.

④ Anwar H. Syed, *The Discourse and Politics of Zulfikar Ali Bhutto*, New York: St. Martin's Press, 1992, p.80.

⑤ 巴丁是巴基斯坦信德省巴丁选区的主要城市和首府,位于印度河的东岸,盛产水稻。

布·胡罗（Ayub Khuhro）。此人曾是信德省政府的首席部长,巴基斯坦前国防部长和信德省穆斯林联盟的主席。布托同时也在西北边境省的德拉伊斯梅尔汗选区（Dera Ismail Khan）挑战穆夫提·马哈茂德（Mufti Mahmood）。[1]

1970年1月4日,人民党在卡拉奇的尼什塔尔公园发起大规模竞选集会。布托在演讲中说道:"我们的政治是群众政治,是开放的政治,……如果社会主义与伊斯兰教发生冲突,我发誓我们将拒绝社会主义。因为我首先是一个穆斯林。"[2]布托随后在拉瓦尔品第的利雅卡特花园,在白沙瓦的真纳公园等这些富有历史意义的地方发表演讲,吸引了成千上万的群众。

布托在西北边境省作巡回演讲,也在信德的大部分地区作了社会动员。他集中竞选的地方是在旁遮普省。他意识到只有在旁遮普省取得成功,人民党才能上台执政。尽管天气炎热、尘土飞扬、身体不适等不利条件,他仍然一天18至20小时都在旅行、演讲、游行和集会。布托以其出众的演讲才能,向工人、农民、学生、小资产阶级等社会中下层人士许诺通过社会主义改善他们的生活;通过实行伊斯兰社会主义,消除伊斯兰教徒的恐惧,赢得宗教界人士的支持。布托的竞选演说照顾到了各种政治势力、各阶层的利益,因而信德省和旁遮省的宗教领袖、大地主、左翼人士都聚集在人民党周围。[3]

人民首次看到和听到一个领导人表达他们的不满和愿望,布托1970年3月9日在拉合尔作过公开演讲后,人民党就在旁遮普省得到一批选民的支持,从而又反过来影响信德省,使更多的人加入人民党的队伍,尤其是得到封建地主们的支持。[4]

在演讲中,布托向新兴社会团体,也向传统力量呼吁。在信德农村和邻近旁遮普省的乡村,人民党寻求与封建地主和家族领导人建立合作;在旁遮普省的大部分地区,人民党努力直接向当地知名人士和群众呼吁;在巴基斯坦的城市部分,人民党直接从城市穷人、中产阶级专业人员团体中发展党员。这种选举策略显示出人民党有不同的面孔,对不同地区和不同经济社会团体讲不同的语言。布托的选举策略包括由封建地主精英操纵的庇护模式的传统政治运动（如在信德省）,也包括旨在动员群众支持的群众政治（如在旁遮普）。

---

[1]　Abdul Ghafoor Bhurgri, *Zulfikar Ali Bhutto: The Falcon of Pakistan*, Karachi: SZABIST, 2002, p.286.

[2]　Salmaan Taseer, *Bhutto: a political biography*, Delhi: Vikas Publishing House PVT LTD, 1980, p.107.

[3]　Sharif al Mujahid, "Pakistan: First General Elections", *Asian Survey,* Vol. 11, No. 2（Feb., 1971）, pp.159-171.

[4]　Rafi Raza, *Zulfikar Ali Bhutto and Pakistan, 1967-1977,* Oxford: Oxford University Press, 1997, p.27.

其实,人民党的竞选方式早已由 1968 年—1969 年的城市群众抗议模式决定。四个月来由城市社会团体,如产业工人和白领专业人士发起的抗议活动,已经凸显新社会团体和经济问题的重要性。1968 年—1969 年运动的经验教训已经被吸收和消化在人民党的纲领和竞选策略中。

布托的竞选策略充分考虑到了巴基斯坦的经济、社会、政治和心理的因素。布托在演讲中突出强调人民的需要。对旁遮普省的城市团体,布托通过社会经济口号承诺社会公正和改善生活水平;对旁遮普省的民族主义分子,他强调与印度的对抗;在信德省,布托承诺限制地主,提高人民的生活水准;为适应信德人的民族主义感情,布托强调 "一个单位制" 的不公正[1];对产业工人,尤其是卡拉奇的产业工人,布托大谈伊斯兰社会主义;对普什图族人（帕坦人）,布托回忆他们的光荣传统[2],承诺繁荣该民族;除资本家以外,他对其他的任何人都许诺。

经过 1968 和 1969 年的抗议运动,巴基斯坦的文化呈现激进化态势。在竞选中,西巴其他政党也都主张消除地区和阶级之间的不平等,要求实行有利于工人和农民的改革。所有政党似乎都力主实行财富更加平等地分配,如设置个人拥有土地的上限,把多余的土地分配给无地的农民,小规模的自耕农免交税收,给企业的工人分享一定份额的利润等。[3]似乎巴基斯坦的所有政党都接受社会主义纲领。

在竞选中,人民党大约举行了 88 至 90 场较为轰动的公开集会。在这些集会中布托演讲了 90%。[4]布托以自己特有的社会动员方式,吸引了西巴基斯坦的不同社会团体。有些地主加入人民党阵营是因为他们从布托的竞选演说那里消除了平均主义顾虑;左翼知识分子、记者、诗人和专业人士云集人民党是因为他们倾向于反对资本主义、封建主义和帝国主义,并且他们也认为在人民党执政下他们可以自由发表言论。[5]人民党承诺耕者有其田,工人在工厂有工做,青年人成为人民党的先锋。因此,学生、工人和农民纷纷加入人民党。通过布托的社会动员,

---

[1]　信德人认为在阿尤布实行的西巴基斯坦为一个政治单位的体制中,人口多、经济实力强的旁遮普省人会欺负信德人。

[2]　普什图族人一般称为是一个武士和军事种族,在德里苏丹国时代,普什图人建立的洛迪王朝取代了印度次大陆北部的突厥王国,其他的普什图人部落也反抗过波斯帝国和莫卧儿王朝。

[3]　Helen Desfosses and Jacques Levesque（ed.）, *Socialism in The Third World*, New York: Praeger Publishers, 1975, p.298.

[4]　Meenakshi Gopinath, *Pakistan in Transition:Political Development and Rise to Power of Pakistan People's Party*, New Delhi:Manohar Book Service, 1975, p.54.

[5]　Anwar H. Syed, *The Discourse and Politics of Zulfikar Ali Bhutto*, New York: St. Martin's Press, 1992, p.72.

人民党得到了农民、学生、工人、小企业主、商人、小资产阶级和城市专业人员的支持。[1] 人民党还得到了许多非政治团体的支持,如西巴工会联合会、各种地方福利团体和各种宗教组织:人民乌里玛党,基督教和印度教派。[2]

布托没有在东巴举行竞选集会,也没有提名一个候选人。在东巴,选举竞选活动似乎也演变成对地方自治的公决。东西巴分裂后,一些评论家认为人民党对东巴基斯坦不感兴趣是布托蓄谋已久分裂国家的阴谋。实际情况是,人民党于1967年12月成立,它需要付出巨大的努力,三年内在旁遮普省和信德省赢得足够多的席位才能执政。该党的资源是有限的,不能涵盖全巴竞选,并且,布托主要向年轻人和新兴阶层呼吁,在东巴得不到多少回应。在东巴,孟加拉族民众更多支持人民联盟的自治要求。布托集中于西巴竞选没有什么别有用心,只是对当时局势的一种考虑。

布托也没有把主要精力放在俾路支省竞选。在俾路支,政治仍由当地部落首领掌控。人民党尝试争取部落领导人的支持,最终获得哈兰(Kheran)和莫克兰(Mekran)两大部落的纳瓦布(Nawab)[3] 的支持。

在人民党内除了布托主要承担竞选担子外,还有一些人民党领导成员:谢赫·拉希德、穆巴尔·哈桑、哈尼夫·拉迈、穆斯塔法·哈尔、大毛拉考萨尔·尼亚齐和胡尔希德·哈桑·米尔在旁遮普省的竞选中作出了重要的贡献;在信德省,拉苏尔·巴克什·塔尔普尔有突出的贡献;哈亚特·谢尔帕奥在西北边境省的竞选中挑大梁。

人民党的竞选除发挥布托和主要骨干的作用外,其竞选的实际组织工作主要由有报酬或志愿的人民党工作人员、人民党积极分子承担。他们与充当志愿者的学生支持者在大城市和小镇从事挨家挨户的拉票工作。为了拉票,他们也经常给城市团体,如产业工人和家庭主妇们作出全面的承诺。在邻近城市的旁遮普省的一些农村地区,人民党的工作人员散发了期票(Promissory Notes),承诺每个无地的佃户将来获得12.5英亩的土地。[4]

在竞选中如何确定人民党的选举象征物至关重要,因为巴基斯坦大量文盲选

---

[1]　Khalid B. Sayeed, "How Radical is the Pakistan People's Party", *Pacific Affairs*, Vol.48, No. 1 (Spring,1975), pp.42–59.

[2]　Philip E. Jones, *The Pakistan People's Party: Rise to Power*, Oxford: Oxford University Press, 2003, p.297.

[3]　纳瓦布(Nawab)指印度地方长官和地位较高的穆斯林。

[4]　Maleeha Lodhi, *Bhutto, The Pakistan People's Party and Political Development in Pakistan, 1967–1977*, PhD Dissertation for London School of Economics and Political Science, University of London, November 1980, p.209.

民只有通过党的象征物来投票,而不是通过名字来投票。布托提出用剑作为人民党选举象征物。剑的名称有着特殊意义,因为人民党领袖的佐菲卡尔·阿里用阿拉伯语翻译就是"阿里之剑"。该剑在宗教传说中是先知哈兹拉特·阿里之剑,既代表伊斯兰的尚武精神,也是正义的象征,既能征服异教徒,也能消除所有罪恶。[①] 此剑的社会宗教象征对西巴广大农村和城市的群众有很大的吸引力。此剑把人民党与伊斯兰教中古老的人人平等思想和旁遮普的民间传说联系进来,提高了人民党在普通群众的形象。

在竞选资金方面,刚成立不久的左翼政党,人民党得到的赞助不如那些老牌右翼政党。巴基斯坦的工业家和商人愿意资助伊斯兰促进会、巴基斯坦神学者协会、巴基斯坦民主党等右翼政党。人民党得到木尔坦市一家工业企业——"联合纺织"大企业、拉合尔、古杰兰瓦拉(Gujranwala)和锡亚尔科特(Sialkot)的一些小工厂业主的资助。当马哈茂德·阿里·卡苏里加入人民党后,他从拉合尔的商业圈中给人民党带来一批资金。对于那些想加入人民党的地主们,布托从他们身上提取一大笔资金作为加入人民党的准入资金。人民党要求每位人民党国民议会的议员候选人必须向人民党选举账户存入 1000 卢比 [②],旁遮普省议会的候选人需存入 500 卢比,作为选举委员会要求的保证金。人民党选举资金最主要的部分来自小额捐款。[③]

人民党的竞选并非一帆风顺。保守的伊斯兰之爱党(Islam Pasands)动员 133 名乌里玛共同发布宗教法令宣布社会主义反伊斯兰教。[④] 政府也试图挫败人民党的竞选,采取了许多新的形式。政府试图把原巴基斯坦穆斯林联盟的三个派别统一起来,来对付人民党。在阿尤布时期,政府掌管了大会派穆斯林联盟的资产。1970 年 6 月 10 日,政府试图强迫大会派穆斯林联盟的主席道勒塔纳(Daultana)辞职。不过,这一努力没有成功。但是政府对人民党党员的骚扰和逮捕仍然在继续,到 1970 年 9 月达到高峰。人民党有 150 多名高层领导人在选举前被捕。参见表 3-1 人民党在 1970 年大选前被政府逮捕的高层领导人部分名单。

---

① Philip E. Jones, *The Pakistan People's Party: Rise to Power*, Oxford: Oxford University Press, 2003, p.300.

② 卢比为巴基斯坦的货币单位。

③ Philip E. Jones, *The Pakistan People's Party: Rise to Power*, Oxford: Oxford University Press, 2003, p.292.

④ Meenakshi Gopinath, *Pakistan in Transition:Political Development and Rise to Power of Pakistan People's Party*, New Delhi:Manohar Book Service, 1975, p.58.

表 3-1　人民党在 1970 年大选前被政府逮捕的部分高层领导人名单

姓　名	在人民党的地位	被捕时间
马艾茂德·阿伯尔 （Mahmud Babar）	木尔坦市主席	1969.11.13
拉奥·库尔希德·阿里 * （Rao Khurshid Ali）	萨希瓦尔区 ① 主席	1970.3.12
拉纳·穆赫塔尔·艾哈迈德 * （Rana Mukhtar Ahmad）	拉合尔市 / 区的主席	1970.3.12
迈拉杰·穆罕默德·汗 *	卡拉奇市学生领导	1970.8.21 1970.10.12
拉贾·安瓦尔 ②	拉瓦尔品第市的学生领导人	1970.9.9
考萨尔·尼亚齐 *	宗教领导人	1970.9.28
阿里·艾哈迈德·塔尔普尔 * （Ali Ahmad Talpur）	海得拉巴区主席	1970.9.30
阿曼诺亚·汗	学生领导人	1970.10.1
巴什尔·艾哈迈德博士 （Dr. Bashir Ahmad）	人民党城市领导人	1970.10.4
沙米姆·艾哈迈德·汗 * （Shamim Ahmad Khan）	拉合尔市学生领导人	1970.10.6
马利克·古拉姆·纳比 * （Malik Ghulam Nabi）	莱亚（Leiah）市 ③ 领导人	1970.10.8
拉希德博士	人民党领导成员	1970.10.9
塔雷奇·阿齐兹 * （Tariq Aziz）	卡拉奇人民党领导人	1970.10.12
S. A. 阿尔维 （S. A. Alvi）	拉合尔人民党领导人	1970.11.6

* 为人民党国民议会和省议会的候选人。
Source: Philip E. Jones, op.cit., p.265.

　　从政党光谱来看，大选前，西巴基斯坦的政党大致可以分为：巴基斯坦民族人
民党（巴沙尼派）和巴基斯坦民族联盟属于极左政党，巴基斯坦民族人民党（瓦
利派）属于左翼党，人民党属于温和左翼党。人民联盟（AL），大会派穆斯林联

---

　　① 萨希瓦尔（Sahiwal）区位于旁遮普省的东南，属城市区域，萨希瓦尔市位于该区中心。
　　② 拉贾·安瓦尔（Raja Anwar）是学生运动领导人，在布托政府期间，被任命为学生和劳工事务
的顾问，1977 年当布托政府被齐亚·哈克军人集团推翻时，他逃到了阿富汗，在喀布尔，他参加了布托
大儿子穆塔扎·布托的激进组织，以推翻齐亚独裁。
　　③ 莱亚市是旁遮普省莱亚区的首府，位于该省西部，建立于 1550 年，经济文化水平较高。

盟、穆斯林联盟（加尧姆派）和巴基斯坦民主党属于中间政党，伊斯兰促进会等宗教类政党属于右翼党。①

二、人民党在 1970 年大选的表现

国民议会大选的日子原定于 1970 年 10 月 5 日，因为东巴基斯坦 8 月的洪水而被推迟到 12 月 7 日。当时巴基斯坦登记选民为 5694 万人，其中 60% 参加了投票。②1970 年 12 月的国民议会选举结果使巴基斯坦的每个人都很吃惊。人民联盟获得东巴基斯坦 153 个席位 ③ 中的 151 席，成为东巴唯一的多数党；人民党在西巴基斯坦总共获得 81 席，赢得西巴基斯坦国民议会议席的绝对多数。④

旁遮普省 82 个国民议会议席中 77 席 ⑤ 由各政党竞争，人民党获得其中的 62 席。人民党在该省中相对繁荣和现代化的拉合尔、谢胡布尔（Sheikhupura）、莱亚尔普尔（Lyallpur）、东木尔坦区、萨希瓦尔、锡亚尔科特、彰（Jhang）和拉瓦尔品第获得全部席位。这些城市工业化已经起步。人民党在古杰拉特（Gujrat）、穆扎法尔格尔（Muzaffargarh）、巴哈瓦尔那加（Bahawalagar）获得 2/3 以上的席位。旁遮普省的选举结果也显示，大地主们的影响不再是旁遮普省政治的主导因素。过去贵族、大地主和部族联系、控制投票的格局已经被打破。人民党得到许多城市居民的选票，表明他们已经开始寻求激进的方式解决他们面临的问题。⑥

在信德省，分配的议席数为 27 席，其中 25 席竞争，人民党获得其中的 18 席，占该省全部议席数的 2/3，加上许多独立议员加入人民党，人民党在该省议会拥有明显的绝对多数。⑦ 只有在卡拉奇，人民党没有获得议席。信德省的投票行为不同于旁遮普省。信德省的政治仍是封建家族之间的竞争。信德省的两大家族（帕加罗家族和马赫杜姆家族）已经表示支持人民党。人民党也不得不在传统的

---

①　Sharif al Mujahid, "Pakistan: First General Elections", *Asian Survey,* Vol. 11, No. 2（Feb., 1971）, pp.159–171.

②　Sharif al Mujahid, "Pakistan: First General Elections", *Asian Survey,* Vol. 11, No. 2（Feb., 1971）, pp.159–171.

③　受台风影响区域的 9 名议员选举，推迟到 1971 年的 1 月中旬。最后，也被人民联盟所赢得。人民同盟在东巴的总议席数应为 160 席。参见, Subrata K. Mitra, Mike Enskat, and Clemens Spiess（ed.）, Kay Lawson（foreword）, *Political Parties in South Asia*, Westport: Praeger Publisher, 2004, p.161.

④　Subrata K. Mitra, Mike Enskat, and Clemens Spiess（ed.）, Kay Lawson（foreword）, *Political Parties in South Asia*, Westport: Praeger Publisher, 2004, p.161.

⑤　其他议席为妇女、少数族裔等预留，其他各省相同。

⑥　Craig Baxter, "Pakistan Votes–1970", *Asian Survey*, Vol. 11, No. 3（Mar., 1971）, pp.197–218.

⑦　Ibid.

封建政治框架内运作,把地主和贵族的传统领导人列为候选人。人民党选票的很大一部分是来自封建势力。人民党在很多选区的当选是得到有影响力的家族支持。在卡拉奇,由于该市的主要人口是讲乌尔都语的穆哈吉尔人（Muhajir）[①]。他们在传统上支持巴基斯坦神学者协会和伊斯兰促进会。卡拉奇市中心的5个议席全部由宗教政党获得。人民党在该市获得的两个议席主要依赖产业工人的支持。布托在该省的拉尔卡拉——布托的家乡、海得巴尔德和特达选区获得三个席位。

在西北边境省,分配的议席数为25席,只有16席竞争,人民党获得其中的1席。在俾路支省分配的议席数为4席,人民党在该省有一位候选人,但是没有赢得席位。[②] 在巴基斯坦,这两个省的社会经济相对落后。部落和萨达尔主导本地区社会,以致两省的选举呈现出很强的传统投票模式,带来极度分散化的结果,没有一个政党有明显的优势。人民党在这两省只获得一个议席。布托也在西北边境省的德拉伊斯梅尔汗选区挑战穆夫提·马哈茂德失败。这是他在六个选区竞选中的唯一失败,可见传统势力之强大。部落因素对西北边境省的选举结果的影响很大。该省的大部分居民要么属于优素福扎伊斯（Yusufzais）和卡拉尼（Kirlani）部落。前者传统上支持民族人民党,后者支持民族人民党的对手:穆斯林联盟和伊斯兰神学者协会。在社会经济比较落后的边境地区,人民党的所谓社会主义立场并没有取得成功,但是在经济有一定繁荣的旁遮普省,人民党的伊斯兰社会主义经济口号,倒是对选民产生了深远的影响。[③]

尽管人民党在信德省和旁遮普省获得了一些的封建贵族的支持,但是相对于西巴庞大的封建势力而言,布托并没有获得大部分封建贵族的支持。有以下因素影响了布托和人民争取封建贵族们的支持:

柴明达尔和其他封建贵族认为布托的公开姿态既反现状,也反当局;布托强调的社会主义和改革,他们不能接受;

这些封建贵族集团对人民党各级中城市专业人士的影响持怀疑态度,发现自

---

①　穆哈吉尔人是一些巴基斯坦人形容移民及其后代的名称,这些移民是1947年印巴分离后,选择定居或迁移到巴基斯坦的移民,一些移民曾参加创建巴基斯坦的活动,大多数移民是从印度穆斯林为少数的地方迁移到巴基斯坦。

②　Meenakshi Gopinath, *Pakistan in Transition: Political Development and Rise to Power of Pakistan People's Party,* New Delhi: Manohar Books, 1975, p.92.

③　Khalid B. Sayeed, "How Radical is the Pakistan People's Party", *Pacific Affairs*, Vol. 48, No. 1（Spring,1975）, pp.42–59.

已很难接受这些社会主义者的领导。

尽管布托也是从信德省的大地主家庭起家,但是许多封建贵族家族认为布托是权力争斗中的暴发户。

大多数封建贵族们未能认清布托政策在巴基斯坦群众中带来多大的政治觉醒。因为他们相信选举仍将在传统家族联盟的基础上进行,对普通乡村选民产生不了多大的影响。选举结果使封建贵族们大吃一惊。[①]

人民党在西巴国民议会选举中的得票率为37.7%,而在国民议会选举中排名第二的大会派穆斯林联盟的得票率仅为10.3%,比人民党少27.4%,排名第三的巴基斯坦神学者协会的得票率为8.0%。人民党在信德省表现最好,得票率为44.95%,获得2/3的议席数(占该省总议席数的66.6%)。人民党在旁遮普省的得票率比信德省略低为41.6%,但是由于人民党的对手在该省的支持者极为分散,反而使人民党在该省获得3/4的议席数(占该省总议席数的75.6%)。人民党在西北边境省获得的一个议席是在马尔丹(Mardan)市获得的。从选票来看,人民党在该省的得票率为14.2%。由于考虑到当地很有势力的政党——民族人民党(瓦利派)在该省的得票率也只有18.3%的话,人民党在该党的成绩还是正常的。人民党在俾路支省表现不佳,得票率只有2.3%,不足以获得议席。巴各政党在西巴四省和国民议会的选举情况,参见表3-2、表3-3。

表3-2　人民党在1970年12月国民议会选举的表现

省　份	分配的总议席数	人民党候选人当选数	占总议席数(%)	得票数(%)
旁遮普省	82	62	75.6	41.66
信德省	27	18	66.6	44.95
西北边境省	18	1	5.5	14.28
俾路支省	4	—	—	2.38

Source：Rafi Raza, *Zulfikar Ali Bhutto and Pakistan, 1967–1977*, Oxford：Oxford University Press, 1997, p.38; Maleeha Lodhi, *Bhutto, The Pakistan People's Party and Political Development in Pakistan, 1967–1977*, PhD op.Cit., p.213, Table 111.5.

[①]　Saeed Shafqat, *Civil-Military Relations in Pakistan:From Zuflikar Ali Bhutto to Benazir Bhutto*, Boulder: Westview Press, 1997, p.72.

表 3-3　西巴国民议会选举中各政党的选票数、得票率和议席数

政党名称	选票数	在西巴的得票率（%）	获得的议席数
巴基斯坦人民党	6148625	37.7	81
理事会派穆斯林联盟	1689109	10.3	7
巴基斯坦神学者协会	1308578	8.0	7
巴基斯坦穆斯林联盟（加尧姆派）	1289455	7.9	9
伊斯兰神学者协会（哈扎维派）	1147980	7.03	7
伊斯兰促进会	945275	5.3	4
大会派穆斯林联盟	619747	3.7	2
民族人民党（瓦利派）	446513	2.1	6
巴基斯坦民主党	254389	1.5	2
人民联盟	22939	微不足道	——
独立人士	1739544	10.04	15

Source: Meenakshi Gopinath, *Pakistan in Transition: Political Development and Rise to Power of Pakistan People's Party, op.cit.*, p.126, Table II; Saeed Shafqat, *Civil-Military Relations in Pakistan:From Zuflikar Ali Bhutto to Benazir Bhutto*, op.Cit., p.73, Table 3.4.

1970 年 12 月的国民议会选举结果显示原有的投票格局发生了很大变化:人民为政党而不是为个人投票,倾向于第二代政党,放弃了许多第一代的政客,也拒绝所有以前是军人身份的候选人。人民党之所以能获得多数,很大程度上是依赖其充分动员的新兴社会群体。他们投票率高,并且社会影响大。总之,西巴基斯坦转向激进政治是明显的。

在国民议会的选举中,伊斯兰之爱党和其他宗教党被彻底击溃。叶海亚和军队精英们也被选举结果大吃一惊。他们原本期望伊斯兰之爱党和穆斯林联盟三派在西巴会取得一边倒的胜利。人民党成为西巴的多数政党,尽管它的胜利与人民联盟在东巴的胜利相比稍显逊色。从选票角度看,在西巴,人民党竞争对手的总选票数比人民党在西巴的选票数要多,但是人民党比西巴其他政党的议席数要多。

旁遮省和信德省的国民议会选举有两大显著的特点。首先,穆斯林联盟的三大派别表现很差。在西巴,巴基斯坦穆斯林联盟获得 9 席,只占人民党所获议席数的 11.1%,大会派穆斯林联盟只获得 2 席,成为边缘化的政党。其次,一些追求

原教旨主义的宗教党遭受严重挫折。中右翼政党在选举中的失利主要在于它们政党数目繁多,造成内耗。人民党主要得益于竞争对手过于分散。人民党对手所获得的选票如果集中起来,其得票率会很高的,但是在实行多数决定制的选举制度下,人民党对手的选票未能转化成他们期望的议席。

人民党对手的过于分散,在多数决定制下,致使穆斯林联盟的许多主要领导人落选,如阿尤布·胡罗和卡齐·法兹卢拉(Kazi Fazlullah)在信德省落选;哈桑·穆罕默德(Hasan Mohammad)在拉瓦尔品第落选;基尔马尼(Kirmani)、阿比德·侯赛因(Abid Hussain)、亚辛·瓦托(Yasin Wattoo)在旁遮普省落选。

省议会选举在国民议会选举后十天举行。在这段时间,许多候选人退出了竞选,其中有很多情况是一些政党之间谈判的结果,以便共同对付人民党,防止选票分散。与人民党竞争的候选人在城市合并比在农村更加成功。在农村地区实行这样合并的地方只会导致选票向当地的拜尔德里(Biradari)[1] 集中。反对人民党的候选人主要集中在右翼拜尔德里的候选人。

西巴的国民议会选举结果显示,独立候选人的得票率处在第三位,有10.04%。为此,人民党决定在省议会的选举中,公开支持独立候选人。人民党在省议会的选举中比国民议会的选举略有逊色。

在旁遮普省的省议会选举中,人民党遭受一些小挫折,获得113席,占该省全部议席的63%。人民党在旁遮普省还获得6个妇女预留席位, 28名独立候选人席位的支持。因此,在旁遮普省,人民党至少在旁遮普省议会得到130名议员的支持,在该省省议会180个总议席数占有72.2%,接近3/4的议席。

在信德省的省议会选举中,人民党没有获得多数,在60个总席位中获得28个议席。人民党在该省还获得2名妇女预留席位,同时,有4名独立候选人的议席加入人民党。总之,人民党在信德省议会中至少得到40名议员的支持,占全部总议席数(60席)的66.7%,达到2/3的绝对多数。人民党在旁遮普省、信德省加上西北边境省的3席,一共有144席。[2]

在西北边境省,人民党的表现不佳,在该省只获得3席。不过,该省也没有一个政党获得绝对多数。人民党在该省的挫折主要是缺乏得力领导人。西北边境省人民党主席谢尔帕奥是一个政治新手,不能与那些老谋深算的政客相匹敌。人民党在俾路支省没有任何收获,主要是该省部落贵族势力强大。 西巴基斯坦各省

---

① 　拜尔德里在巴基斯坦社会中的强势人物。他们通常比任何竞争的宗教、种族和意识形态事业的力量要强许多。

② 　Craig Baxter, "Pakistan Votes–1970", *Asian Survey*, Vol. 11, No. 3(Mar., 1971), pp.197–218.

议会的选举成绩，参见表3-4。

表3-4　西巴基斯坦各省议会的选举成绩（议席数）表

政党名称	旁遮普省	信德省	西北边境省	俾路支省	西巴
巴基斯坦人民党	113+6*	28+2*	3	—	144
巴基斯坦穆斯林联盟（加尧姆派）	6	5	10	3	24
民族人民党（瓦利派）	—	—	13+2*	8+1*	21
理事会派穆斯林联盟	15	4	1	—	20
伊斯兰神学者协会（马卡兹派）	4	7	—	—	11
伊斯兰神学者协会（哈兹维派）	2	—	4	2	8
大会派穆斯林联盟	6	—	2	—	8
巴基斯坦民主党	4	—	—	—	4
伊斯兰促进会	1	1	1	—	3
促进阿尔泰人圣训党**	1	—	—	—	1
民族人民党（普赫图瓦派）	—	—	—	1	1
俾路支统一阵线***	—	—	—	1	1
其他	—	1	—	—	1
独立候选人	28	14	6	5	53
总计	180	60	40	20	300

Source：Craig Baxter，"Pakistan Votes-1970"，*Asian Survey*，Vol. 11，No. 3（Mar.，1971），pp.197-218.

* 表示所获得的妇女预留席位。

** 促进阿尔泰人圣训党（（Jamiet -e-Ahle Hadee）是一个极右翼的宗教政党，成立于1953年，由促进阿尔泰人圣训运动发展成政党，在卡拉奇和拉合尔等地建立有圣训中心，后发展成伊斯兰教原教旨主义党。

*** 俾路支统一阵线（Baluchistan United Front）是俾路支省伊朗人的联合阵线，把西俾路支的所有政治积极分子团结在一起，把俾路支团结成一个声音，一个事业，并利用集体力量促进俾路支人的利益。

　　从1967年11月30日人民党成立，到1970年12月7日选举，时间不过三年，人民党就在西巴基斯坦的选举中成为多数党。尽管在西北边境省和俾路支省人民党表现不佳，但是人民党无论是西巴国民议会选举和旁遮普省、信德省的省议会选举中都确立自己的大党地位。穆吉布·拉赫曼领导的人民联盟在国民议会选举中获得160席，在东巴省议会选举获得288席 [①] ，但是布托领导下的人民党

---

　　①　Meenakshi Gopinath, Pakistan in Transition: Political Development and Rise to Power of Pakistan People's Party, New Delhi: Manohar Books, 1975, pp.126-127，TableII, Table III.

取得这样的成绩显得更辉煌,因为人民党取得在西巴的胜利更难、更复杂,表现为以下几个方面:

布托在 1967 年 12 月才建立人民党,还没有足够的时间来组织人民党。布托在竞选时甚至不能在全西巴各选举区作社会动员。

布托从未制定只关于西巴的政治纲领和政治宣言。人民党提出的"伊斯兰是我们的宗教,社会主义是我们的经济,民主是我们的政体,一切权力归人民"的政治纲领是为全巴基斯坦,而不是某个特定区域,而拉赫曼提出的六点纲领① 只保护孟加拉人的权利。六点纲领只针对一个民族,具有强烈的种族色彩,实际上是东巴孟加拉人的独立纲领,因而对孟加拉人的政治动员性强。该纲领得到所有孟加拉人的认同。在选举中,人民联盟得到全东巴选民的投票。人民党的纲领是针对全巴基斯坦的所有民族,在所有公民中进行政治动员。由于人民党提出激进的社会变革主张,保护中下层群众的利益。人民党的社会动员效果比六点纲领要弱。在选举中不可能得到全西巴选民的支持。

人民联盟不但违背军管法条款,而且明显违反叶海亚颁布的法律框架条令。在西巴没有一个政党在集会中反对法律框架条令,但是人民联盟却有胆量把法律框架条令和军管法扔在一边,这是与叶海亚合谋的结果。叶海亚没有采取任何行动来扼制人民联盟的违反行为。② 而人民党在西巴选举不但面临右翼政党和宗教政党的攻击,而且还面对地方种族主义,如信德分离主义、俾路支分裂势力的挑战,尤其是政府还采取各种手段扼制人民党,阻碍人民党竞选。

人民党之所以能够克服各种阻力在西巴基斯坦取得多数,主要因为以下原因:

首先,人民党主要对手右翼政党的不团结和分散。穆斯林联盟和宗教政党在选举时不团结为人民党提供了机会。右翼政党不但未能组织统一阵线反对人民党,而且,他们内部之间还相互争斗,冲抵了他们原有的实力。穆斯林联盟的三大派别不能相互合作。即使左翼政党民族人民党(瓦利派)内,要求俾路支脱

---

① 拉赫曼提出的"六点纲领"是:1)在拉合尔决议的基础上建立联邦,实行议会至上的议会制。议会通过成人普选直接选举;2)联邦只负责国防和外交事务,所有其他事务归结成联盟的国家;3)实行两种不同的货币,在东西巴基斯坦自由流通。如果这不可能,可在全国实行一种货币,作出有效的制度规定以阻止资本从东部逃到西部。东巴基斯坦应实行不同的储备银行、实行不同的财政和货币政策;4)征税和税收征管的权力归联邦内的单位,联邦政府有权在国家税收中分享一定份额,以满足其开支;5)东西两翼的创汇建立不同的账户,联邦政府的外汇需要将由东西两翼相等并按一定固定比例给付。本国生产的商品在东西两翼流动,免于关税。宪法应授予联邦内的单位与外国建立贸易关系;6)东巴基斯坦应有不同的军队和民兵。

② Abdul Ghafoor Bhurgri, *Zulfikar Ali Bhutto: The Falcon of Pakistan*, Karachi: SZABIST, 2002, p.292.

离巴基斯坦的阿查克扎伊（Achakzai）也不断反对海尔·巴赫什·马里（Khair Bakhsh Marri）[1] 派。

人民党的竞争对手出现很多跳党现象，加入人民党。人民党的支持者却在不断增加。如穆斯林联盟来自特达（Thatta）选区的前国民议会议员萨迪·阿里·梅蒙（Sadi Ali Memon）脱离原党，加入人民党。他的数名支持者也加入人民党。另一个典型例子是伊斯兰神学者协会在拉瓦尔品第的候选人拉贾·阿米尔·安瓦尔·侯赛因（Raja Amir Anwar Hussain）宣布脱离原来的党，加入人民党。[2]

其次，右翼政党安排候选人不当使人民党受益。例如，在旁遮普省的82个选区中，其中，有14个选区穆斯林联盟没有安排一个候选人；相反，在另3个选区中，所有右翼政党都安排了一个候选人。穆斯林联盟各派别的政党纲领主张接近，使选民很难作出选择。人民党的纲领主张明显不同于右翼政党的主张，也与那些宣称是中左政党的主张不同，有利于人民党取得成功。也可以说，右翼和中间政党的挫折归结于他们政党的分散化。

再次，独立候选人的支持。在巴基斯坦政党政治并未成熟的情况下，独立候选人是一支不可忽视的力量。人民党充分认识到独立候选人的潜力，在竞选时给予他们以支持。在旁遮普省议会的选举中，28名当选的独立候选人中，人民党支持了其中的15名独立候选人。他们随后加入了人民党议会党团。在信德省议会选举中，人民党公开支持四名独立候选人当选。随后，他们都加入了人民党。如人民党支持独立候选人阿里·哈桑·曼吉（Ali Hasan Manghi）在苏库尔（Sukkur）选区竞选国民议会议席。这些候选人中有一些后来加入人民党，例如，来自贾汉尼（Jahanian）选区的当选议员扎法鲁拉·乔杜里（Zafarullah Choudhury）。

第四，巴基斯坦的选举制度：单一选区的多数人决定制。在这种选举制度下，一个政党的候选人只需要在一个选区中获得相对多数，便能当选，因此，对人民党有利。人民党在西巴的得票率只有37.7%，而获得的议席数（81席）占西巴全部议席数（138席）的58.7%，超过半数。人民党的对手却因为选票分散，候选人相互竞争，给人民党提供了机会。有趣的是，人民党竞选宣言主张改革选举制度，实行政党名单制，改多数决定制为比例选举制，可见，人民党早就认识到这种多数选举制存在的不足。经过此次选举的教训，在以后的大选中，人民党的对手数个或

---

[1]　海尔·巴赫什·马里是巴基斯坦俾路支地区的政治家，在过去四十年里，他是民族主义和分离主义的领军人物，他还是俾路支马里部落的实权领导人。

[2]　Meenakshi Gopinath, *Pakistan in Transition: Political Development and Rise to Power of Pakistan People's Party,* New Delhi: Manohar Books, 1975, p.103.

更多的政党绑在一起,统一提名候选人,从而使人民党面临更大的压力。

第五,布托提出的口号对巴基斯坦各阶层选民都有吸引力。布托提出的"千年战争"口号对巴军队中的鹰派和旁遮普省和信德省的许多人有吸引力,能激起他们的民族主义情绪。布托提出的"*Roti*(食物),*Kapda*(衣物),*Makaan*(住所)"的口号在那些正在挨饿、穿着破烂、住无定所的贫穷大众耳中是一曲优美的旋律,对他们是一种安慰,一种希望。巴基斯坦的左翼、工会活动家、工人、学生和一部分知识分子为布托提出的社会主义所吸引。对于巴基斯坦的毛拉们,布托提出"伊斯兰是我们的信仰"的口号来吸引他们。巴基斯坦的各个阶层对人民党充满了期望。

此外,布托个人关系在信德省和旁遮普省的西部和西南部(如木尔坦和萨戈达选区)得到当地名门望族、大地主、贵族的支持,从而增加了人民党在这些地区获胜的可能性。从更宏观的角度看,人民党获得选举胜利有一定的必然性,因为人民党在布托的领导下,高举反阿尤布独裁政权的旗帜,同时又以"伊斯兰社会主义"来吸引中下层普通群众。经过1968年—1969年反阿尤布运动,布托已经成为西巴基斯坦未来唯一领导人。阿尤布的继任者叶海亚将军也深知这一点,与布托达成秘密协定,逼迫阿尤布交权。在反阿尤布运动中,布托已经赢得学生、律师和其他专业人士的支持,同时,他也获得劳工,包括贝希尔·巴赫蒂亚尔(Bashir Bakhtiar)领导的巴基斯坦劳工党 ① 的支持,以及巴基斯坦新闻工作者联盟和出租车司机联盟的支持。② 总之,在大选前夕,布托已经得到城市专业人士、学生、工人、农民、中小地主、小企业主、商人、小资产阶级、一部分封建地主、贵族和宗教人士和中下层军官的支持。应该说,人民党选举前对巴基斯坦选民的广泛动员打下了此次选举胜利的基础。

第二节　大选后的谈判与人民党组阁

在1970年大选中,人民党在西巴基斯坦赢得多数议席,穆吉布·拉赫曼领导的人民联盟在东巴基斯坦赢得绝对多数。围绕大选后的组阁问题,巴基斯坦各方进行了政治谈判与博弈,最后导致东巴基斯坦脱离巴基斯坦。布托领导的人民党

---

①　巴基斯坦劳工党成立于1986年,是一个激左的政党,与托派第四国际保持密切联系,1991年,该党脱离巴基斯坦人民党。

②　Ian Talbot, *Pakistan: A Modern History*, London: Hurst & Company, 2009, pp.197–198.

负责组成巴基斯坦政府。

一、大选后的谈判与博弈

在正常的议会民主制下,当政党赢得选举时,将由政党的领袖负责组阁。但是在当时的巴基斯坦,根据法律框架条令,赢得国民议会选举的政党必须在 120 天之内为国家准备新的宪法,然后才组阁。在 1970 年 12 月的国民议会选举中,穆吉布·拉赫曼(Mujib Rahman)领导的人民联盟在东巴基斯坦取得绝对多数。布托领导的人民党在西巴基斯坦取得多数。在制定宪法过程中,巴基斯坦主要政治势力:穆吉布、布托和代表军方的叶海亚的利益相互排斥,无法达成共识,从而使从军人向民选领导人移交权力出现僵局。

由于人民联盟在国民议会选举中获得绝对多数,提交宪法议案的任务应有人民联盟负责。1971 年 1 月 3 日,在大选后的首次政策演讲中,穆吉布在大型群众集会中宣布人民联盟是巴基斯坦的绝对多数党;他的党将与西巴基斯坦当选议员合作制定宪法,但是在原则问题上决不会妥协;未来的宪法将以"六点纲领"和孟加拉学生团体的"十一点纲领"[①] 为基础。

由于人民联盟主张的"六点纲领"包括巴基斯坦分离的内容,例如巴基斯坦两翼实行不同的货币,各自保留外汇账户,各自征税等内容。实际上,六点纲领设想巴基斯坦两翼实行松散的邦联而不是联邦,因而遭到布托和人民党的反对。

布托长期以来支持强中央政府,反对"六点纲领"。不过,布托在私下里认为"六点纲领"可以协商。1966 年,作为阿尤布内阁的成员,他把"六点纲领"描述为分离主义,并建议阿尤布让他挑战穆吉布,就有关问题进行公开辩论。[②] 但是阿尤布拒绝了布托的建议反而以煽动罪把穆吉布打入监狱。

布托警告穆吉布:任何试图越过人民党的行为都将导致可怕的后果;多数党不能单独决定国家政策,因为人民党赢得旁遮普省和信德省;任何中央政府没有他的合作不能运转。针对右翼政党认为人民联盟赢得国民议会最多议席,布托

[①]　东巴基斯坦学生行动委员会提出的"十一点纲领"是:1)释放所有政治犯和学生,撤销所有政治案件,包括针对穆吉布·拉赫曼的所谓"阿加尔塔拉(Agartala)"阴谋案;2)按照六点纲领路线实行东巴基斯坦自治;3)恢复民主和普选权;4)银行、保险和大工业企业国有化;5)对农业减税;6)给劳动者支付恰当的工资;7)在东巴基斯坦实行防洪计划;8)独立外交政策,包括退出中央条约组织和东南亚条约;9)解除紧急状态;10)西巴基斯坦给予俾路支省、信德省和西北边境省以充分的自治;11)撤消国民教育委员会报告、哈穆德·拉赫曼(Hamoodur Rahman)报告和大学条例。

[②]　Maleeha Lodhi, *Bhutto, The Pakistan People's Party and Political Development in Pakistan, 1967–1977*, PhD Dissertation for London School of Economics and Political Science, University of London, November 1980, p.247.

将不得不坐在反对派长凳上的观点,布托大胆宣布,人民党不准备坐在国民议会反对派的长凳上。

对于布托的声明,人民联盟领导人以嘲弄的口气进行了回应。穆吉布指出,在正常的议会中,人民党将在国民议会中领导反对党,布托将为此而知足;人民党将控制信德省和旁遮普省的省政府。

1971 年 1 月 22 日,人民联盟宣称宪法起草工作完成。该宪法草案以"六点纲领"为基础,同时保证"巴基斯坦两翼之间不可分割的统一"。① 与此同时,西巴基斯坦的一些小党也开始积极参与。1 月 15 日,大会派穆斯林联盟宣布愿意在宪法制定议题上与穆吉布·拉赫曼合作。五天后,伊斯兰神学者协会的领导人穆夫提·马哈茂德(Mufti Mahmood)② 也确定自己党与人民联盟的合作条件:宪法是伊斯兰宪法。

当巴基斯坦两党处于对立的时候,本已岌岌可危的总统叶海亚利用两党分歧发挥其协调作用,从而保证军人集团的利益。1971 年 1 月,叶海亚前往达卡与拉赫曼磋商。叶海亚对双方的会谈表示满意。在回卡拉奇的路上,他甚至称拉赫曼为巴基斯坦的下一届总理。叶海亚之所以满意是因为拉赫曼当面向叶海亚表示如果由他担任总理,叶海亚将继续担任总统。叶海亚从达卡回来感觉在法律框架条令条件下,移交权力是可能的。但是叶海亚回到西巴后,仍对拉赫曼不愿意遵守西巴基斯坦的观点(指保留强的联邦)颇感懊恼。在返回的路上,叶海亚与其助手们专程去布托的故乡拉尔卡拉会见布托。两人进行了私下会谈。这表明布托与军队的鹰派在拉赫曼的"六点纲领"威胁国家统一时发展起了紧密的联系。为打消军人集团的顾虑,使自己更能被军人集团所接受,布托不再突出其社会主义形象,展示他能控制党内的激进派。

在拉尔卡拉,叶海亚为布托指出了人民联盟的三条选择:①单干;②与布托的党合作;③与西巴基斯坦小党合作。叶海亚倾向于人民联盟的第二条选择。布托告诉叶海亚:他同意第二条选择;尽管他反对人民联盟的"六点纲领";但是他和他的同事将在讨论中寻求可行的妥协;在不久的将来,前往达卡会见拉赫曼。③ 1 月 27 日,人民党代表团来到达卡。这也是布托首次会见拉赫曼。拉赫曼

---

① Rafi Raza, *Zulfikar Ali Bhutto and Pakistan, 1967–1977*, Oxford: Oxford University Press, 1997, p.49.

② 穆夫提·马哈茂德又名大毛拉穆夫提·马哈茂德出生于 1919 年的西北边境省的德拉伊斯梅尔汗选区,是伊斯兰学者和政治活动家,1970 年选举后,他出任伊斯兰神学者协会的主席。

③ David Dunbar, "Pakistan: The Failure of Political Negotiation", *Asian Survey*, Vol. 15, No. 2（May, 1972）, pp.441–461.

热情地款待了布托一行,并带他们乘舟游览,但是在随后的讨论中,他仍然态度坚决。布托与拉赫曼进行了 75 分钟的面谈。布托表示关心宪法和政府的安排,希望权力分享。布托解释到由于西巴基斯坦的民意反对"六点纲领",所以,他不能在没有作任何修改的情况下接受这样的纲领。但是拉赫曼坚持在具体谈论之前,先得接受"六点纲领"。拉赫曼向布托表示他已经从人民那里接收到训令,处在一个不能背离的位置。他拒绝讨论布托的建议,除非布托和人民党全盘接受"六点纲领"。① 拉赫曼认为国民议会应在 2 月 15 日开会。布托表示需要延期一些时间,让他有更多的时间说服西巴基斯坦的舆论。拉赫曼回应道:他不关心布托在西巴的问题。

　　第二天上午,两党的谈判团队就宪法制定的问题进行了磋商。人民联盟的代表有赛义德·拉兹鲁·伊斯兰（Syed Nazrul Islam）、塔杰丁·艾哈迈德（Tajuddin Ahmad）、卡马鲁扎曼（Kamaruzzaman）、穆什塔克·艾哈迈德（Mushtaq Ahmed）等。人民党的团队有 J. A. 拉希姆、谢赫·拉希德、哈尼夫·拉迈、哈菲兹·皮尔扎达和拉菲·拉扎（Rafi Raza）。两党举行了两次会议,但是没有什么结果。人民联盟坚持其"六点纲领",人民党的团队努力解释其中带来的问题。

　　J. A. 拉希姆强调"六点纲领"只是人民联盟的宪章,不是对人民党的命令;社会主义政府需要真正解决的是减缓在东巴基斯坦出现的不满。他与人民联盟领导人谈判没有取得任何进展。两党未能达成协议,主要是相互冲突的利益所致。两党个人之间的相互反感也可能起了作用。布托事后对拉赫曼的评价证明了这一判断。他对拉赫曼的鄙视体现在对拉赫曼的评价:"无能、自负、缺乏文化和常识……他头脑中唯一装的就是分裂国家的思想。"②

　　布托于 1971 年 2 月 1 日从达卡返回后,感觉拉赫曼想"尽快让国民议会开会,不想耽误时间,以便把'六点纲领'的宪法强加于国家"③。为此,布托决定抵制拉赫曼。抵制的目标是阻止叶海亚将拉赫曼的要求提交议会,从而强迫拉赫曼与布托就"六点纲领"和其他议题谈判。

　　为获得党内同志的支持和党的授权,布托回到西巴基斯坦后,立即召开一系列人民党的会议。这些会议名义上是布托向党内的同志咨询如何与人民党联盟

---

　　① Anwar H. Syed, *The Discourse and Politics of Zulfikar Ali Bhutto*, New York: St. Martin's Press, 1992, p.99.

　　② Maleeha Lodhi, *Bhutto, The Pakistan People's Party and Political Development in Pakistan, 1967–1977*, PhD Dissertation for London School of Economics and Political Science, University of London, November 1980, p.263.

　　③ Zulfikar Ali Bhutto, *The Great Tragedy*, Karachi: Pakistan People's Party, 1971, pp.22–23.

谈判，实际上是布托利用这些会议向叶海亚和拉赫曼展示其领导的合法性。布托向党内同志解释了他反对人民联盟纲领的原因，并郑重地要求党内同志团结在他周围，与他保持一致。这些会议的另一个结果就是强化布托在党内的地位。

人民党在"六点纲领"上出现分歧。党内的一些人持激进立场：党应该彻底地反对"六点纲领"；而一部分党员则认为应接受人民联盟的纲领；不过，大多数人支持布托的观点：应与拉赫曼谈判以达成妥协方案。为保证得到叶海亚的支持，树立自己代表西巴基斯坦发言人的形象，布托有意识地降低人民党的激进形象，在人民党内实行了一系列去激进化的措施，例如，禁止人民党参与罢工活动，严肃党的纪律，统一口径，反动不同声音等。

与此同时，布托还积极地会见其他政党领导人，包括大会派领导人 M. M. K. 道勒塔纳（M. M. K.Daultana）、穆斯林联盟（加尧姆派）领导人阿卜杜勒·加尧姆·汗（Abdul Qayyum Khan）、民族人民党主席阿卜杜勒·瓦利·汗和伊斯兰神学者协会领导人穆夫提·马哈茂德和大毛拉哈扎维（Maulana Hazarvi）。布托努力与他们取得共识，但是没有任何效果。纳瓦布·阿克巴尔·布格蒂（Nawab Akbar Bugti）在宪法上同意穆吉布·拉赫曼。道勒塔纳认为"六点纲领"应在国民议会中加以讨论，并向议员们解释其用途。在此之前，道勒塔纳曾在宪法制定的过程中支持布托，而他的同事肖卡特·阿亚特·汗（Shaukat Hayat Khan）支持人民联盟。[1]

布托认为在国民议会开会前有必要就宪法和其他政治议题达成理解。如果在议会会议之前的没有达成共识，至少国民议会是完好的。在议会中出现僵局，将导致议会解散。布托也多次会见叶海亚，建议叶海亚推迟召开国民议会，给他更多的时间与党内同志商议，为与人民联盟妥协营造舆论，有助于他向拉赫曼施压，促使他修改"六点纲领"。布托的想法受到以下因素的制约：首先，叶海亚已经宣布国民议会 1971 年 3 月 3 日在达卡开会；其次，拉赫曼已成功地赢得西巴基斯坦小党的支持。

针对布托的四处活动，人民联盟的执行委员会于 1971 年 2 月 14 日在达卡开会，人民联盟秘书长塔杰丁·艾哈迈德宣布"六点纲领"的基本规定不可能作任何调整。他向西巴领导人保证有关东巴地区的利益可以协商；东巴基斯坦不会对西巴基斯坦安排指手画脚，西巴基斯坦也不应该干涉东巴基斯坦。

布托对此还击。2 月 15 日，他甚至都没有与党内同仁协商，在拉合尔的新闻

---

① Rafi Raza, *Zulfikar Ali Bhutto and Pakistan, 1967–1977*, Oxford: Oxford University Press, 1997, p.55.

记者发布会上对外宣布,除非他从人民联盟那里得到保证,人民党的意见能在国民议会会议中得到适当尊重,或者人民党将不参加3月3日的议会会议。他也要求推迟会议。他的建议还没有得到西巴基斯坦政治圈子的认同。他向媒体描述人民党在达卡时简直处在人质的地位。

他解释道,人民党本已经接受了穆吉布·拉赫曼的"六点纲领"的第一点和最后一点,其他几点可以再谈,只有关于征税一点完全不能妥协。由于这一款将威胁军方的资金来源。布托很明显希望得到军方的支持,尤其是军方鹰派的支持。鹰派已经觉得叶海亚对孟加拉人的安抚政策走得太远了。布托的抵制决定只得到穆斯林联盟(加尧姆派)和伊斯兰神学者协会的支持,西巴基斯坦的其他小党表示愿意参加议会会议。1971年2月17日,卡拉奇的《无畏报(Jasarat)》指控布托阻碍了巴基斯坦民主,只顾追求在联邦政府的权力。[①]

布托宣布人民党不参加议会会议的决定后来证明是第一个给巴基斯坦带来悲剧的决定。人民党领导人立即在穆罕默德·阿里·卡苏里的家中开会,首先商讨关于宪法的立场。布托事先未与人民党其他领导人商量,使他们大为吃惊。布托向其他领导人解释道:他没有其他选择。

布托不得不证明自己抵制的决定是正确的。布托抓紧活动,与军人集团的重要成员举行私人的秘密会议,并在1971年2月20日至21日,布托在卡拉奇召开人民党会议,获得人民党对他抵制决定的正式支持。该会的主要任务是通过党的领袖的决定。大约有六百名代表,包括党的中央委员会成员、当选议员和省议员,参加了这两天会议。尽管在大会中,布托的决定已是既成事实,但是在会议进行中仍然有反对的声音。迈拉杰的激进派反对布托的决定,认为抵制达不到任何目的,相反,党应该去达卡努力在议会内外向穆吉布·拉赫曼施压。此外,穆赫塔尔·拉纳、阿卜杜勒·哈利克(Abdul Khaliq)、阿卜杜勒·哈米德(Abdul Hameed)也恳求布托改变决定。在大会中,布托挫败了反对派的活动。布托还得到大会授权,决定与东巴基斯坦有关的任何事宜。

卡拉奇会议以后,布托也日益变得坚定。他告诉新闻机构:他的决定不能动摇和不能撤消。第二天,他再次告诉新闻媒体:如果要制定一个可行的宪法,所有人都有发言权;现在情况下,议会将会变成一个"屠宰场"。[②] 他对人民党党员的要求变高,并发出很强的威胁:那些决定参加议会的党员将被清除出党,"他们的

①　Anwar H. Syed, *The Discourse and Politics of Zulfikar Ali Bhutto*, New York: St. Martin's Press, 1992, p.101.

②　Rafi Raza, *Zulfikar Ali Bhutto and Pakistan, 1967–1977*, Oxford: Oxford University Press, 1997, p.59.

腿将被打断"①。在人民党内,只有艾哈迈德·礼萨·卡苏里(Ahmed Reza Kasuri)反对党的决定,只身前往达卡。②

布托语气虽然强硬,但是他仍然担心西巴基斯坦的小党将会在国民议会中与人民联盟合作,从而使他处于边缘化。伊斯兰神学者协会中的哈扎维派已决定参加国民议会的会议。伊斯兰神学者协会的穆夫提·马哈迈德派也宣布参加。穆夫提·马哈迈德批评了"六点纲领"中与法律框架条令相冲突的外贸和征收的条款。民族人民党(瓦利派)决定参加议会,相信任何议题都可以在议会中讨论。来自俾路支省和西北边境省的绝大多数议员都同意参加。大会派穆斯林联盟的议员准备参加,来自部落区的议员也准备参加。布托面临来自各方的压力。

1971 年 2 月 22 日,布托在旁遮普大学校园向一群学生发表演讲,指出:自1966 年"六点纲领"出台以来,他就一直在反对;即使如此,他在与穆吉布·拉赫曼讨论中也一直保持着弹性和妥协的立场;他尽可能向人民联盟的要求靠近,但是他不能越过使国家毁灭的底线;他一直试图避免对抗。他说道:"事实上,我们一直在退却……我们退却得如此之多以至于人民开始问我布托到底怎么啦。"③

2 月 28 日,布托在大型群众集会上发表演讲,提出人民联盟作为议会中的多数也没有毫无限制的权力;宪法必须得到所有联邦单位的接受;此外,联邦制还需要两院制;中央与省的关系模式必须应用于所有联邦单位;对东巴基斯坦的自治也必须允许西巴基斯坦的其他省份享有。布托在演讲中进一步解释如果人民联盟不愿意考虑其他意见,那么他们参加议会将一无所获。④

布托的活动表明布托具有调动不同阶层、不同层次人的能力,以达到最大效果。布托会见的军方鹰派代表有皮尔扎达、欧默尔(Omar)、哈米德(Hameed)、古尔·哈桑(Gul Hassan)⑤。布托与他们的联系仍处于保密阶段。布托与军队这

①　Maleeha Lodhi, *Bhutto, The Pakistan People's Party and Political Development in Pakistan, 1967–1977*, PhD Dissertation for London School of Economics and Political Science, University of London, November 1980, p.268.

②　1971 年 5 月,卡苏里因为违反党的纪律被人民党中止其党员资格后,在人民党内组织了"礼萨进步团体",宣布开除布托。1973 年 10 月,卡苏里被正式开除出人民党。

③　Zulfikar Ali Bhutto, *Marching Towards Democracy: Statement and Speeche*s, Rawalpindi:Pakistan Publications, 1972, pp.167–170.

④　Zulfikar Ali Bhutto, *Marching Towards Democracy: Statement and Speeche*s, Rawalpindi:Pakistan Publications, 972, pp.172–175.

⑤　古尔·哈桑是巴基斯坦的三星将军,从 1971 年 12 月 20 日到 1972 年 3 月 3 日,曾任巴基斯坦军队的陆军总司令,后被布托解职,是巴基斯坦历史上最短时间的陆军总司令,与哈米德将军一起强迫叶海亚下台,为推举布托担任巴基斯坦总统立下了汗马功劳。

些鹰派的联系在以后关键时刻发挥了重要作用。他通过宣扬"孟加拉人的威胁论"和穆吉布·拉赫曼的"六点纲领"将威胁军队的资金来源等,使他的观点对军人集团中的许多重要成员产生了影响。在与军队强硬派的会面中,布托提出"六点纲领"不只是在军人管制下削弱中央政府和削减经济基础的一个计划,实际上隐藏着分裂方案。[①]

在布托宣布抵制议会会议的同一天,穆吉布·拉赫曼告诉人民联盟的领导人:"六点纲领"不能修改;所谓共识只是用于设计让多数党屈服的滥词。第二天,印度召回了驻巴基斯坦的大使。布托的担心似乎有道理。当印度日益采取好战的姿态时,穆吉布·拉赫曼否认了所谓共识。

面对日益复杂形势,叶海亚总统于1971年3月1日宣布无限期推迟议会开会的决定。叶海亚在决定中解释道:人民党和其他政党已经宣布不参加议会会议。如果一定要在3月3日进行议员宣誓就职,就有可能导致议会解散,为平稳过渡权力的所有努力就将白费,因此,有必要给政治家更多的时间就宪法制定问题达成合理理解。[②]

叶海亚的这个决定既没有同穆吉布·拉赫曼咨询,同时也没有同布托商议。很明显,叶海亚受到了布托言论的影响,因为布托与军队内的鹰派关系密切,布托的意见会通过哈米德将军、欧默尔和皮尔扎达传到叶海亚。当然,这种影响是有限的,叶海亚主要是出于自己的利益来进行判断。他在宣布推迟议会开会的决定的同时,也采取了一些动作,如强化对国家军队的控制,解散部长文职理事会,甚至编制了军队应急预案以防穆吉布·拉赫曼坚持不妥协的立场。

在东巴基斯坦,当地民众对西巴基斯坦精英不信任。西巴精英们从未自愿放弃他们在国家中的重要地位。人民联盟现在能确定人民党和军人集团已经联合起来否认多数党的执政权力。叶海亚的推迟决定带来东巴地区零星的暴力示威。穆吉布·拉赫曼承受着来自其他政党的压力,例如民族人民党(巴沙尼派)就号召其独立。人民联盟内的激进派别宣布独立。当西巴的军队越来越多地开往达卡时,穆吉布·拉赫曼面临的军事压力也日益明显。

对此,穆吉布·拉赫曼3月2日决定号召东巴举行大罢工和为期两天的公民不服从运动。他以孟加拉国的名义签署指令,要求孟加拉国人民遵守。孟加拉的公务员,如警察、法官、银行职员、电话接线员和店主正常工作。 他同时指控叶海

---

①　Zulfikar Ali Bhutto, *The Great Tragedy*, Karachi: Pakistan People's Party, 1971, p.27.

②　Rafi Raza, *Zulfikar Ali Bhutto and Pakistan, 1967–1977*, Oxford: Oxford University Press, 1997, p.63.

亚推迟议会的决定是对人民党宣传机器的响应,违背了人民联盟和西巴其他政党的意愿。东巴高等法院的大法官拒绝在新省督蒂卡·汗(Tikka Khan)将军面前宣誓。中央政府的权威彻底崩溃。

随着东巴局势日益恶化,叶海亚于3月3日邀请在国民议会所有政党和团体于3月10日在达卡举行圆桌会议讨论东巴局势。布托接受了总统的邀请,而穆吉布·拉赫曼拒绝接受,认为军队正在达卡街头射杀手无寸铁的孟加拉人,并提出宪法议题最好在议会内的讨论,而不是通过秘密谈判和圆桌会议。东巴唯一一位一直支持巴基斯坦的领导人努尔·阿明(Nurul Amin)[1]被邀请,但是他也拒绝了。[2]穆吉布·拉赫曼表示如果他被捕和暗杀,其他的人民联盟领导人就宣布独立。到3月7日,人民联盟实际上已经接管了东巴的所有行政机构。政府没有采取任何措施,只是旁观。

3月6日,叶海亚宣布国民议会议员就职仪式的时间是3月25日。他也解释了以前推迟议会的原因为了两个目标:拯救议会和有时间谈判;第一个目标实现了,第二个目标失败了;他的决定被完全误解。布托对叶海亚的决定立即作出反应,宣布人民党将在3月25日参加国民议会,期望与人民联盟就宪法议题在议会内讨论。

3月7日,穆吉布·拉赫曼在群众集会上发表演讲,提出人民联盟参加国民议会的四项条件:立即撤消军事管制法;将权力移交给选出的人民代表;调查军队对东巴群众的屠杀,军队撤回到他们的营房。[3]对于这些要求,叶海亚告诉穆吉布·拉赫曼只要布托和其他西巴的领导人同意,他就接受这些要求。对此,布托明确表示拒绝,因为人民联盟在谋划分裂国家。叶海亚还咨询了西巴的其他政治家,如蒙塔兹·道勒塔纳、肖卡特·阿亚特·汗、穆夫提·马哈迈德、阿卜杜勒·瓦

---

① 努尔·阿明(1893年7月15日—1974年10月2日)是著名的孟加拉人领导人,曾担任穆斯林联盟的主席,东巴基斯坦的首席部长,1971年12月7日至20日担任了13天短暂的巴基斯坦总理,布托继任巴基斯坦总统后,被布托任命为副总统,直到1972年4月21日。随后一直住在西巴的拉瓦尔品第至去世,被巴基斯坦人誉为"爱国者"。

② Maleeha Lodhi, *Bhutto, The Pakistan People's Party and Political Development in Pakistan, 1967–1977*, PhD Dissertation for London School of Economics and Political Science, University of London, November 1980, p.271.

③ 按照布托的说法,人民联盟提出的条件,除第一和第二点相同外,另外的是:叶海亚继续暂时主持中央政府;中央政府与孟加拉政府的关系将遵循"六点纲领";中央政府与西巴各省的关系在短期内遵循1965年宪法,并在总统的同意下,尽可能给省以最大的自治权;来自东巴和西巴的国民议会议员分属于不同的委员会和会议,分别在固定的时间向国民议会提交其报告。Zulfikar Ali Bhutto, *The Great Tragedy*, Karachi: Pakistan People's Party, 1971, pp.41–44.

利·汗、阿卜杜勒·加尧姆·汗和大毛拉努拉尼。

人民联盟还签署了十条指令,使他们有效地控制了全省的行政机构,切断了与西巴的联系,并下达了包括停止中央政府在东巴征税、不再向中央政府缴纳关税和销售税、东巴的税收交给东巴政府等指令。人民联盟已经完全控制了东巴全境。穆吉布·拉赫曼在与中央政府的对抗中,得到了该省其他一些政治领导人的支持。两人是他的前政治伙伴:大毛拉阿卜杜勒·哈米德·汗。此人一度是人民联盟的领导人之一,在20世纪50年代领导该联盟的左翼。现在领导民族人民党的一个派别;阿塔拉·赫曼·汗(Ataur Rahman Khan)是人民联盟前首席部长,领导一个小派别与该联盟在1970年单独组织"民族进步联盟"。在西巴基斯坦,穆吉布·拉赫曼的盟友是民族人民党(瓦利派)。① 正是有这些政治盟友的支持,穆吉布·拉赫曼的信心更足。

在这一阶段,双方开始出现大量的伤亡。据估计,孟加拉死亡人数达到3000人,而军队有300人死亡。② 尽管这一数据因为人民联盟为了向外国人宣传有扩大的成分,但是东巴基斯坦局势已经不容乐观。在达卡的西巴领导人之一阿斯加尔·汗认为在心理上巴基斯坦的东西两翼实际上已经分开。他向总统和西巴其他领导人呼吁尽快接受穆吉布·拉赫曼的四点要求。但是由于阿斯加尔在1970年12月的选举中失败,他的话在西巴没有人听。

为了使巴基斯坦免于分裂,3月15日,叶海亚决定亲临东巴与人民联盟领袖穆吉布·拉赫曼再次举行秘密会谈,寻求解决危机的办法。西巴的一些少数党领导人也前往达卡,协助叶海亚,提出临时安排,把权力移交给人民联盟。叶海亚在卡拉奇做了短暂停留,与布托进行了秘密会谈,讨论了当前局势。按照布托的说法,他告诉总统他原则上不反对穆吉布·拉赫曼提出的四点要求,但是任何最后解决,有关撤消军管法和向民选代表移交权力的问题,需要得到人民党的认同。他也准备去达卡,愿与穆吉布·拉赫曼举行有意义的会谈。

3月15日,叶海亚总统来到达卡。第二天,叶海亚与穆吉布·拉赫曼举行了3个小时的会谈。人民联盟领导人告诉新闻媒体:他们对国家政治局势和其他事情进行了讨论,但是拒绝作出进一步的评论,只强调不合作运动将继续直到"解放"。叶海亚与穆吉布·拉赫曼的会谈没有取得任何妥协方案。尽管政府命令高等法院法官牵头去调查军队的情况,但是穆吉布·拉赫曼拒绝让步。政府已经陈

---

① David Dunbar, "Pakistan: The Failure of Political Negotiation", *Asian Survey*, Vol. 15, No. 2(May, 1972), pp.441–461.

② David Loshak, *Pakistan Crisis*, London: William Heinemann, 1971, p.67.

兵东巴。在谈判毫无进展的情况下，叶海亚命令新任东巴军队司令蒂卡·汗准备采取行动。

在战争一触即发之际，人民联盟同意双方专家讨论相应的宪法框架。穆吉布·拉赫曼告诉新闻媒体"让我们有最好的希望，作最坏的打算"。新闻媒体也进行了乐观地报道。[①]

布托本来被总统排除在与穆吉布·拉赫曼谈判之外。当形势日益紧张时，叶海亚3月19日要求布托立即来达卡，参加与穆吉布·拉赫曼的谈判。3月20日布托来到达卡。叶海亚向布托通告他与穆吉布·拉赫曼的谈判结果：由总统发布公告，立即撤消军管法，向五省民选代表移交权力，总统继续在中央政府当政，国民议会将重新开始在东西巴两翼分成两个不同的代表委员会，分别在达卡和伊斯兰堡办公，分别向议会提交报告。在宪法制定出以前，东巴享有以"六点纲领"为基础的自治权。叶海亚要求布托和其他西巴的政治领导人与其保持一致，发布公告。但是布托拒绝叶海亚与穆吉布·拉赫曼的谈判协议，尤其是国民议会分成两个不同委员会。

穆吉布·拉赫曼告诉布托事已至此，没有回头路；最好的路线是接受人民联盟的建议，别无其他可行的替代；他劝布托同意人民联盟领导人出任巴基斯坦的总理，把孟加拉留给穆吉布；或者，军队首先消灭他，然后是布托自己。

布托告诉叶海亚总统，他与穆吉布·拉赫曼的谈判结果将不可避免的导致出现两个国家。军管法是总统权力的来源不宜撤消。叶海亚与其助手们商议后，宣布再次推迟国民议会开会时间到3月25日。

在这种情况下，人民联盟不再有兴趣与西巴谈判。3月23日，人民联盟提交了一个替代方案，设计了两个制宪会议和两种宪法：一个适应东巴基斯坦，一个适应西巴基斯坦，称之为"巴基斯坦邦联"。该方案视东巴与西巴的贸易为外国贸易，其财政条款也暗示中央政府结束为孟加拉国政府的付款，而是得到其捐赠。叶海亚与其助手们建议修改某些条款，因为它们涉及威胁到中央权力和军队的利益，但是人民联盟拒绝了。此时，叶海亚明显感受到军队内部的压力。军队核心人物，如皮尔扎达将军、蒂卡将军、哈米德和欧默尔都感觉叶海亚为满足穆吉布·拉赫曼走得太远，让步太多了。此时，巴军队已经在调兵遣将，聚集兵力了。3月23日是巴基斯坦的独立日。人民联盟宣布为"抵抗日"，并命令把孟加拉国的旗帜安放在公共建筑楼上。军队与示威者的冲突在扩大，付出了10人生命的

---

①　Rafi Raza, *Zulfikar Ali Bhutto and Pakistan, 1967–1977*, Oxford: Oxford University Press, 1997, p.73.

代价。穆吉布·拉赫曼宣布在3月27日举行全国大罢工。[1]

此时,西巴基斯坦局势令军方和布托担忧。人民党的激进左派要求立即将权力转交到工农苏维埃。在旁遮普省的数个城市,出现越来越多的占领工厂和挟持雇主事件。在穆赫塔尔·拉纳的领导下,支持人民党的工会开始在莱亚尔普尔、木尔坦和萨戈尔专区接管工业企业。事情发展的高峰是3月25日在莱亚尔普尔出现流血暴动。巴基斯坦军方认为东西巴基斯坦两翼都已经失去了控制。为此,3月25日夜,当人民联盟仍在等待总统的公告时,叶海亚一方面不中断会谈,一方面命令军队发起对孟加拉的军事行动,并逮捕了穆吉布·拉赫曼,带回西巴基斯坦。

二、第三次印巴战争与东巴独立

1971年3月26日晚,巴基斯坦总统叶海亚对全国发表了电视讲话,宣布禁止人民联盟的活动,严格执行戒严法,直到局势得到控制。他也向全国人民解释了人民联盟的建议为什么不能接受的理由。同时,总统在电视讲话中也谴责穆吉布·拉赫曼的行动为"叛国",把人民联盟领导人描述为"巴基斯坦的敌人":"这种罪行一定会受到惩处。"[2]

军方采取的军事行动标志着西巴与东巴谈判的结束,标志着巴基斯坦内战开始,从而结束了统一的巴基斯坦。从1971年3月到12月,巴基斯坦军队在东巴基斯坦采取全面的军事行动。布托与人民党对军人政权的态度颇为骑墙。随着在东巴基斯坦的军事行动加强,平民的伤亡日益增加。布托不能公开批评军人,只能批评军人集团处理局势的方式。与此同时,布托仍在营造与军人集团的友好关系以便对叶海亚施压。现在,叶海亚似乎并不想急于把权力转交给文人政府。

在这关键时期,人民党内的派系和内部斗争更加激烈。例如,旁遮普省的两派:谢赫·拉希德(人民党在该省主席)与穆斯塔法·哈尔(人民党该省秘书长)关于旁遮普省首席部长之争,信德省蒙塔兹·布托和贾托伊关于该省的首席部长之争都惊动全党。此外,人民党内的左翼团体对中间派大量引进封建贵族集团的行为不满。左翼代表人物之一的穆赫塔尔·拉纳向布托指控人民党中央委员会是"封建－资本家委员会",并辞去莱亚尔普尔市人民党主席之职。[3] 艾哈

---

[1]　Maleeha Lodhi, *Bhutto, The Pakistan People's Party and Political Development in Pakistan, 1967–1977*, PhD Dissertation for London School of Economics and Political Science, University of London, November 1980, p.275.

[2]　Rafi Raza, *Zulfikar Ali Bhutto and Pakistan, 1967–1977*, Oxford: Oxford University Press, 1997, p.92.

[3]　Raj Kumar, *Pakistan Peoples Party: Zulfikar Ali Bhutto Benazir Bhutto*, New Delhi: Sumit Enterprises, 2008, p.242.

迈德·礼萨·卡苏里更是公开呼吁结束党内的提名时代，实行选举。但是卡苏里很快被解除他在卡苏尔区人民党主席之职，随后又被布托开除出党。为此，卡苏里把布托标榜为"法西斯"。针对人民党党内的不满，布托只好把党内的注意力转向反对军人政权，要求立即转交权力。在布托的压力之下，叶海亚在西巴撤消了紧急状态。

军队对东巴基斯坦的突然行动开始时取得了一定成功。到3月29日，军队取消了宵禁。所有政府雇员被命令回去工作，伊斯兰大会组织的秘书处对外宣称东巴基斯坦的局势是国内危机，外人无权干涉。[①]

巴基斯坦军队的早期成功促使印度把东巴基斯坦问题国际化。3月31日，印度总理英迪拉·甘地获得印度议会的一致决定，表示对东巴基斯坦深深地同情，并在东巴人民争取民主生活的斗争中保持紧密团结。该决定呼吁巴基斯坦立即停止军事行动和对孟加拉人的种族屠杀。[②]

针对印度的反应，布托与叶海亚于4月1日和2日会谈，共同商议了对策。会后，布托猛烈抨击了英迪拉·甘地对巴基斯坦国内事务的干预。此时，东巴基斯坦的局势似乎已经得以控制。4月4日，努尔·阿明和其他非人民联盟的孟加拉人开展了合作，成立了和平委员会。四天后，M.萨布尔（M. Sabur）、马哈茂德·阿里（Mahmud Ali）和其他东巴基斯坦的政治家谴责印度。印度继续通过国际社会对巴基斯坦施压，呼吁国际社会采取适当的行动反对巴基斯坦对东巴基斯坦的入侵。印度总理英迪拉·甘地宣称：针对目前局势，印度不可能保持安静，为自由必须反对殖民主义和压迫。她的表态为印度的出兵干预提供合法性。

与此同时，苏联也首次介入巴基斯坦内战。苏联最高苏维埃主席团主席尼古拉·维克托罗维奇·波德戈尔内4月3日对穆吉布·拉赫曼和其他东巴政治领导人的被捕和监禁表示关切，并呼吁立即采取措施结束流血冲突和对东巴基斯坦人民的镇压，为和平政治解决采取措施。苏联与印度1971年8月9日签订了《苏印友好和平互助条约》。条约第九款规定：缔约国任何一方受到进攻或进攻威胁时，双方应立即共同协商以消除这种威胁，并采取适当措施以保障和平与两国安全。[③] 条约签订后，印度从苏联获得了坦克、装甲运输车和地空导弹等武器装备。同时，苏联军队专家还亲自训练了印度的军队。苏联人有理由帮助英迪拉·甘地解决印巴冲突，也可以教训一下巴基斯坦，因为它与中国发展了亲密的关系。英迪拉·甘地

---

① Ibid.

② Rafi Raza, *Zulfikar Ali Bhutto and Pakistan, 1967–1977*, Oxford: Oxford University Press, 1997, p.93.

③ Abdul Ghafoor Bhurgri, *Zulfikar Ali Bhutto: The Falcon of Pakistan*, Karachi: SZABIST, 2002, p.319.

得到苏联的保证后,直接出兵帮助孟加拉人,不再有什么顾虑。

　　叶海亚虽然派出以布托为首的军事代表团前往北京寻求援助,中国给予巴基斯坦以强烈的口头支持。中国没有像1965年印巴战争那样,给予印度以最后通牒。中国之所以这样做是考虑到苏联这次在印巴冲突中的作用。在1965年印巴战争中,苏联当时采取了中立立场。很明显,中国不想给苏联超级大国发动先发制人打击的借口。①

　　美国实际上也在帮巴基斯坦抵制苏联,但是美国不想卷入东巴基斯坦的冲突,只是给叶海亚提出几点解决孟加拉人的办法。在巴基斯坦战事最紧的时候,美国总统尼克松只派出美国第七舰队为先遣部队在印度洋巡弋,表面是接走美国公民,实际上在必要的时候减轻受围攻的巴基斯坦部队的压力。②

　　巴基斯坦在中东国家的一些盟友也感觉有必要关心面对印度干预而处在危险中的巴基斯坦。1971年10月,沙特阿拉伯借给巴基斯坦50架战斗机,约旦送给巴基斯坦10架战斗机。③

　　1971年11月22日凌晨,印度军队在贾格吉特·辛格·奥罗拉(Jagjit Singh Aurora)将军的领导下,以出于人道主义立场,解放被压迫的孟加拉人为理由进入东巴基斯坦,向巴基斯坦军队发起突然进攻。印陆军在海、空军密切配合下,集中兵力,从东、西、北3个方向,对东巴实施"多路向心突击"。在东部方向,印军以3个师及8个加强营的兵力,分3路发动攻势行动。12月3日黄昏,巴基斯坦空军从西巴基斯坦发起对印度空军基地空袭。第三次印巴战争全面爆发。但是西巴空军的空袭收效甚微。在东巴,印度军队几乎没有遭到巴基斯坦军队有组织地抵抗,于12月14日到达达卡的郊区。④

　　在战争前后,人民党领导人布托只有发挥其专长:擅长外交,为叶海亚服务。1971年7月,叶海亚派布托出使伊朗,向伊朗国王寻求支持。11月,布托又被叶海亚从埃及召回领导一个军事代表团访问北京,寻求帮助。尽管当时布托没有任何军职,却领导一个包括中将拉希姆·汗(Rahim Khan)和陆军参谋长古尔·哈森的高级军事代表团。尽管这次中方只是口头支持⑤,但是布托与军队的关系更为紧密了。

---

　　①　S. M. Burke and Lawrence Ziring, *Pakistan's Foreign Policy: an Historical Analysis*, Oxford: Oxford University Press, 1990, p.404.

　　②　S.M. Burke and Lawrence Ziring, op.cit., p.406.

　　③　Ibid.

　　④　Shahid Javed Burki, *Pakistan Under Bhutto, 1971–1977*, New York: St. Martin's Press, 1980, p.59.

　　⑤　毛泽东和周恩来对布托表示,如果印度胆敢侵入东巴基斯坦,他们答应"做任何事"。

　　1971 年 12 月 6 日,叶海亚总统再次召见布托,要他出使联合国,担任巴基斯坦驻联合国安理会的全权代表。由于布托没有任何职务,人民党的主要领导们要求布托以民选领导人的身份出使联合国。为此,叶海亚任命努尔·阿明为文职政府总理,布托为副总理和外交部长。[1] 在这样特殊时期,布托为了国家的利益和拯救巴基斯坦免于分裂接受了副总理和外交部长之职,尽管这一职务不是他愿要的。12 月 10 日,布托到达纽约联合国总部。12 日,布托在安理会发表了演讲,表明了巴基斯坦的强硬立场。

　　当布托还在联合国为巴基斯坦活动的时候,12 月 15 日,印军完成从东、西、北三个方向对达卡的合围,海、空军则从海上和空中实施严密封锁,完全切断了东巴与西巴的任何联系。在这种情况下,东巴基斯坦最后一任省督和巴基斯坦武装部队驻东巴基斯坦总司令阿米尔·阿卜杜拉·汗·尼亚齐(Amir Abdullah Khan Niazi)于 12 月 16 日宣布无条件向印军将领贾格吉特·辛格·奥罗拉投降。巴基斯坦军队和文职人员共 93000 人(正规部队有 34000 人)当了俘虏,被带到印度。[2] 巴基斯坦军队的中将尼亚齐、少将法尔曼·阿里(Farman Ali)和少将谢里夫(Sharif)都当了俘虏,被带到印度监禁。

三、布托上台与人民党组阁

　　面对紧张的局势,叶海亚在 12 月 14 日和 18 日两次催促布托立即回国,取消会见美国总统尼克松的计划。但是布托坚持会见了尼克松。他知道如果他执政,必须取得美国谅解。他告诉尼克松他并不反对美国;他倾向于中国的政策被前总统约翰逊误解;他也感谢美国帮助巴基斯坦免受印度的全面进攻。[3]

　　西巴基斯坦人对驻东巴军队的投降感到震惊,出现反对军人政权的暴力示威。愤怒的民众冲向街头要求结束军人统治。巴基斯坦军队中下层军官对上层指挥官的无能感到愤怒,处于暴动的边缘。他们要求恢复文官统治。在 1971 年 12 月 20 日拉瓦尔品第的三军总司令会议上,一些上校和准将成功地抵制了一些将军试图重新建立他们的统治。反对之声超过了叶海亚参谋长的声音。一些中级军官威胁:如果当局不把权力转交给文职政府,那么他们将把他们的将军们

---

①　Abdul Ghafoor Bhurgri, *Zulfikar Ali Bhutto: The Falcon of Pakistan*, Karachi: SZABIST, 2002, p.319.

②　Anwar H. Syed, *The Discourse and Politics of Zulfikar Ali Bhutto*, New York: St. Martin's Press, 1992, p.108.

③　Rafi Raza, *Zulfikar Ali Bhutto and Pakistan, 1967–1977*, Oxford: Oxford University Press, 1997, p.136.

赶出拉瓦尔品第。这些造反的军官们表示布托可以接替叶海亚为总统的文职人员。①

为此,古尔·哈桑和拉希姆两位将军要求叶海亚辞职,将权力转交给民选领导人布托。当布托12月20日从纽约回来时,古尔·哈桑和拉希姆两位将军立即带他去总统府。在那里,布托宣誓就任巴基斯坦总统和军法管制首席执行官。当天,布托以总统身份通过广播发表就职演说,阐述了他的执政政策,鼓励因战争失败而气馁的人民,承诺建立新的巴基斯坦。

布托上台的方式给人留下印象是得到军人支持,但是这对布托执政的合法性没有多少影响。布托宣称他的领导权有合法性的基础:选举的胜利。即使这样,他仍然需要军人的批准才能最后获得权力。

布托上台是三个事件相互结合共同促成的:1970年12月的大选使布托在西巴基斯坦成为最知名的政治领导人;人民对军人执政能力日益失望,削弱了军人干预政治的条件;部队中将军们与中层指挥官之间紧张关系促使军队要叶海亚下台。②

1971年巴基斯坦危机、东巴分裂和巴基斯坦军队投降对后来布托和人民党都产生了一些重要的影响。

首先,对布托而言,这种危机影响了他后来对待西巴地区自治议题以及对待反对派,尤其是地区主义政党的方式:孟加拉的分离加重了他对西巴基斯坦的孟加拉化的担忧;他与人民联盟打交道的经历加重了他对地方自治主义者的怀疑;东巴基斯坦的分离得到印度的干涉,使他更加警惕任何在西巴的地方反对派依靠外来势力达到分裂的目的。在危机中,西巴基斯坦除穆斯林联盟(加尧姆派)外,其他反对党都站在穆吉布·拉赫曼一边,反对布托。这无疑影响了布托执政以后对他们的态度。布托称这些人是国家的敌人,所以他在对待这些人时体现出残酷无情。

其次,这种危机对人民党的影响也是明显的,加强了布托在人民党的地位。危机给布托掌控人民党提供了理由,党内继续实行提名制;布托向中央委员会咨询建议和获得批准,每次都是布托作出决定,不与党内任何人商量,然后在党内中央委员会寻求合法性。人民党内的权力机关实际上成了橡皮图章。布托在党内的专权趋势日益明显。

再次,在这种危机中,布托为得到叶海亚及其他军人的信任有意识地在人民

---

① Shahid Javed Burki, *Pakistan Under Bhutto, 1971–1977*, New York: St. Martin's Press, 1980, p.69.

② Shahid Javed Burki, op.cit., p.61.

党内实行去激进化，树立自己是西巴基斯坦唯一代表的形象，也不容许党内有不同声音，降低了社会主义要求，控制党内的激进左翼。[1]

布托上台后，为体现政权的民主性，首先解除了对民族人民党的限制。尽管该党在危机时支持印度和反对布托，但是布托说："我知道这样做存在着疑虑和争议，但是我们真诚地这样做。我们将重新开始。我认为我们都是爱国者，我们都想保住巴基斯坦。"[2]

1972年1月8日，布托无条件释放了穆吉布·拉赫曼。布托仍希望他不要永远地分离孟加拉，希望建立某种形式的邦联，并希望他担任巴基斯坦总统或总理，但是拉赫曼都委婉地拒绝了。

布托执政后，军人集团并不准备放弃参与政治。布托政权的最初任命是对军队高层的确任。布托任命古尔·哈桑将军为陆军参谋长，阿卜杜勒·拉希姆·汗空军中将继续担任空军参谋长。他们两人都是军人集团保持对巴基斯坦政治控制的代表人物。布托上任伊始，为感谢他们的拥立之功，同时也为了稳定大局，继续留任他们。

到1972年3月，布托宣布废除陆军、海军和空军的参谋长之职，统归总统指挥。这样，古尔·哈桑和阿卜杜勒·拉希姆·汗两人失去了原有的职位。布托任命可靠、忠诚的蒂卡·汗为陆军参谋长。[3]

布托紧接着组成了主要由人民党成员参加的小内阁，并任命了四省省督和首席部长。布托内阁成员名单如下：

J. A. 拉希姆	总统事务、文化和计划部长
米安·马哈茂德·阿里·卡苏里	司法和议会事务部长
法伊祖拉·昆迪（Faizullah Kundi）	机构设置部长
穆巴希尔·哈桑	财政部长、经济事务和发展部长
谢赫·穆罕默德·拉希德	社会福利、卫生、计划生育部长
特里迪夫·罗伊（Tridev Roy）酋长[4]	少数民族事务部长
古拉姆·穆斯塔法·贾托伊	政治事务部长、通信和自然资源部长

---

[1]　Maleeha Lodhi, *Bhutto, The Pakistan Psceople's Party and Political Development in Pakistan, 1967–1977*, PhD Dissertation for London School of Economics and Political Science, University of London, November 1980, pp.289–290.

[2]　Abdul Ghafoor Bhurgri, *Zulfikar Ali Bhutto: The Falcon of Pakistan*, Karachi: SZABIST, 2002, p.350.

[3]　Shahid Javed Burki, *Pakistan Under Bhutto, 1971–1977*, St. Martin's Press, 1980, pp.70–71.

[4]　特里迪夫·罗伊酋长出生于1933年5月14日，是孟加拉国吉大港山区地带的查克马部落的酋长。1971年孟加拉国建立后，他选择留在巴基斯坦。他也是作家、宗教领袖和政治家。

马利克·迈拉杰·哈立德	食品、农业和欠发展地区部长
阿卜杜勒·哈菲兹·皮尔扎达	教育、信息和广播部长
穆罕默德·哈尼夫	劳工、就业和地方机构部长
拉菲·拉扎	生产、工业和镇规划部长
阿齐兹·艾哈迈德（Aziz Ahmed）	外交部长
古拉姆·穆斯塔法·哈尔	旁遮普省省督
蒙塔兹·阿里·布托	信德省省督
哈亚特·穆罕默德·谢尔帕奥	西北边境省省督
高斯·巴克什·赖萨尼	俾路支省省督 [①]
（Ghous Baksh Raisani）	

在布托任命内阁之前，努尔·阿明已被提名为副总统。拉菲·拉扎还被任命为总统特别总理。大毛拉考萨尔·尼亚齐和迈拉杰·穆罕默德·汗主要负责人民党内部事务，被任命为总统顾问。

布托内阁既考虑到了政治平衡，同时也考虑到了个人兴趣与能力。内阁既有人民党的中坚分子、有口才的演说家、也有受过良好教育的青年才俊。不过，布托任命的一些老官僚在人民党内极不受欢迎。阿齐兹·艾哈迈德就曾担任过阿尤布政府的外交秘书。他退休后，又被任命。阿尤布的情报局局长这次也被任命。尤其是布托把退休并被解雇的警官委以重要岗位。例如，哈克·纳瓦兹·蒂瓦纳（Haq Nawaz Tiwana）被任命为新成立的联邦安全部队司令。

布托内阁从年龄上来看属于较年青的内阁。拉希姆和卡苏里有60多岁。蒙塔兹、谢尔帕奥、哈尔、贾托伊、考萨尔·尼亚齐和迈拉杰都只有30多岁。布托只有43岁。[②]

人民党在联邦和旁遮普省、信德省和西北边境省的执政，以及布托担任巴基斯坦的总统，保证了巴基斯坦世俗政治。19世纪著名的穆斯林改革家赛义德·艾哈迈德·汗（Syed Ahmad Khan）[③]确定的世俗政治原则得以在巴延续，成功地使宗教远离了政治。[④]

---

① Abdul Ghafoor Bhurgri, *Zulfikar Ali Bhutto: The Falcon of Pakistan*, Karachi: SZABIST, 2002, pp.351–352.

② Rafi Raza, *Zulfikar Ali Bhutto and Pakistan, 1967–1977*, Oxford: Oxford University Press, 1997, p.145.

③ 赛义德·艾哈迈德·汗（1817年10月17日—1898年3月27日），是印度的教育家和政治家，伊斯兰改革者和现代派，率先在印度的穆斯林社区推选现代教育。

④ Irwin Isenberg（ed.）, *The Nations of the Indian Subcontinent*, New York: The H.W. Wilson Company, 1974, p.170.

在动荡中诞生的布托政府,执政之初,就面临诸多挑战:

首先,地方势力在东巴独立运动的刺激下,不断挑战中央政府的权威。西北边境省议会由民族人民党和巴基斯坦穆斯林联盟控制,俾支路省由民族人民党控制。他们不断要求更多的自治权。民族人民党强烈要求赋予各省最大的自治权。新成立的人民党政府在多大程度上赋予他们的自治权,而不使其脱离联邦政府,成为人民党面临的棘手问题。东巴基斯坦的分离,激起这些省份对旁遮普主导其他三省的不满。因为旁遮普省是西巴最大最富裕的省份。[①]

其次,伊斯兰教传统势力,如乌理玛有较强的势力,仍以神权统治挤压布托的世俗政权。

再次,巴国内的军人集团虽然同意实行民选,但是一些军官并不愿意接受文职人员的主导地位。布托执政一年之久,人民党政府就面对一个流产的军事政变,参加的军官大约有40多名。[②]

面对以上压力,布托并没有马上解除军事管制法,而是凭借临时宪法授予的权力,组成趋向于总统制政府,任命巴基斯坦民族人民党领导人为俾路支省的省督,以安定该省的局势。针对伊斯兰教传统势力,布托表示尊重他们的权力与影响,并缓和了人民党的激进政策。为了防止军队势力阴谋发动政变,布托于1971年12月解除了古尔·哈桑和A.拉希姆·汗将军和其他6位高级军队领导人的职务。同时,为了维护总统权威,布托还清洗了政治和行政机构领导人中的潜在对手和蓄意阻挠者。

布托上台后更多使用了"大棒"而不是"胡萝卜",处理了原军队和文职官僚领导人。不过,在布托执政期间,军队的预算并没有得到有效控制。[③] 到1972年4月,布托最终完全控制了政权。总之,经过一系列的运作,布托初步稳定了人民党政府。

---

①　Irwin Isenberg (ed.), *The Nations of the Indian Subcontinent*, New York: The H.W. Wilson Company, 1974, p.171–172.

②　Omar Noman, *The Political Economy of Pakistan 1945–85*, London: KPL limited, 1988, p.58.

③　Robert La Porte, "Pakistan in 1972: Pick Up Pieces", *Asian Survey,* Vol. 13, No.2 (Feb., 1973), pp.187–198.

第四章　人民党的社会主义思想与政策设想

　　人民党把其思想概括为伊斯兰社会主义思想,注重把伊斯兰教与社会主义思想的结合。其理论来源于马克思主义和毛泽东思想,因此与科学社会主义有许多相似之处,但是在其政策主张上既有共产党政策的特点,主张国有化,也有社会民主党的政策主张,推崇混合经济和社会福利国家。

第一节　人民党的社会主义思想

　　巴基斯坦人民党于 1967 年 11 月 30 日在拉合尔成立。布托任该党的主席。在 1968 年 4 月的纲领中,人民党提出:"我们的信仰是伊斯兰教,我们的政治是民主,我们的经济是社会主义,一切权力归人民。"[1]

　　人民党认为,只有社会主义才能为每个人创造平等机会,免受剥削,消除阶级界限,建立经济和社会公正。社会主义是民主的最高表现,也是民主的逻辑成果。社会主义除通过革命方式实现以外,还可以通过非暴力的方式来实现。社会主义之所以成为普遍规律,是因为:首先,现代社会主义的基础是客观的;其次,社会主义思想适应于世界每个地区的国家。这些国家有着实现社会主义的实际经济和政治条件。因此,社会主义会给不发达的巴基斯坦带来直接利益。布托直截了当地指出,只有社会主义才能解决巴基斯坦的经济问题。社会主义是结束剥削,促进民族团结的唯一道路。在没有结束剥削之前,这种民族团结只会停留在口号和

---

　　[1]　Meenakshi Gopinath, *Pakistan in Transition: Political Development and Rise to Power of Pakistan People's Party,* New Delhi: Manohar Books, 1975, p.24.

幻想之中。①

　　至于什么是社会主义？布托在自己的著作中写道：社会主义就是民主的最高体现和逻辑的实现。他随之补充到，社会主义可以通过逐步实现，不必通过暴力变革。这明确地表明，布托不赞成突然改变巴基斯坦社会。布托写道："社会主义的范围之广，是可以想象……适应巴基斯坦的社会主义将与其意识形态相适应，保持民主的本质。如果存在斯堪的纳维亚社会主义模式，为什么没有适应我们创造能力的巴基斯坦社会主义？"②

　　人民党进一步指出：巴基斯坦成为世界上最贫困国家的耻辱只有通过社会主义才能消除；人民党当前的任务是结束掠夺成性的资本主义，推行社会主义；生产工具不允许集中于私人手中，那些构成国家经济基础产业的企业必须国有化；不过，人民对基本生产工具和交易工具的控制并不意味着要消灭私有企业；私有企业将被允许发挥其应有作用，但是不能形成垄断企业；国有化也不允许蜕化成国家资本主义。

　　人民党的纲领也突出强调工人的参与权和社会福利：工人将被鼓励以适当方式参与工厂的有效管理；随着企业的国有化，人民党也将采取各种步骤提高工薪阶层的福利，为他们提供适应的住房、娱乐设施、工人及其家人的健康服务、孩子教育等措施，提高他们的生活水平和教育水平。

　　人民党的纲领表达了向往民主社会主义思想的愿望：巴基斯坦社会主义将与本国意识形态相适应，并保留其民主本质。如果有一个斯堪的纳维亚社会主义模式，没有理由没有一个适应我们天分的巴基斯坦社会主义模式。"我们的经济是社会主义"是因为如果没有社会主义，我们不能取得真正的平等与团结。这种平等与团结对地理上被分割成两个区域的国家尤其宝贵。③

　　由于巴基斯坦的国民信仰伊斯兰教，如何把社会主义与伊斯兰教结合起来，赢得伊斯兰教徒的支持，是人民党不得不面对的问题。因此，人民党在其早期纲领指出，伊斯兰教和社会主义的原则不是相互排斥的。伊斯兰教祈求平等，而社会主义正是实现平等的现代工具。巴基斯坦伟大的诗人与哲学家穆罕默德·伊

---

① Anwar H. Syed, *The Discourse and Politics of Zulfikar Ali Bhutto*, New York: St. Martin's Press, 1992, p.62.

② Dilip Mukerjee, *Zulfiqar Ali Bhutto:Quest for Power*, Delhi: Vikas Publishing PVT LTD, 1972, p.179.

③ Pakistan People's Party, *PPP PROGRAM; A Pamphlet, April,1968*, Reproduced by Sani Hussain Panhwar, Member Sindh Council, PPP, p.8, PPP Program; A Pamphlet,Copyright©www.bhutto.org.

克巴勒（Mohammad Iqbal）①梦想巴基斯坦是一个有着社会主义制度的伊斯兰国家。他的梦想只有部分实现。巴基斯坦是一个伊斯兰国家,但却是资本主义的强盗制度,严重侵犯了伊斯兰教义。巴基斯坦建国之父穆罕默德·阿里·真纳曾经不止一次宣布巴基斯坦将是一个有着社会主义模式的伊斯兰国家。巴基斯坦的诗人与哲学家、建国之父都曾提倡社会主义。伊斯兰教与社会主义之间不存在冲突。

"伊斯兰教是我们的信仰",也是巴基斯坦的立国之本。巴基斯坦没有伊斯兰教的权威便不会持续。巴基斯坦的社会主义政府不会挑战伊斯兰教的至尊地位。相反,社会主义会使全国人民遵守伊斯兰教。伊斯兰教的思想会在巴基斯坦人民中得到更好的保存。

人民党指出一个社会主义国家不会与巴基斯坦的文化和宗教价值观相对立。通往社会主义之路并不是相同的;社会主义可以适应巴基斯坦的文化;社会主义的主要价值观:人人平等和禁止剥削,也是伊斯兰教的价值观。②

布托在一次演讲中说道:"巴基斯坦没有伊斯兰教主导便不能持续,社会主义的政府不会挑战这一主导地位,相反,社会主义会使整个人口保存伊斯兰价值观。"③

为此,人民党把自己意识形态浓缩为"伊斯兰社会主义"。这一术语在人民党成立大会文件和1970年竞选声明中都没有详细阐述这一术语,只是提出:人民党的社会主义与伊斯兰教的原则是和谐统一。因为这一术语不但真纳、利雅卡特·阿里·汗（Liaquat Ali Khan）④用过,而且阿尤布也用过⑤。在1968年和1969年的公开演讲中,布托反复解释伊斯兰教与社会主义之间不存在对立关系。1968年1月29日,布托在拉合尔告诉人民党的妇女工作人员:"社会主义的首批种子

---

① 穆罕默德·伊克巴勒（1987年9月9日—1938年4月21日）是巴基斯坦伟大的诗人与哲学家。他用印度语和波斯语写作的诗歌被公认是现代史上最伟大的作品之一。他同时也参加政治活动,极力支持恢复伊斯兰文明,建立伊斯兰国家。

② Helen Desfosses and Jacques Levesque（ed.）, *Socialism in The Third World*, New York: Praeger Publishers, 1975, p.296.

③ Zulfikar Ali Bhutto, *Political Situation in Pakistan*, Lahore: Pakistan People's Party（sole distributors: Al–Bayan）, 1969, pp.14–15.

④ 利雅卡特·阿里·汗（1895年10月1日—1951年10月16日）是巴基斯坦开国元勋之一,政治家,律师和政治理论家,出任巴基斯坦第一届总理,此外,还是首任国防部长、英联邦和克什米尔事务部长。1951年10月16日被暗杀。利雅卡特在1949年8月25日也谈到过伊斯兰社会主义体制。

⑤ 1964年8月26日,阿尤布在达卡的一次演讲中认为穆斯林信仰与印度教没有共同之处:我们应实行伊斯兰社会主义。Lawrence Ziring, Ralph Braibanti, and W. Howard Wriggins（ed.）, *Pakistan ; The Long View*, Durham: Duke University Press, 1977, p.85.

在伊斯兰教之下开花,伊斯兰教催生了社会主义的原则和概念。"①

　　布托明确表示如果伊斯兰体制与社会主义体制之间存在冲突,他将放弃社会主义,首先他是一个穆斯林;但是它们在社会与经济方面是不存在冲突的。那些宣称伊斯兰教与社会主义相互对立的人只是政府的宣传者,"试图利用人民,吸干他们的血"②。在阐述人民党原则时,布托更是宣称:"人民党的工作人员为了伊斯兰教愿意牺牲自己的生命。"③

　　1970年1月,竞选活动开始后几天,布托开始使用伊斯兰社会主义这一术语。这一术语把伊斯兰教中的人人平等原则引入到经济领域。人民党宣称只有通过这一内生的制度——伊斯兰社会主义,巴基斯坦才能消除贫困和侵蚀社会核心的资本主义。由于担心被人标榜为暴力和激进主义的传教士,布托提出他不是这一概念的发明者。他提出巴基斯坦国父真纳在1948年3月26日演讲中使用过这一概念。为此,他告诉他的听众支持伊斯兰社会主义体制"只需要追随伟大领袖(Quaid-e-Azam)④和利雅卡特·阿里·汗的教导"⑤。

　　1972年4月,布托在接受意大利记者奥里亚娜·法拉奇采访时明确地阐述人民党关于社会主义与伊斯兰教的看法:"从经济角度上,我称自己为马克思主义者,也就是说,我让自己只接受马克思学说中有关经济方面的理论。我不能接受马克思主义对历史辩证唯物主义、生命理论和对上帝是否存在的质疑。作为伊斯兰教的虔诚信徒,我相信真主。不管有无道理,我相信它。宗教信仰是个相信或不相信的问题。如果你相信,就不需要讨论。我是相信宗教的,而且我不准备放弃马克思主义宗教和哲学方面的理论。同时,我深信特别在巴基斯坦这样不发达的国家,马克思主义与伊斯兰教的教义是可以取得一致的。在科学社会主义之外,我没有看到其他更好的解决办法。"⑥

---

　　① Zulfikar Ali Bhutto, *Awakening the People: A Collection of Statement, Article, Speeches 1966-1969*, Rawalpindi: Pakistan Publications, 1969, p.54.

　　② 布托1968年11月3日和5日在巴基斯坦谢尔帕奥和白沙瓦的演讲, Zulfikar Ali Bhutto, *Awakening the People: A Collection of Statement, Article, Speeches 1966-1969*, Rawalpindi: Pakistan Publications, 1969, p.179，193.

　　③ Meenakshi Gopinath, *Pakistan in Transition: Political Development and Rise to Power of Pakistan People's Party*, New Delhi: Manohar Books, 1975, p.64.

　　④ 巴基斯坦建国之父穆罕默德·阿里·真纳被巴基斯坦人民尊称为"伟大的领袖(Quaid-e-Azam)"。

　　⑤ Lawrence Ziring, Ralph Braibanti, and W. Howard Wriggins（ed.）, *Pakistan ; The Long View*, Durham: Duke University Press, 1977, p.85.

　　⑥ Oriana Fallaci, *Interview with history*, Reproduced by Sani Hussain Panhwar, Member Sindh Council PPP, p.14, Interview with History: Copyright © www.bhutto.org.

　　1976 年 9 月 10 日，布托在接受伊朗记者采访时，阐述了人民党对宗教和马克思主义的看法。他解释道："我们拒绝马克思主义对历史的解释，拒绝否认真主。马克思学说不存在神和救世主。我们相信存在神和救世主。我们拒绝马克思关于国家消亡的观点……不过，我们也确实接受了马克思的许多观点。我们接受马克思主义尤其是经济计划的思想。我们没有让经济的发展处于无序的市场变动之中。以市场为方向的经济导致波动，导致萧条、衰退和通货膨胀。我们的经济越是由国家在科学的基础上计划，人类会越好。"[1]

　　1974 年 1 月 26 日，人民党的副秘书长胡尔希德·哈桑·米尔在关于伊斯兰社会主义研讨会上说：人民党想建立科学社会主义以适应伊斯兰教的基本教义。在同一天举行的人民党党工会议上，他更加明确地说：人民党支持科学社会主义，而不是伊斯兰社会主义。[2] 从人民党以后实行的政策来看，人民党提出的"伊斯兰社会主义"介于科学社会主义和民主社会主义之间。

　　布托自己认为伊斯兰社会主义与科学社会主义之间不存在冲突。1973 年 12 月 5 日，他在会见学者安瓦尔·H. 赛义德（Anwar H. Syed）时，承认自己也是科学社会主义者，而不是空想社会主义者。与此同时，他提出他的党不会把共产主义带到巴基斯坦，只是有选择地运用马克思的经济思想与价值观。[3]

　　布托提出的"一切权力归人民"的口号使他成为巴基斯坦政治、经济和社会制度变革的象征。自真纳以后的政府从没有想过巴基斯坦广大的苦难、贫穷的大众，更没有承认这些大众也拥有自己的生存权。[4] 布托在其以后的执政中，力求使广大民众摆脱苦难，首次确立了巴基斯坦人民的权力在昔日的统治势力之上。为此，布托成为巴基斯坦首位群众运动的领袖。人民党也成为典型的群众党。

　　民主观是人民党思想的重要内容。布托指出，我们必须恢复人民的基本权利，动员全体巴基斯坦人民建设一个满足人民需要并由人民掌握的平等社会。所有权力都属于人民的原则只有通过民主才能实现。这就是我们为什么要提出

---

　　[1]　Mian Sayed Rasul Raza, *Zulfikar Ali Bhutto: The Architect of New Pakistan*, Peshawar : Sarhad Publications, 1977, p.26.

　　[2]　Lawrence Ziring, Ralph Braibanti, and W. Howard Wriggins（ed.）, *Pakistan ; The Long View*, Durham: Duke University Press, 1977, p.86,　Note 17.

　　[3]　Lawrence Ziring, Ralph Braibanti, and W. Howard Wriggins（ed.）, *Pakistan ; The Long View*, Durham: Duke University Press, 1977, p.88.

　　[4]　Samuel Baid , "Pakistan: Crisis is Inherent", *Strategic Analysis*, Vol. 35, No. 2（2011）, pp.342–371.

"我们的政治是民主"①。民主是必要的,但本身并不是目的。在为建立民主而奋斗的过程中,我们从没有忘记经济目标。没有经济上的进步,一个国家无法实现真正的民主。民主自由是必要的,但是经济平等与公正更加重要。没有经济进步,国家的生活不会出现根本改观。经济问题更为关键。民主必须与社会主义齐头并进。

人民党对民主的看法,更直接地反映在布托的论述之中。

1969 年 2 月,在拉合尔高等法院的法庭上,布托阐述了人民党对民主的看法:"民主当然……像呼吸新鲜空气,像春天花儿的芬芳。那是自由的美妙声音,只可感受不可触摸。但是,更是一种感情,民主是基本权利。民主是成人选举权、秘密投票、自由出版、自由组织、司法独立、议会至上和对行政权的控制。"②

1970 年 4 月 19 日,布托在一次集会上宣布:"党的第二个原则是民主。"他说,政治体制有两种类型:民主与专政。他确信民主体制,"巴基斯坦人民为民主体制而斗争"。布托在解释他的党为什么叫人民党时说道:"是因为这个党属于人民。这个党不是个人的党,而是群众、农民、工人的党。如果这个党成功,则是人民获得成功。"③

第二节　人民党的政策设想

在上述思想的指导下,人民党在 1970 年大选的竞选宣言中,全面阐述了人民党的政策设想。

首先,在政治上,人民党强调其政策的最终目标是通过社会主义建立无阶级的社会。人民党认为应该重新制定一部新宪法。这部宪法包含以下原则:全面民主、议会制政府、联邦制、扩大地方政府权限和保障良心自由;选举制度应进行改革,突出政党纲领作用,实行按政党名单投票而不是按个人投票的制度,按政党所得有效选票占总数的比例分配议席,即实行比例选举制度;现行政府管理体制要进行改革,杜绝政府官员腐败,改革司法、监狱体制,废除文官荣誉制度;实行独立的外交政策,巩固伊斯兰世界人民与其他被压迫人民的团结;建立国家需要的国

---

①　Zulfiqar Ali Bhutto, *Political Situation in Pakistan*, Lahore: Pakistan People's Party（sole distributors: Al-Bayan）, 1969, p.6.

②　Anwar H. Syed, "Z.A. Bhutto's Self-Characterizations and Pakistani Political Culture", *Asian Survey*, Vo. 18, No.12（Dec. 1978）, pp.1250-1266.

③　布托:《人民政策卷三——向民主进军》,转引自郭晨风《评布托政绩与布托主义》,《国际政治研究》1991 年第 2 期。

防工业,发展自己的核能,加强东部巴基斯坦的国防等。[①]

在经济上,人民党接受混合经济模式:私营部门与国营部门共存;私有部门为个人创业提供各种机会,小企业将得到充分发展;产生垄断的条件被消除,私人企业将按照竞争规则经营。

人民党在1970年竞选宣言中界定了"混合经济"的内涵:"党接受混合经济的可能性。私营与国营部门并存。不过,所有财富生产的主要资源将放在国营部门;私营部门将为个人在生产领域的动力提供机会,在那里,小企业是有效率的。"[②]

从以上论述我们可以看出,人民党很明显要在现有资本主义结构内重新定向巴基斯坦经济:强调扩展公共部门,控制垄断的产生,鼓励小企业。个人和私人的积极性没有受到鼓舞,但是被重新定位。

1973年4月1日,布托执政后在给拉合尔商会成员讲话时再次阐述了他理解的混合经济概念:"混合经济的概念除表示国营与私营部门并存的一种秩序外,还表示审慎地使用国家的权力,为人民福利的利益限制特权阶级的经济优势……公共部门的活动防止经济权力集中在少数人手中,保护中小型企业不落于巨型企业和既得利益的魔掌……公共部门和私人部门是社会经济发展的两个重要的工具。为取得更高的经济增长率和建设福利国家,它们必须一起发挥作用。"[③]

布托在这次演讲中还阐述了"福利国家"的概念,并解释了如何把巴基斯坦转变为"福利国家":

> 现代国家主要目的之一是为人民提供社会福利。我们的问题是不但要为广大人民的生活水平带来很大的提高,而且要保证积极地减少现存的社会和经济的不平等。人们一度认为坚持自由放任的经济哲学就会带来经济和福利的持续增长,但是大量的经验,即整个世界的经济发展进程证明:坚持自由放任的社会既不能保证稳定的经济进步,也不能进入福利国家。私人企业主要考虑最大化的利润。人民是否能从它(私人企业)获得福利是一个偶然的事情。但是有计划的国家干预就能平衡私人利润与社会福利之间的鸿沟,确保私人企业的目标与公共利益相协调。我的政府承诺消除

---

① PPP, *Manifestos of Pakistan Peoples Party, 1970&1977*, pp,24–34. Reproduced by Sani Hussain Panhwar Member Sindh Council , PPP, Manifestos of Pakistan Peoples Party, 1970 & 1977 Copyright © www.bhutto.org.

② PPP, *Manifestos of Pakistan Peoples Party, 1970&1977*, op.cit., pp,12–13.

③ Saeed Shafqat, *Civil-Military Relations in Pakistan:From Zuflikar Ali Bhutto to Benazir Bhutto*, Boulder: Westview Press, 1997, p.124.

经济权力的集中，以便没有企业或企业集团获得从战略高度对经济的控制，并运用其主导地位反对公共利益。①

从布托以上的表述，我们可以看出人民党建设福利国家和混合经济的思想。布托设想：①有必要扼制金融—企业集团的经济权力；②公共部门不但有助于实现以上目标，而且还能促进中小企业的增长。

布托和人民党宣言对混合经济和福利国家的推崇，以及不主张激进暴力革命的思想，表明人民党不是一般的左翼政党，而是具有社会党表面特征的政党。一方面，混合经济、福利国家和渐进思想都是西欧社会党所坚持的主张和思想，也是社会党实践所表现出的政策模式，所以说，人民党具备了一般社会党的共同特征。正是因为人民党具有这些特征，社会党的国际组织——社会党国际吸收它为正式成员党。当然，人民党在贝·布托时期为反军人政权作出的贡献，也成为社会党国际考察接受的内容。但是另一方面，人民党又推行计划化和全部的国有化，并在政策实践中，没有坚持议会民主的原则，而是个人集权。这些又与西欧社会党，或其他地区的社会党不同，而具有某种程度上苏联模式的特点。总之，人民党具有一般社会党的特征，但是又具有共产党执政的一些特点，我们称之为具有社会党表面特征的政党。

人民党还主张对以下基础行业实行国有化。这些行业主要是：钢铁业、有色金属、重型机械、机床、化工、造船业、汽车装配与制造、电力生产、分配和使用、电子业、武器、弹药生产和国防装备业、水泥业和造纸业。除电力资源外，核能、天然气、石油和煤也将国有化。大众商品如黄麻和棉花的出口将由国有企业经营；所有银行和保险公司也将实行国有化。鉴于西巴基斯坦的大土地所有者——封建领主构成进步的巨大障碍，人民党将通过土地改革消灭封建主义，并采取具体步骤按照已确立的社会主义原则保护和促进农民利益。

作为宣称代表工人利益的政党，人民党强调保护工人利益，促进工业各部门工会发展和保护工会权利，保障工人最低必要的生活水准，使工人有可能真正地享受到工业生产的成果，积极提倡工人和技术员参与工厂管理。人民党承诺为工人提供住房和上班的适当交通工具，给予工人带薪假期；工人有获得培训的权利，以及免费医疗等社会福利。此外，人民党还主张教育改革和义务教育，提高国民健康水平等。②

---

① Saeed Shafqat, op.Cit., p.125.

② PPP, *Manifestos of Pakistan Peoples Party, 1970&1977*, op.cit., pp.24—25.

　　人民党成立后确立自己的近期目标：反对阿尤布的独裁和不民主的做法；在巴基斯坦建立民主；把巴基斯坦转变成社会主义社会。①

　　通过对人民党早期思想和政策的论述，我们大致可以判断出：

　　第一，人民党的社会主义观是一个混合物，既接受宗教的影响，也受到中国、苏联科学社会主义的影响，同时突出巴基斯坦民族利益，蕴含强烈的民族主义。布托希望像他的偶像毛泽东那样有魄力。但是与毛泽东相比，他更像一个机会主义者，而不热衷于意识形态。② 理论对他来说，只是他获取权力，保持权力、运用权力的工具。他之所以采纳 J. A. 拉希姆的理论是因为它适应哪个时代，能提高他的地位，但是他最终也没有听拉希姆的建议。他内心是一个现实的政治家，只相信社会主义的某些形式以适应巴基斯坦的现实。接近布托核心圈子的人就曾表示人民党没有模仿中国和苏联，因为巴基斯坦的客观情况与两国不同。③

　　对此，布托曾在 1970 年 2 月 23 日在其家乡拉尔卡拉的大规模群众集会上澄清人民党的社会主义与苏联和中国共产主义的不同。他解释道，伊斯兰社会主义意味着平等；在巴基斯坦，社会主义能够按照伊斯兰教的基本教义来实践；巴基斯坦不会为少数人谋福利，而是为那里的所有人利益。④

　　按照布托的看法，人民党所追求的社会主义是像斯堪的纳维亚社会党民主社会主义式的巴基斯坦模式社会主义。我们认为，实际上，人民党的社会主义是兼有伊斯兰教义、民族主义和科学社会主义的民主社会主义。布托提倡社会主义并不是对一种意识形态信仰的结果，而是对在 20 世纪 60 年代末巴基斯坦取得政治成功需要群众支持的考虑。正如一位学者指出，布托的社会主义代表一种"抗议的意识形态（ideology of protest）"，用于攻击阿尤布政权。⑤

　　第二，人民党的民主社会主义为了在巴基斯坦生存，与伊斯兰教紧密结合在一起，成为所谓伊斯兰社会主义。民主社会主义渊源西欧，主要受到基督教价值观的影响。伊斯兰教与基督教在许多价值观上有冲突。伊斯兰教敌视所谓西方

---

　　① 　Surendra Nath Kaushik, *Politics in Pakistan: With Special Reference to Rise and Fall of Bhutto*, Jaipur（India）: Aalekh Publishers, 1985, p.72.

　　② 　Lawrence Ziring, *Pakistan: The Enigma of Political Development*, Boulder: Westview Press, Inc., p.120.

　　③ 　Khalid B. Sayeed, "How Radical is the Pakistan People's Party", *Pacific Affairs*, Vol. 48, No. 1（Spring,1975）, pp.42–59.

　　④ 　Meenakshi Gopinath, *Pakistan in Transition: Political Development and Rise to Power of Pakistan People's Party,* New Delhi: Manohar Books, 1975, p.71.

　　⑤ 　Gerald A. Heeger, "Socialism in Pakistan", in Helen Desfosses and Jacques Levesque（ed.）, *Socialism in The Third World*, New York: Praeger Publishers, 1975, p.297.

的民主社会主义。因此,人民党要将伊斯兰教与社会主义结合起来是很难的。西方的经济、政治思想与制度是西方文化和价值观的产物。巴基斯坦的价值观体系主要来源于伊斯兰教,存在于日常的仪式与膜拜。随着巴基斯坦政治的日益本土化:伊斯兰化,巴基斯坦的社会主义只能是伊斯兰社会主义。人民党后来的实践也说明这一点。

　　第三,从人民党的政策设想来看,人民党的政策既体现社会党政策特点,如接受混合经济制度,提倡社会福利和工人参与企业管理等,也体现了苏联和中国共产党的政策特点:强调国有化。由于中国与当时的布托政府关系很好,中国当时的社会主义建设对人民党的政策有一定影响。布托曾以中国领导人为偶像。[①]他不无羡慕地说:"我没有看见过世界上哪个国家像中国人民那样努力工作。"[②]这种打着社会主义平等的旗号,实行激进的改革措施的政党,也许正是第三世界国家社会党的写照。

[①]　Lawrence Ziring, *Pakistan: The Enigma of Political Development*, Boulder: Westview Press, Inc., p.120.

[②]　Sayed Rasul Raza, *Zulfikar Ali Bhutto: The Architect of New Pakistan*, Peshawar : Sarhad Publications, 1977, p.23.

第五章 人民党的执政尝试：
执政政策与布托下台

布托完成对政权的有效控制后，依据人民党的早期政策设想，对巴基斯坦进行了政治、经济与社会改革。这些改革在改变巴基斯坦社会，取得一定成就的同时，也带来众多的问题。这些问题成为反对党攻击布托政府的主要方面。

第一节 人民党的政治、经济与社会改革

人民党对巴基斯坦社会进行了全面的政治、经济与社会改革，颁布了1973年宪法，实行了土地改革和国有化，推行新的劳工政策和教育政策，对巴基斯坦社会产生了深远的影响。

一、人民党的政治改革

人民党在早期纲领和竞选宣言中，都承诺要在巴基斯坦恢复民主制度，保障人民基本权利。布托政府首要的任务是要制定一部新宪法。国民议会选取多个政党与组织的代表组成了起草委员会，于1973年4月10日通过了新宪法，并于同年8月14日颁布执行。这部1973年宪法也称之为"布托宪法"，规定巴基斯坦国家政体是西方议会内阁制：总统是荣誉职务，有权根据国民议会选举结果任命总理；总理是政府首脑，由国民议会选举产生；总理有权任命内阁各部长；总理及内阁对国民议会负责；巴基斯坦是伊斯兰国家，只有穆斯林才能担任国家最高职务，并采取措施保证巴基斯坦穆斯林按伊斯兰教义安排生活等。

"布托宪法"规定的议会内阁制实权集中于担任总理的布托手中。布托的集

权程度实质上同阿尤布总统差不多，这使反对党不满。布托在人民党内的支持者们也大为惊讶。[①]布托如此热衷于集中权力主要受到两种因素的影响：首先，他的信德人同伴使他没有安全感，同时，他又不完全相信旁遮省领导层；他没有得到他们的当然支持。其次，像他前任阿尤布那样，布托确信在社会政治多元冲突的巴基斯坦，只有由毫无争议的总统或总理领导强大的中央政府才能保证国家的统一和安全。[②]

尽管"布托宪法"存在诸多问题，但是谁都不能否认布托是第一个凝聚巴所有政党共识，带领巴基斯坦议会制订宪法的第一人。[③]即使赶他下台的军事独裁者齐亚·哈克将军也不能废除这一人民党政府努力取得的成果："布托宪法"。[④]这部宪法为巴基斯坦建立议会民主制作出了大胆的尝试，为巴基斯坦的民主化进程作出了重要贡献。

布托政府在完成宪法制定后，开始改革本国的文官制度、司法制度和军事制度。巴基斯坦文官制度建立于1950年。它的前身是印度的文官制。1947年巴基斯坦独立后，文官执掌权力，政治家们不干预政府日常事务。政府日常工作完全操纵在文官手中。文官势力强大，主宰着巴基斯坦从中央到地方的政治生活。文官掌握各级政府的实权，却不对政治问题承担责任。布托对文官的特权早就不满。为了削弱文官权力，树立新政府的权威，同时，也为人民党及其支持者打开晋升之道，布托坚持在新宪法中取消了保护文官的特权。

1972年，布托通过军法管制一次解散了1300名文职官员。这些文官主要是三类文职人员：一是与前政权走得很近，有密切关系的文职人员；二是拥有很大权力和影响，但有可能惹麻烦的文职人员；三是被控告腐败、过着奢靡生活的文职人员。[⑤]

1973年8月20日，布托宣布解散文官组织，并先后颁布了《1973年文官条例（第14号）》、《法官条例（第15号）》、《1973年联邦文官委员会条例（第16号）》、《1973年文官法令》和《1973年联邦文官委员会法令》等[⑥]，从各方面取消文官特权，限制文官的权力。

---

① 李德昌：《巴基斯坦的政治发展（一九四七——一九八七）》，四川人民出版社1989年版，第150页。

② Surendra Nath Kaushik, *Pakistan Under Bhutto's Leadership*, New Delhi: Uppal Publishing House, 1985, pp.115–116.

③ Ibid., p.132.

④ Rafi Raza, *Zulfikar Ali Bhutto and Pakistan:1967-1977*, Oxford:Oxford University Press, 1997, p.188.

⑤ Omar Noman, *The Political Economy of Pakistan 1945-85*, London: KPL limited, 1988, p.61.

⑥ 李德昌：《巴基斯坦的政治发展（一九四七——一九八七）》，四川人民出版社1989年版，第155页。

文官制度的改革是必要也是受欢迎的。人民党政府不仅解散文官制度，同时也代之以更专业更有效的文职服务。但是布托政府把人民党党员与支持人民党的人安排在文职人员队伍中，总共安排 1374 人，是过去旧制度人员的三倍。[①]

布托还通过宪法修正案来限制和削弱司法权力，特别是通过宪法第一修正案限制了法院对关于国家统一和国家巩固一些敏感问题作出判决的权力；通过宪法第五修正案限制法官的任期和年龄，政府有权任命大法官，而不用论资排辈[②]，从而加强了政府的权力。

同时，布托为限制军队干预国家政治，对军事制度进行了改革：一是改组领导机构，将陆、海、空三军总司令的职能一分为三，防止军人集团控制政权，以军权压政权；二是扩充军费，满足军队利益需求；三是建立联邦安全部队的准军事组织，应对反对人民党和布托的活动。对此，布托解释道：文官政府在履行职责和处理问题时，应当避免使用军队；我国警察力量薄弱、装备较差，应当建立一支一流的警察部队。[③] 1973 年 6 月，建立联邦安全部队的提案得到议会的批准。但是军队对建立联邦安全部队的提案反应强烈，拒绝承担培训任务。同时，军队还成功地阻止了联邦安全部队获得坦克和其他重型武器。[④] 1973 年 5 月，联邦安全部队就破坏了反对人民党的政党集会。许多反对人民党的议员被联邦安全部队赶出国民议会。

总的来看，布托政府的政治改革主要是为了建立新的文人政府，肃清执政的障碍。布托政府的政治改革为以后巴基斯坦的民主化做出了有益的尝试。这种政治改革的背后，也是布托个人集权的表现，也为人民党首届政府留下了隐患。由于布托对军队的改革既没有真正地削弱军队的实力，也没有令军队满意，最终导致布托政府垮台，个人罹难。

二、人民党的经济与社会改革

1971 年 12 月，布托执政后，按照人民党的政策设想进行了经济改革。此时，布托政府不但接过了一个分裂的巴基斯坦，而且接过了一个萧条的国民经济。1971 年印巴冲突带来的经济负担使实际上停滞的巴基斯坦经济雪上加霜。糖、小

---

① Omar Noman, The Political Economy of Pakistan 1945-85, London: KPL limited, 1988, p.62.

② Rafi Raza, *Zulfikar Ali Bhutto and Pakistan:1967-1977*, Oxford University Press, 1997, p.186.

③ Khalid B. Sayeed, *Politics in Pakistan: the Nature and Direction of Change*, New York: Pareger,1980, p.107.

④ Omar Noman, *The Political Economy of Pakistan 1945-85*, London: KPL limited, 1988, p.59.

麦、蔬菜油的价格急剧上升①，影响到普通工薪阶层的生活。人民党政府必须寻找新的市场替代失去的东巴市场。

为了兑现人民党的竞选承诺，布托限制巴基斯坦主要经济精英的特权。1971年12月22日，布托没收了巴基斯坦22个资本家家族成员的护照。这些家族控制着国家经济。在孟加拉国出现之前，这些家族拥有巴基斯坦60%的工业资产，控制巴基斯坦80%的保险公司。②布托通过全国广播讲话警告道：如果有人削弱工农业生产，扰乱改革，他将以人民的名义对他的资产国有化并加以收购。他提醒那些想阻止改革的人们，会付出惨痛的代价。③

1972年1月，布托宣布对10个基础行业实行国有化。这些行业是：钢铁业、金属业、重型机械、重型电机、汽车业、拖拉机工厂、重化工业、水泥、石油化工、天然气和石油提炼业。④巴基斯坦的资本密集型工业集中在政府的国营部门。这些企业的总资产达到2亿美元，其产值不到国内生产产值的12.8%，只占全国劳动力的3.4%，占巴基斯坦出口的8.3%。⑤国有化措施并没有影响外资企业及其投资。事实上，国有化并不是纯国有化，只是企业的管理受到影响，所有权照旧。此外，巴基斯坦最大的行业，也是赢得外汇最多的棉纺织企业没有受到影响。⑥每个国有化的企业都由文职官员组成的管理队伍⑦行使对企业的管理权，并向工业管理局汇报。隶属工业局的管理队伍从40817人增加到1976年年底的61731人。⑧

布托宣称国有化的改革限制在有限工业领域，并宣布政府不会对其他领域的工业进行国有化。他希望国营部门与私有部门实现"快乐地结合"。他规劝私有企业体面地对待工人，提高产品质量，生产更多的产品。但是经过国有化后的一

---

① 巴官方公布的物价指数上升了16%，批发价格指数从30%上升到35%。Surendra Nath Kaushik, *Pakistan Under Bhutto's Leadership*, New Delhi: Uppal Publishing House, 1985, p.235.

② Rafi Raza, *Zulfikar Ali Bhutto and Pakistan: 1967-1977*, Oxford: Oxford University Press, 1997, p.282.

③ Surendra Nath Kaushik（1985），*Pakistan Under Bhutto's Leadership*, New Delhi: Uppal Publishing House, 1985, p.226.

④ Subrata K. Mitra, Mike Enskat, and Clemens Spiess（edited.），Kay Lawson（foreword），*Political Parties in South Asia*, Westport: Praeger Publisher, 2004, p.162.

⑤ Anwar H. Syed, *The Discourse and Politics of Zulfikar Ali Bhutto*, New York: St. Martin's Press, 1992, p.121.

⑥ Robert La Porte, "Pakistan in 1972: Pick Up Pieces", *Asian Survey,* Vol. 13, No.2（Feb., 1973），pp.187-198.

⑦ 这种不合时宜的管理队伍在1972年月被取消，尤其是当印度几年前就已取消这类管理体系，从而对布托政权产生很大压力，不得不取消。Irwin Isenberg（ed.），*The Nations of the Indian Subcontinent*, New York: The H.W. Wilson Company, 1974, p.172.

⑧ Anwar H. Syed, *The Discourse and Politics of Zulfikar Ali Bhutto*, New York: St. Martin's Press, 1992, p.122.

些企业出现管理不当，面临现金流的问题。有些企业甚至面临破产。因此，希望
通过国有化措施来为普通人谋利的想法落空。

1972 年 1 月 14 日，布托政府终止了所有管理代理合同，废除这些在大企业
的管理机构。政府放松对经济的管制，让政府得到更多税收。布托政府想重新调
整和组织私营企业们的活动与经营。这些大企业家族也改变了态度，试图加强与
布托政府和人民党的联系。

1972 年 5 月，布托任命大企业家族的成员拉菲克·赛戈尔（Rafique Saigol）
担任巴基斯坦国际航空公司的负责人。[①] 这表明布托的改革既不反对外国投资，
也不反对资本家。布托政策的矛盾性充分反映在其 1972 年 5 月一次对著名企业
家和商人的演讲中。他宣布撤销对他们出国旅游的限制，归还 1971 年 12 月没收
的 200 名商人的护照。布托实际上暗示政府管理的工业只是少数，其他领域为私
有企业开放。

尽管如此，布托违背了不再对其他企业国有化的承诺。1972 年 3 月 19 日，
布托政府颁布对所有寿险公司实行国有化的法令。这一法令的主要目的是要消
除寿险公司与工业财团们产权的千丝万缕的联系。1972 年 11 月，重新建立的寿
险公司拥有实付资本 100 万卢比。寿险公司获得了新的发展势头。[②]

1973 年 6 月，政府又接管了大米出口贸易。几周后，巴基斯坦建国以来的特
大洪灾毁坏了庄稼、房屋，物价飞涨，尤其是煤油和菜油涨得最快。

8 月 16 日，布托政府对榨油工业国有化，说榨油企业老板们发国难财。与前
面的国有化企业相比，这些榨油企业都是中小企业。

1974 年 1 月，巴基斯坦对私有银行实行国有化。政府接管了银行的所有权、
管理权以及私人股份的控制权。布托政府还接管了石油销售公司和造船企业的
管理权。

到 1973 年 3 月底，巴有 23 家银行，其中外国银行 8 家。被国有化的 15 家私
营银行有分支机构 2906 个，占全巴银行分支机构总数的 98.8%，占全巴银行存款
的 94%，放款总额的 89.4%。

布托政府的财政部长穆巴希尔·哈桑在宣布银行国有化后，随即宣布：人民
党在 1970 年竞选宣言中的许诺已经全部实现。布托政府希望在巴基斯坦建立

---

① Robert La Porte, "Pakistan in 1972: Pick Up Pieces", *Asian Survey,* Vol. 13, No.2（Feb., 1973），
pp.187–198.

② *Reforms*, http://www.bhutto.org/reforms.php.

"混合经济模式"已经建立起来了。[1] 1976 年 7 月,又有 2 千多家碾米厂、小麦面粉厂和轧棉厂被布托政府国有化。[2]

以上国有化措施构成布托政府经济结构调整的主要内容。布托政府的实际经济政策与党内左翼制定的国有化主张相处甚远。党内左翼主张的国有化趋向于科学社会主义的国有化:既是管理权的国有化也是所有权的国有化。[3] 至于那些被国有化的企业,观察家们一致认为这些国有化企业并没有很好运转。有些企业一开始就存在各种问题。即使有稳定需求,价格不断上升的榨油工业也没有赚到钱。在布托政权的最后三年,国有企业的产值和销售额都在下降。官僚化、管理者缺乏足够的商业意识以及人员过多是这些国有企业表现差的主要原因。

布托上台之时, 19 世纪的经济制度仍在巴基斯坦流行。军人统治者鼓励企业主们忽视工人的工作条件和利益,只强调个人利润,损害工人和国家的利益。雇主们不关心工人的福利,强迫工人日夜劳动维系其寡头企业。人民党在其政策设想中强调对工人利益的保护。

1972 年 2 月 10 日,布托宣布实行新的劳工政策,承诺给工人以尊严和公平的工资,加强工作环境的安全,工人如被武断解雇可在劳工法庭控告雇主[4];工人有效地参与企业管理,提高工人在每年利润的分配份额,从 1968 阿尤布政权时期的 2% 份额,提高到 4% 份额;政府要求雇主们提高工人的生活水平,为他们提供教育和住房设施[5];实行工会管事(shop steward)制度,增强现行法律快速处理劳资纠纷的功能,恢复银行职员的集体谈判权利。

据估计,工人有效参与企业管理的工厂数占到当时工厂总数的 20%。政府也宣布如果工人们成功地提高生产力,他们将从增加的利润中额外分得 20% 的份额。[6]

雇主们为执行上述改革将支付 2.5 亿卢比的成本或将其工业产值的 12.5% 用于提高工人工资。新的劳工政策在 1964 年劳工法规定的企业定义:"雇佣 10

---

①　Shahid Javed Burki, *Pakistan Under Bhutto, 1971–1977*, London: The Macmillan Press, 1988, Second edition, p.118.

②　Anwar H. Syed, *The Discourse and Politics of Zulfikar Ali Bhutto*, New York: St. Martin's Press, 1992, p.120–121.

③　Irwin Isenberg(ed.), *The Nations of the Indian Subcontinent*, New York: The H.W. Wilson Company, 1974, p.173.

④　Rafi Raza, *Zulfikar Ali Bhutto and Pakistan: 1967–1977*, Oxford: Oxford University Press, 1997, p.149.

⑤　Meenakshi Gopinath, *Pakistan in Transition:Political Development and Rise to Power of Pakistan People's Party*, New Delhi: Manohar Books, 1975, pp.118–119.

⑥　Anwar H. Syed, *The Discourse and Politics of Zulfikar Ali Bhutto*, New York: St. Martin's Press, 1992, p.163.

人以上或使用电力的企业"的标准上降低了企业准入门槛,从 10 人降低到 5 人。新的企业定义使新增的 15.5 万家小型企业主很吃惊:他们现在不但要遵守新的劳工法,而且还要遵守若干有关劳工福利的规定,改善工人福利。[①]

布托执政之际,巴基斯坦的教育十分落后,只有 43% 的学龄儿童上学。这意味着 700 万的儿童没有上学,其中大约 500 万为女孩。国家用于初等、中等、高等和职业教育的经费 1972 年只占国内生产总值的 1.7%,而当时发展中国家教育费用平均占国内生产总值的 4.6%,差不多是巴基斯坦的 3 倍。[②]

1972 年 3 月 15 日,布托宣布执行新的教育政策,对私有学校、大学实行国有化。布托解释道:为了赶上当今世界科学快速的发展,这项政策的目标是民主的。同时,他还宣布实行包括在乡村建立图书馆,改善教师待遇等的"16 点教育计划"。至同年 9 月,已有 175 家私人办的学校被政府教育部接管。

布托的教育政策成功地适应了城市穷人的教育需求。新教育政策规定分两个阶段实现 15 岁以下学龄儿童的免费教育。第一阶段从 1972 年 10 月 1 日开始,为 13 岁以下的学龄儿童提供免费教育;1974 年为第二阶段,为全体 15 岁以下的学龄儿童提供强制的免费教育。免费教育减轻了那些想送孩子上学家长的负担,但是大量的孩子仍然失学在外,因为他们的父母无法承受他们不去做工带来的损失。[③] 上学对他们家庭来说有太高的机会成本。

为了促进巴基斯坦的科学与技术的发展,1972 年 1 月 20 日,布托单独建立了科学技术与生产部,并任命非党派人士担任部长。布托希望巴基斯坦国外的科学家回国服务。

教育改革之后, 1972 年 5 月,布托政府宣布巴基斯坦货币卢比贬值,从原来的 4.75 卢比兑 1 美元降到 11 卢比兑 1 美元。同时,布托政府废除了阿尤布政权 1959 年实行的"出口奖励券计划"。布托认为这一计划被满足自己私利的企业巨头们所利用。因此,1967 年 3 月 31 日的巴基斯坦外债达到 17.53 亿美元,随后,到 1971 年 3 月 31 日增加到 33.81 亿美元。[④]

为了消除银行体系中存在的大量违规行为,布托政府于 1972 年 5 月 19 日宣布推行一系列的银行改革。政府授权巴基斯坦中央银行任命每家私有银行的董

① Shahid Javed Burki, *Pakistan Under Bhutto, 1971-1977*, London: The Macmillan Press, 1988, Second edition, pp.120–121.

② Shahid Javed Burki, op.cit., p.126, Table 6.2.

③ Shahid Javed Burki, *Pakistan Under Bhutto, 1971-1977*, op.Cit., pp.129–130.

④ Surendra Nath Kaushik, *Pakistan Under Bhutto's Leadership*, New Delhi: Uppal Publishing House, 1985, p.229.

事会主席作为该银行的监管人。此外,为了杜绝银行的违规行为,政府表明改革的目的是给银行以必要的指导,把资金引向优先发展的部门,如农业、小额贷款、住房和非传统的出口部门,这些部门以前没有获得适当的信贷资助。

土地改革是许多发展中国家提高农业生产力,追求社会公正的重要措施。在巴基斯坦,阿尤布政权在 1959 年实行过土地改革,规定个人持有的灌溉地最高上限为 500 英亩,非灌溉地最高上限为 1000 英亩,多余土地上缴国家。人民党在其政策设想中就提倡土地改革,而对于具体政策,人民党内部产生了分歧。

人民党内年轻的左翼领导人阿曼诺亚·汗(Amanullah Khan)支持大幅削减个人持有的土地。其立场得到后被开除出党的土地改革部长谢赫·拉希德的支持。[1] 为了不激怒大土地所有者,布托采取了温和的土地改革。

1972 年 3 月,布托政府宣布一系列的土地改革措施,个人持有灌溉地的最高上限降低为 150 英亩,非灌溉地降低为 300 英亩;不再扣除以前个人拥有的果园地、狩猎地、养马和其他牲畜用地、宗教场所用地等;改革自来水费、土地税;要求地主与佃户平等分担投入成本;禁止驱逐佃户,除非不愿付租或不愿付地主那份收成;取消过去强加在佃户身上的附加税和劳役;收回俾路支和西北边境省管辖部族地区有权势的人非法占有的国有土地;超出限令的土地无偿地由国家收回,免费地分给无地的佃户和少地的农民;政府官员将被没收在任期间从政府手中获得超过 100 英亩以上的土地;这些土地将被预留分配给佃户和无地的农民。[2] 布托认为这次土地最高限令比阿尤布的最高土地限令大幅下降了 70%。这还没有把阿尤布对土地限令的重大让步和豁免考虑在内。[3]

布托解释了土地改革的目的:结束数世纪以来人民默默承受的压迫和不公正的农业制度,废除令人诅咒的封建制度和农民的不公正负担。他想给巴基斯坦的农民带去人的尊严,使他们感到自尊和骄傲。他宣称他的土地改革从根本上解决农村问题,彻底地改善农民的经济与社会地位。

布托也表示:他反封建主义,并不意味着与大地主们决裂;企业家和开明的地

①　Khalid B. Sayeed, "How Radical is the Pakistan People's Party", *Pacific Affairs*, Vol. 48, No. 1 (Spring,1975), pp.42–59.

②　Anwar H. Syed, *The Discourse and Politics of Zulfikar Ali Bhutto*, New York: St. Martin's Press, 1992, p.126.

③　Surendra Nath Kaushik, *Pakistan Under Bhutto's Leadership*, New Delhi: Uppal Publishing House, 1985, p.228.

主将继续存在；农业仍然是有吸引力、有丰厚利润的行业。[1] 布托希望开明的农民带来农业生产的持续增长。布托政府的土地改革使一部分中小农民和无地农民从中受益。据估计，因为宣布占灌溉地 12 英亩和非灌溉地 25 英亩以下的小农免交土地税。旁遮省、西北边境省和信德省分别有 500 万、174 万和 53 万小农受益。政府收缴的土地共有 270 万英亩，13 万佃农分得了土地[2]，受益小农 727 万人；另有 80 多万无住房的小手工业者、农业工人和佃户分到了住宅基地。[3]

在 1977 年大选之前，布托政府又再次启动了土地改革，进一步降低了个人拥有的土地量，灌溉地从 150 英亩上限，下降为 100 英亩上限；从非灌溉地 300 亩的上限下降到 200 英亩的上限。[4]

布托执政后期，政治、社会和经济改革引起了上层大资产阶级和大地主的不满。布托在他们反对面前降低了改革力度，维护了农村封建地主的利益，改革倒退。

1974 年布托改组内阁，解除了在改革中起重要作用的左派代表人物。人民党的主要理论家 J. A. 拉希姆 1974 年 7 月被解除了商业与工业生产部长职务；同年 10 月，人民党秘书长穆巴希尔·哈桑被解除了财政部长职务。[5]

人民党内失去左翼后，对人民党产生了不可忽视的影响。首先，左翼的失去弱化了人民党与卡拉奇和旁遮普省劳工运动激进部分的联系；其次，它使人民党失去了许多积极组织者。左翼做了许多基层组织的工作，它的失去对人民党组织质量产生了负面的影响；再次，它标志着人民党社会基础的变化，最终导致传统的封建地主集团在人民党内占据了主导地位。[6]

人民党执政两年后，人民党的六位元老：拉希姆、穆巴希尔、哈尔、迈拉杰、蒙塔兹和谢尔帕奥，有的离开了人民党，有的被布托疏远。[7] 之所以造成这个局面，布托要负主要责任。早期人民党内亲密的同志关系不再存在。

---

① Anwar H. Syed, *The Discourse and Politics of Zulfikar Ali Bhutto*, New York: St. Martin's Press, 1992, p.127.

② Rafi Raza, *Zulfikar Ali Bhutto and Pakistan: 1967-1977*, Oxford: Oxford University Press, 1997, p.150.

③ （巴）《巴基斯坦时报》1974 年 4 月 30 日，转引自李德昌：《巴基斯坦的政治发展（一九四七——一九八七）》，四川人民出版社 1989 年版，第 185—186 页。

④ Surendra Nath Kaushik, *Pakistan Under Bhutto's Leadership*, New Delhi: Uppal Publishing House, 1985, p.231.

⑤ W. Eric Gustafson, "Economic Problems of Pakistan Under Bhutto", *Asian Survey*, Vol. 16, No.4 Apr., 1979），pp.364–380.

⑥ Maleeha Lodhi, "Pakistan People's Party and Pakistan Democracy", *Journal of South Asian and Middle Eastern Studies,* Vol. 6, No. 3（Spring 1983），pp.20–30.

⑦ Rafi Raza, *Zulfikar Ali Bhutto and Pakistan: 1967–1977*, Oxford: Oxford University Press, 1997, p.301.

　　人民党上台之前,就有许多乡绅地主和地方显贵开始进入人民党。当人民党赢得1970年大选后,这一趋势就比较突出。人民党上台后,这一趋势就更加明显,尤其在旁遮普省。在那里,人民党曾经大体上代表了新兴群众团体。那时,人民党还没有得到旁遮普省贵族的多少支持。现在,旁遮普省的贵族和乡绅地主看见加入人民党能够获得潜在的政治影响,蜂拥而至人民党。这些人加入人民党的目的是基于物质利益的考虑并非为了什么意识形态。到1976年,旁遮普省的乡村精英——赛义德·纳赛尔·阿里·里兹维已占据人民党秘书长之职;纳瓦布·萨迪克·侯赛因·库雷希出任人民党旁遮普省的首席部长和省督。

　　此外,布托起用了属于右翼的保守人物和高级职业文官,如政治态度居于中右的拉纳·穆罕默德·哈尼弗取代哈桑接任联邦财政、计划和发展部长;接任工业生产部长的拉菲·拉扎也是人民党的右翼人物,而高级职业文官A. G. 卡兹则负责整个经济方面的工作。布托认为,由这样的一些人组成新的决策机构可以使"经济决策非政治化"[1]。1974年后,布托逐渐疏远党内的激进社会主义派别。人民党秘书长、党内社会主义思想的提出者J. A. 拉希姆也被布托解除职务。[2]人民党内的左翼人士基本上消失,主要由右翼人士,如地主所掌握。人民党的高层领导中66%来自地主精英成员。我们通过下表5-1,1975年—1976年人民党高层领导的社会背景,看出人民党领导层社会背景的变化。

表5-1　1975年—1976年人民党高层领导的社会背景

社会背景	人　数
地主	27
部落首领	6
商人	5
中产阶级专业人士（律师、工程师、教师等）	7
前王室成员	2
退休文官 / 军队人员	2
工会领导人	1

Source：Omar Noman, *The Political Economy of Pakistan 1945-85*, London：KPL limited, 1988, p.80.

---

　　[1]　李德昌:《巴基斯坦的政治发展（一九四七——一九八七）》,四川人民出版社1989年版,第167页。

　　[2]　M. R. Kazimi, *A Concise History of Pakistan*, Oxford: Oxford University Press, 2009, p.230.

人民党内左派势力离开布托内阁后,布托政府的改革重点从城市转向了农村。布托为了巩固农村地主对其政权的支持,通过农村改革回报地主们:提高现代农业投入物价格,压制作为农村新兴资本主义势力的富裕农民而保护地主;扩大政府控制的农业开发银行的作用,为大地主购买拖拉机提供优惠贷款,直接从经济上扶助大地主等。

布托后期的改革倒退导致人民党支持基础的变化,从过去得到城市工人、城市专业人士、边缘人士、小资产阶级、青年学生的支持变为主要得到农村地主、农民和城市边缘人士的支持。

第二节 布托改革政策评价

布托的各项改革政策基本上履行了人民党早期的政策设想,为分裂后的巴基斯坦国家重建和社会经济制度的重新构造迈出了重要一步。布托上台之时正是巴基斯坦面临解体,国家因为整个东巴军队投降而蒙羞,政治体制一片混乱,经济处于危机之中,国家摇摇欲坠。布托面临恢复巴基斯坦国家的艰巨任务。布托通过各种措施恢复了巴基斯坦政治上的表面稳定,国民士气得以复兴。社会经济的恢复是布托政策优先考虑的事务。在这个艰难时刻,人民把布托看成救世主和建国之父,仅次于 M. A. 真纳。越来越多的国民把布托看成有魅力的领袖。布托第一次给巴基斯坦带来了议会制,确立了国民议会的合法性,恢复了文官政府,让军队和官僚退居附属地位。

布托上台后并没有废除国家紧急状态法,他个人拥有至高无上的权力。布托清洗军队和官僚队伍是为了自己利益。但是,无论是军队还是官僚队伍都没有完全由他控制。这为布托以后的下台埋下了隐患。

布托政府的政治改革开启了巴基斯坦的民主化进程,为后来的人民党执政留下了许多宝贵的经验教训。

布托的经济改革恢复了重创后的经济,为实现人民党的最终目标与执政理念作出了有益尝试。布托政府实行的一系列改革既反映了人民党的各项承诺,也反映出布托上台后所受到的各种政治约束:人民党只在旁遮普省和信德省拥有巩固的基础,而在西北边境省和俾路支省则政令不通。多年的军人统治,巴基斯坦利益关系盘根错节,军人集团仍是布托文职政府的潜在威胁。同时,布托政府的改革措施在实行中也有所走样。

尽管如此,布托执政下的经济还是取得了一定的发展,尤其是农业和国营部门得到大的发展。GDP 总值从 1971—1972 财年的 367.47 亿卢比上升到 1976—1977 财年的 462.23 亿卢比。在极其艰难的情况下,巴基斯坦的经济平均每年增长 5.5%。[①] 尤为重要的是,巴基斯坦的四个省份以及北部区域也得到了发展:俾支路省和西北边境省修建了相连的道路系统和电气化;信德农村建立了工厂;卡拉奇修建了大型钢铁厂和港口;旁遮省修建了重型机械厂、肥料厂和水泥厂;俾支路省的电气化工程改变了该省的面貌。[②] 巴基斯坦在化肥、糖和水泥上从此能够实现自足。

然而,由于布托本人的立场与认识,人民党政府的各项改革仍然存在诸多缺陷,无法摆脱大企业主对经济的控制, 22 个家族企业对经济的控制权仍然没有减弱。布托对企业管理权的国有化并没有严重地影响企业主拥有的资本、利润、生产和分配权力。

人民党有自己的理论和实践纲领,但是不能设计出一国经济结构。布托最初打击巴基斯坦顶级财团 22 个家族,后来又要求这些家族企业振兴国家经济。当布托邀请巴基斯坦商界参与制定税收政策时,布托的立场不得不往后退。布托对有意拖延改革或反对改革的人采取过严厉措施,但是布托无法约束那些顽固不化的企业家们。布托稳定经济的措施不能得到有效的实施,因为任何改革措施需要有利的社会制度和政治意愿。当时的巴基斯坦缺乏这两个条件。当布托被迫接受 IMF 和世界银行的要求,让巴基斯坦货币贬值时,他颇感绝望。[③] 布托改革的困难局面的根本原因在于巴基斯坦原有的制度约束。布托既不能摆脱,也不能随意解决,不得不接受它为经济现实的一部分。

1972 年以来的国有化使巴基斯坦制造业的一半企业被国有化。在随后的五年中,大量的投资投向国营部门,但是国营部门并没有成为经济增长的来源。

布托执政的前几年,经济显示了一定的活力。所有国有企业的销售额从 1972—1973 财年的 14.28 亿卢比增加到 1973—1974 财年的 23.49 亿卢比,增长了 64.51%。[④] 1972—1973 财年 GDP 增长了 0.5%;出口增长了 30%,进口(主

---

①　See Government of Pakistan, *Economic Survey*, Statistical Supplement, 1992–3, GDP, Finance Division, Islamabad, 1992, p.37, Table 2.1. 但是在齐亚·哈克政府公布关于布托政府表现的白皮书中,布托执政期间的 GDP 的年均增长率只有 4.16%, See Government of Pakistan, *White Paper on The Performance of the Bhutto Regime Vol.IV The Economy*, Islamabad , 1979, p.2.

②　Rafi Raza, *Zulfikar Ali Bhutto and Pakistan: 1967–1977*, Oxford: Oxford University Press, 1997, p.280.

③　Surendra Nath Kaushik, *Pakistan Under Bhutto's Leadership*, New Delhi: Uppal Publishing House, 1985, p.234.

④　Sayed Rasul Raza, *Zulfikar Ali Bhutto: The Architect of New Pakistan*, Reproduced in PDF Format by Sani H. Panhwar, October 2008, p.32.

要是原材料）增加了 24%。出口增长弥补了东巴基斯坦外汇收入来源和市场的的损失。许多商品，如木材、皮革制品和服装大量出口。粮食有所增长。1973年 5 月，巴基斯坦共收获小麦 740 万吨。小麦产量增加了 9%，工业产值增加了 6.3%。[①]

但是自 1973 年以后，大型国有企业生产处于停滞。经济每年平均增长 2% 甚至更低，低于每年的人口增长比率。人均收入呈下降趋势。国营部门的投资大幅增加，而私有企业的投资急剧减少。布托政府对国营部门的总投资额是 5.74 亿卢比，是阿尤布政权国营部门总投资额 2.06 亿卢比的 2.78 倍，尤其是布托政府最后一年的国营部门投资额是阿尤布政权每年平均投资国营部门资金的六倍。[②]

然而，布托政府对私有企业的投资却呈现不断下降的趋势，尤其是在 1973 年—1975 年间，实际上没有新的投资。只是由于企业的基本开支维持了一定数额的固定投资。许多巴基斯坦的企业家们带着他们的资金和管理团队去中东、非洲和其他地方投资。有些留在国内的私有企业主也把资金从制造业转向房地产、建筑业、深海渔业和从事贸易事务。[③] 布托政府实行的国有化总共带来 2.54 亿卢比的损失。[④]

布托政府的国有化没有效率，表明布托政府只想获取政治权力资源而不管经济后果。这是发展中国家政党上台后急于攫取公共资源的通病。布托政府实行国有化，尤其是后期国有化既没有效率，也不是为了实现社会主义承诺。这些国营企业的管理者们没有把国家的干预看成是迈向社会主义的步骤，而看成让权力和财富重新分配有利于自己的工具。值得注意的是，布托政府清除人民党内的左翼后再继续国有化的，根本没有意识形态动机。

1972 年的土地改革为改变巴基斯坦土地配置结构提供了杠杆。限令抨击了土地财富集中现象和封建主义的堡垒，禁止驱逐佃户的法令提高了佃户的政治和社会地位。租约改革使佃农们从经济上获利。土地分配使佃户完全摆脱地主的控制，产生有独立政治地位的自耕农，从而取代了社会上遭受压迫，经济上遭受剥削的佃农。

---

① Surendra Nath Kaushik, *Politics in Pakistan: With Special Reference to Rise and Fall of Bhutto*, Jaipur（India）: Aalekh Publishers, 1985, pp.47.

② Shahid Javed Burki, *Pakistan Under Bhutto, 1971-1977*, London: The Macmillan Press, 1988, Second edition, p.119, Table6.1.

③ Anwar H. Syed, *The Discourse and Politics of Zulfikar Ali Bhutto*, New York: St. Martin's Press, 1992, p.127.

④ Omar Noman, *The Political Economy of Pakistan 1945-85*, London: KPL limited, 1988, p.80.

限令规定个人拥有 150 英亩灌溉地的上限仍然是很高的,有利于封建地主。它只是布托政府与大地主们之间的一种政治妥协。尤其是,立法与实施有着许多距离。时任土地改革部长、联邦土地委员会主席谢赫·拉希德曾讲道:封建地主们本能的抵抗,为最后一块地无情地战斗,严重阻碍了立法的实施。拉希德也承认,政府实施土地改革的政治能力是令人怀疑的。对土地改革的抵制不但来自反对党,也来自政府的部分官员。① 地主们运用各种伎俩逃避法律:隐瞒土地,篡改纪录。大地主甚至将其超过最高限额的土地暂时转移到亲戚朋友头上,从而逃避最高限额的规定。②

因此,1972 年布托的土地改革并没有产生比阿尤布 1959 年土地改革更好的效果。布托的改革有很多例外,尤其是为那些使用现代技术耕种土地的农场保留土地。这样的农场共有 2000 个。到 1976 年 3 月 31 日,布托政府从 2172 个申报者当中,只收回了 110 万英亩。③ 巴方报纸最初报道有 300 万英亩土地将被重新分配,后来报道只有 72.4 万英亩土地受到影响,仍有 200 万农民没有土地。④ 1972年至 1977 年,土地改革使巴基斯坦发生了许多变化,但是主要的变化是加强了地主们的经济权力。他们为了农业现代化不断依赖政府资金。1976 年 12 月,布托政府宣布实行新的收入税,土地收入税被取消,地主们的负担减轻。布托政府时期的主要农作物产量仍没有达到阿尤布在 20 世纪 60 年代的水平。20 世纪 60 年代的主要农作物产量年均增长率为 6.4%,而布托执政时期的主要农作物产量年均增长率只有 2.0%。⑤ 布托执政期间农业生产不佳,除了各种自然灾难,还有政策的原因。

综上所述,布托的土地改革挑战了封建专制,但是没有削弱封建地主的权力。布托讨厌封建主义,但是他不会废除封建主义。人民党想通过土地改革消灭封建主义的目标没有实现。

1972 年 5 月布托政府实行的货币贬值政策也带来不利的后果。企业界的外

---

① Ronald J. Herring, "Zulfikar Ali Bhutto and Eradication of Feudalism' in Pakistan", *Economic and Political Weekly*, Vol. 15, No. 12 (Mar., 1980) , pp.599–614.

② Anwar H. Syed, *The Discourse and Politics of Zulfikar Ali Bhutto*, New York: St. Martin's Press, 1992, p.132.

③ Jamil Rashid, "Economic Causes of Political Crisis in Pakistan: The Landlords Vs. The Industrialists", *The Developing Economies*, Vol.16, No.2 (1978) , pp.169–181.

④ Helen Desfosses and Jacques Levesque (ed.) , *Socialism in The Third World*, New York: Praeger Publishers, 1975, p.302.

⑤ Government of Pakistan, *White Paper on The Performance of the Bhutto Regime Vol.IV The Economy*, Islamabad, 1979, p.9.

汇长期贷款,现在需要巨额的巴基斯坦卢比偿还。布托试图缓解巴企业界的担心,对贬值政策做了解释。布托在卡拉奇会见他们时,指出:"如果不实行根本改革,我们的政治与社会结构会崩溃。"他进一步解释道:"我们认同私营企业在巴基斯坦经济发展中的作用。但是我们必须根除少数人掌握经济权力的经济集中现象,终结他们剥削多数人。"布托最后对他们寄予希望:"我们现在能够和谐地工作和合作,结束任何形式的剥削。"[①]布托的话音刚落,这些企业家们都沮丧地离开了。

在布托执政五年半的时间里,巴基斯坦大企业家们的利益受到损害,许多企业主和工业巨头们被改革激怒,但是以人民名义发起的改革结果却因为各种腐败和管理不善而没有惠及老百姓。大多数改革因为雇主们不合作、腐败和无效官僚体制使人民党的政策实施不力,没有达到预期效果。因此,生产停滞,国营企业每年蒙受巨额损失。巴基斯坦的经济遭受无法挽回的损失,尤其是当时国际石油价格的成倍上涨、每年的水灾以及棉花收成的歉收进一步恶化了巴基斯坦的经济。

首先,布托执政期间农业面临许多问题。巴基斯坦主要粮食作物停滞不前。自 1973—1974 年度粮食产量有所上升后开始下降。参见下表 5-2。

表 5-2　布托执政期间的主要粮食作物产量

作物名称	1972—1973	1973—1974	1974—1975
小麦（单位：100 万吨）	7.2	7.5	7.4
大米（单位：100 万吨）	2.29	2.41	2.15
棉花（单位：100 万包）	3.94	3.70	3.57

Source: Eric Gustafson, "Economic Problems of Pakistan Under Bhutto", *Asian Survey*, Vol. 16, No.4 (Apr.,1976), p.364–380.

1974 年至 1975 年间,由于巴基斯坦粮食产量有所下降,政府需要进口价值 3 亿卢比的小麦,占用当年外汇收入的 1/3。此外,巴基斯坦自然灾害频繁,对巴基斯坦农业带来毁灭性的影响。如 1973 年旁遮省和信德省的大洪水、1975 年下半年的大洪水、1974 年年中德尔贝拉坝的决堤导致巴基斯坦的谷物和肉禽价格上涨。从 1972 年到 1975 年,小麦的采购价格上升了 118%。[②]

---

① Rafi Raza, *Zulfikar Ali Bhutto and Pakistan: 1967-1977*, Oxford: Oxford University Press, 1997, p.282.

② Eric Gustafson, "Economic Problems of Pakistan Under Bhutto", *Asian Survey*, Vol. 16, No. 4 (Apr., 1976), pp.364–380.

其次,布托执政期间私营企业缺乏投资。1970 至 1975 年,私营部门工业投资额下降。外国投资处于停顿状态。外国投资人在等待国内企业家们的信心恢复。1974 年春天,总统特别助理菲罗兹·凯瑟（Feroze Qaiser）从国外回来后宣布,将有 25 亿美元的外国资本投资巴基斯坦。但是,这一消息最后石沉大海,政府尴尬地保持沉默。巴基斯坦从来没有吸收到太多的外资,只有 18 家美国企业在巴有投资。

与私营部门缺乏投资相比,布托执政期间国营部门的投资却增长迅速。1971 年—1972 年,国营企业的投资只有 26.8 亿卢比。到 1974 年—1975 年,国营企业的投资达到 85 亿卢比。[①] 到布托执政后期,政府还宣布了一个投资钢铁、肥料、水泥、糖业、纺织和其他工业 280 亿卢比的一个五年计划。

再次,布托执政期间,工业生产也不令人乐观。世界经济衰退尤其打击了巴基斯坦的棉纺织业。尽管大型工业企业在继续增长,但是这种增长也在逐年下降。

据巴财政部公布的数据, 1972 年至 1973 年间,大型工业企业产值估计增长了 11.9%, 1973 年—1974 年期间增长了 7.5%, 1974 年—1975 年期间只增长了 3%。[②] 工业生产增长的原因主要是充分利用了现有的潜力。建筑业增长了13%,外汇储备从 1971 年 12 月的 1.709 亿美元增加到 1973 年 3 月的 3.417 亿美元。[③] 卢比贬值刺激了巴基斯坦的出口。中东成为巴基斯坦商品主要出口地区。

1973 年以后,由于国际市场上棉花价格大幅下降,巴棉花出口额增长了40%,但是国际市场上棉花价格却下降了 27%[④],因此,巴外贸出口收入并没有增加。巴基斯坦对原材料的进口规模正在减缓。1973 年后,巴基斯坦国际收支恶化,出现严重外贸逆差。从 1972—1973 年度到 1976—1977 年度,经常账户赤字达到 34 亿美元,大多数赤字是因为对外借款。外债从 1971 年 12 月的 31 亿美元增加到 1977 年 6 月的 63 亿美元。人民党执政期间所借外债相当于过去 25 年所借外债总和。[⑤] 布托执政期间巴基斯坦的进出口状况 参见下表 5-3:

①　Eric Gustafson, "Economic Problems of Pakistan Under Bhutto", op.Cit., pp.364–380.

②　Ibid.

③　Surendra Nath Kaushik, *Pakistan Under Bhutto's Leadership*, New Delhi: Uppal Publishing House, 1985, p.236.

④　Eric Gustafson, "Economic Problems of Pakistan Under Bhutto", *Asian Survey*, Vol. 16, No. 4（Apr., 1976）, pp.364–380.

⑤　Government of Pakistan, *White Paper on The Performance of the Bhutto Regime Vol.IV The Economy*, Islamabad, 1979, p.5.

表5-3　布托执政期间巴基斯坦的进出口状况（单位：100万卢比）

年　度	出　口	进　口	差　额
1972—1973	855.12	839.83	+15.29
1973—1974	1016.75	1356.96	−340.84
1974—1975	1050.00	2150.00	−1100.00

Source: *Pakistan Economic Survey 1974–75,* Table 10.3 and p.xiii.

　　1972年以后,巴基斯坦进口的商品构成中,制成消费品的数量增加。在1969—1970年间,制成消费品只占整个进口额的10%, 1972—1973年间,消费品进口占整个进口值的30%, 1975—1976年间,这一比例为22%。[①] 进口的主要目的是增加消费而不是增加投资。这种以消费为目的的进口方式,对资源缺乏的巴基斯坦经济发展无疑是不利的。

　　第四,布托执政期间巴基斯坦出现较高的通货膨胀率。从1971年12月布托上台到1975年3月,官方公布的通货膨胀率为87%,其中, 1973年的通货膨胀率就上升了32%。[②] 在1971年以前,巴基斯坦物价水平相对稳定。1959—1960年度至1969—1970年度,物价平均每年上升2.8%, 1969—1970年度至1970—1971年度,物价相对于过去,出现较快增长的态势。1972—1976年,巴基斯坦的物价平均每年增长22%左右。[③] 布托执政期间的物价水平上升情况,参见表5-4。

表5-4　1972—1975财年的物价水平上升情况表（1969/1970=100）

财政年份	1972/1973	1973/1974	1974/1975	1975（July）
消费价格 （1971/72=111.20）	121.4	157.8	200.0	218.2
批发价格	179.7	229.1	288.9	315.9
敏感价格指数 *	—	160.0	197.3	216.9

* 敏感价格指数包括与日常生活有关的70项必需品的价格。

Source：Jamil Rashid, "Economic Causes of Political Crisis in Pakistan: The Landlords Vs. The Industrialists", *The Developing Economies*, Vol.16, No.2（1978）, p.173, Table IV.

---

　　① Surendra Nath Kaushik, *Politics in Pakistan: With Special Reference to Rise and Fall of Bhutto*, Jaipur（India）: Aalekh Publishers, 1985,p.53.

　　② Eric Gustafson, "Economic Problems of Pakistan Under Bhutto", *Asian Survey*, Vol. 16, No. 4（Apr., 1976）, pp.364–380.

　　③ Surendra Nath Kaushik, *Pakistan Under Bhutto's Leadership*, New Delhi: Uppal Publishing House, 1985, p.247.

布托执政期间,从 1972—1973 年度到 1975 年 7 月消费价格指数上升了 79.7%,批发价格上升了 75.80%;敏感价格指数从 1973—1974 年度至 1975 年 7 月份,一年多的时间,就上升了 35%。到 1977 年 6 月,政府发行了大量的货币。货币供应年增长率达到了 18.2%,为此带来消费通货膨胀率达到了 18.1%。[①]

通货膨胀居高不下的背后因素,有些是政府不能控制的,如国际市场石油价格的上涨,但是国内的经济政策也加剧了通货膨胀,主要体现为两个方面:一是货币供应的扩张和商品生产的增长缓慢。货币的超额供应主要是通过发行货币,弥补政府的财政赤字,而财政赤字增加的一个主要原因是非生产性的公共开支:如军费开支。政府的收入因为经济停滞,非直接税增长缓慢。直接税如个税又因为各种原因收不上来。所以,政府就只有靠发行货币一种手段。这带来高通货膨胀是情理之中。

布托执政期间的物价水平,尤其是敏感价格指数的不断攀升,严重影响了巴基斯坦普通百姓,尤其是城市平民的生活。普通群众的生活处境在人民党执政期间改善不大。

第五,布托执政期间大量投资于国营部门,实行生产补贴,在社会项目上开支很大,从而导致每年的财政赤字和基本赤字分别占 GDP 的 7.6% 和 5.9%。国营部门的巨额投资并没有相应地带来国家收入的增加,而对小麦生产、化肥等的补贴却在增加,导致国家经济出现停滞现象。政府高额的财政赤字依赖外部资源来弥补,其中 50.9% 来自央行和其他非银行机构的借款,等于政府超发货币进一步推高通货膨胀。

第六,在布托执政期间,年均的经常项目赤字占 GDP 的 5.2%。财政赤字主要因为巨额的进口。即使在 1972 年卢比大幅贬值 131%,带来出口快速增加时,也不能弥补进口过高带来的赤字缺口。不过,这一段时期,人民党政府成功赢得中东国家的帮助。这些国家接受了大量的巴基斯坦劳工。在人民党执政期间,海外工人对国内汇款增加,有助于改善巴基斯坦的国际收支状况。[②]

如果我们以国内生产总值和人均收入两种指标比较布托和阿尤布的执政成绩,我们发现布托执政的 70 年代的经济增长比阿尤布执政的 60 年代的经济增长

---

①   Government of Pakistan, *White Paper on The Performance of the Bhutto Regime Vol.IV The Economy*, Islamabad, 1979, p.4.

②   Tahir Mahmood, Hafeez Ur Rehman and Shahnaz A. Rauf, "Evaluation of Macro Economic Policies of Pakistan（1950–2008）", *Journal of Political Studies*（Forthcoming）, pp.57–75, pu.edu.pk/images/journal/···/ overview%20%20economy.pdf.

要慢，人均收入要少。参见下表 5-5 增长比率表。

表 5-5　1949—1975 年巴基斯坦增长率表（百分比）

财政年份	1949/1950—1959/1960	1959/1960—1964/1965	1964/1965—1969/1970	1969/1970—1970/1975
国内生产总值	2.7	6.6	7.9	3.0
人　口	2.4	3.0	3.1	3.0
人均收入	0.3	3.6	4.8	0.0

Source:Shahid Javed Burki, *Pakistan Under Bhutto, 1971-1977*, London: The Macmillan Press, 1988, Second edition, p.44, Table 3.1.

　　布托执政期间的经济增长率不及阿尤布执政期间经济增长率的一半，布托执政期间的人均收入增长几乎为零[1]，老百姓的生活没有改善。

　　在人民党执政早期，经济有所改善，尤其是出口有所增长，但是随着时间的推移，人民党的经济改革并没有推动经济发展。其中原因，既有自然灾害、世界经济衰退和巴原有的经济基础等客观原因，也有人民党政策失误和官僚队伍的低效和腐败等原因。最重要的是，为了笼络和安抚军人集团，布托执政后仍把国家的有限资源用于军队开支，导致巴国内的军费开支居高不下，从而使经济建设的资金不足。

　　布托执政时期，军费开支呈现以下特点：第一，军费总额呈上升趋势，从 1969 年的 3.5 亿美元增加到 1975 年的 5.69 亿美元，增长了 62.57%。第二，军费开支占国民生产总值的比重也是呈现增加趋势，尽管每年增加的比例并比一致。第三，每年的军费开支都占预算总额的 50% 以上，其中 1972 年占 59.10%[2]，也就是说，布托政府的一半的预算用来满足军队开支的需要，这样，发展经济的经费就严重不足，加上政府把资金投向效率低下的国营企业，从而严重制约了巴基斯坦经济的发展，尤其是国民社会福利事业的发展。

　　布托执政期间经济发展存在的问题导致巴基斯坦民众的不满。1977 年竞选过程中，反对党联盟以人民党操纵选举为由发起对布托政府的攻击，布托执政的合法性受到损害。这为军人发动政变推翻布托政权提供了借口。

---

　　① 　齐亚·哈克政权公布的布托执政期间的人均收入数据有一定出入：布托执政时间的人均收入年均增长率应为 1.7%，而在 60 年代的人均收入增长率为 3.8%。应该说这一数据比较接近现实。See Government of Pakistan, *White Paper on The Performance of the Bhutto Regime Vol.IV The Economy*, Islamabad, 1979, p.4.

　　② 　Omar Noman, The Pakistan Economy of The Pakistan 1947-85, London:KPI Limited, 1988, p.60.

第三节　布托政府的下台及其原因

布托的经济与社会改革及其出现的问题引起巴上层社会大资产阶级、大地主、高级文官和军官的不满,大资产阶级和大地主的不满尤为突出。布托执政后期,在大资产阶级和大地主反对面前后退了,撤换了左派势力代表人物的职务,维护农村封建地主的利益。人民党也从过去代表中下层选民的政党转化为主要代表农村地主阶级的政党。布托的后退引起党内左翼势力和下层群众的不满,布托本人在民众中尤其是在大城市人民中的声望下降。人民党在1977年的大选虽然赢得绝对多数,但是遭到反对党的抵制,并组织抗议活动。在社会动荡的情况下,齐亚·哈克军人集团发动军事政变,布托被囚禁并被处以绞刑。

一、1977 年大选与布托下台

布托为重新争取民心,宣布在1977年3月7日和10日分别举行国民议会和省议会的选举。布托希望通过选举的胜利重新获得授权改造人民党。新国民议会的成立有可能使布托实行新的政策。

早在1974年冬天,布托就开始筹备此次大选。他指导最亲密的一些顾问准备新的竞选宣言。1975年2月,他下令禁止主要反对党的活动,逮捕了反对党的领导人,国家实行紧急状态。布托利用穆罕默德·阿里·真纳诞生100周年庆祝活动,举办有44个国家代表参加的国际穆斯林大会提高布托政府的威望。

为争取农民的支持,1977年1月,布托政府又颁布了新的土地改革法,规定土地的最高上限:灌溉地由1972年的150英亩降为100英亩,非灌溉地由300英亩降为200英亩;政府将土地免费分给无地农民;被迫交出土地的地主,将得到为期10年的可转让证券作为补偿。布托同时还签署了"农民宪章",宣称"一切权力归农民,愿安拉保佑他们和他们的孩子"[1]。

此外,布托政府还利用自己掌握的权力为选举造势。1977年1月,布托政府提高所有文职和军队人员的养老金和其他福利,以赢得对政府职员的更多影响力。布托还宣布政府提高所有国营企业工人的工资等。

---

[1]　Lawrence Ziring, "Pakistan: The Campaign before the Storm", *Asian Survey*, Vol. 17, No.7（Jul., 1977）, pp.581–598.

　　面对即将到来的选举,反对党一改过去一盘散沙的局面,九个反对党结成了
"巴基斯坦全国联盟"。这九个政党是:伊斯兰促进会、伊斯兰神学者协会、巴基斯
坦神学者协会、独立运动党、巴基斯坦穆斯林联盟（帕加罗派）、巴基斯坦民主党、
自由克什米尔穆斯林会议、全国民主党和贱民运动（Khaksar Tehrik）。[①] 只有阿卜
杜勒·加尧姆汗的穆斯林联盟和伊斯兰神学者协会的哈扎维派别拒绝加入。[②] 布
托自持强大,看不起反对派的集结,讥讽巴基斯坦全国联盟为"九条尾巴的一只
猫"。[③] 在1977的巴基斯坦大选中,首次出现了以人民党代表地主阶层利益一方和
以巴基斯坦全国联盟代表中产阶层利益另一方,类似准两党制的竞争格局。

　　在竞选中,巴基斯坦全国联盟集中反对布托的"专制统治",强调如果人民
党继续执政,将从此结束巴基斯坦民主的梦想。反对党不断揭露布托政府在国内
和外交政策上所出现的弊病,尤其是限制公民自由和政治自由。巴基斯坦全国联
盟承诺在巴基斯坦推行伊斯兰政教合一制度。全国联盟还指责布托生活方式不
符合伊斯兰教规,如生活奢侈、在大街上当众饮酒,是穆斯林的叛徒。[④]

　　巴基斯坦全国联盟坚信自己统一组织的选民动员能力,满心希望在国民议会
中能够获得可观的席位,但是选举结果表明,人民党在200个席位中获得155席,而
巴基斯坦全国联盟只获得36席。1977年,巴基斯坦国民议会选举结果参见下表5-6。

表5-6　1977年巴基斯坦国民议会选举各政党所得议席数

政党名称	旁遮省	信德省	西北边境省	俾支路省	总席位数
人民党	108	32	8	7	155
全国联盟党	8	11	17	—	36
穆斯林联盟 （加尧姆派）	—	—	1	—	1
独立人士	—	—	8	—	8
其他党派	—	—	—	—	—
总议席数	116	43	34	7	200

Source：Muhammad Yeahia Akhter, "Electoral Politics and Corruption Under Civilian Rule in Post–1971 Pakistan", *South Asian Survey*, Vol. 11, No. 1（2004）, pp.75–94.

---

　　①　Muhammad Yeahia Akhter, "Electoral Politics and Corruption Under Civilian Rule in Post–1971 Pakistan", *South Asian Survey*, Vol. 11, No. 1（2004）, pp.75–94.

　　②　Lawrence Ziring, "Pakistan: The Campaign before the Storm", *Asian Survey*, Vol. 17, No.7（Jul., 1977）, pp.581–598.

　　③　李德昌:《巴基斯坦的政治发展（一九四七——一九八七）》,四川人民出版社1989年版,第175页。

　　④　Victoria Schofield, *Bhutto: Trial and Execution*, London: CASSELL LTD., 1979, p.12.

反对党认为,他们的一些候选人因为执政党的威胁而没有提交提名申请。巴基斯坦全国联盟主席毛拉·穆夫提·马哈茂德指出自己党的许多候选人遭到绑架,例如毛拉·穆罕默德·阿巴斯想在拉尔卡纳选区与布托竞选,遭到当地警察的监禁。

反对党的许多发言人都表示此次选举并不是人民意志的自由与公正的表达,原因如下:① 1977 年的大选缺乏足够的时间来组织和竞选;②在选举前后,反对党的许多领导人遭到逮捕和监禁。政府打压反对派的刊物和其他表达渠道;③反对派竞选资金有限。由于担心执政党的扣留,企业和其他组织不敢给反对派捐款;④执政党控制公民表达和沟通渠道;⑤执政党运用所有国家机器来保证其执政的连续。以上情况使本来较为分散和脆弱的反对党极为被动,并给反对党制造了无法逾越的障碍。①

反对党控告人民党在选举中存在大量舞弊行为。为此,他们拒绝参加国民议会,并抵制省议会选举,发起全国性的罢工。反对党宣称大量舞弊行为正是人民党预先安排的结果。人民党掌握的传媒工具突出布托执政的成果,批评反对党,强调反对党的内部冲突。人民党政府运用所有官僚和宣传机器来保证其胜利。

巴基斯坦全国联盟在得到部分群众响应后,发起更大规模抗议运动,以支持其"四点计划"②。反选举舞弊的罢工得到一部分群众的支持,布托试图用警察和安全部队去控制局势,从而发生流血事件,冲突加剧。布托在三个大城市颁布戒严令,在全国限制公民权利,引发更大规模的抗议运动。执政党人民党的党员与支持者与巴基斯坦全国联盟的支持者在全国各地发生对抗。

反对党披露,到 1977 年 3 月 21 日,全国联盟共有 1 万多名积极分子被关进监狱,100 多人被杀,1000 多人受伤。③ 由于布托与反对党的谈判毫无结果,巴基斯坦陆军参谋长齐亚·哈克指挥军队干预。

1977 年 7 月 5 日,军人发动政变。④ 布托和他的八名同事,以及来自巴基斯坦全国联盟同等数名人员被保护性拘留。发动这场军事政变的将领正是布托提名担任陆军总参谋长的齐亚·哈克。此前,这位军人不断吹捧和赞美布托。布托

---

① Norman D. Palmer, "The Two Elections: A Comparative Analysis", *Asian Survey*, Vol. 17, No. 7（Jul., 1977）, pp.648–666.

② 巴基斯坦全国联盟在抗议运动中提出废弃选举结果、重新举行大选、解除选举委员会主席之职和布托总理辞职四点要求。

③ Surendra Nath Kaushik, *Politics in Pakistan: With Special Reference to Rise and Fall of Bhutto*, Jaipur（India）: Aalekh Publishers, 1985, p.100.

④ Victoria Schofield, *Bhutto: Trial and Execution*, London: CASSELL LTD., 1979, p.18.

以为是不可多得忠诚之士。布托对他极为信任，于 1977 年 6 月底去国外访问，给这些军人密谋政变留出了足够的时间。

同年 7 月 28 日到 8 月初，布托被免于保护性拘留，重获自由。他在拉合尔机场受到群众的热烈欢迎。布托受欢迎的程度不亚于从前。布托在广大群众中仍享有很高的声望。为此，军人集团担心布托在选举中再次获胜，该年 9 月 17 日，齐亚命令正式逮捕布托。1979 年 2 月 6 日，巴基斯坦最高法院以 4 票对 3 票判决，判处布托绞刑。

二、布托政府下台的原因分析

齐亚·哈克的军事政变结束了布托 5 年又 7 个月的执政，布托遇难。布托执政之时，得到了中下层人民群众与知识分子的支持，有较高的支持率。但是到 1975 年，布托政府开始失去了原来的选民基础，尤其是城市中产阶级的支持，与反对党的冲突不能妥协，社会矛盾激化，国内战争一触即发，从而为军人上台提供了契机。那么，是什么原因促使布托政府下台呢？

首先，布托执政后期经济形势恶化直接影响中下层选民利益，从而丧失基本群众的支持。

人民党失去民众支持比大多数人包括人民党高官们预料得要早。[①] 到 1975 年，基本必需品价格不断攀升恶化中产阶级下层的生活；广大学生从原来的支持者也成为抱怨者，认为布托政府不再能提供公正的分配。此时，尽管政府表态愿意激活私营企业，但是企业主阶层不再有这个耐心。大多数民众想投入经济发展，但是政府官僚机构还没有从 1973 年的机构改革中恢复过来，因此，许多工程要么被耽搁，要么运作效率低。[②]

1977 年 6 月，布托政府的财政部长阿卜杜勒·哈菲兹·皮尔扎达也不得不承认经济处于严重的衰退之中。1976—1977 年财年[③] GDP 只增长 1.2%，扣除物价因素，只增长了 0.5%。大型机械制造业下降了 2%，而上一年度只下降了 0.5%。与人民生活密切相关的蔬菜生产大幅下降，棉纱生产下降了 19.5%，因而棉布生

---

① M. G. Weinbaum, "The Elections in Pakistan: Where Everyone Lost", *Asian Survey*, Vol. 17, No.7（Jul., 1977）, pp.599-618.

② Lawrence Ziring, "Pakistan:A Political Perspective", *Asian Survey*, Vol. 15, No. 7（Jul., 1975）, pp.629-644.

③ 财年是财政年度的缩写。巴基斯坦的一个财政年度为从上一年的 7 月 1 日到下一年的 6 月 30 日。

产下降了 16.5%。^①

到布托下台时，巴基斯坦的外债超过 70 亿美元，相当于当时巴国民财富的 6%，年还本付息量相当于当年外贸出口收入的 40%—50%，还本付息率在发展中国家高居首位。^②尤为重要的是，该年通货膨胀率高达 11.2%。通货膨胀的失控是布托政权最重要的政策失误，使人民党在公众的信誉完全丧失。^③在布托执政后期人均收入下降了 1.8%，真实收入水平多年处于停滞状态。

布托政府的麻烦可以追溯到 1975 年降低大多数食品、原料的消费补贴。这一政策据于 1973 年后国内通货膨胀而作出的。政府试图维护小麦、糖和其他食品的较低价格，但是没有成功，尤其是基本必需品，如菜油的短缺，遭受民众的责备。尽管海湾国家吸收了巴基斯坦许多剩余劳动力，但是失业率攀升影响家庭收入仍使人民党政府备受民众谴责。许多中产阶级的工薪阶层的收入赶不上通货膨胀。因此，在布托执政后期，深受布托政府经济与社会政策严重影响的城市中产阶级和商人在组织动员和维持反布托群众运动中发挥了关键的作用。^④

布托上台之前，承诺通过社会主义措施改善工人、农民、中产阶级、学生和知识分子的生活。但是布托执政后期的经济发展并不理想，甚至比阿尤布执政的 60 年代经济发展还要差，中下层选民的生活并没有得到改善。因而，布托领导的人民党继续执政的合法性受到削弱，成为布托下台的诱因。

其次，布托政府失去了原有的选民基础。

布托上台主要获得了中下层民众的支持，尤其是中产阶层的支持。在巴基斯坦大城市中的知识分子、医生、教师、工程师、政府雇员、有组织的工人、中小工商业者和富裕农民等，属于中产阶级。这个阶层人数不少，颇有能量，是巴基斯坦政治生活中举足轻重的一股势力。^⑤在 1970 年的大选中，布托领导的人民党一度成为农民和工人、地主和工商业者、专业人士和年轻人的联盟^⑥，正是在这个联盟的支持下，布托在 1970 年的选举中获胜。

①　Anwar H. Syed,"Pakistan in 1977: The 'Prince' is under the Law", *Asian Survey*, Vol. 18, No. 2（Feb., 1978）, pp.117–125.

②　Shahid Javed Burki, *Pakistan Under Bhutto, 1971–1977*, London: The Macmillan Press, 1980, p.163.

③　Lawrence Ziring, Ralph Braibanti, and W. Howard Wriggins（ed.）, *Pakistan; The Long View*, Durham: Duke University Press, 1977, p.91.

④　Omar Noman, *The Political Economy of Pakistan 1945–85*, London: KPL limited, 1988, p.69.

⑤　李德昌：《巴基斯坦的政治发展（一九四七——一九八七）》，四川人民出版社 1989 年版，第 182 页。

⑥　Lawrence Ziring, "Pakistan: The Campaign before the Storm", *Asian Survey*, Vol. 17, No.7（Jul., 1977）, pp.581–598.

但是布托上台后实行的大多数改革在实践中被扭曲。改革的收益并没有惠及到中产阶层。工业国有化特别是 4000 家农村工业国有化严重损害了中、小工商业者的利益；行政和文官制度的改革，剥夺了原政府雇员就业的机会；政府对农村发展的各项措施有利于大地主，阻碍了小农和富裕农民的发展。

自人民党执政后，许多地主加入人民党，获得参加议会选举的提名，牺牲了小资产阶级、专业人士和激进左翼人士的利益。人民党政府公开宣称国民议会提名需要 1000 卢比，省议会提名要 500 卢比。在农村，农民即使同情人民党也不可能被提名为候选人。在信德省，农民候选人以前很受欢迎，现在全部落选；在填写提名人申请材料时，农民领导人遭到警察驱赶。地主们想各种办法威胁农村选民，而农民候选人基本上竞选失败。[①] 农村精英已经成为布托政府不可缺少的政治盟友。人民党政权与以前那些为个人提供回报，保护个人经济利益的政府没有区别。因此，人民党尤其失去学生与有思想的中产阶层的支持。

布托为了巩固个人权力，逮捕和威胁以前的亲密战友和助手，使中产阶层中活动能量最大的左派势力失势，转而成为布托的反对者。1974 年 10 月，布托改组内阁，解除人民党的主要创始人、人民党思想家 J. A. 拉希姆的商业和生产部长职务、G. M. 哈尔的旁遮省首席部长之职，以及穆巴希尔·哈桑的财政部长之职。内阁改组后，布托在人民党内更是独断专行。他把人民党个人化，宣称："我就是人民党，他们都是仆从"。[②] 原先同布托一起创建人民党的左派重要人物及其势力被清除出人民党，反而成为布托强有力的反对者。

再次，布托执政期间展现出来的个人品质及处事方式，加速其下台。

在巴基斯坦政治文化中，一个理想的领导人应具备以下品质：可信、诚实、正义、热情、富有同情心、心胸宽大、无私、平等、理性、有见识、谨慎、处理事情有技巧、善辩、勇敢、漂亮、信守诺言等。[③]

布托上台前，不断展示自己的以上的品质：①能力。布托展示自己受过良好教育、成熟、精明和有能力的政治家；布托提示其听众，他在国外获得数个学位，担任过外交部长、出席过数个国际会议、真实地看过整个世界，做过农场主和律师等；②民主。布托展示自己是文职人员、思想开明的自由主义政治家，热爱民主

---

①　Jamil Rashid, "Economic Causes of Political Crisis in Pakistan: The Landlords Vs. The Industrialists", *The Developing Economies*, Vol.16, No.2（1978）, pp.169–181.

②　Lawrence Ziring, "Pakistan:A Political Perspective", *Asian Survey*, Vol. 15, No. 7（Jul., 1975）, pp.629–644.

③　Anwar H. Syed, "Z.A. Bhutto's Self-Characterizations and Pakistani Political Culture", *Asian Survey*, Vol. 18, No.12（Dec., 1978）, pp.1250–1266.

等；③有原则和正直。布托表示自己是一个有原则的人、正直的人、信守诺言；④人民的人。布托在数次演讲中，表明自己是人民的人，为人民服务；⑤勇敢。布托宣称为了人民的利益，他将面对藐视一切困难，他会是一个无畏、勇敢和坚强的人；⑥既是社会主义者也是穆斯林。布托认为自己是一个社会主义者。在有些场合，他甚至认为自己是一个科学社会主义者。同时，他宣称自己是一个忠诚的穆斯林，相信生与死、荣誉与耻辱等都掌握在真主手中。① 布托在1970年选举中的胜利部分归功于当时的选民接受布托以上品质。

但是布托上台后，却展示出不同的品质与行为方式。1977年，布托的下台部分因为他执政后的实际行为背离他所描述的品质。布托执政期间缺乏领导人应有的宽容，大力镇压反对派。

布托首先镇压人民党的对手民族人民党，认为它是分离主义者；其领导人阿卜杜勒·瓦利·汗是狭隘的地方领导人与国家领导人的身份不符。1975年2月8日，布托政府的重要成员哈亚特·穆罕默德·汗·谢尔帕奥在白沙瓦大学被炸死。布托立即从国外访问回国，根据1962年的政党法，认定"民族人民党的行为有损于巴基斯坦的主权与完整"，从而宣布解散民族人民党，该党领导人瓦利·汗和其他在俾支路省和西北边境省的领导人，包括许多议员被逮捕。②

其次，布托对其他反对派大肆镇压。1972年，一个信德省反对党领导人奥斯曼·肯尼迪遭到布托指使的毒打，两名反对党领导人被布托政府暗杀。1973年，反对党领导人阿卜杜勒·瓦利·汗遭到布托政府四次不成功的暗杀。1974年，俾路支省议会副发言人、该省反对党领导人也遭到布托政府的暗杀。③

布托执政后呈现出骄傲自满和专权的品质。他把国家大事的决策权集中在自己手中，对政府的每个部门的工作都干预。布托在形成和制定政策时，从不向人民咨询，充分烙上了布托的个人印记。由于他自以为得到人民的支持，从而使布托在公共生活的行为与真纳有很大区别：我行我素。④

他工作起来不知疲倦并监督别人工作。在政府工作的人，无论其是官僚还是

① Anwar H. Syed, "Z.A. Bhutto's Self-Characterizations and Pakistani Political Culture", *Asian Survey*, Vol. 18, No.12 (Dec., 1978), pp.1250–1266.

② Richard S.Wheeler, "Pakistan in 1975: The Hydra of Opposition", *Asian Survey*, Vol. 16, No. 2 (Feb., 1976), pp.111–118.

③ Helen Desfosses and Jacques Levesque (ed.), *Socialism in The Third World*, New York: Praeger Publishers, 1975, p.305.

④ Shahid Javed Burki, Pakistan Under Bhutto, 1971–1977, London: The Macmillan Press, 1988, Second edition, p.5.

人民党的党员无不受到布托的压力,因此,他们不愿去做任何会危害其职位的事。自 1972 年以后,布托在人民党内和政府内的地位确立,布托对其跟随者没有显示出任何感情,即使他的助手阿卜杜勒·哈菲兹·皮尔扎达也不例外。布托期望其手下忠诚和服从。如果有人有任何不服从的迹象或做了有损他形象的事,那么他的职位就将不保。[①]

布托在政府中高高在上,把巴基斯坦政治体制个人化,确信国家的稳定与他执政的时间长短有关。布托长时间执迷于个人命运。布托领导人民党在短时间取得选举的胜利,加强他骄傲自满的情绪。他与人民党的核心成员、人民党的创始人、以前的亲密战友发生冲突。在那些参加人民党拉合尔成立大会的创始人中,只有 A. W. 卡塔尔(A.M. Katpar)避免了布托主席之怒骂。其他创始人,如 J. A. 拉希姆,迈拉杰·穆罕默德·汗、穆斯塔法·汗、库尔希德·哈桑、蒙塔·阿里·布托以及穆巴希尔·哈桑都遭受某种形式公开嘲弄。[②] 尤其是,布托与拉希姆的思想与个人冲突不可能调和。

拉希姆是人民党左派纲领的主要起草者,也是人民党运动中的关键知识分子,多年来辅佐布托。正是拉希姆建议布托谋划反对阿尤布政权。布托主要倚重拉希姆的智慧和管理能力。在 1970 年的选举中。正是布托的演讲天才与拉希姆的思想与组织才能的结合才使人民党在旁遮省和信德省取得决定性的胜利。布托与拉希姆的关系在人民党 1972 年 12 月在拉瓦尔品第大会日趋紧张。拉希姆对布托在政府中给非人民党党员而不是人民党忠诚的党员以重要职位的做法非常生气。拉希姆认为他精心营建的组织现在为布托的形象服务而不是按照公开的社会主义原则行事。当布托选择前巴驻美大使阿齐兹·艾哈迈德为国防与外交部长时,拉希姆再也不能容忍布托。他大声谴责布托的任命与错误判断。他同时警告到,人民党领导人正在追求对他自己的个人崇拜,党的原则不能容忍这样的行为。然而,最终,恰是拉希姆的行为不能被容忍。1974 年 7 月,布托解除拉希姆的人民党秘书长和商业和生产部长职务。

此外,布托当街饮酒、绯闻不断违背穆斯林的道德,生活奢侈,违背盟约,雇佣打手骚扰对手等做法,完全违背巴基斯坦文化中对领导人品质的要求。布托最终操纵选举,欺骗选民引发人民对他的反抗。

当布托政府被军人政变推翻后,布托的狂傲之气不改。他警告道:对他的逮

---

① 　Lawrence Ziring, "Pakistan:A Political Perspective", *Asian Survey*, Vol. 15, No. 7(Jul., 1975), pp.629–644.

② 　Ibid.

捕将带来法律危机和国家统一的危机,暗示他将挑战军人政府的法律地位,引发内战。[1] 当布托的妻子努斯拉特·布托和女儿贝娜齐尔·布托也多次威胁发动内战时,齐亚·哈克对布托的态度发生转变,赞同对布托的审判。

第四,布托长期忽视人民党组织建设,使人民党缺乏凝聚力,关键时刻没有挽救布托生命。

布托一直把人民党看成是一个广泛的政治运动。各种团体和领导人汇集在一起,通过垂直的权威渠道,最后直到党的领袖,而不是把人民党看成是一个组织严密的政党。人民党的组织特点使人民党成为家长式的政党。这种政党是党的家长(领袖)通过任命官员进党内关键岗位,通过个人的忠诚关系与上下级联系。[2] 各级组织中,只有与布托有联系或是他亲信的人才能被布托任命为各级领导。人民党逐渐建立围绕布托从上到下的一系列个人关系网,从而导致党的主席(布托)成为各种权威的来源,并要求人民党的其他领导人无条件地遵守和服从于党主席。

人民党临时章程中确定党员开放的原则,对不同种类的人开放入党。因此,各种政治立场的人都加入人民党。人民党转变为各种势力的"大杂烩"。[3] 人民党的意识形态和组织能力受到威胁,引起人民党内左派势力的抵抗。人民党组织在边远的农村并没有得到普及。人民党的影响力主要在中产阶层集中的城市。人民党也慢慢由过去的群众党转变为精英党,其群众基础受到削弱。

1975 年 1 月,面对人民党这种状况,布托决定在中央、省、区、专区重组党的组织,重点发展基层组织。因此,许多机会主义者轻易进入党的组织。到 1976 年12 月,人民党重新注册了一千万新党员。他们有的是背叛了反对党,有的是来自不同的部落和少数族裔。[4] 这些党员主要分为三类,一类是对人民党的发展历史并不完全清楚,主要据于个人利益考虑而加入的人。他们的加入损害了党的原则和纪律;二类是小地主的加入。他们唯一政治目的是获取权力。布托也知道,他们的加入会使党分为"进步"和"非进步"党员,从而造成不同派系。三类是理想主义者。他们的行动是真诚的,但是缺乏经验并急躁。他们想在短的时间做任

---

① Anwar H. Syed, "Pakistan in 1977: The 'Prince' is under the Law", *Asian Survey*, Vol. 18, No. 2(Feb., 1978), pp.117–125.

② Maleeha Lodhi, "Pakistan People's Party and Pakistan Democracy", *Journal of South Asian and Middle Eastern Studies,* Vol. 6, No. 3(Spring 1983), pp.20–30.

③ Surendra Nath Kaushik, *Politics in Pakistan: With Special Reference to Rise and Fall of Bhutto*, Jaipur(India): Aalekh Publishers, 1985, p.74.

④ Surendra Nath Kaushik, op.Cit., p.77.

何事,促进变革。这些新党员因为思想、动机和行为方式的迥异,实际上造成人民党处于分裂状态。

布托一心只想巩固自己的统治。作为党的领袖和政府首脑,布托不关心党的建设,长期忽视党组织的具体事务。他并没有在党的队伍中建立实质性的统一。通过不断清洗执政党,布托维持了人民党表面上的统一。党员队伍中对未来普遍有一种不稳定感,严重影响了人民党的凝聚力。随着布托的个人主义和独裁趋向日益抬头,他越来越只关心短期利益,不管长期目标。很明显,人民党曾宣布要建立人人平等、民主的社会早被布托忽视。

因此,人民党的混乱、无序是不可避免的。人民党成立时的主要目标是推翻阿尤布政权。为了这个目标,人民党吸收了众多巴基斯坦社会中的不满分子:从激进的学生到封建贵族、工人和佃农。知识分子和专业人士的代表们发现他们处在一个奇怪的联盟之中。

布托执政之初,实行了许多激进改革,满足了左翼力量的愿望。但是到执政后期,布托开始走回头路,提出要平稳地转向社会主义,稳定农村,保护地主的利益。为此,布托吸收了大量地主入党。布托这一做法遭到激进左派势力的不满。布托对左派势力采取强硬立场,整治了党内的左派力量,同时,也使党内的左派成为反布托的重要力量。

此外,人民党在各省也存在不同派系,从而弱化了人民党凝聚力。每个政党一般而言都有派系,但是不是所有政党都像人民党那样由派系来主导。在一定程度上说人民党的派系是其党员成分混杂的内在表现。人民党在巴基斯坦四个省都有不同的派系,其党内矛盾主要靠布托本人的干预来解决左翼与右翼之间的利益。在旁遮省, G. M. 哈尔一度是该省省督和首席部长。他是人民党内旁遮省地主利益的代言人,而穆罕默德·哈尼夫·拉迈代表城市中产阶层和知识分子的利益。在信德省,则是布托的侄子蒙塔·布托与古拉姆·穆斯塔法·贾托伊两大派别的斗争。在旁遮省,哈尔和拉迈的矛盾最后在布托的干预下,谁都没有出任该省省督和首席部长之职。哈尔为此与人民党断绝关系,成为独立人士,而拉迈却加入到对手阵营,反对人民党的政权。在两个欠发展的省份——俾支路省和西北边境省,布托试图控制这两个省的地方势力,但是没有成功,基本上失去了对两省的控制。

人民党内的各种派别也杂乱地混合在一起。崇尚空谈的激进派批评人民党的政策,实行怠工政策。当布托决定自己不但成为人民党,也成为政府的最高统治者时,这些激进左翼极为不满。当迈拉杰·穆罕默德·汗公开谴责人民党领袖的行为时,他很快被逮捕,撤消了他在党内的职务,以犯罪行为而被受审。

另一位心直口快的人民党领导人,也是工会运动的组织者——穆赫塔尔·拉纳(Mukhtar Rana)批评人民党主席尽管戒严令已解除还实行独裁权力。他同样被秘密警察抓去,接受军事法庭的审判,被判长期监禁。这样的案例不计其数。当原先支持布托的群众眼见人民党卷入派系之争,残酷地对待不同意见者时,他们开始远离布托政权。①

人民党执政后,疏于对党员干部的纪律约束,党内腐败盛行。腐败的种类有:批牌照或销售分配生活必需品如小麦、糖、粮食、石油的许可证,通过渗假和黑市交易谋利;操纵各种低层官员的任免,为家人和亲友谋取政府合同、工业与商业的各种牌照,外汇分配,进口许可,补贴、农业机械、低息贷款,容忍走私的组织犯罪等。尽管布托和人民党也号召消除腐败,但是只是雷声大雨点小,不见成效。甚至人民党省级政府的内阁成员也卷入腐败。②

布托领导的人民党为了选举的胜利,向各阶层开放,类似西欧60年代末所出现的全方位党,但是在巴基斯坦这样一个不发达的国家,各阶层的利益与观念极为冲突,加上人民党缺乏协调各利益集团的机制,单凭布托利用自己权威去平衡利益冲突,难免顾此失彼。人民党通过布托的高压手段维系了其表面上的统一。一旦失去布托,人民党的分崩离析在所难免。当布托因为选举舞弊和谋杀同事而被关押、审判,最终被判绞刑时,人民党未曾采取有效措施营救他们的领袖。布托临死前,对他妻子和女儿说道:"就我的死而言,毫无疑问,我自己党内的人,包括中央委员会的一些委员起了重要作用的。我可以肯定充分了解他们的人民决不会再相信他们。人民完全知道,我党内的人完全蒙蔽了我,没有采取任何措施挽救我的生命。"③

最后,军队接管政权,直接促使布托下台。

军队的中下级军官在帮助布托在西巴上台发挥了重要作用。但是布托上台后,无情地处理文职和军队事务,使军队的不满情绪在增长。布托无情地清洗文职和军队,不但严重影响了文职人员的信心,也加深与军队的冲突。当布托大量使用军队控制俾支路省和西北边境省的局势,以及使用军队平定巴基斯坦全国联

---

① Lawrence Ziring, Ralph Braibanti, and W. Howard Wriggins(ed.), *Pakistan ; The Long View*, Durham: Duke University Press, 1977, p.91.

② Lawrence Ziring, Ralph Braibanti, and W. Howard Wriggins(ed.), op.cit., pp.102–103.

③ 李德昌:《巴基斯坦的政治发展(一九四七——一九八七)》,四川人民出版社1989年版,第197页。

盟发起的暴动时,巴基斯坦的军人势力看到了布托政府的无能,从而激起他们接管政权的想法。布托信任和依赖军队。陆军参谋长齐亚·哈克最后决定发动政变,推翻布托政府。布托因为错误地相信军队高层付出了沉重的代价。

除国内因素外,外部的因素也促使巴基斯坦军人复出。美国积极地支持军人集团。由于布托奉行反美政策,美国中情局积极地参与倒布托政权的活动。巴基斯坦与法国的核能合作协议,以及中国军队对巴基斯坦的不断帮助直接威胁了美国的军事和战略利益。巴基斯坦的邻国阿富汗也对布托在俾支路省和西北边境省的政策深感不快。同样,阿拉伯国家,如阿拉伯联合酋长国、沙特阿拉伯和科威特对布托没有控制本国局势深感不满。他们认为,巴基斯坦的危机危害了伊斯兰世界的团结与统一,因此,他们希望巴基斯坦改变政权领导人。

第六章　贝·布托领导下的人民党 恢复民主运动

1979 年 4 月 4 日,巴基斯坦人民党领导人阿里·布托遇难后,巴基斯坦人民党进入贝娜齐亚·布托（Benazir Bhutto,以下简称贝·布托[1] 的时代。贝·布托 1977 年加入人民党, 1978 年,当选为人民党中央执行委员会委员。阿里·布托被处决后,人民党指定布托夫人努斯拉特·布托（Nusrat Bhutto）为该党终身主席,同时确定如果军人政府取消她参加政治活动的资格,那么她的职位由贝·布托代理。1982 年,布托夫人生病住院,后又出国治疗,贝·布托成为巴基斯坦人民党代理主席。从 1982 年到 2007 年贝·布托被暗杀,巴基斯坦人民党主要由贝·布托领导。人民党在贝·布托领导下反抗军人统治,恢复巴基斯坦民主,成为巴基斯坦主要政党。

第一节　人民党领导下的"恢复民主运动"活动

齐亚将军发动军事政变,逮捕人民党领导人后,人民党与其他反对党组织反军人政权的抗议活动。巴基斯坦十个主要政党摒弃前嫌,组织了"恢复民主运动"。由于人民党的力量与影响,人民党在这个联盟发挥领导作用。

---

① 贝·布托出生于 1953 年 6 月,是阿里·布托的长女。她早年就读于拉瓦尔品第和卡拉奇的教会学校,后赴美国哈佛大学攻读政治经济学,毕业后,又去英国牛津大学深造。学成回国后,在巴基斯坦外交部从事战略研究工作。老布托对她极为赏识,她也深受其父的影响。

一、人民党反军人政权的抗议活动

人民党领导人阿里·布托被捕后,人民党举行了各种抗议活动。但是也出现许多党员离党,党内派别活动频繁。党内一些人抢夺党的关键职位。贝·布托果断地处理党的事务,不屈从他们的压力。为此,一些人离开了人民党,组成了自己的党。贝·布托当时的态度是:"当有人离开这个党时,我从未高兴,但是我认识到在政治中,没有什么事是永恒的。人民离开,人民参加,人民妥协。重要的是,一个政党必须表达出一代人的心声。"[①] 贝·布托投身于政治,有一定的思想准备。

由于齐亚一再延期举行大选,原来与他合作的反对党领导人也改变立场。巴基斯坦全国联盟主要领导人反对齐亚继续实行军法管制,对齐亚提出严正警告:如果齐亚军人政府再不采取积极步骤准备大选,他们就将举行抗议活动。[②] 面对政府的镇压,人民党在选民中重新获得号召力。齐亚逐渐失去一些政治家支持。这些政治家曾与他合作努力削除"布托主义"[③]。自 1979 年 9 月以后,军队中的高级军官也起来越理解民众的抗议。穆罕默德·埃利·沙米姆(Mohammed Ilyas Shamim)中校与乌斯曼·哈立德(Usman Khalid)准将一起从军队辞职。1979年 9 月,他们潜伏到伦敦成立"巴基斯坦自由运动"。他们把自己描绘成"布托主义的保管人",坚信布托主义在前总理的女儿贝娜齐尔·布托领导下,最终会取得胜利。[④] 齐亚怀疑军队中有越来越多的人支持人民党,遂解除了 1000 名军事人员。随着齐亚统治地位的动摇,巴基斯坦军队的上层也处于动荡之中。苏联入侵阿富汗给齐亚的统治提供了机会。齐亚政权利用在巴基斯坦的 400 万阿富汗难民赢得西方和穆斯林世界的同情与支持。

巴基斯坦的一些反对党也谴责齐亚利用阿富汗问题进一步推迟移交权力。1980 年 4 月,信德省高等法院宣布释放努斯拉特夫人和贝·布托,让她们参加阿

---

① Benazir Bhutto, *Benazir Bhutto: Daughter of the East*, London: Simon & Schuster, 1989, p.233.

② W. Eric Gustafson and William L. Richter, "Pakistan in 1980: Weathering the Storm", *Asian Survey*, Vol. 21, No. 2(Feb., 1981), pp.162–171.

③ 布托主义是指人民党对阿里·布托对内政策的概括和赞称,即信仰是伊斯兰,经济是社会主义,政治是民主,一切权力归人民。贝·布托在一次同一位记者谈话时说:"布托主义就意味着要恢复宪法、人民的基本权利和独立的司法体制;它还意味着要增加对卫生和教育的开支,实行保护工人的劳动法,还意味着没有贪污、腐化、裙带关系或毒品走私。" See Weisman, Steven R. "PAKISTAN AND 'BHUTTOISM; Term Often Invoked by Opposition Leader Stirs Emotion, Memories, Fear and Debate." *New York Times*, 23 Aug. 1986.

④ Verinder Grover and Ranjana Arora(edit), *Political System in Pakistan 3: Political Parties, Elections and Regionalism in Pakistan*, New Delhi: Deep&Deep Publications, 1995, p.53.

里·布托去世一周年纪念会。该年 6 月,人民党在拉合尔召开全国大会,举行了抗议活动,80 多名党员被逮捕。同年 8 月,在卡拉奇召开有 1000 名律师参加的第二次全国代表大会,被警察用警棍和催泪弹镇压。有数人受伤,12 人被逮捕。此时,人民的不满并没有发展成为一个全面的反军人政权运动,原因有二:缺乏领导人。阿斯加尔·汗(Asghar Khan)被软禁,布托家人被监视,穆夫提·马哈茂德(Mufti Mahmud)去世。在齐亚强力统治下,人民党数千名干部被关押,其中,数百名干部遭到鞭打,包括人民党政府前部长和议员。有些被杀害或被驱逐出国。[①] 其他反对党也遭受不同程度的镇压。

由于受到齐亚政权的镇压,巴基斯坦主要反对党感觉到组成新的联盟挑战齐亚独裁统治的必要性。1980 年秋,巴基斯坦全国联盟派人与巴基斯坦人民党联系,希望组建联盟。贝·布托非常生气。她认为全国联盟成员是机会主义者,导致她父亲下台和被处死。然而,她母亲努斯拉特·布托更客观地看待联盟。她和人民党的其他成员看到了联盟的政治必要性。贝·布托尽管不情愿与父亲的敌人共事,但是也认识到组织联盟的必要性,最后也表示支持。[②]

二、人民党与"恢复民主运动"的成立

1981 年 2 月,巴基斯坦人民党与以前的对手巴基斯坦全国联盟成员抛弃前仇,握手言和。巴基斯坦人民党、穆斯林联盟、民族民主党、民族解放阵线、民主党、农工党、独立运动党、伊斯兰神学者学会等反对党组成"恢复民主运动"[③],要求齐亚辞职。"恢复民主运动"成员之间协议的共同目标是推翻齐亚的军管法。"恢复民主运动"主要是对齐亚政权施压,要求其举行新的大选,和平地移交权力。人民党以其优势力量在该联盟中发挥核心作用。全国联盟中的三个右翼政党:伊斯兰促进会、穆斯林联盟(帕加拉派)和巴基斯坦伊斯兰神学者学会拒绝参加"恢复民主运动",支持齐亚在巴基斯坦实行全面的伊斯兰体制。[④]

"恢复民主运动"成立不久,就因为劫机事件受到严重打击。1981 年 3 月 2 日,巴基斯坦航空公司的一架飞机,被属于"阿里·佐菲卡尔"的游击队组织所劫

---

① Raj Kumar, *Pakistan Peoples Party:Zulfikar Ali Bhutto to Benazir Bhutto*, New Delhi: Sumit Enterprises, 2008, p.3.

② Katherine M. Doherty and Craig A. Doherty (1990), *Benazir Bhutto*, Reproduced in pdf form by Sani H Panwhar, p.54,

③ 李德昌:《巴基斯坦的政治发展》,四川大学出版社 1989 年版,第 201 页。

④ Verinder Grover and Ranjana Arora(edit), *Political System in Pakistan 3: Political Parties, Elections and Regionalism in Pakistan*, New Delhi: Deep&Deep Publications, 1995,p.54.

持。该组织由贝·布托弟弟穆尔塔扎·布托（Murtaza Bhutto）[①] 所领导。尽管这一劫持事件在 13 天后，齐亚政权释放了 54 名属于人民党的政治犯，但是使人民党付出了很高的代价。努斯拉特夫人和贝·布托竭力否认人民党卷入过这起劫持，也没有同意这一劫持。但是一名巴基斯坦外交官人质被杀害以及与阿富汗人合谋的证据，被齐亚作为人民党支持恐怖主义和成为外国政权工具的证据。[②] 这一事件不但造成"恢复民主运动"之间的不合，而且给齐亚·哈克提供了机会。齐亚政府把"恢复民主运动"的数千名成员投入监狱。齐亚军人政府控制媒体，认为是人民党发起了劫机事件，以打击"恢复民主运动"，阻止其发展。[③] 3 月 7 日，警察逮捕贝·布托。她被带到卡拉奇中心监狱，被关押了五天。

1981 年 3 月 24 日，齐亚颁布临时宪法，以国家大法的形式肯定军法管制，限制政党活动。在军法管制下，军法管制首席执行官获得了限制任何政党的权力，只要他感觉某个政党威胁国家利益。齐亚以更加高压的手段对待反对党。按照贝·布托的观点，到 1981 年 3 月，独裁者齐亚已经完全剥夺最高法院接受对军人行为控诉的权力。事实上，军法管制取代了 1973 年宪法。[④] 仅在 1982 年，数千名政治活动家被逮捕。这些政治活动家中有律师、教师和学生。有一百多政治活动家遭受长期监禁。

"恢复民主运动"成员的个人、思想乃至于宗教观上都有很大的不同。成员之间对于什么是反齐亚政权的正确战略出现分歧。齐亚及其顾问们充分利用这些分歧使"恢复民主运动"处于分裂和弱势之中。[⑤] 尽管如此，"恢复民主运动"地下反抗活动持续有两年之久。

到 1983 年，"恢复民主运动"的力量有所壮大。齐亚军法管制统治的六年是巴基斯坦最黑暗的日子。1983 年 8 月，当齐亚宣布要在伊斯兰原则的基础上

---

① 穆尔塔扎·布托（1954 年 9 月 18 日—1996 年 9 月 20 日）是人民党创始人和巴基斯坦前总理佐勒菲卡尔·布托的大儿子和贝·布托的弟弟。早年曾赴美国哈佛大学学习，获得英国文学和政治学的双硕士学位，1976 年，又获得政治学博士学位。阿里·布托政府被军人政府推翻时，穆尔塔扎·布托回国。当其父亲被判刑后，他与其弟弟纳瓦兹·布托（Shahnawaz Bhutto）在国外发起营救父亲生命的运动。其父亲遇害后，穆尔塔扎和纳瓦兹决定停止大学学习，投身于为其父的死进行报复活动。1996 年 9 月 20 日，穆尔塔扎与其 6 名支持者在其住处被警察开枪打杀。

② Stephen Philip Cohen and Marvin G. Weinbaum, "Pakistan in 1981: Staying on", *Asian Survey*, Vol. 22, No. 2（Feb., 1982）, pp.136–146.

③ Mohammed Asghar Khan, *Generals in Politics*, New Delhi: Vikas, 1983, pp.168–169.

④ Benazir Bhutto, *Pakistan: The Gathering Storm*, New Delhi: Vikas, 1983, p.11.

⑤ Marvin G.Weinbaum and Stephen P.Cohen, "Pakistan in 1982: Holding on", *Asian Survey*, Vol. 23, No. 2（Feb., 1983）, pp.123–132.

重新调整巴基斯坦政治结构时,"恢复民主运动"发起了全面反军人统治抗议活动。"恢复民主运动"首先在信德省发起抗议活动。人民党的主要领导人蒙塔·布托和古拉姆·穆斯塔法·贾托伊纷纷发表反对军人政权的演讲。反军人统治的抗议活动尤其得到宗教界人士的支持。数以千计虔诚的宗教追随者——神学家和经学导师,如著名神学家默克杜姆·穆罕默德·扎曼参加抗议活动。由于齐亚实行了一些重大的伊斯兰教改革,这些神学家率先发起反齐亚政权的运动。[1]

除旁遮普省以外,其他二省:俾路支省和西北边境省也有支持"恢复民主运动"的抗议活动。"恢复民主运动"等[2]举行的抗议,在1983年8月下旬和9月变得越来越变得激进和暴力时,军队进行了镇压,控制了信德省北部和中部的一些主要城镇。信德省所有的大学被强行关闭。在人民党的领导下,信德省继续抗拒齐亚的淫威。此后,不到四个月,巴基斯坦就恢复了民主。

考虑到人民党在"恢复民主运动"中的广泛影响,齐亚决定让人民党脱离"恢复民主运动"。1984年1月,齐亚政府允许贝·布托前往国外看病。[3]13个月前,努斯拉特·布托夫人也被允许到国外治病。齐亚通过把人民党的这两位领导人送往国外,削弱人民党在"恢复民主运动"的领导。然而,这种伎俩并没有减弱"恢复民主运动"的抗议活动。人民党仍然在恢复民主运动的抗议活动中发挥关键作用。

第二节 贝·布托领导的恢复民主运动

人民党新一代领导人贝·布托成为领导恢复民主运动的主要人物。她在国

---

[1]　Khalid Bin Sayeed, "Pakistan in 1983: Internal Stresses More Serious than External Problems", *Asian Survey*, Vol. 24, No. 2 (Feb., 1984), pp.219–228.

[2]　1983年8月,对齐亚政权的抗议活动还有信德省著名的诗人拉苏尔·巴克什·帕莱耶领导的信德人民运动。他们在边远的乡镇组织农民、学生和工人举行抗议活动。Khalid Bin Sayeed, "Pakistan in 1983: Internal Stresses More Serious than External Problems", op.cit., pp.219–228.

[3]　在医生建议下,在国际法律协会和大赦国际的要求下,齐亚军人政府允许贝·布托出国治疗耳疾。See M.D.Dharamdasani (ed.), *Pakistan Under Democratic Regime*, Varanasi: Shalimar Publishing House, 1994, p.191.贝·布托的个人状况也得到了美国政府的关注。1982年12月,齐亚访问美国时,美国参议院外交关系委员会就指责他随意关押政治犯。当他们要求知道贝·布托地址时,他突发脾气地说道:"我可以告诉你们她住的房子比你们参议员要好,也允许有访客,并可以使用电话。"当参议员彼得·加尔布雷(Peter Galbraith)给贝·布托在卡拉奇的住处打电话时,有人接电话说:"你不能给她打电话。这是禁止的。"See Yasir Hussain, *The Assassination of Benazir Bhutto*, New Delhi:Epitome Books, 2008, p.49.

外领导人民党反对齐亚军人政权的活动。1986 年回国后掀起了一阵反军人政权，要求民主的"贝娜齐亚旋风"，推动巴基斯坦恢复民主。

一、贝·布托旅居国外与恢复民主运动

1984 年 1 月，贝·布托去日内瓦与家人团聚，随后去伦敦治病，并在伦敦从事反对齐亚军人政府的活动。当时已经有三十万八千多巴基斯坦人生活在伦敦。[1] 许多人民党的党员在齐亚军人政府迫害他们之前，逃到伦敦。她极力动员国际舆论反对齐亚军人政府，揭露齐亚迫害民主力量的残酷手段，及其侵犯人权的事实，呼吁恢复巴基斯坦民主。为此，她专门去华盛顿，寻求美国国会委员会和媒体的支持，反对齐亚将军。她甚至抨击齐亚将军帮助锡克恐怖主义者破坏和分解印度的团结。为此，美国政府和情报部门认为巴基斯坦军人政府正在从事犯罪行为，迫害本国政治领导人，任何对它的进一步援助会损害巴基斯坦人民的利益，并给美巴关系带来危害。[2]

贝·布托从美国访问回来后，在伦敦圣保罗教堂附近租了一间小公寓。这间小公寓成为巴基斯坦人民党的海外总部。贝·布托在全英国和其他欧洲国家旅行，对巴基斯坦团体演讲。她慢慢地建立了一个不断扩大的反对派。在贝·布托的努力下，美国政府开始对齐亚施压，要求在巴基斯坦举行大选。

齐亚被迫做一些民主的粉饰工程：1984 年 12 月 19 日全国举行公民投票选举巴基斯坦总统。在公决投票前，齐亚就逮捕约 3000 名反对党人士，并规定候选人不能在公开场所辩论。[3] 所谓公决，就是要求人民对一个问题："你是否支持由政府发动的所有法律都得依据《古兰经》和《圣训》的伊斯兰化进程和你是否支持巴基斯坦的伊斯兰思想？"进行投票。如果回答"是"就是选举齐亚为下一个五年的总统。[4] "恢复民主运动"反对这种欺骗性的公民投票，把 12 月 19 日公民投票视为"国耻日"，呼吁选民进行抵制，拒绝投票。贝·布托和人民党通过在巴基斯坦和国外的秘密组织渠道，通知其选民，劝人民抵制公决投票。

1984 年 12 月 20 日，齐亚宣布有 60% 的有资格的选民参加了投票，其中，97.7% 的人投了肯定票。然而，独立的观察家发现公决投票存在普遍的不规范，认

---

①　Yasir Hussain, *The Assassination of Benazir Bhutto*, New Delhi: Epitome Books, 2008, p.51.

②　M.D.Dharamdasani（ed.）, *Pakistan Under Democratic Regime*, Varanasi: Shalimar Publishing House, 1994, p.191.

③　李谋戡：《巴基斯坦政局》，《南亚研究季刊》1985 年第 2 期。

④　William L. Richter, "Pakistan in 1984: Digging In", *Asian Survey*, Vol. 25, No. 2（Feb., 1985）, pp.145–154.

为投票率超过 30% 都值得怀疑。反对党宣称只有不到 5% 的选民参加了投票。[①]据英国曼彻斯特卫报报道,只有 10% 的人参加了投票。[②]公决为齐亚反对反对党提供了强有力的手段。齐亚认为自己作为巴基斯坦的发言人现在更有合法性,也表明自己拥有广泛的群众基础。不过,齐亚这种做法,立即遭到美国人的反对。美国参议院的一份报告表明,当美国给齐亚政权以财政援助时,巴基斯坦的人权状况却越来越恶化。[③]

1985 年 1 月 20 日,齐亚宣布国民议会和省议会选举将在 2 月 25 日和 28 日进行。不过,这次选举,齐亚采取非政党为基础的选举。穆斯林和非穆斯林分开选举,为妇女预留了席位。1200 名候选人竞争国民议会大约 200 个席位,3600 名候选人竞争四省议会的大约 460 个议席。[④]"恢复民主运动"号召选民抵制这一选举,但是"恢复民主运动"的号召并没有阻止人民参加选举。1985 年国民议会非政党选举的投票率达到 52.9%。[⑤]省议会选举的投票率为 56.9%,其中,旁遮普省议会选举的投票率为 61.8%,而俾路支省议会选举的投票率只有 46.2%。[⑥]

尽管选民愿意参加这种非政党选举,不顾"恢复民主运动"要求抵制选举的呼吁,但是他们也表示对军管法政权不满,因为在选举中,齐亚内阁中的五名部长被选了下来,如齐亚政府的国防部长阿里·艾哈迈德·塔尔普尔就落选。支持和协助齐亚政权实行全面伊斯兰化体制的伊斯兰神学者协会在这次选举中也遭受重挫,在其 63 名候选人当中只有 9 人当选议员。巴基斯坦选民透露出的信息很清楚:要民主进程,结束军管法。[⑦]

这种非政党选举导致地主阶级进入国家政治生活,在国民议会 200 名直接选出的议员中,有 117 名属于地主阶级,17 名议员属于部落人员,42 名议员为商人。以个人身份参加选举,当选的议员中,属于穆斯林联盟 70 名议员,属于人民党 40 名议员。[⑧]所以,尽管实行非政党选举,实际上在议会中仍有党派之分。

---

① Ibid.

② Yasir Hussain,*The Assassination of Benazir Bhutto*, New Delhi:Epitome Books, 2008, p.53.

③ William L. Richter, "Pakistan in 1984: Digging In", *Asian Survey*, Vol. 25, No. 2(Feb., 1985), pp.145–154

④ William L. Richter, "Pakistan in 1985: Testing Time for the New Order", *Asian Survey*, Vol. 26, No. 2(Feb., 1986), pp.207–218.

⑤ Rasul B. Rais, "Elections in Pakistan: Is Democracy Winning?", *Asian Affairs*, Vol. 12, No. 3,(1985:Fall), pp.43–61.

⑥ William L. Richter, op.cit., pp.207–218.

⑦ Rasul B. Rais, op.cit., pp.43–61.

⑧ Rasul B. Rais, op.cit., pp.43–61.

这种非政党选举使齐亚与反对党之间的关系更紧张。即使支持齐亚政权的右翼政党也对没有政党参加的选举不满。穆斯林联盟（帕加拉派）和巴基斯坦伊斯兰神学者协会判断齐亚非政党选举的目的是想使极右翼的伊斯兰促进会执政。"恢复民主运动"中的主要政党认同人民党只接受遵守 1973 年宪法的选举。人民党谴责齐亚搞的没有政党参加选举，想使自己政权的合法化。

在"恢复民主运动"内，巴基斯坦民主党、巴基斯坦民族民主党和伊斯兰神学者协会计划组建一个选举联盟，而其余的六个政党 ① 仍遵循"恢复民主运动"最初的目标。人民党继续重申：当 1981 年"恢复民主运动"成立时，并不是选举联盟；"恢复民主运动"的成立是为了保证人民民主权利的运动而不是一个像过去巴基斯坦全国联盟那样的竞选联盟。由于在军管法统治下，不可能有公正的选举，人民党领导层申明他们的党不参加这样的选举，那怕允许参加。人民党拒绝与那些不赞同世俗主义和社会主义经济的政党结成选举联盟。人民党认为齐亚急于想从那些愿意参加选举的政党得到祝福：军管统治合法化。

对此，"恢复民主运动"采取"等等看"的战略。他们认为这些当选代表的活动只是受人操纵。他们的要求是全面恢复 1973 年宪法，重新举行新的大选。1985 年 12 月 25 日，"恢复民主运动"在拉合尔发动抗议活动，导致 200 人被捕。②

迫于国内外的压力，1985 年 12 月 30 日，齐亚总统在巴基斯坦两院会议上，宣布在全国范围内取消军法管制，完全恢复宪法，取消除受宪法保护以外的一切军事管制法令和条例，解散军事管制机构，解散军事法庭。然而，他同时兼任总统和陆军参谋长之职，可以不经议会同意，宣布紧急状态。

在巴基斯坦这种混合治理中，军人披上文职人员的面孔，带来政治的不确定性。齐亚将军仍然牢牢地控制着政府。③ 当天，居内久总理宣布取消 1965 年实行的长达 20 年的紧急状态，恢复公民基本权利。④ 政党只要在选举委员会登记便合法化，也可以举行集会。但是人民党拒绝在选举委员会登记，认为这样做只会使党的工作人员感到尴尬。人民党同时也抗议法律上要求禁止政党"以任何

---

①　恢复民主运动中的六个政党反对齐亚的没有政党参加的国民议会选举；这六个政党是：巴基斯坦人民党、自由查谟和克什米尔穆斯林大会、巴基斯坦穆斯林同盟、巴基斯坦工农党、巴基斯坦独立运动党和 1984 年 1 月 26 日加入的信德巴基斯坦人运动。

②　William L. Richter，"Pakistan in 1985: Testing Time for the New Order"，op.cit.，pp.207–218.

③　Paula R. Newberg，"Pakistan's Troubled Landscape"，World Policy Journal, Vol. 4, No. 2（Spring, 1987），pp.313–331.

④　李德昌：《巴基斯坦的政治发展（一九四七——一九八七）》，四川大学出版社 1989 年版，第228 页。

方式从事有损于伊斯兰法、主权、统一和巴基斯坦安全的宣传和行为"[1]。

1985 年 10 月,国民议会通过齐亚宪法第八条修正案。总统的自由裁量权增加了。不久,真正考验齐亚是否放弃军事管制的时候到了。1986 年 1 月 5 日是阿里·布托的 58 岁诞辰,全国各地都出现了反政府示威。身为参谋长的齐亚·哈克命令部队按兵不动,任由抗议者对其政府的批评与谴责。尽管有这些表面上的变化,反对党的许多人仍认为齐亚掌控着军队,随时可以重新宣布军管。贝·布托把齐亚的变化称为狡猾的伪装,以让西方,尤其是美国,相信民主和人权已经回到了巴基斯坦。[2]

贝·布托及其在伦敦的同事认为考验齐亚政府是否转向民主的最好方式就是他们回国,要求全面民主。齐亚将军宣布 1990 年举行下一次大选。贝·布托和人民党以及其他政党希望早日确定选举时间,为他们在公开自由的选举中打败齐亚提供机会。贝·布托及其同事决定回国。

二、贝·布托回国领导人民党的恢复民主运动

1986 年 4 月,在菲律宾的科拉松·阿基诺夫人即将战胜马科斯之际[3],贝·布托回到了巴基斯坦。在从机场到回家的路上,她受到数以万计的群众欢迎。她对欢迎她的群众说道:"我发誓,我会尽一切努力以确保人民的权利","我将不会复仇,尽管在我的内心不是没有这种想法,但是我要建设巴基斯坦"。[4] 在正常的情况下,从机场回家只需几分钟,但是这一次却花了 10 小时。

贝·布托回国后不久,为恢复民主忙于组织集会。从 1986 年 4 月 10 日贝·布托回国起到 5 月 10 日(斋月开始),她在全国 4 个省的 20 多个大中城市,召开群众大会,要求齐亚总统立即下台,在政党基础上举行大选。在集会演讲中,她把齐亚总统比做已下台的菲律宾前总统马科斯,并预言齐亚将是下一个马科斯,将屈服人民的意愿并离开这个国家。[5] 据报道,总共有 400 万人参加了人民党组

---

[1]   National Democratic Institute for International Affairs, *The October 1990 Elections in Pakistan*, Report of the International Delegation, 1991, p.21.

[2]   Katherine M. Doherty and Craig A. Doherty (1990), *Benazir Bhutto*, Reproduced in pdf form by Sani H Panwhar, p.62.

[3]   贝·布托敬佩科拉松·阿基诺,准备仿效她,打倒可恨的独裁者。See Eliza Van Hollen, "Pakistan in 1986: Trials of Transition", *Asian Survey*, Vol. 27, No. 2 (Feb., 1987), pp.143–154.

[4]   Libby Hughes, *Benazir Bhutto: From Prison to Prime Minister*, 2000, Reproduced in pdf by Sani Panhwar, p.57. From Prison to Prime Minisater © www.bhutto.org.

[5]   Katherine M. Doherty and Craig A. Doherty (1990), *Benazir Bhutto*, Reproduced in pdf form by Sani H Panwhar, p.65,

织的集会,因此,贝·布托夸耀到,她"胜利实现了第一阶段动员人民的计划"①。贝·布托组织的集会为巴基斯坦人长期受压抑的政治热情找到了发泄的机会。

通过几个月的抗议,"贝娜齐亚旋风"最终迫使齐亚及其他的钦点总理穆罕默德·汗·居内久举行大选。② 在这一段时间里,贝·布托充分展示了布托这一姓氏的情感共鸣和群众推动力。她使用分化策略,通过少批评总理居内久,分化齐亚与居内久的关系;通过少批评军队,分化齐亚与军队的关系;通过少批评齐亚在华盛顿的支持者,分化齐亚与华盛顿的关系。③

尽管齐亚与居内久政见有所不同,但是两人却一致拒绝贝·布托1990年前选举的要求。贝·布托高举"布托主义",把它界定为"伊斯兰、民主、社会主义和人民权力"。④ 她说道:"布托主义是从自己国家的土壤,文化和政治斗争中涌现的一个非常特殊的政治理念;人民正在准备赋予它以新的生命。"⑤

在这一阶段的抗议活动中,贝·布托更多地依靠自己个人魅力和人民党的势力,没有与"恢复民主运动"中的其他政党合作。考虑到单枪匹马不能迫使政府举行选举,贝·布托寻求与其他政党合作,共同战斗。贝·布托给齐亚–居内久政权发出最后通牒:如果不能在1986年9月20日举行选举,那么他们就将举行"和平"地抗议活动。但是到抗议活动在截止时间之前,政府就下令摧垮反对党,因为反对党违反了政府8月14日禁止在拉合尔集会的命令。在这种情况下,有些反对党领导人退缩了。警察采取行动打压集会抗议者,造成4人死亡。抗议活动迅速扩展到全信德省。在短短两周,抗议者死亡人数更是达到40人。⑥ 政府控告人民党领导人犯有谋杀罪,但是媒体的照片显示手拿来复步枪的警察正在向示威者射击。数千名示威者和政治领导人被捕。⑦

面对政府的疯狂镇压,贝·布托也更加谨慎起来。贝·布托的困境是如何把

---

　　① 杨学纯:《巴基斯坦:政府控制着局势》,《世界知识》1986年第18期。

　　② P.L. Bhola, *Benazir Bhutto: Opportunities and Challenges*, New Delhi: Yuvraj Publishers & Distributors, 1989, p.18.

　　③ Maleeha Lodhi, "Pakistan's Politics in 1986", in Raza Mehdi, *Pakistan Today*, Lahore: Progressive Publishers, 1987, p.24.

　　④ P.L. Bhola, *Benazir Bhutto: Opportunities and Challenges*, New Delhi: Yuvraj Publishers & Distributors, 1989, p.18.

　　⑤ Rone Tempest, "Pakistan: Democracy or Bhuttoism? Exile's Return May Revive Cult", Los Angeles Times, Apr., 27, 1986

　　⑥ P.L. Bhola, op.cit., 1989, p.18.

　　⑦ Paula R. Newberg, "Pakistan's Troubled Landscape", *World Policy Journal*, Vol. 4, No. 2 (Spring, 1987), pp.313–331.

民众广泛的支持转化成能够迫使当局举行新的大选的政治运动,同时,又不引发暴力和冒重新军事管制的风险。为此,她决定采取大规模地、和平地、有纪律地挑战政府,不与政府硬对抗。[①] 贝·布托对她的战略作了这样的解释:"我们决定不再匆匆行事,而是能让我们在不同时间运用群众力量,减少流血冲突。"[②]

1986 年,"恢复民主运动"内部出现分裂。1986 年 7 月,前民族民主党领导人阿卜杜勒·瓦利·汗另组新党——人民民族党。与"恢复民主运动"要求恢复 1973 年宪法相反,人民民族党忙于寻求左派统一。独立运动党日益对"恢复民主运动",尤其是人民党不满,于 1986 年 10 月退出了"恢复民主运动"。"恢复民主运动"中的领导力量人民党也因为内部出现分裂,遭受重大挫折。

人民党在旁遮普省和信德省的地主不同意任命贝·布托为党的联合主席:她太年轻,在政治事务上完全没有经验。但是这些人明显地低估了她的能力。贝·布托早年曾跟随其父接触政治,经历了各种政治动荡。贝·布托在人民党内的潜在对手:古拉姆·穆斯塔法·贾托伊宣布脱离人民党,另组建民族人民党。"恢复民主运动"中另一个成员穆斯林联盟(查塔集团)也分成两个派别:海尔丁派和卡西姆派。由于海尔丁派秘密与齐亚–居内久政府联系,卡西姆派与海尔丁派闹翻。"恢复民主运动"承认卡西姆派。海尔丁派离开"恢复民主运动"。[③]

贝·布托在党内更是受到党内左翼势力的挑战。像马利克·迈拉杰·哈立德、拉奥·拉希德和谢赫·拉希德等这些党内的"老布尔什维克"对贝·布托转向美国寻求支持,采取现实主义的政策深感失望。这些"老战士"都是人民党的创始成员。他们忠心地支持贝·布托的父亲,但是不能认同他女儿在党内的"独裁行为"。贝·布托不想举行党内的选举,许多党的著名领导人离开了人民党。[④]尽管如此,人民党还是维持了自己的群众基础。它是巴基斯坦唯一全国性的政党。该党数以万计积极分子虽遭受多年的迫害,也没有改变其初衷。[⑤]

贝·布托采取和平抵抗运动的温和策略,使党内的同仁担心失去左翼选民的

①　Eliza Van Hollen, "Pakistan in 1986: Trials of Transition", *Asian Survey*, Vol. 27, No. 2(Feb., 1987), pp.143–154.

②　Maleeha Lodhi, "Pakistan's Politics in 1986", in Raza Mehdi, *Pakistan Today,* Lahore: Progressive Publishers, 1987, p.25.

③　Verinder Grover and Ranjana Arora(edit), *Political System in Pakistan 3: Political Parties, Elections and Regionalism in Pakistan*, New Delhi: Deep&Deep Publications, 1995, p.236.

④　Olivier Immig and Jan Van Heugten, *Pakistan:Benazir Bhutto and The Legacy of Zia Ul Haq*, Amsterdam [SCAR Foundation] October 1990, p.2, www.immigvanheugten.nl.

⑤　Anthony Hyman, "Pakistan in Uncertain Times", *The World Today*, Vol. 42, No. 7(Jul., 1986), pp.118–121.

风险。① 贝·布托充分展示了她的现实主义立场。她明显倾向于社会民主党的社会市场经济,而不是坚持人民党的社会主义教条。这与人民党早已确立的形象和政策相去甚远,为此需要重新构造党的原则。但是贝·布托没有在这个方面作出努力。相反,她回国后,集中精力提升她在党内的忠诚者,巩固和扩展她的权力。一批年轻、没有意识形态束缚的领导人,如贾汉吉尔·巴达尔、费萨尔·萨利赫·哈亚特、阿夫塔卜·谢尔帕奥和查·阿伊塔兹·阿萨等在人民党内出现。② 他们大多数都有贝·布托同样的背景:在国外接受过高等教育,是富有的地主或商人家族的后代;他们都曾经在工会或学生组织中担任过领导职务。在她的领导下,人民党逐渐放弃了左翼定位,转向中左政党。阿里·布托时期的社会主义理论教条被摒弃。③ 贝·布托在人民党党内巩固了她的领导地位,毕竟她是前人民党领袖阿里·布托的女儿。她在党内的权威因为她的个人魅力而日益上升。

由于人民党和其他反对党的抗议活动遭到齐亚政府的镇压,贝·布托对人民党的策略进行了反省,她说道:"我们低估了政府镇压反对派活动的能力。我们必须有超过他们的实力,有超过他们的智谋并摆脱他们的操纵。"④

然而,反对党联盟的"恢复民主运动"似乎走到了尽头。随着时间的推移,这一联盟变得越来越烦躁不安,并且在理论和策略上都发生了分歧。"恢复民主运动"不再能够有共同目标。它不断的分裂已使反对党处于政治劣势。⑤ 除非各党采取积极的姿态,"恢复民主运动"才能得到加强。尽管以后有许多政党因为恢复民主的共同目标加入"恢复民主运动",但是除人民党以外,没有一个政党能够组织广泛的群众运动。

1987年8月14日是巴基斯坦独立40周年,应是反对党举行抗议活动的时候,但是此时的"恢复民主运动"甚至不能提出动员群众的政治口号,更不用说在大城市中心举行抗议活动了。在过去的一年中,"恢复民主运动"已慢慢地失去了

---

① Iqbal Akhund, *Trial and Error: The Advent and Eclipse of Benazir Bhutto*, Oxford: Oxford University, 2000, p.3.

② Saeed Shafqat, "Pakistan Under Benazir Bhutto", *Asian Survey*, Vol. 36, No. 7（Jul., 1996）, pp.655–672.

③ Olivier Immig and Jan Van Heugten, *Pakistan:Benazir Bhutto and The Legacy of Zia Ul Haq*, Amsterdam [SCAR Foundation] October 1990, p.2, www.immigvanheugten.nl.

④ Iqbal Akhund, *Trial and Error: The Advent and Eclipse of Benazir Bhutto*, Oxford: Oxford University, 2000, p.8.

⑤ Anthony Hyman, "Pakistan in Uncertain Times", *The World Today*, Vol. 42, No. 7（Jul., 1986）, pp.118–121.

影响力。① 人民党的力量也损失不少,不得不以退为进,积蓄力量。

之所以出现这种局面,除了齐亚－居内久政权对反对党施压外,主要的原因在于巴基斯坦社会环境的变化。消费社会的扩张,中产阶级扩大,工人阶级的力量受到侵蚀,禁止在各行业罢工的法律已经通过。劳动合同制度在很多行业中取代了不变的工薪制度,工会运动减弱。经济的发展使城市市民的大部分人沉迷于电视和板球文化。他们要求急剧社会变革的愿望已经淡薄。②

随着巴基斯坦民主转型的加快,人民党的领导人不再愿意与"恢复民主运动"一道抵制选举。人民党开始转变自己的态度,决定参加1987年9月的补选和11月的地方机构选举。11月30日的地方机构选举,涉及不同层次的75000个单位。尽管地方机构的选举不以政党为基础,不允许使用党纲、党标和党旗,但是候选人可以竞选。巴一些大党和组织给区议会和市议会委员会发放了候选人名单。③ 从技术上讲,选举不以政党为基础。实际上,每个政党都积极地参与。每个政党除了没有在基层活动外,充分利用巴基斯坦这种相对开放的政治进程。

1988年,齐亚－居内久政权却作出了有利于举行大选的新变化。巴基斯坦总统与总理居内久的分歧公开暴露。1985年居内久担任总理以来,成功地恢复了这个国家的自由竞争政治,比人们预料得要快得多,积极主张恢复政党活动,并首先在国民议会内成立了以他本人为主席的巴基斯坦穆斯林联盟作为执政党;其后又力劝齐亚放弃非政党政治的主张。居内久组织政党后,积极扩大自己的实力。对此,齐亚极为不满。

鉴于巴基斯坦财政赤字严重,居内久提出从1988—1989年度起两年冻结国防费用,对国防费用进行审计,并准备于1988年6月讨论1988—1989年财政预算时大幅度削减军费。以齐亚为代表的军方极为不满。

1988年4月10日,拉瓦尔品第的军火库发生爆炸。居内久组成了独立调查组进行调查,认为爆炸事件是军人玩忽职守造成的,公开追究军队的责任,要解除两名高级军官的职务。齐亚认为居内久之举是针对他本人。居内久访问菲律宾期间以个人身份邀请菲律宾总统阿基诺夫人访问,撇开齐亚。居内久决定召开各政党会议讨论有关阿富汗问题的和平协定,更是撇开齐亚。贝·布托也被邀请入

① Babar Ali, "Pakistan: Where Is the Opposition?", *Economic and Political Weekly*, Vol. 22, No. 47（Nov. 21, 1987）, pp.1998–1999.

② Ibid.

③ Rasul B. Rais, "Pakistan in 1987: Transition to Democracy", *Asian Survey*, Vol. 28, No. 2（Feb., 1988）, pp.126–136.

会,并坐在贵宾席上。齐亚认为推迟签订和平协定将使巴基斯坦获得更有利的条件。[①] 对此,齐亚十分恼火。居内久在新闻记者招待会公开表示军管法与民主不相符合,必须废除它,并在国民议会的演说中赞扬贝·布托和人民党是爱国者,需要与他们的全面合作,实现民主政府。[②]

1988 年 5 月 29 日,当居内久国外访问回国时,齐亚突然宣布解除他的总理之职,并解散国民议会,组织了看守内阁。

齐亚宣布解除居内久的职务,理由有三:其一,居内久内阁未能贯彻既定的伊斯兰化方针;其二,未能建立严格的法律和良好秩序,致使流血、爆炸事件不断;其三,未能有效地制止不法行为,恣意贪污,致使国家经济陷于瘫痪。[③]

7 月 20 日,齐亚宣布该年 11 月 16 日举行非政党参加的国民议会选举。[④] 齐亚解散内阁的行为,为逐渐失去支持的人民党带来了新的生机。贝·布托 6 月 3 日下令人民党开始国民议会的竞选活动,酝酿该党候选人。此外,她还会晤了 11 个反对党派的领导人,以便采取共同行动迫使齐亚遵守他的选举诺言。

为准备即将到来的选举,齐亚政府通过了更加严厉的法律,即伊斯兰教法,作为巴基斯坦最高法律。根据伊斯兰教法,任何普通人都可以带此法去高等法院宣称某人违背伊斯兰教法。通过这种方式,齐亚希望有人挑战妇女竞选政府高级职位的权利。这会使贝·布托作为领导人的候选人为非法。但是 1973 年的宪法却认为妇女参加选举是合法的。为此,齐亚的计划破产。

齐亚的下一个动作是使九个政党[⑤]向政府登记,成为政府的支持党,从而使齐亚有权决定那一个政党能够参加选举。人民党向最高法院提出了有力的证据,反对政府这一行为。法院判定,按照宪法齐亚的行为属于违宪。

尽管已经宣布大选的日期,但是齐亚仍以重组政党体制为由推迟选举。正当人们对是否能举行选举感到疑惑时, 1988 年 8 月 17 日,齐亚死于一次空难。

人民党发表声明:"在国际上,齐亚被人们记住的是当苏联人入侵阿富汗时敢与苏联对抗的人。但是在巴基斯坦,他被人民记住的是非法夺取权力的人。在他

① Safdar Mohmood, *Pakistan Political Roots and Development 1947-1999*, Oxford: Oxford University, 2000, p.383.

② Iqbal Akhund, *Trial and Error: The Advent and Eclipse of Benazir Bhutto*, Oxford: Oxford University, 2000, p.15.

③ 董漫远:《巴基斯坦政坛风云突变》,《世界知识》1988 年第 13 期。

④ P.L. Bhola, *Benazir Bhutto: Opportunities and Challenges*, New Delhi: Yuvraj Publishers & Distributors, 1989, p.19.

⑤ 这九个政党即是伊斯兰民主联盟的成员。

十一年半的统治中，只给巴基斯坦留下债务、欠款、饥饿、失业、剥削、歧视、毒品和腐败。"①

　　齐亚·哈克之死毫无疑问会推动巴基斯坦的民主进程，11 月份的大选不但会如期举行，而且会以政党为基础进行。贝·布托以非政党基础上进行的选举不符合宪法为由向巴最高法院提出上诉，要求大选以政党为基础得到巴基斯坦最高法院的支持：全国各政党都有资格参加大选，提出自己的候选人。

　　巴基斯坦的资产阶级希望巴基斯坦有一个民主制度的要求越来越强烈。刚被推举为代总统的古拉姆·伊沙克·汗为了维持表面上的秩序，不得不适应这一要求。10 月 8 日，全国选举委员会首席专员努斯拉特法官正式宣布：巴基斯坦联邦国民议会和各省议会的选举分别定于 1988 年 11 月 16 日和 11 月 19 日。这一决定大大鼓舞了人民党的党员与积极分子。在大选前，"恢复民主运动"临近解体。② 人民党进入一个新的发展阶段。

---

　　①　Shahid Javed Burki, "Pakistan under Zia, 1977–1988", *Asian Survey*, Vol. 28, No. 10（Oct., 1988），pp.1082–1100.

　　②　Muhammad Yeahia Akhter, "Electoral Politics and Corruption Under Civilian Rule in Post–1971 Pakistan", *South Asian Survey*, Vol. 11, No. 1（2004），pp.75–93.

第七章 1988年大选与贝·布托首次执政

经过人民党和贝·布托的努力,巴基斯坦终于举行新的大选。人民党充分利用这一机会,取得1998年大选的胜利,建立了人民党第一届贝·布托政府。人民党政府在恢复、发展巴基斯坦经济,促进巴基斯坦民主,改善外交关系上取得了一定的成绩。由于贝·布托没有很好地处理与巴少数族裔、军方和总统的关系,导致人民党政府被总统解散。

第一节 人民党在1988年大选的表现及原因

贝·布托领导人民党利用举行新的大选的机会,进行全面的选举动员,对原人民党的竞选宣言作了修改,对竞选方式做了调整,在1998年的大选中取得在国民议会和信德省议会的多数,成功地组成了贝·布托政府。人民党从阿里·布托时代正式转入贝·布托时代。

一、人民党的竞选运动

1988年,巴基斯坦全国沉浸于选举的热潮之中,贝·布托领导的人民党也决定参加。人民党提出了18000名候选人准备竞争国民议会和省议会的700个席位。巴选民中的80%准备投票。[①]

大选在即,"恢复民主运动"内的成员却各奔东西。一些规模较小的政党想

---

① Libby Hughes, *Benazir Bhutto: From Prison to Prime Minister*, 2000, Reproduced in pdf by Sani Panhwar, p.63. From Prison to Prime Minisater © www.bhutto.org.

把"恢复民主运动"转变为选举联盟,好利用人民党的群众支持。人民党拒绝与他们合作,不过,也表示人民党的候选人不会与"恢复民主运动"内其他政党领导人竞争。为反对齐亚政权而成立的"恢复民主运动"已寿终正寝。

为了防止人民党取得多数,重掌政权,代表既得利益集团的巴基斯坦三军联合情报机构,撮合巴基斯坦的中右政党和伊斯兰教党于 1988 年 10 月 6 日成立了伊斯兰民主联盟,也称"齐亚的亲信、门生的选举联盟"。[①] 这个选举联盟共同提名候选人在所有选区与人民党对抗。这个联盟在 1988 年大选构成对人民党的严峻挑战。除伊斯兰促进会外,其他主流宗教党:伊斯兰神学者协会(法扎勒·拉赫曼派)和巴基斯坦伊斯兰神学者协会没有参加这个选举联盟。民族主义政党如人民民族党和普赫图赫瓦人民党(Pakhtunkhwa milli Awami Party)、穆哈吉尔民族运动(Muhajir Quami Movement)的候选人以独立身份参加选举。

伊斯兰民主联盟包括以下几个政党:巴基斯坦穆斯林联盟、巴基斯坦伊斯兰促进会、民族人民党、伊斯兰神学者协会、建立伊斯兰法运动(Tehreek Nizam-e-Mustafa)[②]、追随先知格言大会党(拉卡维派)(Markazi Jamiat-e-Ahl-e Hadith)(Lakhvi Group)[③]、巴基斯坦伊斯兰促进会(穆斯林逊尼派派)(Jamiat-e-Mashaikh Pakistan)、阿扎德克什米尔人集团(Azad Group)和真主党圣战组织(Hizbullah Jihad)。[④]

不过,这一次反对人民党的联盟没有在 1977 年大选的反人民党联盟那么广泛。独立运动党、民族人民党和巴基斯坦神学者协会(努拉尼派)另组建选举联盟,名称为"巴基斯坦人民联盟"。伊斯兰神学者协会(法扎勒·拉赫曼派)没有参加联盟。

这些联盟的成立有两个原因:第一,巴基斯坦人民党是最强的政治力量。只有那些过去曾反对人民党的反对党成立联盟才能在选举中打败人民党;第二,他们认识到一旦他们各自为战,他们的选票就会分散,从而使人民党获得多数。

选举前,巴基斯坦看守政府规定选民投票必须有身份证。这对人民党不利。

---

① Iqbal Akhund, *Trial and Error: The Advent and Eclipse of Benazir Bhutto*, Oxford: Oxford University, 2000, p.31.

② 建立伊斯兰法运动是巴基斯坦的伊斯兰政党,其宗旨是建立伊斯兰法为巴基斯坦的唯一法律,在巴基斯坦建立全面的伊斯兰体制。

③ 追随先知格言大会党(拉卡维集团)巴基斯坦极端的原教旨主义的宗教政党,主张人民按先知的圣训生活,全面建立伊斯兰体制。

④ Verinder Grover and Ranjana Arora(edit), *Political System in Pakistan 3: Political Parties, Elections and Regionalism in Pakistan*, New Delhi: Deep&Deep Publications, 1995, pp.88–89.

政府要求身份证的表面目的是防止双重投票和虚假投票,但是在当时特殊情况下置人民党于不利,因为人民党的大多数支持者来自农村。在农村,民众一般懒得去办身份证。人民党向拉合尔高等法院请求撤消这一决定,得到了该法院的支持。该法院宣布没有身份证,其他有效证件也可以投票。但是看守政府提出申诉,并得到最高法院的支持,驳回拉合尔法院的决定。① 令人奇怪的是,有关巴政府机构签发身份证的程序却极其缓慢,致使人民党的许多选民被剥夺了选举权。在投票前夕,卡拉奇市长签发了对穆尔塔扎·布托逮捕令,因为1980年巴基斯坦航班被劫持事件。卡拉奇市长宣布逮捕令时,正是选民投票之时。努斯拉特·布托夫人20世纪70年代随阿里·布托访问美国时与杰拉尔德·福特总统跳舞的照片在拉合尔和其他地方被散发,以显示布托家族人的非伊斯兰方式和"厚颜无耻"。

面对其他政党的挑战,人民党对过去的竞选宣言做了修改,对竞选方式做了调整。人民党放弃激进改革,采取了温和的立场,避免任何直接采取社会主义说法,只竭力树立人民党是被压制和寻求社会改革的形象。② 人民党的竞选宣言提出了一些无可挑剔的原则和一些令人向往的目标。③

人民党1988年的竞选宣言与1986年竞选宣言目标上一致。贝·布托宣称:"巴基斯坦人民党认为政府的作用是创造一个没有社会和经济不平等的社会,一个有着尊重、个人尊严和发展机会的社会……我们想看到我们的人民免于饥饿和疾病,免于压迫和剥削,免于失业和不公正。"④ 人民党努力寻求广泛的政治共识,让更多的团体和个人参与进来,以保证文官统治的持久与稳定。人民党在贝·布托领导下从群众党转变成为全方位党。

在整个竞选中,军队被视为神圣的力量,两大主要竞选集团都承诺不削减国防预算和加强军队的力量。伊斯兰民主联盟控制了绝大多数的媒体,利用这些媒体攻击人民党两位女性领导人。伊斯兰民主联盟成员说,伊斯兰教不允许妇女担任国家和政府的领导人。人民党对此给予回击:伊斯兰民主联盟也许不记得

---

① Iqbal Akhund, *Trial and Error: The Advent and Eclipse of Benazir Bhutto*, Oxford: Oxford University, 2000, p.33.

② Rasul B.Bais, "Pakistan in 1988: From Command to Conciliation Politics", *Asian Survey*, Vol. 29, No. 2,(Feb. 1989), pp.199–206.

③ 巴基斯坦人民党1988年竞选宣言参见 "Highlights of the PPP election manifesto", in P.L. Bhola, *Benazir Bhutto: Opportunities and Challenges*, New Delhi: Yuvraj Publishers & Distributors, 1989, p.138, Appendix VI.

④ Benazir Bhutto, *The Way out: Interview, Impressions, Statements, and Messages*, Karachi: Mahmood Publications, 1988, p.75.

其成员伊斯兰促进会曾经在 1964 年—1965 年的总统选举中支持法蒂玛·真纳（Fatima Jinna）[1] 为总统候选人了。

在阿富汗问题上，两大竞选集团的主张略有不同。伊斯兰民主联盟更多公开支持阿富汗圣战游击队。人民党承诺继续支持日内瓦协议[2] 和阿富汗难民。伊斯兰民主联盟公开持反对印度的立场，并控告人民党纵容印度颠覆巴基斯坦的核计划。人民党承诺维持与所有邻国的友好关系，尤其是加强与美国的关系。在核问题上，人民党支持和平核计划。[3]

此次选举有 26 个政党提出了国民议会候选人，共有 1302 名候选人竞选国民议会中的 207 席穆斯林议席。[4] 其中，705 位候选人是独立候选人。这主要因为巴基斯坦政党有较长时间不允许发挥其功能，选举也还没有按期举行。1985 年的选举是实行非政党选举。政党就不能把这些在全国和各级地方把这些候选人组织起来。

1988 年选举中，平均每个席位有 6.4 名候选人竞争，相比，1985 年选举中，这一比例是 5.3；1977 年选举，这一比例是 3.6。1988 年选举中，每个省议会席位有 8.5 名候选人竞争；而 1985 年的非政党选举，这一比例只为 5.3。[5] 候选人与议席之比之高引发了候选人和选民的极大热情。[6]

---

① 法蒂玛·真纳（1893 年 7 月 16 日—1967 年 7 月 9 日）是巴基斯坦建国之父穆罕默德·阿里·真纳的妹妹，是开拓巴基斯坦独立运动的女性之一，被尊称为"国母"。在 1964—1965 年的总统选举中，71 岁高龄的法蒂玛·真纳被反对党推举为总统候选人，与阿尤布·汗竞争。法蒂玛·真纳坚持民主理念，认同人民的民主愿望。但是在竞选中，阿尤布利用自己手中掌握的权力，得到军队、官僚的支持，法蒂玛·真纳竞选失败。

② 有关阿富汗的日内瓦协议是阿富汗民主共和国与巴基斯坦伊斯兰共和国于 1988 年 4 月 14 日签订的双边协议，并得到美国和苏联的保证。该协议承诺双方互不干涉和干预对方事务，阿富汗难民自愿返回，苏方军队将从 1988 年 5 月 15 日开始从阿富汗撤军，直到 1989 年 2 月 15 日，从此结束苏联对阿富汗 9 年之久的占领和苏联在阿富汗的战争。

③ Verinder Grover and Ranjana Arora（edit），*Political System in Pakistan 3: Political Parties, Elections and Regionalism in Pakistan*, New Delhi: Deep&Deep Publications, 1995, pp.64–65.

④ 巴基斯坦联邦国民议会还为妇女保留 20 个议席，其他非穆斯林选民保留 10 个议席，其中在大选中只选出 9 名议员，卡迪安人（Qadians）的议员只到 1989 年的补选才选出马利克·巴什鲁德·哈立德（Malik Bashiruddin Khalid）为议员。See Tahir Mehdi（eds），*National Assembly Elections in Pakistan-1970-2008: A Compendium of elections related facts and statistics*, Lahore: Church World Service Pakistan/Afghanistan and Free and Fair Elections Network, 2010, p.245, p.291.

⑤ Rasul B.Bais, "Pakistan in 1988: From Command to Conciliation Politics", *Asian Survey*, Vol. 29, No. 2,（Feb. 1989），pp.199–206.

⑥ 此次选举投票率低的一个重要原因是当局要求选民投票时出示身份证，而选民中的许多人还没有身份证。

二、人民党的选举成绩分析

人民党的评估部,包括党的领导人和美国专家早在 11 月份预计人民党将在国民议会获得 101 个议席,并预计伊斯兰民主联盟将失败。选举结果公布,人民党成为国民议会的最大政党,在 204 席中,获得 93 席,占全部议席数的 45.5%,得票率为 38.5%,不构成绝对多数,不能单独组阁;伊斯兰民主联盟大大落后于人民党,只获得 55 个议席,占全部议席数的 27%,其中,80% 的议席来自旁遮普省[①],而在信德省,该党一个席位也没有获得。

人民党在信德省 100 个席位中获得 67 席,得票率为 46.5%,为第一大党;在旁遮普省 240 个席位中,人民党只获得 94 席,不敌伊斯兰民主联盟,该联盟获得 108 席,为第一大党;人民党也一改过去在西北边境省和俾路支省议席数为零的状况,在西北边境省获得 20 个议席,低于伊斯兰民主联盟的 28 席;在俾路支省获得 3 席。[②] 值得注意的是,许多以前支持齐亚全面伊斯兰化的"宫廷政治家",这次全部落马,如古拉姆·穆斯塔法·贾托伊,前总理穆罕默德·汗·居内久、毕尔·帕加拉(Pir Pagara)在信德省败于名气不是很大的人民党候选人。

在省议会选举中也爆出冷门:西北边境省和信德省的看守首席部长:法扎勒·哈克(Fazle Haq)和阿赫塔尔·卡齐(Akhter Kazi)落马。另外,人民民族党领导人瓦利·汗也落马。[③] 这表明人民拒绝齐亚政策,尤其是他的全面伊斯兰化的政策。

1988 年的选举结果令每个人都吃惊。人民党没有获得足够多的议席,能使贝·布托单独组阁。当权派也无法使那些杂七杂八的政党们组成一个温顺的联合政府。伊斯兰民主联盟获得的席位远远落后于人民党。人民党领先于伊斯兰民主联盟的 40 多席,其他政党在组阁中无法将其排除。人民党倒是能获得穆哈吉尔民族运动的支持。这个政党获得 14 个议席。因此,贝·布托尽管不是凯旋而归,也有足够强大的实力。对贝·布托有利的条件是:居内久、贾托伊、帕加拉、法扎勒·哈克、阿赫塔尔·卡齐、伊拉希·巴克什·苏姆罗等当权派政客在选举中纷纷落马。

---

① M.D.Dharamdasani (ed.), *Pakistan Under Democratic Regime*, Varanasi: Shalimar Publishing House, 1994, p.167.

② Verinder Grover and Ranjana Arora (edit), *Political System in Pakistan 3: Political Parties, Elections and Regionalism in Pakistan*, New Delhi: Deep&Deep Publications, 1995, p.66.

③ "Political Parties on Trial", *Economic and Political Weekly*, Vol. 23, No. 48 (Nov. 26, 1988), p.2501.

在正常情况下,人民党拥有多数,应由该党的领导人负责组阁,但是在巴基斯坦这种特殊政治环境下,组阁有足够大的回旋余地,甚至被当权派操纵。巴基斯坦总统古拉姆·伊沙克·汗明显不愿意提名贝·布托为政府总理。他足足拖了十天,直到试图建立撇开贝·布托的各种联合政府的努力都失败后,才要求贝·布托组阁。[①] 为了顺利组阁,贝·布托展示了她的现实主义风格和处事弹性。她给人留下了谙熟隐藏谈判、妥协、寻求共识、不对抗的政治品质。为组建政府,她作出了很大的妥协。

1988 年 11 月 23 日,贝·布托同米尔扎·阿斯拉姆·贝格将军进行了长达三个小时的秘密会谈。为安抚军队,她同意让米尔扎·阿斯拉姆·贝格继续担任陆军参谋长。她同意保留萨希布扎达·雅各布·汗的外长之职(此人成为伊斯兰民主联盟阵营的参议员)。她同意只保留国防委员会名义主席,不干涉军队的内部事务,并维持军队庞大预算。她同意由军队来处理阿富汗的外交政策。她也同意支持古拉姆·伊沙克·汗为总统候选人。她还同意遵守与 IMF 的协议。[②]

贝·布托组成的政府实际上是人民党与齐亚政权当权派的一种分权,而不是当权派转交权力。齐亚时代的中坚分子古拉姆·伊沙克汗担任总统,齐亚的密友萨希布扎达·雅各布·汗仍担任外交部长。不过,这种分权是不平衡的,因为总统拥有解散政府与议会的权力。实际上,因为贝·布托作出如此大的让步,她的联合政府不得不忍受各种限制。

对于贝·布托对军队作出如此大的让步,贝·布托的弟弟穆尔塔扎·布托表示了担心。他认为贝·布托的让步,是急于想掌权。他说道:"如果是我,我将以人民党多数党的身份去做反对党,看他们是否能成立政府。"[③] 他在接受《印度时报》记者采访时,更加批评地说道:"她对曾经给齐亚以资金的美国人让步太多,对军队中的老顽固让步太多,对那些迫切想享受权力的党内官僚让步太多。"[④]

---

① 伊沙克汗总统拖延的目的是给伊斯兰民主联盟以重整其鼓的机会,并且拖延的时间越长,全国大选对省议会选举的影响就越小,有利于伊斯兰民主联盟在省议会选举中有较好的表现。省议会选举结果显示,伊斯兰民主联盟在旁遮普省议会选举中获得了绝对多数,可以组建伊斯兰民主联盟省政府。Seyyed Vali Reza Nasr, "Democracy and the Crisis of Governability in Pakistan", *Asian Survey*, Vol. 32, No. 6(Jun., 1992), pp.521–537.

② Rasul Bakhsh Bais, *State, Society, and Democratic Change in Pakistan*, Oxford: Oxford University Press, 1997, pp.240–241.

③ Iqbal Akhund, *Trial and Error: The Advent and Eclipse of Benazir Bhutto*, Oxford: Oxford University, 2000, p.44.

④ Shyam Bhatia, "My sister has made too many concessions–Murtaza", *Times of India*, (New Delhi), February 9, 1989.

尽管人民党没有获得绝对多数,但是也不是处于很弱的位置,需要去接受当权派所给的条件。在这个关键时刻,伊沙克和贝格也会面临困难,面临选择。在这种博弈中,应该是贝·布托提出条件。不过历史的真相是贝·布托在最高法院作出的以下陈述:"他(指伊沙克汗)迫使我让他当总统以便得到进一步的机会,让这个国家摆脱民选政府和民选总理。雅各布叫我保留他的外长之职三个月,直到苏联军队从阿富汗撤军。现在想来,我认识到这三个月并不是意味着他,而是指我,将在三个月后被解职。"①

由于得到穆哈吉尔民族运动和跨区域的左派政党如人民民族党的议员,以及一些独立议员的支持,人民党在国民议会中组成了脆弱的多数,并在美国大使的干预下,1988年12月1日,35岁的贝·布托正式宣誓就职,成为巴基斯坦历史上首位女总理,也是整个穆斯林世界首位当选的女领导人,从而打破传统保守穆斯林集团所持有的女性不能担当国家领导人的神话。

人民党的联合政府主要由以下政治精英组成:地主阶级、城市专业技术人员,如律师、工程师、医生等,中等规模农场主、妇女和产业工人。妇女成为重要组成部长,在43名内阁成员中,共有3名女部长。② 为此,贝·布托自豪地说到人民党第一阶段恢复民主的斗争宣告结束;人民党第二阶段的斗争是在巴基斯坦消除贫穷、饥饿、疾病和无知。③

人民党也在信德省组建了包括穆哈吉尔民族运动在内的地方政府;在旁遮普省和俾路支省由纳瓦兹·谢里夫(Nawaz Sharif)④ 领导的伊斯兰民主联盟组建政府。在西北边境省,人民党加入人民民族党领导的联合政府。

在巴基斯坦,没有人预料到贝·布托这么快地成为巴基斯坦总理。这倒并不是因为她缺乏广泛的支持和天才,而是因为齐亚在他有生之年如此决心不让她和人民党执政。齐亚所做的一切都是为了实现这个目标。他绞死贝·布托的父亲,举行非政党选举,打压人民党。但是这一切政治谋划、压迫和控制都不能损害布

---

① Iqbal Akhund, *Trial and Error: The Advent and Eclipse of Benazir Bhutto*, Oxford: Oxford University, 2000, p.42.

② Saeed Shafqat, "Pakistan Under Benazir Bhutto", *Asian Survey*, Vol. 36, No., 7(Jul., 1996), pp.655–672.

③ Anees Jillani, *Advance Toward Democracy: The Pakistani Experience*, Lahore: Progressive Publishers, 1991, pp.180–181.

④ 纳瓦兹·谢里夫生于1949年12月25日,是巴基斯坦保守派政治家、钢铁业巨头。1990年12月至1993年7月,1997年2月至1999年10月12日为巴基斯坦担任总理。他是穆斯林联盟(谢里夫派)的主席。

托的形象和人民的支持。贝·布托使她父亲的传统得以新生。尽管年轻和遭受牢狱和流放之苦,贝·布托作为反对派的领导人积极地活跃在政治舞台上有11年之久。在这一阶段的锻炼大大地锤炼了她的领导素质。在许多场合,她在许多国家大事上展现了她的现实主义和非意识形态化的风格。她也展示她在原则上毫不妥协、能够在民主框架内与不同团体共事的能力。①

三、人民党取得 1988 年大选胜利的原因分析

在 1988 年选举中,人民党排除当权派和伊斯兰传统势力的阻挠,取得 1988 年大选胜利。其主要原因是:

第一,人民党仍有深厚的群众基础。人民党成立后,在阿里·布托的领导下,组织了反阿尤布的群众运动,得到其他政党,如民族人民党、人民联盟和其他宗教政党的支持。人民党同时得到了农民、学生、工人、小企业主、商人、小资产阶级和城市专业人士等的支持。② 应该说,人民党有广泛的社会基础。

1971 年 12 月,人民党在阿里·布托的领导下,实行了一系列社会经济改革。新的劳工政策,提高工人在每年利润的分配份额,从 1968 阿尤布政权时期的 2% 份额,提高到 4% 份额;政府要求雇主们提高工人的生活水平,为他们提供教育和住房设施③;政府也宣布如果工人们成功地提高生产力,他们将从增加的利润中额外分得 20% 的份额。④ 这些措施无疑得到巴基斯坦产业工人的支持。因此人民党在产业工人始终有一定的号召力。

阿里·布托政府的教育政策成功地适应了城市穷人的教育需求,为 13 岁以下的学龄儿童提供免费教育等。这使得人民党在城市穷人中有一定号召力。阿里·布托政府的土地改革使一部分中小农民和无地农民从中受利。因此,人民党在农村中有强大的号召力。人民党对中下层群众利益的关注是巴基斯坦右翼政党和宗教政党所不能做到的。巴基斯坦仍是一个发展中国家,中下层选民占巴基斯坦选民的大多数。人民党得到这个大多数的支持,是其获得选举胜利的基础。

1977 年 7 月 5 日,齐亚军人集团发动政变,推翻人民党政权。尽管齐亚采取

① Rasul B.Bais, "Pakistan in 1988: From Command to Conciliation Politics", *Asian Survey*, Vol. 29, No. 2,(Feb. 1989), pp.199–206.

② Sayeed Khalid B., "How Radical is the Pakistan People's Party", *Pacific Affairs*, Vol.48, No. 1 (Spring,1975), pp.42–59.

③ Meenakshi Gopinath, *Pakistan in Transition*, New Delhi: Manohar Books, 1975, pp.118–119.

④ Anwar H. Syed, *The Discourse and Politics of Zulfikar Ali Bhutto*, London: The Macmillan Press, 1992, p.163.

镇压措施,逮捕人民党领导人和积极分子[①],但是人民党的群众基础仍在。贝·布托作为"烈士"之女,继承了阿里·布托的法统,振臂一呼,完全能动员人民党的群众。

第二,人民党领导人贝·布托的形象吸引中下层选民,尤其是女性选民。政党领导人的形象在现代社会中对于政党在选举中吸引选民具有至关重要的作用。在这次选举中,实际上政策主张并不是主要决定因素,而是家世、口号和个人形象起了决定作用。一份民意调查发现,24%的选民支持伊斯兰民主联盟,只是因为他们是强有力的领导人;18%的选民支持人民党只是因为他们怀念佐菲卡尔·阿里·布托;22%的选民支持贝·布托,因为她是佐菲卡尔·阿里·布托的女儿。总体而言,民调发现41%的选民受到个人特点的影响;21%的选民受到家世的影响。[②]

人民党领导人贝·布托自小随其父熟悉政治生活。她曾经随他父亲见过毛泽东;她也随其父见过美国总统尼克松。[③] 1969年贝·布托赴美国哈佛大学学习。1973年又赴英国牛津大学学习,接受西方教育,崇尚民主和自由。1977年回国,在巴外交部做研究工作。齐亚发动的军事政变打乱了她的平静生活。她父亲被抓后又被处死,她本人与其母亲也被四处关押。贝·布托曾前后9次入狱,非常人所忍受。贝·布托也成为反抗军人政权的代表,并获得了"铁蝴蝶"之称的美誉。她的个人遭遇与反抗精神也得到西方的同情与支持,使她在国际上有较高的声誉。

1986年4月10日,贝·布托结束两年的流亡生活,从伦敦回到巴基斯坦。从卡拉奇机场到市中心的沿途,有数十万人夹道欢迎她。在其后短短的一个月中,她跑遍全国各主要城市,举行20余次反对齐亚·哈克的集会。反齐亚·哈克的旋风势头之猛,被外国评论形容为"如同刚开闸的洪水拼命地咆哮"。[④] 这说明贝·布托具有广泛的号召力。

此外,人民党早在阿里·布托执政时期致力于提高妇女地位。在1973年的"布托宪法"中就通过了多款保护妇女权利的条款,比如在第32款"国家政策的基础原则"中,规定地方政府为妇女预留职位;第35款鼓励妇女参加国家事务。

---

① 人民党有数千名干部被监禁,数百名干部遭到鞭打,其中包括人民党的前部长和国会议员,有些被杀害或被流放。See Yasir Hussain, *The Assassination of Benazir Bhutto*, New Delhi:Epitome Books, 2008, p.150.

② Frances Harrison, "Benazir Bhutto: The First Year", *Contemporary Review*, Vol. 256, No. 1489 (1990:Feb.), pp.62–67.

③ Katherine M. Doherty and Craig A. Doherty(1990), *Benazir Bhutto*, Reproduced in pdf form by Sani H Panwhar, p.29, Benazir Bhutto Copyright © www.bhutto.org

④ 李德昌:《巴基斯坦的政治发展(一九四七——一九八七)》,四川人民出版社1989年版,第262页。

阿里·布托政府还采取行政措施提升妇女权利,首次任命三名妇女担任国家重要职位:雷娜·利雅卡特·阿里汗女士担任信德省督,阿什拉夫·阿巴西担任国民议会副发言人,卡尼兹·法蒂玛·优素福担任伊斯兰堡大学副校长。[①]

　　1973 年的政府改革还向妇女开放所有联邦政府机构。这一系列措施导致妇女团体大幅度增加。正如,一位妇女运动积极分子感叹道:"在巴基斯坦历史上的阿里·布托时期是妇女组织发展最快的时期之一。现有的组织正在壮大,数个新的组织正在出现。"[②]

　　1979 年,齐亚政权推行全面伊斯兰体制。齐亚的政策尤其是伊斯兰教法大大限制了妇女的权利,降低了妇女的社会地位。为此,巴各地妇女组织在 1981 年联合成立妇女行动论坛,抗议伊斯兰教法。巴妇女运动蓬勃发展,创造出有利人民党重返政坛的有利条件。

　　贝·布托号召解放女性,提高妇女地位。这在妇女长期受到压抑的社会里,贝·布托的思想,加上她的身体力行,在巴基斯坦的妇女中产生巨大的反响,冲击了伊斯兰教长期不准女性抛头露面的俗规。因此,贝·布托吸引女性选民。这是巴基斯坦政坛中其他领导人不具有的优势。

　　对于贝·布托的形象和素质,伊沙克汗总统也称赞贝·布托为"一个受到良好教育,拥有伟大政治家的素质和卓越政治才能"[③]。

　　第三,人民党从群众党向全方位党转变吸引了各阶层的选票。群众党是指拥有庞大党员规模,在全国建立各地组织网络:地方支部,党内实行集权,主要依靠发动群众、教育群众的政党。[④] 它出现于 19 世纪实行普选权的欧洲,以社会民主党和共产党等运动性政党为典型。

　　人民党在阿里·布托时期是一个典型的群众党。人民党成立后,在布托的领导下,组织了反阿尤布的群众运动,得到了农民、学生、工人、小企业主、商人、小资产阶级和城市专业人士的支持。[⑤] 人民党也是靠教育群众、发动群众而获得执政权。

　　①　Saeed Shafqat, "Pakistan Under Benazir Bhutto", *Asian Survey,* Vol. 36, No. 7（Jul., 1996）, pp.655–672.

　　②　Khawar Mumtaz and Farida Shaheed, *Women of Pakistan:Two Steps Forward , One Step Back?* London: Atlantic Highlands, N.J.: Zed Books, 1987, p.65.

　　③　Iqbal Akhund, *Trial and Error: The Advent and Eclipse of Benazir Bhutto*, Oxford: Oxford University, 2000, p.41.

　　④　See Maurice Duverger, *Political Parties: Their Organization and Activity in the Modern State*, London: Methuen &Co. Ltd, 1954, p.63.

　　⑤　Khalid B. Sayeed, "How Radical is the Pakistan People's Party", *Pacific Affairs*, Vol.48, No. 1（Spring,1975）, pp.42–59.

人民党党内实行集权,由阿里·布托一人说了算。阿里·布托通过"家长制"和"个人关系"来维系党的运转。人民党充分体现了运动性政党的特征。[①]

全方位党是指追求选票最大化,为争取更多的选民而调整自己的政策方向和选举策略,放弃意识形态的党。[②] 它出现于人们日益忽视意识形态,民众更多关注消费和享受生活的 20 世纪 60 年代末。以欧洲老牌社会党德国社会民主党、工党为典型。这类政党以社会各阶级、阶层界线模糊为基础,放弃了原有的群众基础,向中间选民靠拢。人民党的新领导人贝·布托是一个非意识形态的实用主义者,"一个实际的人"。[③] 她认识到在巴基斯坦现有社会结构框架内,人民党必须是"一个多阶级的党"。

1986 年 4 月,她从伦敦回国后,党内的左派元老不满意贝·布托思想,离开了人民党。贝·布托通过了了解人民的情绪与心理,决定放弃她父亲的左翼激进主义,倾向社会民主主义,赞同社会市场经济。她把地主阶级和资产阶级中的传统和现代派都纳入到党的队伍之中。人民党已经成为成分复杂、无所不包的"全方位党"。[④] 人民党现在主要是产业工人、封建地主、城市有产阶级成员、知识分子所组成。[⑤] 其纲领与政策正是第三世界社会民主主义的写照。

人民党在 1988 年的选举中,一方面重申了"信仰是伊斯兰,经济是社会主义,政治是民主,一切权力归人民"的竞选口号,另一方面纠正过去的一些过激的口号与政策,比如,放弃了在 1986 年反齐亚·哈克运动中为老布托复仇的政策,而代之以恢复民主、民族和解的口号,也不再提国有化,鼓励私营企业发展,不再坚持老布托的反美立场,而是十分感激美国对巴基斯坦提供的巨额经济和军事援助,主张同美国发展关系。[⑥]

全方位党最大特点是摆脱了过去单一阶级的成员,拥有更广泛的选民基础,

① Lodhi, Maleeha, "Pakistan People's Party and Pakistani Democracy", *Journal of South Asian and Middle Eastern Studies*, Vol. 6, No. 3(Spring,1983), pp.20–31.

② Otto Kirchheimer, "The transformation of the Western European Party Systems", in Joseph Lapalombara and Myron Weiner(eds.), *Political Parties and Political Development*, Princeton:Princeton University press, 1966, p.184.

③ P.L. Bhola, *Benazir Bhutto: Opportunities and Challenges*, New Delhi: Yuvraj Publishers & Distributors, 1989, p.14.

④ Mohammad Waseem, *Democratization in Pakistan: A Study of the 2002 Elections*, Oxford: Oxford University Press, 2006, p.40.

⑤ Rasul B.Bais, "Pakistan in 1988: From Command to Conciliation Politics", *Asian Survey*, Vol. 29, No. 2, (Feb. 1989), pp.199–206.

⑥ 李德昌:《巴基斯坦的政治发展(一九四七——一九八七)》,四川人民出版社 1989 年版,第260—261 页。

能够平衡因为社会经济的发展导致某一阶级成员的锐减带来的损失,保持其得票率份额。人民党在农民、工人和青年学生中拥有半数以上的支持。他们成为人民党的固定选民。此外,人民党在女性选民和政府雇员中拥有相对多数的选民。

人民党在此次选举中,突破了过去的选民格局,在地主、工业家和商人阶层中获得 34% 的支持。尤其是企业家和商人阶层原来主要是巴右翼政党如穆斯林联盟的固定选民,现在有 1/3 支持人民党。这说明贝·布托转向市场经济的政策得到了部分企业家和商人的认同。

人民党在贝·布托的领导下既保持了原有的选民,同时又赢得了新的社会阶层,尤其得到拥有财富与资源选民的部分支持;人民党从群众党转向全方位党获得了新的发展,从而保障了此次选举胜利的选民基础。

人民党的主要对手是伊斯兰民主联盟。此联盟由齐亚政权的情报机关协调凑合而成。它最大缺陷是该联盟的九个政党之中,大部分为宗教政党。这些宗教政党支持齐亚政府的全面伊斯兰化政策,有些甚至是伊斯兰原教旨主义政党,要求巴基斯坦以伊斯兰教法治国,以伊斯兰教规范人们的生活,尤其是限制妇女的权利。伊斯兰民主联盟的这些原教旨主义政策得不到长期生活世俗政权下的选民支持,巴基斯坦的妇女更是不满。在此次选举中,许多以前支持齐亚全面伊斯兰化的"宫廷政治家"纷纷落马[1],表明伊斯兰民主联盟的政策不得人心。反对党的缺陷就成为人民党的"优势"。

第五,巴基斯坦各派政治势力在"5·29"事件[2]和齐亚突然死亡等突发事件,保持克制促使大选如期进行,从而为人民党通过选举上台创造了条件。[3] 1988年5月29日,齐亚突然解散政府和国民议会、各省议会和政府。8月17日,齐亚总统专机爆炸。这两起突发事件使巴基斯坦国内政治形势十分紧张,然而,由于巴各方都持克制态度,以大局为重,这两起重大突发事件没有在巴基斯坦产生动荡,因而大选能如期举行。

"恢复民主运动"领导人阿沙德·乔德里呼吁全民族团结一致。人民党领导人贝·布托在齐亚遇难后表示她的党将尽一切力量使巴基斯坦的民主进程保持稳定并符合宪法。伊沙克汗总统也表示继续巴基斯坦的政治民主化进程,如期在11月6日举行选举。新任巴基斯坦陆军参谋长贝格也表示军队无意夺取权力,帮助维持法律和秩序,使11月6日的大选成为现实。

---

① See "Political Parties on Trial", *Economic and Political Weekly*, Vol. 23, No. 48(Nov. 26, 1988), p.2501.
② "5·29"事件指 1988 年 5 月 29 日,齐亚突然宣布解除居内久总理之职,解散国民议会的事件。
③ 李德昌:《贝·布托获胜的原因及面临的困难》,《世界经济与政治》1989 年第 8 期。

此外,国际方面的压力和20世纪80年代末第三波民主化浪潮对人民党上台是有利的。经过贝・布托多次访美、演讲与游说,美国政界已经获悉齐亚政权违背人权,镇压反对派的事实。美国政府多次要求齐亚政权早日举行大选。当时世界上出现的民主化浪潮无疑对饱受镇压的人民党来说是莫大的鼓舞。贝・布托还曾受菲律宾民主化浪潮的鼓舞,发誓要做第二个科拉松・阿基诺夫人。

第二节　贝・布托首次执政实践与下台的原因

人民党贝・布托政府成立之时,尽管面临内外困境,但是贝・布托政府克服种种困难,发展巴基斯坦经济,推行私有化,鼓励私营企业发展,吸引外资;在政治上,推动政治民主化进程,尝试让军队离开政治,开展了广泛的外交活动。首届人民党贝・布托政府虽然被提前下台,但是为人民党以后的执政积累了宝贵的经济教训。

一、贝・布托首次执政实践与政策

新成立的人民党贝・布托政府面临四个方面的挑战:

首先,巴基斯坦国家边界面临安全威胁。苏联曾入侵阿富汗,苏军撤走后,阿富汗又处于各派的内战。印度在克什米尔问题上与巴基斯坦闹得很僵,印度在巴基斯坦的边境上布有重兵。巴基斯坦处在战争的威胁之下。

其次,巴基斯坦境内的种族和地区关系紧张,人类的宽容价值观和社会责任感遭到破坏。巴基斯坦的种族和文化处于多样化,地区之间发展不平衡。各种族之间又因为宗教和利益发生冲突。巴基斯坦四个省的经济发展水平参差不齐,加上巴基斯坦的分裂主义思想根深蒂固,地方分裂主义时有抬头。这给联邦政府的执政带来了很大的障碍。

再次,巴基斯坦缺乏基本服务,如干净的饮用水、卫生、住房、交通和教育严重短缺。从当时巴基斯坦情况来看, 63%的人没有干净饮用水,每年死亡人数的40%是因为水传播的疾病而死,一半以上劳动力是文盲, 40%的人没有充足的食物,有2亿人没有自己的住房,大多数人被迫生活在不人道的条件下。相反,巴基斯坦精英们却过着奢侈的生活。社会两极分化严重。在11年的军人独裁统治下,普通群众被非政治化,没有任何政治权力。[1]

---

① 　Akmal Hussain, "Post-Election Challenge in Pakistan", *Economic and Political Weekly*, Vol. 23, No. 50(Dec. 10, 1988), pp.2630–2631.

第四,巴基斯坦财政和外汇吃紧,从而使巴基斯坦实质上处于经济危机之中。经济危机主要体现在两个方面:财政赤字和外汇短缺。政府不得不在给人民提供基本服务和投资基本设施、偿还外债方面进行取舍。

贝·布托政府最主要的任务是清理十年专制统治遗留下来的残骸,恢复民主制度和法律的作用。事实上,这一过程从居内久时期就已开始,在贝·布托领导下这一民主进程继续。

贝·布托恢复民主的主要障碍是人民党没有在国民议会获得废除齐亚对宪法的修正案所需要的2/3多数。总统拥有解散联邦和地方政府以及议会的权力。它就像达摩克利斯之剑悬在每届政府之上,哪怕这届政府得到议会绝对多数支持。面对这一困境,巴主流政党都想把总统手中拥有的这一专制之权废除。反对派拒绝支持贝·布托废除总统解散之权。纳瓦兹·谢里夫希望通过解除贝·布托职务为他的权力之路扫清障碍。

新成立的人民党政府面临的主要问题是如何处理与军队的关系。军人当政在巴基斯坦历史上已有四十多年之久,尤其是齐亚统治巴基斯坦有十一年之久。从贝·布托担任总理那一天起,军队就仔细留意她的政策。他们关注她是否会削减部队的预算? 军方还在等着看文人政府在没有军队帮助下是否能维持法律和秩序。[1]

人民党政府还面临许多棘手的问题,经济下滑、种族冲突、腐败和军火走私等。其中,经济问题尤为突出。所有的经济指标都反映了经济不佳。GDP 的增长率初步估计为:1987—1988 财年为 5.8%, 1986—1987 财年为 7%。实际上,经过核实的 1986—1987 年度的 GDP 增长率只有 5.7%。这说明 1986—1987 财年的经济增长下滑。尤其是, 1988 年经济遭受洪灾带来的损失达到 500 亿卢比,占国民生产总值的 0.6%。进口的不断攀升而国外汇款的不断减少,恶化了巴基斯坦的国际收支。1987—1988 财年出口额上升 24.1% 几乎被当年进口额上升 18.8% 所抵消。1987—1988 财年巴基斯坦的总出口额和总进口额分别是 43.41 亿美元和 68.83 亿美元。1978—1988 财年国外汇款下降了 10.2%,只有 22.97 亿美元。[2]

尤其是,全社会固定投资比例从 1976—1977 财年占 GDP 的 17.6% 下降到 1987—1988 财年占 GDP 的 15.7%。国内储蓄占 GDP 的比率在 1981 至 1988 年

①　Libby Hughes, *Benazir Bhutto: From Prison to Prime Minister*, 2000, Reproduced in pdf by Sani Panhwar, p.65. From Prison to Prime Minisater © www.bhutto.org.

②　Verinder Grover and Ranjana Arora(edit), *Political System in Pakistan 3: Political Parties, Elections and Regionalism in Pakistan*, New Delhi: Deep&Deep Publications, 1995, pp.68–69.

间只有 5.4%。相比之下,印度在 1986 年的此项指标则高达 21%。[1]

人民党政府还面临着财政赤字巨大,债务负担加重,国库空虚的严重局面。近十年来,巴中央政府预算赤字从 1981—1982 财年的 171.74 亿卢比增至 1987—1988 财年的 577.18 亿卢比。同期,赤字占当年国内生产总值(按当年价格计算)的比例从 5.3% 上升到 8.4%。贝·布托政府成立后不久,即于 1988 年 12 月 8 日,就对看守政府财政部长马赫布卡·哈克 1988 年 6 月作的 1988—1989 财年的财政预算做了修改,拟将预算赤字压缩到 486 亿卢比,占国内生产总值的 6.2%,实际上,1988—1989 财年的财政预算赤字达到 600 亿卢比,仍占国内生产总值的 6.7%。[2]

为弥补赤字,政府不得不举借内外债,使债务负担加重。巴政府的内债从 1980—1981 财年的 580.87 亿卢比增至 1987—1988 财年的 2301.46 亿卢比,约增加了 4 倍,同期,内债占国内生产总值的比例则从 20.9% 上升到 42.3%。政府还本付息逐年增大,仅每年的内债的利息额即从 1981—1982 财年的 33.37 亿卢比增至 1987—1988 财年的 210.96 亿卢比。同期,支付内债利息占国家财政收入的比例从 7.2% 上升到 17.4%。[3] 90% 的预算用于军事开支和偿还外债(60% 的预算用于军事开支,30% 用于偿还外债)。年度预算不够政府基本活动的成本。政府为了基本的发展项目和管理费用已经大量借款。

贝·布托在财政上没有任何回旋余地。与此同时,政府还面临着外汇风险。到 1988 年底,巴基斯坦外债偿还额已占全部外汇收入的 28%。随着国外工人汇款的减少,政府过去两年的外汇储备不到三个月进口的开支需要。因此,政府不得不向跨国银行寻求短期借款和寻求个人捐款。[4]

面对这种经济形势,人民党政府决心实行私有化。不过,这种政策实行起来没有清晰的目标。[5] 贝·布托政府成立了一个以法鲁克·莱加里为主席的高层委员会。其任务是重振工业化,促进地方分权和加快私有化。该委员会有一个雄心勃勃的扩张计划是在五年内通过国有化能收到 120 亿卢比。[6] 人民党政府希望为出售效率差的国营部门准备有利的条件。

---

① Akmal Hussain, "Is Pakistan's Economic Crisis Financial or Real?", *Economic and Political Weekly*, Vol. 24, No. 8(Feb. 25, 1989), pp.403–404.

② 李德昌:《巴基斯坦经济形势及人民党政府的经济政策》,《南亚研究季刊》1989 年第 3 期。

③ 同上。

④ Paula R. Newberg, "Pakistan at the Edge of Democracy", *World Policy Journal*, Vol. 6, No. 3(Summer, 1989), pp.563–587.

⑤ Arif Nizami, "A Balance Sheet in the Deficit", *Nation*, December 2, 1989.

⑥ Saeed Shafqat, "Pakistan Under Benazir Bhutto", *Asian Survey,* Vol. 36, No. 7(Jul., 1996), pp.655–672.

但是人民党政府制定系统的私有化政策太慢。失业、通货膨胀和工业企业发展停滞，尤其是国营部门的停滞需要密切关注并立即采取具体对策，但是贝·布托政府没有这么做，却忙于与党员、群众分享胜利果实，为人民党的支持者和同情者提供在公共部门的工作。这激起官僚队伍的愤怒，带来公共部门工作的低效率。越来越多的人认为人民党正在酿成腐败的气氛。人民党政府未能制定长远的经济政策，让普通人安心，恢复商界和企业家的信心。[①] 人们认为人民党既不愿精简国营部门，也不会认真对待促进私有化。政府没有形成连贯的私有化政策，工业家们的信心动摇，开始怀疑贝·布托政府。

不过，贝·布托政府以其民主的形象吸引了许多外资。1989年，众多的跨国企业开始在石油勘探、纺织业、水果保鲜业开工。例如，美国嘉吉公司（Cargill）在萨戈达（Sargodha）附近投资了一个640万美元的一个冷冻浓缩果汁厂，准备在1990年秋季开始生产。先锋良种公司（Pioneer Hi-Bred）[②] 开始在拉合尔附近建造杂交种子公司，投资1500万美元。这两个项目美国公司拥有100%的股权，是外方独资公司。[③]

人民党还实行了一系列鼓励私营部门发展的措施。如放宽投资建厂的限制，投资在10亿卢比以下的中小企业不需政府批准，而且如在政府指导下的工业发展区和落后地区建厂投资，政府保证优先提供各种重要服务；投资在10亿卢比以上的企业由总理为首的投资委员会批准。贝·布托执政半年，就已批准8家投资10亿卢比以上的企业。此外，政府还鼓励私营部门积极参与电力、公路等基础设施的建设。日本提供巨额资金援助沿印度河的公路建设。同时，政府还将出售国营企业股份，加强同私营部门的联系；为防止资产集中在少数人手中，国营企业的股份只向小投资者和工人出售，股票限额在5000卢比以内；国营企业资产的私有化将分阶段有步骤地进行。

尤为突出的是，人民党政府加强私人银行在货币金融领域内的地位和作用，为经济发展筹集更多的资金。为此，贝·布托政府决定允许六家私营公司成立投资金融银行。这六家投资金融银行的成立不仅可以缓解私营部门工业发展的资金不足的困难，而且还将促进巴货币金融业的进一步发展。政府也对工业投资者

①　Rasul Bakhsh Bais, *State, Society, and Democratic Change in Pakistan*, Oxford: Oxford University Press, 1997, p.243.

②　先锋良种公司是美国最大的农业杂交种子生产商，成立于1926年，其杂交种子的销售市场遍及世界七十多个国家。

③　Saeed Shafqat, "Pakistan Under Benazir Bhutto", *Asian Survey*, Vol. 36, No. 7（Jul., 1996）, pp.655–672.

放宽了财政政策,债务比率提高比 70∶30。[①]

　　贝·布托政府认为外国私人投资对巴经济发展同国内私人投资一样具有重要作用,因此,政府公开邀请外国私人投资者通过财政援助、直接投资、技术转让、合资企业、培训人员等各种方式在巴基斯坦投资。她还宣布成立以总理为首的投资委员会,迅速、及时地审批外国投资,并准备同未签订免征双重税协议的国家签订免征双重税协议;明确宣布不对外资企业实行国有化。

　　作为代表农民利益的政党,人民党政府对农业和农村的发展相当重视,采取以下措施:向小农无偿分配 30.759 万英亩土地;继续增加农业投入,继续实行农业价格补贴;实行农作物保险。政府在 1989—1990 财年拨款 3000 万卢比给巴基斯坦农业开发银行从事作物保险的试验工作。

　　除以上经济政策外,此届人民党政府的主要工作在推动政治民主化方面。贝·布托执政后,废除了歧视妇女的法律条款,大赦政治犯,恢复工会和学生会的活动。工会各级成员中包括妇女,废除新闻检查制[②],尊重人民的新闻和演讲自由,并宣布把消除腐败作为人民党政府的首要任务。[③] 由贝·布托总理提议,由伊沙克汗批准的赦免政治犯的八点计划,有 17000 名犯人获得释放,其中 2029 名死刑犯改为有期徒刑,并释放了 89 名妇女犯,判刑的 1145 名从犯被释放。[④] 一些流亡国外的人也纷纷回国,得与家人团聚。新闻自由和取消对反对党的活动限制后,批评政府的文章见之于报端。这是巴基斯坦历史上少有的政治宽松时期。

　　贝·布托总理还尝试让军队离开政治,使军队与政府关系正常化。1989 年 2 月,她下令 40 名高级陆军军官退役并限制三军联合军事情报局的活动。40 多名退役军官中多为齐亚提升并忠于齐亚的准将。齐亚·哈克利用三军联合军事情报局监视包括人民党在内的反对派的活动。

　　1989 年 2 月,贝·布托总理任命了一个委员会[⑤]来重新评估情报机构在民主政权中的作用和关系。贝·布托总理决定控制三军联合军事情报局。她不止一

---

　　① 李德昌:《巴基斯坦经济形势及人民党政府的经济政策》,《南亚研究季刊》1989 年第 3 期。

　　② Anita M. Weiss, "Benazir Bhutto and the Future of Women in Pakistan", *Asian Survey*, Vol. 30, No. 5（May, 1990）, pp.433–445.

　　③ Anees Jillani, *Advance Toward Democracy: The Pakistan Experience*, Lahore: Progressive Publishers, 1991, pp.181–182.

　　④ 李德昌:《贝·布托获胜的原因及面临的困难》,《世界经济与政治》1989 年第 8 期。

　　⑤ 该委员会以空军中将佐勒菲卡尔·阿里·汗为领导,有三位成员:M. A. K. 乔杜里、S. K. 马哈茂德（内政部长）、空军准将穆罕默德·亚敏。该委员会主要考察内务部情报局、三军联合军事情报局及其地方分支的工作。

次的说过,这一情报局正在破坏她的政府。她对情报局的不信任是有历史原因。在 1988 年大选前,这一情报机构在组织伊斯兰民主联盟中发挥了重要的作用。贝·布托总理力求使这一机构在文人政府控制之下。

1989 年 5 月,她解除有权势的情报头子:中将哈米德·居尔之职,任命他为木尔坦① 的兵团指挥官。她没有考虑军人集团的感受,没有任命军队的人为该情报机构领导人,而是任命已退休中将沙姆斯·拉赫曼·卡鲁为情报机构新领导。② 巴军方认为这是对军队事务的干预,并认为总理违反了不得干预军队事务的承诺。然而,本着妥协的精神,他们遵守了她的命令。

1989 年底,贝·布托不但与军队而且与总统发生了冲突。争论的问题是,谁有权力任命参谋长联席会议主席？海军上将完成了他三年任期,即将于 1991 年 11 月退休。总统按照齐亚对宪法的修正案,自己担任了这一职务,而贝·布托总理认为按照阿里·布托在 70 年代的行政命令,她有权担任这一职务。贝·布托宣称她有权让参谋长联席会议主席退休,因为该职务任期并不固定。这种争论实际上暗示了宪法危机。但是按照宪法第八修正案,这些权力由总统拥有,总理不得不退让。

贝·布托的权力主张得罪了总统和军队。他们越来越怀疑贝·布托的意图。军队中的精英更加认为贝·布托违背她不干预军队内部事务的承诺。1990 年 7 月,军队的头头们召开碰头会,决定他们不再接受政府至上地位。陆军参谋长向总统转达了军队内部这一决定。伊沙克汗总统刚好对人民党政府满腹牢骚,在得到军队撑腰后,遂决定解散贝·布托政府。

作为曾经研究过外交的总理,贝·布托更擅长外交工作。她充分利用国际形势趋于缓和,各国政府对她内阁反应良好的条件,积极地开展了广泛的外交活动。在齐亚统治时期,军人在外交政策上发挥积极作用。他们提出巴基斯坦应努力建立与伊朗、土耳其、阿富汗和孟加拉国的松散邦联。军队精英们想让巴基斯坦更加积极地支持克什米尔地区穆斯林的起义,把这一问题国际化,以寻求解决。他们还建议巴基斯坦应挑战印度“地区警察”的作用。相反,贝·布托认为应与民主国家发展关系,印度应看作是民主国家。

因此,当 1989 年 12 月,印度总理拉吉夫·甘地访问巴基斯坦时,贝·布托采取积极姿态改善与印度的关系。印度与巴基斯坦签署了《双方互不攻击对方的

---

① 木尔坦（Multan）是巴基斯坦旁遮普省的一个城市,位于该省的南部。

② Saeed Shafqat, "Pakistan Under Benazir Bhutto", *Asian Survey*, Vol. 36, No. 7（Jul., 1996）, pp.655–672.

核设施》、《取消两国双重税制》和《增进两国文化交流》三项协议。这三项协议当中,尤其是《双方互不攻击对方的核设施》协议化解了印巴两国的紧张关系。

1989年2月,贝·布托作为总理正式首次出访中国,继续发展并加深了中巴两国传统友谊。贝·布托与中国签订了一个协议:由中方协助巴方建立一座核电站。尽管贝·布托一再解释不做防卫武器,但还是遭到印度及其他国家的怀疑。

1989年6月,贝·布托正式访问美国,加强了巴基斯坦与美国的关系,并在核问题上向美国政府保证巴基斯坦没有原子弹,也不想制造原子弹。不过,她也表示巴基斯坦作为主权国家有权推行其核计划。在她访美期间,美国总统乔治·H. W. 布什答应在6年之内将给巴基斯坦42亿美元的财政援助。乔治·H. W. 布什还答应将给巴基斯坦60架F-16战斗机[①],价值是14亿美元[②],并额外给巴基斯坦60亿美元的经济和军事援助。作为回报,贝·布托承诺不会让她的国家成为一个核国家。[③]

贝·布托还与其他国家的领导人进行了广泛地接触,为此,她在国际上获得了良好的声誉,尤其是她在访问西方国家时,受到热情地欢迎。总之,她更喜欢花大量精力出国访问。[④] 不过,她在处理国内问题时,却显得捉襟见肘。

贝·布托首次执政期间,还使巴基斯坦重回了英联邦。通过降低与英国和其他欧洲国家的贸易成本使巴基斯坦获得许多机会来改善自身的福利。

此次大选后,伊斯兰民主联盟成为议会中最大的反对派。它也成为旁遮普省的主导力量。此次大选出现两个主要政党,也出现两个富有朝气的年轻领导人:贝·布托和纳瓦兹·谢里夫。两人本应放弃过去政治对抗的传统,通过政治和解重新开始。巴基斯坦观察家也看到两位领导人没有什么严重的理论分歧。他们还注意到这两位领导人的支持基础也是流动的。同时,他们在加强议会民主制、自由市场经济、放松管制,企业和金融机构私有化方面有着许多共同主张。[⑤] 他们在外交政策上也没有什么原则区别。起初,贝·布托和纳瓦兹·谢里夫给人留

---

① 贝·布托的前任只得到美国40架F-16战斗机的援助,贝·布托为此深感自豪。See Lawrence Ziring, "Pakistan in 1989: The Politics of Stalemate", *Asian Survey*, Vol. 30, No. 2(Feb., 1990), pp.126–135.

② Paula R. Newberg, "Pakistan at the Edge of Democracy", *World Policy Journal*, Vol. 6, No. 3(Summer, 1989), pp.563–587.

③ Libby Hughes, *Benazir Bhutto: From Prison to Prime Minister*, 2000, Reproduced in pdf by Sani Panhwar, p.69. From Prison to Prime Minisater © www.bhutto.org.

④ Safdar Mohmood, *Pakistan Political Roots and Development 1947–1999*, Oxford: Oxford University, 2000, pp.268–269.

⑤ Safdar Mohmood, op.cit., p.389.

下他们将为民主和国家的利益并肩共事的印象。

然而,不久两位领导人及其追随着就发生激烈的冲突。这种冲突演变为贝·布托领导的联邦政府与纳瓦兹·谢里夫领导的旁遮普省政府之间的对抗。联邦政府对旁遮普政府施以各种合法与非合法的手段,而旁遮普省则在每一件事上都挑战中央政府的权威。

伊斯兰民主联盟不断地批评贝·布托政府与印度和解的政策。该党宣称贝·布托已经接受印度霸主地位。据此,该党认为贝·布托损害巴基斯坦的国家利益。人民党政府在消除这些指控和批评方面显得被动无力。人民党在处理联邦政府与省政府的关系上比较糟糕,主要是因为以纳瓦兹·谢里夫领导的伊斯兰民主联盟的其中作梗。

1989 年 11 月 1 日,纳瓦兹·谢里夫联合反对党在国民议会中对人民党政府发起不信任投票。伊斯兰民主联盟通过一系列巧妙的议会程序发起不信任投票,着实让人民党大吃一惊。然而,贝·布托并不恐慌。她立即行动确保执政所需票数。在这一关键时刻,她曾对她助手透露如果在议会投票失败,她将坐在反对党的位置上。[1]

实事上,这不信任投票提案是因为总理贝·布托与总统伊沙克汗在处理政府事务,尤其是在政府高官去留问题上出现的一系列或明或暗的博弈。这两位领导人在任命最高法院法官问题上已经闹得沸沸扬扬。他们还在海军领导西罗海上将退休一事上出现分歧。这两人个人冲突使贝·布托的支持者认为拉古姆·伊沙克与伊斯兰民主联盟密谋,不信任投票提案得到了总统的默许;总统本人并不持中间立场。

围绕不信任投票提案的各项政治活动是大多数巴基斯坦人首次体验。为了保证议员的选票,双方都使出金钱购买的手段收买或保证议员的忠诚。据估计,此次政治贿选双方共花费百万卢比。[2] 反对党由于担心本党议员投向政府干脆把自己的全部议员关在拉合尔和慕里(Murree)两个地方,并由警察保守。

尽管反对党不遗余力地和不计成本,反对党想拉贝·布托总理下马的愿望落空。11 月 1 日,国民议会不信任投票经过两个半小时的辩论后投票,伊斯兰民主联盟只获得 107 票,要想使政府下台还欠 12 票。[3] 人民党岌岌可危的多数总算

---

① Lawrence Ziring, "Pakistan in 1989:The Politics of Stalemate", *Asian Survey*, Vol. 30, No. 2(Feb., 1990), pp.126–135.

② Ibid.

③ Lawrence Ziring, "Pakistan in 1989:The Politics of Stalemate", *Asian Survey*, Vol. 30, No. 2(Feb., 1990),pp.126–135.

得以保持。这是巴基斯坦自独立四十二年以来,首次出现对政府的不信任投票。贝·布托表示她从这次实践中学到了许多东西。她的政府尽管能延续但必须做出重大的变革,改组内阁成员。不信任投票案严重影响了贝·布托政府的权威,也使总理与总统的关系更加疏远。

1991年4月8日,贝·布托在最高法院揭露:"这不信任投票案正是总统和我不愿提到的一些人提出的。有录像表明那些敏感的情报机构成员去议员那里,告知他们:他们必须脱离人民党,他们必须脱离总理……这一行动的名字叫豺狗行动……议员们被带进旁遮普省政府的汽车里,然而被带到一个房子……整个国家的人都能从电视上看到伊斯兰民主党来自锡亚尔科特的议员大声呼喊'救命,救命',冲向人民党这边,宣称他的生命受到威胁……在不信任投票之前,属于伊斯兰民主联盟的议员和不愿意成为人民党议会党团的议员都被带进旁遮普省政府的汽车去了旁遮普省在慕里的疗养地和其他地方。那些欺凌和压迫旁遮普人民得来的钱现在用来招待那些议员们。伊斯兰民主联盟拿着塞满钱的公文包四处勾引人民党议员,但是都被他们严辞拒绝了。"①

人民党政府除遭受不信任投票案的打击之外,还在1989年1月补选的"小选举"中遭受失败。在13名国民议员的补选中,人民党只获得4席(旁遮普省2席,俾路支省1席,西北边境省1席),而伊斯兰民主联盟却获得7席(全部来自旁遮普省)。伊斯兰民主联盟在国民议会中的地位得到加强。其他2席为其他政党所得。② 在这次补选中,曾经在1988年大选中,被贝·布托在他的选区击败的古拉姆·穆斯塔法·贾托伊重新回到国民议会。③ 在省议会14席的补选中,伊斯兰民主联盟又拔得头筹,获得10个议席,而人民党只获得3席,相差甚远。④因此,伊斯兰民主联盟成为地方上强有力的政党。补选结果显示人民党的影响力在下降。

人民党失去旁遮普省也许是其执政的最大障碍。当人民党在中央成立政府的同时,伊斯兰民主联盟在纳瓦兹·谢里夫领导下在旁遮普省执政。这是在巴

---

① Iqbal Akhund, *Trial and Error: The Advent and Eclipse of Benazir Bhutto*, Oxford: Oxford University, 2000, p.281.

② Verinder Grover and Ranjana Arora(edit), *Political System in Pakistan 3: Political Parties, Elections and Regionalism in Pakistan*, New Delhi: Deep&Deep Publications, 1995, p.241.

③ Iqbal Akhund, *Trial and Error: The Advent and Eclipse of Benazir Bhutto*, Oxford: Oxford University, 2000, p.304.

④ Verinder Grover and Ranjana Arora(edit), *Political System in Pakistan 3: Political Parties, Elections and Regionalism in Pakistan*, New Delhi: Deep&Deep Publications, 1995, p.241.

基斯坦历史上首次出现不同政党在旁遮普省和中央执政。旁遮普省有巴基斯坦60%的选民,在国民议会237名议席中,分配给旁遮普省的议席就有115席。[1]当反对党在旁遮普省在这一重要省份执政,人民党在联邦政府执政不会是轻松的。谢里夫已经成为巴基斯坦反对人民党力量的象征。[2]

谢里夫一开始就奉行与贝·布托对抗的政策,处处刁难旁遮普省人民党的领导人。在人民党未上台之前,旁遮普省领导人从未要求过地方自治,现在却开始鼓噪自治。令贝·布托深感失望的是,当她要求旁遮普省督蒂卡·汗将军宣布谢里夫为卖国贼时,他拒绝了。蒂卡·汗被贝·布托任命为旁遮普省督是有特殊任务:他要控制伊斯兰民主联盟的反人民党的活动,但是这一安排失算。人民党的支持基地现在有利于纳瓦兹·谢里夫。

信德省由于信德人与穆哈吉尔人移民(Muhajirs)[3]之间的冲突而成为巴基斯坦最不安定的省。这种种族冲突在齐亚统治时期尤为严重,帕坦人(Pathans)[4]也被卷入其中。贝·布托不得不在旁遮普省和信德省的双重压力下工作。信德省是人民党主要支持基地,所以没有采取警察管制措施以免影响人民党在该省的声望。但是另一方面如何维持该省的法律和秩序倒成了问题。

在1988年的大选中,穆哈吉尔民族运动成为信德省的一支重要力量。由于人民党在国民议会中没有获得足够多数,该党支持贝·布托在中央成立政府。当信德省出现流血冲突时,贝·布托政府采取不干预的政策。然而,这样的政策却不利人民党政府,因为它给伊斯兰民主联盟批评贝·布托政府不作为提供了口实。不幸的是,这些穆哈吉尔人移民在骚乱中成为主要的受害者,也成为对人民党的批评者。最后穆哈吉尔民族运动退出对人民党政府的支持,与伊斯兰民主联盟合作。这一新的联盟到1989年11月时变得更强。重新安置穆哈吉尔人移民的问题也恼怒了信德人。贝·布托放弃了重新安置穆哈吉尔人移民的计划又给纳瓦兹·谢里夫攻击政府提供了借口。人民党政府也逐渐失去穆哈吉尔人移民

---

[1]　Verinder Grover and Ranjana Arora(edit),op.cit., p.240.

[2]　Anees Jillani, *Advance Toward Democracy: The Pakistan Experience*, Lahore: Progressive Publishers, 1991, p.194.

[3]　这些名叫穆哈吉尔人(Muhajirs)的移民是1947年印巴分治后,一些在印度东旁遮普省的讲乌尔都语的穆斯林移民到巴基斯坦旁遮普省穆斯林社区;而来自南亚次大陆的其他讲乌尔都语的穆斯林移民到信德省的城市。

[4]　帕坦人也称普什图人,也称阿富汗族人,是阿富汗东南部和巴基斯坦西部的主要穆斯林民族,主要居住在阿富汗兴都库什山脉和印度河流域之间的区域。帕坦人居住在巴基斯坦西部的约1400万人,占巴基斯坦总人口的16%。

的支持,而纳瓦兹·谢里夫却成了穆哈吉尔人移民事业的倡导者。

　　穆哈吉尔民族运动不再支持人民党后,贝·布托尽力巩固人民党在信德省的地位。她努力招募信德人参加军队,以平衡和反对旁遮普省人在军队的主导地位。不过,她未能扼制信德省领导人赛义德(G.M.Sayeed)和穆哈吉尔民族运动领导人阿尔塔夫·侯赛因(Altaf Hussain)[1]在信德省势力的膨胀。人民党与穆哈吉尔民族运动相互钳制,使信德省的局势更加尖锐。贝·布托要解除阿夫塔卜·萨班·米拉尼的首席部长之职代之以阿里·沙阿夸(Quam Ali Shah),也因为穆哈吉尔民族运动不承认而只得作罢。[2]信德省不断恶化的法律和秩序表明政府的权威性日益减弱,并最终成为贝·布托下台的一个重要原因。[3]

　　西北边境省的政治局势也不稳定,因为该省力量分散,许多政党都在该省角逐。人民党在该省的地位并不令人乐观。人民党与民族人民党在该省组成联合政府,但是人民党还必须努力保护政府不受外来压力的影响。该省政治局势的不稳定主要是因为相对其他政党如伊斯兰民主联盟、伊斯兰神学者协会而言,人民党的实力还不够强。俾路支省的局势也令贝·布托失望。该省的首席部长纳瓦布·阿克巴尔·布格蒂与贝·布托政见相左,与旁遮普省的纳瓦兹·谢里夫联手要求地方自治。

　　人民党政府除受到反对党的挑战外,还受到巴境内日益猖狂的走私活动挑战。在人民党竞选宣言中,人民党曾保证扼制住巴境内的走私活动。贝·布托执政后,也发起了反对走私的运动。为此,内阁还专设了反对走私的部门。然而,反对走私的运动进展缓慢。这有两个原因:一是,反走私运动抓到的走私分子却是某些政府官员允许以谋取报酬。这导致滥杀无辜,群众中也有很多怨言;二是,走私活动集中在巴基斯坦联邦的部落地区。这些走私得到许多国会议员的政治庇护。有些议员自己参与走私活动。在1989年11月,这些议员又投票支持贝·布托,使其不因为不信任投票而下台。为此,贝·布托停止反走私运动。贝·布托为了自己的政治生命不得不与那些走私者妥协。她发动的反走私活动最后偃旗

　　① 阿尔塔夫·侯赛因是穆哈吉尔民族运动的创始人和领导人。在1988年和1990年的大选中,穆哈吉尔民族运动都成为巴基斯坦国民议会的第三大党。在巴基斯坦历届大选中,该党主要获得巴基斯坦北部地区包括克什米尔地区和吉尔吉特-巴尔蒂斯坦地区的选票。自1992年,他在巴基斯坦躲过一次暗杀后,他就自我流放,生活在英国。

　　② Verinder Grover and Ranjana Arora(edit), *Political System in Pakistan 3: Political Parties, Elections and Regionalism in Pakistan*, New Delhi: Deep&Deep Publications, 1995, p.242.

　　③ Rasul Bakhsh Bais, *State, Society, and Democratic Change in Pakistan*, Oxford: Oxford University Press, 1997, pp.243.

息鼓,失败告终。

贝·布托与军队的关系也出现了裂痕。巴基斯坦军方勉强同意贝·布托上台,以旁遮普人为主导的军队更不愿意人民党在信德省扎根。尽管军队存在这种趋向,但是陆军参谋长贝格将军曾表示愿意与贝·布托真心合作。不过,到1989年2月,双方出现裂痕。贝·布托让忠于齐亚政权的40位高级军官退休,此事军方存在不满,但最终保持了中立,没有干涉。但是当信德省的种族冲突愈演愈烈时,贝格将军改变了态度。他公开说道:如果信德省局势继续恶化,而人民党政府又不能采取有效措施控制,那么军队不会坐视不管。他重申冲突和无序只会对巴基斯坦的民主形成挑战。军队如此关注信德省的局势使贝·布托与贝格将军形成冷战。[1]

贝格将军向贝·布托政府要求为军队特别授权以便控制信德省日益恶化的形势。1990年8月2日,贝·布托召开内阁紧急会议讨论贝格的提议。内阁拒绝了贝格的提议,但是伊斯兰民主联盟支持军队的主张。因此,贝·布托呈请总统签署这一命令:军队有逮捕之权,但是需召开法庭审判的被捕者除外。为此,人民党的一些领导人向贝·布托威胁道:如果军队被授予特别之权,他们就将离开人民党。在这种情况下,贝·布托又不得不撤回向总统的提议。

贝·布托与总统伊沙克汗的关系也出现危机。总统与总理的关系是通过谈判来确立的。这种关系不会维持太久。人民党试图修改宪法,废除宪法第八修正案。伊沙克·汗本能反对。总统与总理的关系处于紧张之中。此外,伊沙克·汗也反对贝·布托外交政策。人民党政府处于风雨飘摇之中。

总的来看,贝·布托政府自成立后之所以遭受以上挫折主要来源于巴基斯坦原有的权力结构、社会经济力量,如伊斯兰原教旨主义、种族冲突、地区发展不平衡、脆弱的经济、伊斯兰民主联盟领导的对抗、人民党组织弱点和人民的过高预期等。[2] 自人民党政府成立后,人民对政府的期望就不断增加,人民党在竞选宣言中作出过许多承诺,人民对政府的评价以这些承诺实现多少来判断。如果这些承诺不在一定时间内实现,就有可能出现街头抗议示威。

1990年1月,贝·布托喜得第二个儿字,但是她无心享受这份喜悦,因为她还在妇产医院之时, 16个反对党就云集街上游行示威,要求她辞职,举行新的大选。这些反对党在演讲中抨击贝·布托政府腐败和无能。2万多名穆哈吉尔民族运动

---

[1]　Verinder Grover and Ranjana Arora (edit), *Political System in Pakistan 3: Political Parties, Elections and Regionalism in Pakistan*, New Delhi: Deep&Deep Publications, 1995, p.244.

[2]　P.L. Bhola, *Benazir Bhutto: Opportunities and Challenges*, New Delhi: Yuvraj Publishers & Distributors, 1989, p.29.

的青年党员在街上举行反贝·布托、反政府的集会。这种反政府集会还集结了众多带着小孩的妇女。这是巴基斯坦妇女参加最多的一次集会。①

在这一关键时期,贝·布托失去了原有的光环。此后,人民党政府麻烦不断。1990年7月21日,在军团指挥官会议上,贝格将军就准备罢免贝·布托,以便他数星期内把信德省混乱状况搞定。此事背后的主谋是总统伊沙克·汗。②8月6日,伊沙克·汗总统最后决定解散贝·布托政府、国民议会及四省议会。人民党政府被指责为控制腐败失败,信德省的法律与秩序,尤其是种族冲突不断恶化。贝·布托政府还被指责为侵犯省的自治权,违背宪法规定,以及由于政府对克什米尔所持态度未能从伊斯兰国家寻求到支持。伊沙克·汗宣布贝·布托因为经济腐败,处理克什米尔问题不得力,未能控制信德省的种族冲突,漠视伊斯兰化而被解除总理职务③,并任命古拉姆·穆斯塔法·贾托伊为看守政府总理,筹备新的大选。

贝·布托以民选总理上台是这个国家历史上的重大进步,代表了巴基斯坦追求民主政治的一个新开端。尽管贝·布托被解职,民主力量也一直在努力追求建立民主制度。相反,以官僚和军队的势力则试图破坏民主制度,由他们自己掌权。

在巴基斯坦,军人和官僚们掌握实权,民主力量的挫折是因为在巴基斯坦40年的政治历史发展中,巴基斯坦已经染上三种疾病:意识形态真空(Ideological Vacuum)④、领导真空(Leadership Vacuum)⑤、领导综合症(Leadership Syndrome)⑥。⑦在反对齐亚军人统治的恢复民主运动中,贝·布托在1986年崛起成

---

①　Lawrence Ziring, "Pakistan in 1990: The Fall of Benazir Bhutto", *Asian Survey,* Vol. 31, No. 2 (Feb., 1991), pp.113–124.

②　Iqbal Akhund, *Trial and Error: The Advent and Eclipse of Benazir Bhutto*, Oxford: Oxford University, 2000, p.305.

③　Verinder Grover and Ranjana Arora (edit), *Political System in Pakistan 3: Political Parties, Elections and Regionalism in Pakistan*, New Delhi: Deep&Deep Publications, 1995, pp.246–247.

④　"意识形态真空"是指巴基斯坦的政党或政治家没有理论修养,放弃意识形态,只崇尚实用主义,陷于权力斗争。

⑤　"领导真空"是指巴基斯坦自建国之父穆罕默德·阿里·真纳和利雅卡特·阿里汗去世后,出现一个领导人真空,直到数年之后,阿里·布托填补真空,但是自此以后,没有出现一个能让各方势力都能接受,或能协调各方意见的有魄力的领袖。

⑥　"领导综合症",是指领导人所患之毛病,在巴基斯坦主要体现为一是领导人没有眼光,不称职和办事效率低;二是领导人尽管有眼光、精明和魄力,但是具有极端的个人野心。P.L. Bhola, *Benazir Bhutto: Opportunities and Challenges*, New Delhi: Yuvraj Publishers & Distributors, 1989, p.101;领导综合症就是"缺乏一个见多识广,负责和有效的领导"。Saeed Suhrawardy, "The Leadership Syndrome", *The MILLI GAZETTE,* Apr. 1–15, 2004.

⑦　P.L. Bhola, *Benazir Bhutto: Opportunities and Challenges*, New Delhi: Yuvraj Publishers & Distributors, 1989, p.100.

为重要的国家领导人。齐亚空难之死为她上台扫清了最大的障碍。贝·布托填补了阿里·布托之后的领导真空。

贝·布托成为民主政府领导人后，不得不与那些挑战、困境和期望而战，利用一切可能的机会。这些挑战的独特性一般来自巴基斯坦民主的糟糕纪录，尤其是来自齐亚所留下的"遗产"。巴基斯坦原有的权力结构、原有的外交政策框架、巴基斯坦经济的状况和卡拉什尼科夫文化（kalashnikov culture）① 以及伊斯兰原教旨主义的挑战都有可能影响贝·布托政府的作用和表现。

正是有这些限制，贝·布托政府没有多少行动自由，很难实行任何变革。人民党在国民议会中也只有微弱的相对多数。人民党执政期间，除在议会勉强通过每年的预算外，没有通过任何立法。人民党领导人认识到自从参议院被反对党控制后，要想通过立法的机会是渺茫的。②

尽管如此，贝·布托政府在外交上取得了不少成绩：改善与印度的关系，双方承诺不对对方使用核武器；改善与美国的关系，并获得美国经济和军事援助；加强了与中国的关系；进一步增加与穆斯林国家的关系等。

贝·布托政府在内政上的成绩不如在外交领域，但是还是取得了一些成绩。政府尽最大能力寻求外国援助，吸引外国私人资本在巴基斯坦投资。此外，贝·布托政府还在促进巴基斯坦政治民主化，保证公民人权方面做了许多有益的工作。

二、贝·布托提前下台的原因分析

贝·布托在任期未完的情况下，就被总统提前解除了总理职务。贝·布托的下台除了总统个人原因外，还存在其他一些原因。

首先，作为执政党的人民党组织薄弱、理论思想不一致。人民党在意识形态倾向于社会民主主义，思想上定位中左，但是实际行动中，尤其是其经济政策却属于中右政策；人民党宣言上讲要为穷人服务，但是没有采取实际行为。人民党在大选中，以穷人为方向，在集会中与工人们在一起，但是在国民议会演讲中，却以

---

① 卡拉什尼科夫文化是指社会群体动不动用军队力量来解决政治问题的态度和行为。这是自苏联军队入侵阿富汗后，阿富汗出现内战和海洛因泛滥，并传到巴基斯坦，也出现毒品泛滥，恐怖主义盛行。在阿富汗和巴基斯坦，突击步枪卡拉什尼科夫（也称为 AK-47 型）是最受欢迎的自动武器，成为这里文化代名词。

② National Democratic Institute for International Affairs, *The October 1990 elections in Pakistan: report of the International Delegation*, Washington, D.C. : The Institute, 1991, pp.23–24.

资本家为方向。①

人民党执政后,内部出现不同的派别、不同的利益集团。掌握国家资源后,人民党就面临如何协调利益,为党员、支持者和同情者提供工作的巨大压力。人民党取得政权后沉迷于论功行赏,给支持者分配工作和报偿。② 人民党这样做,直接导致论资排辈的官僚队伍不满。人民党政府与官僚之间出现相互怀疑的状况。人民党政府没有这些文职队伍的支持,其政策执行起来便大打折扣。

掌握权力后,人民党的组织涣散、腐化。贝·布托很少关心人民党的组织状况,她与一小圈子亲信合作一起主导这个党。这些亲信基本上都是奉承她的想法,难有不同意见。早在取得政权之前,贝·布托就对组织工作缺少兴趣。她从英国回国后,主要靠她父亲的影响与家世传统领导人民党。在她心中地位至上,忽视人民党的长远利益。在1986年至1988年间,个人的野心让她把人民党的老中坚分子排挤出人民党。许多人都是她父亲的忠诚战友,在党内有较高的威信。他们的离开严重伤害了人民党,使党的组织更加弱化。相反,贝·布托使用了一批在党内在国内都没有什么影响的亲信。这样做只会进一步削弱人民党。

在意识形态上,人民党执政后也从过去主张混合经济转向崇尚自由市场经济。人民党意识到20世纪70年代的国有化政策不利于经济的发展。人民党意识形态立场的变化疏远了仍在坚持由国家控制生产工具理论的老党员,从而失去这部分老战士的支持。

人民党组织的弱化使新建立的人民党很难从各个层面收集民意,在国民议会中维持其联合执政的格局,更难以抵挡军队和总统发起的挑战。③

其次,人民党政府没有得到地方省政府的支持,甚至出现省政府与联邦政府对抗,使人民党难有建树。人民党一开始就有一个不祥之兆。贝·布托宣誓为总理没有几天,人民党在俾路支省的首席部长就解散了俾路支省议会,导致一系列控告与反控告。虽然俾路支省议会被俾路支省法院恢复并选出了新的首席部长,但是这一事件严重影响了人民党政府声誉。不过,新当选的俾路支省首席部长对贝·布托也并不友好。为此,她面对着旁遮普省和俾路支省两个敌对省政府。它们共同反对人民党政府。

---

① Anees Jillani, *Advance Toward Democracy :The Pakistan Experience*, Lahore: Progressive Publishers, 1991, p.239.

② Rasul Bakhsh Bais, *State,Society,and Democratic Change in Pakistan*, Oxford: Oxford University Press, 1997,pp.243.

③ Seyyed Vali Reza Nasr, "Democracy and the Crisis of Governability in Pakistan", *Asian Survey*, Vol. 32, No. 6(Jun., 1992) , pp.521–537.

　　贝·布托上台后，为了清除旁遮普省这个钉子，使用了贿赂、恐吓等手段，以夺取旁遮普省的权力。应该说，她滥用了联邦政府的权力。这种努力拉谢里夫从旁遮普省下台的做法适得其反。旁遮普省的大多数政治家被贝·布托这种霸道所激怒，宁愿团结在谢里夫周围，也不向中央政府屈服。在这一过程中，贝·布托的形象与施政纲领遭受重大影响。

　　人民党要把谢里夫拉下台的做法遭到伊斯兰民主联盟的报复。该党对贝·布托政府提出不信任投票。尽管人民党能够在不信任投票案中获胜，得以继续执政，但是更加重伊斯兰民主联盟与人民党的敌对。从一开始，人民党的联邦政府不能与省政府建立工作关系。人民党与纳瓦兹·谢里夫日益紧张的政治对抗使人民党政府与旁遮普省政府的关系处于一个很低的层次。①

　　信德省主要城市自独立以来一直遭受严重的暴力冲突。该省的法律与秩序恶化，而贝·布托政府对此束手无策。贝·布托政府既不能抓好经济，也不能保持全国的政治稳定。因此，在巴基斯坦社会中，一部分军官、官僚认为她腐败、办事没有效率，没有能力促进国家利益。当贝·布托被解职后，她哭诉总统违宪，并控告总统解除其职务不公，但是巴的最高法院却判定解除其职务有效。

　　再次，穆哈吉尔民族运动倒戈。穆哈吉尔民族运动是穆哈吉尔人的政党。这些穆哈吉尔人是在 1947 年印巴分离前夕，越过边界来到当时西巴基斯坦的 700 万难民。西巴人口最多的省——旁遮普省吸收了 80% 的难民。这些难民分居到旁遮普全省，不再把自己看成是难民了。不过，在卡拉奇发生内乱的主要是来自印度东旁遮普邦、比哈尔邦和新德里和其他国家的另一百万难民。② 他们主要居住在信德省的卡拉奇和海德拉巴市。这些在信德省主要讲乌尔都语的难民是中下层阶级受过教育的人。过去，在殖民地的行政机关时担任过重要职务。来到信德省，绝大多数定居在城市中心，填补了信德印度教徒走后的真空。这些移民凭借自己的知识和技能很快成为信德省官僚队伍的主要成员。但是到 20 世纪 50 年代，当地信德人和旁遮普人教育水平的提高，他们开始挑战这些穆哈吉尔人的地位与职位。③ 到 1970 年大选后，这些穆哈吉尔人更失去他们的政治影响。

　　人民党在信德省崛起。穆哈吉尔人几乎全部失去在政府中的职位。布托的

　　①　Samina Yasmeen, "Democracy in Pakistan: The Third Dismissal", *Asian Survey*, Vol. 34, No. 6（Jun., 1994）, pp.572–588.

　　②　Arif Azad, "MQM and Growth of Ethnic Movements in Pakistan", *Economic and Political Weekly*, Vol. 31, No. 18（May 4, 1996）, pp.1061–1062.

　　③　Arif Azad, "MQM and Growth of Ethnic Movements in Pakistan", *Economic and Political Weekly*, Vol. 31, No. 18（May 4, 1996）, pp.1061–1062.

人民党政府宣布信德语与乌尔都语同是官方语言,招致穆哈吉尔人的反抗。由此,穆哈吉尔人与当地的信德人和来自西北边境省的帕坦人经常发生冲突,使卡拉奇成为世界上最不安全的城市。

1981年,信德省总共有1930万人口,其中,55.7%的人口是属于当地信德人,其余部分属于来自其他国家的移民。这些移民中,最大部分是穆哈吉尔人。其中,460万穆哈吉尔人居住在信德省的城市,330万穆哈吉尔人住在卡拉奇。[①]在20世纪80年代中期,穆哈吉尔民族运动在齐亚政府的支持下成立并得到了迅速崛起。自1986年起,信德省不同种族之间的暴力冲突已导致1000多人死亡。[②]

1988年12月2日,人民党与穆哈吉尔民族运动签订过59点的"卡拉奇协议",以换取该党13名议员在国民议会中的支持,以维持人民党在国民议会的多数,并维持信德省议会的多数。该协议的前14款是两党关于支持民主制度,保护政治权利,支持被压迫人民的权利等一般性声明。另外一些条款是人民党的具体承诺:为城市穷人提供更好的住房,为所有的信德人提供更好的公共交通,更多的医院床位。有九款是关于教育,包括制定更加具体地入学院与大学的标准。[③] 此外,还有谴还滞留在孟加拉国的比哈里人(Biharis)[④]到巴基斯坦;解散所有招聘文职官僚候选人的地方局;严格执行联邦和省招聘文职官员和教育机构职员的配额规定;按照1991年的人口普查数据,修改联邦配额,以充分反映巴基斯坦五大种族[⑤]的人口比例变化。

然而,这协议本身成为冲突的来源。为了得到穆哈吉尔人的支持,贝·布托不得不接受这些信德省民族主义政党的要求。这些要求其实不能接受,如要求谴还孟加拉国的比哈里人,这些人在孟加拉国独立后,就一直住在巴基斯坦。[⑥]

在签署该协议的几个月内,双方之间的分歧浮出水面。人民党执政后,力求

---

①　Charles H. Kennedy, "The Politics of Ethnicity in Sindh", *Asian Survey*, Vol. 31, No. 10(Oct., 1991), pp.938–955.

②　National Democratic Institute for International Affairs, *The October 1990 elections in Pakistan : report of the International Delegation*, Washington, D.C. : The Institute, 1991, p.16.

③　Farhat Haq, "Rise of the MQM in Pakistan: Politics of Ethnic Mobilization", *Asian Survey*, Vol. 35, No. 11(Nov., 1995), pp.990–1004.

④　比哈里人源于印度的比哈邦。当1947年印巴分裂时,一部分比哈邦的穆斯林因为支持伊斯兰而逃到当时仍属巴基斯坦的达卡,故此,很受巴基斯坦政府的欢迎。内战结束,新的孟加拉国诞生,这些说胡都语的比哈里人就被视为叛国贼。一夜之间比哈里人在自己的家乡变成难民,为了躲避孟加拉人的报复,只能躲在难民营,等待遣往巴基斯坦。他们自称为"无家可归的巴基斯坦人"。

⑤　巴基斯坦的五大种族是旁遮普人、信德人、俾路支人、穆哈吉尔人、普什图人。

⑥　Seyyed Vali Reza Nasr, "Democracy and the Crisis of Governability in Pakistan", *Asian Survey*, Vol. 32, No. 6(Jun., 1992), pp.521–537.

把穆哈吉尔民族运动和其他信德省民族主义者保持在可控范围,而穆哈吉尔民族运动的领导人认为人民党上台后实现的一些政策是支持信德人反对穆哈吉尔人。例如,1989 年 1 月,贝·布托总理建立了一个主要由人民党党员组成的联邦安置局,绕过联邦公职人员委员会,为官僚队伍和公营公司招募人员。该局挑选的数百个候选人中的 3/4 为信德人,并且都是人民党的党员。相反,贝·布托政府却把几个著名的穆哈吉人高级官员放在特别税办公室,没有权力,无事可做,工资照付。贝·布托任命信德人为政府的重要官员。

1989 年 5 月,穆哈吉尔民族运动在信德省内阁的部长辞职,抗议人民党没有兑现协议的承诺。他们的辞职没有被接受。人民党又开始一轮与穆哈吉人民族运动的谈判,签订了一个新的协议,称之为谅解备忘录。[①]

但是人民党的工人与穆哈吉尔民族运动的工人仍在冲突。穆哈吉尔民族运动与信德省民族主义政党的冲突仍在继续。信德省陷于暴力冲突之中。人民党与穆哈吉尔民族运动联盟的可能性不再存在。1989 年 10 月,穆哈吉尔民族运动结束与人民党的关系,宣布支持在国民议会中对贝·布托总理的不信任投票。当人民党不能满足其需求,而伊斯兰民主联盟提供更好的条件以换取该党的支持,穆哈吉尔民族运动加入了伊斯兰民主联盟阵营,在议会中形成联合反对党,使得人民党在国民议会中处于极其脆弱的多数。

实质上,人民党与穆哈吉尔民族运动的协议是两党之间的临时撮合。双方在处事方式和思想上都是完全不一致。人民党在信德省有自己的民族基础。由于人民党的政策着眼于每一个信德人,已经包含了民族主义主张,所以人民党比穆哈吉尔民族运动有优势。人民党在全国都有自己的选民来源,并有全国性的政策,所以人民党是全国性政党。人民党的对手想把人民党降低为一个地区政党。每当面对这样的挑拨,贝·布托拒绝只讨论信德省的种族问题。穆哈吉尔民族运动领导人阿尔塔夫·侯赛因最后与伊斯兰民主联盟联手反对贝·布托政府。当然,穆哈吉尔民族运动与伊斯兰民主联盟的关系也是充满矛盾的。

当反对党发起对贝·布托政府的不信任投票失败后,穆哈吉尔民族运动几乎每天都在卡拉奇发起罢工来反击,对当地的商业和工业造成巨大缺失,吓跑了投资者,街上交通断绝。1990 年 4 月,巴基斯坦学生联合会前主席遭枪击,6 天后死去。阿尔塔夫·侯赛因开始抗议政府反穆哈吉尔人的政策。穆哈吉尔民族运

---

① Arif Azad, "MQM and Growth of Ethnic Movements in Pakistan", *Economic and Political Weekly*, Vol. 31, No. 18(May 4, 1996), pp.1061–1062.

动的支持者认为信德省政府已不再代表城市中的信德人。而政府的支持者认为穆哈吉尔民族运动与纳瓦兹·谢里夫领导的伊斯兰民主联盟的联盟是反信德人的。

在1990年5月,海德拉巴市历史上最严重的种族暴力事件发生了。穆哈吉尔人的暴乱造成60人死亡,250多人受伤,包括许多妇女和小孩,财产大量被毁。警察逮捕了300名暴乱者也无法阻止事态的扩大。暴力事件转到卡拉奇市,在五天之内,就有130人被杀害。[①] 为此,军方认为贝·布托政府已没有能力控制局势,遂向总统提出解散人民党政府和贝·布托的总理之职。总之,穆哈吉尔民族运动的反戈是造成人民党政府下台的直接诱因。

第四,贝·布托政府执政绩效差强人意,为总统和军队解散政府提供了借口。人民党在1988年选举的竞选宣言中,提出了一些过高的承诺,如,实行土地改革,双倍增加教育和住房建设的开支,在20世纪末发电量增加6倍等。这些承诺都没有实现。贝·布托政府承继了前任政府的财政危机:财政赤字占GDP的比重在过去六年里翻了2倍。政府不得不靠借外债维持,根本没有钱用于发展。经济也受到1988年大洪水的影响,农业产值增长率也下降。[②] 农业产值占巴GDP的1/4。为此,贝·布托执政时,巴基斯坦的GDP大幅下滑。人民党提出的承诺越多越高,当没有实现时,选民也就失望越多。

更糟糕的是,人民党政府承继看守政府在1988年大选前与IMF签订的借款协议。在这一协议中,要求政府取消对基本必需品,如食品、燃料等的补贴。这无疑对人民党的主要支持者:穷人是一种打击,从而影响了新政府的形象,也失去这部分选民的支持。为摆脱财政危机,贝·布托政府决定推行私有化,把国营企业资产拆成股份,向职工出售。但是巴基斯坦人均收入不到200英镑,很少少能够买得起股份。人民党在纲领和竞选宣言中,宣称自己实行社会主义,但是贝·布托却想模仿英国"铁娘子"撒切尔夫人推行私有化。

贝·布托上台后,还论功行赏。政治任命和公务员职位作为战利品和报偿来分配给支持者、同情者,从而把许多没有经验、能力差的人安插进了许多重要职。这既不合民主政府的要求,也削弱了人民党政府,败坏了人民党的名声。

巴基斯坦的腐败在齐亚时期已经流行,但是在提倡反对腐败的人民党政府里,腐败也根本得不到控制,甚至贝·布托总理本人及其丈夫也涉嫌腐败。人民

---

① Farhat Haq, "Rise of the MQM in Pakistan: Politics of Ethnic Mobilization", *Asian Survey*, Vol. 35, No. 11(Nov., 1995), pp.990–1004.

② Frances Harrison, "Benazir Bhutto: The First Year", *Contemporary Review*, Vol. 256, No. 1489 (1990:Feb.), pp.62–67.

党政府不但未能控制住腐败,而且有更多的人群起效仿。

在 1988 年至 1990 年期间,许多人民党领导人和官员都被指控有腐败行为。这给人以这样的一种强烈感觉:只有通过贿赂和黑幕交易才能保持政府机器运转。所有政府的决策和有关合同谈判,尤其是有关私有化的提案都有腐败嫌疑,从而大大降低了政府应有的发展功能。起初,贝·布托还是尽量让自己和人民党远离腐败,但是不久,腐败的指控也玷污了总理的光环。

1989 年,她的丈夫阿西夫·阿里·扎尔达里(Asif Ali Zardari)卷入数起腐败和勒索的指控。此外大量的金融腐败甚至侵入巴基斯坦的政治生活。[1] 更有意思有是,贝·布托让自己的母亲进入内阁,担任副总理、部长,更让自己的岳父担任国家审计委员会的主席。正是有以上的表现,军方、总统和反对党认为贝·布托政府腐败、无能,搞裙带关系,必须让贝·布托下台。

第五,反对党伊斯兰民主联盟仍有一定优势。1988 年 10 月成立的伊斯兰民主联盟包含了巴基斯坦的中右政党和伊斯兰教党,有一定的群众基础,代表了巴基斯坦的传统势力和当权派利益。大选后,伊斯兰民主联盟中的穆斯林联盟又控制巴基斯坦人口最多,经济最富裕的旁遮普省,等于扼住了人民党政府的脖子,贝·布托政府的政策无法在地方上得以贯彻。穆斯林联盟领导人纳瓦兹·谢里夫与军队、总统站在一边,处处为难贝·布托,极力促使总统解散贝·布托政府。由于反对党的阻挠,竟然使贝·布托政府在国会中没有通过预算案以外的立法。可见,反对党的力量掣肘了贝·布托政府行动。同情她的传记作家承认贝·布托是被她的政敌干扰、分心,没有履行她的竞选承诺。[2]

反对党之所以能这么做,那是因为反对党,尤其是伊斯兰民主联盟还是有一定的优势。在 1988 年—1989 年间,伊斯兰民主联盟比人民党较好地适应了巴基斯坦的文化和政治敏感性。例如,伊斯兰民主联盟就通过运用《古兰经》典故与故事,操纵人们的文化情感去赢得一般巴基斯坦民众的支持。贝·布托的论战语言却表明她拿着国外的洋理论。许多人解释到,她只偏向于世界舆论的敏感性,意指她把美国看成巴基斯坦命运的最终决定者。这种观点严重地损害了人民党政府的合法性,尤其是当政府有依赖美国之意时。

人民党政府对巴基斯坦政治的不敏感,主要根源在于贝·布托对这个国家及其政治文化不熟透,只依赖一个小圈子顾问,而这些人更不熟透这个国家的政治

---

[1]　Seyyed Vali Reza Nasr, "Democracy and the Crisis of Governability in Pakistan", *Asian Survey*, Vol. 32, No. 6(Jun., 1992), pp.521–537.

[2]　M. R. Kazimi, *A Concise History of Pakistan*, Oxford: Oxford University Press, 2009, p.239.

生活节奏。

当然，贝·布托首届政府的垮台，最主要原因在巴基斯坦的权力结构中，军队、总统和反对党占有优势，而贝·布托又经验不足，如在大选之前就解散了"恢复民主运动"，认为胜利在望，不想让其他政党沾光；选举成绩出来后，贝·布托又急于组阁，对军方和齐亚旧势力的代表总统让步太多，本来人民党在国民议会中的议席也只是微弱的多数。

在贝·布托的整个任期内，贝·布托就经常直接和间接地挑战军方的权威。曾任三军联合情报局的哈米德·居尔将军被退休将军所取代。然后，贝·布托通过宣布参谋长联合会议主席海军上将西罗海退休来驾空总统。① 军方还在其他方面都感觉受挫：贝·布托曾插手军方内部的提升与任命，在信德省发生种族冲突时，她只给军队以有限的权力。② 贝·布托对军方的挑战促使军方暗地里支持反对党对人民党的不信任投票。1990 年初，克什米尔问题凸显出来。军方对贝·布托政府把这一问题提交给国际社会，疏远军队的做法表示不满。军方认为她无法解决在巴基斯坦邻近克什米尔地区发生的敌对行动，不与阿富汗圣战组织军事交往，却转向政治手段。当 1990 年 8 月 2 日，伊拉克悍然发动对科威特的战争时，整个海湾地区都笼罩在一片紧张之中。巴基斯坦一直与这些海湾酋长国保持着紧密的联系。此时，阿富汗的游击战争在重新燃起，印度又采取更加威胁的姿势，海湾国家处于动荡之中。在这种情况下，巴基斯坦的军方高层不愿意把国家的生死存亡交到一个能力不足的年轻妇女手中，并且当他们与海湾国家军方高层接触时，因为有一个穆斯林妇女的领导而感到没有面子。③

到 1990 年 8 月，海湾战争临近时，军方开始准备让贝·布托下台。由于宪法第八修正案赋予总统有解散国民议会和省议会以及联邦政府之权，这一条款使得军方只有靠总统伊沙克·汗解散贝·布托政府。总统也这样做了，宣布要实行新的大选。

①   Samina Yasmeen, "Democracy in Pakistan: The Third Dismissal", *Asian Survey*, Vol. 34, No. 6（Jun., 1994）, pp.572–588.

②   C. S. Manegold and S. Le Vine, "Benazir Bhutto's decline and fall", *Newsweek*, Vol. 116, No. 8（Aug., 1990）, p.47.

③   Lawrence Ziring, "Pakistan in 1990: The Fall of Benazir Bhutto", *Asian Survey,* Vol. 31, No. 2（Feb., 1991）, pp.113–124.

第八章　1990年大选与人民党的在野活动

贝·布托政府被伊沙克·汗总统解散后，人民党遭到看守政府的打压。贝·布托本人也遭受看守政府的腐败指控。尽管贝·布托为自己作了清白的辩解，但是人民党形象遭受损害。在1990年的大选中，人民党全面败北，人民党成为在野党。作为反对党领导人贝·布托为了争取早日重新大选，利用一切手段让伊斯兰民主联盟纳瓦兹·谢里夫政府倒台。最后，在与总统的合作中，贝·布托实现谢里夫政权倒台的目标，获得新的大选机会。

第一节　人民党在1990年大选中失利及原因

人民党政府被总统提前解散后，贝·布托向高等法院提出诉讼，抗议总统的行为非法，人民党同时也受到以军方为代表的既得利益集团的压制。在1990年的大选，人民党组织竞选活动不力，而伊斯兰民主联盟在看守政府、总统、军队和官僚队伍的支持下，赢得此次大选。

一、贝·布托哭诉总统提前解散政府

1990年8月6日，巴总统伊沙克汗解除人民党领导人贝·布托总理的职务，并任命反对党领导人古拉姆·穆斯塔法·贾托伊为看守政府总理，筹备新的大选。

对此，贝·布托哭诉不公平，坚持认为总统的行为非法和违宪，只是遵从军队的指令，是政治阴谋。[①] 几乎就在前一周，她的国防部长还公开宣称"政府与军

---

① Rasul Bakhsh Bais, *State, Society, and Democratic Change in Pakistan*, Oxford: Oxford University Press, 1997, p.262.

方之间不存在任何分歧"①。尽管贝·布托宣称总统的行为是对民主的威胁,但是她无法扭转这一决定,并且总统的决定得到军方,尤其是贝格将军的认同。

看守政府遵从军方旨意,打压人民党。贝·布托的亲密战友和人民党的许多支持者成为警察的目标,以腐败和非法活动的名义对他们进行拘留。1990年9月1日,贝·布托也受到从事非法活动的指控。9月24日,特别法庭命令贝·布托接受审判。她对她的所谓指控一一做了辩解,坚持自己是清白的,并指出政府这样做的目的就是想把她从政治舞台上永远消失。这位前总理被指控把伊斯兰堡最昂贵的住宅以一次性的最低价出售给人民党的部长和国会议员,同时也用礼物去收买西北边境省议员。

贝·布托还受到更大个人打击。1990年10月10日,她丈夫阿西夫·阿里·扎尔达里又因为绑架巴基斯坦裔的英国公民并向他勒索钱财的指控而被捕。②扎尔达里成为执政当局最后的撒手锏。如果他的越轨行为带来尴尬和难看还不足以损害人民党话,他一定会挫伤贝·布托挑战伊斯兰民主联盟的激情。

贝·布托和已下野的人民党在各种指控面前并没有沉默,但是他们在应对这些指控时处于劣势。不过,贝·布托仍然想方设法利用一切机会向公众说明真相。一次在会见外国媒体时,她就列出许多有意迫害她的事实,并表示她将为挽回她、她的家人及其党的名誉而战斗。

当贝·布托向拉合尔高等法院就总统解散人民党政府的合法性提出起诉时,该法院也驳回她的起诉,认为人民党政府未能扼制住信德省的种族暴力,同时国民议会在任期内没有通过任何立法。当法院的判决下来后,总统就指控贝·布托滥用权力,腐败,任人唯亲等。

在1988年至1990年期间,人民党失去了许多政治盟友。在地方上重要的政党,如穆哈吉尔民族运动和人民民族党经过激烈的政治纷争后,离开了人民党。因此,到1990年8月大选前夕,人民党处在被孤立状态。为扭转这种局面,人民党组成人民民主联盟,包括人民党和在1988年大选中没有赢得席位的一些小党。什叶派党,伊斯兰独立运动和巴基斯坦独立运动党加入人民民主联盟。该联盟有一个无可争议的领导人:贝·布托,通过"全体政党会议"来支持反对谢里夫政

---

① Lawrence Ziring, "Pakistan in 1990: The Fall of Benazir Bhutto", *Asian Survey,* Vol. 31, No. 2（Feb., 1991）, pp.113–124.

② 一位名叫穆尔塔扎·侯赛因·布哈里（Murtaza Hussain Bukhari）的巴裔英籍公民声称他受到前人民党省议员的强制,把一枚定时炸弹绑在他腿上要求他交出80万美元。布哈里随后到英国驻伊斯兰堡的大使馆哭诉,导致人民党的许多官员在1990年6月被捕。那时谣转扎尔达里转入此案。但是直到贝·布托下台后,才提出起诉。

权的运动。

与人民党不同,伊斯兰民主联盟领导人善于与那些有完全相反意识形态的政党达成政治联盟。这些政治组织要么感到被人民党所害,要么是对人民党的执政方式不满,都非常愿意给纳瓦兹·谢里夫提供帮助。过去的选举经验显示,人民党总体得票率维持在 38% 左右,在 1970 年和 1988 年的选举中,人民党都获得了多数,主要是因为竞争对手选票分散。因此,打败人民党需要反对党之间形成政治合作。这些传统上处于分裂的政党之所以能形成选举联盟,主要是因为以下三点原因:

首先,他们对人民党的不满;同时也反映出过去他们一旦不能选举策略上协调一致,那么就会帮助人民党获得绝对多数。所以,这次他们愿意靠拢在一起,形成选举同盟。

其次,伊斯兰民主联盟与人民民族党、穆哈吉尔民族运动推举共同的候选人。人民民族党很快与伊斯兰民主联盟就议席分配达成默契:两党在反对人民党时,候选人不相互拆台。穆哈吉尔民族运动也与伊斯兰民主联盟达成协议,只不过范围要小,因为穆哈吉尔民族运动要集中精力在容易反对人民党候选人的选区。

第三,尽管反对党结帮反对人民党的想法不错,但是没有总统的认可也不可能阻止人民党。总统与其当权派联盟鼓励和促进这样的大联合作为替代人民党的最佳选择。①

1990 年大选前夕,那些有不同政治观点的政党汇合在一起。伊斯兰民主联盟囊括了重要的宗教政党,如伊斯兰阵线和巴基斯坦全国联盟的一些成员,巴基斯坦民主党、穆斯林联盟(谢里夫派)、贾托伊的民族人民党等。在此次大选前,该党拥有一些有名的领导人,如贾托伊、居内久、谢里夫和埃贾兹·哈克(齐亚·哈克之子)。

在 1990 年大选之前,伊斯兰民主联盟超越思想的障碍和过去的争吵,与一些重要的地区性政党组成了一个选举联盟。在西北边境省中,伊斯兰民主联盟与人民民族党和中左的普赫图赫瓦人民党联合;在信德省,伊斯兰民主联盟除与穆哈吉尔民族运动形成选举同盟外,还与信德省农村反对人民党的其他民族主义党组成选举联盟。② 由于伊斯兰民主联盟成员的主要共同点只是反对人民党,因此,

---

① Rasul Bakhsh Bais, *State,Society,and Democratic Change in Pakistan*, Oxford: Oxford University Press, 1997, p.264.

② National Democratic Institute for International Affairs, *The October 1990 elections in Pakistan : report of the International Delegation*, Washington, D.C. : The Institute, 1991, p.37.

在以后的执政中,伊斯兰民主联盟的成员中不断出现背叛者。

在选举之前,以人民党为主的人民民主联盟认为总统解除人民党政府的决定违宪。人民民主联盟领导人也认为总统解除贝·布托总理之职的理由:政府腐败没有证据。人民民主联盟指出看守政府用国家的发展基金去支持伊斯兰民主联盟的候选人,并为了政治目标,把钱转给法官和官员。人民民主联盟指控旁遮普省政府为伊斯兰民主联盟的候选人提供资金。一位在旁遮普省的人民民主联盟领导证实省政府的资金被看守政府挪用去影响选民,以前人民党政府开始的工程全部被停工。

人民民主联盟还指控看守政府运用资金,没有任何必要的授权程序。这些资金被用于关键选区的水利、电力和道路建设等收买工程,以支持伊斯兰民主联盟在这些选区的竞选。

1994 年 4 月,巴迈赫兰银行（Mehran Bank）丑闻[①] 披露出陆军参谋长曾向迈赫兰银行借钱 1.4 亿卢比,来操纵 1990 年的选举。这笔钱的一部分用于资助伊斯兰民主联盟的候选人竞选。[②]

人民民主联盟也制作广告批评伊斯兰民主联盟实行的高燃料和高食品的价格。在广告中,人民民主联盟宣扬它的联邦主义、民众主义和民族主义信念,指责其他团体不爱国。

二、人民党在 1990 大选失利及其原因

在 1990 年的议会选举中,也许是贝·布托受突然中断任期的刺激,一门心思向法院起诉,没有把全部精力放在选举筹备上。她的支持者也等待法院的决定,浪费了许多宝贵时间。当法院认可总统的决定时,她才开始准备大选。相反,伊斯兰民主联盟得到看守政府,尤其是军队和总统的支持,因为军队和总统都不希望贝·布托这么快地卷土重来。

在选举中,当权派暗中支持谢里夫,伊斯兰民主联盟又有比人民党较好的选举策略,加上当时普遍流行总统和军队不欢迎贝·布托重返政坛的观点,大大提高了谢里夫的胜算。在大多数政治人物都向有希望当权的候选人倾斜时,人民党

---

　　①　迈赫兰银行丑闻是巴基斯坦历史上的一件大丑闻。在 1990 至 1994 年间,巴一些资深政治家和一些政党被发现接受军队和巴基斯坦情报机构的贿赂,以阻止人民党再次当选和破坏人民党政府的稳定。由巴基斯坦陆军参谋长发起并得到总统伊沙克·汗的同意,由巴情报机关向迈赫兰银行借款 1.4 亿卢比,由巴情报机关出面组织“伊斯兰民主联盟”,并以此钱收购反对人民党的议员,故意破坏人民党政府的稳定等。

　　②　Charles H. Kennedy and Rasul Bakhsh Rais（eds）, *Pakistan: 1995*, Boulder: Westview Press, 1995, p.2.

也不能向社会上那些动摇的选民保证一定能重返执政地位。

不过,贝·布托本人的竞选策略也有失误。因为她不断天真地反对总统对她的指控。她不断向公众提到总统伊沙克·汗与谢里夫勾结,其实,她无意中向公众转达了一个信号:谢里夫是当权派欢迎的人物,更有可能组成下一届政府。那些本来在动摇的选民,认为投谢里夫的票,可以获得更多的潜在利益。贝·布托在这次选举中表现出更多的意气用事,忘记了选民心理可以决定选举的胜败。

1990年的议会大选安排在10月24日。巴基斯坦国民议会总共有217个席位,其中,穆斯林公民有资格竞争207个单一选区议席,10个席位预留给非穆斯林少数民族。1973年宪法还要求给妇女预留出20个席位。[1]10月27日,巴基斯坦选民再次为四个省议会的议员投票,使用"简单多数当选"的选举方法。

在1990的大选中,伊斯兰民主联盟的策略得到了回报。在一个有利的政治和心理环境下,谢里夫提高了伊斯兰民主联盟的得票率,从1988年选举的30.6%提高到1990选举的37.27%,这使伊斯兰民主联盟在国民议会中议席数增加,与伊斯兰民主联盟合作的政党在选举中也有很好的表现。相反,尽管人民党仍然获得36.7%的选票,只比1988年选举下降了2个百分点,但是却失去了国民议会中的众多议席。[2]

伊斯兰民主联盟在216名国民议会议席中获得105个席位,占穆斯林全部议席数的48.6%,伊斯兰民主联盟却因为巴基斯坦选举实行简单多数票获胜的选举方法,获得比得票率更多的议席,而以人民党为领导的人民民主联盟虽然获得36.7%的选票,却只获得45个席位,占穆斯林全部议席数的20.83%。[3]

相比1988年大选,伊斯兰民主联盟席位增加了51席,增长了94.4%,而人民党减少了48席。其余的议席分别为以下政党所获:穆哈吉尔民族运动获得15席,为第三大政党;人民民族党获得6席;伊斯兰神学者协会(法扎卢尔·拉赫曼集团)获得6席;伊斯兰神学者协会(努拉尼集团)获得3席;共和民族党获得2席;巴基斯坦民族党获得2席;普赫图赫瓦人民党获得1席,独立候选人获得13席。[4]

巴基斯坦最大的省份旁遮普省是谢里夫的起家之地。他在该省实行了有效

①　National Democratic Institute for International Affairs, *The October 1990 elections in Pakistan : report of the International Delegation*, Washington, D.C. : The Institute, 1991, pp.26–27.

②　Charles H. Kennedy and Rasul Bakhsh Rais(eds), *Pakistan: 1995*, Boulder: Westview Press, 1995, p.2.

③　Safdar Mohmood, *Pakistan Political Roots and Development 1947–1999*, Oxford: Oxford University, 2000, p.171.

④　Safdar Mohmood, *Pakistan Political Roots and Development 1947–1999*, Oxford: Oxford University, 2000, p.171.

地反贝·布托的竞选活动。伊斯兰民主联盟在旁遮普省获得94个国民议会议席，使该党在旁遮普省成为最受欢迎的政党，而人民党只在该省获得14席，比1988年大选获得的53席少了73.58%。在信德省，伊斯兰民主联盟只获得3席，人民党获得24席。在信德省，穆哈吉尔民族运动获得了15席，仅次于人民党。在西北边境省，人民民族党的席位从1988年的2席增加到6席。[①]

大选的结果超出选举分析家的预料。此前选举分析家预料人民民主联盟会与伊斯兰民主联盟旗鼓相当。贝·布托在其老家参选时说道："尽管预言并不妥当，但我相信人民党将取得压倒性的胜利。"她的母亲努斯拉特夫人在纽约代表女儿接受一项妇女领袖奖时也表示，如果当局剥夺她女儿的参政资格，她准备出任总理。[②] 但是在此次选举中，人民党惨败，至少原人民党内阁的15名部长落马。

从1988年和1990年的两次国民议会选举可以看出：穆斯林联盟（谢里夫派）和人民党分别成为伊斯兰民主联盟和人民民主联盟中的主导政党。这两个政党已经成为巴基斯坦政坛中的主要竞争者。[③] 巴基斯坦的许多政党逐渐淡出全国政坛，成为地方性政党。巴基斯坦的多党制正在朝向两党制发展。两大联盟的得票率相差不大。在1990年的国民议会选举中两大联盟的得票率分别是37.27%和36.65%。两大联盟在20世纪70年代和80年代的意识形态的对抗消除，两联盟都同意在国内政策实行自由民主和市场经济，只是在吸引选民的口号与承诺有所不同。即使在外交政策领域，各自主张也相差不大。在1990年的国民议会选举中，两大联盟73.92%的选票，已超出2/3。

1990年的省议会选举比国民议会选举更有戏剧性。伊斯兰民主联盟在三个省中都获得了足够多的实力组阁。伊斯兰民主联盟在旁遮普省240个议席中获得216席，而人民民主联盟只获得10席。人们对旁遮普省的这一结果并不感到惊奇，因为谢里夫在担任该省首席部长期间，赢得了广泛的影响与尊重。

在信德省，人民民主联盟也遭受重挫。1988年的选举中，人民党在信德省100个席位中，获得62席。但是在1990年的选举中，人民民主联盟只获得46席，并不足以在自己的政党基地组建政府。穆哈吉尔民族运动在信德省获得了28个席位，巩固了在该省的政治地位。该党与伊斯兰民主联盟联手组成了以伊斯兰民

[①] National Democratic Institute for International Affairs, *The October 1990 elections in Pakistan: report of the International Delegation*, Washington, D.C.: The Institute, 1991, p.196, Appendix XX Result of 1990 National Assembly Elections by Party and Region.

[②] 余行：《巴基斯坦：较量远未完结》，《世界知识》1990年第22期。

[③] Rais A. Khan, "Pakistan in 1991: Light and Shadows", *Asian Survey*, Vol. 32, No. 2（Feb., 1992）, pp.197–206.

主联盟为领导的信德省政府。在西北边境省议会,伊斯兰民主联盟在全部 80 个议席中获得 29 席,人民民主联盟获得 8 席。在俾路支省议会中,伊斯兰民主联盟在全部 32 个席位中获得 7 席,人民民主联盟获得 1 席。[①]

总之,人民党在四个省的议会选举中都失利,尤其是在旁遮普省的议会选举中惨败。贝·布托在自己的白沙瓦选区败选,但是她在信德省的家族选区获得一个席位。努斯拉特夫人也赢得她的选举。贝·布托的丈夫阿西夫·扎尔达里在自己的选区中落选,但是在莱奥里(Lyari)选区获得议席。尽管如此,人民党在 1990 年的大选中全线败北。

由于伊斯兰民主联盟在三个省都组成了自己的政府或联合政府,因此,在贝·布托执政期间所出现的联邦政府与地方省政府的紧张关系局面得到缓和。纳瓦兹·谢里夫政府与地方更好打交道,从而使谢里夫有条件解决一些长期争端,如在 1990 年 3 月,伊斯兰民主联盟政府就签订了一个期盼已久的有关各省分配印度河水域的协议。[②]

伊斯兰民主联盟席卷巴基斯坦四省议会的胜利有许多因素可以解释。其主要原因是在选举前三天选民才决定支持伊斯兰民主联盟,因为在三天前,伊斯兰民主联盟在国民议会的选举中获胜,使原来动摇的选民认为支持确定无疑将执政的政党,其选票的价值会更大。

此外,人民民主联盟在 24 日国民议会选举的失败大大挫伤了人民民主联盟工作人员的士气,降低了他们在 27 日省议会选举的工作效率。在某种程度上,国民议会选举中伊斯兰民主联盟存在的违规行为未被发现,也大大纵容了在省议会选举中更大胆的舞弊行为。

1991 年 1 月 10 日,巴基斯坦国民议会的另 10 个议席举行补选。伊斯兰民主联盟在补选中再次获得了胜利。伊斯兰民主联盟在补选中获得 8 个议席。人民民主联盟候选人和独立候选人分别获得 1 个席位。在每个选区的竞争中,伊斯兰民主联盟成员的候选人不相互竞争。

然而,这次补选也反映了很多的问题。人民民主联盟指控伊斯兰民主联盟的支持者和政府当局逮捕、骚扰、威胁人民民主联盟的候选人和支持者。人民民主联盟也控告政府当局强迫人民民主联盟的候选人退出竞选。

---

① Safdar Mohmood, *Pakistan Political Roots and Development 1947–1999*, Oxford: Oxford University, 2000, p.171.

② Samina Yasmeen, "Democracy in Pakistan: The Third Dismissal", *Asian Survey*, Vol. 34, No. 6(Jun., 1994), pp.572–588.

　　其他政党也指控这次补选的选举进程。人民民主党的主席纳瓦布扎达·纳斯鲁拉汗尽管得到看守政府总理贾托伊的帮助,也落选。他也宣称他的竞选办公室就遭人破坏;他本人被逐出投票站。

　　这次补选增加了伊斯兰民主联盟在国民议会中的多数。补选的投票率低,尤其在信德省出现了与政治有关的暴力事件。①

　　伊斯兰民主联盟大获全胜和人民党的失败主要有以下几个方面的原因:

　　首先,1990年的选举形势有利于伊斯兰民主联盟。伊斯兰民主联盟领导人按照总统8月份的决定,组成了看守政府,使人民民主联盟处于严重的不利地位。伊斯兰民主联盟在选举中明显受益于看守政府的滥用权力,比如,看守政府发起对贝·布托政府腐败的立案调查,损害了人民党形象。

　　早在1990年大选之前,人们就普遍预测纳瓦兹·谢里夫将成为下一届巴基斯坦总理。他的联盟在国民议会议席数上遥遥领先对手的状态,奠定了谢里夫的总理地位。谢里夫发展经济的方法赢得城市中产阶级的广泛注意和兴趣。他因为来自私营部门,为自己树立了一个现代派的形象,拥有把饱受国有化和国家官僚机构之苦的巴基斯坦经济重新充满活力的管理技能。在此次选举之前,他一直支持把在20世纪70年代被人民党政府实行国有化的金融机构重新私有化。他发誓通过比贝·布托承诺更多的放松管制来刺激国内的私人经济和外国投资,对此,公众的心理都倾向于国家高层领导人的更换。②

　　其次,人民党自身没有很好地处理政府被解散后的局势。人民党在政府被解散后的策略考虑仍是据于1977年施行军管法后与齐亚对抗的经历。然而,时代已变,政治游戏规则已变。新的看守政府总理贾托伊和总统展示了各种高超的政治手腕,遗憾的是,这些正是人民党领导人所缺乏的。

　　人民党起初对大选能否按时举行表示怀疑,但是一旦选举确定无疑后,人民党就转向过去的老方法:把自己描绘成受害者。这种旧的民众主义论调想唤起选民的兴趣是不可能成功的。③

　　在竞选中,人民党对已变化的巴基斯坦政治环境不敏感。在1970年选举时,人民党首次登上政治舞台,因此可以批评当时制度,并与当权派对抗。1986年,当

---

　　①　National Democratic Institute for International Affairs, *The October 1990 elections in Pakistan : report of the International Delegation*, Washington, D.C. : The Institute, 1991, p.89.

　　②　Charles H. Kennedy and Rasul Bakhsh Rais（eds）, *Pakistan: 1995*, Boulder: Westview Press, 1995, p.3.

　　③　Anees Jillani, *Advance Toward Democracy :The Pakistan Experience*, Lahore: Progressive Publishers, 1991, p.362.

权派面临"贝·布托旋风"带来的压力,军人处在防守的位置。

在1990年选举中,许多人认为人民党腐败和无能。在人民党执政时期,数千穆哈吉尔人走上海得拉巴街头要求陆军参谋长贝格实行军事管制法。人民党不能再像过去那样,仍然采取与军队对抗的选举策略,而应该学会妥协,利用一切可以利用的力量。

再次,伊斯兰民主联盟的各项竞选策略得当。伊斯兰民主联盟在当权派的支持下,一改过去分散与人民党竞争的情况,把各反对派团结在伊斯兰民主联盟的旗帜之下。在实行简单多数票获胜的选举规则下,伊斯兰民主联盟的这一联合策略在竞选中发挥了重要作用。尽管相比1988年大选,其得票率只增加了7%,而其议席数却增加了90.9%,从1988年的55席增加到105席。

在与人民党的竞争中,伊斯兰民主联盟紧紧抓住人民党执政时期存在的问题大做文章,尤其是人民党执政时的腐败问题,发起对人民党领导人及其骨干的多项指控,尤其是发起对贝·布托丈夫扎尔达里的指控。这些措施不但损害人民党的形象,而且打击人民党骨干的士气,尤其是打击贝·布托反对伊斯兰民主联盟的激情。

伊斯兰民主联盟中的核心领导人纳瓦兹·谢里夫在巴基斯坦城市中产阶级选民中建立自己的选民基地。他有意识地树立自己是一个具有超前思维的商人形象,知道如何把国家引向经济增长之路。在选举前后,他四处呼吁把已经国有化的金融机构私有化,并发誓通过放松管制的自由化促进外资和国内投资,树立了一个比贝·布托的承诺更加可信的形象。[1] 为此,纳瓦兹·谢里夫得到巴基斯坦中产阶级选民的青睐。

最后,伊斯兰民主联盟最主要的还是得到看守政府、总统、军队和官僚队伍的支持。

第二节　人民党在野期间的抗争活动

1990年大选后,人民党抗议选举舞弊,但是未等调查结果公布,在总统的督促下,国民议会很快选出了新总理,并由新总理纳瓦兹·谢里夫快速组成了新政府。人民党再次成为在野党。

---

[1]　Rasul bux Rais, "Pakistan: Hope Amidst Turmoil", *Journal of Democracy*, Vol. 5, No.2（April 1994）, pp.132–143.

一、纳瓦兹·谢里夫首次组阁

人民党的失利意味着伊斯兰民主联盟领导人纳瓦兹·谢里夫将被邀请在中央组成新政府,以及在旁遮普省组阁。贝·布托对人民民主联盟失败反应强烈,坚持认为选举被人操纵,选票箱被人处理过,点票存在欺骗等。她发誓要向法庭起诉这一选举结果,绝不屈服。[1] 但是贝·布托的观点并没有得到国际观察家的证实。他们发现在某些地区选举存在严重问题,但是不会影响总体结果。人民党支持者也没有进行大规模动员,抗议选举结果。人民党也只有在议会中扮演反对党的角色。

伊斯兰民主联盟由于在国民议会中获得绝对多数的议席,他们很快就选举了一个新总理。获得总理人选提名的还有贾托伊和居内久,但是他们只是陪衬,纳瓦兹·谢里夫成为无可争议的总理人选。

受到伊斯兰民主联盟领导人的鼓舞,总统伊沙克·汗要求当选国民议会的议员在11月3日宣誓就职,并随后召开第一届国民议会会议。国民议会先选举出了新的发言人:乔哈尔·阿尤布·汗,然后,选出了总理。纳瓦兹·谢里夫在1990年11月7日宣誓就职。

伊斯兰民主联盟组成新政府的速度让一些观察家吃惊。人民民主联盟认为总统正是通过国民议会强行加快了这一进程,没有给巴基斯坦选举委员会留出足够的时间去调查投票行为。人民民主联盟指控选举委员会承受看守政府的压力,比过去任何时候都快地公布选举成果。[2]

伊斯兰民主联盟的领导人与总统之所以如此快地选出总理,是因为伊斯兰民主联盟急于展示该联盟的决心和团结。总统想在他去参加日本新天皇加冕之前解决好巴基斯坦领导人的问题。人民民主联盟却想通过抵制议员的宣誓就职仪式,减缓这一进程。1990年11月3日,新当选的国民议会议员宣誓就职。但是,人民民主联盟的议员拒绝宣誓,并走出议会外,以抗议继续监禁扎尔达里。第二天,扎尔达里被释放,精神饱满地出现在议会上。人民民主联盟的议员同时也抗

---

[1] Lawrence Ziring, "Pakistan in 1990: The Fall of Benazir Bhutto", *Asian Survey,* Vol. 31, No. 2 (Feb., 1991), pp.113–124.

[2] National Democratic Institute for International Affairs, *The October 1990 elections in Pakistan : report of the International Delegation*, Washington, D.C. : The Institute, 1991, p.85.

议选举中存在欺骗,同时带来了一本白皮书^①指控选举的违规行为。面对人民民主联盟的白皮书,纳瓦兹·谢里夫首先提出举行全民公决,但是他也不愿意在这个问题上留下一个在人民民主联盟白皮书面前失去道义基础的形象。^②最后,人民民主联盟的议员宣誓就职,前总理贝·布托成为反对党的领导人。

在旁遮普省,省议会选出伊斯兰民主联盟的古拉姆·海德尔·维内为首席部长,于11月10日宣誓就职。在信德省,由于没有一个政党获得绝对多数,所以,组成政府的过程比旁遮普省要复杂许多。主要政党通过幕后交易与讨价还价,信德省议会最后选出原代首席部长贾姆·萨迪克·阿里为首席部长。他于11月5日宣誓就职。人民民主联盟指控萨迪克·阿里为保证他的支持率非法拘留人民民主联盟的议员。

俾路支省的议会花了较长的时间才组成政府,选出塔杰·穆罕默德·贾迈利为首席部长。在西北边境省,议会选出阿夫扎尔·汗为首席部长。

总之,伊斯兰民主联盟不但在中央成立了自己的政府,而且还在四个省组成了自己的政府或联合政府。巴基斯坦首次出现同一个政党在中央和四个省同时执政。伊斯兰民主联盟政府还得到总统的暗中支持和军队的直接支持。

选举结束后,伊斯兰民主联盟呼吁和解和结束党争。前看守政府总理贾托伊说道:这个国家已经作出了判断,选举已经在我们脑后,让我们一起前进吧。总理谢里夫也呼吁整个国家团结起来,提高国家的经济福利。

人民民主联盟并不理会伊斯兰民主联盟的呼吁。贝·布托谴责看守政府对人民党的镇压与迫害。她形容伊斯兰民主联盟是"专制崇拜"和"假民主"。然而,数周过去后,人民民主联盟的语气也少了对抗的味道。^③

担任总理的谢里夫是巴基斯坦商人集团的代表,尤其代表那些从事贸易、商业、钢铁业、房地产和农场人的利益。他的亲信都是在齐亚·哈克时期步入政坛的。在齐亚时代,他们就与政府建立了联系。通过婚姻关系,他们的势力得以扩

---

① 人民民主联盟的白皮书详细披露了看守政府进行选举欺骗的细节和证明文件。白皮书指责总统发挥了党派的作用,随意任命和解除法官,发起对人民党领导人的问责过程,操纵秘密的投票箱,篡改选举结果,在选举前发表反对人民党的声明;看守政府滥用媒体反对人民党,挪用公款,仅旁遮普省就挪用了25亿卢比用来支持伊斯兰民主联盟的候选人;擅自改变选区边界以有利于其候选人;用登记的假选民的选票塞满投票箱,创建"幽灵"的投票站;在宣布之前修改结果;忽视人民民主联盟对这些违规行为的控诉等。

② Mohammad Wasseem, "Pakistan's Lingering Crisis of Dyarchy", *Asian Survey*, Vol. 32, No. 7 (Jul. 1992), pp.617–634.

③ National Democratic Institute for International Affairs, *The October 1990 elections in Pakistan : report of the International Delegation*, Washington, D.C. : The Institute, 1991, p.87.

张,成为庞大的商业和政治团体。这些新的精英通过与军队的合作和分享权力,而进一步壮大。以纳瓦兹·谢里夫为领导的伊斯兰民主联盟之所以能掌权主要得益于齐亚时期的发展。

与贝·布托相比,谢里夫总理有两点明显的优势:

首先,他自1981年以来,就与旁遮普政府有联系。他曾经当过该省的财政部长和首席部长,因此,他非常熟悉政府如何动作,同时,在文职和军人高级官员中都有较好的口碑。他为把自己看成是齐亚·哈克一伙感到很自豪,并且继续地维护这一政治遗产。

其次,他是首位来自旁遮普城市商人家族的总理。他打破了地主集团和官僚集团对总理一职的垄断。在一般人眼里看来,谢里夫是军人政权的支持者,得到军人政权的训练与培养。当上总理以后,他很快地打消这一看法,展现他的民选资质,强调他的民众基础,追求民选领导人的合法性。

总统、军队和文职官僚期望谢里夫发挥一个温驯领导人的作用。但是与他们的预期恰恰相反,谢里夫努力实现他的信念:他是一个自主、独立和有判断力的领导人。他坚定、果敢、显示出敢冒风险的素质。

例如,他作为总理做的第一件事便是废除了伊斯兰堡专员和首席监察官的职位。他认为裁撤这50万高级职位是必要的。总统很快给他去信,说他的行为违宪和唐突。这一事件导致总统与总理开始互不信任。[1]

在政治方面,谢里夫发起对人民党的控制和镇压,建立穆斯林联盟(谢里夫派)的主导地位。他的政府支持法院发起对贝·布托、她丈夫扎尔达里和人民党骨干的起诉。

在信德省,谢里夫巧妙地扩展和巩固与穆哈吉尔民族运动的伙伴关系,放手在信德省农村建立自己的选民基础。在西北边境省,谢里夫与人民民族党建立巩固的联盟。通过与穆哈吉尔民族运动与人民民族党的联盟,谢里夫成功地遏制了人民党。

在海湾战争期间,参谋长贝格将军采取反对谢里夫政府的政策。谢里夫政府努力与美国建立联盟伙伴关系,反对伊拉克入侵科威特,而此时参谋长联合会议正在公开支持伊拉克。这使政府和谢里夫总理极为尴尬。贝格将军为了重振军队的政治命运,指责谢里夫政府的反穆斯林立场,从而使伊斯兰民主联盟内谢里

---

① Saeed Shafaqat, *Civil-Military Relations in Pakistan: From Zufikar Ali Bhutto to Benazir Bhutto*, Boudler: Westview Press, 1997, pp.236–237.

夫与穆斯林政党的关系日益紧张。[1]

1992年6月,军队在信德省进行清理行动,严重动摇了穆斯林联盟(谢里夫派)与穆哈吉尔民族运动联盟的根基。为此,谢里夫希望摆脱军队的庇护,努力成为受欢迎的民选领导人。总之,从政治方面来看,谢里夫总理实际上与总统、军队的关系都已搞僵。

伊斯兰民主联盟政府最初有较好的条件来改善政府服务,更好地满足人民需要。谢里夫政府在经济方面取得了较好的政绩。

他上台后,立即采取了对大型和无效率的国营企业实行私有化的政策,允许私人部门成立新的银行。他通过减少官僚机构的危害,使投资规则更加合理,投资更自由。尽管美国中断了对巴经济援助,石油和煤气的价格因为海湾战争的影响而上升,以及国外巴基斯坦工人汇款的减少,1991至1992年度的经济比前几年要好。[2] 各项宏观经济指标都显示了进步。GDP增长了6.9%,通货膨胀控制在10%以下,投资增加了17.6%。[3]

伊斯兰民主联盟政府还采取了一些重要步骤解决了各省之间的老大难的问题,如联邦资金在各省之间如何分配的问题。伊斯兰民主联盟政府还在较短的时间开展了一些庞大的工程,改善和扩展了在电信、公路和电力等国家的基础建设。

但是由于伊斯兰民主联盟政府承诺的目标过高,最后也无法完全兑现诺言,原因是美国减少并中止了对巴的援助。1990—1991年度,美国的援助减少到2.24亿美元,不及1989—1990年度的一半。即使这笔援助在1990年10月也暂停,到1991年10月完全停止。国际上石油产品价格的大幅上升,以及在海湾战争期间,禁止向伊拉克出口,巴基斯坦至少损失6亿美元。

在海湾战争期间,巴基斯坦在科威特和伊拉克的工人被遣返,至少减少巴基斯坦汇款1亿美元。[4] 这无疑对巴基斯坦的国际收支平衡和预算造成很大的压力。

二、人民党在野期间的抗争活动

人民党成为在野党后,贝·布托也进入她政治生涯的另一个阶段:在国民议

---

[1]　See James P.Piscator(eds), *Islamic Fundamentalism and the Gulf Crisis*, Chicago: American Academy of Arts and Sciences, 1991, pp.155–187.

[2]　Charles H. Kennedy and Rasul Bakhsh Rais(eds), *Pakistan: 1995*, Boulder: Westview Press, 1995, p.3.

[3]　Safdar Mohmood, *Pakistan Political Roots and Development 1947–1999*, Oxford: Oxford University, 2000, p.393.

[4]　Rais A. Khan, "Pakistan in 1991: Light and Shadows", *Asian Survey*, Vol. 32, No. 2(Feb., 1992), pp.197–206.

会发挥反对党领导人的作用。

作为反对党领导人，她展示了她超强的韧性、想象力和动员民众的能力。作为反对党领导人，她采取了三管齐下的策略。①

首先，她努力修复与军方的关系。到1992年底，她就与军方发展了信任与协调的关系。这是一个不小的成绩。

其次，她在议会内外，持续地反对总统伊沙克·汗。她利用一切机会，攻击他，把总统描绘成她下台的主要推手，要对巴基斯坦民主进程的减弱负责。她也巧妙地成为总理谢里夫和总统的一个楔子：一个能左右和平衡两方的重要力量。她还继续对伊沙克·汗总统施压，直到他与谢里夫政府对抗为止。

再次，她动员民众反对总统和政府。一旦她把总统与谢里夫政府分开，她就威胁发起反对党的长征。她控告政府腐败、无效和操纵选举，要求重新举行大选。她劝军队保持中立。她与其他反对党及其领导人建立了联系，共同反对穆斯林联盟（谢里夫派）。

最后，她机灵地利用总统与总理关于宪法第八修正案的不同立场。他们两人都在这一问题上寻求她的支持。她巩固与其他党领导人的亲密个人关系，如巴基斯坦民主党领导人纳瓦布扎达·纳斯鲁拉汗、民族人民党领导人贾托伊、伊斯兰神学者协会（法扎卢尔·拉赫曼集团）领导人大毛拉法扎卢尔·拉赫曼、巴拉克·舍尔·马扎里、马利克·卡西姆、哈米德·纳西尔·查塔和曼苏尔·瓦托等。

在贝·布托不断施压之际，纳瓦兹·谢里夫与总统的关系日益紧张。1993年1月，陆军参谋长阿西夫·纳瓦兹·詹朱阿将军死后，总统与总理在围绕其继任人的问题上关系变得更僵。总统选择奎达军团的指挥官阿卜杜勒·瓦希德将军（Abdul Waheed）为继任者，而总理谢里夫更倾向于拉合尔军团指挥官阿什拉夫·詹朱阿（Ashraf Janjua）将军。总统与总理的关系再也没有以前那么信任了。闹得沸沸扬扬总统与总理之间的摩擦现在已成为二人的相互对抗。

总统的强硬做法②使谢里夫总理在1993年2月宣布他将努力废除宪法第八修正案，恢复民选总理的应有之权。为此，他公开宣称："我要英国首相约翰·梅

---

① Saeed Shafqat, "Pakistan Under Benazir Bhutto", *Asian Survey,* Vol. 36, No. 7（Jul., 1996），pp.655–672.

② 指不与总理纳瓦兹·谢里夫商议，就擅自任命阿卜杜勒·瓦希德将军为总参谋长。

杰的同样之权。"[1] 尽管纳瓦兹·谢里夫总理想废除宪法第八修正案,但是他从没有在国民议会中能获得 2/3 以上议员的支持废除第八修正案。他也低估了保守派的能力。他同时也误解了人民党的想法。虽然人民党也在反对宪法第八修正案,但是此时,贝·布托的主要目标是推翻现政府,重新举行大选。如果没有人民党的支持是不可能废除宪法第八修正案,但是人民党一直拒绝承认 1990 年大选的合法性,谢里夫的处境微妙。

贝·布托也正在打着自己的牌。她暗示她会在宪法第八修正案上支持谢里夫总理,同意出任国民议会外交委员会的主席,显示与谢里夫的和解。同时,她又与总统秘密谈判、交易。她对总统反对谢里夫政府提供支持。贝·布托也玩起现实主义游戏,把民主的道德放在一边。

在得到人民党的支持后,总统伊沙克·汗开始从谢里夫领导的穆斯林联盟中撤走自己的支持者,造成这一老党再次发生分裂。同时,总统使支持自己的国民议会和各省议会的议员倒戈,造成谢里夫在旁遮普省和西北边境省的联合政府倒台。

1993 年 4 月 3 日,联邦政府部长哈米德·纳西尔·查塔宣布他与穆斯林联盟在国会的众多议员准备发起对总理谢里夫的不信任投票。他与内阁的其他六名部长辞职反对纳瓦兹·谢里夫,站在总统这一边。[2] 此时,谢里夫宣布他的党将支持伊沙克·汗为下一届总统选举的候选人,给总统送出了一橄榄枝。谢里夫未能得到总统的和解,决定先发制人。

1993 年 4 月 17 日,谢里夫在电视上向全国发表讲话,说总统正在破坏政府的稳定,本来他的政府在国民议会中得到绝大多数议员的支持。第二天,总统就运用宪法第八修正案赋予的权力解除谢里夫的总理之职,并解散国民议会,任命巴拉克·舍尔·马扎里为看守政府总理,同时,宣布新的大选在 1993 年 7 月 14 日举行。看守内阁中包括贝·布托的丈夫阿西夫·扎尔达里。人民党构成看守政府的主要成分。

纳瓦兹·谢里夫政府被提前解散有多种因素。

首先,反对党对执政党操纵选举的控告,一直没有得到妥善解决。1990 年选举存在大规模的欺骗行为削弱了谢里夫总理的合法性。在旁遮普省的选举中,伊

---

[1]　Maleeha Lodhi and Zahid Hussain, "Is Nawaz Sharif's Time Up?", *Newsline,* (March 1993), pp.27–33.

[2]　Rasul Bakhsh Bais, *State,Society,and Democratic Change in Pakistan*, Oxford: Oxford University Press, 1997, p.66.

斯兰民主联盟在选举中存在以下欺骗行为：

（1）伊斯兰民主联盟的工作人员和同情者每个人有不同地址的身份证，在选区的不同行政区登记，在选举那天，在不同的投票站投票。

（2）伊斯兰民主联盟的工作人员携带伪造的身份证，扮演已经去世或者已经从选区搬走的人，但是这些人的名字仍出现在选民名册上。

（3）至少在每个选区有40个投票站的主管官员，拒绝当场签发投票结束的文件，然后，在回办公室途中，制作投票结果表。他们还篡改投票箱，向投票箱投进支持伊斯兰民主联盟候选人的假选票，并去掉支持人民党候选人的选票等。[①]

其次，伊斯兰民主联盟与人民民族党和穆哈吉尔民族运动的伙伴关系建立后，两年便解散。1992年，联邦政府对信德省发起军事行动，清理该省的反社会分子和种族恐怖主义者。总统和陆军参谋长在国家安全的名义下，通过非正常的政治手段，有意不让伊斯兰民主联盟政府控制信德省。不过，整个国家的法律与秩序没有多少好转。

再次，旁遮普省合作社银行的破产，使储户损失170多亿卢比[②]，伊斯兰民主联盟的主要骨干如总理之弟也是总理的亲密的政治顾问沙赫巴兹·谢里夫卷入此案。他们的清正廉洁的形象黯然失色。事后，谢里夫竭力否认政府有不当行为，给这些合作社银行重新注入一些资金，让它们表面上维持。然而，这一事件的影响是深远的。人民党似乎一夜之间复活了，向不断腐败的政府发起了挑战。

1991年11月8日，人民党领导了八个政党，其中包括伊斯兰神学者协会，要求总统解除纳瓦兹·谢里夫的总理之职，并调查其腐败问题。伊沙克·汗当时拒绝了这一要求。尽管如此，伊斯兰民主联盟政府已被严重削弱。据1991年10月，卡拉奇的《先驱（Herald）》杂志所作的民意调查，只有15.5%的被访问者认为伊斯兰民主联盟政府在第一年的执政中的表现是好的。[③]

第四，曾经导致人民党下台的因素：组织薄弱、腐败和暴力，纳瓦兹·谢里夫政权都有。伊斯兰民主联盟从诞生起就是一个大杂烩，包括中右政党和伊斯兰宗教党。这些政党除有反对人民党的共同点之外，没有其他共同点。这种安排并不

---

① Anwar H. Syed, "The Pakistan People's Party and the Punjab: National Assembly Elections, 1988 and 1990", *Asian Survey*, Vol. 31, No. 7（Jul., 1991）, pp.581–597.

② 1991年8月，伊斯兰民主联盟通过纳瓦兹·谢里夫家族的统一俱乐部产业集团非法向旁遮普省政府所有的合作社银行借款12亿卢比，造成众多的合作社银行破产，2百万储户的170亿卢比的存款损失。

③ *Herald*, November 1991, pp.65–69, in Seyyed Vali Reza Nasr, "Democracy and the Crisis of Governability in Pakistan", *Asian Survey*, Vol. 32, No. 6（Jun., 1992）, pp.521–537.

能产生一个有效的组织结构。这种联盟方式带来彼此之间的不适应。

伊斯兰民主联盟的两大主要政党:穆斯林联盟和伊斯兰神学者协会,自20世纪40年代起就相互对抗。实际上,两党在伊斯兰民主联盟内仍然存在抵触情绪。伊斯兰神学者协会与穆哈吉尔民族运动的紧张关系更使伊斯兰民主联盟面临尴尬。

伊斯兰神学者协会传统上在卡拉奇市是一个强党,在一些穆哈吉尔人社区有自己的支持基地,但是1986年,穆哈吉尔民族运动的崛起是以伊斯兰神学者协会为代价的。为此,导致两党之间的经常恶语相向,有时在卡拉奇大学校园内两党发生械斗。[①] 因此,伊斯兰神学者协会坚决反对伊斯兰民主联盟与穆哈吉尔民族运动结盟。伊斯兰神学者协会与伊斯兰民主联盟紧张关系尤其反映在政府的伊斯兰化和对海湾战争的政策上。

谢里夫只有靠个人的魅力把伊斯兰神学者协会的不满维持在可控的范围。1992年5月5日,伊斯兰神学者协会正式离开伊斯兰民主联盟。此外,前看守总理贾托伊经常批评政府的政策,同时,他也经常同反对党领导人,如人民党领导人贝·布托及老一辈政治家,如纳瓦布扎达·纳斯鲁拉等会面。贾托伊领导的民族人民党在1992年初也离开了伊斯兰民主联盟。即使在伊斯兰民主联盟的主要政党穆斯林联盟成为执政党后,内部的派别更是趋于活跃。穆斯林联盟实际上分为谢里夫派和居内久派。穆斯林联盟的主席帕加拉也形成自己的派别。总之,穆斯林联盟提供给谢里夫的支持是脆弱和易于解体的。

在伊斯兰民主联盟执政期间,其在国民议会和省议会的大多数议员对立法工作根本没有兴趣,只对津贴感兴趣。内阁的规模相对于议会规模和行政要求很不对称。当时,俾路支省议会48名议员中28名是部长和顾问。谢里夫内阁竟有49名部长、国务部长和顾问。[②]

在谢里夫执政期间,他始终无法与巴主要反对党,如巴基斯坦人民党和巴基斯坦民主党建立工作关系,与这些党的领导人未有一次会面。实际上,谢里夫所为,始终未能得到反对派的谅解和认可,整个社会处于对抗之中。

在谢里夫执政时期,腐败现象比以往更加猖獗。吃回扣、拿佣金、贿赂、挪用税款和发展资金是经常的事。谢里夫还被指控参与了一些不正当的金融交易,如

---

① See Seyyed Vali Reza Nasr, "Students, Islam and Politics: Islami Jama'at–i Tulaba in Pakistan", *The Middle East Journal*, Vol. 46, No. 1(Winter 1992), pp.74–75.

② Rais Ahmad Khan, "Pakistan in 1992: Waiting for Change", *Asian Survey*, Vol. 33, No. 2(Feb., 1993), pp.129–140.

出卖穆斯林商业银行[1]，通过外汇无记名证书在美国和其他西方国家从事洗钱活动。[2] 谢里夫政权形象，乃至国家形象都受到影响。

第五，人民党对谢里夫政府的反对，有力地促进了该政府的倒台。在1990年的选举中，巴基斯坦主要政治力量，如总统、军队、看守政府、官僚队伍和伊斯兰民主联盟合谋对付人民党领导的人民民主联盟。人民党受到打压。1990年的选举实际上对人民党是不公正的。谢里夫在中央和四个省都建立了自己的政府或联合政府后，人民党不服。人民党在选举中所获得的选票比伊斯兰民主联盟的选票相差不到1%，人民党的选民基础没有受到影响。贝·布托利用一切机会反对谢里夫政权。她利用总统与谢里夫总理的矛盾，挑拨二人之间的关系。

最后，对谢里夫政府最致命的打击来自军队、总统、总理这三驾马车与贝·布托的个人关系发生了逆转。1992年秋天，贝·布托发起人民党的火车游行，得到军队一些要员的默许。当1993年4月17日，谢里夫在电视上发表全国讲话，指责伊沙克·汗总统阴谋破坏政府时，总理与总统之间的冲突已没有任何回旋余地。总统在得到军队的支持下解散谢里夫政府，报复谢里夫。

面对总统的决定，谢里夫于1993年4月19日向巴基斯坦最高法院提交了上诉状。最高法院认定"解散政府不在宪法赋予总统的权力范围"，恢复国会和政府。[3] 最高法院作出这一历史性决定不但恢复国民议会和政府，而且恢复了人民对司法的信任。长期以来，巴司法都支持总统解散政府给人留下缺乏真正独立的形象。最高法院的决定带来废除宪法第八修正案的可能性，把巴基斯坦带向民主的边缘。最高法院质疑总统是国家利益监护人的理念。[4]

对于最高法院要恢复谢里夫政府和国民议会的决定，人民党和其他反对党继续要求谢里夫辞职，解散政府和重新举行大选。

1993年7月初，人民党和其他反对党宣布组织其支持者去伊斯兰堡的计划。他们的计划得到西北边境省政府的支持与合作。为了让联邦政府瘫痪，迫使其辞职，反对党组织几十万人长征去伊斯兰堡，表示抗议。

---

[1]　Mohammad Wasseem, "Pakistan's Lingering Crisis of Dyarchy", *Asian Survey*, Vol. 32, No. 7（Jul. 1992），pp.617–634.

[2]　Rais Ahmad Khan, "Pakistan in 1992: Waiting for Change", *Asian Survey*, Vol. 33, No. 2（Feb., 1993），pp.129–140.

[3]　Samina Yasmeen, "Democracy in Pakistan: The Third Dismissal", *Asian Survey*, Vol. 34, No. 6（Jun., 1994），pp.572–588.

[4]　最高法院首席大法官宣称："总统可以把他的观点告诉政府，但是应该让选民自己决定是否举行下一次大选。" Nasim Zehra, "All Eyes on Supreme Court", *The Nation*, 23 May 1993.

　　军方首脑与总统、总理举行了一系列的会面,规劝他们辞职,并解散国民议会和省议会,并威胁到如果不举行新的大选,军队将直接干预。为此, 1993 年 7 月 18 日,总统与总理同时辞职,从而打破了僵局。老总统的任期本来就到 1993 年 12 月到期,谢里夫的任期还有一半时间,因此,在各方的博弈中,谢里夫是输家。[①] 7 月 18 日,联邦与省的看守政府成立,前世界银行的经济学家穆恩·库雷希担任看守内阁总理,负责新的大选。新的选举定于 1993 年 10 月 6 日和 9 日,为人民党的重新上台提供了机会。

---

　　①　"Pakistan: the return of Benazir Bhutto", *The World Today*, Vol. 49, No. 12（Dec., 1993）, p.227.

第九章 1993 年大选与贝·布托的第二次执政

人民党抓住 1993 年大选的机会,揭露穆斯林联盟(谢里夫派)执政时宏观经济管理不善和实行的苛政,改变竞选方式,以微弱多数胜出,贝·布托获得第二次执政的机会。新成立的贝·布托政府实行以市场为基础的改革,放松经济管制,把国有企业私有化,振兴巴基斯坦经济,在政治上改善巴基斯坦人权状况,但是由于其经济改革成效不明显,加上实行紧缩政策,人民党选民的利益受到损害。在反对党的强烈攻势下,贝·布托政府被来自自己党的总统所解散。

第一节 人民党在 1993 年大选的胜利及原因

1993 年的大选对人民党有利,总统开始与人民党合作。在竞选阶段,人民党提出了灵活的联盟策略和吸引选民的竞选宣言。在贝·布托的领导下,人民党赢得了 1996 年大选的胜利。贝·布托展示出过人的领导能力。

一、人民党的竞选策略

在 1993 年大选之前,人民党普遍被看好是赢家。谢里夫两次被赶下台:一次是被总统武断赶下台;另一次是经过总统、总理与反对党领导人协商下台。莫因·库雷希的看守政府采取中立立场,帮助人民党。贝·布托迫切地准备着 10 月份的国民议会选举。受联盟组织的推动,她首次在人民党内引入民主程序,进行党内的选举。为此,她可以安心地说,她是由党员自由选举出的领导人。①

———————

① 因为在此以前,人民党从未进行过内部选举,基本上都是贝·布托本人说了算,因此,人民党具有很强的家族和个人色彩。这也是其他政党对其攻击之点。

　　1993 年的巴基斯坦政治对谢里夫竞选不利,因为谢里夫在出任总理的两年见证了他联盟的解体以及他声望的逐渐衰退。穆斯林联盟(谢里夫派)也失去了巴情报机构、总统的支持。谢里夫在竞选中只有充分展示其执政政绩,牢牢地掌握其坚定的支持者。曾经给他带来 1990 年选举胜利的伊斯兰民主联盟已不再存在。

　　贝·布托领导的人民党精心地建立联盟,运用地方上有势力的候选人,揭露穆斯林联盟(谢里夫派)执政时宏观经济管理不善和实行的苛政。早在大选前的几个月,人民党开始与总统合作。与军队关系亲密的总统决定与人民党合作反对穆斯林联盟(谢派),表明当权派终于放弃一直对人民党的敌视态度。

　　谢里夫也能够把所有反对人民党的人转化成投他的票。因此,形势越发明朗。只有贝·布托和谢里夫在竞选总理之职。穆斯林联盟内部已分为两大派:居内久派和谢里夫派。居内久在美国去世后,居内久派已无领袖。能与人民党相抗衡的,只有谢里夫派。

　　与 1990 年大选一样,各政党组成自己的选举联盟,以增加自己的胜算。全国民主联盟、伊斯兰民主阵线和穆斯林联盟(哈米德·纳西尔·查塔派)①组成选举联盟。为此,人民党立即与伊斯兰民主阵线和穆斯林联盟(查塔派)商谈省议会选举的联盟。人民党也努力与其他反对纳瓦兹·谢里夫的小党,如全国民主阵线和帕坦人民族党等谈判。在人民民主联盟内,人民党认为原有的协议候选人分配份额:穆斯林联盟(卡西姆派, Qasim)、加法尔教法实施运动和独立运动党分别是 5%、6% 和 14%。考虑到适应新伙伴党,如穆斯林联盟(查塔派)和伊斯兰神学者协会(法扎勒·拉赫曼派),该协议配额已经过时。这加快地本已是摇摇欲坠的人民民主联盟的终结。②

　　当巴基斯坦各政党为谈判、联合讨价还价时,巴基斯坦的选民却为在三年之中两次投票感到困惑。他们对此次选举没有多少热情。民众中的悲观和愤世嫉俗的情绪越来越强。政治家为自己的私利不断改变自己的忠诚,政党也未能就国家的紧迫问题提出可行解决办法。

　　人民党在 1993 年竞选宣言中,许多政策主张与穆斯林联盟(谢里夫派)相同,如双方都强调伊斯兰、民主、农业发展、工业化、议会主权、维持法律、秩序和人权,消除巴基斯坦的贫困。人民党的宣言与穆斯林联盟(谢里夫派)的宣言共同

---

　　①　穆斯林联盟(居内久派)的领导人穆罕默德汗·居内久于 1993 年 3 月 16 日去世后,该派改由哈米德·纳西尔·查塔领导,成为穆斯林联盟(查塔派)。该派的党名英文名称仍是 PML(J)。

　　②　Mohammad Waseem, *The 1993 Elections in Pakistan*, Lahore: Vanguard Books, 1994, p.113.

强调必须改革劳工法,增加就业,为无地农民提供土地,为边远地区提供电力。[①]
不过,人民党也有许多主张与穆斯林联盟(谢里夫派)有显著区别。最明显的区别在于如何看待伊斯兰教。人民党在竞选宣言中宣称:"我们不是神职人员,我们不赞成寡头政治;我们尊重穆斯林的思想与文化;伊斯兰之美在于它是:(1)一个没有歧视妇女与少数民族的宗教;(2)一个保障基本人权,言论自由、结社自由、投票自由、信仰自由的宗教;(3)一个革命的宗教,首次赋予妇女离婚、赡养和儿童监护的权利;(4)一个平等的宗教,弱势群体、被压迫者、被剥削者得到保护,有安全保障。"[②]

在竞选宣言中,人民党承诺批准和执行基本人权文件,尤其是1966年人权公约,以及与妇女、儿童、少数民族和土著人民有关的公约、协议;同时还承诺以欧洲法院为模式组建一个区域人权法庭,恢复原来的宪法条文,让少数民族投票。人民党还呼吁在部落地区实行普选,并为巴北部地区设议席,承诺恢复1973年宪法,让穆斯林与非穆斯林一起投票。人民党还建议与反对党领导人商议重组巴选举委员会。

人民党在宣言中提出了一些新的思想,追求在国家与社会的结构改革,尤其提出新社会契约和公私伙伴关系。早在1992年11月,人民党拉合尔会议上,贝·布托重新界定了党的纲领,提出了新社会契约观念。贝·布托的新社会契约前提是社会市场经济、生产工具手段的私有化、政府减少规模,并向省下放权力、地方政府再分权等。[③] 新的社会契约力求重新界定联邦、省和地方政府的关系,以及重新界定国家和社会的关系。人民党在宣言中说道:"值此临近21世纪之际,我们的指导思想是新社会契约……和公私伙伴关系,国营部门与私营部门,国家和人民都和谐地一起工作。"[④] 不过,人民党提出的这些新概念学究气太浓,对大多数不识字的选民来说,难以明白,只是表明人民党的领导人试图对巴基斯坦社会中的经济与社会问题提出解决方法的框架。民众对这些概念的反映不与预料的热烈。他们发现这些理论有些繁琐,理解起来有些费劲。

1993年选举的竞选开始后,两大党领导人都宣称自己在本国拥有最高人气。

---

① Safdar Mohmood, *Pakistan Political Roots and Development 1947-1999*, Oxford: Oxford University, 2000, p.173.

② "Manifesto of Pakistan Peoples Party", in Mohammad Waseem, *The 1993 Elections in Pakistan*, Lahore: Vanguard Books, 1994, pp.255-256.

③ Raj Kumar, *Pakistan Peoples Party: Zulfikar Ali Bhutto to Benazir Bhutto*, New Delhi: Sumit Enterprises, 2008, p.4.

④ "Manifesto of Pakistan Peoples Party", in Mohammad Waseem, *The 1993 Elections in Pakistan*, Lahore: Vanguard Books, 1994, p.254.

穆斯林联盟（谢里夫派）领导人谢里夫宣称他单从旁遮普省国民议会议席 115 席就能获得 100 席,从而保证获得国民议会的 2/3 的绝对多数。[①] 他继续控告人民党不尊重人民的授权,把他的政府搞下台。穆斯林联盟（谢里夫派）还组织了一个特别研究小组,调查伊沙克总统在任时期的不当行为,发表"黑皮书"。

当穆斯林联盟（谢里夫派）与人民党竞争之际,人民党却面临来自贝·布托之弟穆尔塔扎·布托及其追随者的内部挑战。人民党的联合主席之一的努斯拉特·布托夫人在 1993 年 8 月 8 日宣布穆尔塔扎将很快回到巴基斯坦,将在国民议会的 6 个选区和信德省的 14 个选区竞选。

努斯拉特·布托夫人认为穆尔塔扎与贝·布托之间不存在矛盾。阿西夫·扎尔达里宣称他把穆尔塔扎当成自己兄弟,欢迎他回国。信德省民族主义者领导人蒙塔·布托（Mumtaz Bhutto）[②] 领导的信德人民族阵线宣称只要穆尔塔扎参加选举,他们就会支持他。然而,努斯拉特·布托夫人极力否认穆尔塔扎与任何省民族主义者有联系。不久,穆尔塔扎宣布他父亲建立的党成为各种情报机关的人质,强迫人民党领导人在一系列原则上妥协。他还宣布人民党的领导人萨勒曼·塔西尔是巴基斯坦情报机关的成员,被派来专门反对他。[③] 对贝·布托而言,穆尔塔扎与努斯拉特·布托夫人似乎与她的对手谢里夫更有共同的事业。

为此,贝·布托采取了强硬立场。她拒绝容忍穆尔塔扎对她的要挟,并控告他打错了算盘。1993 年 9 月 10 日,穆尔塔扎的人决定在卡拉奇集会上劫持贝·布托,制造混乱,让人民党领导人难堪。在随后的时间内,人民党与穆尔塔扎的支持者之间的关系越来越紧张。穆尔塔扎的支持者在穆罕默德·阿里·盎戈洛的领导下成立"布托沙希德委员会"。人民党把这些委员会成员开除出党,最后导致贝·布托与穆尔塔扎公开分裂。当时穆尔塔扎还在国外,努斯拉特·布托夫人对其支持,还不足以对人民党的选举形成严重挑战。

人民党通过支持弱势群体以维持人民党的进步形象不受损害。人民党还承诺废除鞭刑条例和伊斯兰宗教法庭（Shariat Courts）[④]。然而,人民党也提醒到变

---

① Mohammad Waseem, *The 1993 Elections in Pakistan*, Lahore: Vanguard Books, 1994, pp.125–126.

② 蒙塔·布托生于 1933 年 11 月 28 日,是佐菲卡尔·阿里·布托的表弟,布托家族的长辈,信德民族阵线和信德省民族联盟的领导人,还是巴基斯坦人民党的创始人之一,前联邦政府部长、信德省省督和首席部长,曾严厉批评扎尔达里腐败和人民党利用家族之名夺取权力。

③ Mohammad Waseem, *The 1993 Elections in Pakistan*, Lahore: Vanguard Books, 1994, pp.127.

④ 伊斯兰宗教法庭有权审查和决定国家之法是否符合伊斯兰教法。联邦伊斯兰宗教法庭由总统咨询大法官之后任命,由 8 名穆斯林法官组成。自从 1980 年创立以来,该法庭就成为军人政权推行全面伊斯兰化的工具。

革不会一夜之间发生,尤其是在面对宗教政党所代表的反动势力的压力时。人民党还宣称妇女在议会中享有代表权。在纳瓦兹·谢里夫执政时,妇女预留的席位没有恢复。

在与穆斯林联盟(谢里夫派)竞争时,人民党突出强调谢里夫抢夺国家财富。人民党信息事务部秘书萨勒曼·塔西尔公布了一份早在看守政府期间,巴基斯坦银行理事会准备的15页的"特别报告"。该报告指控谢里夫是巴基斯坦最大的借款人,也是最大的欠款人,以及他用虚假的证词骗取贷款资格。该报告显示由前总理带来的贷款损失有数十亿卢比。他家族拥有的借款达到大约60亿卢比。[1]在选举之前,看守政府首次公布从国家金融机构有巨额借款的人名单,包括拖欠借款的人。像谢里夫这样工业巨头都名列其中,进一步损害谢里夫的政治可信度。

二、1993年大选结果分析与人民党的表现

1993年大选的选举结果没有让任何人吃惊。由于选票极为分散,没有一个政党能够在议会中获得绝对多数。人民党和穆斯林联盟(谢里夫派)成为两个大党,分别在国民议会207个议席中获得86席和72席。穆斯林联盟(谢里夫派)得票率为39.9%,人民党的得票率为37.9%[2],非常接近上届得票率。

尽管人民党获得的议席比穆斯林联盟的议席多14席,但是由谁组阁行使国家权力仍未明朗,因为两党在国民议会中均未能占明显多数。第三党为人民党的组阁开辟了道路。伊斯兰神学者协会和其他政党在1990年的选举中是伊斯兰民主联盟的成员。现在他们提出自己的候选人。那些努力拼凑反人民党的联盟失败了。他们分散投票有利于人民党。

在国民议会选举中,人民民族党获得3个议席,穆斯林联盟(查塔派)获得6个议席,伊斯兰民主阵线获得4个议席,巴基斯坦伊斯兰促进会(谢赫派)获得2个议席,巴基斯坦伊斯兰阵线获得3个议席,帕坦人民族党获得3席,俾路支民族运动获得1席,民族民主联盟获得1席,独立候选人获得19席等。[3]

宗教政党遭到惨败,获得的议席比少数民族在国民议会的议席数还要少。区域性政党,如西北边境省的人民民族党,信德省的邦联党,俾路支省的种族党也在国民议会选举中也遭受惊人的失败,为此,穆斯林联盟(谢里夫派)和人民党能

①　Mohammad Waseem, *The 1993 Elections in Pakistan*, Lahore: Vanguard Books, 1994, p.131.

②　"National Assembly Elections,1993", in Charles H. Kennedy and Rasul Bakhsh Rais(eds), *Pakistan: 1995*, Boulder: Westview Press, 1995, p.213, Appendix.

③　Mohammad Waseem, *The 1993 Elections in Pakistan*, Lahore: Vanguard Books, 1994, p.153.

够在这些省取得重大进展。

穆哈吉尔民族运动宣布抵制此次选举,改变了信德省,尤其是卡拉奇市的局势。穆哈吉尔民族运动抵制的理由是穆哈吉尔民族运动被军队和选举官员剥夺了与其选民接触和自由地从事竞选活动的权利。他们尤其被阻止进入卡拉奇市的三个选区竞选。[1]

在以前的选举中,穆哈吉尔民族运动是信德省城市中最强的政党。这次抵制国民议会的大选,反而使穆斯林联盟(谢里夫派)和人民党成为最大受益者。[2]

各省议会选举结果显示,穆斯林联盟(谢里夫派)在旁遮普省是最大的政党,获得 106 席,人民党在该省获得 94 席,其联盟党穆斯林联盟(查塔派)获得18 席;在信德省,人民党获得 56 席,穆哈吉尔民族运动放弃对省议会选举的抵制,在该省获得 27 席,穆斯林联盟(谢里夫派)获得 8 席,穆尔塔扎·布托获得 1 席;在西北边境省,人民党首次获得 22 席,人民民族党获得 21 席,穆斯林联盟(谢里夫派)和巴基斯坦伊斯兰阵线分别获得 4 席;在俾路支省,穆斯林联盟(谢里夫派)获得 6 席,人民党获得 3 席,其余的议席由一些小党和独立候选人所获得。[3]

人民党失去了在拉合尔和拉瓦尔品第以及旁遮普省城市中心和南部地区议席,也在信德省农村中失利。不过,人民党在旁遮普省农村和俾路支省获得选举胜利,弥补了以上损失。穆斯林联盟(谢里夫派)和人民党因为穆哈吉尔民族运动抵制国民议会选举而坐收渔利,各自获得 7 个议席,巴基斯坦伊斯兰阵线由此也获得 1 席。[4]

谢里夫内阁中的 13 位部长落选,包括舒贾特·侯赛因、法哈尔·伊曼、古拉姆·艾哈迈德·比洛尔、米尔·哈扎尔汗·比贾拉尼、阿斯拉姆·哈塔克、伊拉希·巴克什·苏姆罗等。

1993 年的大选在巴基斯坦政治中显示出一些新的趋势。首先,宗教政党被击败。巴基斯坦伊斯兰阵线被认为是第三大政党,提出了 97 多个候选人,只获得3 个议席,在旁遮普省一个议席都没有得到。[5] 巴基斯坦伊斯兰阵线是伊斯兰促

① International Centre for Ethnic Studies, *Electoral Politics in Pakistan: National Assembly Elections, 1993: Report of SAARC-NGO OBSERVERS*, New Delhi:Vikas Publishing House Pvt Ltd, 1995, pp.53–54.

② Tahir Amin, "Pakistan in 1993: Some Dramatic Changes", *Asian Survey*, Vol. 34, No. 2(Feb., 1994), pp.191–199.

③ Ibid.

④ Mohammad Waseem, *The 1993 Elections in Pakistan*, Lahore: Vanguard Books, 1994, p.135.

⑤ Verinder Grover and Ranjana Arora(edit), *Political System in Pakistan 3: Political Parties, Elections and Regionalism in Pakistan*, New Delhi: Deep&Deep Publications, 1995, p.292.

进会的再生。巴基斯坦伊斯兰阵线的领导人甚至都失去了在卡拉奇市和拉合尔市两个重要的选区。该党的选民相对于 1977 年减少了一半。此外，巴基斯坦神学者协会的两个派别（努拉尼派和尼亚齐派）都在国民议会选举中失去所有席位。

这些伊斯兰教政党一般都有自己全面的理论纲领，但是普通选民认为其纲领与他们的需要没有什么关系，伊斯兰促进会的卡齐·侯赛因·艾哈迈德试图提出务实的政治问题和政策，但是作为宗教政党的领导人，他缺乏向公众兜售其形象的可信度。

其他宗教政党，如伊斯兰神学者协会、巴基斯坦神学者协会、圣训追随者大会党和巴基斯坦伊斯兰促进会（谢赫派）等都是神学者（Ulema）[1] 的党，主要靠清真寺讲坛开展活动。政治只是他们的第二追求。齐亚当政时在宪法、政治、经济和行政事务上不断地用伊斯兰的圣训，从而为伊斯兰教政党在政治体制中提供了空间。不过，齐亚思想枯竭，使这些政党没有自己的政治纲领。由于在巴基斯坦没有非穆斯林群体的挑战，伊斯兰教政党逐渐失去吸引力。那些神学者也不能把伊斯兰教的信息转化为具体的社会福利纲领。1993 年的选举显示伊斯兰教政党已经失去政治主动性，至少从目前来看是如此。

众多宗教政党和组织的边缘化，远离巴基斯坦主流政治，给外面的世界发出积极的信号。首先，它表明伊斯兰教不是选民关心的主要议题。第二，巴基斯坦可以是一个伊斯兰国，但是不是一个伊斯兰原教旨主义国家。自由民主政治在这个国家深受欢迎。这些小的宗教政党和团体获得这样的结局意味着巴主流政治力量承受的压力变小了，不再为组成政府时以政策和纲领的代价与他们达成协议。

其次，随着人民党和穆斯林联盟（谢里夫派）获得大多数的选票，以及两党的选票相加达到所有选票的 90%，两党制首次在巴基斯坦出现。[2] 国民议会的选举和旁遮普省的选举显示了这一健康的发展。人民党基本主导了西北边境省，也相对主导了信德省，尽管该省还有不同势力。在俾路支省，全国性政党也有醒目的表现。在那里，独立候选人是重要的筹码。

最近的三次大选中许多政党消失。最大发展是出现了在纳瓦兹·谢里夫领导下的穆斯林联盟（谢里夫派）。

---

[1]　乌理玛（Ulema）是指穆斯林中受过教育的学者群体，主要从事不同领域的伊斯兰教研究；他们最著名的是作为伊斯兰教法的仲裁者；他们还是精通教法、法理学的伊斯兰律师；有些还专门从事圣训及其注解的研究。

[2]　Hasan−Askari Rizvi, "Towards a two −party system?", *The Nation*, 8 October 1993.

自巴基斯坦独立以来,穆斯林联盟就一直派系林立,势力较弱。这也是首次在无当权派的支持下,穆斯林联盟(谢里夫派)取得众多议席。不过,那种认为巴基斯坦已经完全形成两党制的观点还为时过早。在国民议会中的两大对立联盟的竞争最终导致这种体制,但是两党制在巴基斯坦也仅是一种趋势。

尽管执政党和反对党在对待对方的行为上已表现成熟。由于缺乏民主文化,文职与军人关系的脆弱平衡以及缺乏富有凝聚力的政党,巴基斯坦两党制稳定的前景仍是不确定的。人民党和穆斯林联盟(谢里夫派)本身是脆弱的政治组织,主要靠贝·布托和纳瓦兹·谢里夫的强烈个性与才能。人民中的大多数人仍然只为地方政治方案投票而不是为相互竞争的全国性政党的纲领投票。[1] 两党在对人与对事上有着惊人的一致,在对权力的追逐中使两党变得更加现实。

再次,重组的穆斯林联盟(谢里夫派)在实业家的领导下扩大在城市中产阶级、知识分子、商业和企业集团的支持。它代表一个反映社会经济变革的新兴联盟。穆斯林联盟在旁遮普省中心和北方的巨大成功,更加强它的这种形象。另一方面,早期实行激进变革纲领的人民党在其成员和意识形态方向上经历了很大的变化。在 1993 年的大选中,人民党几乎轮回到由大地主占主导的老穆斯林联盟。

第四,种族类政党继续在巴基斯坦选举舞台上展现他们的身影。不过,穆哈吉尔民族运动、人民民族党、巴基斯坦伊斯兰促进会(谢赫派)以及其他力量更小的种族政党在 1993 年的大选中已经退居次要位置。许多因素造成这一局面。

首先,国家经济的快速融合使帕坦人(又称普什图人)中富有进取部分融入其中,也削弱了人民民族党的声望。

其次,信德人在 20 世纪 70 年代和 90 年代所获得的在人民党政府之下的政治优势一定程度上冲淡了信德人的民族主义情感。

再次,俾路支的部落领导人也逐渐地融入在省府奎达市[2] 如火如荼的议会政治。在 20 世纪 70 年代游击队行动失败后,阿富汗的圣战者占有优势,苏联人也被打败,俾路支民族主义领导人要想获得国际援助已不再可能。因此,俾路支的部落精英对选举行为感兴趣就不足为奇了。

然而,穆哈吉尔民族运动的状况有所不同。他们是正在衰落的特权群体运动。穆哈吉尔民族运动集中于卡拉奇市和海德拉巴市两大都市的中心,其支持基

---

[1] Charles H. Kennedy and Rasul Bakhsh Rais(eds), *Pakistan: 1995*, Boulder: Westview Press, 1995, p.9.

[2] 奎达市(Quetta)是巴基斯坦俾路支省最大的城市和省府,由于其植物和野生动物的多样性,以巴基斯坦的果园而著称于世;该市靠近与伊朗、阿富汗接壤的杜兰德边境线上,是位于两国之间的重要的贸易和通讯中心,有重要的战略位置。

础主要中、下层中产阶级。其巨大的组织能力使得穆哈吉尔人社区成为自己单一社区。但是穆哈吉尔民族运动缺乏地域基地和一个明确的政治纲领。自从1992年军队开始清剿它以来,穆哈吉尔民族运动的成员充满混乱。1993年的大选显示出该党犹豫不决,对整个穆哈吉尔民族运动的未来缺乏想象力,呈现一片混乱。

1993年11月11日,巴基斯坦又举行了国民议会和省议会的补选。补选的结果反映了1993年大选的基本格局,向人民党倾斜。人民党获得国民议会的6个补选席位,旁遮普省议会4个补选席位,信德省议会1个补选席位。[①]

三、人民党在1993年大选获胜的原因

在巴基斯坦,没有人能预料到贝·布托能如此快地重新执政。那么,是什么原因导致人民党能在1993的大选中获胜呢?综合而言有以下几个方面:

首先,在大选期间,人民党领导人贝·布托吸取与军事当局对抗带来1990年选举失败的教训,显示出很强的现实主义意识,妥善处理与当权派、军方的关系。选举前,总统与总理之间的矛盾为贝·布托赢得了机会。她巧妙地打自己的牌。她先表示在废除宪法第八修正案的问题上支持纳瓦兹·谢里夫。然后,她又很快地转向总统阵营。由此造成的僵局只有通过重新举行新的大选才能解决。这正是贝·布托热切期盼的。在罢免纳瓦兹·谢里夫总理与其政府上与总统配合默契,得到巴当权派的支持。

1993年7月,贝·布托与其他反对党领导人发起向首都伊斯兰堡的长征,最终也听从了军方规劝,放弃了此计划,避免了与军队直接对抗,从而使人民党避免像前两次大选,尤其是1990年大选受到来自军队和总统的反对。[②]军方由于谢里夫处理外交政策不当,尤其是与美国关系恶化,逐渐疏远了他。在这次大选中,军方一再保证大选的公正、和平和合法性。

大选期间,军方出动了10多万军队维持秩序。军方希望未来产生的政府能为美国所接受,以争取恢复美国在1990年10月中断对巴的经济和军事援助。[③]因此,军方热情欢迎贝·布托重返政坛。至于美国方面,鉴于谢里夫执政期间,美巴关系相对紧张,因此,也倾向于贝·布托上台。

其次,贝·布托成功与巴基斯坦重要的柴明达尔大地主(Zamindar)政治家

---

①　Mohammad Waseem, *The 1993 Elections in Pakistan*, Lahore: Vanguard Books, 1994, pp.207.

②　刘津坤:《对贝·布托重返政坛的初析》,《国际问题研究》1994年第1期。

③　王鸿余:《重掌政权的贝·布托及内外政策趋向》,《国际展望》1993年第21期。

族 ① 建立新的联盟。她成功地赢得哈米德·纳西尔·查塔 ② 领导的穆斯林联盟（查塔派）的支持。人民党同时也与一些小的宗教政党建立伙伴关系。在新的巴基斯坦政治环境下，贝·布托有能力成为联合政府的领导人。贝·布托支持人民党成员法鲁克·艾哈迈德·汗·莱加里（Farooq Ahmad Khan Leghari）③ 当选为巴基斯坦新总统，从而排除宪法第八修正案对贝·布托的威胁。

再次，人民党有庞大广泛的组织，在农村地区有较强的号召力。人民党无论是在老布托还是贝·布托执政期间都主张农村的土地改革，给无地的农民分土地，支持农村发展，加大农村投入。因此，到老布托执政后期，人民党成为一个以农村地区为主要活动基地的大党。

人民党在农村地区有较雄厚的群众基础。巴基斯坦的农业人口占总人中的70%。信德省和旁遮普省又是两个农业大省。信德省更是贝·布托的家乡和政治大本营。人民党在这次省议会选举中仅在信德省就获得 56.3% 的选票，超过半数。④ 人民党也再次成为旁遮普省的主要政党。在该省，人民党获得 94 个议席，比 1990 年选举的 14 席增加了 80 个席位，尤其是在旁遮普省的农村地区。人民党从旁遮普省获得 31 个议席，而穆斯林联盟（谢里夫派）只获得 23 个议席；在旁遮普省的省议会选举中，人民党从该省的农村地区获得了 73 个席位，而穆斯林联盟（谢里夫派）只获得 52 个席位。人民党再次打入旁遮普省，从根本上动摇了旁遮普省过去作为纳瓦兹·谢里夫政治基地的地位。

第四，反人民党联盟的解体和穆斯林联盟的分裂有利于人民党。在 1990 年的大选中，穆斯林联盟（谢里夫派）依靠三军联合情报局拼凑的伊斯兰民主联盟集九党之实力与人民党竞争，使人民党处于不利地位。在这次选举中，伊斯兰民

---

① 柴明达尔（Zamindar）是巴基斯坦和印度的土地贵族，通常可继承，拥有大片土地和数量庞大的农民，并且保留自己收税的权利。随着时间的推移，他们拥有王子和王室头衔，如大君、拉贾（国王）、纳瓦布（勋爵）、米尔扎（王子）、乔杜里（主）等。虽然柴明达尔经常被认为相当于领主和贵族，在某些情况下，他们也被看作是独立的有主权的王子。在巴基斯坦，这种柴明达尔制仍以某种形式存在，尤其是在信德省和旁遮普省。

② 哈米德·纳西尔·查塔出生于 1944 年 11 月 15 日，是来自巴基斯坦旁遮普省古杰拉瓦拉市的政治家；1981—1985 年是旁遮普省的健康与教育部长，1986—1988 年为巴国民议会的发言人，1990—1993 年为计划部长；他是少数既赢得朋友双赢得敌人尊重的巴基斯坦政治家。

③ 法鲁克·艾哈迈德·汗·莱加里（1940 年 5 月 29 日—2010 年 10 月 20 日），是巴基斯坦的第八任总统（1993 年 11 月 14 日—1997 年 12 月 2 日），在阿里·布托被关押期间，参加巴基斯坦人民党并成为人民党的领导人之一。1993 年 11 月在得到人民党的支持下当选巴基斯坦新总统；1996 年 11 月，他利用宪法第八修正案赋予之权解散了人民党的贝·布托政府；1997 年 12 月，因与纳瓦兹·谢里夫的分歧辞去总统之职。

④ Mohammad Waseem, *The 1993 Elections in Pakistan*, Lahore: Vanguard Books, 1994, p.169.

主联盟解体,穆斯林联盟内部也因为政见不同,争权夺利而四分五裂。穆斯林联盟(居内久派)在选举之前就与人民党成为盟友。[①]从伊斯兰民主联盟脱离出来的宗教政党成立了巴基斯坦伊斯兰阵线单独参加选举,分散了穆斯林联盟(谢里夫派)的选票。在1990年大选中反对人民党的穆哈吉尔民族运动,因为受到巴军队的清剿,并限制其与选民接触而宣布抵制国民议会的选举,只参加信德省的省议会选举。其留出的选民大部分投了人民党的票。

此外,看守内阁选举前大肆揭露谢里夫执政期间的腐败问题,中止了谢里夫的一些改革政策,也在一定程度上损害谢里夫的形象,有利于人民党的胜出。

选举结束后,两大党为组成联合政府进行激烈竞争。尽管在国民议会选举中人民党比穆斯林联盟(谢里夫派)多出14席,但是后者拒绝承认失败,积极活动,努力试图在伊斯兰堡组建政府。贝·布托宣称她不但要在伊斯兰堡,而且要在旁遮普省、信德省和西北边境省组建政府。纳瓦兹·谢里夫也宣称他有可能在联邦和各省组成政府。两党立即开始与小党和独立议员的联系和讨价还价。

第二节　贝·布托第二次执政政策与下台原因

在贝·布托第二次执政期间,人民党除在联邦建立中央政府外,还在信德省、西北边境省建立了自己的地方政府,同时,在旁遮普省建立以人民党为主导的联合政府。在有利的执政环境中,人民党在贝·布托的领导下,实行了以市场为导向的改革,同时增加社会福利开支;在政治上注意保护人权和妇女的权利。但是由于执政党与反对党关系僵化,社会法律与秩序失控,曾是人民党党员的总统提前解除了贝·布托总理之职。

一、贝·布托第二次执政实践与政策

1993年10月,人民党与穆斯林联盟(查塔派)和一些独立议员联合。在国民议会中,贝·布托共获得121位议员的支持,而纳瓦兹·谢里夫只获得72位议员的支持。为此,人民党领导人贝·布托在伊斯兰堡组成了联合政府。人民党在信德省有相对多数,组建了自己的政府。在旁遮普省,人民党联合穆斯林联

---

① 在纳瓦兹·谢里夫执政期间,穆斯林联盟(居内久派)不受重视,被谢里夫疏远,后来与人民党合作成为执政伙伴。

盟（查塔派），在旁遮普省 240 个议席中共获得 112 席，而人民党对手穆斯林联盟（谢里夫派）只获得 106 席。[①] 人民党与穆斯林联盟（查塔派）和一些独立议员在旁遮普省建立了联合政府，从而消除了在贝·布托首次执政时旁遮普省对联邦政府的牵制。在西北边境省，穆斯林联盟（谢里夫派）与人民民族党于 1993 年 10 月组成联合政府。但是该联合政府在 1994 年 4 月解体，人民党组成了阿夫塔卜·谢尔帕奥政府。[②] 在俾路支省，独立候选人佐菲卡尔·阿里·马克西得到其同盟党：穆斯林联盟（谢里夫派）、帕坦人民族党、俾路支民族运动（哈伊集团）、巴基斯坦民族党和一些独立议员的支持，战胜人民党与共和民族党、俾路支民族运动（门加尔派）和伊斯兰民主阵线共同提出的候选人阿赫塔尔·门加尔，成立以穆斯林联盟（谢里夫派）为主的联合政府。人民党两名成员还在 10 月 17 日国民议会的选举中赢得了议长与副议长之职。

　　人民党终于在人数最多、政治上最关键的旁遮普省获得立足之地。旁遮普省在巴基斯坦的历史上一直举足轻重。人民党同时也在卡拉奇和信德省内地立足。与 1988 年贝·布托首次执政相比，人民党的联合政府因为得到旁遮普省的支持和总统的支持，处境要好得多。纳瓦兹·谢里夫已处于劣势，并没有退出政坛。他重新在旁遮普省掌权的希望并没有破灭，因为贝·布托领导的联合政府的稳定性并不能保证。她在国内政策面临着众多的困难。

　　贝·布托宣布她将组成一个规模较小、不超过 12 位部长的内阁。这与她上次组成一个庞大的内阁形成一个鲜明的对比。没有人相信庇护关系被排除在政府之外，但是贝·布托主张这个国家需要高效的政府，政治领导人应把管理国家看成其职责之一，而不只是压制反对派。在巴基斯坦，有足够的证据说明压制反对派只会产生苦果，浪费资源和时间，产生政治僵局。[③]

　　1993 年的贝·布托政府不同于 1988 年的政府。在其成立最初的日子，既没有官僚队伍，也没有军方和现任总统来阻碍政府。贝·布托政府的未来比以前任何时候似乎都明亮。

　　贝·布托政府的好兆头首次出现在总统与总理同属于人民党。新当选的总统莱加里是来自旁遮普省南部一个富有的地主家庭，也是贝·布托的亲密的合作

---

①　Mohammad Waseem, *The 1993 Elections in Pakistan*, Lahore: Vanguard Books, 1994, p.184.

②　Safdar Mohmood, *Pakistan Political Roots and Development 1947–1999*, Oxford: Oxford University, 2000, p.396.

③　Lawrence Ziring, "The Second Stage in Pakistan Politics: The 1993 Elections", *Asian Survey*, Vol. 33, No. 12（Dec., 1993）, pp.1175–1185.

伙伴。①

谢里夫在表面上欢迎贝·布托出任总理,承诺他的党永远不会沉溺于 1991 年反对党发起所谓"长征"的鬼花招。他宣称他的党将成为建设性的反对党。谢里夫这一承诺如果能守信用的话,对新政府是一件好事。

重新就任总理后,贝·布托对政府成员的任命比过去更有经验,在建立、维持旁遮省联合政府以及维系与国家重要领导人和政党的关系上显得更有技巧。纳瓦布扎达·纳斯鲁拉为国民议会的克什米尔委员会主席,大毛拉② 法扎勒·拉赫曼为国民议会外交事务委员会主席,马利克·卡西姆为国民议会反腐败委员会主席。此外,人民党还支持马利克·卡西姆为参议会议长,巴拉克·谢尔·马扎里之子被任命为旁遮普省内阁部长,穆斯塔法·贾托伊之子在信德省内阁任部长,古拉姆·穆斯塔法汗和纳瓦布扎达·纳斯鲁拉之子都在省政府任职。

为吸取首次执政的经验教训,保证政府的稳定,贝·布托还采取双管齐下的策略:

首先,她确保人民党联合政府伙伴能支持政府的政策,哪怕保持沉默。

其次,她起初采取与穆斯林联盟(谢里夫派)和解的姿态,建立政府与反对派的工作关系。

然而,不久,贝·布托就发现谢里夫领导下的穆斯林联盟(谢里夫派)决心反对人民党的政策,不与执政党沟通。一年以后,贝·布托政府通过实行对穆斯林联盟(谢里夫派)领导人品行不端、腐败和行为不当指控的策略达到控制穆斯林联盟(谢里夫派)的作用。

1995 年 12 月,巴法庭对纳瓦兹·谢里夫及其家庭提出的诉讼案达 140 多件。穆斯林联盟(谢里夫派)在拉瓦尔品第议会的发言人谢赫·拉希德·艾哈迈德被拘留。③ 贝·布托政府小心地不对穆斯林联盟(谢里夫派)领导人及其工作者发起大规模的逮捕,而只是在法庭上发起对他们的起诉,以限制反对党的社会动员能力。这样,贝·布托成功地维持了联合政府的稳定。穆斯林联盟(谢里夫派)不能成功发起破坏人民党政权稳定的抗议运动。

尽管如此,第二届贝·布托政府仍然面临着许多挑战。首先,贝·布托政府

① 　V. T. Joshi, *Pakistan: Zia to Benezir*, New Delhi: Konark Publishers Pvt Ltd, 1995, p.5.

② 　大毛拉(Maulana)是在阿拉伯国家对穆斯林宗教领导人的尊称,尤其是毕业宗教研究机构,对伊斯兰教有研究的学者。

③ 　Saeed Shafqat, *Civil-Military Relations in Pakistan:From Zuflikar Ali Bhutto to Benazir Bhutto*, Boulder: Westview Press, 1997, p.241.

在国民议会和旁遮普省议会都不占多数,只有靠与穆斯林联盟(查塔派)才组成联邦政府和旁遮普省政府。政府是否稳定主要靠贝·布托成功地维持与其他政党的联盟,恢复城市中产阶级,尤其是旁遮普省中产阶级的信任,取得信德省城市中最有组织的政党——穆哈吉尔民族运动的和解。

但是人民党与穆哈吉尔民族运动的和解最终没有成功。1994年4月,当穆哈吉尔民族运动决定发起新的暴动时,信德省的政治暴力进一步升级。[①] 该党列出了一系列的不满,要求结束对其工作人员的伤害,撤消对其领导人的犯罪指控,恢复学校入学和政府职位的荣誉制。尽管人民党表示愿意与穆哈吉尔民族运动谈判,但是仍然坚持穆哈吉尔民族运动领导人应面对法庭对他们的指控。穆哈吉尔民族运动及其在信德省的暴乱仍然是对贝·布托政府的最大挑战。

其次,巴基斯坦的文人政府与军人集团的关系一直不是很稳定,始终威胁文人政权。巴基斯坦经历过数届军人政府。以总统为代言人的军人与官僚精英集团对巴基斯坦的政局有着重要的影响。自1988年以来,两届政府垮台的主要原因是军方与官僚精英、政治精英的权力斗争。1988至1990年的贝·布托政府和1990至1993年的纳瓦兹·谢里夫政府尽管在各个方面都有所不同,但是两届政府都因为寻求保证民选代议制的作用,而不是保证传统当权派的作用,遂成为牺牲品。

巴基斯坦军方与官僚精英在国家政治中发挥关键作用。任何民选总理都不得不面对这一现实,相应调整自己的政策。但是对贝·布托而言会更加困难,因为军方与官僚精英自阿里·布托时期就经常把人民党看成是对他们既得利益的威胁,反对拥有群众基础的人民党。在1988年选举前夕,军方与官僚精英就帮助谢里夫建立九个政党参加的伊斯兰民主联盟,共同反对人民党。总统伊沙克·汗与陆军参谋长贝格在筹建伊斯兰民主联盟的背后发挥过积极的推动作用。

在1993年选举中,军方与官僚精英集团看似愿意与人民党和解。军方愿发挥调解作用。不过,这种局面能维持多久,无人知晓。况且,他们这样做也是由于国际环境的变化而不是出于他们内心的真正变化。这届贝·布托政府虽然有自己的同仁成为总统,宪法第八修正案赋予总统之权,仍是悬在贝·布托总理头上的达摩克利斯剑。

再次,谢里夫领导的反对党与贝·布托政府的持续对抗。谢里夫与贝·布托两人都没有发展工作关系。他们两人的冲突更多是个人冲突而不是意识形态或政策不同,从而扼杀了选举政治带来政治稳定的希望。

---

① 　Charles H. Kennedy and Rasul Bakhsh Rais(eds), *Pakistan: 1995*, Boulder: Westview Press, 1995, p.10.

在巴基斯坦,政治上不宽容的气氛、个人化的政治和政治权力问题也许可以解释政党之间彼此自我毁灭式的敌意。部分原因是人民党的支持者和那些强烈反对其执政方式的群体之间出现了激烈的冲突,使两党出现持久的对抗。

反对党确定自己纲领就是推翻人民党,而不是让其完成任期,正如人民党在1992年—1993年推翻谢里夫政府那样。反对党领导人纳瓦兹·谢里夫与贝·布托总理在过去五年中从未举行过对话,可以看出两大阵营的激烈对抗。[①] 人民党中的鹰派拒绝让反对党发挥作用,因为它无时无刻地寻求机会破坏政权的稳定。

1994年初,当人民党通过强制和诱惑两种手段把反对党领导的西北边境省政府搞垮时,反对派匆忙地举行街头抗议活动。到1994年9月,谢里夫开始发起推翻人民党政权的运动。这一事实再次验证巴基斯坦政治家很大程度上是出于个人私怨而不是国家利益而行事。

贝·布托宣称反对派不尊重人民的授权,试图削弱和造成她政府的不稳定。反对派则宣称贝·布托政府通过一系列犯罪起诉,骚扰其成员。1994年9月,谢里夫在选举后仅10个月就发起针对政府的政治行动。他希望通过制造足够的政治危机,来迫使军队进行干预。[②] 尽管他发起"火车行军"的抗议活动在全国吸引了大量的群众,但是这种活动未能使军方相信此时发生政治变革是适宜的。谢里夫从未放弃迫使人民党政府下台的目标。他在议会内和公共场合宣传贝·布托政府存在大量腐败来对贝·布托政府施压。

这种权力之分割造成"弱政府,强反对派"的局面。贝·布托和纳瓦兹·谢里夫在各自当总理期间都未能建立民主运作的基本条件:政府未能与反对党建立工作关系,从而给军方与官僚集团提供了机会。这种事情在贝·布托再次执政时仍然存在。

第四,宗教政党自1993年10月的国民议会大选失败后开始重新整合。这些宗教政党率先发起实施伊斯兰教法的运动,使宗教温和派和改革派成为边缘化的力量,加剧了教派分歧。两大宗教派别组织:逊尼派友军与伊斯兰教法运动经常出现零星的暴力冲突。许多宗教政党,如伊斯兰促进会、伊斯兰神学者协会要求在克什米尔问题上发动对印度的圣战,在阿富汗正在进行的内战中发挥更多的干预作用。贝·布托政府处于疲于应付的困境之中。

1995年12月底,与宗教政党联盟的伊斯兰安全理事会发起的大罢工在民众

---

① Charles H. Kennedy and Rasul Bakhsh Rais (eds), *Pakistan: 1995*, Boulder: Westview Press, 1995, p.12.

② Rasul Bakhsh Bais, *State, Society, and Democratic Change in Pakistan*, Oxford: Oxford University Press, 1997, p.272.

中没有引起什么反响。[1] 人民党政府正与谢里夫领导的反对派竞争,而宗教政党在克什米尔问题上表现得极为好战,排除了任何灵活应对印度的可能性。

贝·布托表示,新政府将开创一个改革和体制转换的新时代,迎接 21 世纪的挑战,改革现行体制,促进国家全面发展。新政府将恢复经济,解决失业和通货膨胀问题,使私有化进程合理、透明。但是贝·布托面对一个十分棘手的经济摊子:财政赤字高达 1000 亿卢比,大约占整个 GDP 的 6%,外贸赤字高达 30 亿美元,通货膨胀率官方估计为 10%,而民间估计高达 18%,经济增长率近 3%。[2] 这些关键指标显示巴基斯坦经济处在糟糕的状态。除非采取比较过硬的措施以改善经济,或者,其未来有可能更糟糕。

在贝·布托再次执政之前,农业出现严重减产。由于谢里夫政府没有给农业以优先发展政策和保护性政策,加上严重水灾,1992—1993 财年农业大约减产 4%,棉花、稻米和甘蔗生产的损失尤为严重。由于贝·布托领导的人民党支持基础主要在农村地区,农业能否尽快恢复生产,对人民党政权的巩固关系很大。[3] 此外,巴的外贸出口呈萎缩状态。1992—1993 财年出口额为 63.18 亿美元,比 1991—1992 财年的 69.04 亿美元下降了 1.3%。[4] 除农业减产原因以外,皮革、羊毛及毛纺织业的创汇产品也有大幅度下降,原因在于质量不高,难以占领国际市场。

为振兴经济,人民党政府采取了一系列措施。贝·布托政府成立了一个专门办公室,提出具体措施,增加外汇储备,刺激出口,恢复经济,其中最明显的是实行以市场为基础的改革,放松经济管制,将国有企业私有化。贝·布托政府继续前看守政府总理莫恩·库雷希实行的许多改革措施,包括放松对外国投资的限制和进口限制,减少对国有企业补贴等。巴基斯坦投资环境大有改善,外资开始进入。世界银行和国际货币基金组织还与巴基斯坦签订了 15.5 亿美元的贷款协议,另外还就建立两个大的水利投资项目达成了协议。

1994 年 6 月,贝·布托政府提出了第一个财政预算,规定 1994—1995 财年预算的主要目的是减少财政赤字:从 1994 年财政赤字占 GDP 比重的 6% 减少到占 GDP 比重的 4%[5],推行经济自由化以吸引更多的外资,控制军费开支,使卢比

[1]　Ftikhar H. Malik, "The State and Civil Society in Pakistan: From Crisis to Crisis", *Asian Survey*, Vol. 36, No. 7（Jul., 1996）, pp.673–690.

[2]　S. Akbar Zaidi, "Pakistan's Economy in Deep Crisis", *Economic and Political Weekly*, Vol. 29, No. 28（Jul. 9, 1994）, pp.1719–1720.

[3]　姬陵:《贝·布托面临严峻考验》,《世界经济与政治》1995 年第 4 期。

[4]　同上。

[5]　Mahmood Monshipouri and Amjad Samuel, "Development and Democracy in Pakistan: Tenuous or Plausible Nexus", *Asian Survey*, Vol. 35, No. 1（Nov., 1995）, pp.973–989.

成为可兑换的货币,增加税收,降低通货膨胀率。

1994年2月,国际货币基金组织在要求巴基斯坦在加强结构调整的前提下为巴基斯坦安排了9.86亿特别提款权(约合13亿美元)的贷款,并延长对巴基斯坦的资金援助,以支持巴基斯坦的中期调整和改革方案。

贝·布托政府坚决地实行紧缩政策,降低财政赤字,尽管这会造成农业和工业生产的下降。贝·布托根据国际货币组织的建议,要求将赤字占国内生产总值的比例降低到5.4%以下。国防开支只增加8.6%,而印度同年军费开支增长的比例是20%。不过,贝·布托为解决财政赤字而增加的税收却触及许多人的利益。

经过一系列刺激措施,1993—1994财年巴基斯坦GDP增长了4%。[1]贝·布托紧缩预算、增加税收的经济改革计划遭到一部分人的反对。贝·布托提出上述计划后不久,巴工商界马上举行了两天罢市,抗议提高商品零售税和赋予税收官员逮捕抗税逃税者的权力。巴联邦商业和贸易联合会、全巴基斯坦职员协会、巴基斯坦运输协会、反对党以及宗教团体都宣称他们的生活水准倒退。为此,贝·布托政府被迫作出让步,以农业税取代了商品零售税。[2]

巴基斯坦的经济改革考验贝·布托政府的执政能力。她制定的政策,不但要在本党内得到支持,而且还要在反对派内和全体选民中得到认同。贝·布托只会面临更多的困难。[3]

贝·布托政府遵循世界银行和国际货币基金组织的结构调整方案,降低最高关税,取消出口补贴、进口许可证费和卢比贬值等措施。在贝·布托执政的头一两年,巴基斯坦的经济在宏观上有一定程度的改善。预算赤字从1000亿卢比减少到700亿卢比;贸易赤字从30亿美元减少到17亿美元。外汇储备有很大的改善:从1993年10月的3亿美元增加到1994年10月的30亿美元。外商投资价值160亿美元已投向电力部门,其中包括陪同美国能源部长黑兹尔·奥利(Hazel O'Leary)访问巴基斯坦的美国商人投资的40亿美元,香港投资者投资的80亿美元,韩国商人投资的4.5亿美元。[4]

但是在微观层面上,巴基斯坦的农业和工业生产出现停滞,通货膨胀率的攀升打击着普通劳动者的信心,加剧了他们对政府的不满。农业部门表现不佳,棉

① 姬陵:《贝·布托面临严峻考验》,《世界经济与政治》1995年第4期。

② Saeed Shafqat, "Pakistan Under Benazir Bhutto", *Asian Survey,* Vol. 36, No. 7(Jul., 1996), pp.655–672.

③ Paul Newberg, "Dateline Pakistan: Bhutto's Back", *Foreign Policy*, No. 95, Summer, 1994, pp.161–174.

④ Tahir Amin, "Pakistan in 1994: The Politics of Confrontation", *Asian Survey*, Vol. 35, No. 2(Feb., 1995), pp.140–146.

花和小麦作物因为信德省的洪水和遭受卷叶病虫的侵害,分别下降了 11.2% 和 6.5%。工业生产也表现出低迷。按官方估计的通货膨胀率在 14% 左右,而非官方估计的通货膨胀率已在 20%。[①] 对商品征收的消费税,基本必需品价格的上升以及高成本的电话费都大大地影响了消费者的生活。高失业率和缺乏就业机会使年轻人对政府产生了怨恨。

尽管面临国际货币基金组织和世界银行要求紧缩开支的压力,贝·布托政府还是坚持增加医疗、住房、教育和社会福利的开支。她坚持降低国防开支的比例,在 1993—1994、1994—1995 两个财年,国防开支维持占整个预算的 26%。

贝·布托之所以这样做,有两个原因:印度继续建立自己的核武库,安全仍是巴基斯坦的主要问题。其次,鉴于印度的克什米尔政策,它的核立场以及坚持导弹技术项目,巴基斯坦不太可能减少太多的国防开支。"冷战"在南亚地区仍然存在。巴基斯坦的文职政府也受到限制,不得不选择由军方制定的安全策略。

贝·布托政府的紧缩政策至少使巴基斯坦国库损失 300 亿卢比,进一步恶化巴基斯坦的财政赤字。贬值也没有带来巴基斯坦的大量出口,主要因为巴基斯坦的出口主要依靠一种商品:棉花。巴基斯坦棉花生产部门由于棉纱价格低和外部市场需要不佳而处于危机之中。卢比贬值所带来的结果只是使巴基斯坦的进口付出更高的价格,造成通货膨胀和进口关税的下降。[②]

在政治上,贝·布托吸取上一届的经验教训,谨慎地处理与军队的关系,避免干涉军队事务。例如,参谋长委员会联席会议主席沙米姆·艾哈迈德将军的退休就被处理的平稳。同样,政府对空军与海军人员司令人选的选择也没有起波澜。1996 年 1 月 12 日,当阿卜杜勒·瓦希德任期完成后,杰汗吉尔·卡拉马特(Jehangir Karamat)掌管了巴基斯坦的军队。他的任命得到左中右政党的叫好。1994 年 11 月,当军队决定结束在信德省的"清剿行动"时,贝·布托立刻表示同意。军队的退出符合贝·布托的想法,因为穆哈吉尔民族运动一直要求军队撤出卡拉奇市。她现在直接面对穆哈吉尔民族运动。作为回报,军队鼓励卡拉奇市文职政府组建自己的准军事部队。这支力量在少将穆什塔格·马利克指挥下,成为挑战穆哈吉尔民族运动的有效力量。

自贝·布托 1993 年执政以来,巴基斯坦侵犯人权的事件相对下降。国际劳

① Tahir Amin, "Pakistan in 1994: The Politics of Confrontation", *Asian Survey*, Vol. 35, No. 2(Feb., 1995), pp.140–146.

② S. Akbar Zaidi, "Pakistan's Economy in Deep Crisis", *Economic and Political Weekly*, Vol. 29, No. 28(Jul. 9, 1994), pp.1719–1720.

工组织与巴政府签订了努力禁止童工的谅解备忘录。为提高妇女地位,贝·布托在 1994 年初首次建立了全是女性的派出所,位于拉瓦尔品第和伊斯兰堡两个城市,据报道花费了 300 万卢比。派出所内部设备齐全。[①] 她们的工资与她们的男同事工资相同。此外,政府还建立女性法庭。然而,巴基斯坦有些地区的人权状态没有得到改善。1994 年 4 月下旬,在信德省穆哈吉尔民族运动与信德省政府的关系趋于紧张,并导致数人死于暴力冲突。

在执政期间,贝·布托继续推行"社会行动计划":一个由巴政府和政府之外的组织和个人共同捐款以提高巴的教育开支项目。[②] 社会行动计划是贝·布托第一次执政时发起的。自 1988 年以来已经经历了三届政府,已经成为一个持续的教育政策。

在政坛上,贝·布托政府与反对党一直处于激烈的对抗之中。人民党政府似乎正像 1991 年—1993 年的穆斯林联盟(谢里夫派)政府,而穆斯林联盟(谢里夫派)正在使用以前人民党反对它的战术。贝·布托政府与反对党穆斯林联盟(谢里夫派)都无法宽容对方。当穆斯林联盟(谢里夫派)发动无休止的政治运动时,贝·布托政府采取了报复性的镇压措施。

至此,该国不断上升的种族、教派和宗教暴力冲突甚至导致在巴基斯坦的某些地区,如卡拉奇市处于无政府状态。卡拉奇市的暴力冲突包括以下几个层次:①种族冲突:穆哈吉尔人、帕坦人、阿富汗人、信德人和比哈尔人[③] 相互对抗;②教派冲突:穆斯林逊尼派与什叶派之间的对抗;③伊斯兰原教旨主义与世俗主义的对抗。这些冲突又因为武器容易得到而加剧。这些武器在阿富汗内战期间由外国人提供反对苏联人用的。

按照卡拉奇市警察总督察办公室提供的数据,卡拉奇市的犯罪案件到 1995 年增加 10.2%, 从 1994 年的 20687 起增加到 1995 年 11 月份的 22810 起。在同一期间谋杀和企图谋杀案增加了 49%,大约 300 万美元的财产被偷。[④]

---

① V. T. Joshi, *Pakistan: Zia to Benezir*, New Delhi: Konark Publishers Pvt Ltd, 1995, p.14.

② 该计划的资金 80% 由巴政府承担,其余的 20% 资金由政府之外的组织和个人捐助;这些捐款人中包括世界银行、亚洲发展银行、荷兰和英国政府;通过此计划,巴基斯坦男孩小学入学率从 67% 上升到 71%,女孩小学入学率从 36% 上升到 43%;国家在社会行动计划的公共开支占 GDP 的比重从 1992—1993 年度的 1.7% 上升到 1995—1996 年度的 2.2%。"Pakistan's Social Action Program: a success or failure?", By YesPakistan.com Staff Writer, http://www.yespakistan.com/people/sap.asp.

③ 比哈尔人又译为贝哈里人,来自印度比哈尔邦的穆斯林。1971 年,一批讲乌尔都语的比哈尔人移民到巴基斯坦。世界上有 37% 的比哈尔人住在巴基斯坦,主要集中在卡拉奇。

④ Robert LaPorte, "Pakistan in 1995: The Continuing Crisis", *Asian Survey*, Vol. 36, No. 2 (Feb., 1996), pp.179–189.

　　1993 年，贝·布托执政后，穆哈吉尔民族运动在卡拉奇市发动城市游击战，越来越凶猛地反对人民党政府。1994 年 11 月 30 日，军队退出卡拉奇市由保安人员和警察来接替后，该市经历了最严重的暴力事件。穆哈吉尔民族运动与政府当局的仇恨因为该市保安人员打死穆哈吉尔民族运动的成员而进一步升级。

　　从 1995 年 7 月至 1996 年 1 月，该市发生 70 起穆哈吉尔民族运动成员与警察的遭遇战，有 120 名恐怖分子被杀害。由于卡拉奇市的内乱，1994 年有 1113 人被杀害，1995 年有 2095 人被杀害。[①] 在 1995 年，每天都有 10 至 20 人因为恐怖活动而死亡。自 1993 至 1995 年，总共有 6000 人死于恐怖活动，其中包括 200 名国家保安服务人员。[②] 为此，贝·布托认定穆哈吉尔民族运动为恐怖组织，其领导人在从事犯罪活动，因此，必须放弃武器，接受司法调查与审判。

　　贝·布托指出穆哈吉尔民族运动并不是卡拉奇市穆哈吉尔人社区和其他信德省城市中心的唯一代表，穆哈吉尔民族运动只代表卡拉奇市中心一部分社区的穆哈吉尔人。贝·布托试图把忠诚的反对派与穆哈吉尔民族运动恐怖组织分开。她指出十多年以来，不管是哪届政府，穆哈吉尔民族运动都反对。她宣称其领导人是反国家的恐怖主义者，试图绑架政府，政府并不会屈服于他们的伎俩。

　　针对这种局面，反对党公开呼吁军队进行干预，但是军队出于其自身利益的考虑，选择站在政府一边。军队由于需要与美国保持联系，从而限制自己行为。他们认为支持当前政府是最好的选择。国际环境的变化不利于他们接管政权。

　　卡拉奇市的武装冲突和频繁的停工对该市基础设施造成巨大的破坏，对巴基斯坦经济带来巨大损失。一份由卡拉奇工商商会的报告揭示："卡拉奇市因罢工损失的工作日带来 13 亿卢比（合 3800 万美元）。"[③] 由于 1995 年 3 月两名美国驻卡拉奇领事馆的工作人员被杀害，美国宣布该城市为危险区域。另一些国家建议其国民远离该城市。

　　1994 年 4 月，人民党政府设法取代了穆斯林联盟（谢里夫派）与人民民族党在西北边境省联合政府，从此遭致反对党无休止的反对活动。人民党在该省的领导人阿夫塔卜·谢尔帕奥（Aftab Sherpao）从迈赫兰银行得到资金，成功地收买了已经疏远的独立议员以及该省议会两名穆斯林联盟（谢里夫派）议员，使他

---

　　① 　Moonis Ahmar, "Ethnicity and State Power in Pakistan: The Karachi Crisis", *Asian Survey*, Vol. 36, No. 10（Oct., 1996）, pp.1031–1048.

　　② 　Saeed Shafqat, "Pakistan Under Benazir Bhutto", *Asian Survey,* Vol. 36, No. 7（Jul., 1996）, pp.655–672.

　　③ 　Moonis Ahmar, "Ethnicity and State Power in Pakistan: The Karachi Crisis", *Asian Survey*, Vol. 36, No. 10（Oct., 1996）, pp.1031–1048.

们反戈。

新成立的人民党西北边境省政府激怒了反对党,为此,他们发起了"拯救西北边境省的运动"①。反对党不但抵制国民议会的会议,而且质疑政府提出的任何问题,从总理进口奔驰汽车,到贝·布托对印度与巴基斯坦的关系、克什米尔问题、核计划等进行全面对抗。人民党进行反击:政府逮捕了前纳瓦兹·谢里夫执政时期的情报局领导人伊姆蒂亚兹·艾哈迈德②,并对谢里夫家人提起偷税漏税、拖欠贷款、滥用国家权力的起诉,骚扰其家人。

1994年9月,反对党发起从卡拉奇到白沙瓦的"火车行军",纳瓦兹·谢里夫在沿路经过的火车站都对观众发表鼓动演说。反对党的暴动政治达到了高潮。反对党要求在9月20日举行大罢工。但是反对党的策略并没有使人民党政府辞职,也没有使军队加入反人民党政府的阵营。

当反对党转入议会内的斗争时,贝·布托政府开始实施新一轮对反对党的报复行动。政府逮捕了谢里夫生病的父亲米安·穆罕默德·谢里夫以及其他有名的反对党人,如谢赫·拉希德、乔杜里·舒贾特、纳瓦兹·霍哈尔等。政府还提起了一系列的刑事诉讼,旨在搅乱反对党领导及其亲属。

反对党在国民议会11月的会议上,大打出手。为报复,人民党的积极分子在议会大楼外,狠揍了穆斯林联盟(谢里夫派)在国民议会的议员。政府还无视议会发言人和参议院议长制定的规则,逮捕穆斯林联盟(谢里夫派)国民议会的议员和参议员。贝·布托总理的丈夫阿西夫·扎尔达里向媒体表明,他希望反对党领导人也在监狱里待上两年半。这个时间正是扎尔达里在纳瓦兹·谢里夫在任期间在监狱里待过的时间。

在贝·布托再次执政的时间里,巴基斯坦大城市暴力事件不断,法律与秩序崩溃。在信德省,因为镇压穆哈吉尔民族运动两年内造成3500人被杀害。在西北边境省,有1000多人因为政府与当地宗教组织要求实施伊斯兰教法的冲突而死。在旁遮普省,至少有500人因为什叶派与逊尼派极端组织的教派冲突而死。③

贝·布托没有处理好人民面临的深层次社会、经济和政治问题,主要靠与对手的临时停火或由国家残酷镇压。最终巴基斯坦无休止的暴力伸入到每一个角

---

① Tahir Amin, "Pakistan in 1994: The Politics of Confrontation", *Asian Survey*, Vol. 35, No. 2(Feb., 1995), pp.140—146.

② 伊姆蒂亚兹·艾哈迈德曾于1990—1993年纳瓦兹·谢里夫执政期间任巴情报局的总干事;他因为在1989年破坏当时贝·布托民主政府的作用而获得臭名昭著的名声。

③ Ahmed Rashid, "Pakistan on a knife-Edge Uncertainty", *The World Today*, Vol. 53, No. 1(Jan., 1997), pp.7—10.

落,也影响到贝·布托本人:她日益疏远的弟弟穆尔塔扎·布托被警察射杀在街头。代表其弟媳的律师指控阿西夫·扎尔达里和两位部长参与谋杀穆尔塔扎的阴谋。谋杀事件发生后,信德省人民党处于分裂之中。很多贝·布托的支持者也认为扎尔达里参与此事。最后,贝·布托未能有效地扼制日益增长的伊斯兰原教旨主义运动。这些原教旨主义者正受到邻国塔利班的鼓舞和刺激。

政府腐败与无能的形象使这些原教旨主义认为自己代表干净、廉洁的形象,而贝·布托也陷于矛盾之中:一方面她公开扼制原教旨主义,另一方面,她的政府又给阿富汗的极端伊斯兰塔利班运动和在克什米尔抵抗印度军队的伊斯兰武装分子提供强大的物质支持。这两股力量都与巴基斯坦的宗教政党有很强的联系,从而促使他们在贝·布托的家乡信德省燃起战火,即使巴基斯坦的军队也受到影响。在1995年冬季,政府破获了一个政变阴谋:一些中级军官企图刺杀该国的政治与军事领导人,在巴基斯坦推行伊斯兰体制。这些军官与名为"安萨尔运动"[①] 的伊斯兰极端军事组织有联系。

在贝·布托再次执政的时间里,发生了一件令贝·布托比较尴尬事。贝·布托母亲努斯拉特·布托夫人选择支持在大马士革流亡16年刚回到巴基斯坦的儿子穆尔塔扎·布托为他父亲的继承人。很明显,努斯拉特夫人的声明要想让穆尔塔扎为人民党的领导人。贝·布托为此解除了她母亲的人民党联合主席之职。当努斯拉特夫人不允许贝·布托政府的人民党成员在她已故丈夫1月5日诞生周年凭吊其坟墓,而贝·布托仍坚持像往年那样举行纪念时,布托家族的权力斗争进一步加剧。[②] 穆尔塔扎·布托的追随者与警察在1月5日发生枪战,导致两人死亡。努斯拉特·布托夫人声称贝·布托政府比齐亚·哈克政府更坏,而政府则宣布在穆尔塔扎·布托的追随者当中,有印度的情报人员,从而挑起了这一事端。穆尔塔扎·布托事件严重影响了贝·布托及其政府的声誉。

贝·布托执政以来,巴基斯坦的经济并没有持续的好转。纺织业2/5的企业已经倒闭,棉纺织和服装生产是巴基斯坦的最大工业,占全部出口的50%。1994—1995财年的所有经济指标都没有完成。经济增长指标一再修改[③],都没有

---

①　安萨尔运动(Harkat ul Ansar)是巴基斯坦极端军事组织,成立于1993年,是巴基斯坦政府资助的恐怖主义组织,为使克什米尔脱离印度的控制而战斗,其最终的目标是增加由巴基斯坦控制的领土;该组织为巴基斯坦三军情报局所建;由参加反对苏联入侵的圣战的两个极端主义组织:伊斯兰圣战运动和圣战士运动合并而成;1997年,该组织被美国认定为恐怖主义组织,因为它与本·拉登有联系。

②　Sean Stewart Price, *Benazir Bhutto*, London: Raintree, 2010, p.74.

③　经济增长指标最初定为6.9%,后又修改为5.3%,再又修改至4.7%。Jr. Robert LaPorte, "Pakistan in 1995: The Continuing Crisis", *Asian Survey,* Vol. 36, No. 2 (Feb., 1996), pp.179–189.

达到4%。财政赤字目标也没有实现。该指标确定为占GDP的3%,到1994年底,
财政赤字占GDP的比重仍为6%。财政收入指标也没有实现,只有2250亿卢比。
由于财政收入与开支的巨大差距,最后,政府借款达到270亿卢比(合7940万
美元)。[①]

　　尽管私营部门被允许全面参加国家经济活动,但是对私营部门的信贷仍然受
到限制。通货膨胀率虽然下降了7%,但是官方的通货膨胀率仍有22%。[②] 政府
让卢比贬值7%,以促进出口,但是效果不明显。外汇储备从1995年6月的27亿
美元下降到该年11月的13亿美元。[③] 卡拉奇市的股市大幅度下挫。由于纺织
业的工厂纷纷倒闭,全国的失业率上升。巴基斯坦的国家银行巧妙地指出它已无
力控制国家的货币政策。

　　1995年底,随着杰汗吉尔·卡拉马特中将代替已退休的阿卜杜勒·瓦希德
为巴基斯坦陆军参谋长,总统与总理首次出现分歧,因为总统否决了总理的人选。
总理与司法部门的冲突也再现:最高法院的首席法官与四省的首席法官联手命令
解除贝·布托政府任命的24名法官之职,政府则拒绝执行。贝·布托控告政治
反对派企图利用司法来推翻其政府。她尤其针对伊斯兰促进会。该党一再要求
她辞职,代之以司法部门领导的过渡政府。

　　与第一届政府相比,贝·布托在外交上取得的成绩要小得多。她经常到国外
访问,但是她发现很难有效地处理巴基斯坦面临的众多外交问题,如克什米尔、阿
富汗和核项目等。在这些问题上贝·布托几乎没有取得什么进展。印度与巴基
斯坦的关系依然处于紧张,美国与巴基斯坦的关系也没有多少改善。

　　在贝·布托第二次执政期间,出现了针对外交人员的恐怖主义活动。1995年
11月,埃及大使馆在一次爆炸中遭到部分破坏。1996年3月,两名美国驻卡拉奇
领事馆的工作人员被杀害。伊斯兰好战分子针对美国人的活动仍在继续。印度
不断指控巴基斯坦支持印度旁遮普省锡克族人的叛乱活动。[④] 总之,贝·布托在
第二次执政期间成绩乏善可陈。

　　到1996年,贝·布托政府的危机加深。1996年,巴基斯坦出现了新的反对党。
1996年4月,在国际上很知名的巴基斯坦板球明星伊姆兰·汗·尼亚齐(Imran

---

　　① 　Robert LaPorte, "Pakistan in 1995: The Continuing Crisis", *Asian Survey,* Vol. 36, No. 2 (Feb.,
1996), pp.179–189.

　　② 　Ibid.

　　③ 　"Devalued", *Economist,* , Vol. 337, No. 7939, 1995, pp.38–39.

　　④ 　Safdar Mohmood, *Pakistan Political Roots and Development 1947–1999*, Oxford: Oxford University,
2000, p.294.

Khan Niazi）^① 发起成立了自己的政党巴基斯坦正义运动（Pakistan Tehreek-e-Insaaf）^②。

1996 年 6 月，由纳瓦兹·谢里夫号召的、抗议政府预算与腐败的全国性罢工取得了部分成功。6 月 24 日，3 名伊斯兰促进会的工作人员在与警察的冲突中遇害。7 月 21 日，9 个反对党号召罢工，导致信德省的工业和商业瘫痪。3 天后，13 个政党，包括穆斯林联盟、伊斯兰促进会和穆哈吉尔民族运动，在伊斯兰堡宣布成立旨在推翻贝·布托政权的新的联盟。这 13 个政党的领导人宣称联合起来将在几周内迫使贝·布托下台。这些反对党将在街头发起群众抗议，同时，在议会内通过合法手段推翻贝·布托政府。谢里夫宣称："反对党已决定推翻政府，发起共同抗争以取代现政府。我们要求看守政府取代贝·布托，成立独立的选举委员会、独立的司法委员会。"^③

新的反对党联盟是对人民党政府的最大威胁。人民党政府现在同时面临政治和经济的危机。贝·布托一听到这个消息，赶紧结束对韩国的国事访问回国，其他人民党领导人听到反对党联合起来，也甚感震惊。一位接近贝·布托的助手说道：事情发展太快，越来越失去控制。

在这种情况下，巴基斯坦总统法鲁克·莱加里、首席法官萨贾德·阿里·沙阿和陆军参谋长杰汗吉尔·卡拉马特共同要求贝·布托遏制腐败、停止干预司法事务，尽快改善政府的经济业绩。莱加里总统公开警告说：如果国家利益需要，他不会有任何顾虑解散贝·布托的政府。巴最高法院表示支持莱加里的想法。^④但是巴基斯坦的经济仍没有好转。巴基斯坦的外汇储备下降得很快。国际货币基金组织告诉贝·布托除非她的政府实行一揽子的改革，把财政赤字从占 GDP 比重的 5.5% 下降到 4%，或者国际基金组织将不会将给巴基斯坦再续贷款援助。

----

① 伊姆兰·汗·尼亚齐出生于 1952 年 11 月 25 日，是巴基斯坦政治家和前板球运动员，在 20 世纪后期在国际上打板球有二十多年；退休后，他进入政治，目前他除是政治活动家外，他还是慈善家，板球评论员，布拉德福德大学（University of Bradford）的创始人和校长。1996 年，伊姆兰·汗创立巴基斯坦正义运动党，成为该党领袖。

② 巴基斯坦正义运动成立于 1996 年的巴基斯坦拉合尔，成立时只是一个社会政治运动；该党发展缓慢并没有立即受欢迎，要求反映人民的真正希望，1999 年，穆沙拉夫发动不流血政变时，该党领导人支持穆沙拉夫，认为穆沙拉夫将使国家团结，并领导其前进；但是他很快成为对穆沙拉夫的猛烈批评者；进入 21 世纪之后，该党成为两大传统政党：人民党和穆斯林联盟（谢里夫派）的抗衡者，在 2008 年的大选中，正是因为该党抵制选举，所以才让人民党获胜。

③ Ahmed Rashid, "All Together Now: Diverse Opposition Groups Combine to Combat Bhutto", *Far Eastern Economic Review*, August 8, 1996, p.24.

④ "Trouble for Benazir Bhutto", *Economist*, Vol. 341, No. 7988, 10/19/1996.

　　贝·布托的政治问题很大程度上是自己造成的。她曾与司法部门对抗,向巴基斯坦的四个高等法院任命了许多不合格的法官,许多人还是人民党忠诚的党员。1995年3月,最高法院推翻了她对法官的任命。她拒绝接受,并要求总统进行干预,落实她的任命。为此,法院作出决定加强总统对法官的任命权。

　　贝·布托与旧时的政治盟友总统莱加里的关系趋于恶化。一年多以来,莱加里曾私下地劝贝·布托清理她的政府。考虑到她不会采纳他的建议,他只好要求国民议会修改法律,并成立一个独立的司法调查委员会以清除高级官员的腐败。总统想要扼制住既是贝·布托的丈夫也是投资部长的阿西夫·扎尔达里的恶劣影响。[①]

　　贝·布托最大的问题是经济。1995—1996财年的经济增长是达到了6.1%。1996的经济增长也计划达到5.2%。但是非官方估计的通货膨胀率已经达到20%,经常项目和贸易的赤字在扩大。持续的财政赤字使贝·布托与IMF的关系出现问题,IMF不愿再继续贷款。

　　到1997年6月,巴基斯坦有20亿美元的债务到期。在巴基斯坦,外国投资者的信心低落,并传闻穆迪公司正考虑下调巴基斯坦的信用评级。在这种情况下,国际货币基金组织的支持至关重要。努力保证国际货币基金组织的资助成为贝·布托政府的主要任务,但是政府无法满足IMF提出的要求。为此,贝·布托政府准备对农业收入征收低的税率,降低关税,从65%降到45%,削减250亿卢比（约合6.8亿美元）的开支,通过延长消费税等措施额外增加150亿卢比的收入。[②]国际货币基金组织将在1996年11月派遣一个工作小组监督贝·布托政府的下一步改革,以决定是否再给予巴基斯坦援助。在1996年下半年,如果贝·布托能够安抚总统、司法人员、军队和国际货币基金组织,她也许还有时间继续战斗。实际上,这是一个艰巨的任务。

　　1996年,贝·布托政府除在经济上出现危机外,贝·布托以她办事专断的风格与司法机关对抗。当首席大法官萨贾德·阿里·沙阿宣布要司法独立时,她开始对他施压。她与首席大法官对抗的同时,又与总统莱加里在政治与经济的管理上产生尖锐的分歧。此时,阿西夫·扎尔达里腐败和吃回扣的事牵涉到政府数位高级官员,这严重地损害了政府的声誉。贝·布托和阿西夫·扎尔达里在国内和

---

　　① 　阿西夫·扎尔达里在任投资部长期间,对他经手的投资项目一律收10%的回扣,因而获得"10%先生"的绰号,影响很坏。See V. T. Joshi, *Pakistan: Zia to Benezir*, New Delhi: Konark Publishers Pvt Ltd, 1995, p.12.

　　② 　"Trouble for Benazir Bhutto", *Economist,* Vol. 341, No. 7988, 10/19/1996.

国外有巨额财产人所共知。① 政府已不能控制国家,尤其是信德省的法律和秩序。

1996 年 11 月 4 日深夜,巴基斯坦总统莱加里以总理管理不善、腐败、裙带关系和不能再继续履行职责为由,突然宣布解散贝·布托政府和国民议会,任命梅拉杰·哈立德(Meraj Khalid)为看守内阁总理,同时,宣布 1997 年 2 月 3 日举行新的大选。

贝·布托被解除总理之职的消息发布以后,该国似乎在迎接这如释重负的消息。在卡拉奇市,尤其在贝·布托执政三年的时间里遭受重创的地方,天空中响起机关枪的庆祝声。长期低迷的卡拉奇股市回升了 70 点。② 人们越来越感觉这可能是贝·布托从政的尽头。这位前总理现在已经失去了使她成为最受欢迎领导人所具有的人格魅力和群众号召力。即使在她家乡信德省,也是人民党的选民基地,也没有出现因为她政府被推翻的抗议活动。

总统莱加里随后宣布将成立一个由独立法官组成的委员会负责调查政府领导人的腐败问题。哈立德表示将很快提起对贝·布托和阿西夫·扎尔达里的指控。他说道:"将尽一切努力保证任何因滥用权力和腐败被证明有罪的人将不允许参加选举,也不能逃脱因犯罪行为带来的惩罚。" ③

巴基斯坦总统莱加里有人民党二十年党龄,其出任总统也是人民党推荐,在出任总统前也是贝·布托长期的政治盟友,深得她的信任。为什么他要提前解散贝·布托政府呢?

二、第二届贝·布托政府被提前解散的原因

应该说贝·布托政府在以下方面还是做出了成绩:在人民党执政的三年内,国内生产总值年均增长率从 1993 年的 2.4% 上升到 1996 年 6.1%;财政赤字从占 GDP 比重的 9.5% 下降到占 GDP 比重的 6%;教育预算在三年内增加了 300%,卫生部门在预算分配中提高了 65%;为工人建成了 30 万套低成本住宅,可为 100 万人提供住所。

此外,政府在国营和私营部门创造了十万个就业岗位,减轻了失业的压力;鼓励对本国石油、天然气和矿产资源的勘探,为此带来 5.81 亿美元的外商投资;政府

---

① 据事后巴基斯坦调查,贝·布托一家在外国银行的账户有 15 亿美元的财产。See Dharam Shourie, "Benazir's beneficiary was a bullion dealer", *The Times of India,* Jan 11, 1998, p.11.

② Zahid Hussain, "Pakistan:No Tears for Benazir: The Dismissal of Her Government By the President", *India Today*, Nov., 30, 1996.

③ Ibid.

还成功地进行了私有化项目。对此,全世界公认是公平和透明的。[1]

人民党政府还改进了学校设施、新修了学校、重新开放妇女诊所;税收收入增加了两倍;让巴基斯坦的军队和警察参加了国际维护和平特派团[2];提高巴基斯坦妇女地位,改善巴人权状况等。

贝·布托政府被提前下台,首先是由于人民党领导人贝·布托身上所具有的缺点造成的。贝·布托自身傲慢,不能与有声望的、有一定独立性的人建立起工作关系,如,板球明星伊姆兰·汗·尼亚齐。

贝·布托本人对外交感兴趣,也是她的擅长,忙于出国访问。在国内局势不稳的情况下,还出国访问,最后也因为13个反对党联合,才中断对南韩的访问。她对经济就没有外交内行。为了获得国际货币基金组织和世界银行的信贷支持,她被迫接受紧缩政策,经济政策上缺乏灵活性。

贝·布托虽然在国外接受的教育,崇尚西方民主自由,但是其行为方式上仍然没有摆脱封建宗族文化的影响,执掌政权后,任人唯亲,靠小圈子亲信治国,甚至让丈夫担任投资部长。正如巴基斯坦周报《星期五时报(*The Friday Times*)》在贝·布托被解职后的评论:"贝·布托终于倒台了。她是一个傲慢、冲动、任性和腐败的统治者,围绕她身边的人是阿谀奉承者、溜须拍马者和男仆,白白地浪费了为巴基斯坦人民服务的第二次机会。"[3]

其次,贝·布托与总统的矛盾激化。总统莱加里本是人民党的党员、贝·布托的政治盟友,是贝·布托把他推上总统职位。贝·布托认为总统既是人民党的党员,应该不会像前几任总统那样运用宪法第八修正案解除她职位,因此在一些问题上不与莱加里商量,总统感觉对他不尊重。总统认为总理限制了他的权力。

1996年9月20日,总统公开表示他与总理在最高法院法官的任命上存在分歧。总统还要求最高法院就他在任命最高法院法官时是否必须听取总理的意见作出裁决。

在贝·布托执政期间,经济出现危机,社会治安形势恶化,腐败猖獗,反对党不断要求总统解除贝·布托之职,因此,总统莱加里面临着很大的压力。总统曾多次暗示过贝·布托如果经济状况和社会治安形势没有好转,他将运用宪法第八

---

[1]　Fakhar Zaman, "Forty Years of Pakistan Peoples Party(1967–2007)", http://www.ppp.org.pk/history.html.

[2]　Sean Stewart Price, *Benazir Bhutto*, London: Raintree, 2010, p.74.

[3]　Robert LaPorte, "Pakistan in 1996: Starting Over Again", *Asian Survey*, Vol. 37, No. 2(Feb., 1997), pp.118–125.

修正案赋予之权,但是贝·布托过于自信。当贝·布托提出一项反腐败法案时未与总统商议,又在公开场合,发表言论蔑视总统时,激怒了总统。[①] 为应对舆论的压力,同时也为自己的利益考虑,在得到军队的支持下,莱加里总统最终还是像前任总统伊沙克·汗那样解散了人民党贝·布托政府。

再次,以纳瓦兹·谢里夫为首的反对党共同反对贝·布托政府。巴基斯坦的议会民主制处于不成熟状况,虽然有议会民主的表面形式:举行政党选举,由多数党组阁,但是一直就没有建设性的反对派。

在谢里夫执政时,贝·布托领导的人民党利用一切手段和机会促成总统利用宪法第八修正案之权解散谢里夫政府。这些手段包括罢工,制造混乱的形势,向首都进军,加剧紧张局势,促使军队出面,督促总统解散政府。在贝·布托第二次执政时,贝·布托吸取第一次执政的经验教训,从一开始就注意维护好与军队的关系,不干涉军队的事务,同时,又推举本党党员莱加里当选巴基斯坦总统。反对党领导人谢里夫在贝·布托政府成立之时,公开表示,他领导的穆斯林联盟(谢里夫派)将成为建设性的反对派,不搞贝·布托在他执政时发起的"向首都进军"这样的小人动作,但是不久,他就宣布反对党唯一目标就是推翻贝·布托,不再是"建设性的反对派"。

除穆斯林联盟(谢里夫派)外,种族性政党穆哈吉尔民族运动作为反对党更像一个复仇的恐怖组织,在其主要选区卡拉奇市和海德拉巴市制造混乱,从事绑架和暗杀活动,最后,导致军队进行清剿,但是军队撤走后,两市的治安形势又恶化。在1994至1995年间,因为穆哈吉尔民族运动与保安部队发动了一场真正的战争,许多平民陷于战火之中,导致4000多人死亡,200多名穆哈吉尔民族运动的积极分子在警察拘留所里死亡,有成千上万人未经审判而被监禁。[②] 1000多人因为教派冲突而死。在旁遮普省,至少有500人因为什叶派与逊尼派极端组织的教派冲突而死。[③]

最后,13个反对党形成反贝·布托的新联盟。这些反对党尽管在意识形态上有很大的不同,在政党光谱中也属于不同类型的党,但是它们有一个共同的目标就是推翻人民党贝·布托政府。人民党处于极其被动的地位。

---

①　王虹:《巴基斯坦总统解散贝·布托政府》,《国际资料信息》1996年第11期。

②　Zahid Hussain, "Pakistan:No Tears for Benazir: The Dismissal of Her Government By the President", *India Today*, Nov., 30, 1996, p.72.

③　Ahmed Rashid, "Pakistan on a knife-Edge Uncertainty", *The World Today*, Vol. 53, No. 1 (Jan., 1997), pp.7–10.

反对派如此激烈地与政府作对,即使不是贝·布托,而是另外什么人执政都难以控制局势。在一个崇尚武力与对抗,缺乏宽容与合作精神的社会里,要实行西方式的议会民主制是很难的。贝·布托两次执政的任期都没有届满是有深刻的社会文化背景。

最后,贝·布托执政时期的经济危机,严重影响到普通人的生活,导致民心皆失。贝·布托这次执政接手的是前谢里夫政权的经济烂摊子。为了向国际货币基金组织和世界银行获得贷款,贝·布托又不得不接受紧缩政策的条件,加上巴基斯坦25%的预算用于军费开支,政府缺乏重点规划,导致众多企业倒闭。巴基斯坦的外汇储备已少于10亿美元,而外债却积累至290亿美元。国家拖欠偿还贷款的可能性增大。[1]

在贝·布托执政期间,通货膨胀率达到了20%,人口中的30%至40%的人生活在贫困线以下,人口中60%的人缺乏安全饮用水。[2]在贝·布托执政后期,巴基斯坦平均每月基本工资只有3000卢比(只合100美元)。那些处在较低阶层的人民发现基本生存都很困难,中产阶级也感觉到生活水平下滑。

普通公民无法满足日常需要与政府官员过着奢侈的生活形成了鲜明的对照,带来两个方面的反映:一些人对政府的变更和腐败猖獗不抱希望,而另一些会对政府的失败表示批评和对抗。在选举时,中下层群众对贝·布托政府寄予很高的希望,但是贝·布托执政三年后,他们的生存状况改善不大,从而造成对贝·布托政府的失去耐心,为军队和总统解散政府提供了理由。

当然,贝·布托执政时,出现官员的普遍腐败,尤其是针对她丈夫扎尔达里的腐败指控严重影响了人民党政府的声誉,加上贝·布托弟弟,也是其政敌遭人枪杀,贝·布托的形象更受到严重影响。要求贝·布托辞职的压力不断施加给总统莱加里,最后促使他痛下决心。

————————

①　Samina Yasmeen, "Pakistan: Move Toward Democracy", *Asian Study Review*, Vol. 21, No. 2–3(Nov., 1997), pp.91–103.

②　Zahid Hussain, "Pakistan:No Tears for Benazir: The Dismissal of Her Government By the President", *India Today*, Nov., 30, 1996, p.72.

第十章 人民党的再次在野与
恢复民主活动

贝·布托政府被解散后,人民党成为在野党。在 1997 年和 2002 年的大选中,人民党都败北。贝·布托与其丈夫扎尔达里都受到腐败指控,甚至两人被判处五年监禁。当穆沙拉夫威望下降,社会上出现倒穆运动时,贝·布托才回到巴基斯坦,重新为争取巴基斯坦民主而斗争,最终献出了自己的生命。

第一节 人民党在 1997 年大选中的表现与挫折

人民党失去政权后,在 1997 年的大选中惨败,只在传统支持基地维持了微弱的多数,变成一个地区性政党。人民党领导人贝·布托与其丈夫又因为腐败被判处五年监禁,被迫再次流亡国外。人民党处境艰难。

一、人民党在 1997 年大选中的惨败及其原因

贝·布托政府被总统解散后,1997 年 2 月 6 日巴基斯坦举行了国民议会和省议会大选。这次大选引不起民众的热情,国民议会选举投票率只有 36.1%,省议会选举投票率只有 35.69%,两项指标都是自 1985 年以来最低的。①

这次选举唯一的变化是出现了一个新党:正义运动党参加选举。正义运动在国民议会和省议会的选举中都没有获得一个议席,这表明传统政党是如此根深蒂

---

① 1985 年的国民议会选举投票率是 53.69%,省议会选举投票率是 57.37%;1988 年的国民议会选举投票率是 43.07%,省议会选举投票率是 43.20%;1990 年的国民议会选举投票率是 45.46%,省议会选举投票率是 46.10%;1993 年的国民议会选举投票率是 40.32%,省议会选举投票率是 42.76%。

固。正义运动党的支持基础主要是年轻人和受教育的人。[1]

贝·布托领导的人民党在国民议会选举中，在旁遮普省、西北边境省和俾路支省全线告北，只在信德省获得 18 席，得票率下降到 21.8%。人民党似乎正在失去全国性政党的特点，而变成一个以贝·布托家乡信德省为基地的地区性政党。即使在信德省，人民党的选民基础也主要在农村。人民党的对手谢里夫领导的穆斯林联盟（谢里夫派）在国民议会的选举中，取得全面胜利，共获得 137 席，得票率为 45.9%，在旁遮普省获得 107 席，在信德省获得 9 席，西北边境省获得 15 席，俾路支省获得 3 席。[2] 穆斯林联盟（谢里夫派）首次在国民议会的选举中获得 2/3 的多数。

在省议会选举中，人民党在旁遮普省只获得 3 席，在信德省获得 34 席，在西北边境省获得 4 席，在俾路支省只获得 1 席。[3] 人民党除在信德省保持第一大党外，在其他三省全部失利，尤其是在旁遮普省损失严重。

人民党的对手穆斯林联盟（谢里夫派）在省议会选举中获得了不错的成绩。在旁遮普省议会中，穆斯林联盟（谢里夫派）竟然在全部 238 席中获得 210 席，获得该省 4/5 以上的议席，在该省议会中占有绝对多数；在西北边境省议会中获得 38 席，为第一大党；在俾路支省和信德省议会中该党分别获得 4 席和 15 席。

人民党在巴基斯坦最大的省份遭致耻辱性的败北。在 20 世纪 70 年代，旁遮普人支持阿里·布托。当阿里·布托被旁遮普人将军赶下台并被处决后，旁遮普人对布托家庭的忠诚度增强并转移到他的女儿贝·布托的支持上。他们支持她并使她在 1988 年和 1993 年大选后成为巴基斯坦的总理。但是 1993 年后，他们感觉对布托家庭的债已经还清，现在贝·布托必须表明自己是值得支持的。然而，反对党内和人民党内都有对贝·布托的丈夫、贝·布托内阁的部长和党的高级领导的腐败指控。在选举日当天，许多人民党的党员、工作人员和支持者，要么是呆在家里，要么把自己的忠诚转向谢里夫和他的联盟。因此，人民党在旁遮普省的候选人所收到的选票相对前两次大幅度下降。人民党变成一个无足轻重的小党，处于完全混乱的状况，其重组面临艰巨的任务。

---

[1]　Safdar Mohmood, *Pakistan Political Roots and Development 1947–1999*, Oxford: Oxford University, 2000, p.398.

[2]　Tahir Mehdi（eds）, *National Assembly Elections in Pakistan- 1970–2008: A Compendium of elections related facts and statistics*, Lahore: Church World Service Pakistan/Afghanistan and Free and Fair Elections Network, 2010, p.439.

[3]　Safdar Mohmood, *Pakistan Political Roots and Development 1947–1999*, Oxford: Oxford University, 2000, pp.413–417, Appendix 2, Summary of Statistics for the Provincial Assemblies.

穆斯林联盟（谢里夫派）之所以能在这次选举中取得如此大的胜利，首先应归功于谢里夫的个人影响。他已是民心所向，其获得的民意比以往任何执政者都要高。

在这次选举中，宗教政党遭到决定性的失败。这也许反映了人们的一种担心：伊斯兰教政党如果在国家中有了广泛的民众基础，他们就会对议会民主制有真正的威胁。伊斯兰促进会抵制选举。只有伊斯兰神学者协会在国民议会中获得 2 个议席，在俾路支省议会获得 7 席。巴基斯坦民众尊重乌里玛为祈祷领导人和神学者，但是不能作为统治者。尽管伊斯兰教政党在历次大选中被选民所否认，但是它们还是不愿意接受人民的判决。伊斯兰促进会领导人大毛拉侯赛因·艾哈迈德和伊斯兰神学者协会（法鲁兹派）领导人毛拉纳·法兹鲁尔·拉赫曼宣布他们将发起群众运动推翻议会制代之以真正的伊斯兰政府。①

自 1988 年以来巴基斯坦所形成的人民党与穆斯林联盟（谢里夫派）主导的两党制，随着人民党选举失利，两党制似乎已经结束，让位于类似于印度 20 世纪 50 和 60 年代的主导政党体制。

1977 年以来，人民党经受住了许多挫折，但是面对如此巨大的选举失利，人民党为了自身的生存，有可能让贝·布托靠边。贝·布托的丈夫阿西夫·扎尔达里自 1996 年 11 月就因为多项指控而遭监禁。谢里夫总理办公室声称发现贝·布托与其丈夫在瑞士银行的秘密账户；他们在提交选举文件时，没有交税，也没有申报资产。政府调查人员认为账户上的数百万美元是贝·布托夫妇通过收取贿赂和佣金而积攒的。对此，贝·布托否认她与公司和银行账户有联系。② 谢里夫总理办公室宣称将指控首席选举委员会专员，并要求他把贝·布托开除出国民议会。总之，纳瓦兹·谢里夫上台又开始对人民党的报复行动。

二、人民党在野的艰难处境

1997 年 2 月，穆斯林联盟（谢里夫派）在中央和旁遮普省组成了自己的联邦政府和省政府，在其他三省组成了联合政府。这给人留下乐观的印象：来自不同政党的领导人将合作共事，处理政治和经济问题，最终慢慢形成民主共识。不过，这种乐观过早，因为在巴基斯坦历史上，政治领导人很少把国家利益放在个人利益之上。1998 年，穆斯林联盟（谢里夫派）与其他政党的联盟关系破裂。穆哈

---

① Anwar H. Syed, "Pakistan in 1997: Nawaz Sharif's Second Chance to Govern", *Asian Survey*, Vol. 38, No. 2（Feb., 1998）, pp.116—125.

② Zahid Hussain, "Benazir Bhutto Convicted", *The Windsor Star*, Apr. 16, 1999.

吉尔民族运动和人民民族党日益对执政的穆斯林联盟（谢里夫派）不满,从而退出了联盟。在俾路支省由阿赫塔尔·门加尔领导的联合政府因为联合政府的伙伴党不再团结,穆斯林联盟（谢里夫派）的成员造反而被迫下台。

穆斯林联盟（谢里夫派）利用在国民议会的多数对齐亚·哈克之后的政治体制作出了两项根本的变革,实际上消除了两项威胁纳瓦兹·谢里夫地位的制度。

谢里夫对1973年的宪法进行了修正,废除了宪法第28款第二项当总统认为政府不再能履行其职责时,有权解散政府和议会。自1985年以来,巴基斯坦的三位总统解散过四届政府:居内久政府、两届贝·布托政府、第一届纳瓦兹·谢里夫政府。在一片欢呼声中,两院通过了宪法第十三修正案,总统签署执行。随后,谢里夫总理再次提出动议,两院再次通过对宪法第十四修正案。宪法授权议会中各党派领导人,可从议会中驱逐那些违反党纪的议员,也就说,谁发言或投票反对本党将被驱逐,并且受驱逐的党员不能去法庭提出控告。[①] 此项法案旨在保护总理免受其党员的无理要求。在过去,如果他们的要求得不到满足,他们就威胁叛党。

这在巴基斯坦政治上很罕见的场景:穆斯林联盟（谢里夫派）、人民党和所有区域政党共同合作推动了这些变革。第十三修正案通过限制总统的权力,使其成为政府名义首脑,从而在巴基斯坦真正恢复议会民主制。总统随意解散议会的权力被取消,总理对关键职位,如情报机关首脑的任命之权增加了。[②] 宪法第十四修正案着重解决了巴基斯坦议会党员不断"跳党"的问题。宪法修正案改变了原来的权力平衡,有利于总理。

总统莱加里想通过最高法院首席大法官的支持,重新恢复被宪法第十三修正案废除的权力。但是大多数最高法院的法官对首席大法官沙伊·亚德·阿里·沙阿不信任。这位大法官又向军队求助,而军队拒绝介入。最后总统莱加里辞职,大法官被解职。总理的地位得到进一步加强。1998年1月1日,谢里夫运用自己在国民议会和省议会压倒性的支持推举家庭朋友、政治密友拉菲克·塔拉尔（Rafiq Tarar）[③] 为新的巴基斯坦总统。

---

① Tahir Mehdi（eds）, *National Assembly Elections in Pakistan- 1970–2008: A Compendium of elections related facts and statistics*, Lahore: Church World Service Pakistan/Afghanistan and Free and Fair Elections Network, 2010, pp.490–491.

② Safdar Mohmood, *Pakistan Political Roots and Development 1947–1999*, Oxford: Oxford University, 2000, p.401.

③ 拉菲克·塔拉尔出生于1929年11月2日, 1998年1月1日—2001年6月20日是巴基斯坦的第九任总统;在出任总统之前是最高法院的法官和拉合尔高等法院的首席大法官;他在担任总统期间,权力逐渐被削弱。当穆沙拉夫控制政府后,他不得不离任。

1999 年 4 月,人民党领导人贝·布托与其丈夫最终被判处五年监禁,并因腐败指控被判处 1200 百万美元罚款,同时禁止贝·布托五年内不能担任公职。[①]

贝·布托在此判决之前两天,已经离开巴基斯坦去伦敦访问。[②] 她在伦敦对记者说这种判决是政治迫害,她会回国面对。这是巴基斯坦历史上首次有前总理、反对党领导人因腐败指控而被定罪,并剥夺从事政治活动的资格。贝·布托在英国 BBC 电台上否认这些指控,并指出那些法官有偏见、是纳瓦兹·谢里夫的亲信。她会在最高法院挑战对她的判决。

从 1999 年到 21 世纪初,贝·布托在英国和阿拉伯联合酋长国流亡。她与她的三个小孩:比拉瓦尔(Bilawal)[③]、巴克塔瓦尔(Bakhtawar)、阿希法(Asifa)生活在一起。流亡英国期间,贝·布托还一直担任着人民党主席,时常在伦敦主持人民党高级会议,会见当地巴基斯坦社区的知名人士,并对巴政局发表看法。但是许多人认为她的政治生涯已经结束;她不再能够回到巴基斯坦,因为她的名誉已经被抹黑。

英国政府指责贝·布托拥有 15 亿美元巨额的财产:26 个银行账户,14 处房产,其中有价值 250 万英镑的房子,一处德克萨斯农场,四处英国房产,两处法国房产等,[④] 宣布将冻结贝·布托的财产。贝·布托将人民党流亡党部安置在迪拜。不过根据与阿联酋政府达成的协议,她在阿联酋过着"失语"的生活,也就是不得在此发表任何政治声明。后来,她又在瑞士居住过一段时间,但瑞士检察机关以洗钱罪名控告了她。她再一次被迫离开。据巴官员透露,在过去 7 年流亡岁月中,贝·布托曾辗转流亡于美国、沙特阿拉伯、阿联酋、西班牙和瑞士等多个国家。

1998 年 3 月,人民党与巴基斯坦的 14 个小党建立了巴基斯坦人民联盟,以巴基斯坦人民运动[⑤] 领导人,也是自由派神职人员塔希尔·卡德里(Tahirul Qadri)

---

① Zahid Hussain, "Benazir Bhutto Convicted", *The Windsor Star*, Apr. 16, 1999.

② Mary Englar, *Benazir Bhutto: Pakistani Prime Minister and Activist*, Minneapolis: Compass Point Books, 2006, p.87.

③ 比拉瓦尔出生于 1988 年 9 月 21 日,是贝·布托与阿西夫·扎尔达里的唯一儿子。现为巴基斯坦人民党主席;当贝·布托被遇刺后,她的政治遗愿是阿西夫·扎尔达里继承她在党内的地位,但是扎尔达里支持比拉瓦尔继任贝·布托的传统,担任为人民党主席,因为扎尔达里担心自己在党内不受欢迎而导致党内分裂;比拉瓦尔于 2007 年 12 月 30 日正式担任人民党主席,扎尔达里也宣布比拉瓦尔的名字从比拉瓦尔·扎尔达里改为"比拉瓦尔·布托·扎尔达里"。

④ 贝·布托的发言人为此辩称:"仅仅列出房产,并不能说明就是她(贝·布托)的,她住在伦敦肯辛顿区的公寓是她妹妹的,她搬进的房子是她租的。" David Bamber, Christina Lamb and Rajeev Syal, "Straw to freeze Bhutto assets as theft inquiry gathers pace", *The Sunday Telegraph*, December 10, 2000, p.17.

⑤ 巴基斯坦人民运动由神职人员塔希尔·卡德里所创;1991 年,该党与加法尔教法实施运动结成联盟,支持社会与宗教和谐;该党在巴基斯坦历史上首次提出与加尔法教法实施运动、独立运动建立党际之间的"工作关系"。

为领导人。① 前总统莱加里成立自己的政党:统一党,支持小省份、宗教少数群体和妇女的事业。莱加里认为自己是纳瓦兹·谢里夫和贝·布托的替代。

1999 年 3 月,人民党参加的巴基斯坦人民联盟又因为领导人的选举问题发生分裂,重新成立了一个基础广泛的"大民主联盟",由 19 个政党组成。其建立的共同纲领是推翻纳瓦兹·谢里夫政府。然而,大民主联盟并不比其前身巴基斯坦人民联盟好多少。人民党参加了这两个联盟。但是当人民党的领导人贝·布托和其丈夫扎尔达里被拉合尔高等法院因腐败而被定罪后,人民党的势头已大不如前。谢里夫政府以法院对他们的判决为基础取消他们议员的资格,没收他们的财产。贝·布托正在伦敦访问,当判决抵达时,她决定延长在英国停留时间,而其丈夫扎尔达里自 1996 年 11 月已被拘留。由于不能迫使谢里夫政府改善其政治与经济的管理,又因为谢里夫政府把他们逼得走投无路,一些反对党就直接或间接地向军方呼吁推翻谢里夫政府。

1999 年 5 月,谢里夫总理让巴基斯坦卷入与印度的可怕边境战争。对此,人们担心战争进一步升级到使用原子弹的战争。② 针对这种局面,军队高级军官于该年 10 月 12 日,发动不流血的军事政变,推翻了纳瓦兹·谢里夫的文职政府。

军队的高级军官认为政变是对谢里夫政府蓄意损害军队的职业和团体利益的一种反击。这些军队的高级指挥官被谢里夫政府的政治与经济管理不善,尤其是不断疏远边境小省而深感懊恼。

鉴于国内社会政治经济的复杂性和不利于军人统治的国际环境,他们能忍受文职政府。但是当谢里夫政府要迫使他们要么接受陆军参谋长佩尔韦兹·穆沙拉夫将军的解职,要么质疑这项决定时,军方才改变初衷。

穆沙拉夫被解职那天,他本人正在国外访问。当他从国外回来时,卡拉奇国际机场禁止他乘坐的飞机着陆。忠于穆沙拉夫的军队高级军官解除了障碍,逮捕了纳瓦兹·谢里夫。

巴基斯坦又重新回到军人执政。谢里夫政府忽视了文职与军队关系中既有的规则:尊重军队的自主性,不干涉军队内部组织和事务。谢里夫通过成功让自己信任的人担任总统和各省省督之职,向军队展示其实力。他还控制了司法机构。谢里夫还迫使陆军参谋长杰汗吉尔·卡拉马特将军于 1998 年 10 月辞职。谢里夫持有一种错误的看法,认为以旁遮普人 – 帕坦人主导的高级军官相对于旁

① Hasan-Askari Rizvi, "Pakistan in 1998: The Polity under Pressure", *Asian Survey*, Vol. 39, No. 1 (Jan.- Feb., 1999), pp.177-184.

② Sean Stewart Price, *Benazir Bhutto*, London: Raintree, 2010, pp.83-84.

遮普人总理,不会支持一个讲乌尔都语的穆哈吉尔人陆军参谋长穆沙拉夫。为此,他干涉军队事务,包括新部队指挥官的提升与调迁,从而遭致军队高层的憎恨。

穆沙拉夫上台后宣布,解散联邦政府和各省政府,中止国民议会和省议会。1973年宪法也被暂停,新政府承诺尽可能运转正常,服从于行政长官的绝对权威。但是巴基斯坦并没有进入军法管制,对政党和政治活动也没有加以限制,媒体仍享受其自由,也没有建立军事法庭,平时的法庭正常运转,但是不能质疑行政长官的权威和命令。国家安全委员会和联邦内阁由行政长官任命。省督领导省政府。从此,巴基斯坦进入穆沙拉夫时代。

巴基斯坦的军人政变遭到国际社会谴责,尤其是英联邦国家不断施压,要求穆沙拉夫提出向民主过渡的时间表。[①] 巴基斯坦英联邦成员资格被暂停三年。英联邦新任秘书长唐·麦金农(Don McKinnon)[②] 在伊斯兰堡访问时,批评军人政权不致力于提出一个明确的议会选举方案。

2001年"9·11事件"发生后,巴基斯坦被国际社会孤立的状况得以改变,穆沙拉夫改善了与美国的关系,巴基斯坦成为美国反恐同盟。穆沙拉夫政权获得了合法性。随着反对党主要领导人要么流亡国外,要么接受腐败调查,反对穆沙拉夫统治的力量遭到削弱。

军人当局还试图拉拢巴基斯坦人民党领导人,让他们摆脱贝·布托的控制。穆沙拉夫政权努力游说巴基斯坦人民党的代理主席马赫杜姆·阿明·法希姆(Makhdum Amin Fahim)和人民党在信德省的前首席部长加伊姆·阿里·沙阿(Qaim Ali Shah),没有获得成功。

到2001年年中,穆沙拉夫准备效法其两位前辈:阿尤布和齐亚将军,承诺下放地方权力,为妇女保留议席,举行地方选举。到2001年下半年,随着对军人政权问责声音的减弱,军人政权开始寻找政治盟友。穆沙拉夫也准备同政治盟友作一些妥协。2001年8月14日,穆沙拉夫在伊斯兰堡召开的全国会议上承诺建立基层民主,并重申将在2002年10月举行大选。[③]

---

　①　Iftikhar H. Malik, "Pakistan in 2000: Starting Anew or Stalemate", *Asian Survey*, Vol. 41, No. 1 (January/February, 2001), pp.104–115.

　②　唐·麦金农出生于1939年2月27日,曾是新西兰的副总理和外交部长,2000年至2008年是英联邦的秘书长。

　③　Iftikhar H. Malik, "Pakistan in 2001: The Afghanistan Crisis and the Rediscovery of the Frontline State", *Asian Survey*, Vol. 42, No.1 (January/February, 2002), pp.204–212.

第二节　2002 年大选与贝·布托恢复民主活动

2002 年的大选是穆沙拉夫为改善军人政权形象举行的一次选举,人民党议会党团的选举成绩比上一届要好。人民党在贝·布托的领导下与其他反对党共同发起恢复巴基斯坦民主运动。2007 年 10 月,贝·布托回国亲自投入到恢复民主运动的第一线,并献出了自己的宝贵生命。

一、2002 年大选与人民党的选举表现

穆沙拉夫为改善自己形象,决定在 2002 年 4 月 30 日举行其总统职位的公决。选举委员会公布投票率为 70%,有 98% 的选民为穆沙拉夫在下一个五年继续担任巴基斯坦总统表示同意[1],但是由于选举不规范,没有正式鉴定的选民册,使人想起齐亚·哈克 1984 年操纵的投票。一些独立观察家认为有 97.5% 的选票支持穆沙拉夫是实行欺骗和规劝人投票的结果。[2]

对于穆沙拉夫这种虚假选举,巴基斯坦的反对党没有提出抵制,即使两位前总理都认为既然军人政权允许选举,他们也没有反对。这表明巴基斯坦各政治力量的机会主义行为,只要有利于本党的利益就行。

到 2002 年,军人发动的政变已经有三年,对穆沙拉夫的支持率已大幅下降。人们终于看清穆沙拉夫是一个渴望权力、机会主义者军事领导人。人们已经了解他的真实意图:为了所谓"民主目的"还得再当五年总统。

为了保障政权党穆斯林联盟(领袖派)[3] 在选举中的优势,政府颁布法令,强制所有国民议会和省议会候选人必须为大学毕业生,后来也扩展到伊斯兰教育机构毕业生。反对党发言人宣布这只是选举前的一种操纵选举的行为,目的是排除那些反对总统的人。不久,以坦维尔·纳克维(Tanvir Naqvi)退休中将领导的国

---

[1]　Ian Talbot, "Pakistan in 2002: Democracy, Terrorism and Brinkmanship", *Asian Survey*, Vol. 43, No. 1(January/February 2003), pp.198–207.

[2]　Kamran Aziz Khan, "2002 Elections in Pakistan: A Reappraisal", *Journal of Political Studies*, Vol. 18, No. 1(Summer 2011), pp.93–108.

[3]　穆斯林联盟(领袖派)是从巴基斯坦穆斯林联盟(谢里夫派)分裂出来的一个判别,称自己为穆斯林联盟(领袖派)(Muslim League(Quaid-i-Azam), PML-Q)以区别于其母党;他们脱离母党,宣誓效忠穆沙拉夫,成为亲穆沙拉夫的政权党;穆斯林联盟(领袖派)现在干脆称自己为穆斯林联盟,而宣称穆斯林联盟(谢里夫派)为其分裂出的一个分支。

家重建局提出宪法修正的建议,重新恢复总统解除总理职务,解散内阁和议会之权。

2002 年 7 月 6 日,总统颁布条令规定如果某人已经担任过总理或首席部长两届,那将不能再担任公职,哪怕其任期没有结束。[①] 这一条令主要是针对穆斯林联盟(谢里夫派)领导人纳瓦兹·谢里夫和人民党领导人贝·布托,表明穆沙拉夫不能容忍谢里夫和贝·布托。这尤其打击穆斯林联盟(谢里夫派)的选举前景。

政党条令规定 8 月 5 日为各政党提交政党内部选举文件的时间。只有这样,各政党才能从选举委员会获得选举象征符号。贝·布托被人民党一致地选举为党的主席,但是该党被禁止登记,因为贝·布托因为腐败指控并定罪,没有到法庭受审,她被剥夺了担任公职的资格。[②] 人民党被迫成立另一个政治实体:巴基斯坦人民党议员党团(The PPP Parliamentarians),由马赫杜姆·阿明·法希姆领导。当贝·布托的提名文件被拒绝后,她决定不回巴基斯坦。8 月 31 日,谢里夫也撤消了自己的文件以示抗议。

在 2002 年的议会大选中,出现两个新的政党联盟。第一个是大全国联盟。它把穆斯林联盟(领袖派)与前总统莱加里领导的支持政府的全国联盟囊括在一起。此外,该联盟还包括民族人民党、信德人民民主联盟和信德人民民族阵线。第二个新政党联盟是统一行动理事会[③]。这一联盟主要由大毛拉艾哈迈德·努拉尼领导,包括伊斯兰促进会和伊斯兰神学者协会两个派别,以及追随先知格言大会党、伊斯兰运动党(Tehreek-e-Islami)[④]。[⑤] 伊斯兰促进会为该联盟的推动力。该宗教政党联盟的目的是实施伊斯兰教法和改变穆沙拉夫自"9·11"事件以来所实行的亲美政策。穆斯林联盟(谢里夫派)因为谢里夫没有参加,重新选出纳瓦兹·谢里夫的弟弟沙赫巴兹·谢里夫(Shahbaz Sharif)[⑥] 为新的领导人。

人民党不得不在其领袖不参加选举的情况下参加竞选。人民党领导人是否回国竞选成为人民工作人员议论的热门话题。人民党的干部仍以贝·布托的名义进行选民动员,并把她提升为无瑕疵的民主形象。人民党不时地宣布她将在选

---

① The International Center for Ethnic Studies, *Pakistan Election 2002: South Asian Non-Governmental Election Observer Mission Report*, Colombo:Gunaratne Offset Limited, 2003, p.16.

② Ian Talbot, "Pakistan in 2002: Democracy, Terrorism and Brinkmanship", *Asian Survey*, Vol. 43, No. 1(January/February 2003), pp.198-207.

③ 也有人翻译成"统一行动论坛"或"统一行动委员会"。

④ 伊斯兰运动党实际上是加尔法教法实施运动的再生,该党因宣传教派,已被禁止。

⑤ Zafar Afaq Ansari and Abdul Rashid Moten, "From Crisis to Crisis: Musharraf's Personal Rule and The 2002 Elections in Pakistan", *The Muslim World*, Vol. 93, No. 3/4(2003), pp.373-390.

⑥ 沙赫巴兹·谢里夫出生于 1950 年,是巴基斯坦的著名领导人,纳瓦兹·谢里夫之弟,1997—1999 年曾是旁遮普省的首席部长,后被穆沙拉夫以腐败案而解职,2008 年以后,仍是旁遮普省的首席部长。

举前回来,以鼓舞人民党工作人员的士气。以贝·布托名义签发的提名文件成为她将回来的标志。人民党这样做的目的是给那些潜在的选民留下贝·布托会回国服务于国家的印象。政府中的许多部长也纷纷表示政府会让那些"被定罪"的人回国参加选举。但是当人民党领导人准备提交贝·布托的提名文件时,政府却很快地签发了逮捕贝·布托令。①

为此,人民党议员党团在信德省举行了抗议活动,一度准备抵制此次选举,但是由于缺乏群众配合,担心失去一个政党的政治空间。人民党议员党团领导人最终放弃了抵制主张。

在 2002 年选举中,穆沙拉夫废除了过去实行的分开选举体制,穆斯林与非穆斯林同时参加选举。他也增加了国民议会的总议席数,从 207 席增加到 272 席。此外,为妇女预留 60 个席位,为非穆斯林预留 10 个席位。预留席位采取比例选举制。选民的年龄要求也进行了修正,从过去 21 岁下降到 18 岁。② 为此,选民人数大约增加了 700 万,登记选民超过 7200 万。为妇女预留的 60 个席位将根据各政党在国民议会选举的表现来分配。国民议会议席数加上预留的议席已从 1997 年的 217 席增加到 342 席。③

2002 年国民议会选举的投票率为 41.68%,比 1997 年的 36.1% 略高。人民党议员党团所取得的成绩比 1997 年选举成绩好。人民党议员党团在国民议会选举中获得 63 席,仅次于穆斯林联盟(领袖派)的 78 席,而前执政党穆斯林联盟(谢里夫派)因为大量党员投奔到穆沙拉夫门下,议席数只有 15 个席位。

人民党在选民中的影响仍在。其得票率为 24.56%,穆斯林联盟(领袖派)的得票率只有 23.01%。④ 尤为重要的是,人民党重新成为旁遮普省的重要力量。在国民议会的选举中,人民党议员党团在旁遮普省获得 36 个席位,次于穆斯林联盟(领袖派)的 68 席,高于穆斯林联盟(谢里夫派)的 14 席。

人民党在 1997 年大选中,在旁遮普省曾全线败北,没有获得一个议席。自 20 世纪 70 年代以来,旁遮普省的选民一直分为反对贝·布托和支持贝·布托两

---

① Mohammad Waseem, *Democratization in Pakistan: A Study of the 2002 Elections*, Oxford: Oxford University Press, 2006, p.123.

② Tahir Mehdi(eds), *National Assembly Elections in Pakistan- 1970-2008: A Compendium of elections related facts and statistics*, Lahore: Church World Service Pakistan/Afghanistan and Free and Fair Elections Network, 2010, p.516.

③ Ian Talbot, "Pakistan in 2002: Democracy, Terrorism and Brinkmanship", *Asian Survey*, Vol. 43, No. 1(January/February 2003), pp.198–207.

④ Mohammad Waseem, *op.cit.*, pp.164–165.

大阵营。在 2002 的选举中,反对贝·布托的阵营分化为穆斯林联盟的纳瓦兹·谢里夫派和领袖派,加上在 1997 年大选时呆在家里的原人民党选民这次出来投票。因此,人民党议员党团获得 36 个议席。

人民党议员党团仍在信德省维持了自己的传统选民基地,获得 27 席,在该省排名第一。人民党议员党团还在伊斯兰堡选区获得 1 个席位。不过,人民党议员党团在其他两省中没有获得议席。如果加上在妇女的预留席位中所获得的 15 席和在非穆斯林少数族裔预留席位所获得的 2 席,2002 年大选,人民党总共在国民议会中获得 81 席[1],成为议会中最大的反对党。

在 2002 年省议会选举中,人民党议员党团的成绩也比上一届选举好:在旁遮普省获得 63 个议席,排名第二;在信德省获得 51 席,排名第一,保住了其传统上的优势;在西北边境地区省获得 8 席,在俾路支省获得 2 席。

人民党重新进入旁遮普省,主要是因为穆斯林联盟(谢里夫派)发生分裂,以及人民党的原有选民参加投票,相比 1997 年,人民党增加了 161.37 万张选票。人民党还重新控制了南旁遮普省的木尔坦、哈内瓦尔、巴哈瓦尔布尔和拉希姆亚尔汗等重要选区。人民党在旁遮普省的南部共获得 26 个席位。[2] 人民党的选举成绩是非常不错的。它是在其领导人贝·布托缺席,处于不利的情况下取得的。

2002 的议会选举再次扭转了 1990 年以来所出现的两党制。军事政权的国家机器大大地削弱了世俗反对党。亲穆沙拉夫的政党在国民议会中获得多数,总共 170 席,但是缺乏足够的绝对多数控制国民议会。

这次选举结果为巴基斯坦宗教政党提供了合法性。宗教政党重新崛起,统一行动理事会在国民议会中获得 45 个席位,尤其在西北边境省 35 个席位中获得 29 席,在该省获得绝对多数。不过,统一行动理事会 50% 的选民来自穆斯林联盟(谢里夫派)的传统选民。种族类政党在此次选举全面败北。人民民族党在西北边境省的地位已被宗教政党所取代。穆哈吉尔民族运动在国民议会选举中只在信德省获得 13 席。其在国民议会中的地位大下降,不再是以前组阁谈判中重要的力量。

人民党之所以没有取得此次选举的胜利,穆沙拉夫领导的穆斯林联盟(领袖

① Tahir Mehdi(eds), *National Assembly Elections in Pakistan- 1970–2008: A Compendium of elections related facts and statistics*, Lahore: Church World Service Pakistan/Afghanistan and Free and Fair Elections Network, 2010, p.517.

② Mohammad Waseem, *Democratization in Pakistan: A Study of the 2002 Elections*, Oxford: Oxford University Press, 2006, pp.171–173.

派）能够获胜,主要的原因是穆沙拉夫领导的政府操纵选举。在选举前,军人当局就通过一系列的法令置人民党和其他反对党不利地位,如禁止已担任两届总理之职的人不能再参加竞选,剥夺了贝·布托和纳瓦兹·谢里夫的参选资格,使这两个主要反对党群龙无首;候选人必须具有学士学历,从而使96%的巴基斯坦选民失去候选人资格,使原41%的议员失去参选资格。[①] 这些议员大部分是人民党和穆斯林联盟（谢里夫派）的议员。正如巴基斯坦独立人权委员会观察道:"选举前大规模的操纵选举和控制国家大部分的投票,是对多党制和多元民主是一个沉重的打击。"[②]

在选举过程中,政府利用法律、宪法、制度、行政、金融和通讯等多种手段操纵选举,利用国家机器,保证政权党穆斯林联盟（领袖派）取得选举的胜利。

政府机关还在穆斯林联盟（领袖派）候选人的集会上承诺发展大型工程,帮助他们吸引选民。旁遮普省、信德省和西北边境省的省督亲自出马为穆斯林联盟（领袖派）的候选人拉票。在旁遮省,警察局总督察、国土安全局和秘书长在该省四处周游,向反对党的地方官员和政治家施压,要求加入穆斯林联盟（领袖派）[③],从而导致穆斯林联盟（谢里夫派）的许多候选人跳党,加入穆斯林联盟（领袖派）。

巴基斯坦电视台为穆斯林联盟（领袖派）预留的新闻报道时间是14分4秒,人民党的新闻报道时间是5分53秒,穆斯林联盟（谢里夫派）只有2分53秒。[④]巴基斯坦主要的电视新闻节目不断地报道政府对有关选举议题的观点。巴基斯坦的电视台拒绝播放人民党还有贝·布托和她父亲形象的广告,理由是公司不报道已定罪的个人。

人民党和穆斯林联盟（谢里夫派）都发表了选举被操纵的具体案例的报告。人民党在其报告中具体列出了政府操纵选举的具体方法,如,假冒他人,以假选票填充投票箱、谋杀、绑架和骚扰人民党的选举机构、工作人员和选民,地方和省级政府强迫关闭投票站和禁止政党的竞选活动等。

人民党议员党团在这次大选中所取得的成绩比上一届选举有大的进步,但是

---

① "Authoritarianism and Political Party Reform in Pakistan", *Asia Report No. 102*, International Crisis Group Working to Prevent Conflict Worldwide, 28 September 2005, p.7.

② "Authoritarianism and Political Party Reform in Pakistan", *Asia Report No. 102*, International Crisis Group Working to Prevent Conflict Worldwide, 28 September 2005, p.10.

③ Mohammad Waseem, *Democratization in Pakistan: A Study of the 2002 Elections*, Oxford: Oxford University Press, 2006, pp.189–190.

④ Liberal Forum Pakistan, *Supporting Democracy: Election-2002 Report*, Islamabad: The Authority, 2002, p.5.

由于人民党的领袖贝·布托未能回国参加竞选,人民党议员党团缺乏能对选民有号召力的领导人。人民党议员党团只能依靠贝·布托在遥远的迪拜遥控,指挥竞选,使人民党在选举中处于不利地位。贝·布托无法直接与党务工作者和人民党官员,特别是较低级别的党务工作者和官员进行协商。

此外,人民党内部自身的许多弱点使人民党容易受到军队的利用。这些缺点包括高度集权的决策结构、党纪律的约束机制无效、内部缺乏透明和讨论、疏远低层党员和干部。人民党内部缺乏制衡机制容易使军人当局把人民党描绘成腐败、不适合执政,需要政府对它强行改革的党。[①] 军人当局对人民党的指责,使许多选民对人民党丧失信心,从而导致人民党的选票流失。一些选民认为军人政权廉洁和高效,对他们抱有良好的愿望,投穆沙拉夫的票。

选举结束后,三个主要全国性政党穆斯林联盟(领袖派)、巴基斯坦人民党和统一行动理事会进行了繁杂的多边谈判,但是,最终没有就建立联合政府达成一致意见。军人当局对反对派政治家一边施压,一边拉拢劝说他们在国民议会中支持穆斯林联盟(领袖派)。穆沙拉夫还颁法令鼓励独立候选人加入穆斯林联盟(领袖派)并促使其他政党的议员跳党。在军人压力下,穆斯林联盟(领袖派)获得足够的议席数组成了联合政府。由穆斯林联盟(领袖派)候选人的扎法鲁拉·汗·贾迈利出任总理。

新内阁成立不久,人民党议员党团的一些议员单独成立自己的组织,称之为"前进集团(The Forward Bloc)"。这些议员又很快称之自己为"人民党 – 爱国者集团(PPP-Patriots)",投票支持贾迈利内阁。从人民党分裂出来的组织领导人是拉奥·西坎德尔·伊克巴勒(Rao Sikander Iqbal)和费萨尔·萨拉赫·阿亚特(Faisal Saleh Hayat)。他们也得到部长职位的奖赏。人民党的另一个领导人阿夫塔卜·艾哈迈德·汗·谢尔帕奥曾受腐败案指控,被迫在国外流亡。穆沙拉夫军事政变后,军方当局允许他回国,只要他答应支持军人政权。作为回报,谢尔帕奥被任命为水利和电力部长。

到12月30日,对新成立的政府在国民议会进行信任投票时,"人民党—爱国者集团"组织的成员上升到17人。贾迈利不但度过此次考验,而且其在国民议会的支持议员也上升到188名。[②] 因为"人民党 – 爱国者集团"的背叛,人民

---

① "Authoritarianism and Political Party Reform in Pakistan", *Asia Report No. 102*, International Crisis Group Working to Prevent Conflict Worldwide, 28 September 2005, pp.1–2.

② Ian Talbot, "Pakistan in 2002: Democracy, Terrorism and Brinkmanship", *Asian Survey*, Vol. 43, No. 1(January/February 2003), pp.198–207.

党不但在中央政府失去执政权力,而且在信德省也失去了执政机会。

二、贝·布托与人民党的恢复民主活动

由于穆沙拉夫身兼陆军总参谋长和总统职位,人民党和其他反对党发起反对穆沙拉夫的法律地位。穆沙拉夫答应辞去军事委员会职位。人民党与穆斯林联盟（谢里夫派）冰释前嫌,发起成立"恢复民主联盟"。①

但是"恢复民主联盟"对民众吸引力不是很大,因为联盟中的两个大党:人民党和穆斯林联盟（谢里夫派）都缺乏其领导人:贝·布托和纳瓦兹·谢里夫。

反对军政权的任务落在宗教政党:统一行动理事会身上。他们充分利用在伊拉克危机以后,人们对穆沙拉夫实行的亲美政策的不满,反对穆沙拉夫。统一行动理事会能够站起来与军人政权对抗,这在过去难以想象。统一行动理事会反对向伊拉克派遣巴基斯坦军队。他们在反对穆沙拉夫的所谓"法律框架令"这一问题上愿与恢复民主联盟合作。

穆沙拉夫"法律框架令"的困境由于政府与统一行动理事会达成系列交易而缓解。巴议会于 2003 年 12 月 31 日通过了宪法第十七修正案。②该修正案重新恢复了总统解散政府和议会之权;确定了总统公决的合法,赋予穆沙拉夫担任下一个五年总统任期的权力;确认了 2002 年选举结果的合法性。

巴基斯坦的世俗政党团结在恢复民主联盟的旗帜下,与宗教政党共同认为宪法的修改和穆沙拉夫的双重身份（身兼总统和陆军参谋长）是违宪和违背民主的。而穆沙拉夫对此辩解道:他的决定有利于国内政治和经济的稳定,并宣称他的决定得到大多数议员的支持。对此,巴反对党发誓要举行全国的暴动以反抗穆沙拉夫的统治。但是随后举行的反穆沙拉夫的集会规模较小,部分原因是因为恶劣的天气,同时也因为巴人民党的领导人贝·布托拒绝与宗教政党联盟。③

---

①　恢复民主联盟由人民党和穆斯林联盟（谢里夫派）领导,由 16 个政党组成的联盟;成立于 2000 年月 2 月,是国民议会中的最大的反对派联盟。该联盟成为人民党与穆斯林联盟（谢里夫派）合作的标志;两党还为此建立合作的行为准则,包括承诺接受民选政府执政的权利,拒绝军人担任的任何政治角色;两党还起草了"民主宪章"。

②　Charles H. Kennedy, "Pakistan in 2004: Running Very Fast to Stay in the Same Place", *Asian Survey*, Vol. 45, No. 1（January/February 2005）, pp.105–111.

③　据媒体报道,穆沙拉夫政府与人民党领导人进行了秘密谈判。2005 年 2 月,巴基斯坦情报部长承认过他的政府与人民党领导人有过接触。See "Pakistan's Musharraf Reaffirms Commitment to Democracy"（transcript）, BBC Monitoring South Asia, December 30, 2004; Kamran Khan and John Lancaster, "Musharraf Vows to Remain Army Chief," *Washington Post*, December 19, 2004; Farhan Bokhari, "Musharraf Volte-Face Fuels Fears of Instability", *Financial Times*（London）, December 30, 3004.

在 2005 年 10 月的地方政府选举中,穆沙拉夫的政权党穆斯林联盟(领袖派)使用传统操纵选举的方法再次获胜。人民党与穆斯林联盟(谢里夫派)再次全线告北。穆沙拉夫还对地方政府组织条例作出了重要修订,赋予忠于穆沙拉夫的各省首席部长有解散地方议会和地方官员的权力。

此时在国外自我流放的贝·布托除照看三个孩子和母亲外,还四处旅行发表演讲,与人民党的支持者保持联系。2004 年,扎尔达里被保释出狱,结束了长达八年的牢狱生活。

同年 12 月,贝·布托与丈夫阿西夫·扎尔达里分别五年后重新团聚。国际刑警组织应巴基斯坦的要求,发出对贝·布托和她丈夫因腐败指控的逮捕令。贝·布托在给国际刑警组织的信中质疑其逮捕令的合法性。2007 年 1 月 4 日,美国邀请贝·布托去美国,对国会议员和国务院官员发表讲话。到 2007 年,贝·布托加快了社会活动,为自己返回巴基斯坦,重新复出作舆论准备。

随着军人当局执政时间越长,其弊病逐渐暴露。一份独立的国际组织观察报告显示政府腐败和营私舞弊昭然若揭。巴基斯坦人民对穆沙拉夫有能力提供透明政府的诺言失去了最初的热情。[①] 据透明国际在巴基斯坦的组织一份调查发现巴基斯坦人已经开始认为目前的军政府比贝·布托和纳瓦兹·谢里夫的政府更加腐败。[②] 这表明在巴基斯坦社会的各阶层对穆沙拉夫政权日益不满。

2005 年 2 月,巴基斯坦两位前总理,反对党的主要领导人贝·布托和纳瓦兹·谢里夫在沙特阿拉伯会面。两位领导人都在国外流亡,曾是长期的政敌,但是为了恢复巴基斯坦民主的最低纲领,两位领导人已经摒弃前嫌,握手言和。双方承诺共同努力,实现巴基斯坦民主的神圣目标。[③] 阿西夫·扎尔达里陪同贝·布托参加了会谈。

贝·布托与纳瓦兹·谢里夫还于 2006 年 5 月 14 日在伦敦会谈,进一步讨论了与巴基斯坦相关的安全问题,如俾路支省和瓦济里斯坦地区[④] 的自治问题,并

---

① Adeel Khan, "Pakistan in 2006: Safe Center, Dangerous Peripheries", *Asian Survey*, Vol. 47, NO. 1 (January/February 2007), pp.125–132.

② Transparency International–Pakistan, *National Corruption Perception Survey 2006*, Karachi, Pakistan, 10 August, 2006.

③ K. Alan Kronstadt, "Pakistan's Domestic Political Developments", *CRS Report for Congress*, Received through the CRS Web.Updated February 14, 2005, p.3.

④ 瓦济里斯坦是巴基斯坦西北部的山区,与阿富汗接壤,总面积 4473 平方英里;这一区域主要居住普什图人(又称帕坦人、阿富汗人);它是联邦直辖部落区的一部分,不受四省管辖;为便于管理,这个地区被分为"南瓦济里斯坦"和"北瓦济里斯坦";这两个部分都有自己鲜明的特点,尽管这两个部落都属于瓦济尔部族的分支,都讲同一语言;他们都有强烈的武士道声誉,因此这两个地区经常发生血亲复仇。

且就解决巴国内的安全问题达成一致的意见。两位领导人同时也讨论了国际问题,如巴基斯坦与印度、阿富汗的关系等。两人一致同意未来在这些问题上采取一致立场。两位昔日的竞争者会谈的最重要成果是一起签订了"民主宪章"的文件,标志着巴基斯坦两个最大反对党结成联盟关系。

"民主宪章"列出了结束穆沙拉夫政权,恢复文官民主统治的具体步骤:恢复1973年宪法,在议会两院中为少数族裔、妇女预留议席,降低选举资格年龄到18岁;废除国家安全委员会委员,国防内阁委员会将由总理领导,总理任命联邦安全顾问;成立真相与和解委员会,调查受到监禁、判刑等由国家发起迫害的各种受害者;不加入军人政权,或任何军人支持的政府,任何一个党都不应为执政或解散民主政府向军队寻求支援;国防预算应由国民议会讨论和批准等。他们并于2006年7月2日,将"民主宪章"提交给恢复民主联盟讨论,获得批准。

在"民主宪章"中,贝·布托和纳瓦兹·谢里夫重申:"我们承诺真正的民主和普遍公认的基本权利,一个充满活力的反对派的权利,党内民主,思想和政治宽容,实行强大的委员会制度的国会两党合作,一个没有对联邦单位相互歧视的合作联邦,权力下放,最大程度的实行省自治,赋予基层人民权力,使我们的人民摆脱贫困、愚昧、匮乏和疾病,提升妇女和少数民族的地位。"两位领导人还要求"由一个独立的选举委员会去监管下一次选举",拒绝接受"在穆沙拉夫将军政府领导下的选举"。如果穆沙拉夫仍在执政,他们表示不参加2007年的选举。① "民主宪章"也被看成是"一份能使巴基斯坦变成真正民主国家的影响深远的文件"。② 两位领导人一致同意在穆沙拉夫统治出现危机时回国,推翻军人政权。

穆沙拉夫政府在面临国内外的压力下,与人民党领导人和穆斯林联盟(谢里夫派)领导人进行试探性联系。到2007年,穆沙拉夫统治下的巴基斯坦,暴力事件不断,连首都伊斯兰堡也处于紧张之中。宗教学校的女学生都走上街头游行抗议。最后,事态发展到军队围攻红色清真寺,造成150多名宗教激进分子死亡。同时,巴基斯坦政府不断变换,政府对社会的控制力减弱。2007年3月初,穆沙拉夫总统仓促罢免最高法院首席大法官伊夫蒂哈尔·乔杜里(Iftikhar Chaudhry)更是引发政坛地震。律师联盟率先举行声势浩大的抗议活动。反对党更是推波助澜。反对罢免首席法官的抗议活动 逐渐演变为反对穆沙拉夫军政权统治的街头政治运动。一时,穆沙拉夫陷入被动,承受了来自国内外的极大压力,威望

---

① "EDITORIAL: Charter of Democracy and after...", *Daily Times*, Lahore, Tuesday, May 16, 2006.

② Adeel Khan, "Pakistan in 2006: Safe Center, Dangerous Peripheries", *Asian Survey*, Vol. 47, NO. 1 (January/February 2007), pp.125–132.

降至执政八年以来的最低点。

在这种情况下,前总理纳瓦兹·谢里夫试图返还巴基斯坦,但是当他乘坐的飞机到达巴基斯坦后,他却被巴基斯坦军人用另一架飞机重新带回沙特阿拉伯。① 人民党的领袖贝·布托却一直玩着一个微妙的游戏:一方面她在公开地反对军人政权,结束穆沙拉夫的统治,同时另一方面又与地位已削弱的穆沙拉夫进行秘密谈判。2007 年 8 月初,穆沙拉夫前往阿拉伯联合酋长国首府阿布扎比市与贝·布托秘密会谈。双方基本达成合作意向。8 月下旬至 9 月初,穆沙拉夫的身边核心幕僚亲赴伦敦、沙特等地与贝·布托举行了会晤。通过谈判,贝·布托与穆沙拉夫达成了权力分享的协议。作为交换,她答应支持穆沙拉夫再次当选总统。② 一位巴基斯坦的政治分析家评论道:"他(穆沙拉夫)只需要选举(总统选举)的合法性,而正是贝·布托能够给予他的。"③ 因此,穆沙拉夫颁布"全国和解令",放弃对有关官员和商界人士的腐败指控,撤消对贝·布托的腐败指控。

2007 年 10 月 18 日,贝·布托乘飞机抵达巴基斯坦卡拉奇市。她受到她支持者们的热烈欢迎。数十万人民党支持者和党务工作者聚集在机场外,等待贝·布托踏上自己国土。贝·布托对她的支持者发表简短的演说:"现在是民主的时候。如果我们想保存巴基斯坦,我们就必须拥有民主。"④ 她同时也警告到,恐怖主义者正试图掌控这个国家,巴基斯坦人民必须阻止他们。她向她的支持者明确表示,她会领导人民党参加 2008 年 1 月的议会选举。如果法律能作出修改,她将第三次竞选巴基斯坦总理。

贝·布托的到来吸引了大量的人群,至少有二十多万人。他们在大路、街上、甚至在公共汽车和大篷车顶上载歌载舞。这是卡拉奇市这个国际大都市的人们见到的规模最大、最受人民欢迎的集会。但是贝·布托也成为恐怖袭击的目标。在她回家路上,一枚炸弹在她车旁爆炸,紧接着是第二声爆炸,她乘坐的汽车玻璃被振碎。贝·布托幸免于难,但是 140 人被炸死, 500 多人被炸伤。⑤

---

① Adeel Khan,"Pakistan in 2007: More Violent, More Unstable", *Asian Survey*, Vol. 48, No. 1(January/February 2008), pp.144–153.

② Sean Stewart Price, *Benazir Bhutto*, London: Raintree, 2010, p.84.

③ Kevin Whitelaw and Aamir Latif, "Pakistan:Banazir Bhutto's bold plan", *U.S. News & World Report*, Vol. 143, No.12(10/8/2007), pp.31–32.

④ Shakeel Anjum, *Who Assassinated Benazir Bhutto*, Islamabad: Dost Publications, 2010, p.7.

⑤ Adeel Khan,"Pakistan in 2007: More Violent, More Unstable", *Asian Survey*, Vol. 48, No. 1(January/February 2008), pp.144–153.

面对恐怖分子的威胁,贝·布托没有退缩。她说:"我有自己的人生观,我不惧怕威胁。"她曾经对一位采访者说:"我觉得我的死亡时间早有上天安排,从这个意义上说,我是一个宿命论者。"①

2007 年 12 月 8 日,三名不明身份的武装人员袭击了人民党在俾路支省的办公室。三名贝·布托支持者被枪杀。② 即使出现这样的险恶情况,贝·布托仍没有取消其竞选演说。

2007 年 12 月 27 日,贝·布托前往在巴基斯坦的拉瓦尔品第市的集会上发表演讲。与以往的集会不同,这次集会记者们在一周前就已经知道。当贝·布托演讲完,准备离开会场时,两名恐怖分子向她射击,并引爆了身上的炸弹。贝·布托当天去世。

贝·布托的去世标志巴基斯坦人民党的"贝·布托时代"结束,人民党进入"扎尔达里时代"。贝·布托作为巴基斯坦人民党的领导人,巴基斯坦的两届总理,领导人民党为恢复巴基斯坦的民主,建设巴基斯坦的民主,改善普通群众,尤其是妇女的民生,贡献自己的一生。她为此也成为巴基斯坦和发展中国家民主斗士的象征,鼓励后来人为民主继续奋斗。

---

① Sean Stewart Price, *Benazir Bhutto*, London: Raintree, 2010, p.88.

② Yasir Hussain, *The Assassination of Benazir Bhutto*, New Delhi: Epitome Books, 2008, p.6.

第十一章　扎尔达里领导下的
人民党执政实践

在贝·布托的政治遗愿中,她要她的丈夫扎尔达里为她的继承人,出任人民党领导人。扎尔达里考虑到他本人当时在党内并不那么受欢迎①,为避免党内出现分裂,建议由他 19 岁的儿子比拉瓦尔·布托·扎尔达里担任人民党主席,承继布托家族的法统,而他本人则出任人民党联合主席,直到比拉瓦尔完成在牛津大学的学业。2008 年 9 月 6 日,扎尔达里当选巴基斯坦第 11 任总统。由于比拉瓦尔尚未完成学业,扎尔达里成为人民党的实际掌舵人,人民党进入扎尔达里时代。人民党在扎尔达里的领导下,取得了 2008 年国民议会选举的胜利,在联邦组成了人民党主导的联合政府,在地方四个省中组成了由人民党主导和参与的联合政府。人民党政府在国内和国际形势都不利的情况下,完成了自己的五年任期。

第一节　人民党在 2008 年大选中的表现及其组阁

巴基斯坦选举委员会宣布议会大选将在 2007 年 1 月 8 日进行。随着人民党领袖贝·布托的遇害,巴选举委员会决定将大选日推迟到 2008 年 2 月 18 日。考虑到穆沙拉夫当局曾经操纵选举的历史,巴基斯坦反对派面临是参加选举,还是抵制选举的艰难抉择。人民党领导人扎尔达里反对推迟选举,要求如期举行选举,并呼吁所有反对党参加选举。穆沙拉夫当局宣布延期选举的表面原因是出于

---

　　①　扎尔达里自 1990 年以来,多次遭到对他的腐败、谋杀、勒索等罪名指控,监狱里呆了十多年。此外,在贝·布托担任总理期间,因收取回扣,得外号“百分之十先生”。这一切使他一度在人民党内的声誉不佳。

安全考虑,实际上当局与军队、官僚高层与其他精英的权力谈判需要时间,同时,也害怕立即选举会带来广大选民对人民党的一边倒支持。^① 当时的美国布什政府也支持人民党的主张。

2008 年 1 月,扎尔达里对外宣布,如果他的党在国民议会选举中取得多数,将与谢里夫领导的巴基斯坦穆斯林联盟(谢里夫派)组成联合政府。他和谢里夫威胁当局:如果在即将到来的大选中存在任何选举欺骗,他们将发动全国抗议活动。在人民党的带动下,巴基斯坦主要反对党宣布参加选举。但是宗教政党阵营:联合行动同盟^② 中的伊斯兰促进会、俾路支地方主义者政党宣布将抵制大选。巴基斯坦穆斯林联盟(谢里夫派)曾考虑也抵制大选,但是当人民党决定参加大选后,也放弃了抵制的想法。人民党领导人扎尔达里由于未能在 2008 年 11 月提交个人选举文件,不能参加议会选举。

一、人民党在 2008 年大选获胜及其原因

在 2008 年的议会选举中,巴基斯坦的政坛分为两大阵营。以人民党和亲穆沙拉夫的巴基斯坦穆斯林联盟(领袖派)、统一民族运动^③ 为一方,希望组成仍与穆沙拉夫相联系的过渡政府,而以巴基斯坦穆斯林联盟(谢里夫派)和联合行动同盟中的伊斯兰神学者协会(法鲁兹派)、伊斯兰促进会为另一方,则追求体制转型,完全拒绝穆沙拉夫。^④ 大选后,巴基斯坦原有分裂的阵营变为一个阵营,共同要求穆沙拉夫下台,建立一个文人政府。

出于安全形势的考虑,在这次大选中,各个政党都采取了谨慎的态度,举行小型集会和挨家挨户的拉选票活动,很少举行大型集会。即使有大型集会,也采取严密的安保措施,如纳瓦兹·谢里夫在穆斯林联盟(谢里夫派)的竞选集会中,只好在防弹玻璃后发表演讲。

各政党的竞选主要围绕着两个关键议题:

首先,穆沙拉夫总统的地位。穆斯林联盟(谢里夫派)指出穆沙拉夫 2007

---

① Katharine Adeney, "The Federal election in Pakistan, February 2008", *Electoral Studies*, Vol. 28, No. 1 (2009), pp.141–173.

② 联合行动同盟成立于 2002 年 1 月,是由巴基斯坦神学会(努拉尼派)、伊斯兰神学者协会(萨派)、伊斯兰神学者协会(法派)、伊斯兰促进会、贾弗里教规运动党和圣训党等 6 个宗教政党为赢得全国大选组成的竞选联盟。

③ 统一民族运动原名为穆哈吉尔民族运动, 1997 年改为现名。

④ Matthew J.Nelson, "Pakistan in 2008: Moving beyond Musharraf", *Asian Survey*, Vol. 49, No. 1 (Jan./ Feb., 2009), pp.16–27.

年当选总统是由即将卸任的国会选出，是违宪的，应该下台；穆斯林联盟（谢里夫派）还要求恢复被穆沙拉夫停职的最高法院法官的职务。人民党对此更为谨慎，要求联合国调查贝·布托被害事件。

其次，巴基斯坦经济，尤其是关于通货膨胀，燃料不断攀升的价格以及能源和小麦短缺。执政党穆斯林联盟（领袖派）治理经济无方，备受指责。穆沙拉夫为执政党辩解，公开要求民众支持穆斯林联盟（领袖派）。这些议题对决定选民投票行为有重要的影响。在巴基斯坦，政党的竞选宣言与形象也同等重要。

人民党在 2008 年的竞选宣言中，阐述了人民党的基本原则：伊斯兰是我们的信仰，我们的政治是民主，我们的经济是社会民主主义，一切权力归人民。[①] 此时人民党的基本原则与人民党首次参加大选的竞选宣言所界定的基本原则，发生了新的变化。2008 年的竞选宣言对人民党的基本原则作了修改：把"我们的经济是社会主义"修改为"我们的经济是社会民主主义"。

人民党 1970 年竞选宣言所提到的社会主义，实际上是以苏联和中国为代表的科学社会主义，是实行计划经济的社会主义。人民党在贝·布托执政期间逐步放弃人民党推行的国有化和计划经济的政策，转向鼓励私营经济的发展。2008 年竞选宣言中的"我们的经济是社会民主主义"，表明人民党已经完全认同西欧社会党所推行的混合经济制度。

人民党 2008 年的竞选宣言，还承诺促进经济增长，并以此减少贫困人口，控制通货膨胀，增加就业岗位，保护劳工的基本权利，确保有充足的安全饮用水，促进电力基本设施的发展，促进农业和农村的发展，保护妇女、少数族裔的权利等。

为维持并扩大人民党的选民基地，人民党在宣言中承诺：促进个人建立小型企业，为有活力的中产阶级提供保障，解决低收入者的基本需要。人民党竞选宣言的这些主张得到城市工人阶级、中产阶级、农民、妇女、少数族裔和弱势群体的支持，从而在保证原有选民基础的同时，扩大了选民支持范围，为取得选举胜利打下了基础。

人民党在大选中还采取了一些有效的竞选策略：

首先，人民党在选举中充分利用选民因为贝·布遇害产生的同情心理，号召选民支持人民党实现巴基斯坦的民主转型。直到选举前一刻，扎尔达里仍然拒绝承认由英国伦敦警察厅做出的贝·布托遇刺真相调查结果，在动员大会上大声疾

① Pakistan People's Party, Manifesto 2008: "Toward Peace and Prosperity in Pakistan", http://www.ppp.org.pk/manifestos/2008.pdf.

呼通过选举"为贝·布托报仇",最大限度地延长贝·布托遇刺引起的政治效应。尽管贝·布托入土为安已经快两个月了,但是实际上仍然是她领着人民党在选战中冲锋陷阵。

其次,人民党与反对党建立广泛的统一战线。人民党早在贝·布托的领导下于2006年5月与穆斯林联盟(谢里夫派)领导人谢里夫就如何推翻军人政权,向民主政府过渡共同发表了"民主宪章",为推翻军人政权而联合起来。在这次选举中,人民党几乎将和解的触角伸向了除宗教党之外的每一个政党,甚至包括几个月前还与之在卡拉奇的大街上大打出手,忠于政府的统一民族运动党。[①] 人民党的统一阵线极大地孤立了原执政党穆斯林联盟(领袖派),挖走过去支持该党的选民。

再次,人民党集中攻击穆沙拉夫当局的腐败,并以选举舞弊指控穆沙拉夫。扎尔达里断言:如果政府不选举舞弊,人民党一定能够取得胜利;如果政府舞弊,人民党一定抗争到底。也就是说,除非人民党获胜,否则,就不接受选举结果,发起民众抗议。人民党的这一鲜明立场,对穆沙拉夫当局形成压力,迫使看守政府尽量举行公开、公正的选举。

人民党的竞选策略取得了成功,在国民议会选举中,一举成为国会中最大政党。人民党在国民议会中获得30.8%的选票和88个议席,成为国民议会第一大党。在这次选举中,独立候选人获得11.2%的选票和29个议席,其中有7名候选人当选后,宣布加入人民党,从而使人民党在国民议会中的总席位增加到95席。此外,人民党还从预留席位中按得票率获得为非穆斯林少数族裔预留的4个议席,以及为妇女预留的23个议席,人民党在国民议会中的总席位进一步增加到122席,占议会全部议席的36.1%。[②]

谢里夫领导的穆斯林联盟(谢里夫派)获得19.8%的选票和67个议席,成为国民议会中的第二大党。大选后,该党还获得4名独立候选人议员加入,同时按比例获得3个为少数族裔预留的议席和17个为妇女预留的议席。穆斯林联盟(谢里夫派)在此次选举中获得的总议席数增加到91席,占全部国民议会议席的26.9%。人民党与穆斯林联盟(谢里夫派)所拥有的议席数之和,已经占全部国民议会议席数的63%,已接近2/3的绝对多数。如果两党获得其他第三党的支持,就有可能成为国民议会的2/3的绝对多数,从而对现任总统穆沙拉夫构成挑战。

---

① 叶海林:《巴基斯坦:阴霾犹在》,《中国新闻周刊》2008年2月25日。

② Katharine Adeney, "The Federal election in Pakistan, February 2008", *Electoral Studies*, Vol. 28, No. 1(2009), pp.141–173.

曾经长期敌对的穆斯林联盟（谢里夫派）和人民党的选民当得知赢得选举胜利时,共同庆祝两党的胜利。穆斯林联盟（谢里夫派）的党员围绕着人民党的竞选汽车,拥抱人民党的干部与党员,跳起舞来。这是难得一见的历史瞬间。

由穆哈吉尔民族运动演变而来的统一民族运动在这次选举中获得 19 个议席,加上获得的预留席位,议席总数为 25 席。

在这次国民议会选举中,执政党穆斯林联盟（领袖派）和宗教政党联合行动同盟是最大的输家。穆斯林联盟（领袖派）获得 22.9% 的选票,应该说比穆斯林联盟（谢里夫派）的得票率（19.8%）略高,但是由于巴基斯坦实行多数决定的选举制,穆斯林联盟（领袖派）只获得的 42 个议席,加上 12 位预留席位,总议席数为 54 席,比穆斯林联盟（谢里夫派）的总议席少了 40%。穆斯林联盟（领袖派）完全失去了昔日的优势。宗教政党联盟则输得更惨,只获得 6 个议席,加上获得为妇女预留 1 个议席,总议席数只有 7 个议席。穆斯林联盟（领袖派）和联合行动同盟议席的流失,便是人民党和穆斯林联盟（谢里夫派）的收获。人民党从穆斯林联盟（领袖派）和联合行动同盟那里赢得 46 席,穆斯林联盟（谢里夫派）从以上两党赢得 32 席。[①]

穆斯林联盟（领袖派）的一些重量级人物,前内阁的 22 名内阁部长落选。穆斯林联盟（领袖派）党主席和前总理乔杜里·舒贾特·侯赛因、前旁遮普省首席部长乔杜里·佩尔瓦伊兹·埃拉希、前铁路部长谢赫·拉希德·艾哈迈德、前国民议会发言人乔杜里·阿米尔·侯赛因、前国防部长拉奥·西坎达尔·伊克巴勒、前外交部长胡尔希德·马哈茂德·卡苏里、前司法部长瓦西·萨法尔、前商业部长胡马云·阿赫塔尔·汗等政要纷纷落马,表明前执政党已经完全丧失民心。宗教政党联合行动同盟也惨败出局,在其一度执政的西北边境省败给人民民族党。

在随后的省议会选举中,人民党在信德省获得 93 个议席,占该省全部竞争席位（166 席）的 56%,维持了在该省的优势地位。在旁遮普省,人民党获 107 个议席,在该省处于第二位。穆斯林联盟（谢里夫派）在该省获得 169 个议席,维持了该党在旁遮普省的传统优势。人民党还在传统上不占优势的西北边境省和俾路支省取得不错的成绩,议席数分别为 30 席（总议席为 124 席）和 12 席（总议席为 65 席）。执政党穆斯林联盟（领袖派）在三个省:旁遮普省、信德省和西北边境省全部败北,只在俾路支省获得 19 席,排名第一。[②]

---

① 陈继东:《巴基斯坦议会选举与政党实力消长》,《南亚研究季刊》2008 年第 2 期。

② K. Alan Kronstadt, "Pakistan's 2008 Elections: Results and Implications for U.S. Policy", *Congressional Research Service Report for Congress*, April 9, 2008; Larry P. Goodson, "The 2008 Elections", *Journal of Democracy*, Vol. 19, No. 4 (Oct., 2008), pp.5–15.

2008 年 6 月 26 日,巴基斯坦举行了补选。59 名候选人竞争 5 位国民议会议席，282 名候选人竞争 23 位省议会议席。穆斯林联盟（谢里夫派）和人民党分割了补选的国民议会席位。穆斯林联盟（谢里夫派）获得 3 席,人民党获得 2 席。在省议会的补选中,穆斯林联盟（谢里夫派）获得 8 席,人民党获得 7 席,人民民族党获得 2 席,独立候选人获得 6 席。[①]

人民党在野 11 年零 4 个月后[②],重新获得执政机会。人民党之所以能在 2008 年国民议会和省议会选举取得如此较好的成绩,主要有以下原因:

首先,人民党选举的胜利得益于穆沙拉夫当局丧失民心,选民强烈求变。穆沙拉夫当局以政变上台,其执政的合法性始终受到怀疑。穆沙拉夫以高压手段维护国内稳定的局面,曾经取得巴基斯坦经济的高速发展。据巴基斯坦官方 2007 年 12 月公布的统计数据显示,近五年来,巴基斯坦的年均经济增长率保持在 5% 以上,最高时达到 7% 的增长率。但是经济的繁荣与发展并未惠及到普通民众。当时,巴基斯坦人口增加到 1.63 亿,在世界上排名第 6 位。但是有 2/3 以上的人口居住在农村。随着快速城市化,大约有 1800 万人涌入像卡拉奇市和拉合尔市这样的大城市,生活在贫民区。[③]

在穆沙拉夫执政时期,巴基斯坦低层穷人的生活状况更加恶化。巴基斯坦普通民众认为军政府利用手中权力,在私有化过程中谋取私利,掠夺财富。受世界粮食价格和能源价格上涨的影响,生活必需品特别是巴基斯坦民众的主要食品面粉严重短缺,价格飞涨,食用油价格也居高不下。穆沙拉夫当局没有解决好民生问题,直接导致选民不满。原来支持物沙拉夫的选民改投人民党和其他反对党的票。

穆沙拉夫当局奉行的亲美反恐政策的负面作用超出其正面作用。穆沙拉夫上台后实行的亲美反恐政策的正面作用是得到美国的支持,巩固其执政地位。但是这种政策的负面作用日益突出,尤其是自 2007 年 11 月以来,巴基斯坦军队调集了两万多官兵,对恐怖分子活动特别猖獗的西北边境省斯瓦特河谷、南瓦齐利斯坦等地开展了重点清剿行动。在取得明显效果的同时,也在这些地区的虔诚伊斯兰教徒心中投下了浓厚阴影。部分宗教极端主义者甚至将穆沙拉夫及其政治盟友穆斯林联盟（领袖派）视为伊斯兰世界的"叛徒",对穆沙拉夫的支持呈现下降趋势。

据大选前的民调显示,亲穆沙拉夫派的政党的民意支持率低于人民党和穆斯

---

①　"Pakistan ruling parties gan seats", *ALJAZEERA*（English）, Jun. 27, 2008.

②　人民党此前在野时间为 1996 年 11 月 4 日至 2008 年 3 月 24 日。

③　Larry P.Goodson, "The 2008 Elections", *Journal of Democracy*, Vol. 19, No. 4（ Oct., 2008）, pp.5-15.

林联盟（谢里夫派）近 20 个百分点。① 这无疑导致亲穆沙拉夫政党的选票的大量流失，给人民党的选举胜利提供了机会。

穆沙拉夫执政时，得到美国和其他西方国家的经济和军事援助，从而助长了他在选举中的骄傲自大情绪，自认为通过操纵有利于其政党的选举规则就足够取得大选的胜利，因此，没有必要在投票日去进行舞弊。② 大选的公正性举行，为人民党赢得选举创造了有利的条件。

其次，巴基斯坦社会结构的变化，人民党的选民基础扩大。随着穆沙拉夫执政时期经济持续的发展，巴基斯坦农业占经济的比重从 2000 年的 26%，下降到 2007 年的 20%。农村就业人口比重从 1990 年的 50% 下降到 2007 年的 43%。③ 伴随经济结构转型，巴基斯坦社会出现一个新兴增长的阶层：中产阶级。在中产阶级扩张的同时，巴基斯坦媒体业也在快速增长。在 2002 年大选时，整个巴基斯坦只有一个私人电视频道，但是到 2007 年，巴基斯坦出现媒体革命，有 30 多个新闻和信息频道，使用几种语言，给社会提供不间断的新闻和信息。中产阶级日益意识到自己的权利和责任。以律师、法官及大学生、温和派穆斯林知识分子、商人为代表的中产阶级对民主、自由的渴望程度在不断增加。他们不断呼吁穆沙拉夫辞去其兼任的陆军参谋长一职，还政于民。

人民党的传统选民基础是农民、城市工人、弱势群体、左翼知识分子和少数族裔、巴宗教少数派：什叶派。④ 随着人民党不断投入到反军人政权，实现民主转型的斗争，许多中产阶级人士，乃至小商人和企业主开始投人民党的选票。在 2008 年大选中，人民党在巴中产阶级、商人和企业主集中的旁遮普省取得很好的选举成绩。

再次，人民党的竞选策略得当。人民党在竞选中充分利用贝·布托遇刺在社会上产生的同情效应，努力争取中间选民和摇摆选民。贝·布托遇刺使人民党得到巴基斯坦选民的广泛同情。人民党也确实获得不少同情票。此外，贝·布托的遇刺带来强大舆论压力抵消了执政党的行政资源优势。大选前夕，巴国内和国际舆论就已经预测，除非执政的穆斯林联盟（领袖派）在选举中舞弊，人民党获胜已成定局。这样的舆论氛围有利于人民党。因为这种舆论预测影响选民的心理和投票行为。

---

① 汪涛、刘丽：《巴基斯坦国民议会选举透视》，《国际资料信息》2008 年第 3 期。

② Husain Haqqani, "Beyond Musharraf", *Wall Street Wall*, Feb. 20, 2008, A. 15.

③ S.Akbar Zaidi, "Social and Structural Transformation in Pakistan", *Economic & Political Weekly*, Vol. 43, No. 20（May, 2008）, pp.10–11.

④ Hairs Gazdar, "Pakistan's Precious Parties", *Economic and political Weekly*, Vol. 43, No. 6（Feb., 2008）, pp.8–9.

人民党在竞选中突出本党的温和、和解的形象,完全放弃老布托时期激进左翼主张,进一步社会民主党化,得到巴主流社会及美英等西方国家的认同,尤其同穆斯林联盟(谢里夫派)调整竞争议席,避免两败俱伤,联手夹击穆斯林联盟(领袖派)取得较好的效果。人民党在选举中的统一战线,为人民党赢得了其他党内不满分子加入,尤其是独立候选人的支持。

总之,人民党组织结构稳定,选民基础稳固。即使在穆沙拉夫军人政权时期,人民党以"人民党议会党团"的名义保存了完整的实力。只要时机成熟,人民党完全可以获得重新执政的机会。

二、人民党在大选后的组阁与扎尔达里当选总统

大选前,美国政府希望大选后,组成人民党与穆斯林联盟(领袖派)的联合政府,实行对美友好政策。① 但是人民党在大选后不久就拒绝了穆斯林联盟(领袖派)。2008年2月22日,人民党领导人扎尔达里与穆斯林联盟(谢里夫派)共同举行新闻记者招待会,宣布就两党在联邦和省级政府组成联合政府达成原则协议,从而终结美国希望他与穆沙拉夫分享权力的愿望。两党还在保持国家司法独立和议会主权的问题上达成一致。②

同年3月9日,人民党领导人扎尔达里与穆斯林联盟(谢里夫派)领导人纳瓦兹·谢里夫在旁遮普省的穆里举行两党首脑会晤,就联合政府组建问题达成协议。会后两党发表了"穆里宣言"。该宣言声明:

(1)人民党与穆斯林联盟(谢里夫派)决定组建联合政府。两党实行权力分享:在联邦中央政府由人民党出任总理,在旁遮普由穆斯林联盟(谢里夫派)出任首席部长。

(2)新政府组成后30天内,以议会决议方式恢复被穆沙拉夫罢免的法官职务。

(3)两党将对人民党提名的总理候选人给予充分支持。穆斯林联盟(谢里夫派)还提出总理候选人应是首先执行两党协议的人。

(4)两党同意国民议会的发言人和副发言人由人民党出任,而旁遮普省议会的发言人和副发言人由穆斯林联盟(谢里夫派)出任。

(5)两党同意穆斯林联盟(谢里夫派)成为联邦政府的成员,人民党成为旁

---

① 大选结束后,尽管穆斯林联盟(领袖派)失去往日优势,但是当时的布什政府仍然继续支持穆沙拉夫在政府中发挥关键作用。

② Vinod Sharma, "Sharif, Zardari agree to form coalition government", *Hindustan Times*, February 22, 2008.

遮普省政府的成员。

（6）两党立即为政府组成作准备，国民议会和省议会的会议将立即召开。①

在联合政府组建中，人民党除寻求穆斯林联盟（谢里夫派）参加外，还寻求统一民族运动党、人民民族党、伊斯兰神学者协会（法鲁兹派）参加联合政府。由于穆斯林联盟（谢里夫派）反对统一民族运动党加入，最终组建由人民党领导的联合政府主要由人民党、穆斯林联盟（谢里夫派）、人民民族党和伊斯兰神学者协会（法鲁兹派）组成。人民党提名的本党副主席优素福·拉扎·吉拉尼（Yousaf Raza Gillani）② 为总理候选人，在国民议会306席中获得264席的支持，当选巴基斯坦新总理。

2008年3月31日，吉拉尼内阁正式就职。在内阁24名部长中，人民党出任11个部长，穆斯林联盟（谢里夫派）出任9个部长，人民民族党和伊斯兰神学者协会（法鲁兹派）出任3个部长，独立候选人出任1个部长。来自南旁遮普省木尔坦市的人民党人沙阿·马哈茂德·库雷希（Shah Mehmood Qureshi）出任外交部长。人民党来自旁遮普省的一位实业家乔杜里·艾哈迈德·穆赫塔尔（Chaudhry Ahmed Mukhtar）出任国防部长，穆斯林联盟（谢里夫派）在拉合尔地区的领导人伊沙克·达尔（Ishaq Dar）出任财政部长。

在吉拉尼总理的就职典礼中，发生了令人尴尬的事情。穆斯林联盟（谢里夫派）的内阁部长个个身披黑纱。他们被要求在仪式前脱下黑纱，被他们拒绝。在仪式中，穆斯林联盟（谢里夫派）的部长们也没有与穆沙拉夫总统握手，也没有出席仪式后举行的宴会，没有与其他客人打招呼就离开了。事后，穆斯林联盟（谢里夫派）发言人西迪库勒·法鲁克解释道，他们的部长们之所以这样做，是为了表示抗议，因为违宪的总统坐在那里，而他们的部长们却不得不由他主持宣誓。③

人民党在组建联邦中央政府的同时，也组建了以自己为主导的省政府。在信德省，人民党拥有绝对优势，本可以单独组阁执政，但是为了显示团结一致，仍与

---

① K.Alan Kronstadt, "Pakistan's 2008 Elections: Results and Implications for U.S. Policy", Congressional Research Service Report for Congress, April 9, 2008; "Pakistan: Six-Points Murree declaration", http://www.hindu.com/nic/pakistan-murree.htm.04/29/2013.

② 优素福·拉扎·吉拉尼出生于1952年6月9日。1978年，吉拉尼加入穆斯林联盟开始从政。1985年，当选国民议会议员。随后，因与菲达·汗（Fida Khan）领导的巴基斯坦穆斯林联盟发生政见不和，转而投奔人民党。1988年在贝·布托首次执政期间，出任旅游部长，1990又转任住房与劳动力部长。1993年贝·布托第二次执政期间，曾短暂担任地方政府与农村发展部长，随后，出任国民议会发言人。2001年，被穆沙拉夫当局指控滥用职权，被判6年徒刑。2006年10月才重获自由。

③ Sajjad Malik, "24-Member Federal Cabinet Takes Oath", *Daily Times*, April 01, 2008.

穆斯林联盟（谢里夫派）、人民民族党、统一民族运动组成大联合政府。在西北边境省，由于没有一个政党获得超过半数以上的席位，由人民民族党联合人民党组成联合政府。在俾路支省，穆斯林联盟（领袖派）虽为第一大党，还需联合其他政党才能组阁执政。由于该党内部分歧，受到人民党和独立议员的抵制，组阁失败，最后，由人民党联合独立议员和其他盟党组成联合政府。在旁遮普省，由第一大党穆斯林联盟（谢里夫派）联合人民党和其他党组阁执政。在巴基斯坦四个省级政府中，人民党主导的有两个：信德省和俾路支省政府。人民党在另外两个省政府中成为举足轻重的执政伙伴。

在巴基斯坦历史上，两个相互对立、竞争的政党：人民党与穆斯林联盟（谢里夫派）为实现共同目标：推翻军人政权，史无前例地走到一起结成联盟。许多观察家赞扬"穆里宣言"代表巴基斯坦政党政治一种全新和解类型。不过，两党联盟关系是脆弱的，一旦共同的目标实现，两党的分歧便凸现出来。

谢里夫公开反对扎尔达里继续实施穆沙拉夫的许多政策，如与美国保持亲密关系，在巴基斯坦与阿富汗的边境上发动对恐怖分子的战争。谢里夫与扎尔达里的分歧主要表现在两个方面：一是关于恢复被穆沙拉夫在 2007 年 3 月实行全国紧急状况时所解职的大法官伊夫蒂哈尔·穆罕默德·乔杜里和其他 60 名最高法院和高等法院法官的职务。二是关于在巴基斯坦与阿富汗边境，以及联邦管辖部落区的反恐军事行动。[①]

在恢复大法官问题上，谢里夫要求以行政命令方式立即恢复法官职务，罢免穆沙拉夫总统。但是扎尔达里更愿以立法形式解决问题，同时实施司法改革措施。扎尔达里之所以对恢复大法官的职务不积极，因为他担心乔杜里大法官的复职有可能重新提出对自己的司法诉讼，重新审理他的腐败案。这样，扎尔达里和人民党就会极为被动。在这一点上，扎尔达里和穆沙拉夫有着共同的利益。穆沙拉夫也担心复职的大法官将宣布他重新当选总统无效，要求他从军队辞职，禁止他拥有两个身份：总统与陆军参谋长。

大选后，乔杜里立即以私人身份拜会扎尔达里，祝贺人民党选举胜利，试图缓和两人关系，消除扎尔达里的疑虑。但是扎尔达里并不领情，反而认同穆沙拉夫任命的大法官阿卜杜勒·哈米德·多加尔。在"穆里宣言"中，扎尔达里答应在 2008 年 4 月 30 日前恢复 60 名法官的职务。这一期限后来被延期到同年 5 月 12 日。扎尔达里与谢里夫 5 月份在伦敦再次进行了磋商，但是没有达成一致意见。

①　Matthew J. Nelson," Pakistan in 2008: Moving beyond Musharraf", *Asian Survey*, Vol. 49, No. 1(Jan./Feb., 2009), pp.16–27.

　　吉拉尼政府没有实现恢复法官职务时。穆斯林联盟（谢里夫派）领导人谢里夫5月12日宣布本党9名内阁成员，包括财政部长将在5月13退出联合政府，不过，仍然愿意给予人民党以某种形式的支持。[①] 经过紧急磋商，人民党作出让步，同意启动对穆沙拉夫的弹劾程序，与穆斯林联盟（谢里夫派）的联合政府才渡过危机。同年8月，联合政府正式起动对穆沙拉夫的弹劾。8月18日，穆沙拉夫为避免弹劾宣布辞职。穆沙拉夫的辞职，标志着穆沙拉夫时代的结束。

　　但是令外界惊讶的是，谢里夫却于8月25日突然宣布：由于人民党在法官复职时间表和扎尔达里宣布竞选总统问题上背弃诺言，穆斯林联盟（谢里夫派）决定退出执政联盟。[②] 扎尔达里说服党内同志，宣布邀请统一民族运动党加入联合政府，从而克服了政府危机。

　　当巴总统穆沙拉夫辞职后，巴选举委员会于8月22日宣布总统选举将在9月6日举行。总统选举将由巴国会两院及4省议员组成的选举团选出。人民党提名本党联合主席扎尔达里为总统候选人。人民党的决定同时得到执政联盟统一民族运动、人民民族党和伊斯兰神学者协会（法鲁兹派）的支持。穆斯林联盟（谢里夫派）提名前最高法院大法官赛义德·乌兹·扎曼·西德基为总统候选人。西德基是谢里夫的长期政治盟友，1999年7月被任命为大法官，但是几个月后因为拒绝支持穆沙拉夫领导的军人政变而被解除职务。西德基在巴基斯坦司法界德高望重，对扎尔达里构成严重挑战。穆斯林联盟（领袖派）秘书长穆沙希德·侯赛因代表该党参加总统竞选。[③]

　　在9月6日的总统选举中，人民党候选人扎尔达里取得选举的胜利，在选举团702票中，获得481票，以绝对优势当选巴基斯坦总统。穆斯林联盟（谢里夫派）总统候选人西德基只获得选举团的153票，只相当于扎尔达里票数的31.8%。穆斯林联盟（领袖派）总统候选人侯赛因彻底败北，只获得选举团的44票。扎尔达里在国民议会436票中，获得281票，而西德基只获得111票，侯赛因获得34票。[④] 扎尔达里还在信德省议会、西北边境省议会和俾路支省议会取得绝对优势，分别获得64票、56票和59票。只是在旁遮普省扎尔达里败于穆斯林联盟（谢

　　① 　Pamela Constable, "Pakistan Party Quits Cabinet over Justices", *The Washington Post*, May 13, 2008.

　　② 　Aqil Shah, "Praetorianism and Terrorism", *Journal of Democracy*, Vol. 19, No. 4（Oct. 2008）, pp.16–25.

　　③ 　Candace Rondeaux, "Governing Coalition Collapses in Pakistan", *The Washington Post*, August 26, 2008.

　　④ 　Rajshree Jetly, "Elections in Pakistan–New President,Same Old Story", ISAS（Institute of South Sian Studies）, Brief, September 11, 2008, mercury.ethz.ch/serviceengine/Files/ISN/91522/.../81.pdf, 05/01/2013.

里夫派）的候选人西德基,扎尔达里获得22票,而西德基获得35票。

对于扎尔达里当选巴基斯坦总统,国际舆论比国内舆论反应更为热烈。美国总统小布什表示愿意帮助他应对巴基斯坦的经济困境和反对恐怖主义。英国首相戈登·布朗也发来贺电,对巴基斯坦选出民选总统表示满意。在国内,只有人民党的忠诚党员欢欣鼓舞。[①]

人民党联邦政府的信息与广播部长谢丽·拉赫曼祝贺扎尔达里在选举中赢得了"民主的胜利"。她说道:"此人为民主的事业遭受11年的牢狱之灾。现在他当选巴基斯坦的总统。这是民主得以加强的信号。"[②]巴基斯坦《信德地区时报》对于扎尔达里的当选也评论道:"(他)遭受的多年磨难已经使他更睿智和倔强。他重返政治舞台以来,展现出极大的精明和成熟。"[③]但是巴基斯坦国内许多人都记得扎尔达里过去绰号"10% 先生",担心他经验不足有损于他的新职位。

扎尔达里在出任人民党联合主席之前,在巴基斯坦军队中没有朋友,在巴三军情报局没有朋友。由于他未当选国会议员,所以,也没有个人的政治基地。他通过与贝·布托的婚姻,才在人民党出任高级领导。他在人民党领导层中的敌人比朋友多。但是当贝·布托遇刺后,扎尔达里出任人民党联合主席,展示了他高超、精明的政治手腕。

扎尔达里领导人民党在2008年大选中,充分利用人民的同情心理,取得了选举的胜利,然后,出人意料地宣布将与人民党的老对手穆斯林联盟（谢里夫派）分享权力,组成联合政府。他力排众议,推选人民党的坚定忠诚者优素福·拉扎·吉拉尼出任总理。他没有让党内呼声最高的人民党副主席阿明·法希姆（Amin Fahim）[④]为总理候选人,以防止法希姆个人在信德省的政治基础得以加强,从而影响布托家庭在信德省的影响。他与谢里夫一起发起倒穆沙拉夫的运动,迫使穆沙拉夫下台。当穆斯林联盟（谢里夫派）全部退出联合政府时,他邀请人民党多年的对手统一民族运动党加入人民党联合政府,从而使人民党渡过难关。由于扎尔达里善于解决人民党遇见的各种问题。所以,他现在获得一个"解决问题先生"的雅号。扎尔达里通过半年的政治实践进一步巩固了自己的地位。

---

①　Ali,M.M., "Pakistan's New President Zardari Seeks to Consolidate His Hold om Power", *Washington Report on Middle East Affairs*, Vol. 27, Nov. 2008, p.8.

②　"Zardari Wins Presidential Election", *Dawn*, September 6, 2008.

③　"Outcry as Asif Ali Zardari is elected president of Pakistan", *The Guardian*, September 06, 2008.

④　阿明·法希姆巴基斯坦颇受欢迎的左翼人物,马克思主义者诗人。他于1970年开始其政治生涯。在20世纪90年代,成为贝·布托的政治盟友。2002年,穆沙拉夫拟任命他为巴政府总理,为了表示对人民党的忠诚,他拒绝出任。贝·布托流亡国外期间,他成为人民党的实际负责人。

他自己也成为人民党的实权人物。扎尔达里同时当选为社会党国际副主席。

　　随着扎尔达里成功担任巴基斯坦总统，人民党已控制了巴政府的三个关键职位：总统、总理、国民议会发言人。人民党执政的联合政府在国民议会中拥有绝对优势。人民党也在信德省执政，也是其他三省议会的第二大党。许多中小政党也宣布支持人民党。总之，扎尔达里当选总统后，人民党的势力处于发展最好时期。尽管如此，人民党在联邦政府和省的联合政府仍然受到第二大党穆斯林联盟（谢里夫派）的掣肘。人民党能否顺利执政，关键在于其能否实行有效的政策，使巴基斯坦摆脱目前的困境。

第二节　人民党执政的国内政治活动

　　重新执政的人民党在扎尔达里的领导下成功应对来自反对党、最高法院与联盟内伙伴党的挑战，化解了人民党领导的联合政府的多次危机。尽管最高法院抓住扎尔达里总统的腐败案，相继解除人民党两位总理职务，但是人民党还是成功完成五年任期。这也是巴基斯坦民选政府自 20 世纪 80 年代以来首次完成五年任期，具有重要的历史意义。

一、人民党成功化解反对党和最高法院的挑战

　　人民党在 2008 年国民议会、省议会和总统选举中取得了骄人的成绩，从军人集团手中夺回了执政权，为实现巴基斯坦民主转型，实现人民党的竞选承诺开启了良好的开端。但是新上台的人民党主导的政权却面临着不利的执政环境。

　　首先，国内安全形势不容乐观，新生的人民党政权面临着恐怖主义、伊斯兰极端主义分子的挑战。从 2007 年以来，由于巴政局动荡，国内伊斯兰极端主义势力愈发猖獗。"基地"组织、塔利班势力不但在巴阿交界的部落地区站稳了阵脚，而且向巴腹地区渗透。恐怖主义和极端主义的暴力活动在巴蔓延。自杀式爆炸事件时有发生。据巴内政部长马利克透露：巴总统、总理和陆军参谋长等领导人本打算到万豪酒店参加晚宴，直到最后一刻，才把晚宴地点改在总理官邸，这些领导人才躲过了一劫。[1] 这些暴力事件反映恐怖分子的猖狂，也反映出因为美国越境打击恐怖分子行为而产生的强烈反美情绪。因此，人民党政府一方面与美一道参

―――――――――

①　郑瑞祥：《巴基斯坦政局的变化和面临的挑战》，《国际问题研究》2008 年第 6 期。

加反恐战争,另一方面也要注意安抚国内的反美情绪。

其次,巴基斯坦的经济形势不容外观,宏观经济指标恶化。GDP 增长从 2006—2007 财年的 6.8% 下降到 2008 年的 5.8%,反映出巴农业和制造业部门的疲弱。消费通货膨胀率在 2008 年 10 月达到 25%,核心通货膨胀率增加到 18%。财政赤字从 2006—2007 财年占 GDP 之比的 4.3% 上升到 2007—2008 财年占 GDP 之比的 7.4%。巴基斯坦的银行体系也出现流动性问题。随着国内的压力和全球的金融危机,巴基斯坦货币美元化趋势增加,大量存款外流,从而恶化巴银行的流动性状况。[①]

自 2008 年年初以来,由于国际市场上能源价格暴涨和全球经济的衰退,巴基斯坦贸易逆差大幅增加。2007—2008 财年,巴贸易逆差高达 207.7 亿美元,占 GDP 比重的 12.3%,2008 年,巴石油进口增长 55%,金额达 113.8 亿美元。巴外汇储备从 2007 年 10 月的 164.9 亿美元下降到 2008 年 7 月的 104.9 亿美元。到 2008 年 9 月,扎尔达里出任巴总统时,巴基斯坦的外汇储备进一步下降到 55 亿美元,仅够支付 2 个月的进口费用。[②]

巴基斯坦的货币卢比在 2008 年贬值了 25%,通货膨胀率达到了 25%,为三十年以来的最高。[③] 一般民众更是面临着食品短缺,生活困难。因此,人民党为兑现自己的竞选承诺,必须制定切实可行的改善民生的政策。

最后,人民党政府面临国内主要反对党——穆斯林联盟(谢里夫派)的挑战。人民党曾与穆斯林联盟(谢里夫派)联手迫使军人政权下台,但是当共同的敌人没有之后,人民党与穆斯林联盟(谢里夫派)的矛盾暴露出来。

此外,布托家族内部的一些人,特别是一些长辈,不能接受扎尔达里作为布托家族的成员。贝·布托的叔叔蒙塔兹·布托就强烈反对扎尔达里继任人民党主席。扎尔达里如何化解党内矛盾,处理好各方利益,对于人民党执政非常重要。也许只有扎尔达里把人民党的领导权完全转交给自己的儿子比拉瓦尔,才会完全消除布托家族内的顾虑。

面对以上挑战,扎尔达里领导人民党积极应对反对党干扰、国内恐怖分子的威胁,克服自然灾害带来的损失,巩固了民主政权,在磕磕绊绊中完成了五年任

---

① Pakistan and IMF, "Pakistan: Letter of Intent, Memorandum of Economic and Financial Policies, and Technical Memorandum of Understanding", International Monetary Fund, November 20, 2008, p.2–3.

② "Pakistan's Economy: S weets and Stones", *The Economist*, September 13, 2008.

③ Matthew J. Nelson, "Pakistan in 2008: Moving beyond Musharraf", *Asian Survey*, Vol. 49, No. 1(Jan./Feb., 2009), pp.16–27.

期。尽管如此，这是自齐亚·哈克军人政府上台以来，首个完成五年任期的民选政府，实现了历史性的突破。

穆斯林联盟（谢里夫派）离开执政联盟后，扎尔达里拉统一民族运动党加入人民党主导的联合政府。现在，人民党主导的联合政府包括世俗派政党：人民民族党和统一民族运动党，以及宗教政党：伊斯兰神学者协会（法鲁兹派）。穆斯林联盟（谢里夫派）在巴基斯坦处于困难之际，保持与人民党的距离，不承担政府治理的责任，等待时机上台。

2009年2月25日，以穆萨·K·莱加里大法官为首的最高法院判决纳瓦兹·谢里夫没有资格参选公职，同时也判决纳瓦兹·谢里夫的弟弟沙赫巴兹·谢里夫没有资格竞选公职，解除沙赫巴兹·谢里夫出任的旁遮普首席部长之职。2月26日，巴基斯坦总统扎尔达里宣布启用宪法赋予的权力，解散穆斯林联盟（谢里夫派）的旁遮普省政府，在旁遮普省实行省督治理，即由省督代行首席部长之职，并重新举行旁遮普省首席部长的选举。纳瓦兹·谢里夫抗议在旁遮普省实行省督治理，认为这一决定的暗中策划者是扎尔达里，并重申恢复被穆沙拉夫解职的法官。[①]

2009年3月，巴基斯坦律师与民权活动家与巴基斯坦政治力量，如穆斯林联盟（谢里夫派）合作发起要求恢复被穆沙拉夫解职的法官，尤其是大法官穆罕默德·乔杜里职务的"长征"。[②] 向首都进军的"长征"如期进行，领导人是纳瓦兹·谢里夫和律师界领导人艾特扎兹·阿赫桑和阿里·艾哈迈德·库尔德。谢里夫这样做有两个动机。一方面，他基于道德理由有意挑战扎尔达里的个人形象。另一方面，他受本党利益驱动，支持恢复被免职的法官和其他被免职的同事。因为大法官判定他弟弟沙赫巴兹·谢里夫担任旁遮普省议员的资质不够，从而解除了他首席部长之职。[③]

人民党政府拒绝恢复这些法官职务，并宣布禁止任何形式的集会，并封锁道路和各种交通工具，以阻止律师们向伊斯兰堡进军。尽管人民党政府做了许多努力，但是向伊斯兰堡的长征仍在进行。数以千计的抗议者走上街头，尤其在旁遮普省抗议的浪潮最高。许多穆斯林联盟（谢里夫派）支持者被逮捕。谢里夫坚

①　Neil Higgins（ed.），*South Asia 2012*，9th Edition, London and New York: Routlege, 2013, p.520.

②　Razia Musarrat , Ghulam Ali and Muhammad Salman Azhar, "Federalism in Pakistan, Current Development", *International Journal of Academic Research in Business and Social Science*, Vol. 2, No. 4（April 2012）, pp.450–459.

③　C. Christine Fair, "Why the Pakistan army is here to stay: prospects for civilian governance", *International Affairs*, Vol. 87, No. 3（2011）, pp.571–588.

持抗议活动,宣称除非恢复乔杜里的职务,撤销在旁遮普省的省督治理,废除宪法第十七修正案,或者他不会停止抗议。①

3月15日,扎尔达里呼吁通过议会而不是在街头解决问题。内政部长马利克也呼吁抗议者推迟"长征",以免为恐怖主义提供机会。但是谢里夫仍然坚持向伊斯兰堡的进军和16日在伊斯兰堡举行静坐示威。

面对巴基斯坦日益混乱的局势,国际舆论担心巴基斯坦法律与秩序的崩溃会给塔利班和基地组织提供发展机会。国际社会普遍关心巴基斯坦国家的长久稳定,尤其是巴核武库的安全。美国政府和巴三军参谋长联合会议主席基亚尼将军开始干预巴基斯坦局势,要求人民党政府让步,恢复乔杜里的职务。为此,在2009年3月16日,巴总理吉拉尼在电视上发表讲话,承诺在3月21日之前恢复大法官乔杜里及其同事的职务。3月16日,10名法官职务被恢复。3月22日,总理吉拉尼以行政命令的方式恢复乔杜里的职务。扎尔达里在3月30日也取消了对旁遮普省实施的省督治理。最高法官也恢复了沙赫巴兹·谢里夫旁遮普省首席部长之职。谢里夫也相应取消向伊斯兰堡进军的长征活动。

在2009年3月的政治危机中,总理吉拉尼在成功劝说扎尔达里恢复大法官和其他法官的职务,促成了一个让各方能接受的解决方案,使扎尔达里摆脱了窘境,同时也提高了吉拉尼总理的地位。相反,扎尔达里在与谢里夫的政治博弈中被迫改变自己主张,在政治上失利。穆斯林联盟(谢里夫派)的影响与声望得到提高。

为创造更加有利的执政环境,人民党领导人扎尔达里邀请穆斯林联盟(谢里夫派)重新加入联邦政府,毕竟它提出辞职的议题现在已经解决。但是穆斯林联盟(谢里夫派)领导人谢里夫还是拒绝了,希望政府早日废除宪法第十七修正案和以叛国罪起诉穆沙拉夫。很明显,谢里夫意识到他在街头政治中有足够的势力,希望把这种议会外的力量进一步转化为政治诉求。

同年8月11日,穆沙拉夫非法拘禁法官案被警方受理。尽管人民党和穆斯林联盟(领袖派)都极力与穆沙拉夫拉开距离,但是他们毕竟不愿看到穆沙拉夫受审,因为一旦穆沙拉夫总统被宣布为非法,那么,最近十年的政治事件要重新面临司法部门的界定。在穆斯林联盟(谢里夫派)的坚持下,国内要求审判穆沙拉夫的呼声不断。② 为转移国内审判穆沙拉夫的视线,人民党发起抨击谢里夫家族的"污点行动"。穆斯林联盟(谢里夫派)于8月31日发出48小时最后通牒,

①　Matthew J. Nelson, "Pakistan in 2009: Tacking the Taliban?", *Asian Survey*, Vol. 50, No. 1 (Jan./ Feb., 2010), pp.112–126.

②　张超哲:《2009下半年巴基斯坦政局趋势》,《商业文化》2009年第12期。

要求人民党停止抹黑运动，或者将坚决还击。穆斯林联盟（谢里夫派）新闻秘书阿赫桑·伊克巴尔宣称：我们为了民主和民主宪章的原因，约束自己；人民党诋毁谢里夫是为了转移国内视线；穆斯林联盟掌握的人民党的恶行多 100 倍。[①] 9 月 1 日，穆沙拉夫流亡沙特后，此事也只能搁置。

　　然而，首席大法官乔杜里复职后的最高法院扮演挑战人民党的角色。2009 年 7 月 31 日，最高法官宣称，穆沙拉夫当年宣布巴基斯坦进入紧急状态的做法违宪；此后，由穆沙拉夫颁布的全国和解令无效。在未来的 120 天内，即在同年 11 月 28 日之前，如果本和解令能在议会获得通过，可视为有效。如果全国和解令无效，那么人民党一大批高官将受到牵连。尽管现任总统扎尔达里享有豁免权，但是他的亲信：现任内政部长拉赫曼·马利克和总统府秘书长萨尔曼·法鲁基都在全国和解令颁布之前面临腐败的指控。即使他们两人不被法院逮捕，但是反对党领导人，如巴正义运动党领导人伊姆兰·汗也会要求"有污点"的政府官员辞职。[②]

　　人民党本以为自己控制着国民议会，可以操纵议会大多数通过全国和解令，在 11 月初积极准备提交国民议会，但是没有预料到人民党的执政伙伴党也纷纷表示反对。他们认为人民党是全国和解令的受益者，因此，人民党在最高法院判决的最后期限之前并没有提交给国民议会。11 月 29 日，全国和解令自动失效。

　　2009 年 12 月，最高法官判定全国和解令的大赦是违宪的，从而为重启对扎尔达里的腐败指控清除障碍。尽管扎尔达里作为巴基斯坦总统享有免于起诉的权力，但是全国和解令的废除和他以前的腐败案仍会挑战他作为总统的合法性。此时，要求扎尔达里辞职的呼声日渐高涨，尤其是谢里夫的亲信卡瓦贾·阿西夫四处鼓动要求扎尔达里辞职。穆斯林联盟主席拉贾·扎法尔·哈克[③] 对巴媒体说道："在道德上，他（指扎尔达里）应该认识到在这种局势下他不再能有效地管理政府，治理国家，在巴基斯坦国内和国外代表巴基斯坦。"[④]

　　人民党领导层认为这些要求毫无根据，但是仍担心最高法院要求瑞士重启扎尔达里的案子。人们普遍相信扎尔达里在瑞士法庭的案子有足够的证据指控。扎尔达里只有通过合法的拖延战术，才能避免被起诉。扎尔达里的私人律师宣称

---

①　Amjad Mahmood, "Smear campaign` against Nawaz Sharif: PML-N gives 48-hour ultimatum to PPP", http://archives.dawn.com/archives/34916.

②　Hasan Zaidi, "Curtains for Zardari", *India Today*, Dec. 28, 2009.

③　拉贾·扎法尔·哈克出生于 1935 年 11 月 18 日，自 2000 年以来，一直担任穆斯林联盟的主席。2009 年当选巴参议员，任巴由六个小反对党组成的独立反对党集团的领导人。

④　"Opposition calls on Zardari to quit", http:// www. aljazeera.com/news/asia/2009/12/2009121765458321966.html.

扎尔达里精神状态不稳定,无法出庭。为缓和与最高法院和反对党的对立局势,扎尔达里自愿放弃对核指挥管理局的控制,不再担任核指挥管理局主席,将该职务移交给吉拉尼总理。这意味着巴核武库的权力今后将由总理掌握。扎尔达里还承诺在12月份废除宪法第十七修正案,废除总统拥有解散议会和政府之权。

扎尔达里的主动姿态并没有换来最高法院法官的好感。2010年1月19日,最高法院又公布了长达300页的对"全国和解令"的详细判决。该判决要求,立即重开在"全国和解令"下结案的,包括在巴基斯坦国内和国外的所有案子。所有案子要毫无例外地恢复到2007年10月5日之前的状态。判决要求政府重开对扎尔达里及其多人的案子,下令政府与瑞士法庭联系,审理扎尔达里的洗钱和贪污案,并特别要求政府对扎尔达里在国外银行账户的6亿美元作出解释。重开的案件还涉及人民党的多位要员,如拉赫曼·马利克、艾哈迈德·穆赫塔尔、纳瓦布·优素福·塔尔普尔、和巴巴尔·高里。统一运动党议会党团领导人法鲁克·萨塔尔也面临被重新指控的可能。[①]

在最高法院颁布对全国和解令的判决之后,吉拉尼总理在参议院讲话时表示,总统作为军队最高指挥官和议会的一部分,享有宪法第248款赋予的豁免权,反对最高法院关于要求政府向瑞士当局写信重开案子的决定。吉拉尼总理说,都已经过去一年半了,如果想审判他,也要等到他完成任期和没有豁免权之后。[②]

人民党政府口头上表示执行最高法院的判决,在实施过程中采取拖延战术,从各种程序上放缓国家问责局的调查、执行过程;政府还对最高法院的判决提出上诉,并通过各种理由推迟法院关于全国和解令判决执行情况的听证会。

面对最高法院的挑战,人民党坚决支持自己的联合主席扎尔达里。人民党决定发动各部、各团体,如人民党的律师团体,尤其是全国的区律师协会,发起"为每个人实现正义(Justice for all)运动"。[③] 人民党律师团体通过支持扎尔达里的决议,得到信德省和俾路支省议会的支持。他们认为任何对总统扎尔达里声誉的损害,不可避免地造成对党的损失。

最高法院对于人民党政府以各种方式拖延执行判决的行为表示不满。大法官乔杜里警告巴基斯坦国家问责局[④] 主席纳维德·阿赫桑,如果没有重开瑞士案

---

①　Masood, Azhar. "Court tells government to prosecute Zardari", *The Arab News,* January 20, 2010

②　陈继东、晏世经等:《巴基斯坦报告(2010)》,巴蜀书社2012年版,第29页。

③　"Pakistan People's Party to firmly support president – sources", BBC Monitoring South Asia [London]24 Jan. 2010, http://www.accessmylibrary.com/article-1G1-217358260/pakistan-people-party-firmly.html.

④　巴基斯坦国家问责局建立于1999年,是一个按宪法规定成立的联邦机构,负责反腐败,收集重要的国家经济情报,反对针对巴基斯坦国家的经济恐怖主义。

件,他将承担不执行法院判决的责任。这令阿赫桑左右为难。一方面,最高法院要求阿赫桑立即重开扎尔达里在瑞士的案件,否则将冻结他的薪水;另一方面,包括司法部在内的政府机构却在处处为难他。据于此,国家问责局主席阿赫桑于2月24日提出辞职。但总理要求他工作到新的人选被任命之时。[①]

在人民党政府实行拖延战术的情况下,负责重开扎尔达里腐败案的巴基斯坦总检察长安瓦尔·曼苏尔迫于最高法院的压力也在2010年4月2日提出辞职。他宣称政府在重开针对扎尔达里和其他官员的腐败案的调查中不与合作。司法部门拒绝提供给他重开扎尔达里洗钱案所需要的档案与材料。[②] 曼苏尔宣布辞职的当天,正是巴基斯坦议员们正在讨论修改宪法,废除穆沙拉夫的第十七修正案,削弱总统扎尔达里的权力。2010年4月12日,瑞士总检察长拒绝了巴基斯坦国家问责局要求重开对扎尔达里腐败案调查的请求,认为在现有的国际法规定中,扎尔达里作为总统享有豁免权。[③]

瑞士日内瓦总检察长丹尼尔·扎佩利在电视讲话中谈道,重开扎尔达里在瑞士的案子没有法理基础。他说:"按照国际法(瑞士也是遵守的),任何一个国家的元首、总理或外交部长都享有绝对的豁免权。"[④] 他还没有接到要求重开扎尔达里案的请求。至此,扎尔达里在与以乔杜里大法官为首的最高法院的博弈中暂时取得了阶段性的胜利。

人民党政府在应对最高法院要求重开对人民党领导人腐败案的同时,扎尔达里在任命新法官的事情上也与以乔杜里为首的最高法院产生冲突。2010年1月12日,最高法院法官哈利勒·拉赫曼·拉姆戴伊退休。2月14日,巴总统扎尔达里发布通知,任命哈瓦贾·谢里夫为最高法院法官,任命萨基卜·尼萨尔为拉合尔高等法院代理首席法官。扎尔达里没有接受大法官乔杜里的建议,任命尼萨尔为最高法院的法官,也没有就他任命法官的资质向乔杜里咨询。数小时后,最高法院驳回了扎尔达里的任命,宣称扎尔达里的任命是违宪的,因为扎尔达里没有

①　"NAB Chairman Naveed Ahsan resigns", *The Dawn*, Feb. 24, 2010, http://archives.dawn.com/archives/145480.

②　Aleem Maqbool, "Pakistan's Attorney General Resigns", BBC News, April 3, 2010, http://news.bbc.co.uk/2/hi/south_asia/8601384.stm.

③　Sarah Paulsworth, "Pakistan AG resigns amid corruption investigation controversy", *The Jurist*, April 02, 2010, http://jurist.org/paperchase/2010/04/pakistan-ag-resigns-amid-corruption.php.

④　Rob Crilly, "Asif Zardari wins fight against corruption case in Switzerland", *The Telegraph*, April 12, 2010, http://www.telegraph.co.uk/news/worldnews/asia/pakistan/7582159/Asif-Zardari-wins-fight-against-corruption-case-in-Switzerland.html.

第十一章 扎尔达里领导下的人民党执政实践 291

与最高法院领导人商量,要求总检察长出席 2 月 18 日的听证会,并暂停执行总统的任命通知。[①]

随着总统与最高法院关于任命法官上产生分歧,全国各地支持穆斯林联盟(谢里夫派)的数百名律师走上街头,呼喊口号,支持最高法院的决定。一律穿着黑色西服的律师聚集在首都高等法院前,发誓要捍卫巴基斯坦独立的司法体系,而来自信德省和旁遮普省的大多数律师则支持总统扎尔达里,呼喊反对对方的口号。[②] 在总统与最高法院的对立中,巴基斯坦的律师队伍也出现了分裂,折射出巴基斯坦社会严重分裂的影子。

作为当事人的拉合尔高等法院法官萨基卜·尼萨尔则宣布由于总统的决定未与首席大法官乔杜里商量,所以他拒绝接受总统的任命。他称自己的决定为"补赎行为"。他指出"团结一致的法官们"如未与大法官乔杜里协商,自己不会作出任何决定。[③]

巴法律界专家在最高法院暂停总统任命两名法官的问题上产生了分歧。前巴律师协会主席阿里·艾哈迈德·库尔德、大律师扎法尔·阿里·汗、前大法官法赫尔丁·易卜拉欣认为总统的任命符合宪法的规定。巴基斯坦著名的法学家福阿德·乔杜里认为总统的任命符合宪法。他指出按照宪法第 206 条的规定,拒绝接受提拔的法官就将退休。人民律师论坛的领导人坦维尔·哈什米、拉纳·苏菲扬·阿里也认为总统的任命符合宪法。但是前旁遮普军法署署长阿什塔·奥萨法认为总统的任命违宪,因为总统的决定违背事先需要得到首席大法官推荐的规定。前巴律师协会主席哈米德·汗认为总统的任命存在明显的违宪行为。[④] 在巴基斯坦社会转型的过程中,巴基斯坦的法律界对于宪法的理解存在分歧。有些分歧的产生是据于所属政党的利益考虑。

统一民族运动党领导人法鲁克·斯塔尔、伊斯兰神学者协会(法鲁兹派)领导人法鲁兹·拉赫曼、人民民族党领导人吴拉姆·艾哈迈德·比洛尔等联合政府中各党领导人敦促总统扎尔达里撤销之前任命新法官的通知,避免司法部门与政府在任命法官一事上扩大冲突。

2010 年 2 月 17 日,总统根据总理的建议,签署新的任命法官命令,任命拉合

---

① Sampath Perera, "Pakistan: Zardari and his PPP-led government weakened by clash with Judiciary", www.wsws.org/en/articles/2010/03/zard-m06.html.

② Karin Brulliard and Shaiq Hussain, "Pakistan Lawyers strike over naming of judges", *The Washington Post*, February 16, 2010.

③ "Refusal to take oath 'an act of penance': Justice Saqib", *Daily Times*, February 14, 2010.

④ "Legal experts divided over appointments", *Daily Times,* February 14, 2010.

尔高等法院的赛义德·汗·霍萨法官和萨基卜·尼萨尔法官为最高法院法官;任命退休的哈利勒·拉赫曼·拉姆戴伊法官为最高法院专案法官,任期一年;任命22名拉合尔高等法院法官及9名信德高等法院法官。拉合尔高等法院首席法官哈瓦贾·谢里夫的职位不变。[1]

至此,政府和最高法院在任命新法官上的冲突,以总统扎尔达里作出让步,重新任命法官而结束。人民党及领导人扎尔达里的支持率比刚执政时有所下降。

二、人民党应对联合政府内伙伴党的多次挑战

人民党在面对最高法院挑战的同时,还面临执政联盟内伙伴政党的挑战。

2008年8月25日,穆斯林联盟(谢里夫派)因不满人民党未能兑现"穆里宣言"的约定,即恢复被穆沙拉夫解职的法官,罢免穆沙拉夫,宣布完全退出人民党主导的联合政府。从此,穆斯林联盟(谢里夫派)作为反对党不断批评和攻击人民党政策的失误,与最高法院合作要求重开对扎尔达里的腐败案,从道义上削弱人民党执政的合法性,为自己在2013年的大选中击败人民党积累政治资本。

穆斯林联盟(谢里夫派)离开执政联盟后,扎尔达里不顾信德省人民党的反对,拉人民党在20世纪90年代的老对手统一民族运动党加入联合政府,以保证联合政府在国民议会的多数席位。

2010年12月,人民党接受IMF的建议:扩大政府税收基础,导致人民党与自己的执政伙伴:伊斯兰神学者协会(法鲁兹派)发生意见分歧。当吉拉尼事先未与伊斯兰神学者协会(法鲁兹派)领导人协商,便以"违纪"为由,解除该党三名内阁部长之一的阿扎姆·斯瓦特的部长之职,从而把两党的矛盾激化。12月14日,伊斯兰神学者协会(法鲁兹派)宣布退出联合政府,并要求政府总理吉拉尼辞职。退出后的伊斯兰神学者协会(法鲁兹派)严厉抨击了人民党领导的联合政府,特别是支持美国反恐的政策。伊斯兰神学者协会(法鲁兹派)加入穆斯林联盟(谢里夫派)为首的反对党阵营,削弱了人民党的执政基础。

统一民族运动党,在伊斯兰神学者协会(法鲁兹派)退出联合政府后就巴基斯坦的政治形势和人民党的召开一系列紧急会议。2010年12月28日,统一民族运动党的两名部长辞去在联邦内阁中的职位,但国会议员继续留任。统一民族运动党表示,该党不会脱离联合政府而加入反对派,但是统一民族运动党与人民党

---

① 陈继东、晏世经等:《巴基斯坦报告(2010)》,巴蜀书社2012年版,第26页。

的政策分歧已经显现。①

2011 年 1 月 1 日，人民党政府宣布从即日起调高国内油气制品价格，导致统一民族运动党在 1 月 2 日正式决定退出人民党主导的联邦及信德省联合政府，要求该党的国民议会成员加入反对派阵营。统一民族运动党领导人强调，尽管该党多次向人民党提出自己的意见，但是政府都没有采取实际步骤，作出回应。② 统一民族运动党退出联合政府，引发一场巴基斯坦人民党执政的危机。

统一民族运动党在国民议会中拥有 25 个议席，再加上已经退出联合政府的伊斯兰神学者协会（法鲁兹派）的 8 个议席，使人民党政府在国民议会中的议席数减少到 163 席，而反对党阵营的议席数增加到 177 席，超过了联合政府拥有的议席。③ 如果反对党要求举行对政府的不信任投票，政府只有下台。不过，穆斯林联盟（谢里夫派）领导人谢里夫并不想此时就接管问题重重的政府，而在 1 月 4 日宣布，穆斯林联盟（谢里夫派）不会帮助任何人推翻现任政府，也不会推动针对总理吉拉尼的不信任投票。这一声明使人民党能够赢利时间，说服一些反对党支持政府，以渡过眼前的危机。

统一民族运动党在意识形态上与人民党有一定接近。两党都主张世俗主义的价值观。自 2008 年大选以后，两党的关系趋于紧张。在信德省，两党加上人民民族党进行三党权力博弈。到 2009 年，信德省卡拉奇市的教派暴力冲突越来越激烈。在卡拉奇市，人民党与统一民族运动党曾经长期对抗。在联邦层面上，统一民族运动党带头反对联邦政府的税收政策，认为政府的税收政府只有利于富人。他们提出的限制有权势的封建地主拥有土地的议案没有被人民党所采纳，因为人民党议员中就有封建大地主。④

统一民族运动党把退出联合政府的原因归结为政府治国不善、能源价格高涨、通货膨胀以及腐败等问题。实际上，人民党与统一民族运动党的主要分歧之一在于是否改变信德省的地方政府体制。统一民族运动党主张继续保留现在的

①　陈继东、晏世经等：《巴基斯坦报告（2010）》，巴蜀书社 2012 年版，第 134 页。

②　"MQM quits Pakistan's ruling coalition", *The Gaea Times*, January 02, 2011, http://politics.gaeatime.com/2011/01/02/mqm-quits-pakistan-ruling-coalition-108038.

③　"'Pakistan upheaval' in Pakistan as two parties quit ruling coalition", *BBC Monitoring International Report*, January 03, 2011.

④　Ahmed Issam, "Pakistan political crisis: Prime Minister Gilani scrambles to shore up confidence", *Christian Science Monitor*, January 03, 2011.

地方政府体制,而人民党则想引进特派员体制^①。人民党表示如果统一民族运动党重回联合政府,人民党不将相关议案提交信德省议会表决。人民党同时还积极与其他反对党接触,寻求支持或邀请其加入联合政府。2009 年 1 月 3 日,总理吉拉尼与穆斯林联盟(领袖派)领导人苏贾特·侯赛因会谈,得到后者的有条件地支持。^②

在反对党的反对下, 1 月 6 日,吉拉尼总理宣布撤销此前上调油气制品价格的决定。这一决定有利于人民党劝说统一民族运动党重回执政联盟。当穆斯林联盟(领袖派)宣布加入人民党联合政府后,统一民族运动党的态度有所松动。5 月 8 日,人民党与统一民族运动党进一步达成了地方政府体制继续在信德省运行的共识。为此统一民族运动党决定重返联合政府。

穆斯林联盟(谢里夫派)领导人谢里夫瞅准机会于 1 月 2 日提出了包括撤消油气制品涨价命令;开除面临腐败指控的官员;以透明的方式任命有能力和诚实的人;撤回政治基础上给予的贷款豁免;减轻群众负担,实行生活必需品价格固定政策;执行所有法院的判决,包括执行最高法院对全国和解令的判决等所谓 10 项要求。谢里夫要求人民党政府在三天之内作出"答复"还是"不接受"的决定。如果接受,联邦政府必须在 45 天内执行。否则,穆斯林联盟(谢里夫派)将罢免人民党在旁遮普省政府的部长,从而把人民党逐出旁遮普省。^③

据于当时政治环境压力,人民党表示愿意接受谢里夫提出的要求,并从以下三个方面应对:

首先,作出部分让步。例如,经过两党协商,同意改组巴基斯坦选举委员会和联邦税收委员会。人民党在征询各党派意见后于 2 月 11 日重组内阁 ,将内阁部长减少到 22 名。其中 18 名为老部长, 4 名为新任的部长。^④

其次,针锋相对。旁遮普省议会中的人民党议员也向穆斯林联盟(谢里夫派)领导的省政府提出了 19 项议程,如要求旁遮普省政府首席部长沙赫巴兹·谢里夫立即采取措施,解除其内阁中的腐败部长等。

再次,采取拖延战术。人民党要求穆斯林联盟(谢里夫派)延长 45 天的最后期限,遭到纳瓦兹·谢里夫拒绝。2 月 25 日,穆斯林联盟(谢里夫派)以人民党没有执行 10 项议程为由,罢免人民党在旁遮普省政府内的部长,从而把人民党

---

① 特派员体制源于巴基斯坦在英国统治时期实行由总督授权,任命特派员管理地方事务的体制。在英国,亨利八世颁布了《官吏法》,通过该法任命政府特派员并授予其制定具有法律效力的法规、条例、法令的权力。

② 陈继东、晏世经等:《巴基斯坦报告(2011)》,云南大学出版社 2012 年版,第 19 页。

③ "PML-N give ultimatum to accept its demand", *Daily Times*, January 05, 2011.

④ "President administers oath to new cabinet", *Balochistan Times*, February 12, 2011.

赶出旁遮普省。谢里夫对此解释道：他们这样做是因为联邦政府没有消除腐败和改善经济。[①]

为了反击穆斯林联盟（谢里夫派）的进攻，人民党开始推动在旁遮普省南部地区建立新的"塞莱基省（Seraiki Province）"[②]，以削弱穆斯林联盟（谢里夫派）在旁遮普省的执政基础。人民党也相应成立旁遮普省支部和南旁遮普支部。这场穆斯林联盟（谢里夫派）对人民党的挑战，使人民党极为被动。尽管人民党采取了应对措施，但是在全国选民面前，人民党还是失分了。

人民党这次执政之路不平坦。2011年6月27日，统一民族运动党又提出要退出联合政府，因为在卡拉奇市越来越多的暴力冲突引起人民恐慌。该党领导人法鲁克·斯塔尔表示统一民族运动党不再能与"独裁"的政府共事。他指出："通过观察政府的非民主和独裁的方式之后，我们得出结论：现在，统一民族运动党已不再可能与政府共事。"[③] 斯塔尔同时也指控人民党拒绝在查谟和克什米尔议会中给统一民族运动党两个议席，强迫他的党退出在查谟和克什米尔地区的选举。

人民党为了使统一民族运动党重回执政联盟，撤回了该党参加查谟和克什米尔地区两个选区的候选人，从而消除统一民族运动党退出联合政府的理由。同时，为了支持统一民族运动党和人民民族党要求恢复地方政府体制的要求，人民党决定在全信德省恢复这一体制。8月7日晚，信德省省督伊什拉特·伊巴德·汗签署了在信德省恢复地方政府体制的命令。到此，人民党与统一民族运动党的一个深层障碍也消除了。10月5日，人民党与统一民族运动党就该党重回联合政府达成协议，统一民族运动党退出执政联盟四个月后，再次回到联合政府。[④] 可以看出，巴基斯坦的小党也逐渐认识到他们的权力是有限的，明白妥协的重要性。因为如果统一民族运动党与人民民族党在卡拉奇市严重对立，制造流血冲突，只会给军队干预提供借口。

当统一民族运动党提出离开联合政府时，人民党积极与其他反对党磋商，尤其是与穆斯林联盟（领袖派）协商，争取该党的支持。穆斯林联盟（领袖派）在国民议会中拥有50个议席，在议会中排名第三。穆斯林联盟（领袖派）需要人民党执政资源为其选区服务，以便维持其传统选民基础；该党也需要人民党在旁遮普省与其合作共同对付穆斯林联盟（谢里夫派），避免受到谢里夫的挤压。但

---

① "PML-N parts ways with PPP", *The Express Tribune*, February 25, 2011.

② 旁遮普省南部地区讲西莱基（Siraiki）语的民族主义者一直追求建立塞莱基省。

③ Imtiaz Shah, "Pakistan's MQM quits governing coalition", *The Reuter*, June 27, 2011.

④ 陈继东、晏世经等：《巴基斯坦报告（2011）》，云南大学出版社2012年版，第22页。

是穆斯林联盟（领袖派）内部在关于是否加入联合政府的问题上已经出现了不同声音。该党中前人民党党员，如前总统法鲁克·莱加里和前人民党的骨干费萨尔·萨利赫·哈亚特极力反对加入联邦政府，而该党的前穆斯林联盟（谢里夫派）成员则支持加入，希望越快越好。[1]

2011 年 5 月 1 日，经过两党协商，人民党和穆斯林联盟（领袖派）最终决定一起工作，为加强民主、确保选举改革、改革联邦直辖部落区制度，在旁遮普省南部建立一个新的省而合作。两党也同意在提升经济、控制通货膨胀率、解决电力短缺、改善国家的法律与秩序等方面进行合作。两党还订立四点议程的新社会契约，即复兴经济，处理能源危机，控制物价飞涨和改善国家的法律与秩序。[2]

对于人民党与穆斯林联盟（领袖派）签订的四点议程，穆斯林联盟（谢里夫派）讽刺为"新的全国和解令"。伊斯兰神学者协会（法鲁兹派）仍然拒绝加入联邦政府。5 月 2 日在总统扎尔达里的监誓下，14 名穆斯林联盟（领袖派）成员宣誓就任联邦部长和国务部长。

穆斯林联盟（领袖派）加入人民党领导的联合政府，改变了巴基斯坦的政党格局。人民党得到穆斯林联盟（领袖派）和人民民族党的支持，即使没有统一民族运动党和伊斯兰神学者协会（法鲁兹派）的支持，人民党的联合政府也能在国民议会中获得了多数地位，有望能完成五年任期。在参议院 100 个席位中，人民党拥有 27 席，再加上穆斯林联盟（领袖派）和人民民族党以及联邦直辖部落区的参议员席位，人民党也能控制上院，从而确保人民党的立法能够通过，尤其是联邦预算案能顺利通过。人民党在剩余的执政时间可以腾出手来处理迫在眉睫的经济问题。至少政府在较长一段时间里是稳固的。

人民党拉自己的对手穆斯林联盟（领袖派）入阁，也带来党内一些人的不满。穆斯林联盟（领袖派）在其执政期间采取各种手段打压人民党。穆斯林联盟（领袖派）与人民党的意识形态相差甚远。两党的联合实际上中右联合。这在议会制的国家中少见。人民党内的民主社会主义坚定分子，如沙阿·马哈茂德·库雷希、马利克·阿里·汗等离开人民党，不同意扎尔达里领导人民党与中右政党：穆斯林联盟（领袖派）达成联合政府。

马利克·阿里·汗对自己离开人民党作了解释。他说：他是被贝·布托的见解深深打动而加入人民党，但是她的继任者并没有真正执行她的思想，给人民带

---

① Muhammad Akram, "PPP,PML-Q decide to halt 'alliance' process", *Daily Times*, April 22, 2011.

② Asim Yasin, "PPP,PML-Q join hands, agree on Seraiki, Hazara province", *The News*, May 02, 2011.

来真正的实惠。所以,他决定加入正义运动党,因为群众已经厌倦了两党(指人民党和穆斯林联盟(谢里夫派)。两党领导人也不能解决国家所面临的危机。①

人民党内另一个信德省的社会主义者佐菲卡尔·米尔扎也辞去自己职务,离开人民党。他不同意扎尔达里的领导,也不同意在信德省与统一民族运动党共同执政。这些社会主义者感觉到人民党已经远离佐菲卡尔·阿里·布托创立的人民党思想。

临近 2013 年大选时,统一民族运动党又再次离开联邦和信德省的联合政府,成为反对党。该党领导人解释道:人民党领导层中存在许多美化的罪犯;人民党在执政期间留下了太多的包袱,而统一民族运动党将继续它的人民事业,不愿与人民党分担执政包袱。②

对于统一民族运动党这次离开,媒体认为是该党的鹰派对人民党持强硬立场,决定号召本党离开联合政府,而该党的温和派信德省省督伊什拉特·伊巴德·汗则提出直到统一民族运动党进入未来的看守政府,他才会辞去省督之职。③

统一民族运动党在这一届政府中,几进几出联合政府,充分显示出该党的机会主义特征,是一个毫无原则、追求职位、追求政策的政党。由于该党在巴基斯坦的政党格局中始终处在第三或第四的中间位置,不可能获得执政机会。其实力和政策立场处在巴基斯坦政党格局的中间位置,因此,它在巴政局中具有一定的谈判实力,即"讹诈能力"。为了本党官员的职位或某一个政策,经常会以退出联合政府为要挟,进行"讹诈",以实现本党利益最大化。统一民族运动党的这种行为,尽管是可以理解的,但是它干预了人民党政府的执政效力,同时也大大影响了人民党的声誉,留下严重的后患。

三、"备忘录事件"与人民党吉拉尼总理被解职

人民党解决了执政联盟内部分裂事务后,又因为"备忘录门事件"使吉拉尼政府与军队的关系处于紧张。2011 年 11 月 10 日,美籍巴基斯坦裔人曼苏尔·里亚兹在英国《金融时报》发表专栏文章,称在 5 月 2 日美国越境击毙基地组织头目本·拉登一周后,他本人得到一名巴基斯坦外交官授意,代表巴基斯坦总统扎尔达里,向时任美国参谋长联席会议主席迈克尔·马伦递交了一份秘密备忘录,

---

① "PPP MPA join s PTI", *Daily Times*, December 10, 2011.

② "MQM quits PPP–led coalition government ahead of polls", http://tribune.com.pk/story/508273/mqm-quits-ppp-coalition-government-ahead-of -polls/.

③ Ali K.Chishti, "MQM Quits again", *The Friday Times*, Vol. 24,No.02, February 22–28, 2013.

提出希望美方向巴军方施压,防止军方利用"5·2"事件①引起的动荡而发起军事政变。另外,备忘录还希望美方能帮助巴政府更换巴军队高层领导人,以加强政府对军队的控制力。②

被曝光的备忘录在巴基斯坦国内引起不小的震动,使执政的人民党再次面临执政危机。巴基斯坦政治家们把这一丑闻转变为当时主要政治议题,指控巴驻美大使侯赛因·哈卡尼、总统扎尔达里和巴政府的其他人员出让巴基斯坦的主权,越权指挥军队,企图罢免巴基斯坦军队指挥官。巴基斯坦最大的反对派穆斯林联盟(谢里夫派)领导人谢里夫要求立即调查此事。他同时威胁要向最高法院起诉。如果扎尔达里政府没有取得满意地调查结果,他的党将集体退出参议院。③由伊姆兰·汗领导的巴基斯坦正义运动党则发动数万人集会抗议政府的贪腐无能,并借机广大自己势力。

2011年11月15日,巴基斯坦陆军参谋长基亚尼拜会总统扎尔达里,表达了军方对"备忘录门事件"的保留态度。11月18日,人民党中央委员会召开紧急会议,讨论"备忘录门"事件带来的影响。吉拉尼总理向国民议会表示,总统扎尔达里与这份秘密备忘录无关,并保证将按照宪法保护军队和情报部门。扎尔达里认为这一事件是阴谋推翻人民党政府。他进一步重申他并不需要一个中间人传递信息,因为他可以直接与美国总统联系。11月23日,反对党穆斯林联盟(谢里夫派)领导人谢里夫向巴最高法院递交了一份诉状,要求包括总统、总理以及陆军参谋长在内的相关人员对"备忘录门事件"作出解释。

2011年12月1日,最高法院对谢里夫提交的诉状进行了听证,并成立一个司法委员会来调查"备忘录门事件",还向总统、陆军参谋长、三军情报局长和其他有关人员发出通知,要求他们在15天内提交对此事的答复。人民党政府在向最高法院的答复中,否认该备忘录的存在。而基亚尼和三军情报局提交的答复中,表示备忘录存在,并要求对该事件进行彻底的调查,并谴责前巴驻美大使侯赛因·哈卡尼:这一事件已经严重影响国家的安全。④

12月22日,巴基斯坦总理吉拉尼在一次集会发表演讲时,表示巴基斯坦的所有国家机构都要对议会负责;如果军队认为自己是国中之国,那是不能接受;我

---

①　"5·2"事件,即2011年5月2日美军越境在巴基斯坦阿伯塔巴德镇击毙基地组织头目本·拉登。

②　Mansoor Ijaz, "Time to take on Pakistan's jihadist spies", *Financial Times*, October 10, 2011.

③　Manan, Abdul; Islam, Shamsul, "Faisalabad political rally: Nawaz demands urgent 'memogate' inquiry", *The Express Tribune*, November 20, 2011.

④　"Memo exists, say Kayani, Pasha", *The Dawn*, December 16, 2011.

们对军队怀有崇高的敬意,并授权它全权负责反恐战争;在国家最困难的时候,我们相互支持。① 吉拉尼此次讲话被普遍认为是针对军方,使军政之间的紧张关系进一步暴露在公众面前。

这场"备忘录门事件"最终以侯赛因·哈卡尼的辞职告一段落,但是巴人民党政府与军队的关系趋于紧张。2012 年 1 月 11 日,吉拉尼总理解除他的国防秘书退休将军纳伊姆·哈立德·洛迪之职。洛迪被认为是基亚尼的亲信。吉拉尼总理办公室表示,洛迪在向最高法院提交军队和情报部门负责人有关"备忘录门"的声明时,"行为严重不当",给政府机构之间制造了误会。②

巴媒体认为,吉拉尼总理解除国防秘书的职务是政府针对军方的最新证据。基亚尼也在拉瓦尔品第召开军团指挥官会议,商量对策。当最高法院解除总理吉拉尼之职时,巴基斯坦的众多媒体认为最高法院正是得到了军队的支持,是一次"司法政变"。

最高法院仍抓住扎尔达里腐败案不放,以打击总统扎尔达里的形象。2011 年 3 月 31 日,最高法院成立由全体 17 名法官组成的法庭,对"全国和解令"的复议申请进行复议。人民党采取各种拖延手段。在延误 7 个月后,大法官乔杜里在 2011 年 11 月 21 日对"全国和解令"的复议申请进行听证。11 月 25 日,最高法院发布简短命令,驳回政府的"全国和解令"的复议申请,并要求政府立刻执行最高法院早前对"全国和解令"的详细判决。对此,人民党决定采取以下对策:不重开针对总统的案件,继续推行全国和解政策。12 月 8 日,最高法院发布对于"全国和解令"的裁决复议的详细判决,宣布:所有腐败案件恢复到"全国和解令"颁布之前的状态,取消在该"黑色法令"下产生的所有收益。③

由于人民党政府一直采取拖延战术,2012 年 1 月 16 日,最高法院向总理吉拉尼发出蔑视法庭的指控,其理由是巴政府没有按照最高法院的要求,向瑞士当局去函,重启对巴总统扎尔达里腐败案的调查。④ 人民党政府以扎尔达里总统享有豁免权为由拒绝按照最高法院的要求行事。巴最高法院传唤吉拉尼在本月 19 日出庭。巴基斯坦国民议会通过一项决议案,对吉拉尼领导的政府、以及巴基斯坦民主和民主体制表示完全支持。吉拉尼在决议案通过后,向议会表示接受法庭

---

①　"State within State' not acceptable: Gilani", http://www.aaj.tv/2011/12/state-within-state-not-acceptable-gilan/.

②　Panash Ghosh, "Pakistan's Civilian government under extreme Duress from Military", http://www.ibtimes.com/pakistans-civilian-government-under-extreme-duress-military-394054.

③　陈继东、晏世经等:《巴基斯坦报告(2011)》,云南大学出版社 2012 年版,第 105—106 页。

④　"Pakistan: Zardari faces battle for survival", *Oxford Analytic a Daily Brief Service*, Jan. 16, 2012.

裁定,出庭面对藐视法庭的指控。

2012年1月19日,巴基斯坦总理吉拉尼出庭,向最高法院表示,按照宪法规定,总统在国内外享有完全的豁免权。至于他自己,从没有想过要嘲笑和诽谤法院。吉拉尼在法庭明确宣称:"我出庭只是为了向法庭表示尊重,继续追究一个由大多数民众选举产生的总统的责任对这个国家没有好处。"[①]

2月10日,由首席大法官乔杜里为首的8人法官团对吉拉尼的上诉作出裁决,驳回了吉拉尼有关藐视法庭案的上诉,继续要求吉拉尼2月13日出庭接受对他的指控,并暗示只要吉拉尼向瑞士方面发函重启总统扎尔达里腐败案,那么法庭对他的指控随时可以撤销。[②] 最高法院的要求遭到吉拉尼拒绝。

2月13日,吉拉尼继续出庭。纳西鲁·穆尔克法官宣读有两页纸的指控,指控总理吉拉尼没有按照法庭的指示给瑞士去信重开扎尔达里的案件,从而侵犯了宪法第204条的规定,同时,还指控吉拉尼违反法庭关于"全国和解令"裁决的规定。吉拉尼宣称自己无罪,并要求更多的时间准备。[③]

2012年4月26日,巴基斯坦最高法院正式判决吉拉尼藐视法庭罪成立。判决书认定吉拉尼对法庭藐视行为严重损害司法机关,把法庭和国家司法置于令人嘲笑的境地。判决书认定按照宪法第63条第一款第1项的条文,根据吉拉尼藐视法庭的调查及法庭纪录判决他有罪。因此,按照藐视法庭罪第五款,象征性判吉拉尼在法庭上服刑3分钟。

法庭判决书下达后,人民党的对手纳瓦兹·谢里夫领导的穆斯林联盟(谢里夫派)和伊姆兰·汗领导的巴基斯坦正义运动党,要求吉拉尼立即下台。[④] 吉拉尼为此召开内阁会议,宣布自己将继续担任总理之职。人民党执政联盟中的所有政党都支持他的决定。

2012年6月19日,最高法院宣布总理吉拉尼失去担任总理职位的资格,认为吉拉尼实际上自4月26日就已经失去资格。随后,巴选举委员会也相应宣布,随着法庭的判决下达,吉拉尼也宣布失去担任议员的资格。不过,巴各派政治力量对于最高法院的这个判决反应不一。开伯尔－普赫图赫瓦省议会会议宣布暂停数分钟,以抗议最高法院的判决。巴联邦内阁部长们也摘掉了他们车上的国

① Saeed Shahim, "Pakistan Prime Minister Gilani refuse to give in to court order", *The Guardian*, January 19, 2012.

② Omar Farooq Khan, "Pakistan Supreme Court rejects Gilani's appeal", *The Times of India*, February 10, 2012.

③ "Contempt Case: Supreme Court Indicts Gilani", *The Express Tribune*, February 13, 2012.

④ Anita Joshua, "Gilani guilty of contempt of court", *The Hindu*, April 26, 2012.

旗,以示抗议。①

最高法院解除吉拉尼的职务,并不能推翻人民党政府,只会对巴脆弱的民主施加更大的压力。人民党与其执政伙伴党在国民议会中拥有多数。法院判决下达后数小时,人民党很快宣布尊重法院的判决。人民党主要发言人卡马尔·扎曼·凯拉宣称,人民党对法院的判决持保留态度,劝全国的工人停止对法庭判决的示威和抗议活动。②

吉拉尼因为扎尔达里而被解职,人民党内没有人站出来支持他。吉拉尼是替人受灾。法庭真正要对付的是扎尔达里总统。不过,扎尔达里有宪法提供的豁免权作为保护。以乔杜里为首的法庭不断命令吉拉尼总理给瑞士当局写信,要求重开针对扎尔达里的腐败案。但是作为人民党的忠诚者,吉拉尼不可能那样做。所以最终受害的是吉拉尼本人。③

人民党因为一系列丑闻,包括前巴基斯坦驻美大使哈卡尼的辞职,人民党的政治资本受到削弱。人民党内最高行政级别的党员吉拉尼被免职,以及最高法院对扎尔达里的威胁行为,使人民党在巴基斯坦政局中处于被动地位。

人民党在国民议会中的地位没有受到影响。扎尔达里总统仍然有办法组成人民党领导的新政府。扎尔达里提名旁遮普省的大地主马赫杜姆·谢哈布丁为新的总理候选人。扎尔达里仍然寻找忠诚者,而不只是有能力的人为总理候选人。

但是在正式提名前数小时前,巴禁毒法院向马赫杜姆·谢哈布及吉拉尼的儿子阿里·穆萨·吉拉尼发出了逮捕令,因为吉拉尼的儿子利用自己的影响力进口了大量麻黄素给两家制药公司,而制药公司以此作为甲基苯丙胺的成分,制作毒品在黑市上出售。这种化学品的进口由卫生部负责审批,而谢哈布丁正是负责这一部门。④扎尔达里不得不重新寻找总理候选人。最后,没有什么争议的人民党党员拉贾·佩尔瓦伊兹·阿什拉夫(Raja Pervaiz Ashraf)成为新的总理候选人。

阿什拉夫1950年出生于信德省桑加尔县。阿什拉夫自1988年开始积极投身于国家政治。从2008年开始,他相继过担任联邦水利部长和信息技术部长。在他当水利部长时,他经常为停电而苦恼。他的电力生产计划:电力租赁计划也颇受争议。⑤

────────────────

①　"Gilani no longer prime minister", *The Express Tribune*, June 19, 2012.

②　Anita Joshua, "Supreme Court strips Gilani of Prime Ministership", *The Hindu*, June 19, 2012.

③　"Pakistan Politics: Gilani Goes", *The Economist*, June 20, 2012.

④　"Politics in Pakistan: Out goes Gilani", *The Economist*, June 23, 2012.

⑤　"Raja Pervez Ashraf: The new leader", *Daily Times*, June 23, 2012.

在国民议会对总理候选人的投票中,阿什拉夫总共获得 211 席,超过绝对多数,而穆斯林联盟(谢里夫派)候选人萨达尔·梅赫塔布·阿巴西只获得 89 席。巴基斯坦神学者协会(法鲁兹派)的候选人宣布退出。阿什拉夫当选巴基斯坦第 25 届总理。[①] 阿什拉夫承诺将举行自由与公正的 2013 年大选,并寻求反对派的支持以推进巴基斯坦的民主进程。他同时也承诺处理好棘手的俾路支问题,承诺与印度和阿富汗邻邦和平共处。

最高法院仍抓住扎尔达里的腐败案不依不饶。2012 年 6 月 22 日,巴最高法院再次重启有关"全国和解令"特赦法案的听证会,并要求新总理阿什拉夫两周内致函瑞士当局,以政府名义请求瑞士方面协查扎尔达里等的腐败案。在此情况下,人民党领导人扎尔达里表示,人民党政府会致函瑞士当局。人民党政府希望与最高法院达成某些协议,从而促使最高法院停止调查。6 月 26 日,阿什拉夫在内阁会议上批准了宪法第二十二修正案,最高法院及其法官的遗孀养老金也将借此大幅提高。不过,最高法院根本就不在乎这些小恩小惠。7 月 12 日,最高法院再次命令阿什拉夫致函瑞士当局,还要求其就涉嫌蔑视法庭的行为于 8 月 27日亲自出庭受审。但是阿什拉夫拒绝写信给瑞士当局。人民党政府告诉最高法院,不会重开对总统扎尔达里的旧案。[②] 而就在最高法院发布此命令前数小时,扎尔达里签署了一份法案,规定巴高级官员可以免受蔑视法庭的指控。这意味着阿什拉夫不会再步前任的后尘。

巴基斯坦数月来的政治危机数月来一直影响着巴基斯坦的政治体制,转移了人们的视线,忘记了国家面临的最紧迫问题,如经济下滑和反塔利班的斗争。许多政府支持者指控最高法院无情地追诉人民党领导人的旧案,主要是因为扎尔达里与乔杜里的个人恩怨。

7 月 26 日,巴最高法院给总理阿什拉夫两周时间的宽限,要求其致函瑞士当局。最高法院同时要求巴总检察长伊尔凡·卡迪尔找出解决巴基斯坦两大机构:政府与司法机构僵局的办法。[③] 8 月 27 日,最高法院再次给阿什拉夫 3 周时间宽限,要求其致函瑞士当局。

最高法院显然认为,只要抓住腐败案不放,人民党政府就会不断地受到反对势力的攻击,人民党的威信会逐渐削减。只要人民党没有赢得 2013 年 5 月的大

①　"Raja Pervaiz Ashraf elected prime minister, new cabinet sworn in", *The Dawn*, June 22, 2012.

②　"Pakistan government defies order to reopen presidential corruption case", *The Guardian*, July 25, 2012.

③　Hasnaat Malik, "Letter to Swiss authorities", *Daily Times*, July 26, 2012.

选,扎尔达里就会失去总统的豁免权,成为砧板上的鱼肉,任人宰割。

通过连续数月的交锋,人民党政府也认识到,与其同最高法院纠缠,被反对党势力进攻,还不如直接致函瑞士当局。瑞士当局接函后,未必就着手调查。就算瑞士当局调查腐败案,也需要相当长的时间才能立案。① 基于以上考虑,人民党随后应最高法院的要求,致函瑞士当局。

2012 年 10 月 11 日,在 3 次驳回政府起草的致瑞士函件之后,最高法院最终批准政府写给瑞士当局的信件草案。司法部用 4 周的时间翻译并发出信件。经过三年多的争斗,巴最高法院与政府终于达成解决办法。②

11 月 14 日,最高法院宣布,取消对阿什拉夫总理藐视法庭案的通告,并撤销对巴政府的诉讼。至此,最高法院与人民党政府之间的对抗,以政府的屈服结束。人民党政府的声誉在这场对抗中受到极大的损害。

最高法院休战两个月后于 2013 年 1 月 15 日再次向人民党政府发起进攻。由于人民党领导人扎尔达里享有豁免权的保护,最高法院便向当时的总理阿什拉夫,以及其他相关的 15 名官员发布逮捕令,理由是阿什拉夫在任水利部长期间受贿。③ 无论法院这种指控的事实是否真实,在临近 2013 年大选时会损害人民党的声誉。最高法院发出逮捕令之后,卡拉奇的股市交易一天之内暴跌 500 多点。④正义运动党领导人伊姆兰·汗立即要求由所有政党参与组成过渡政府。

为此,阿什拉夫召开紧急会议,还向法律专家征求意见。扎尔达里总统也召集紧急会议,商讨如何应对此次事件引发的紧张局势。1 月 17 日,人民党政府作出回应:巴最高反腐机构国家问责局以最高法院对阿什拉夫的腐败调查证据不足为由,驳回了最高法院逮捕阿什拉夫的命令。

2013 年 2 月 9 日,瑞士政府正式回函给巴法律部长,对巴基斯坦政府应巴最高法院要求的来信作出答复:不再重开巴总统扎尔达里的案件。⑤ 最高法院纠缠人民党领导人扎尔达里的腐败案以失败告终。

2013 年 3 月 16 日,巴基斯坦议会事务部发布通告:巴基斯坦国民议会将于 3 月 16 日 24 时完成 5 年任期,届时期满解散;巴基斯坦内阁也将同时解散。这是该国民选政府自齐亚军人执政后首次完成 5 年任期。

---

① 彭念:《最高法院与政府的缠斗》,《南风窗》2013 年第 4 期。

② Shaan Khan, "Pakistan Supreme Court and government reach deal on crucial letter", http://edition.cnn.com/2012/10/10/world/asia/Pakistan-court-president.

③ "Pakistani politics: General turmoil", *The Economist*, January 15, 2012.

④ "Pakistan slips into crisis mode again", *The Hindu*, January 15,2013

⑤ "Swiss authorities say cases against Zardari cannot be reopened", *The Express Tribune*, February 9, 2013.

人民党在扎尔达里的领导下克服最高法院、反对党的挑战,渡过一个个执政危机。人民党政府解散后,组成了以 84 岁的退休法官哈扎尔·汗·霍索为看守总理的过渡政府,筹备 2013 年的大选。

第三节　人民党执政的经济政策与经济活动

人民党政府 ① 为应对经济危机,缓解通货膨胀的压力,在 IMF 的指导下制定了紧缩的货币与财政政策,同时,实行经济稳定计划、电力改革、国有企业重组、战略性贸易政策,农业补贴等政策。这些政策虽然取得一定成效,如出口和农业有所增长,但是总的来看,人民党经济政策不是很成功。紧缩货币政策并没有控制住通货膨胀率,反而拖累了经济的增长。

一、紧缩的货币与财政政策及其效果

面对新政府成立后经济上的困境,人民党首先通过紧缩政策,以解当前的燃眉之急。人民党吉拉尼总理在新政府头 100 天的施政纲领中提出了以下紧缩措施:

(1)节约政府开支。削减总理府预算 40%;内阁部长的公务用车排量严格限定在 1600 毫升以下;内阁部长在国内旅行只能坐经济舱;禁止使用公款装修政府办公室和官员住宅。

(2)努力解决电力短缺的问题。政府计划在年内增加 2200 兆瓦发电能力,同时避免浪费,减少拉闸限电,节约 500 兆瓦的电;要求巴基斯坦电力公司以合理的价格为消费者提供 100 万个节能灯泡;政府还将修建小型水电站来满足电力短缺和农田灌溉的需要,同时推广各种节电措施。

(3)重视民生。政府建立就业委员会,为已经毕业两年的年轻人在私营和国营部门创造就业机会;在全国一半区县实施国民就业计划,每个贫困家庭将有一人由政府提供工作;建立宗教福利机构,在与宗教学校有关方协商后,为所有宗教学校提供统一的教学大纲,并审核它们的资金;每年建造 100 万套住房,为城市无房户提供公寓,在城市中为无家可归者留出 80 平方码的地块;为城镇投放压缩天

---

① 人民党领导的联合政府中的伙伴党一直处在不稳定状态。穆斯林联盟(谢里夫派)、伊斯兰神学者协会(法鲁兹派)、统一民族运动党加入过联合政府,但是,又相继离开联合政府。穆斯林联盟(领袖派)直到 2011 年才参加联合政府。这些政党对联合政府的政策没有决定权,所以,人民党领导的联合政府,实际上就是人民党政府。

然气的清洁能源公交车；免费向穷人发放身份证。

（4）支持农业发展。政府决定提高小麦支持价格，由原来的每40公斤510卢比，提高到每40公斤625卢比。这一措施深得农户的欢迎，但是有可能拉高食品价格；政府还为农户提供廉价和优质种子和廉价化肥；为小型农户提供作物保险；加紧维修和加固农田灌溉水渠等。[①]

这些紧急措施对于缓和当时经济和民生问题有一定作用。遗憾的是，这些措施并没有立即减轻人民因为食品通货膨胀和严重的水、电短缺带来的困境。

执政之初，为了给世界各地的投资者以信心，吉拉尼总理对外界表示现任政府将延续前任政府的经济政策，不存在政策模式的转变。但是他的政府为处理食品危机也将采取若干新的政策，促进农业以及农业为基础的工业发展。吉拉尼指出民选政府的政策重点是经济和反对极端主义和恐怖主义。[②]

由于巴基斯坦经济形势恶化，人民党政府不得不向外寻求援助。2008年9月26日，由16个国家和其他多边组织在纽约组成的"民主巴基斯坦之友"商讨对巴援助。但是会议没有取得实质性成果，没有作出财政资助的承诺。人民党领导人扎尔达里亲自出访中国、沙特阿拉伯、联合阿拉伯酋长国和美国，寻求援助。新政府迫切需要50亿—60亿美元的援助，以避免外债爽约。

2008年10月15日，扎尔达里前往中国进行为期四天的访问，寻求中国援助。中国政府承诺可以援助5亿美元，但是不能以所谓"民主巴基斯坦之友"的名义，只能以中国政府的名义存入巴基斯坦央行，增加其外汇储备。1996年12月，中国政府曾经资助巴基斯坦同样的数量，同时建议巴方提高国内储蓄比率，达到占GDP的13%。然而，巴方没有这样做，国内储蓄占GDP的比率反而在2007—2008财年下降到12%。[③]

美国对巴援助需要得到国会批准，耗时过长。沙特阿拉伯政府表示只有巴基斯坦与国际货币基金组织达成借款协议，才会再考虑向其提供援助。[④]为此，面

---

① 荣鹰：《巴基斯坦新政府政策走向》，《国际政治研究》2008年第3期；Raja Asghar, "Gilani wins unanimous trust vote: Student, Trade unions restored, Minimum wage fixed at Rs6,000, Cuncurrent list to go, Wheat support price raised, Ministers restricted to 1600cc cars", *The Dawn*, March 30, 2008.

② "Economic policies will be continued; no paradigm shift: Prime Minister Gilani", *Associated Press of Pakistan*, May 19, 2008.

③ Gilles Boquérat, "The Democratic Transition in Pakistan Under Stress", Asie Visions No. 13, Centre Asie ifri, January 2009, p.11.

④ Shai Oster, Jason Leow and Matthew Rosenberg, "Seeking Funds, Pakistan Turns to 'Strong' Ally China", *The Wall Street Journal*, October 15, 2008.

临国际收支困境的巴基斯坦,只能接受国际货币基金组织的援助。

2008 年 11 月 20 日,人民党政府与国际货币基金组织达成借款协议。IMF 应巴基斯坦政府的请求同意首先给予巴基斯坦 23 个月的资助,价值为 51.7 亿特别提款权,占该国 500% 的份额,相当于 76 亿美元;在 23 个月期限内,还款利率在 3.51% 和 4.51% 之间。

2009 年 8 月,IMF 再给巴基斯坦发放第二期贷款,价值相当于 36 亿美元。作为借款的条件,人民党政府在 IMF 指导下制定了关于本国经济增长的方案:

(1)实行从紧的财政与货币政策来解决国内经济不平衡,恢复国内外投资者的信心。从紧的财政和货币政策的实施直到国内需求得到明确扼制。

(2)通过社会安全网来保护穷人和维持社会稳定。

按照 IMF 的指导意见,人民党政府的经济稳定计划主要集中在开支的合理化、取消没有生产力的补贴,以减轻财政负担,大幅度削减开支以减少财政赤字,通过从紧的货币政策来反通货膨胀。

IMF 的贷款还附带了许多对人民党政府的要求。人民党政府必须取消石油和天然气补贴,在 2009 年 6 月之前取消电力补贴,取消在收入税和农业税中的免征款,削减政府开支,削减财政赤字,将财政赤字占 GDP 之比的 7.4% 下降到 4.3%。税收占 GDP 的比例应增加到 15%。同时 IMF 还要求巴方降低通货膨胀率。

IMF 还要求巴政府停止向巴央行借款,为赤字融资。巴央行应提高利率。根据 IMF 的意见,2008—2009 财年的经济增长会从上一个财年的 5.8% 下降到 3.4%。[①]

IMF 要求降低发展开支无疑会损害人民党的庇护体系。削减财政补贴更会影响社会中的低收入群体,从而使人民党冒失去选民支持的风险。

经过与 IMF 协商,人民党政府在 2008—2009 财年和 2009—2010 财年的财政政策的目标是稳定宏观经济状况和恢复投资者信心。巴基斯坦央行实行从紧的货币政策以降低通货膨胀率和增加外汇储备。

为此,人民党政府自 2008 年 6 月以来,三次调整了油价,完全取消了油价补贴。同时,自 2008 年 9 月 5 日起,人民党政府多次对电费进行调整,平均涨幅为 18%,对纺织部门的研究和发展补贴完全取消;小麦收购价格提高到国际市场的

---

① 　Gilles Boquérat, "The Democratic Transition in Pakistan Under Stress", Asie Visions No. 13, Centre Asie ifri, January 2009, p.11.

价格,一般销售税率提高 1 个百分点,达到 16%。①

在稳定经济的同时,人民党政府也注意保护穷人和弱势群体。在 2008—2009 财年的预算中,社会基本保障支出占 GDP 之比增加了 0.6%,达到占 GDP 的 0.9%。

巴基斯坦中央银行在 2008 年 11 月提高贴现率 200 个基点,达到 15%。央行的利率政策也将保持足够弹性以维持现有外汇储备,降低通货膨胀率,并让政府向商业银行和非银行机构发行国库券。为实现外汇储备的稳定,巴央行决定实行弹性汇率政策,适时干预外汇市场。

为实现这个任务,巴央行将不再为石油进口提供外汇,同时取消外汇限制。为改善流动性管理,巴央行与财政部在预测政府现金流要求方面要加强协调。人民党政府还拟定了处理问题银行的计划,确定了流动性支持、问题银行评估的标准及干预程序。巴央行鼓励有问题银行的所有者与其他银行合并或重新注入新的资本。②

自从实行一系列改革以来,到 2009 年上半年,巴基斯坦的经济显示一些积极的信号。巴货币的汇率开始稳定下来。巴央行的外汇储备从 2008 年 10 月底的 35 亿美元增加到 2009 年 5 月底的 82 亿美元,增加了 134%。由于巴银行的广泛参与,政府的国库券拍卖得到银行的积极认购,从而可以使政府还清欠央行的债务。消费通货膨胀率从 2008 年 10 月 25.3% 下降到 2009 年 6 月的 13.1%。但是巴基斯坦真实 GDP 的增长相对于上一个财年的真实 GDP 增长率出现明显的下滑。金融与保险部门的增长也出现了下降。可见,人民党政府的结构调整政策运行后,实体经济出现了衰退,只有服务业保持了继续增长。

人民党执政一年来,巴人均收入增加了 2.5%,低于上一年度增长的 3.4%。人均收入以美元来计算,从 2008 年的 1042 美元微增到 1046 美元,增加了 4 美元,微增 0.3%。人民党实行广泛和解的政策后,私人投资有所增加,在 2008—2009 年度增加了 5.2%。然而,固定资本形成总额不能保持增长势头。由于实行紧缩政策,巴实际固定资产投资增长萎缩了 6.9%。固定资产投资从去年占 GDP 的 20.4 下降到占 GDP 的 18.1%。公共部门的投资有所增长占 GDP 的 13.2%。③ 消

①　Pakistan and IMF, "Pakistan: Letter of Intent, Memorandum of Economic and Financial Policies, and Technical Memorandum of Understanding", International Monetary Fund, November 20, 2008, pp.4–5.

②　International Monetary Fund, "Pakistan: 2009 Article IV Consultation and First Review Under the Stand–By Arrangement", *IMF Country Report No. 09/2013*, Washington, D. C., April 2009, p.10.

③　Government of Pakistan Finance Division, *Year book 2008–2009*, p.34.

费价格指数的通货膨胀率仍在 20.8% 的高位运行,严重影响普通群众的生活。

由于政策转变,2008—2009 财年的巴基斯坦的财政有了改善,财政赤字降至 GDP 的 5.2%。财政的改善主要因为取消了油价补贴和削减了发展开支。巴基斯坦联邦税收委员会在 2008—2009 财年共收到税收 11570 亿卢比,占 GDP 的 9%,仍然偏低。与此相适应的是,人民党政府的外债在执政一年后没有减少,主要因为在 2008—2009 财年政府为了安全和反恐战争需要增加财政预算。应该说这些开支在巴基斯坦是刚性需求。即使人民党承诺合理安排开支,紧缩开支和减少财政赤字,这些开支仍在增加;GDP 增长缓慢,电力极度短缺以及在巴从事商业活动的高昂成本,都将导致财政收入的减少,无力偿还外债。[①]

巴基斯坦外部经济有所改善。自 2008 年 11 月以来,全球经济危机带来的巴主要贸易伙伴需求的下降,巴出口下降了 7%,但是与此同时,巴进口也下降了12%。由于当年巴国外工人的汇款比上一年多增加了 21.1%,总计为 78 亿美元,从而弥补出口的不足,巴的经常项目赤字缩减了 36.1%,为 89 亿美元。到 2009 年 2月,巴的经常项目首次出现盈余。巴基斯坦的经济中出现一次难得的现象。[②]

为了照顾各方利益和巴国内安全局势的需要,人民党政府提出要维持适度的发展项目,提高社会基本保障支出,把对穷人和弱势群体的现金转移支付从2008—2009 财年占 GDP 的 0.4%,提高到占 GDP 的 0.6%,同时,为了照顾农户利益,小麦收购价格还将有所提高。[③]

巴央行的从紧货币政策面临很大的压力。为了保护国内储备资产和降低通货膨胀率,央行不得不提高基准贴现率,以鼓励巴金融机构购买国库券,收缩银根。央行通过公开市场操作,以稳定银行流动性。

这一时期,巴央行把短期利率作为操作目标,把稳定物价作为货币政策的主要目标。在通货膨胀率仍处两位数的情况下,人民党政府仍然实行从紧的货币政策。不过,当实行双紧的财政与货币政策时,经济增长的动力受到扼制,社会投资不足带来经济停滞的局面。

2009 年下半年,巴国内安全局势有一定恶化,电力短缺仍然存在,但是巴基斯坦的经济却呈现部分复苏的迹象。人们对经济信心在增加。金融市场也有所改善。由于私人资本在这一段时间注入股市,巴的股票市场指数在攀高。巴外汇

①　Government of Pakistan, "Pakistan: Fiscal Policy Statement 2009–10", Debt Policy Coordination Office, Minister of Finance, Islamabad, p.31.

②　Government of Pakistan Finance Division, *Yearbook 2008–2009*, pp.35–37.

③　International Monetary Fund, "Pakistan: 2009 Article IV Consultation and First Review Under the Stand–By Arrangement", *IMF Country Report No. 09/2013*, Washington, D. C., April 2009, p.16.

储备到 2009 年 11 月达到 101 亿美元,市场对国库券的需求一直保持稳定。为此,巴的主权信用评级在提高。

人民党政府考虑到尽管国内有些部门的经济出现发展,如小麦产量增加 14%,但是其他重要的农作物产量出现下降,如糖的产量就下降了 23%,制造业生产指数在 2009 年 7—8 月,出现了正的增长,纺织业和汽车业也出现恢复。但是对私人部门的信贷处在持续低的水平,表明国内投资不足,私人信贷需求不旺。

巴央行一方面支持脆弱的经济复苏,另一方面要关注巴外部经济的稳定,国内金融需求带来的流动性压力,以及总体通货膨胀的压力。人民党政府一方面充分利用经常账户的改善,增加外汇储备资产,同时决定到 2009 年 12 月 4 日,逐步取消对石油进口的直接外汇补贴,深化外汇市场改革。[①]

人民党政府努力追求发展模式的根本改变。这一模式通过促进巴基斯坦经济中生产部门的结构改善,跨部门广泛的政策合作,旨在促进巴基斯坦可持续和更公平的增长:

(1)提高税收占 GDP 的比重是人民党政府经济战略的一个重要政策。政府提出实行税收基础广泛的增值税,减少税收豁免。此外,其他措施如改善税收征管,加强税收审计等。通过这些措施,巴税收占 GDP 的比重有望提升到 13%。2008—2009 财年的税收占 GDP 的比重为 8%。[②]

(2)在社会保障方面,人民党政府推出了贝娜齐亚收入支持计划。在 2009—2010 财年政府拨付了 700 亿卢比,以帮助 550 万个贫困的家庭。贝娜齐亚收入支持计划的规模使它成为巴基斯坦历史上最大的社会保护计划。该收入支持计划与巴基斯坦其他安全网,如天课基金(Zakat Fund)等共同组成巴基斯坦的社会保障体系。

人民党政府为恢复经济做了许多努力,但是仍然没有满足 IMF 贷款附加条件:如限制财政赤字的目标:财政赤字只能占 GDP 的 0.3%;实施增值税制度;修改巴央行法和能源部门改革等。为此,IMF 与人民党政府的关系处于紧张。

IMF 在 2010 年 4 月决定暂停对巴贷款项目的第四次评估,剩余贷款额 40.6 亿美元,价值 22.96 亿特别贷款权也暂停发放。IMF 于 2010 年 12 月应人民党政府的要求把对贷款的项目延期 7 个月,希望巴的宏观经济有所改善。[③]

---

① International Monetary Fund, "Pakistan: Third Review Under the Stand-By Arrangement", *IMF Country Report No. 10/6*, Washington, D. C., January 2010, p.15.

② Sakib Sherani, "Economic Survey 2009-10", Minister of Finace, Government of Pakistan, Islamabad, p.iii.

③ Syed Nazre Hyder, "IMF Stand-By Arrangement for Pakistan and its Inconclusive end", November 2012, http://www.sdpi.org/publications/publication_details-363-9.html.

然而,人民党政府仍然无法完成 IMF 的条件,最终放弃履行。IMF 对巴的贷款项目在 2011 年 9 月结束。

为了增加财政收入,减少财政赤字,人民党政府在 2010 年准备实行税收制度改革。改革后的税收体系将以增值税为主。减少免税条款和取消减税规定,增加增值税收入。为改善财政状况,人民党准备重塑收入管理机构,加强税收立法体系,包括规定税收机构的权限;充分利用信息技术以更好的税收管理。

人民党政府也对财政支出进行了改革,提高财政支出的效率,降低国营部门的生产成本,把资金用在最能产出效率的部门。同时,人民党政府也提倡在促进增长时也要保证平等。支出政策应该反映各阶层、不同年龄层的平等,提高社会保障支出比重,保证穷人的利益,相应减少公共服务、国防的开支。[①] 经过税收和支出两项改革,巴基斯坦税收收入略有增长,到 2010 年上半年,税收收入为 14730 亿卢比,比 2009 年的 12050 亿卢比增加了 2680 亿卢比,税收占 GDP 的比重为 10%,税收收入的实际增长为 11.1%。[②]

为遏制政府开支的增长,人民党政府确定的紧缩支出计划仍在实施。2010 年还进一步通过缩减联邦部门数量和向各省下放权力,来确定联邦政府的合理规模。2011 年人民党政府的紧缩计划采取了更大的动作:停止印刷钞票以减少财政赤字,重新寻求 IMF 的支持。

2011 年 3 月 16 日,人民党政府宣布紧缩 1760 亿卢比的计划,主要通过削减 2010—2011 年财年 1000 亿卢比的投资开支,同时通过冻结政府租用和购买商品和服务,将节省 200 亿卢比,通过新税收措施增加 530 亿卢比收入。IMF 欢迎这些措施。如果成功实施这一计划,IMF 理事会将考虑在 2011 年 6 月重新向巴发放剩余的 17 亿美元的贷款。人民党政府预计 2011 年的财政赤字为占 GDP 的 5.5%,但是过了九个月之后,巴的财政赤字就已经高达占 GDP 的 4.7%,为此,IMF 只有暂停发放对巴贷款。[③]

二、电力部门与国有企业改革

为应对巴基斯坦全面的电力危机, 2010 年 4 月 22 日,吉拉尼总理正式宣布

---

① Government of Pakistan, "Pakistan: Fiscal Policy Statement 2010–11", Debt Policy Coordination Office, Minister of Finance, Islamabad, pp.4–5.

② Ibid., p.10.

③ Arshad Hussain, "IMF-back austerity measures: Government stops printing currency notes", *Daily Times*, March 20, 2011.

实行新的能源政策。这些政策措施包括周末从一天延长到两天,早闭街市,政府
办公室削减 50% 的供电。由于电力短缺,巴基斯坦对家庭和企业的供电只能实
行分时段供电,从而严重影响巴基斯坦的工业和人民的生活。巴基斯坦能源短缺
达到 3688 兆瓦。

其他节能措施还有:对巴基斯坦主要港口和工业中心卡拉奇市的供电每天减
少 300 兆瓦;婚礼将不再允许举办通宵的派对;霓虹灯和灯火通明的广告牌将被
禁止。据估计,这些措施每天能节省 1500 兆瓦的电。[①] 对巴基斯坦最大的城市
卡拉奇市的减电供应,影响着这个城市的数百万人。

吉拉尼总理在第二次全国能源会议上承认:大范围的分时段供电对经济造成
大量损失。巴基斯坦电力短缺已经降低了巴的经济增长和劳动生产率,增加了失
业率和健康成本。由于不断拉闸限电,巴国内的投资者已经把纺织工厂转移到了
孟加拉国。[②] 巴国内许多企业面临破产。

为解决电力短缺的问题,人民党政府决定实行电力部门改革,主要目标是消
除该部门存在的弊端,主要措施包括:为恢复电力,精简燃油输送机制,制定了一
个可行的计划,审查电力部门应收款;重新起草电力法;为使生产成本合理化,研
究把燃油发电厂转变为燃煤发电厂;政府与巴基斯坦电力供应公司和国家输配电
公司签订业绩合同;在水电部,另建立一个理事会以监督和协调电力部门各实体
的活动;此外,巴基斯坦供电公司按照国际企业的做法编制各自的公司运营计划;
政府还制定了电力部门企业公众满意计划,通过改善服务,恢复电力公司的公众
形象。[③]

2010 年 10 月,吉拉尼政府制定了具体的电力改革措施,包括尽可能地利用
现有电厂,为这些电厂提供充足的天然气和石油;完善对电力高效传输和配电的
监控;减少线路损耗,严防偷电。

为贯彻政府的电力改革措施,当时的水电部长拉贾·佩尔韦兹·阿什拉夫决
定成立一个三人小组负责监管对这些电厂的原料供应,以保证电厂的运转不受影
响。阿什拉夫同时要求国家电力公司采取紧急措施恢复旧电厂的发电能力。这
些旧电厂的发电量低于原有的装机容量。阿什拉夫表示政府有决心为了民众的

---

①　"Pakistan's PM announce energy policy to tackle crisis", http://news.bbc.co.uk/2/hi/south_asia/8637454.stm.

②　Javed Iqbal, "Stagflation and power outage", *The Lahore Times*, August 3, 2012.

③　Ijaz Kakakhel, "Power sector reforms:Transition to relocate PEPCO functions", *Daily Times*, November 10, 2010.

利益,杜绝一切浪费开支,严查电力部门存在的偷电行为。[①]

　　但是备受外界关注、希望吸引私人投资的电力改革却停滞不前。当时,电力部门的财务混乱吓跑了潜在的投资者。巴电力部门的循环三角债达到 2500 亿卢比,占电力部门年收入的 40%。[②] 新的投资者不愿意冒投资风险。为此,在短期上,拉闸限电的现象没有改善;能源部门的改革仍不见效果。

　　2011 年 10 月 30 日,吉拉尼政府解散了巴基斯坦国家电力公司。原国家电力公司下属地方配电公司将获得完全财务自主权。巴国家电力公司解散后,新成立的中央电力采购局将执行国家电力公司之前的部分职能。中央电力采购局董事会的大多数成员来自私营领域。

　　巴基斯坦供电公司和输配电公司重新成立了董事会,包括了政府和私营部门的专家。政府对国家供电公司的技术、财务和管理审计也已经完成。国家供电公司的输送损失从 2010 年 7 月的 20.4% 减少到 2011 年 6 月的 19.6%,多获得了 120 亿卢比的收入。[③]

　　2012 年 6 月,阿什拉夫接替吉拉尼当选政府总理后,把其工作的重心放在解决电力危机,推行电力部门改革。他当选后立即召开能源危机的会议,指示石油部长立即确保每天给电力部门提供 28000 砘的燃料,给国家电网多增加 1200 兆瓦的电。当时的电力缺口达到 8500 兆瓦。[④]

　　阿什拉夫同时决定削减工业用户的天然气供应,增加电厂的天然气供应。他这一措施对巴工厂的生产造成不少的损失。

　　阿什拉夫的电力改革经过与多边与双边国际发展机构和其他利益相关者的紧密磋商,实行多管齐下的措施。这些具体措施是：①确保电力部门公司的独立自治权;②通过专家型的董事会和管理层确保有效的公司治理;③通过最低成本发电扩建计划,纠正不经济的燃料混合发电;④纠正失衡的燃料成本,获得最大的经济效益;⑤通过一项修正案赋予巴基斯坦电力管理局直接决定电价。通过应用成本回收定价,避免复发电力公司之间的三角债;⑥处理好企业之间的循环三角债等。[⑤]

①　"Pervez Ashraf Review Power Sector Reforms", *The Associated Press of Pakistan*, October 2, 2010.

②　"Corruption & Incompetence Hobble Pakistan Power Sector", http://www.riazhaq.com/2011/10/corruption−incompetence−hobble−pakistan.html.

③　Government of Pakistan Finance Division, *Year book 2010–2010*, Islamabad, p.49, www.finance.gov.pk/publication_latest.html.

④　Syed Faz−e−Haider, "New Premier Ashraf Returns to Battle with Pakistan power crisis", *The Asian Time*, June 26, 2012.

⑤　Raja Pervez Ashraf, "Pakistan Power Sctor Reform Plan", siteresources.worldbank.org/.../PowerSectorReformPlan.pdf.

人民党政府在实行电力部门改革的同时，也对国有企业重组。人民党政府需要 IMF 的贷款资助，就必须接受 IMF 提出的结构调整计划，即实行市场自由化，私有化和放松管制。

人民党自 2009 年初开始实施私有化运动。吉拉尼政府确定的私有化政策为公私伙伴关系。这种政策的目标是通过公私伙伴关系模式，减少国有企业 26% 的股权与相应的管理权。资本市场和资产出售交易不实行这种公私伙伴关系的私有化模式。私有化政策的主要内容为：

（1）以公私合营模式，出售国企 26% 的股份，并转让管理权。公私合营的具体方式、方法和机制将针对私有化项目和投资者的具体情况逐个商定，并提交内阁私有化委会等相关部门审批。

（2）如果投资者认为出售 26% 股份的公私合营模式不可行，巴私有化委会应制订替代方案并提交内阁私有化委会审定。

（3）在双方协议中，将明确并保证向投资者转让管理权，且不可撤销，协议还应包括管理权限、失职处罚和争端解决，以及政府优先取舍权、政府退出方式、对政府的补偿、转让给第三方的限制、投资者期限等条款。

（4）为确保投资者能按照协议运作私有化企业，巴政府将在已完成私有化的国企董事会中安排适当数量的董事，执行监督权，并定期公布执行报告。

（5）在确保投资者对企业管理权不变的前提下，巴政府将根据私有化后的企业业绩和市场条件，确定对私有化企业中剩余的国有股份进一步出售的时间和方式。

（6）保障企业工人的权益，将私有化项目保留给职工的股份由 10% 提高至 12%，这部分股权视为公有股份等。[1]

到 2009 年 6 月，吉拉尼政府共批准 167 笔产权交易，总销售额为 4764.21 亿卢比。按照私有化委员会条例，国有企业私有化 90% 的收益将用于还债，10% 的收益用于扶贫计划。吉拉尼内阁私有化委员会批准了一份私有化名单，对 21 家国有企业实行公私合营，出售这些企业 26% 的股权及相应的管理权。新的私有化政策同时也规定把这些国有企业 12% 的股权转移给这些企业中的工人。[2]

2010 年 3 月 11 日，吉拉尼政府正式批准对 8 家国有企业进行重组，包括巴基斯坦国际航空公司、巴基斯坦钢铁有限公司、巴基斯坦电力有限公司、巴基斯坦

----

[1]　以上内容引自中华人民共和国驻巴基斯坦伊斯兰共和国大使馆经济商务参赞处：《巴基斯坦私有化最新进展与前景分析》。http://pk.mofcom.gov.cn/article/ztdy/200905/20090506223193.shtml.

[2]　Khaliq Shah, "PPP Privatization: BB to Gilani", http://www.viewpointline.net/PPPrivatization-bb-to-gilani.html.

铁路有限公司、国家公路管理局、巴基斯坦农业服务与存储公司、巴基斯坦贸易公司和巴基斯坦惠民商店公司。

吉拉尼认为对这 8 大国营企业的重组，以阻止管理不善和不负责任，减少公共财政的损失；通过对这些国营企业的重组实现更好的管理，将为民众的福利创造更多的财政收入。政府将在 2010 年 4 月 30 日之前，在这些企业任命独立与专业的董事会成员，在 6 月 15 日之前，任命职业的首席执行官，在 8 月 31 日，私有化委员会完成对每个企业的重组方案审批，9 月 1 日起，上述企业开始实行重组。①

2011 年 7 月 13 日，巴私有化委员会制定 2011—2012 财年的私有化计划。该计划包括发行巴基斯坦油气开发公司可转换债券，出售政府持有的科特阿杜电力公司、哈比卜银行、巴基斯坦石油公司和巴基斯坦银行股份，以及将巴基斯坦重型机械厂、国家电力建设公司、费萨拉巴德供电公司和巴中小企业银行公司的经营权移交给私营领域。②

作为受"伊斯兰社会主义"思想深远影响的巴基斯坦，全面的私有化方案遭到议会和工人的反对。2011 年 12 月 15 日，吉拉尼总理改变了语气，反对对 8 家国营企业的全部私有化，决定放弃对巴基斯坦钢铁有限公司、巴基斯坦国际航空公司的私有化。吉拉尼表示巴基斯坦钢铁有限公司、巴国际航空公司和巴铁路有限公司将实行重组，并能赢利，仍然是国有企业。

吉拉尼政府中的财政部长阿卜杜勒·哈菲兹·谢赫却一直主张对那些不赢利的国营企业实行全部私有化，以作为减少联邦政府财政赤字的手段。谢赫认为那些不赢利的国营企业花去政府 2500 亿卢比，约占整个经济规模的 1.4%。单是巴基斯坦国际航空公司在过去 5 年中就损失 1000 亿卢比，巴基斯坦铁路有限公司在过去两年中就向政府要 500 亿卢比的资助。③

2012 年 5 月，人民党政府通过了改善国有企业的具体措施。巴基斯坦铁路有限公司新董事会成立，最大限度地融合了学者、管理专家、铁路专家和行政官员。在完成对铁路法修正后，新董事会开始履行职责。新组成的铁路有限公司首先修复了机车和货物运输环节，以提高创收能力和恢复铁路服务。铁路有限公司决定按照市场情况和运输成本调整运输费用和价格。

---

① "Cabinet approve restructuring of 8 public enterprises", *Daily Times*, March 11, 2010.

② 中华人民共和国驻巴基斯坦大使馆经济参赞处：《巴基斯坦计划将 8 个国企私有化》。http://www.mofcom.gov.cn/aarticle/i/jyjl/j/201107/20110707644772.html.

③ Iftikhar Firdous, "Railway, Steel Mills takes off the Chopping block", *The Express Tribune*, December 15, 2011.

对巴基斯坦国际航空公司的全面重组计划已经形成,包括完善治理结构,人力资源合理配置,财务及营运重组,改善工程、采购、物流、航线营销、机场服务和调度的可靠性。燃油成本的增加一直是影响巴基斯坦国际航空公司赢利的主要因素,为此,采取了有效措施以减轻这种影响。巴基斯坦国际航空公司计划重组航线和增加航线。同时,该航空公司正在实行航线合理化,推行一个新商业营运模式。人民党政府对航空公司的财务重组计划已经完成,包括注资和货款展期。政府保证对该公司的货款。

巴基斯坦钢铁有限公司的董事会也进行了重组。该公司新的 CEO 的遴选已经完成。[①] 总之,人民党政府对本国重要的国有企业改革进入实质阶段。

三、战略性贸易政策及其实施成果

由于国内能源危机以及欧美市场的经济下滑,巴基斯坦的出口从 2007—2008 财年的 191 亿美元下降到 2008—2009 财年的 178 亿美元。巴基斯坦的纺织品出口从 2007—2008 财年的 1060 万美元下降到 2008—2009 财年的 960 万美元。巴基斯坦出口在全球市场中的份额从 1999 年的 0.21% 下降到 2009 年的 0.13%。[②]

巴基斯坦损失最大的是成衣出口,在 2009 年下降了 21.7%。另外,巴棉纱出口下降了 15%,床单和枕套出口下降了 10.2%,刺绣和化纤纺织品出口下降了 22.1%,棉织品出口下降 4.0%。[③] 巴基斯坦产品的竞争力有所下降。

为扭转巴出口下降的趋势,促进经济的持续增长,人民党政府在 2009 年 7 月制定了第一阶段、为期 3 年的战略性贸易政策框架。该政策目的是:促进扶贫;实现出口主导型增长;通过给普通人提供工作和服务,改善他们的生活。

2009—2012 年的贸易政策框架将是一个中期的路线图以保证政策的明确性。这些政策将为巴国内商业和国际贸易的复苏起着催化剂的作用,以带来巴基斯坦出口结构性的转型。该政策框架设想在 3 年内出口增长 29%,其中,2009—2010 年度出口增长 6%,2010—2011 年度增长 10%,2011—2012 年度增长 13%。为实现这些目标,政府还专门成立了抵消利率变化的对冲基金和出口投资

---

①　Riazul Hassan, "Restructuring of public sector enterprises", *The Express Tribune*, May 14, 2012.

②　Ibrahim Mahmood, "Pakistan Trade Policy 2009–12", http://www.allvoices.com/contributed-news/3781862–pakistan–trade–policy–200912.

③　"Pakistan Trade Policy 2009–12 announced", http://blog.travel–culture.com/2009/07/28/pakistan-trade–policy–2009–12–announced/.

支持基金,并对所在出口项目实行保险。[1]

本阶段的贸易政策中,人民党制定了详细的各行业、各部门促进出口的政策:

(1)工业各企业将因为断电得到以电费信贷形式的补偿。

(2)巴基斯坦的进货商和进口商享受全面保险。

(3)在巴的水泥、灯具、皮革、服装、家具、卫生洁具的出口商享受内陆运输费成本补偿。

(4)手术器械、文体用品和餐具行业的品牌发展活动经费的25%由政府支持。

(5)制革厂实验室成本的25%由政府承担,屠宰场的剥皮机享受50%的补助。

(6)活海鲜产品空运出口的运费享受25%的补贴。

(7)从事加工食品出口的企业由政府补贴其出口成本的6%的资金,作为该企业的研发费用。

(8)政府承担清真产品出口认证成本的50%。

(9)国内家电质量认证成本的50%由政府承担。

(10)帐篷和帆布、运动用品、鞋类、美容保健仪器、餐具、电风扇、家具、汽车配件、工艺品、珠宝等实行零消费税。

(11)允许每张发票可开1万美元作为紧急出口的预付款。

(12)允许进口旧的二手计算机等。[2]

巴战略性贸易政策实施后取得了部分成功。巴出口在2009—2010财年的前10个月增长了8.03%,超过原预计增长的6%。[3]2010—2011财年,巴出口增长速度达到27%,超过原预计增长的10%,出口总值达到248亿美元,显示出巴出口在实施战略性贸易政策后的前两年有显著的增长,但是在2011—2012年度,巴出口增速减缓,只增长了4.7%,原预计增长13%,出口总值只有236.41亿美元。[4]

巴出口增速减缓,主要因为全球需求萎缩,棉花价格下降;国内电力短缺与断电,商品竞争力下降。

2011—2012年度出口总值的下降是因为纺织品出口的下降,而非纺织品出

---

① Mushtaq Ghumman, "Trade policy seeks to effect 'strategic change' in export sector,sets $ 18.86billion target for fiscal year 2010", http://forum.pakistanidefence.com/index.php?showtopic=83873.

② Ibrahim Mahmood, "Pakistan Trade Policy 2009-12", http://www.allvoices.com/contributed-news/3781862-pakistan-trade-policy-200912.

③ Sajid Chaudhry, "Strategic Trade Policy Framework 2009-12:MOF Approves Rs 16 billion", *Daily Times*, May 21, 2010.

④ "Second strategic trade policy framework announced", *The Pakistan Reporter*, Jan. 31, 2013.

口却有一定的增长。巴进口从 2009—2010 财年的 347 亿美元增加到 2011—2012 财年的 449 亿美元。石油是巴主要进口商品,占 2011—2012 年度全部进口总值的 34%。进口总值的增加反映出国际市场上的石油价格不断上升。由于巴基斯坦天然气短缺,石油成为重要的资源。在 2011—2012 年度,巴进口的棕榈油上升了 17.5%,达到 24 亿美元,而在 2010—2011 年度棕榈油的进口额只有 20 亿美元。[①]

人民党政府实行的第一阶段为期 3 年战略性贸易政策没有完全实现其预订目标,原因是贸易政策的资金支持不能全部到位。启动这一项目后,由于财政拮据,巴财政部勉强为 2009—2010 财年给予 25 亿卢比的财政支持。实际上,要实现所有预订目标,为期 3 年的贸易政策估计总成本为 352.2 亿美元。[②] 人民党政府的财政状况限制了贸易政策的效应。此外,巴各级政府对该贸易政策体系也存在执行不力的情况。新贸易政策宣布后,同时仍使用以前的贸易政策的奇怪现象。[③]

2012 年 6 月,接替吉拉尼,出任巴基斯坦总理的阿什拉夫在总结第一阶段战略性贸易政策的基础上,制定了第二阶段为期 3 年的战略性贸易政策。在第二阶段的战略性贸易政策体系中,人民党政府希望巴基斯坦的出口总值从 650 亿美元增加到 950 亿美元。

2012—2015 年度贸易政策提出了促进出口的具体举措,主要有:

(1)对进口 / 购置机器提供长期融资利率支持。为鼓励对出口型产业的投资,向皮革、机电(包括汽车零部件)、园艺、加工食品、大理石和花岗石、体育用品、与计算机相关的服务等产业进口或购置机器在现有长期融资利率基础上提供 2% 的优惠。

(2)向特定领域出口商提供离岸价补贴。能源危机降低了小型出口商的竞争力。为减少公共事业费成本上升造成的影响,特别向非纺织类出口部门提供 3% 的离岸价补贴。

(3)促进农业加工产品出口。为帮助农民更好融入国际市场,在费萨拉巴德、拉瓦尔品第、白沙瓦和登多贾姆等地农业大学毕业生的帮助下启动出口促进计划。以上农业大学相关专业学生将在接受培训后深入农村,向农民传授最佳农业技术,使其农业加工品符合国际标准。

---

① Government of Pakistan, Ministry of Commerce, "Summary for the Cabinet: Strategic Trade Policy Framework 2012–15", Islamabad, 2012, pp.1–2.

② Sajid Chaudhry, "Strategic Trade Policy Framework 2009–12:MOF Approves Rs 16 billion", *Daily Times*, May 21, 2010.

③ Mushtaq Ghumman, "Strategic Trade Policy Framework 2012–15: Raja likely to accord his approve", *The Business Recorder*, August 07, 2012.

（4）鼓励在海外开设零售店。为激励出口商推广产品,巴政府将向在亚洲、非洲和澳大利亚的出口市场开设零售网点或仓库连续三年提供租金补贴,额度为:第 1 年 75%,第 2 年 50%,第 3 年 25%。

（5）提供农产品加工厂机械购置补贴。为鼓励食品加工及相关投资,向部分地区蔬菜和水果加工厂购置所需机械提供 50% 的补贴。政府为俾路支省、吉尔吉特与巴尔蒂斯坦地区、联邦直辖部落区和开伯尔 – 普赫图赫瓦省的肉类、水果、蔬菜、椰枣和橄榄等产品设立加工厂,购置机械。

（6）升级大米监测实验室。大米是巴主要出口产品之一。为了确保出口高质量大米,维护巴优质大米出口国的形象,巴政府将升级监测实验室,使其获得国际机构认证。

（7）为采矿购置机器提供补贴。为控制传统矿产开采的不科学和基于爆炸的开采,为开伯尔 – 普赫图赫瓦省、吉尔吉特与巴尔蒂斯坦地区和俾路支省采矿和矿产加工购置线切割机,提供 100% 的利率支持和 50% 的补贴。

（8）鼓励食品出口。为方便出口商,允许出口 25 公斤以下包装的菜油和食用油,之前的规定是 16 公斤。所有食品出口商必须在相关协会登记。如果没有对应的协会,必须在巴贸易发展署登记等。①

新的贸易政策实施后,在 2012—2013 年度取得一定成绩。巴基斯坦的出口从 2011—2012 财年的 204.7 亿美元增加到 2012—2013 财年的 205.01 亿美元。进口在同期由 333.37 亿美元下降到 330.42 亿美元。为此,巴基斯坦的经常账户的赤字从 2011—2012 年度的 33.54 亿美元收窄至 14.18 亿美元。②

巴经常账户赤字的减少还因为巴基斯坦国外工人向国内的汇款增加的缘故。由于巴基斯坦的国外资本流入减少,巴基斯坦在 2012—2013 年度的前 9 个月的国际收支相比上一财年的 30.38 亿美元减少了了 20.1 亿美元,即减少了 66.16%。巴外汇储备由于债务偿付从 2013 年 1 月的 87 亿美元减少到同年 4 月 5 日的 67 亿美元,减少了 20 亿美元。③ 这说明第二阶段为期 3 年的战略性贸易政策框架实施的头一年并不顺利,没有取得预期效果。

阿什拉夫出任巴基斯坦总理后,像其前任一样,为了减少开支,同样实行紧缩

①　中华人民共和国商务部驻巴基斯坦经商参处:《巴基斯坦〈2012—2015 贸易政策框架〉概要》,《中国商务部网站》。http://www.mofcom.gov.cn/article/i/dxfw/cj/201304/20130400082533.shtml.

②　Absar Hasan Siddique, "Pakistan Economic Survey 2012–13: Trade and Payment", Ministry of Finance, Government of Pakistan, Islamabad, p.110.

③　Arshad Hussain, "Nine months of FY 2012–13", *The Dawn*, April 18, 2013.

政策。该紧缩政策包括禁止购买各种实物资产,如各种车辆,同时这一禁令也适用于发展开支。对政府各部门的旅游津贴、维修、运输、石油及石油产品、天然气开支在预算中将削减20%。巴主要会计人员将确保水电费更合理化,为政府官员提供的午餐和晚餐将限制在最低水平。这些紧缩措施将从2013年7月1日开始实行。[①]

在人民党任期届满前三天,阿什拉夫总理主持内阁会议,批准了2013年投资政策和2013—2017年外商直接投资策略。投资政策重点是减少在巴基斯坦从事商业活动的成本和环节,提倡经济自由化,为投资者提供便利,清除管理障碍,提升公私合营,协调好各方利益。

人民党执政五年期间投资不足,基础设施跟不上经济的发展,巴主权信用堪忧,以及庞大的财政赤字等共同阻碍了巴基斯坦的投资和经济活动,从而使巴基斯坦的经济复苏缓慢。

第四节　人民党执政的社会保障政策

作为社会党国际成员之一的巴基斯坦人民党,与西欧和其他地区的社会党一样,强调社会保障建设,建设社会福利国家。人民党创始人阿里·布托负责制定的1973年宪法,在"政策的原则"部分就承诺推行社会保障政策:"国家将为所有在巴基斯坦工作的人提供社会保障。这种社会保障通过强制社会保险和其他方法;为这些公民,如那些因为体弱、生病、失业而永远或暂时失去生活能力的人提供基本的必须品,如食物、衣物、住房、教育和医疗求助,不论其性别、信仰、职业、种族,以减少个人收入的不平等。"[②]

一、2008年以前的巴基斯坦社会保障体系

巴基斯坦最早的社会保护是伊斯兰教规定的慈善制度:天课制度。穆斯林交天课(Zakat)是《古兰经》的规定。按伊斯兰教法规定,穆斯林除其正常开支外,其余的财产(包括动产和不动产)按2.5%交付天课。天课主要用于接济穷人、有急需的人、负债人和断绝路费的旅行者。[③] 这种天课制度的功能是维持经

---

① "Pakistan Government takes austerity measures to cut expenditure", BBC Monitoring International Reports, July 31, 2012.

② 参见《巴基斯坦宪法》第38条第d和e款。

③ 曹久金:《伊斯兰教的天课制度》,《阿拉伯世界》1990年第4期。

济的平衡,对财富集中有负面的影响。天课使社会中的穷人群体参与经济活动,使他们成为社会有用的一部分。[①] 这种天课制度仍是一种宗教慈善行为,不属于现代意义上的社会保障制度。

1951 年,巴基斯坦著名的慈善家阿卜杜拉·萨塔尔·艾德希(Abdul Sattar Edhi)[②] 建立的艾德希基金会(Edhi Foundation)是巴基斯坦第一个也是最大的非赢利性的慈善组织,所设机构包括医院、医疗所、精神病房、血库、孤儿院、领养中心、受虐妇女及流浪儿童之家等,为穷人提供广泛的求助服务。在社会保护体系建立之前,大多数巴基斯坦人主要依靠私人慈善、家族支持和社区网络等非正式的社会安全网。当面临艰难时,家族及亲戚,社区网络成为重要的支持来源。此时的巴基斯坦社会保障仍处于发展的最初阶段。

巴基斯坦最早的现代社会保障项目是 1954 年巴基斯坦政府建立的政府公务员退休金基金(Government Servants Pension Fund)。该项目涵盖巴政府部门的所有公务员。该基金资金来源于联邦预算和公务员每月工资的小部分扣除。60 岁退休或在政府工作 25 年以上的公务员有资格领取养老金。在政府工作少于 25 年的公务员没有资格领取养老金,但是如果一名公务员在政府工作不到 25 年就死亡了,其妻子有资格领取养老金和其他福利。通过合同在政府部门工作的人没有资格领取任何社会福利。

现在越来越多进入政府部门工作的公务员是通过合同的形式。他们的工薪收入比正常政府雇员要高。公务员养老金按照服务年限固定的,没有实行养老金指数化,因此,通货膨胀减少养老金的真实购买力。

政府公务员养老金基金大约覆盖巴公共部门的 150 万工作人员。公共部门包括联邦政府和国营部门的 383101 名雇员。[③]

在 2000—2001 财年,联邦政府养老金总额 330 亿卢比中,军队养老金为 270

---

① Abdul Quddus Suhaib, "Contribution of Zakat in the Social Development of Pakistan", *Pakistan Journal of Social Science*, Vol. 29, No. 2(December 2009), pp.313–334.

② 阿卜杜拉·萨塔尔·艾德希 1928 年出生在现在的印度西部城市班得瓦市(Bantva)。艾德希首次感受到人类苦难时,仅 11 岁;当时他的母亲身体瘫痪,后来又患精神病。艾德希一直在照看她的母亲。她的健康恶化并最终死去对他的生活留下了持久的影响。1947 年,艾德希 19 岁时,与家人搬迁到卡拉奇。他发现自己在一个新城市,没有任何资源,决定为帮助穷人奉献自己的一生。在过去的六十年中,他一个人一手改变了巴基斯坦的福利状况,创建了艾德希基金会成立,初始金额仅为 5000 卢比。

③ Naushin Mahmood and Zafar Mueen Nasir, "Pension and Social Schemes in Pakistan: Some Policy Options", Pakistan Institute of Development Economics, Islamabad, 2008, p.10.

亿卢比,尽管军队规模与联邦政府规模同等。[①] 在 2007 年,巴联邦与省政府每年在养老金上支付 470 亿卢比,其中,联邦政府支出 330 亿卢比,省支出 140 亿卢比。如果不加以控制,养老金成本的增长将占到 GDP 的 2%—3%。[②] 联邦政府养老金出现的危机已引起各方关注。

巴基斯坦首个涵盖私营部门工人的社会保障是在"1965 年省职工社会保障条例"下建立的雇员社会保障(Employees Social Security, ESS)。该社会保障开始于 1967 年,主要目的是为参加保障的工人及其家庭成员,包括他们的父母提供全面的医疗保障。如果他们生病和出现工伤,为他们提供资助。

起初,该项目只涵盖纺织业的工人,为他们生病、怀孕、工伤、残疾和死亡提供资助。1969 年,该社会保障扩展到包括来自巴商业和其他工业中雇工在 10 人以上企业的工人。1970 年 7 月,该社会保障以省为基础重新组织,也被称之为雇员社会保障制度(Employees Social Security Institutions, ESSI)。[③]

雇员社会保障最初由雇员和雇主共同提供资金。雇员为该项目付其工资的 2%,而雇主支付其员工总工资额的 4%。但是在人民党阿里·布托执政时期,人民党政府对这一项目进行了大幅度的变革,雇主一方承担了雇员社会保障制度的资金来源。雇主需交纳的资金上升,占雇员工资总额的 7%。雇员在该项目中享受的服务和保障不断增加。[④]

在俾路支省,应交纳社保资金的单位为雇有 5 名雇员的企业,在其他省份,这一指标为雇有 10 人以上雇员的企业。如果雇主为社会保障机构交纳了相应费用,那么这个企业的工人享有社会保障。这些社会保障包括雇员及其家属的全面医疗保健和住院治疗。此外,被保障的工人还享有工伤赔偿,产妇补贴,死亡抚恤金和部分残疾抚恤金以及遗属养老金。该社会保障不包括在政府部门工作的工人、部队人员以及其他提名被排除的行业。该项目由各省社会保障机构管理,实行由雇员、雇主和政府代表的三方管理体制。在 1999—2000 财年,该社会保障机构的涵盖面,参见下表 11-1。

[①] Asad Sayeed, "Social Protection in Pakistan: Concept, Situation Analysis and the Way Forward", The Centre for Research on Poverty Reduction and Income Distribution, Government of Pakistan, Working Paper 5, February 2004, p.8.

[②] Naushin Mahmood and Zafar Mueen Nasir, "Pension and Social Security Schemes in Pakistan: Some Policy Options", Pakistan Institute of Development Economics, Islamabad, 2008, p.13.

[③] Haroon Jamal, "A Profile of Social Protection in Pakistan: An Appraisal of Empirical Literature", SPDC Research Report Number No. 81, Social Policy and Development Centre, Karachi, May 2010, p.7.

[④] Naushin Mahmood and Zafar Mueen Nasir, "Pension and Social Security Schemes in Pakistan: Some Policy Options", op.cit., p.18.

表 11-1　1999—2000 年,社会保障机构的涵盖面

	工业 / 商业企业数	登记工人数	药房数	医院数
信德省	12700	198000	37	4
旁遮普省	26299	524000	127	8
西北边境省	2301	234015	17	2
俾路支省	194	7234	4	N.A

Source：Mohammad Irfan,"Poverty and safety nets：a case study of Pakistan", Pakistan Institute of Development Economics, Islamabad, 2003, p.13.

　　表 11-1 显示受社会保障的工人在非农业就业的城市工薪阶层中只在很小的比重,不到 5%。与此同时,该社会保障的管理成本却在上升。例如,在旁遮普省,该社会保障的管理成本从 1996—1997 年度占总收入的 18.8% 上升到 1998—1999 年度的 19.4%。相反,人均社会保障的开支增长缓慢。巴基斯坦的其他省份也是同样趋势。巴现有的制度规定有利于各种管理机构,而不利于本应是这一制度受益者的广大工人。

　　从 2001 年 7 月 1 日起,巴雇主可以自行选择交费方式,选择一个固定比率,每月为所投保的、登记在册的雇员交 350 卢比。2003 年,旁遮普省政府制定了一种新制度。在这种制度下,所有组织必须在信息管理系统的基础上为雇员社会保障交费。雇员社会保障事务由各省机构管理,包括省政府、雇主和雇员代表组成。雇主和雇员代表由政府选任。在旁遮普省的雇员社会保障机构中大约有 534000 名工作人员,在信德省,雇员社会保障机构的工作人员大约有 310000 名。[①]

　　雇员社会保障制度存在两个结构性的问题。其一,该项目服务的购买者和提供者都是企业,因此,很难有效地执行。其二,按照现行的制度规定,被保障的雇员有权利享受社会福利,只要他申请,就应该享有。然而,该项目的资金是一定的,大多数资金都花在医疗保健。该项目提供的社会福利比较慷慨,但是除医疗保健好申请外,其他申请能够被接受并不多。除医疗保健外,享受其他服务的人比较少。此外,许多企业为了少交社会保障费,拒绝提供其实际雇佣的工人名单。例如,某企业只交了 40 名雇员的保障费用,它实际拥有 60 名雇员,其他 20 名雇员,也免费享受社会保障。

　　雇员社会保障制度涵盖面极为有限,原因是在巴正式部门中广泛存在着合同

　　①　Mohammad Irfan, "Poverty Alleviation and Social Protection in Pakistan", Pakistan Institute of Development Economics, Islamabad, 2007, p.13.

工，只有一小部分是正式工。目前，大约有 80 万工人纳入该雇员社会保障制度范围。人们普遍关注该项目的进入资格，决策程序的透明化，以及该福利项目的健康运行等问题。1971 年，巴工人福利基金建立后，雇员社会保障制度与其存在交叉。同时，它们也都通过政府的服务传递系统为其所保障的工人提供服务。

1967 年，巴政府通过对矿产征税（劳工福利）法案，建立专门针对矿业工人的社会福利制度。联邦政府授权各省政府负责监管矿工的社会福利。1923 年的矿产法为矿工提供医疗和安全保障，为矿工提供休息场所和食堂。按照 1967 年法案，对所有矿产的征税比率按每吨矿产不少 1 卢比不高于 5 卢比的比率征收。巴各省征收矿产的税收，以及用于矿工的社会福利开支都有很大的不同。

与雇员社会保障一样，矿工劳工福利体系的管理成本也极高。西北边境省此项管理成本占总收入的 8.8%，旁遮普省此项管理成本占总收入的 30.3%，俾路支省此项管理成本为总收入的 70.2%。在俾路支省，对矿产征收税收主要用在管理机构上。在旁遮普省，1998—1999 年度，受益于此劳工福利的资助的矿工子弟学生 1670 名，疾病治疗为 48566 人，享受矿工子弟奖学金为 356 人，受益于住房福利项目为 180 人。[1] 政府缺乏对该矿工劳工福利制度的运行及透明度的独立评估。在巴社会中，人们普遍认为该福利项目存在使用不当和不透明。

1968 年，为了应对广大劳工在 20 世纪 60 年代末举行的抗议和罢工活动，抗议工资水平下降和生活状况恶化，巴基斯坦政府通过公司利润（工人参与）法案。所有在巴工业企业工作的工人都有资格享受这一项目。适用于该法案的企业应具备以下三个条件：①企业在任何时候雇佣的工人人数超过 50 人以上；②注册资本达到 200 万卢比以上；固定资产价值达到 400 万卢比。该法规定满足以上条件的企业将建立工人参与基金。该基金由托管委员会来管理。托管委员会中有两个委员由公司的工人选出；另两个委员由企业管理层选出。托管委员会再选出一名主席。公司每年应将企业利润中的 5% 支付给该基金，有资格参与的工人分享该基金。基金的余额再转交给工人福利基金。如果符合条件的企业违背公司利润（工人参与）法案，没有给基金交纳利润的 5%，将被罚款 5000 卢比，如果继续不交，将被每天罚款 1000 卢比，直到守法为止。

1968 年，巴政府还通过了"强制团体保险法"，要求工业和商业企业的雇主为那些没有包括在 1923 年"工人赔偿法"和 1965 年"雇员社会保障条例"之

---

[1]　Mohammad Irfan, "Poverty and safety nets: a case study of Pakistan", Pakistan Institute of Development Economics, Islamabad, 2003, p.17.

中的雇员们提供自然死亡、生病和工伤的保险。该法案不包括那些非永久和企业工人少于 20 人的雇员。在不断变化的就业环境中，企业经常避免雇佣永久工作的工人。因此，在巴基斯坦，绝大多数工人是非永久的，大多数企业也尽量雇佣的工人数少于 20 名。由于保险费固定不变，成为企业的沉重负担，所以，许多雇主不给其雇员上保险，以避免这种成本。由于后面建立的工人福利基金也为工人提供福利，工人分享企业利润的社会保障极其有限，很少能实施。

1969 年，在叶海亚·汗执政期间，巴政府建立联邦雇员慈善基金和集体保险制度。该慈善基金和集体保险制度规定巴所有联邦雇员及其家属都有资格享受其提供的福利。联邦雇员包括以下几个方面：①巴基斯坦所有公务员及其与联邦事务有关的其他工作人员；②所有受雇于巴国民议会和参议院的秘书人员和工作人员；③所有受雇于巴最高法院的官员和工作人员；④所有受雇于选举委员会及其与巴首席选举专员职能有联系的工作人员；⑤所有在联邦政府的官方公报认定的国有企业、机构、组织和自治单位工作的官员和工作人员；⑥巴外交人员；⑦在国外学习和接受培训的以上所指的官员和工作人员。家属包括以下几个方面：①男性雇员的妻子和多个妻子，女性雇员的丈夫；②雇员的儿子，年龄达到 21 周岁，且没有残疾和精神障碍；③雇员的父母、弟弟，未结婚、离婚或成为寡妇的女儿，以及依靠他生活的姐妹。①

该慈善基金和集体保险制度规定联邦雇员享有以下福利：①任何年满 70 岁的联邦雇员与其结婚已满 15 年的配偶每月享受养老金；②参加集体保险、在职期间死亡的雇员，其家属享受一次性补助金；③生病退休的雇员可获得一次性补助金；连续工作 25 年的联邦雇员当他退休时，可获得一笔告别资助；④年龄达到 70 岁以上的雇员去世时，其家属将获得一笔丧葬费；⑤慈善基金给联邦雇员的一名小孩结婚时一笔结婚资助；⑥在职、退休或去世雇员的最多两名优秀小孩每年获得教育津贴。

如果一名雇员在职时死亡，他／她的配偶每月将获得慈善基金的资助，按照雇员生前所交纳的保费级别，支付 1120 卢比到 4000 卢比的资助。死亡雇员的家属也会获得集体保险一次性支付的赔偿，按照雇员生前交纳的保费，从 131000 卢比到 700000 卢比不等。死亡雇员的家属也将获得一笔 5000 卢比的丧葬费。如果联邦雇员的小孩结婚将获得 10000 卢比的资助。小孩的教育津贴在 10000 卢

---

① Government of Pakistan, "Federal Employees Benevolent Fund and Group Insurance Act 1969（Ⅱ）of 1969 and Federal Employees Benevolent Fund and Group Insurance Rules, 1972（Revised Upto 2010）", Islamabad, 2010, pp.2–4.

比到 20000 卢比不等。联邦雇员每月交纳的基金费用占其所得资助的 2%，多交多资助，最高限额为每月 155 卢比。联邦雇员每月为集体保险交纳的最高金额为 182 卢比，不同项目交纳的比率不同。[①]

联邦雇员慈善基金和集体保险同样由一个托管委员会来管理。该委员会由联邦政府秘书长出任委员会的主席，同时联邦政府还任命一名同级官员为委员，其他四名委员来自联邦雇员的代表。委员会还会任命一名前委员会的委员为总经理，负责日常事务。

2010 年 10 月 5 日，人民党政府再次对该慈善基金和集体保险制度作了修改，主要提高雇员个人交纳的费用以弥补基金入不敷出的状况。[②] 2013 年 7 月 25 日，取代人民党执政的穆斯林联盟（谢里夫派）再次通过了对该慈善基金和集体保险制度的修改，废除了联邦雇员只有到 70 岁，他和他的家属才能享受养老金和其他福利的规定，同时该基金和集体保险制度的其他资助项目，如结婚资助、丧葬费和教育津贴不再有年龄限制。[③] 总之，联邦雇员享受福利的条件更宽松了些。

在 20 世纪 70 年人民党执政期间，阿里·布托政府相继通过了一系列有利于工人阶级的政策，尤其是通过了三个有利于工人的社会保障政策。它们是职工福利基金计划（Workers' Welfare Fund Scheme）、职工子女教育计划（Workers' Children Education Scheme）、雇员老年福利制度（Employees Old Age Benefits Institution）。阿里·布托执政期间是针对工人社会福利立法最密集的时期，表明人民党注重保护巴工人阶级的利益。

1971 年，阿里·布托政府颁布了《职工福利基金条例》，建立职工福利基金。该基金的主要目的是为发展工程，如建立劳工聚居区，为产业工人建造住房、医院和学校，为工人的教育、培训提供资金；作为工人福利，为他们提供结婚资助，为他们家属提供死亡抚恤金。[④] 它为正式部门工作的职工提供现金、住房和实物资助。其资金来源于雇主和雇员交付的资金。[⑤] 职工福利基金初始资金为联邦政府拨

---

① Government of Pakistan, "Federal Employees Benevolent Fund and Group Insurance Act 1969（Ⅱ）of 1969 and Federal Employees Benevolent Fund and Group Insurance Rules, 1972（Revised Upto 2010）", op.cit., p.49,p.56.

② "National Assembly passes two bills", *Times of Pakistan*, October 05, 2010.

③ "Cabinet approves draft amendment to extend regional jobs quota", http://www.radio.gov.pk/newsdetail-49502.

④ "Case Study: A Snapshot of Social Protection System In Pakistan, Impact and Challenges for Workers' Rights", p.6 , www.solidar.org/IMG/pdf/d5_pakistan-social_protection.pdf.

⑤ Anila Channa, "Social Protection in Pakistan: A Profile of Existing Programmers and an Assessment of Data Available for Analysis", Asia Research Centre, London School of Economics, March 30, 2012, p.18.

付的 1 亿卢比,其他为企业所支付。该基金还会得到工人参与企业利润基金转交的剩余资金。任何年收入超过 10 万卢比 [①] 的私营企业必须向基金上交其总收入的 2%。职工福利基金适用于所有雇佣职工 50 人以上、或注册资金为 200 万卢比以上、或固定资产价值达到 400 万卢比以上的企业。[②] 基金由政府官员、雇主和职工的三方代表共同管理。该基金中的资格认定、计划和项目实施由省职工福利委员会负责。

尽管基金的资金主要由联邦政府负责筹集,但是其运行主要由省职工福利委员会负责。该委员会的主要职责是:①为产业工人建设住宅区;②为产业工人的子女建设学校;③为职工建设药房;④建设饮水供应设施;⑤为职工子女提供教育奖学金。[③]

职工福利基金的活动大致可分为:住房建设活动、学校和医疗服务以及为有资格的职工提供各种资助,包括职工女儿结婚资助,为残疾职工提供三轮车,为职工死亡的家庭提供抚恤金,为这些家庭创收提供资助,为职工子女提供奖学金等。该基金为一些发展项目提供资金,包括建设由职工以较低价格购买的住宅,建立各种医疗设施等。

职工福利基金累积的资金中有 60 亿卢比用于投资,110 亿卢比存在财政部,但是没有利息收入。该基金理论上由政府、雇主、雇员三方共管,但是实际上由联邦政府控制。因此,该基金并没有按照法令来执行的。阿里·布托之后的政府运用该基金为一些特殊的项目。阿里·布托之后的文人和军人政权继续使用这一基金,为他们自己的银行账户和保险挪用资金。他们甚至用这一基金的资金从事股票买卖,从而导致该基金有重大损失。[④]

自职工福利基金建立以来,取得了以下成绩:①完成了 114 个住房建设项目、31 个大型住宅区,6 万多职工享受到这些项目的好处;②修建了 117 所学校,6 万 6 千多名职工子女在这些学校里享受免费教育;③ 67662 名职工子弟受益于该基金的学校奖学金资助。其中,高中奖学金为每月 1600 卢比,研究生奖学金为每月 2500 卢比,博士生奖学金为每月 3500 卢比;④ 1252000 多名职工及其家属得到该基金中的医疗项目治疗;⑤ 12567 个职工死亡的家属获得死亡抚恤金;

---

① 在 2006 年和 2008 年的修订中,企业的年收入标准修改为 50 万卢比以上。

② Haroon Jamal, "A Profile of Social Protection in Pakistan: An Appraisal of Empirical Literature", op.cit., p.8.

③ http://www.paycheck.pk/main/labour-laws/social-security-1/workers-welfare-fund, 09/30/2013.

④ "Case Study: A Snapshot of Social Protection System In Pakistan, Impact and Challenges for Workers' Rights", p.6 , www.solidar.org/IMG/pdf/d5_pakistan-social_protection.pdf.

⑥ 131777 次职工及其子女获得结婚资助。[1]

总体而言,巴基斯坦职工福利基金自 1971 年建立以来,为广大在私营部门就职的职工提供了众多的福利,取得了不少的成绩。但是职工福利基金计划与巴其他的社会保障项目一样,仍然存在着许多问题。如该基金在为职工提供较低价格的住房上,没有取得令人满意的成绩。在运行三十多年中,职工福利基金只修建了 2 万套住房公寓,而成本高达 50 亿卢比,只为 0.4% 的产业工人提供了住房。[2]对于这些住房的分配方式,职工们严重不满。人们对受益人的资格界定,也存在着众多的争议。

职工福利基金的功能在许多方面与雇员社会保障和矿工社会福利的功能重复。在劳动力密集的行业工作的职工由于工会和工会联合会的力量强,因而分享更多的福利。尽管这些企业每年没有给基金上缴多少资金,而在为该基金每年上缴数百万资金的资本密集行业工作的职工,由于他们的收入较高,没有享受该基金的多少福利。这是很不公平的。[3]

1972 年,人民党政府通过"职工子女教育条例",正式实施职工子女教育项目,给那些在拥有 10 人以上雇员企业 [4] 工作的每个职工一名子女提供免费教育。省级管理委员会负责管理通过职工福利基金建立的学校,负责实施职工子女教育项目。这些委员会从教育附加税中获得资金来实施这一项目。各省政府每年对拥有 10 人以上雇员的企业征收每位雇员每年 100 卢比的教育附加税。在穆斯林联盟(领袖派)执政的旁遮普省政府最终取消了教育附加税。[5]

1976 年,在阿里·布托执政后期,人民党政府建立了"雇员老年福利制度",为那些年老退休的雇员提供保护。该福利制度为投保的雇员提供退休养老金、伤疾养老金、遗属养老金和老年人补助。它的目标是为在正规部门中雇员超过 10人以上企业工作的雇员提供养老金,不包括那些管理人员和技术专业人员。雇员的福利可以在企业之间转移。正常情况下,男雇员达到 60 岁时(女雇员为 55 岁)

---

[1]　http://www.wwf.gov.pk/gop/index.php?q=aHR0cDovLzIwMi44My4xNjQuMjgvd3dmLw%3D%3D&hl= 2ed,09/30/2013.

[2]　Mohammad Irfan, "Poverty Alleviation and Social Protection in Pakistan", op.cit., p.15.

[3]　Parvez Rahim, "Workers' Welfare Fund Scheme", *The Dawn*, February 8th, 2010.

[4]　1972 年的"职工子女教育条例"界定"企业"为任何有职工从事商业、贸易、制造、服务、就业活动的办公室、企业、工业单位、商店、公司等。参见 "The Workers' Children(Education)Ordinance, 1972", 2. "Definitions".

[5]　Haroon Jamal, "A Profile of Social Protection in Pakistan: An Appraisal of Empirical Literature", op.cit., p.8.

就可以领取养老金,前提是他/她必须有 15 年的工作;男性矿工的年龄缩短为 55岁。[1] 政府公务员、国有企业雇员、警察、军队、铁路员工、地方政府雇员和其他地方政府机构的雇员不在该老年福利制度覆盖的范围。雇员养老金的多少取决于通过以工作年限为基础的计算公式[2] 算出。个人能拿到最少养老金为每月 675卢比。1997 年 6 月,3700 多家企业为 120 万雇员支付了该福利制度的费用,联邦政府为该福利项目每年提供了 10 亿卢比的资助。雇主必须为其投保的雇员向雇员老年福利基金上缴其工资开支总额 5% 的费用。[3] 雇主也可以为投保的雇员每月每人上缴 50 卢比。

从 1986 年开始,联邦政府也为该基金补充同企业相等的资金。1995 年,联邦政府停止补充。到 2008 年,雇员老年福利基金积累资金 1543.7 亿卢比。[4] 雇员老年福利制度不涵盖已提供同等福利的企业,如一些大型国有企业:巴基斯坦水电发展署、巴基斯坦电信有限公司、巴基斯坦国际航空公司、巴基斯坦铁路有限公司,巴所有商业银行、巴基斯坦所有保险公司和军队不是雇员老年福利制度覆盖的范围。[5] 它们都有自己的养老金制度。

雇员老年福利制度同时把社会保障与伊斯兰教的教义结合起来,在福利中把参保雇员年老的父母和寡妇也包括进来。该福利制度规定,参保未结婚的雇员如果死亡,其父母可以领取养老金五年。如果已参保 36 个月的雇员死亡,其妻子可以终生领取养老金,其子女会继续享受资助,即使死亡雇员的妻子再结婚,其子女仍可享受资助。这是担心孩子的继父不关心他们的需求。

雇员老年福利制度由一个由 19 名受托人组成的委员会来管理。这些委托人分别由政府、雇主和工会提名。在这个三方参加的委员会中,劳工部部长助理出任委员会主席,四个委员代表四省的雇主,四个委员代表四省工人代表。该机构有一个总部机关,9 个大区办公室,36 个地方办公室,31 个基层办公室。这些办公室从事个人资格的认定、登记和收费,管理雇员老年福利基金,分配福利,处

---

　　[1]　为增加该年金制度的效力,阿里·布托之后的政府增加了一个雇员享受年金的条件:每月工资少于 3000 卢比。

　　[2]　参保雇员养老金等于雇员最后 12 个月的平均工资数乘以参保雇员工作年数再除以 50。2008年以后,养老金计算公式改为雇员最后一年月平均工资的 2% 乘以参保雇员工作年数。

　　[3]　从 2002 年起,参保的雇员也必须为雇员老年福利基金支付其工资的 1%。

　　[4]　Fahd Rehman, "Asset Allocation for Government Pension Funds in Pakistan: A Case for International Diversification", *The Lahore Journal of Economics*, Vol. 15, No. 1（Summer 2010）, pp.127–151.

　　[5]　Asad Sayeed, "Social Protection in Pakistan: Concept, Situation Analysis And the Way Forward", United Nations Development Programme, *Working Paper No. 05*, February 2004, p.8.

理有关争议和抱怨。雇员老年福利机构也有权对暂时闲置的资金进行投资。基金由此得到的收益也被免征收入税和天课税。雇员老年福利制度也把养老金基金投资于能赢利的工程,为工人的福利获取额外的收入。

1979 年的雇员老年福利制度允许养老金基金投资的资产多元化,如有政府担保的证券、有担保的银行计息存款、巴基斯坦其他有固定收入的证券和优先偿付的证券产品,以及房地产。其中,政府证券占所有投资品的90%以上。实际上,该基金成为巴财政收入稳定的调节器。

在巴基斯坦,低工资的雇员能够享受到的社会保障就是雇员老年福利制度,1977 年,在该福利制度登记在册的企业数有 5447 家,参保雇员人数为 8807 人。[①]在 2000 年年底,雇员老年福利制度涵盖 43560 个企业,参保雇员为 1572014 人,领取过养老金的人为 181547 人。[②]该老年福利制度中涵盖了在职工薪雇员中极小的一部分。受益人也只在全部涵盖职员中的一部分,大约为 10.4%。雇员增长速度远超过参保雇员人数的增长速度,主要是因为雇主不愿意为其雇员交保费。与此同时,巴正规部门的就业人数增长缓慢,非正规部门就业人数增加较快。在巴基斯坦,雇佣 10 人以下的小型企业占大多数,同时,年轻雇员又成为新增劳动力大军的多数。这些雇员享受不到此项福利。为此,雇员老年福利制度的福利支付远大于保费收入。

据估计,到 2014 年,雇员老年福利基金的支出额加上管理费用会超过保费收入和投资收入。到 2035 年,如果不采取改进措施,该基金会最终枯竭。许多因素导致这一局面。领取养老金的人比贡献保费企业的数量要增加迅速。例如,从 1993 年到 2003 年,这十年时间里,保费收入增加了 300%,而养老金支出却增加了 572%。[③]

此外,雇员老年福利基金的管理成本也增长迅速。在 2000 年,该基金的管理成本占全部支出的 4.9%,占全部保费收入的 20.7%,比其他国家同类项目的管理成本增长要快的多。高的管理成本严重影响着福利支出水平。雇员老年福利制度像巴其他保障项目那样存在管理不善的问题。许多雇主和雇员抱怨他们受到该机构工作人员的骚扰。福利基金的账目混乱,有 10 亿卢比的资金不知趋向。

---

①　Naushin Mahmood and Zafar Mueen Nasir, "Pension and Social Security Schemes in Pakistan: Some Policy Options", op.cit., p.14.

②　Mohammad Irfan, "Poverty and safety nets: a case study of Pakistan", op.cit., p.12.

③　Naushin Mahmood and Zafar Mueen Nasir, "Pension and Social Security Schemes in Pakistan: Some Policy Options", op.cit., p.16.

由于养老金没有与通货膨胀率联系,实行指数化,因而支付给雇员的养老金受到通货膨胀的侵蚀。在最近 15 年中,养老金已经失去了 1/3 的购买力。

雇员老年福利制度对巴基斯坦经济产生了一定的副作用。因为该福利的资金主要由雇主承担。雇主所交的保费增加了雇佣人员的成本。为此,巴基斯坦雇主不愿意雇佣更多的职员,从而不利于经济的增长。

在最近十多年里,雇员老年福利基金的收入状况有所改善。一方面,基金通过投资获得比较高的回报率,达到 42%,增加了基金收入。另一方面,基金通过使用信息化管理,降低了一些管理成本。2002—2003 年的管理开支占保费收入的22%,而 2003—2004 年,管理开支占保费收入的比重下降到 17%。因此,提高管理效率是该养老金福利制度重要和持久的任务。

1980 年 6 月 20 日,巴基斯坦总统齐亚·哈克推行全面的伊斯兰化,颁布 "1980 年天课 ① 和欧舍尔 ② 法令（Zakat and Ushr Ordinance 1980）"。该法令宣称巴基斯坦是一个伊斯兰国家,必须实施伊斯兰戒律,而天课,包括欧舍尔税（Ushr）是伊斯兰教基本功课之一;征收天课（Zakat）和欧舍尔税的主要目的是资助那些有需要者、贫困者和穷人③,尤其照顾那些寡妇、孤儿、残疾人、传统宗教学校的学生以及受到自然灾难严重影响的人。该条例把传统的伊斯兰福利制度因素与现代公共福利制度的因素结合起来。

按照该法令的规定,政府每年对穆斯林以下金融资产:银行储蓄存款、定期存款储蓄凭证、通知存款凭证及账户、巴基斯坦投资合作公司发行的共同基金、国家投资信托公司的基金份额、政府债券、养老金、寿险保单、公积金信贷余额和证券（包括股份及债权证）的面值、应付值、市场值等征收 2.5% 的天课税。④ 其他一些资产由所有者自己估值后付天课税。这些资产是:金、银及其制造品;现金;中奖彩票;活期账户与外币账户;贷款所得;股票交易所得;不在欧舍尔（Ushr）征税范围的农产品等。⑤ 这种天课税只对穆斯林征收,也只用于穆斯林。在巴基斯坦,由于穆斯林人口占到全部人口的 97%,因此,这一资助制度几乎覆盖巴基斯坦

---

① 天课（Zakat）字面意思是使善良萌生与增长、净化或纯净,所以,交天课的行为意味着净化一个人的财富,获得真主的祝福,使其萌生更多的善良。

② 欧舍尔（Ushr）字面意义为 "什一税",指对穆斯林农产品收成征收 1/10 的税。

③ Government of Pakistan, "Zakat and Ushr Ordinance, 1980", Islamabad, June 20, 1980.

④ 按照传统伊斯兰教的规定,天课征收的对象涵盖穆斯林的所有财产,不只是金融资产。

⑤ Nasim Shah Shirazi, "Targeting Coverage and Contribution of Zakat to Households' Income: The Case of Pakistan", *Journal of Economic Cooperation Among Islamic Countries*, Vol. 17, No.3（1996）, pp.165-186.

全境。然而,由于巴穆斯林中的什叶派的抗议活动,什叶派被免于征收这种天课税。巴最高法院的法官也允许许多逊尼派的人请求免征天课税。

通过征收天课税而成立的天课基金,为巴基斯坦穷人提供多种项目的资助,主要有:

(1)生活补助。天课基金的60%资金用于生活补助。巴各地方天课委员会负责向有资格领取生活补助的家庭发放。任何穆斯林中的逊尼派人如果其收入低于每月675卢比,就有资格领取生活补助。不过,该资助优先照顾那些寡妇和残疾人。生活补助的金额为每月300卢比[①],受益人必须声明此前没有获得过政府的其他资助。

(2)教育补贴。天课基金18%的资金用于资助那些贫困的学生。在巴学校、大学、职业学校和其他政府认可的其他培训机构就读的学生都有资格获得教育补贴。资助人由学生所在地区的地方天课委员会确定。获得资助的学生因为其所读的学校不同,获得的补贴额也不同:在小学至初中就读的学生每月可获得75卢比;在高中学习的学生每月可获得112卢比;在大学就读的学生每月可获得375卢比;在研究生阶段,每月可获得750卢比;在工程大学和医学院就读的学生每月可获得874卢比;攻读计算机科学的学生每月可获得874卢比。所有补贴将以全年补贴额一次拨付给学生所在教育机构。

(3)技术教育助学金。天课基金专门拨款资助在巴职业培训机构和技术教育培训机构学习的学生,为他们提供助学金,在职业培训机构学习的学生每月可获得2200卢比的助学金,如果圆满完成培训还可一次性获得因购买工具和器具的补偿金5000卢比;在技术教育培训机构学习的学生每月可获得500卢比的助学金和5000卢比的工具补偿金。

(4)医疗保健资助。6%天课基金的资金分配给地区天课委员会,作为医疗保健资助费用。地区天课委员会再根据各医院情况把资金转给各医院。这些医院共同组成健康福利委员会来负责受益人的确定和发放。每位在治疗的病人在家治疗每月可获得2000卢比的资助,在医院治疗的病人每月可获得1000卢比的资助。

(5)对未结婚妇女的婚姻资助。天课基金拨出4%的资金给地区天课委员会,以资助未结婚的妇女。为即将结婚的妇女的结婚资助额为10000卢比,一次性支付。

---

① 2001年,生活补助金额增加到500卢比。

（6）恢复生产能力的资助。天课基金拨出 4% 的资金以支持穷困者,恢复其生产与经营能力。该项目的受益人必须是成年的穆斯林,并且没有收到过天课基金其他项目的资助。地区天课基金负责确定本区域的受益人资格,一次性为受益人拨付 5000 卢比,以帮助其恢复生产与经营能力。[①]

（7）宗教学校的助学金。天课基金对在传统宗教学校学习的学生给予宗教学校助学金。该助学金占天课基金的 8%。助学金的多少取决于宗教学校的状况。[②]

巴政府建立了五层管理机构负责管理天课基金。它们是:中央天课理事会、省天课理事会、大区天课委员会、区天课委员会、地方天课委员会。中央天课理事会管理存放在巴中央银行的天课基金。省天课理事会负责把天课资金分配到每个大区天课委员会中。地方基层的天课委员会负责甄别资助对象的资格。

1996 年,人民党贝·布托政府取消了省天课理事会和大区天课委员会,任命了 12 个地区管理人。到 2001 年,巴基斯坦有 3000 多个地方天课委员为天课基金在工作,同时雇请了 250000 个工作人员和志愿者。

2001 年,穆沙拉夫执政后,颁布总统令解散了原有的天课委员会,理由是天课体制已经完全政治化,存在资金管理不善。穆沙拉夫政权重新组建了 40000 个新天课委员会。

这些天课委员会把所分配资金的 10% 留作管理费。地方天课委员会把天课资金的 60% 用于资助贫困者和资助一些人恢复其生产与经营能力。其余 40% 的资金通过各种机构,如宗教学校、公立医院、职业培训机构和其他福利机构。

天课的征收在法令颁布后的一段时间里是逐年增加的,从 1980—1981 财年的 8.46 亿卢比增加到 1993—1994 财年的 47 亿卢比, 1997—1998 财年下降为 41 亿卢比, 2000—2001 财年略增长到 42.76 亿卢比。 天课 50% 的收入来自对储蓄存款账户的征税, 16% 来自对定期存款储蓄凭证的征税。[③]

天课收入占 GDP 的比重出现逐年下降的趋势。从 1980—1981 财年天课收入占 GDP 的 0.31% 下降到 20 世纪 90 年代的 0.204%,到 2000—2001 财年则只有 0.14%。[④] 2005 年,天课基金共支出 59 亿卢比,占 GDP 的 0.17%,占全部社会

[①]　http://www.zakat.gop.pk/forms/EstablishmentofZakatFunds. Aspx?MID=4.

[②]　Naila Kabeer, "Social Protection in South Asia: A Review", Institution of Development Studies, SUSSES, August 2009, p.26.

[③]　Hafiz A. Pasha, Sumaira Jafarey and Hari Ram Lohano, "Evaluation of Social Safety Nets in Pakistan", Social Policy and Development Centre, SPDC *Research Report No. 32*, Karachi, 2000, p.6.

[④]　Mohammad Irfan, "Poverty and safety nets: a case study of Pakistan", op.cit., p.20.

保障支出的 11.3%,受益人数大约为 170 万人。[①] 从 1980 年到 2007 年,政府共征收 740 亿卢比作为天课基金,支出 590 亿卢比,中央天课基金留存 150 亿卢比。这些未支出的资金转交政府。[②]

天课基金总体上运行良好。它为穷人提供的生活津贴,改善了巴贫困阶层的生活状况,尤其是基金给那些因为自然灾难而贫困的人提供恢复其经营与生产能力的资助,使其能够自食其力,有利于恢复巴基斯坦的经济。该资助体制的管理费用总体上比较低,因为在地方基层的天课委员会中使用了大量的志愿者。不过,最高法院允许穆斯林可以申请免征天课税的做法对天课的征收起到了负面影响。天课基金依赖对穆斯林逊尼派金融资产的征收保证了天课资助制度的连续性,同时,由于天课税主要由巴高收入家庭承担,因此,天课税也发挥了收入再分配的重要作用。

但是巴基斯坦的天课资助制度也存在以下的问题:

(1)生活补助发放不正常。从理论上讲,对贫困者的生活补助应该是每月发放,但是实际上,经常不能正常发放,如在 2001 年,就一次全部发放,不利于被资助者一年均匀消费。

(2)对地方基层的天课资金的监管不到位。在地方基层的天课中的生活补助纪录应该每六个月由上级大区天课委员会检查一次,但是很多地方天课资金的运用经常每两年才检查一次。

(3)一些政治领导人影响区天课理事会主席人选的任命,把天课基金政治化。[③] 在农村地区,大约 60% 获得天课基金资助的人是由地方基层天课委员会或其主席提名。21% 获得天课基金资助的人是由地方议员提名。其他获得天课资助的人由地方知名人士,如当地地主、宗教领导人、天课委员会委员的亲戚提名。在城市中, 70% 获得天课基金资助的人是由当地议员提名。[④] 总之,天课资金的分配中存在严重的政治化趋向。

---

① Gabriele KÖhler,Marta Call and Mariana Stirbu, "Social Protection in South Asia: A Review", United Nations Children's Fund Regional Office for South Asia, July 2009, p.70.

② Faisal Bari, Emma Hooper and Shahid Kardar (etc.), "Conceptualizing a Social Protection Framework for Pakistan", Asian Development Bank, *Background Paper No. 4,* 2005, p.10.

③ Imran Ashraf Toor and Abu Nasar, "Zakat as Social Safety Net: Exploring the Impact", Social Policy and Development Centre, SPDC *Research Report No. 53,* Karachi, 2000, p.12.

④ Naila Kabeer, Khawar Mumtaz and Asad Sayeed, "Beyond Risk Management :Vulnerability, Social Protection and Citizenship in Pakistan", *Journal of International Development*, Vol.22, No.1 (Jan.2010), pp.1–19.

（4）天课基金的总支出中，只有 43% 的支出用于资助巴社会最贫困者。[1]

天课基金并没有完全资助贫困者。在农村地区接受天课基金资助的人当中，15% 是来自中等收入群体。在城市中接受天课基金资助的人中，50% 的受益者属于中等收入群体。[2]

由于天课基金资助的金额较少，它对巴贫困和弱势群体的影响是有限的。它大约资助了 200 万个受益人。在天课基金的资助中，地方天课委员庇护自己的特殊利益群体，忽视了真正需要资助的人。天课资助者只涵盖了贫困家庭中很少的一部分，因而该资助制度的针对性不强，没有真正起到扶贫的作用。这一制度需要通过强化其实施和监督的制度化，提高资助额度，重组天课基金的征收和支出，重新修改按照省和地区人口比例发放天课资金的做法，按照各省和地区实际贫困的状况来发放天课基金。这样资助的针对性会更强，同时，需要进一步完善受益人的资格认定的标准，建立可量化的测试标准，并在全国使用统一标准，尽量减少个人因素的干预。

天课对农产品的征税，也叫做"欧舍尔（Ushr）"。按照"天课和欧舍尔税法令，1980"的规定，对超过 948 公斤小麦收成以及等于相同价值的农产品征收欧舍尔税。像天课税那样，欧舍尔税也只对逊尼派穆斯林征收。按照宗教法规，对能灌溉的水田农作物收成征收 5%，对非灌溉旱地的农作物收成征收 10%。欧舍尔税以农作物的市场价征收。在实际征收中，欧舍尔税统一以 5% 的比例征收。

欧舍尔税的征收权完全在地方天课委员会。欧舍尔税在 1984 年—1985 年达到其收入的最高值 2.6 亿卢比。从此以后，地方基层天课委员会就没有很好地完成评估和征收的任务。每年巴基斯坦也只征收到 1000 万卢比。[3] 1990 年巴财政法案，把征收欧舍尔税的任务转交到各省税务局，但是这一建议也没有得到有效地执行。

欧舍尔税的征收额从 1982—1983 年度的 1.7932 亿卢比增加到 1983—1984 年度的 2.6104 亿卢比。但是自 1984—1985 财年后，欧舍尔税的征收额就一直在下降，到 1993—1994 财年的征收额只有 20 万卢比。[4] 对欧舍尔的征收主要由地

① World Bank, "Pakistan Towards an Integrated National Safety Net System, Assisting Poor and Vulnerable Households: An Analysis of Pakistan's Main Cash Transfer Program", Human Development Sector, South Asian Region, *Report No.66421-PK,* January 24, 2013, p.ix.

② G.M.Arif, "Targeting Efficiency of Poverty Reduction Programs in Pakistan", Asian Development Bank, *Working Paper No. 4,* 2006, p.29.

③ Hafiz A. Pasha, Sumaira Jafarey and Hari Ram Lohano, "Evaluation of Social Safety Nets in Pakistan", Social Policy and Development Centre, SPDC *Research Report No. 32*, Karachi, 2000, p.11.

④ Central Zakat Administration, "Zakat and Ushr System in Pakistan", Government of Pakistan（1994）and Annual Report of State of State of Pakistan（1994）.

方基层天课委员会负责,但是这些地方天课委员会一方面没有专业技能,另一方面,也不敢得罪有权势的地主。在许多委员会中,主席或者委员没有受过多少教育。[1] 由于欧舍尔税征收较少,中央天课理事会在1993年决定把对欧舍尔税的征收移交给各省税务局。税务部门有便利的条件去征收欧舍尔税,因为它们拥有训练有素的工作人员。

像天课税那样,欧舍尔税主要由地方基层天课委员会使用大量的志愿者,从而使管理成本最小化,有更多的资金用于福利资助。这种对穷人的资助也主要使用现金转移支付的方式。欧舍尔税征收量较小,只能帮助有限的受益人。此外,作为农业税的欧舍尔也会对巴农业生产产生负面的影响。

1991年,巴议会通过"巴基斯坦基金委员会法案(Pakistan Bait-ul-Maal Act of 1991)"。1992年,巴政府建立巴基斯坦基金委员会。该基金委员会是一个自治机构,以现金补助的方式为那些被排除在天课项目之外的团体,主要是巴少数民族提供资助。该基金委员会的资金主要来源于联邦拨款。不过,联邦政府的拨款从1996—1997年度的10亿卢比下降到1998—1999年度的2亿卢比。[2] 为此,基金委员会不得不也接受中央天课基金和地方当局、全国性组织、国际组织的一些拨款,以及一些自愿捐款。

巴基斯坦基金委员会为那些贫困者、寡妇、孤儿、生病者、残疾人等需要帮助的人提供资助,而不管其性别、信仰、种族和宗教状况如何。巴基斯坦基金委员会由一位主席、五位联邦政府任命的非官方成员和三位官员组成的管理理事会来管理。管理成本比较低,只占全部资金的2%。巴基斯坦基金委员会主要提供以下资助项目:

(1)食品援助计划。基金委员会的主要资助项目是2000年8月开始的食品援助计划,大约占巴基斯坦基金委员会资金的70%。该项目给月收入低于1500卢比的贫困家庭提供为期两年的现金转移支付,以满足其家庭成员的基本需求。每年财政拨款25亿卢比,通过现金转移支付方式资助贫困家庭,每月提供200卢比 [3] 的现金津贴。每年2400卢比,分两次发放,每次1200卢比。食品援助计划的转移支付金额低于天课基金中的生活补助每月500卢比。这两个项目都针对

---

　　① Nasim Shah Shirazi, "Targeting Coverage and Contribution of Zakat to Households' Income: The Case of Pakistan", *Journal of Economic Cooperation Among Islamic Countries*, Vol. 17, No.3 (1996), pp.165–186.

　　② Mohammad Irfan, "Poverty and safety nets: a case study of Pakistan", op.cit., p.21.

　　③ 2005年,这一资助金额增加到250卢比, See Naila Kabeer, Khawar Mumtaz and Asad Sayeed, "Beyond Risk Management :Vulnerability, Social Protection and Citizenship in Pakistan", *Journal of International Development*, Vol.22, No.1 (Jan.2010), pp.1–19.

穷人。这些津贴大致相当受益家庭四个月的面粉价值。

该项目登记受益家庭为 125 万个,影响到 850 万个人。[①] 在这些受益人中,29% 为寡妇,19% 为残疾人或长期生病者,剩余 52% 为生活在贫困线以下的家庭。[②] 1998 年,联邦政府在食品援助上共花费了 8900 万卢比。在 2003 年,约 100 万个家庭获得此项援助,其中,3% 的受益人来自巴少数族裔。2004 年 2 月 13 日,联邦政府为巴基金委员会中的食品援助拨款 68.6 亿卢比,进一步扩大对贫困家庭的食品资助,保证贫困人口的基本营养需求。[③]

(2)个人资助项目。它是巴基斯坦基金委员会主要的社会资助项目之一,为那些贫困者和急需资助的寡妇、孤儿、残疾者、体弱多病者提供资助,为患病的贫困者提供免费医疗,为优秀但贫困的学生提供学习津贴。在 1997—1998 年度,该项目支出 1400 万卢比,约 5000 个受益人。在 2004 年,该项目共支出 2.29 亿卢比,2 万个家庭受益。[④] 巴基斯坦基金委员会到 2012 年 2 月,该项目共提供了 7.35 亿卢比的资助,全巴基斯坦共有 13171 名受益者。

(3)子女抚养费计划。该项目是一个现金转移支付项目,为那些送子女上学的父母提供现金奖励。如果一个家庭送一个小孩[⑤] 去上学则给该家庭每月 300 卢比的奖励;如果一个家庭送 2 个以上的小孩去上学,则给该家庭每月 600 卢比的奖励。该项目 2006 年先在 3 个大区:巴卡尔(Bhakkar)、特帕卡(Tharparkkar)和科希斯坦(Kohistan)试点,取得成功,然后再向巴全国推广。现在,这个项目在巴基斯坦的 12 个大区中运行。到 2012 年 2 月,基金委员会共支付 6675.4 万卢比。

(4)全国童工康复中心。巴基斯坦基金委员会有支持童工康复的政策,并采取了许多措施改善这些童工的状况。基金委员会努力使这些童工脱离工作,并通过非正式的教育让他们回到主流的教育。每个小孩每月获得 150 卢比的津贴,同时给其父母 300 卢比,以弥补小孩工作收入的丧失。到 2012 年 2 月,巴基斯坦全国共建立 159 个童工康复中心,共花费 2 亿 4868.1 万卢比。[⑥]

---

①　Faisal Bari, Emma Hooper and Shahid Kardar(etc.), "Conceptualizing a Social Protection Framework for Pakistan", Asian Development Bank, *Background Paper No. 4,* 2005, p.11.

②　Hafiz A. Pasha, Sumaira Jafarey and Hari Ram Lohano, "Evaluation of Social Safety Nets in Pakistan",op.cit., p.8.

③　"Bait –Maal Provides Rs. 6.86 billion for food support", *The Daily News*, February 13, 2004.

④　Mohammad Irfan, "Poverty Alleviation and Social Protection in Pakistan", Pakistan Institute of Development Economics, Islamabad, 2007, p.10.

⑤　小孩的年龄在 5—12 岁,并且其上学时间为学校学习时间的 85%。

⑥　Imtiaz Ahmad, "Social Safety Nets", *Pakistan Economic Survey 2011-12*, Minstry of Finance, Government of Pakistan, Islamabad, 2012, p.227.

（5）职业培训中心。职业培训中心自 1995 年开始在巴基斯坦全国建立。157 个职业培训中心为寡妇、孤儿和穷困家庭的女孩提供不同技术的免费培训。自建立到 2012 年 12 月共花费 4 亿 7854 万卢比，共有 59897 名女性学员在这些中心得到技能培训。

（6）巴基斯坦甜蜜之家（Pakistan Sweet Home）。巴基斯坦基金委员会在巴基斯坦的建立不同级别的甜蜜之家即孤儿院。作为试点项目，基金委员会建立了 30 个孤儿院，有 3000 名孤儿入住。基金委员会为这些小孩提供免费的食物、营养、医疗、住所以及免费教育。到 2012 年 12 月，这些孤儿院共花费 2.61 亿卢比。[①]

尽管巴基斯坦基金委员会提供了各种资助项目，涵盖巴基斯坦贫困人口中的 20%，贫困家庭的 20%。例如，在 1999 年，受益人数目只有 230865 个家庭，对于减少巴基斯坦贫困有一定作用。[②]

天课基金的接受者和基金委员会的受益人经常出现重叠现象进一步降低了基金委员会的涵盖面和有效性。巴基斯坦联邦基金委员会支出中，只有 46% 的支出真正用于资助巴人口中 40% 的最穷困者。联邦政府是其资金的主要来源。因此，该项目受制于政府的财政状况。政府对该项目的拨款在逐年减少。基金委员会的有六个分散的小项目，有些没有比较优势，有些不是基金委员会的职责。

此外，该项目缺乏透明性以及在资金运用中存在腐败问题都削减了该项目社会资助的有效性。2010 年 2 月 3 日，巴联邦调查署发现神圣家族医院三名工作人员通过伪造文件贪污 830 万卢比。这三名工作人员分别是基金委员会下属管理人员穆罕默德·盖马尔、会计人员沙夫卡特·拉希姆、会计主管吴拉姆·S.里兹维。[③] 因此，联邦政府有必要加强对基金委员会的监督与管理，减少资金遗漏，提高其可信度。

自 1999 年起，巴基斯坦政府开始实施公共工程项目，名为"库舍尔巴基斯坦计划（Khushal Pakistan Programme）"。在巴基斯坦，公共工程项目有很长的历史，通过公共部门劳动力密集的建设项目为工人提供短暂就业。在贝·布托执政时期，公共工程项目名为"人民工程计划"。在穆沙拉夫、穆斯林联盟（谢里夫派）执政时期，公共工程项目又名为"建设祖国计划（Tameer-Watan Programme）"。

---

①　Zaila Husnain, "Social Safety Nets", *Pakistan Economic Survey 2012-13*, Minstry of Finance, Government of Pakistan, Islamabad, 2012, p.209.

②　Mohammad Irfan, "Poverty and safety nets: a case study of Pakistan", op.cit., p.22.

③　Aamir Yasin, "Rs. 8.3 million fraud detected in Holy Family Hospital: Charity Fattens Fraudsters", *The Dawn*, February 04, 2010.

各省与地方当局和社区密切合作，共同实施库舍尔巴基斯坦计划。

2000 年 1 月至 2001 年 12 月，为期两年期间，巴政府拨款 200 亿卢比（约合 3.3 亿美元），实施公共工程项目，以增加工人的就业机会，并为巴农村和城市贫民区提供必要的基础设施。公共工程的项目主要是建设从农村到城市市场的道路、修复供水计划、修复现有学校、乡村小道、街道、下水道、和农村的防洪渠道等。此外，公共工程项目还疏理河道，清理沟渠，并为城镇，市政委员会，和大城市的公司提供民用设施等。[①]

2000—2001 财年，库舍尔巴基斯坦计划创造就业岗位 40 万个，2001—2002 财年，该项目创造就业岗位 27 万个，2002—2003 财年前 6 个月创造就业岗位 30 万个。[②] 2002 年，巴公路部门共获得 140 亿卢比资金，修建了 25000 条道路。自 1999 年到 2003 年，巴政府总共批准过 13000 个小工程，其中 10000 个项目已经完成，共创造大约 50 万个工作机会。[③] 2004 年改名后的建设祖国计划更多强调建设基本的公用设施和基础设施，而不仅是为穷人提供暂时的就业。2005 年，巴政府为 4856 个项目拨款 37.62 亿卢比。[④]

该项目创造的就业岗位数量相对巴高失业率和贫困率而言，其作用是微不足道的，也不清楚该项目的定位是优先考虑基础设施还是优先考虑贫困或失业。公共工程项目的资金来源于巴公共部门发展项目。由于巴政府自 20 世纪 90 年代初以来就经常出现财政危机，公共部门发展项目的资金占 GDP 和政府支出的比重都出现持续下降。公共投资以及通过公共工程的社会保障也不再是政府支出优先考虑的项目。

2008 年，人民党执政后，继续实行贝·布托实行的人民工程计划。在 2008 年至 2013 年的五年期间，人民党政府分别为人民工程计划第一期和第二期共支出 1500 亿卢比和 1700 亿卢比。尤其是，在人民党阿什拉夫执政期间把人民工程计划 106 个项目原计划支出的 220 亿卢比猛增到 420 亿卢比。[⑤]

2013 年穆斯林联盟（谢里夫派）执政后，决定把公共工程项目的名称由人

①　"Pakistan Country Profile", Johannesburg Summit 2002, Unite Nation, New York, 2002, p.5.

②　Asad Sayeed, "Social Protection in Pakistan: Concept, Situation Analysis and the Way Forward", The Centre for Research on Poverty Reduction and Income Distribution, Government of Pakistan, Working Paper 5, February 2004, p.13.

③　Mohammad Irfan, "Poverty and safety nets: a case study of Pakistan", Pakistan Institute of Development Economics, Islamabad, 2003, p.25.

④　"Provinces can't amend LB Ordinance:Minister", Daily Times, June 05, 2005.

⑤　Mehtab Haider, "Govt to change name of People's Works Programme", The News, June 09, 2013.

民党执政时期的人民工程计划重新改为建设祖国计划,其他制度与程序不变。公共工程项目通过公共部门劳动力密集的建设项目为失业工人提供就业,对于缓解巴基斯坦失业者的贫困,为低收入者创造增收的机会起到了一定的作用。

除以上政府建立的正式社会保障体系以外,巴基斯坦还长期存在着非正式的社会保障机制。非正式的福利转移支付主要有三种形式:①私人提供天课资助和对穷人施舍;②以家庭、亲戚、家族为基础的联系在困难时担负支持机制;③由于缺乏正式的社会保障,庇护网络和腐败取代社会保障。

按照1998年的调查,私人的慈善资助金额估计为410亿卢比,占当年GDP的1.25%。2002年,私人慈善资助金达到189亿卢比,占GDP的0.6%。大约有2/3的慈善资金直接捐给了个人,另1/3通过组织资助,其中94%通过宗教组织资助穷人。[①] 由于文化与宗教的原因,私人慈善深深地植根于巴基斯坦。巴基斯坦的雇主与家境好的邻居在开斋节非常愿意以现金或食物施舍穷人。

2007年7月,巴基斯坦政府公布了"国家社会保障战略",首次全面阐述了巴基斯坦关于社会保障的构想。该文件在巴基斯坦历史上首次界定了巴基斯坦社会保障的范围,规定国家社会保障战略的最终目标是建立一个统一和全面的社会保障体系,涵盖所有人口,尤其是最贫困和最弱势的人群。[②]

2007年的"国家社会保障战略"文件建议现金转移支付项目应使用社会保障数据,通过数据库来挑选有资格的受益人;现行无条件的现金转移支付应转变为有条件的现金转移支付,使用诸如基于测试的代理变量收入能力调查方法,以地域和社区为基础,有针对性的受益人识别法。该文件呼吁实行为期五年的逐渐变革。在此期间,社会资助额将从110亿卢比上升到360亿卢比。社会资助的大部分项目将实行有条件的现金转移。[③]

2007年的"国家社会保障战略"提出许多现代社会保障制度使用的最新受益人识别技术,代表了巴基斯坦对社会保障政策思考的一大进步,首次提出巴基斯坦社会保障的发展远景。但是当时的巴基斯坦穆沙拉夫政府已经没有时间来实施该文件的构想。这一任务最终落在2008年上台执政的巴基斯坦人民党政府。

---

①　Faisal Bari, Emma Hooper and Shahid Kardar(etc.), "Conceptualizing a Social Protection Framework for Pakistan", op.cit., p.18.

②　Government of Pakistan, "A Social Protection Strategy to Reach the Poor and the Vulnerable", Planning Commission, Center for Poverty Reduction & Social Policy Development, Islamabad, June 2007, p.5.

③　Haris Gazdar, "Social Protection in Pakistan: In the Midst of a Paradigm Shift?", *Economic and Political Weekly*, Vol. 46, No. 28(July, 2011), pp.59-66.

二、2008 年人民党执政后的社会保障政策

2008 年执政的人民党上台伊始便同时遭受能源危机和食品危机。通货膨胀率在 20% 以上,民众的购买力自 2005 年以来下降了 50%。由于经济危机,巴基斯坦穷人和弱势群体的生活更是雪上加霜。他们把自己收入的绝大部分花在购买食品上。低于巴基斯坦贫困线① 的人口占到总人口的33%,包括820万个家庭,5500 万人口。②

在这种情况下,自称代表低层民众利益的人民党认识到社会保障与社会安全网的重要作用。为了实现自己的竞选承诺,人民党政府在扩展现有社会保障和经济资助的同时,启动了一个更大规模资助贫困家庭的无条件的现金转移支付项目,即贝娜齐亚收入支持项目。

该项目以人民党已故领导人贝娜齐亚·布托的名字命名,成为人民党政府旗舰性的社会安全网项目。它直接目标是为了缓和食品和金融危机对穷人的冲击。它更为广泛的目标是通过为长期贫困者和极易受到未来不确定性冲击的人提供最低收入保障来实现国民收入再分配的目标。这一社会安全网项目既为长期穷困者和短期贫困者提供收入支持,同时,也为他们提供致富机会,最终摆脱贫困。它承载着巴基斯坦人民党通过社会保障建设实现巴基斯坦成为福利国家的梦想。

人民党在联邦政府层面建立贝娜齐亚收入支持项目,同时,在旁遮普省执政的穆斯林联盟(谢里夫派)也建立只适应本省的旁遮普省食品援助计划和便宜面包项目(Sasti Roti Scheme)。为此,在人民党执政后的 2008—2009 财年的社会保障开支比 2007—2008 财年陡然增加 5 倍多,从 110 亿卢比增加到 620 亿卢比。③

以下两个因素促进巴基斯坦的社会保障进入一个新的发展阶段:

首先,人民党和穆斯林联盟(谢里夫派)在竞选时关注在经济危机下,巴基斯坦民众的收入不平等在扩大,因此,都把扩大现有社会保障的开支作为政治动员的主要手段,以得到广大民众的支持。两党领导人都了解社会保障项目对民众的影响力。因此,两党都把扩大社会保障作为一项重要政策。两党在通过发展社会保障,扩大本党的影响方面存在竞争关系。

---

① 巴基斯坦当时的官方贫困线标准是每人每天收入 1 美元。

② Muhammad Arshad, "Does Money Matter for Women's Empowerment? A Study of the Benazir Income Support Program(BISP)", International Institute of Social Studies, The Hague, Netherlands, November, 2011, p.4.

③ Haris Gazdar, "Social Protection in Pakistan: in the Midst of a Paradigm Shift?", Centre for Social Protection, CSP Research Report 13, January 2011, p.3.

其次,经济危机之深严重影响了巴基斯坦经济,因此,人民普遍认为基本必需品通货膨胀的上升严重影响了巴基斯坦穷人的生活。为此,巴两党扩展社会保障的水平,得到大多数人的支持。2007年的"国家社会保障战略"已为两党扩展社会保障范围水平做了理论准备,可以把现存的方案运用到实践之中。

(一)贝娜齐亚收入支持项目

人民党首先把完善社会保障,保障穷人和弱势群体的利益放在执政优先考虑的工作。人民党政府组阁后不到10周就向巴国民议会提交建立贝娜齐亚收入支持项目的社会资助方案,并宣布向该项目拨款340亿卢比。2008年7月,人民党政府就已经为该项目拨付了资金,但是直到10月才开始正式启动。启动推迟的主要原因是缺乏有效的实施机制。[①]

贝娜齐亚收入支持项目的核心是为340万有资格的受益人,每月提供1000卢比(按当时卢比兑美元汇率约合10.5美元)的资助。该项目覆盖巴基斯坦的四个省份,并包括联邦直辖部落区、查谟和克什米尔地区。该项目的目标是到2014年,减少巴基斯坦20%的贫困人口。

该项目规定有资格享受该项目资助的家庭必须具备以下条件:①女性申请人必须有身份证;②家庭的月收入低于6000卢比(相当于67美元);③家庭中没有成年男性的寡妇/离婚妇女;④家庭中有身体和精神残疾的成员;⑤家庭中有长期生病的成员。

家庭中符合以下条件之一,没有资格申请资助:①家庭中有成员在政府部门或政府附属部门、军队;②家庭中有成员从政府的养老金项目中领取资助;③家庭中有成员享受退休后的福利;④家庭成员拥有3英亩的农业用地或80平方码的宅基地或住房;⑤家庭成员从其他资源中获得收入资助;⑥家庭成员有护照;⑦家庭成员有国外身份证;⑧家庭成员有银行账户(银行专门为穷人开设的账户除外)。[②]

在贝娜齐亚收入支持项目中,在一个有资格接受资助的家庭中,只有家庭的女性一家之主,或成年女性才是资助的接受者。贝娜齐亚收入支持项目中的受益单位是家庭。该项目界定所谓"家庭"中有一个年满18周岁,并已经结婚妇女。该妇女可是以下情况:①与自己的丈夫和她未结婚的子女生活在一起;②一个离婚妇女与她未结婚的子女生活在一起;③一个离婚妇女单独生活或与她的父母/

---

① Haris Gazdar, "Social Protection in Pakistan: In the Midst of a Paradigm Shift?", *Economic and Political Weekly*, Vol. 46, No. 28(July, 2011), pp.59–66.

② Axel Weber, "Social Assistance in Asia and the Pacific", Bernkastel-Kues, Germany, pp.6–7.

亲戚生活在一起；④寡妇单独生活或与她未结婚的子女或与她的父母／亲戚生活在一起。只有女性一家之主负责回答贫困分值卡上所列的问题，也只有她才能决定其家庭单位是否有资格接受资助。这种确定家庭女性为受益人的方式代表了与过去主要通过男性家长构建国家与个人联系的习惯决裂。①

据估计，每月 1000 卢比的资助够 5—6 口之家 20—25 天食用的面粉价值。贝娜齐亚收入支持项目对受益人的资助金额是巴其他项目如天课基金和巴基斯坦基金委员会对受益人资助金额的两倍。她在家庭中可以按照自己的安排，自由地选择和作出决定。

为尽早推出贝娜齐亚收入支持项目，巩固人民党的支持率，人民党政府起初使用现有的政府组织体系，例如，使用国家数据库登记机构来获得巴基斯坦成年人的信息。该数据库提供的教育水平、年龄、职业、银行账户等作为代理手段，来确定有资格的受益人。但是这种资格的确定带来很多问题，因为巴基斯坦的穷人没有身份证。这些穷人在国家数据库登记机构没有任何信息，尤其是女性贫穷人口中，许多人在该数据库中没有信息。如果以国家数据库登记机构的信息作为确定受益人的资格，将导致女性贫困人口被边缘化，而女性贫困人口却是贝娜齐亚收入支持项目资助的重点对象。为此，这种方法很快被放弃。

人民党政府接着要求巴两院议员，每人在其选区分发 8000 份表格，由他分发给有资格享受该项目的家庭。这些表格再由国家数据库登记机构按照资格标准和非资格标准进行进一步筛选，以确定最终受益人名单。② 这一方法与前者的主要区别在于那些没有国家数据库登记机构的身份证的人，尤其是那些没有身份证的妇女也能成为受益人。这种放弃完全依赖国家数据库登记机构的办法，更能反映贝娜齐亚收入支持项目的初衷。

但是议员们也发现很难管理遴选进程。议员很难做到与选区中 8000 个选民都取得联系，并了解每个选民的个人信息。在许多情况下，议员让本党的工作人员去识别受益人的资格。这些政党工作人员利用这些庇护机会。由于贝娜齐亚收入支持项目与人民党联系在一起，导致其他政党的议员没有认真履行职责。在旁遮普省的穆斯林联盟（谢里夫派）的议员尤为不愿意把该项目的申请表格分发给他所在选区的选民。有些议员完全退回了 8000 份申请表。通过评估发现，

---

① Haris Gazdar, "Social Protection in Pakistan: in the Midst of a Paradigm Shift?", Centre for Social Protection, CSP Research Report 13, January 2011, p.8.

② Shanza N. Khan and Sara Qutub, "The Benazir Income Support Programme and The Zaka Programme: A Political Economy Analysis of Gender", Overseas Development Institute, London, November 2010, p.7.

巴4/5的村庄得到贝娜齐亚收入支持项目的资助。得到资助的家庭大部分是该议员的支持者。有些最贫困的家庭因为与当地议员缺少联系,而被排除在外。

很明显,以议员为基础的确定受益人的方法存在着许多问题。首先,这一方法并没有向所有人开放,只有那些收到议员表格的人才有资格申请。其次,许多由议员确定的受益人贫困分值高,同时,与议员的政治联系及政治参与的分值也高。这说明议员在确定受益人资格时加入了政治派别因素。再次,该项目需要一个透明的、客观的标准确定受益人的资格。受益人的一个基本资格是家庭的月收入应低于6000卢比,但是如何准确评估家庭的收入是一个难题。因此,判断者经常主观评估家庭收入。最后,此项目需要尽量减少错误的验证工具,不遗漏应该资助的贫困家庭。

为了应对反对党的批评,使用更加客观和透明的界定受益人办法,提高该项目的资助效率,人民党政府决定2009年重新设计受益人资格的评估方法。人民党政府与世界银行达成协议,改变受益人资格认定依靠议员的办法,进行贫困普查,收集所有家庭的基本信息,设计了一个贫困分值的鉴定方法。这种贫困分值按照世界银行专家组以2005—2006年的家庭调查为依据,通过代理变量收入调查法计算。

这种代理变量收入调查法设计出一系列代表家庭福利的若干变量,如家庭人口、家庭财产、住房状况、拥有的耐用消费品等,把一个家庭的福利收入状况分为0—100分,有助于界定最贫困的家庭。家庭能够接受贝娜齐亚收入支持项目资助的标准是:①该家庭的代理变量收入调查法的贫困分值为16.7或低于16.7;[①] ②每个家庭只有一名女性受益人;③女性受益人应有国家数据库发放的计算机化的身份证。以16.7的贫困分值为截止点,包括13.8%的家庭,500万人口,相当于全部人口的18%。如果受益人每月资助1000卢比,那么,预算资金为596亿卢比。[②]

代理变量收入调查法比直接的测验手段(如向潜在的受益人询问他们的收入与开支)要合理些,因为直接询问的信息经常有误报,同时,又没有可靠的信息系统来加以证实这种信息。此外,要挨个测量他们的消费既费时又有很高的成

①　Durr-e-Nayab and Shujaat Farooq, "Effectiveness of Cash Transfer Programmes for Household Welfare in Pakistan; The Cash of the Benazir Income Support Programme", Poverty and Social Dynamics Paper Series PSDPS:4, Pakistan Institute of Development Economics, Islamabad, 2012, p.4.

②　World Bank, "Pakistan Towards an Integrated National Safety Net System, Assisting Poor and Vulnerable Households: An Analysis of Pakistan's Main Cash Transfer Program", op.cit., p.37.

本。2009 年 4 月 30 日,人民党政府停止议员来识别受益人资格。

为了落实全国贫困分值卡的设计,从 2009 年 6 月到 9 月,人民党政府在分别代表四个省和查谟及克什米尔地区的 16 个大区进行试点。人民党政府运用人口普查方法去收集计分卡上的信息,要求工作人员访问试点区的每一个家庭,并要求每个家庭填写相关表格,以保证收集信息的完整性。为了保证项目的可靠性,参与这一项目的各个机构在鉴定有资格的家庭中,实行职能分离。三个组织参与了 16 个大区的试点工作。它们是人口普查机构、农村支持项目网络和巴基斯坦扶贫基金。人口普查机构在全国拥有完备的组织体系,而农村支持网络在广大农村地区有自己的组织体系。

贫困普查收集试点地区所有家庭和个人的信息。贫困普查得到的数据再返回给国家数据库登记机构,由该机构计算出每个家庭的贫困分值。受益人将依据此贫困分值选出。[①] 这种方法将完全取代通过议员确定受益人的方法。这种客观地确定受益人的工具,相对该项目原有的设计有重大的提高,同时也采取申诉处理程序。15 个大区贫困普查完成后,人民党政府到 2011 年夏天完成了对全国其他地区的贫困普查。

人民党试图把贝娜齐亚收入支持项目作为实行其他社会保障措施的平台。2010 年,人民党使《贝娜齐亚收入支持项目法》在国民议会获得通过。该法规定贝娜齐亚收入支持项目成为协调针对穷人资助项目的设计与实施的独立社会安全网机构。该项目也给巴西北边境省军事冲突区域的流离失所的人民提供社会紧急资助。

贝娜齐亚收入支持项目最初由政府财政部建立,随后又建立了不同的管理委员会来负责对该项目的管理。2009 年 4 月,人民党政府建立了一个委员会来负责该项目的设计。扎尔达里总统和吉拉尼总理成为该委员会成员。同时,人民党政府另外成立三个部门主要负责项目的实施。贝娜齐亚收入支持项目的数据管理与监管主要通过一种全面的管理信息系统。该系统集中安置在伊斯兰堡的国家数据库登记机构。

在早期的设计中,为了便于边远地区的妇女能够及时得到资助现金,该项目不得不把取款单送到她们的门口。因此,贝娜齐亚收入支持项目决定选择巴基斯坦邮政局为合作伙伴。巴基斯坦邮局有广泛的覆盖网络,并有投递取款单和支付

---

① Haris Gazdar, "Social Protection in Pakistan: in the Midst of a Paradigm Shift?", Centre for Social Protection, CSP Research Report 13, January 2011, p.10.

的古老历史。它在投递给受益人的资助金中有很多优势。2008 年月 2 月到 2009年 6 月,总共 449.3 万卢比的资助款以汇款的形式投递,其中真正支付的占 96%。未能投递到的原因是地址变更,贝娜齐亚收入支持项目表上的受益人信息有误,或者是表上的身份证的名字与汇款单上的名字和女性接受人名字不匹配。

这种通过邮局来投递资助金的办法存在以下问题:许多城市的穷人经常搬家,很少有固定的住所,因此,无法投递;很多受益的家庭宣称邮局投递员经常索取回扣,有时索要汇款的一半;许多投递员拒绝为边远山区的受益人投递汇款,有些投递员在支付汇款时,并没有仔细识别是否是妇女接受者。

正是因为邮局在投递受益人的现金资助时表现糟糕,促使贝娜齐亚收入项目改变这种支付机制。同时,也是为了提高该项目的透明度,减少了邮局工作人员贪污,贝娜齐亚收入支持项目采取更多办法,例如,使用贝娜齐亚转账卡。受益人可以利用 ATM 机取走每月的资助金。此外,受益人还可通过商业银行签发的银行卡取款。这种减少中间环节的支付方式,减少了有人挪用和漏损的机会。

在 2008—2009 财年,人民党政府为贝娜齐亚收入支持项目拨款 340 亿卢比,目标是资助 500 万个家庭。该项目由此成为巴基斯坦公共预算中的第三大资金拨款,占巴当年 GDP 的 0.3%。当该项目全部启动后,它将覆盖巴基斯坦人口的 12% 至 14%,主要是低收入阶层,包括联邦直辖部落区和西北边境的贫困地区,尤其是照顾边远落后地区,如俾路支省、吉德拉尔 [1] 北部山区、科希斯坦 [2] 地区、北部和南部瓦济里斯坦地区和塔帕卡 [3] 地区的低收入人群。[4] 在 2008—09 财年,贝娜齐亚收入支持项目为巴全国 176 万个受益人支付了 140 亿卢比,其中 10 亿卢比作为管理和其他费用支出。 在这些支出中,其中旁遮普省占 36%,信德省占 21%,西北边境省占 15%,俾路支省占 5%,联邦直辖部落区占 2%,伊斯兰堡首都区占 1%,吉尔吉特 – 巴尔蒂斯坦地区占 15%,自由克什米尔地区 [5] 占 0.04%。[6]

---

[1]　吉德拉尔是巴基斯坦开伯尔 – 普赫图赫瓦省的一个区,内有吉德拉尔镇;该区是开伯尔 – 普赫图赫瓦省最北端的一个区,拥有世界上最高的山脉之一,是帕米尔高原的一部分,也是巴最贫困的地区之一。

[2]　科希斯坦,字义为“山的土地”,位于开伯尔—普赫图赫瓦省的东北部,位于中亚、南亚和西南亚的十字路口;科希斯坦人主要依靠畜牧业为他们的生活来源,收入较低,是巴基斯坦的贫困地区之一。

[3]　塔帕卡地区位于巴基斯坦信德省东南部,是巴基斯坦贫困地区。

[4]　Axel Weber, "Social Assistance in Asia and the Pacific", Bernkastel–Kues, Germany, p.7.

[5]　自由克什米尔,全称自由查谟和克什米尔,又译阿扎德克什米尔(“阿扎德”在亚美尼亚语、波斯语、印地语和乌尔都语都是自由的意思),是巴基斯坦控制的克什米尔地区的一部分。

[6]　Government of Pakistan, "Poverty Reduction Strategy Paper: Annual Progress Report FY 2008/09", PRSP Secretariat– Finance Division, Islamabad, 2009, p.43.

人民党政府在 2009—2010 财年增加对贝娜齐亚收入支持项目的预算拨款，达到 700 亿卢比（约合 8.75 亿美元），计划资助目标为 500 万个家庭。2009—2010 财年，该项目总共支付 118 亿卢比，资助家庭达到 442 万个。[①]2010 年，资助的受益家庭为 280 万个家庭。[②]2011 年，该项目支付 343.3 亿卢比，受益家庭为 308.1 万个家庭，2012 年，该项目支付 404.1 亿卢比，受益家庭为 396.1 万个家庭。[③]

自贝娜齐亚收入支持项目正式启动到人民党下台，巴基斯坦人民党政府总共在该项目花费了 1800 多亿卢比。[④]

尽管人民党政府面临财政拮据，但是仍然持续为贝娜齐亚收入支持项目拨付巨额资金。这表明人民党坚守保护穷人，为穷人投资的政治愿望。人民党也希望利用世界各国建设社会保障的经验，把贝娜齐亚收入支持项目建设成为一个现代和有效率的社会保障体系。

为了使巴基斯坦的贫困阶层从单纯依赖政府资助转变为自力更生，每一个接受贝娜齐亚收入支持项目家庭的一名成员将接受职业与技术培训，以便使他们靠自己的双手谋生。为此，贝娜齐亚收入支持项目除无条件的现金转移支付外，还运用相同的数据库启动了有条件地现金转移支付项目：小额信贷项目、小学教育计划、技术与职业培训项目、健康保险项目。人民党政府试图通过这些次级项目使巴基斯坦的贫困者摆脱贫困的代际传递[⑤]，最终完全摆脱贫困。

2009 年 10 月，贝娜齐亚收入支持项目下的次级项目：小额信贷正式启动。小额信贷项目给经过挑选的 750 个家庭每月提供 30 万卢比的无息长期贷款。这些家庭是从贝娜齐亚收入支持项目资助的 220 万家庭中随机选择出来的。每月随机选择一次。小额信贷项目的目标是通过为这些家庭提供无息贷款，帮助女性受益人开创自己的经营活动。[⑥]该贷款用于双方都能确定的业务。贷款还款年

①　Government of Pakistan, "Poverty Reduction Strategy Paper: Annual Progress Report FY 2009/10", PRSP Secretariat– Finance Division, Islamabad, 2010, p.33.

②　Anila Channa, "Social Protection in Pakistan: A Profile of Existing Programmers and an Assessment of Data Available for Analysis", Asia Research Centre, London School of Economics, March 30, 2012, p.9.

③　Government of Pakistan, "PRSP Progress Report:Fiscal Year 2011/12", PRSP Secretariat–Finance Division, Islamabad, 2012, p.63.

④　"BISP' Funding may be Slashed by 30%", *The Express Tribune*, June 4, 2013.

⑤　贫困代际传递就是指贫困以及导致贫困的相关条件和因素，在家庭内部由父母传递给子女，使子女在成年后重复父母的境遇——继承父母的贫困和不利因素并将贫困和不利因素传递给后代这样一种恶性遗传。

⑥　Rogelio Gomez Hermosillo and Asad Sayeed, "Graduation Strategies for Safety Net Beneficiaries: Policy Note", Government of Pakistan, January 1, 2010.

限为15年,不需要受益人提供担保。贷款主要用于自我就业活动,反对用于消费。

2011—2012财年,小额信贷项目共贷款1770笔,支出资金为2.66亿卢比。这一创议挑战了一直拒绝给巴弱势群体贷款的传统银行系统。它们始终认为这些弱势群体毫无信用可言。只有贝齐亚收入支持项目破天荒地为巴弱势群体提供贷款服务。①

小学教育计划是贝娜齐亚收入支持项目发起,要求受益人共同承担责任的次级项目。该项目鼓励有5—12岁小孩的受益人家庭送辍学的小孩去上学,继续完成学业。以此为条件,该受益人家庭会额外得到现金资助,以从长期上改善此家庭的人力资本,最终摆脱贫困。受贝娜齐亚收入支持项目资助的受益人家庭如果有3个小孩重新上学,并且他们在校学习时间不能低于正常学习时间的70%,该家庭每月获得200卢比的现金资助,每个季度发放一次,为600卢比。这一项目最突出的特点是贝娜齐亚收入支持项目与受益家庭共同承担起监管小孩上学的责任。到2013年1月,共有21116个家庭参加这个项目,51127个小孩重新上学。②

健康保险项目为那些赤贫和弱势群体购买健康保险项目,以应对各种疾病的发生,有机会最终摆脱贫困。在当时的巴基斯坦,70%的人包括许多弱势群体的人,为了追求更高质量医疗保健,购买私人部门的寿险和健康保险。实际上,这增加了弱势群体的额外负担。为了改善巴弱势群体的医疗条件,贝娜齐亚收入支持项目2011年1月正式启动这一项目。

人民党政府通过本国和国际上的医疗保险公司给享受贝娜齐亚收入支持项目资助的家庭发放贝娜齐亚医疗卡,免费享受医疗保险。医疗保险涵盖全部的住院治疗、怀孕、白天护理治疗、诊断,并为每个家庭中劳动力每年事故赔偿2500卢比。③

技术与培训项目是在贝娜齐亚收入支持之下,为每个受益家庭的一位成员提供技能培训,以便他们能掌握一项谋生技能。贝娜齐亚收入支持项目与国内数家公共培训组织签订协议为该项目的受益人或其推荐的人进行技能培训。同时,在全国,通过竞争的方式选出数家私人培训机构参与此项工作。许多培训机构从

① "Benazir Income Support Programme, Waeela-e-Haq and Other Programmes", *The Recorder Report*, June 24, 2010.

② Ijaz Nabi, "Two Social Protection Programme in Pakistan", *The Lahore Journal of Economics*, Vol.18, Special Edition（September 2013）, pp.283-304.

③ "Benazir Income Support Programme, Waeela-e-Haq and Other Programmes", *The Recorder Report*, June 24, 2010.

2012 年的第一个季度正式开展工作。到 2012 年 6 月 30 日，参加培训的人数达到 20000 名。[1]

贝娜齐亚收入支持项目在人民党的支持下成为巴基斯坦社会保障体系的重要组成部分，也成为其他社会保障项目的平台。该项目对于改善巴社会贫困阶层的生活，减少巴贫困人口，发挥了一定的作用。贝娜齐亚收入支持项目也因为使用界定受益人资格的现代方法：代理变量收入调查法和透明的运作体系而得到国际社会的认同。联合国秘书长、世界银行、美国政府、英国政府和世界发展银行都对贝娜齐亚收入支持项目表示赞赏，并提供资金和技术上的支持。

世界银行在 2009 年 8 月 4 至 2013 年 7 月 31 日之间，为贝娜齐亚收入支持项目提供 6000 万美元的信贷以支持贫困分值卡的设计，所有家庭的调查以及数据录入和整理。贝娜齐亚收入支持项目还通过成功谈判获得世行另外一笔资金支持，共计 1.5 亿美元，作为对受益人小孩的小学教育的资助。

但是贝娜齐亚收入支持项目仍然遭致反对党的诟病，认为人民党领导的政府以政治派别为基础而不是考虑真实的贫困水平来分配资助金。[2] 尽管人民党政府作了种种努力，由于经济增长乏力，失业率居高不下，巴基斯坦的贫困发生率仍有所增加，使许多脆弱的个人与家庭加入贫困大军。[3]

巴基斯坦这样的发展中国家，需要处理好发展与公平的问题。如果把国家预算重点放在社会保障与资助体系上，必然影响经济的发展。人民党执政期间经济增长乏力，从而使反对党人士把经济问题归罪于花去国家财政 1800 亿卢比的贝娜齐亚收入支持项目上。巴基斯坦正义运动的前联邦科学与技术部长阿扎姆·汗·斯瓦特[4] 就对此评论道："国家的进步不是以慈善为基础，而是通过科学与技术的进步、高等教育和职业培训。"[5] 当 2013 年 5 月人民党在大选失利，穆斯林联盟（谢里夫派）上台后，虽然继续了这一项目，但是相比上一个财年，削减了 30% 的贝娜齐亚收入支持项目支出。在穆斯林联盟（谢里夫派）执政期间，由于

---

[1]　Imtiaz Ahmad, "Social Safety Nets", in Pakistan Economic Survey 2011–2012, Ministry of Finance,Government of Pakistan, 2012, p.230.

[2]　Zubair Chodhury, "Subsidizing the Poor still remains a dream", *The Express Tribune*, June 24,2013.

[3]　Nabeela Asghar, Zakir Hussain and Hufeez Ur Rehman, "The impact of Government Spending on Poverty Reduction: Evidence from Pakistan 1972–2008", *African Journal of Business Management*, Vol. 6, No.3（January 2012）, pp.845–853.

[4]　阿扎姆·汗·斯瓦特出生于 1956 年 6 月 22 日，曾是伊斯兰神学者协会（法鲁兹派）的党员，2011 年 12 月 17 日退出该党，加入伊斯兰正义运动，当选为伊斯兰正义运动副主席；2006—2011 年期间，担任联邦政府的科学与技术部长和联邦参议院议员。

[5]　Farakh Shahzad, "BISP-A Commitment Falling Short", *Pakistan Today*, June 25, 2011.

失去人民党的支持,贝娜齐亚收入支持项目的作用将被削减。

（二）旁遮普省的食品援助计划和便宜面包项目

旁遮普省是巴基斯坦人口最多的省。巴基斯坦绝大多数贫困人口生活在该省。2008 年,人民党在联邦层次启动贝娜齐亚收入支持计划时,在旁遮普省执政的穆斯林联盟（谢里夫派）沙赫巴兹·谢里夫政府于 2008 年 8 月也在该省宣布启动资助该省穷人的计划,以减轻食品危机[①] 对这些穷人的影响。其中,领先的项目是旁遮普省食品援助计划。

食品援助计划为旁遮普省以下人群:没有劳动力的家庭、寡妇、孤儿、贫困者、长期生病者、残疾人、被家庭抛弃的老人提供食品补贴。这些人是社会中收入最低的穷人。

对受益人的甄别过程主要在地方进行,得到国会议员、社区组织和民间社会代表的支持,提出最初的资助名单。受益人名单将经过严格的验证,以排除政治影响。该名单将张贴公示,并在基层的联合评议会上进行讨论。区官员还会进行现场考察,并逐个核实受益人名单,同时避免该项目的受益人与贝娜齐亚收入支持项目的受益人重叠。

旁遮普省食品援助计划的最初设计是为该省最穷的家庭提供食品券,但是后来转变为每一个最穷的家庭每月提供 1000 卢比的现金转移支付资助。从这个意义上看,该项目完全类似贝娜齐亚收入支持项目,它只在旁遮普省运行。这一项目覆盖旁遮普省的城市和农村。到 2008 年 8 月 7 日,受益人名单核实工作完成,8 月 14 日正式实施食品援助计划。该计划为旁遮普省 180 万困难户提供资助。

在 2008—2009 财年,旁遮普省政府共为 132 万个家庭支付了 101.54 亿卢比。[②] 旁遮普省政府在 2009—2010 财年为食品援助计划拨款 142 亿卢比,以覆盖 180 万个受益家庭。[③] 但是到 2010 年,旁遮普省政府实际停止了该计划。旁遮普政府实际上为受益家庭总共支付了 220 亿卢比。[④]

旁遮普省食品援助计划与贝娜齐亚收入支持项目一样,受益人能在家门口收到邮局工作人员送来的汇款票。受益人的详细情况得到适当的验证,不应该资助

---

① 在 2007—2008 年期间,巴基斯坦的食品价格普遍上涨了 32%,其中小麦面粉和大米的主食分别上涨了 62% 和 73%。

② Government of Pakistan, "Poverty Reduction Strategy Paper: Annual Progress Report FY 2008/09", op.cit., p.45.

③ Government of Pakistan, "Poverty Reduction Strategy Paper: Mid Year Progress Report FY2009/10", PRSP Secretariat– Finance Division, Islamabad, 2010, p.33.

④ S.A. Hameed, "Poverty Alleviation measures of Punjab Government", *The Nation*, June 04, 2009.

的受益人得到排除,从而使计划变得透明,并且排除了任何形式的政治干预。该计划曾从 220 万个受益人当中,宣布只有 160 万受益人有资格,其余 60 万个申请者经过进一步审查和优化程序而被拒绝。

旁遮普省的食品援助计划对于改善该省最贫困家庭的生活,缓冲食品危机和通货膨胀对他们的冲击起了积极的作用。由于该计划的发起实际上带有穆斯林联盟(谢里夫派)与人民党竞争民心,争取选票的性质。当面临资金困难时,旁遮普省政府便中止了该计划。这说明旁遮普省的食品援助计划只是一个临时反贫困、反食品危机的措施,不是持久的社会保障项目。

穆斯林联盟(谢里夫派)沙赫巴兹·谢里夫政府除在本省推行食品援助计划外,还启动了便宜面包(Sasti Roti)① 计划。该项目在 2008 年 9 月启动时,只是应斋月而设计。旁遮普省政府在斋月期间专门提供一种穷人能够买得起的面包。斋月过后,旁遮普省政府决定继续实施这一项目。

2008 年旁遮普省首席部长沙赫巴兹·谢里夫使旁遮普省议会通过了一项议案:"2008 年便宜面包法"。这种便宜面包项目主要集中在旁遮普省的城市人口。2008—2009 财年,旁遮普省共为该项目花费 19 亿卢比。2009 年 6 月 30 日,旁遮普省政府专门拨款 75 亿,继续为便宜面包项目的面粉实行财政补贴,为那些参加制作面包,拥有烤炉的个体提供补贴价的面粉。当时拥有烤炉的个体中,有 5500 家愿意加入。旁遮普政府还专门建立了 3 万个烤面包的营业点。② 2009 年 10 月,该省食品部门开始为五个大城市中专门登记的烤炉(tandoor)③ 营业点提供补贴的面粉。随后,享受面粉补贴的烤面包的营业点进一步扩大到全省。

旁遮普省政府在地方区政府的协助下,界定大约 14500 个为登记的烤面包营业点,为其提供补贴,每袋 25 公斤的面粉 250 卢比,给大众提供每个 2 卢比的面包。按照旁遮普便宜面包项目,该省所有城市中的烤炉将根据其销售情况和烤面饼的容量,分别固定为其每天提供 5 至 30 袋面粉。④ 在这些营业点中,其中 3500 个登记在旁遮普省拉合尔市。该省食品部门每月为这些营业点提供 65000 袋面粉。旁遮普省也建立了以穆斯林联盟(谢里夫派)国会议员哈呢夫·阿巴西为首的便宜面包项目部门,以监管和监测该项目的运行。

---

① 这种面包(Roti)实际上为在一种圆筒形泥炉烤出的圆形面饼,不同于西方的面包,类似中国新疆地区的一种食品:馕。

② International Monetary Fund, "Pakistan: Poverty Reduction Strategy Paper", IMF Country Report No. 10/183, Washington D.C. June 2010, p.79.

③ 烤炉为圆筒形的泥炉,上面可以烤面饼。

④ Anwer Sumra, "Bitter truth about Sasti Roti", *The Express Tribune*, November 28, 2010.

便宜面包项目是沙赫巴兹·谢里夫政府的社会资助项目。旁遮普政府每年大约花费 80 亿卢比。如此数额巨大的食品补贴项目同时也在巴基斯坦其他省得到复制。它不但改善了穷人的生活，而且有助于在全国削减贫困人口。但是旁遮普省政府存在不规范的开支。2008—2009 财年，旁遮普省的食品部门就存在 5149.14 亿卢比的不规范开支。

2008—2009 年，旁遮普省政府为了收购、储藏、运输和销售小麦，向巴商业银行贷款 2150.32 亿卢比，仅额外的利息支付，旁遮普省就造成 71.72 亿卢比的损失。在 2009—2010 年期间，旁遮普省同样为了收购小麦向商业银行贷款，也造成 82.2 万卢比的损失。[①]

巴基斯坦的审计报告显示：沙赫巴兹·谢里夫政府在 2009 年—2010 年期间向巴各类商业银行以利率 15.10%，贷款 250 亿卢比以支付面粉厂的费用。当到还款时，旁遮普省政府却无钱偿还。为此，旁遮普省政府因为拖欠各商业银行的还款，而支付 40 亿卢比的罚款。[②]

2010 年 2 月，巴基斯坦盖洛普公司对这一项目做了一个民意测验，显示有 73% 的被调查者支持这一项目；如果给出便宜面包和为穷人孩子提供高等教育两项选择时，49% 的被调查者支持选择"便宜面包项目"，50% 的被调查者更愿意政府为低收入家庭的孩子提供高等教育的机会。[③] 这表明在旁遮普省还有一部分人不赞成便宜面包项目，认为政府更应该把钱用于支持穷人小孩接受高等教育。

旁遮普省的穆斯林联盟（领袖派）议员萨米纳·K.哈亚特就说便宜面包项目的名称应该改变，因为对那些无力购买这种食品的穷人的尊严有负面的影响。他认为沙赫巴兹·谢里夫政府应该宣布对小麦补贴的特殊政策，只有这样，面粉的价格才能下降。[④]

旁遮普省政府推行的便宜面包项目出现不少的问题，遭致人们的批评。他们认为沙赫巴兹·谢里夫政府推行这一项目只是一个宣传噱头。许多提供便宜面包店主因为迫于压力，卷入其中的腐败，退出了该计划。区政府官员，尤其是镇管理部门和食品部门的官员公开敲诈烤面包的摊主和营业点，向他们索取贿赂，有

①　Aftab Maken, "Sasti Roti Scheme caused irregular expenditure of Rs 1 billion", lubpak.com/archives/7624.

②　"Punjab govt wasted Rs 30 billion in Sasti RotiScheme", http://dunyanews.tv/index.php/en/Pakistan/171489–Punjab–govt–wasted–Rs–30–billion–in–Sasti–Roti–Sch.

③　"Views on Government Spending on 'Sasti Roti Scheme' Vs 'High Education for Poor Children Scheme'; People Claim to be in Need of Both", www.gallup.com.pk.

④　Hussain Kashif, "Punjab Assembly passes Sasti Roti Authority Bill 2009", *Daily Times*, July 16, 2010.

时索取免费的面粉。

当旁遮普省政府在便宜面包项目上披露出许多腐败后,加上 2011 的洪灾使旁遮普省忙于救灾,没有资金再支持这一项目。旁遮普省的便宜面包项目在 2013 年 7 月 5 日完全停止。

便宜面包项目尽管停止了,但是沙赫巴兹·谢里夫仍然想恢复这一项目。他解释道穷人依赖此项目维持生活。[1] 那些在烤面包营业点工作的工人也集体走上街头示威游行,要求政府恢复便宜面包项目。因为停止该项目使数百人的烤面包工失去了工作。[2] 旁遮普省对于是否恢复便宜面包项目仍未可知。

(三)其他社会保障项目

巴基斯坦人民党 2008 年执政后,原有的社会保障项目大部分保留下来,并得以扩展,同时,也对一些项目进行了调整与改革,如把天课基金下放给各省,以提高资助金的投递效率。

1967 年开始的雇员社会保障得以保留。人民党政府同时也对这一涵盖私营部门雇员的社会保障进行了一些调整:雇员上交的工资比例从原来的 2% 提高到 6%;该项目现在使用地域全覆盖而不是由企业通知的社会保障;死亡抚恤金从过去的 1500 卢比提高到 15000 卢比;医疗服务的覆盖范围扩展到公共卫生领域,包括疾病预防和促进身体健康;季节性劳工的社会保障权利得到改善;投保的雇员可以去任何一家公立医院治病,由社会保障承担费用;已经退休的投保雇员由社会保障提供医疗服务。人民党领导的政府对该项目存在的一些问题进行了一些纠正。

职工福利基金也得到了保留和扩展:建立工人聚居区,修建 10 万套房子,分给工人;鼓励私营企业为其雇员提供住房设施,所花费用算作其运营成本;为工人聚居区建立清真寺、学校、药店、社区中心、商店和公园,实现聚居区的良性发展;为工人子弟攻读博士学位、博士后研究和海外学习提供奖学金;所有参加雇员老年福利制度项目的工人都有资格享受职工福利基金的资助;应工会领导人的要求和监管委员会建议,任何被解雇的工人都将获得法律援助,最高金额为每人 15000 卢比。[3]

人民党执政后,制定了一个新的有资格享受职工福利基金福利的标准:①产业工人必须符合 1971 年职工福利基金条例规定的定义;②按 2009 年劳资关系调控的产业工人符合上述定义;③工人必须投保雇员年老福利制度或社会保障制度;④最低工作时间不应低于 3 年。

---

① "Sasti Roti Scheme", *The Nation*, May 08, 2010.

② "Costly 'Roti' Scheme", The Dawn, May 9, 2010.

③ Government of Pakistan, "Labour Policy 2010", Ministry of Labour and Manpower, May 01, 2010, p.8.

根据物价的变化,人民党政府也相应提高了职工福利基金一些项目的资助金额。2012 年 5 月,吉拉尼总理宣布提高职工福利基金对职工子女结婚资助金额由 7 万卢比增加到 10 万卢比。2008 年以前,职工女儿中,只能有一位能享受结婚资助。现在,人民党政府扩大了该资助的覆盖范围:职工的所有女儿都可享受结婚资助。女性职工也可在自己结婚时,获得此项资助。职工要想获得此项福利,必须至少连续在企业工作 3 年以上,并且产业工人可享受雇员老年福利和雇员社会保障制度的资助。职工的死亡抚恤金,由 15 万卢比提高到 50 万。① 矿工不适应此福利基金。

人民党政府也改革了职工福利基金中的教育资助项目,使职工子女有机会到一些著名的大学学习。过去,只有有限的学校与职工福利基金签约。现在一个学生可以选择巴高等教育委员会认可的任何学校就读。过去,职工福利基金教育资助覆盖面有限。现在,职工子弟可免交学费,其他开支也由基金资助。②

人民党执政后,增加了职工福利基金的支出。2007—2008 财年该福利项目的支出为 17.21 亿卢比增加到 2008—2009 财年的 20.87 亿卢比。受益人数也相应从 59370 人增加到 63008 人。与 2007—2008 财年相比,人民党执政后结婚资助开支增加了 122%,奖学金开支增加了 31%,教育开支增加 20%,死亡抚恤金开支增加了 3%。③

2010—2011 财年的职工福利基金开支为 15.45 亿卢比, 2011—2012 财年下降到 15.01 亿卢比,受益人数却从 19952 名增加到 21775 名。在次级项目的开支中,结婚资助在此期间下降了 15.8%,从 7.62 亿卢比下降到 6.41 亿卢比。教育开支在此期间下降了 3.4%,从 5.35 亿卢比下降到 5.17 亿卢比。死亡抚恤金在此期间从 2.48 亿卢比增加到 3.43 亿卢比。④

2012—2013 财年,职工福利基金总共支出 17.27 亿卢比,其中为 22684 个奖学金支出 8.74 亿卢比,为结婚资助支出 3.56 亿卢比,受益职工家庭为 5418 个,为 1251 位去世工人的家属支付死亡抚恤金 4.95 亿卢比,为 7 万名职工小孩提供了

①　"Workers' Welfare Fund", http://www.paycheck.pk/main/labour−laws/social−security−1/workers−welfare−fund, 09/30/2013.

②　Vaqar Ahmad, Muhammad Zeshan and Muhammad Abdul Wahab, "Poverty and Social Impact Analysis of Workers' Welfare Fund", *Public Policy and Administration Research*, Vol. 3, No. 7（2013）, pp.62−76.

③　Government of Pakistan, "Poverty Reduction Strategy Paper: Annual Progress Report FY 2008/09", PRSP Secretariat− Finance Division, Islamabad, 2009, p.46.

④　Government of Pakistan, "PRSP Progress Report : Fiscal Year 2011/12", PRSP Secretariat− Finance Division, Islamabad, 2012, p.55.

免费教育,同时,还完成 36 个住宅建设项目,支出 214.36 亿卢比。[①]

1976 年开始实施的雇员老年福利制度继续实施。人民党政府并对其准入门槛做了一些调整。2006 年 6 月 30 日以前,该福利制度适用于雇佣员工 10 人以上的企业。自 2006 年 7 月 1 日开始,该福利制度的覆盖面有所缩小,只适用于雇佣员工 20 人以上的企业。人民党执政后,为了扩大养老金覆盖面,该老年福利制度延伸到雇佣 5 人以上的企业。那些雇佣人数低于 5 人的企业也有机会自愿申请加入。

自 2008 年 7 月起,该老年福利制度也覆盖到银行、其他非金融机构及地毯行业公司。以前,这些行业不包括在这个老年福利制度之中。按照 2010 年劳工政策,那些自谋职业者也被允许参加老年福利制度。只要每月交够 480 卢比,这些自谋职业者将来就可以领取养老金。[②]

人民党执政后也调高了该福利制度的养老金额。起初,退休雇员每月领取的养老金只有每月 75 卢比,到 2012 年 1 月,已逐渐提高到每月领取 3600 卢比。最多的养老金已经达到每月 6216 卢比。[③] 雇员养老金与政府公务员的养老金同比例增加。男性矿工领取养老金的年龄从 55 岁下降到 50 岁。[④]

人民党执政后,雇员老年福利制度的支出也增加了。2010—2011 财年,雇员老年福利制度的各项支出总和为 93.65 亿卢比,总受益人数为 336281 人。2011—2012 财年,该福利制度的总开支为 105.89 亿卢比,比上一年度增长 13.07%,受益人数为 365913 人。[⑤] 2012 年 7 月到 2012 年 12 月,雇员老年福利制度共支出 66.03 亿,受益人数为 373433。[⑥]

到 2013 年 3 月,巴全国共有 465837 个雇员受益于该福利项目。其中, 298587 个雇员领取过养老金, 7780 个雇员领取过伤残养老金, 136529 个人领取过遗属养老金, 465837 人领取过老年补助。在该福利项目下登记的企业有 90194 家,投保雇员人数为 550 万,有 3887 家企业被除名。[⑦] 雇员老年福利制度在为巴私营部门工作的雇员提供了养老保障,成为巴社会保障体系中重要组成部分。

① Zaila Husnain, "Social Safety Net", in *Pakistan Economic Survey 2012–13*, Ministry of Finance, Government of Pakistan, Islamabad, 2012, p.210.

② Syed Iqbal Haider Zaidi, "Employees' Old Age Benefit Institution", *The Business Recorder*, April 27, 2013.

③ Ibid.

④ Government of Pakistan, "Labour Policy 2010", Ministry of Labour and Manpower, Islamabad, May 01, 2010, p.11.

⑤ Government of Pakistan, "PRSP Progress Report : Fiscal Year 2011/12", op.cit., p.53.

⑥ "Comments on Federal Budget 2013–2014", Hyder Bhimji & Chartered Accountants, Lahore, 2013,p.10.

⑦ "EOBI disbursed Rs.65.5bn in 30years", *The Dawn*, May 28, 2013.

2008 年人民党执政后,天课基金的开支有所增加,但是受益人数有显著的下降。2008—2009 财年,天课基金总支出为 28.77 亿卢比,比 2007—2008 财年总支出的 24.82 亿卢比增加 16%;受益人数下降了 25%。在 2008—2009 财年的所有天课支出中, 51% 用于常规的天课项目开支, 33% 用于其他天课项目, 16% 用于其他国家级的项目,如基金委员会的开支。2008—2009 财年的天课项目中教育补贴、宗教学校的助学金、恢复生产能力的资助、对未结婚妇女的婚姻资助、技术教育助学金都比上一年度有所增加,分别增长 111%、36%、27%、16% 和 128%,受益人数也相应增加。①

2009—2010 财年,天课基金各项目共支出 79.14 亿卢比,其中,生活补助支出为 22.25 亿卢比,教育补贴为 6.67 亿卢比,对宗教学校学生的补贴 2.97 亿卢比,保健支出为 2.22 亿卢比,结婚资助为 2.96 亿卢比, 技术培训的教育补贴为 16.28 亿卢比,国家级卫生机构支出 9.32 亿卢比,管理费用开支为 4.32 亿卢比等。恢复生产能力的资助没有再支出。②

2010 年 4 月,巴基斯坦国民议会通过宪法第十八修正案后,为扩大地方自治权,决定将天课基金下放到巴基斯坦四省、联邦直辖部落区、伊斯兰堡首都特区、吉尔吉特·巴尔蒂斯坦地区。下表 11-2 为巴天课下放到地方的情况。

表 11-2　天课基金下放到各省、特别区的资金及所占比例

省 / 区	单位:百万卢比	所占比例（%）
旁遮普省	1954	53.3
信德省	848	23.1
开伯尔 – 普赫图赫瓦省	483	13.2
俾路支省	196	5.3
联邦直辖部落区	74	2.0
伊斯兰堡首都特区	74	2.0
吉尔吉特·巴尔蒂斯坦地区	40	1.1
总计	3669	100

Source:Government of Pakistan, *Annual Plan 2012–13,* Plan Commission, Islamabad, 2012, p.175.

---

① Government of Pakistan, "Poverty Reduction Strategy Paper: Annual Progress Report FY 2008/09", op.cit., p.42.

② "Pakistan Towards an Integrated National Safety Net System, Assisting Poor and Vulnerable Households: An Analysis of Pakistan 's Main Cash Transfer Program", *Report No. 66421-PK*, World Bank,January 24, 2013, pp.44–45.

2012 年 3 月，人民党政府把中央天课基金预留的 41.31 亿卢比的资金再分配给四省和直辖特别区。因此，天课的征收与分配权完全交给了地方。各省和直辖特别区所占有的天课资金的比例发生了一些变化：信德省分得的天课资金比例从23.1% 上升到 24.55%；开伯尔 - 普赫图赫瓦省分得的天课资金的比例从 13.2%上升到 14.62%；俾路支省分得的天课资金比例从 5.3% 上升到 9.09%；旁遮普省分得的天课资金比例从 53.3% 下降到 51.74%。[①]

在旁遮普省，2010—2011 财年，天课常规项目支出 18.33 亿卢比，受益人数为 573824 名；2011—2012 财年，天课常规项目支出 12.50 亿卢比，比上一年度下降了 31.8%，受益人数为 503306 名。在信德省，2010—2011 财年，天课常规项目支出 7.114 亿卢比，受益人数为 282023 名；2011—2012 财年，天课常规项目支出下降到 2.06 亿卢比，受益人数也相应下降到 89950 名。在开伯尔 - 普赫图赫瓦省，2010—2011 财年，天课常规项目支出为 4.84 亿卢比，受益人数为 94179 名；在 2011—2012 财年，天课常规项目支出下降到 353 亿卢比，受益人数也下降到68755 名。在俾路支省，2010—2011 财年，天课常规项目支出 1.78 亿卢比，受益人数为 90091 名。[②] 到 2013 年 3 月，人民党执政届满时，巴基斯坦各省和其他直辖特别区共为穷人和需要帮助的人支出天课资金 39.51 亿卢比。[③]

2008 年人民党执政后，巴基斯坦基金委员会的支出相比 2007—2008 财年的支出有所下降。2008—2009 财年的基金委员会的总支出为 34.32 亿卢比。[④]

2009—2010 财年，巴基金委员会的各项支出为 22.61 亿卢比，比 2008—2009财年该项目的支出减少 34%，但是 2009—2010 财年该项目的受益人数为 211万。[⑤] 2009—2010 年的巴基金委员会的各项支出下降的原因主要是食品援助项目关闭，合并到了贝娜齐亚收入支持项目。

2012 年，巴基金委员会各项总支出为 17.86 亿卢比，受益人数为 847493 名，其中，个人资金资助支出为 9.72 亿卢比，受益人数为 18014 名，子女抚养费计划支

① Abdul Sattar Khan, "New Zakat formula reduces Punjab's share", http://www.thenews.com.pk/Todays-News-6-103625-New-Zakat-formula-reduces-Punjab%20s-share.

② Government of Pakistan, "PRSP Progress Report : Fiscal Year 2011/12", op.cit., pp.47-52.

③ "Comments on Federal Budget 2013-2014", Hyder Bhimji & Chartered Accountants, Lahore, 2013,p.10.

④ Government of Pakistan, "Poverty Reduction Strategy Paper: Annual Progress Report FY 2008/09", op.cit., p.40.

⑤ Absar Hassan Siddique, "Poverty", in *Pakistan Economic Survey 2010-11*, Ministry of Finance, Government pf Pakistan, Islamabad, 2011, pp.171-172.

出为 5800 万卢比,受益人数为 28232 名。[1] 2012—2013 财年,巴基金委员会各项总支出为 15.05 亿卢比。[2]

总之,2008 年人民党执政后,巴基斯坦的社会保障制度进入一个新阶段,借鉴和使用了现代社会保障的代理变量收入调查法以确定受益人资格;巴基斯坦的社会保障覆盖面和资助水平都有了提高。人民党发起了一个全面的社会保障项目,也是其他社会保障支持的平台,保留了和扩大了现存社会保障项目。只是个别的原有社会保障项目被合并到贝娜齐亚收入支持项目之中,如巴基金委员会中的子项目:食品援助项目。

三、巴基斯坦社会保障制度评价

巴基斯坦政府经过半个多世纪的努力,初步建立起现代的社会保障体系。在巴城市正式部门,巴基斯坦政府建立起较为全面的社会保障项目:为政府公务员和军队建立退休金基金、联邦雇员慈善基金和集体保险制度;为巴国营部门建立起雇员社会保障制度;为巴私营部门建立社会保障制度,为矿工建立社会福利制度,为城市正式部门的雇员建立雇员养老金制度;为城市正式部门的工人建立职工福利基金、职工子女教育计划等。在社会保障形式上,巴基斯坦既有社会资助体系、社会保护体系、社会福利体系,同时也有紧急援助与救助计划、小额信贷、食品援助与便宜面包项目、公共工程项目等。巴基斯坦已经初步建立立体的社会保障体系。

由于巴基斯坦的宗教与文化因素,巴基斯坦既存在着私人社会资助体系,也存在着政府的社会资助体系。巴基斯坦的私人社会资助主要体现在私人提供天课资助和对穷人施舍,以血缘关系为基础的家庭、亲戚、家族为其亲人提供相互资助以及社区以某个有权势的家族形成庇护网络为其成员提供资助。巴基斯坦的私人资助体系长期存在,弥补政府在农村地区社会保障供给之不足。

巴基斯坦政府的社会资助体系是其一大特色,体现出伊斯兰教的影响力。巴基斯坦推行的天课和欧舍尔制度,为巴基斯坦的穷人和贫困者提供生活补助、教育补贴、医疗资助、恢复生产能力资助,同时,为那些未结婚的妇女提供结婚资助,为宗教学校的学生提供生活资助,为那些在职业培训机构学习的学生提供资助。欧舍尔税通过对农业收成征收 5% 的税,用以资助那些贫困者。

---

[1]　Government of Pakistan, "PRSP Progress Report : Fiscal Year 2011/12", op.cit., p.43.

[2]　Zaila Husnain, "Social Safety Net", in *Pakistan Economic Survey 2012–13*, op.cit., p.210.

　　1991 年建立的巴基斯坦基金委员会更是为贫困者提供食品援助、个人现金资助、子女教育补贴,为孤儿建立孤儿院,为他们提供免费的食物、营养、医疗、住所以及免费教育。

　　2008 年后,巴基斯坦社会保障体系进入一个新的阶段。无论是在联邦政府执政的人民党,还是只在旁遮普省执政的穆斯林联盟（谢里夫派）都努力扩大社会保障的规模。到 2008 年,巴基斯坦社会保障开支从 2007 年的 140 亿卢比迅速增加到 2008 年的 500 亿卢比,增加了 257%,超过两倍半。[①] 巴基斯坦的社会资助体系较为全面,为那些未能享受到正式部门社会保障福利的家庭和个人提供资助,从而使巴社会保障覆盖更多的家庭和个人。

　　巴基斯坦的社会保障已经把对穷人和贫困者的资助与发展联系起来,注重为穷困家庭子女提供教育补贴,为他们提供职业技能与培训,为穷困家庭恢复生产能力提供资助,并为他们的生产经营活动提供小额信贷支持,使他们最终摆脱贫困。同时,巴基斯坦的社会保障开始注重从单纯的无条件现金转移支付转向有条件的现金转移支付,并使用代理变量收入调查法来客观地确定受益人的资格,避免受到人为地干预,从而提高资助效率。

　　这些做法正是现代社会保障制度的内容,为降低巴基斯坦贫困率作出了贡献。巴基斯坦生活在贫困线以下的人口比例从 2001—2002 财年的 30.6%,下降到 2005—2006 财年的 22.3%,并进一步下降到 2007—2008 财年的 17.2%。[②] 在人民党执政时期,由于社会保障开支的急剧增加,社会资助覆盖到巴基斯坦的各个地区。在 2008 年,生活在贫困线以下的 50% 的家庭已经摆脱贫困。但是由于经济增长缓慢以及洪灾的影响,又由同样数量的家庭陷于贫困。

　　尽管如此,巴基斯坦的社会保障仍然存在着许多亟待改进的问题。巴基斯坦社会保障的覆盖面是有限的,主要覆盖巴城市中在正式部门工作的人,而大量在非正式部门就业的人被排除在外。在巴基斯坦非正式部门就业的人主要指个体经营者、在雇员人数少于 10 人的企业工作的雇员、农业劳动力。在巴基斯坦非正式部门就业的人占全部就业人数的 70%。在全部就业的 4320 万劳动者中,非正式部门占 3150 万,其中,农业劳动力为 1670 万,占全部就业的劳动者的

　　① Haris Gazdar, "Social Protection in Pakistan: in the midst of a paradigm shift?", Centre for Social Protection, CSP Research Report 13, January 2011, p.6.

　　② World Bank, "Pakistan Towards an Integrated National Safety Net System: Assisting Poor and Vulnerable Households: An Analysis of Pakistan's Main Cash Transfer Program", *Report No.66421-PK*, January 24, 2013, p.1.

38.65%。个体经营者为 1542 万，占全部就业的劳动者的 35.7%，在正式部门就业的雇员实际只有 501.8 万人，占全部就业的劳动者 11.6%，占全部企业就业雇员的 18.1%。[①]

职工福利基金、雇员社会保障制度、雇员老年福利制度、强制团体保险法等为工人或雇员提供的社会保障仅仅只覆盖非农业劳动力的 4%。[②] 巴基斯坦的建筑、运输和批发零售部门工作的工人占全部劳动力的 1/4。由于他们从性质上属于非正式部门，因此，没有社会保障的制度安排。在建筑和运输部门工作的 400 万多工人更易遭受事故和工伤。[③] 由于这些工人大多数按天付报酬，没有签任何法律合同，因此，他们的雇主没有任何法定义务为他们提供诸如人寿保险、伤残和医疗福利或养老金的社会保障。此外，在巴制造业和商业大中型企业工作的三分之二的雇员因为是合同工，也没有享受社会保障。[④]

由于巴资源缺乏以及定位不准，从而导致社会保障覆盖率不足。巴基斯坦养老金项目只覆盖巴正式部门人口的一小部分，大约占全部就业劳动力的 3%。[⑤] 天课基金与巴基斯坦基金委员会也只覆盖很小一部分穷困家庭。天课和巴基斯坦基金委员会的资助覆盖的家庭不到全部贫困家庭的 35%。在广大农村地区，地方权势家族控制了天课资金的分配，46% 的贫困家庭没有机会申请天课资助。巴基金委员会全部开支中只有 46% 的支出是用于资助最贫困的 40% 的人口。同样，天课基金的全部支出中只有 43% 用于资助巴最贫困的 40% 的人口。[⑥]

巴天课基金与巴基金委员会两个项目的现金转移支付总共覆盖巴基斯坦总人口的 8%。巴基斯坦这两个项目转移支付的覆盖率与其他国家比较就显得较低。如墨西哥天课基金与基金委员会的转移支付覆盖率为总人口的 20%，主要是穷人。印度两个项目的覆盖率指标为总人口的 37%，斯里兰卡两个项目的覆盖率

①　Naushin Mahmood and Zafar Mueen Nasir, "Pension and Social Security Schemes in Pakistan: Some Policy Options", op.cit., p.13.

②　Mohammad Irfan, "Poverty Alleviation and Social Protection in Pakistan", op.cit., p.13.

③　Asad Sayeed, "Social Protection in Pakistan: Concept, Situation Analysis and the Way Forward", op.cit., p.11.

④　Haroon Jamal, "A Profile of Social Protection in Pakistan: An Appraisal of Empirical Literature", SPDC Research Report Number No. 81, Social Policy and Development Centre, Karachi, May 2010, p.14.

⑤　Gabriele KÖhler,Marta Call and Mariana Stirbu, "Social Protection in South Asia: A Review", United Nations Children's Fund Regional Office for South Asia, July 2009, p.69.

⑥　World Bank, "Pakistan Towards an Integrated National Safety Net System: Assisting Poor and Vulnerable Households: An Analysis of Pakistan's Main Cash Transfer Program", *Report No.66421-PK,* January 24, 2013, p.25.

为总人口的 40%，不过，不完全是穷人。[①]

2008 年人民党上台执政后发起成立的贝娜齐亚收入支持项目成为巴基斯坦最大规模的社会资助项目，也只包括 13.8% 的贫困家庭，相当于全部人口的 18%。[②] 尽管经过人民党政府的努力推动，巴基斯坦的社会保障已经覆盖更多的贫困家庭，但是巴社会保障的覆盖面仍然是有限的，有待于进一步提高。

巴基斯坦社会保障的制度设计存在许多问题。几乎所有社会保障都设计由雇主为工人或雇员提供社会保障的资金。在其他大多数国家中的社会保障中，劳动者应该为自己的社会福利交一定费用的做法还没有被巴基斯坦所接受。[③] 雇主提供的社会保障资金最终会以低工资的形式转嫁到工人或雇员身上。由于工人或雇员没有明显的贡献，从而使巴整个社会保障体系建立在慈善的基础上，赋予劳动者对自己的福利参与意识有限。由此出现一系列的问题，例如，巴社会保障没有规定当劳动者退出一家企业时，其养老金有保存或转出的权力。当没有赢利的公共部门企业关门时，企业主就经常拖欠职工的养老金。

巴基斯坦社会保障项目设计的资助标准过低，同时，又没有实行根据通货膨胀率自动调整的指数化，因此，其实际购买力在巴基斯坦通货膨胀率不断攀升的情况下，只会不断贬值。由于其调整也相当滞后，经常要 3 至 5 年才调整，其实际价值已经持续下降。

贝娜齐亚收入支持项目设计每月对贫困家庭资助 1000 卢比，实际上无法起到扶贫的作用。如果一个家庭 6 口人，平均每人每月能分到的资助只有 167 卢比。这只达到每人每月基本需要的 6.5%，相当于每人每天 5.50 卢比。这笔钱比一餐必须的两面包加一小盘蔬菜或扁豆的价格还要低。因此，有人提议贝娜齐亚收入支持项目的每月资助至少要达到 2550 卢比，才能达到贫困线之上。[④]

同样，巴天课基金的生活补助、巴基斯坦基金委员会的食品援助计划为巴最贫困家庭提供的资助不够解决最贫困家庭的需要。这两项目每年加在一起仅仅覆盖 200 万贫困家庭，仅占所有低于贫困线家庭的 28%。根据食品援助计划的现金转移提供的额外收入仅相当于巴 20% 最贫困家庭收入缺口的 16%，而生活补

---

① World Bank, "Social Protection in Pakistan: Managing Household Risks and Vulnerability", *Report No.35472-PK*, October 18, 2007.p.vi.

② World Bank, "Pakistan Towards an Integrated National Safety Net System, Assisting Poor and Vulnerable Households: An Analysis of Pakistan's Main Cash Transfer Program", op.cit., p.37.

③ 例外的是巴的公积金、慈善基金和职工福利基金。劳动者在这些基金中承担一定的费用。

④ Abdul Samad, "Re-Thinking the Benazir Income Support Program", April 14, 2013,http://studentsofpakistan.com/re-thinking-the-benazir-income-program/.

助仅能满足巴最贫困家庭收入缺口的 40%。[①] 巴社会保障制度的资助标准设计过低,实际上对减少巴基斯坦的贫困率影响有限。

　　巴基斯坦社会保障相比其他国家成熟的社会保障,突出的问题是资助的定位问题。通过客观指标的测试来定位资助对象是其他国家社会保障项目普遍使用的手段。在巴基斯坦,大多数社会保障项目都缺乏透明的定位机制。因为,受益人的选择是以行政机构制定的资格标准和识别程序来确定,从而为庇护和操纵、滥用提供了可能性,导致受益人选择过程完全政治化。许多应当获得资助的穷人被排除在外,而那些不是穷人的人却列在受益人名单之中。

　　按照世界银行的分析,在巴基斯坦,大约 27% 享受天课生活补助的受益人、37% 获得恢复生产能力资助的人不是穷人。这些人分别占有以上两项目支付资金的 32% 和 45%。[②] 在农村,接受天课资助的人中有 15% 属于中等收入群体。在城市中接受天课资助的人中有 51% 是属于中等收入群体。[③] 也就是说,在城市,有一半以上的天课资助金流向了中等收入群体。这与天课基金建立的初衷完全相反。

　　巴基斯坦的天课基金与基金委员会的社会资助项目缺乏透明的、可信的定位手段。巴基斯坦天课资金的分配主要通过官僚结构来完成。最基层的地方天课委员会来负责识别需要资助的穷人,并为他们分发直接资助。但是地方天课委员会主要依赖他们熟悉的、在当地社区比较富裕、受过一定教育的人去确定谁应该获得资助。因此,受益人经常是与地方天课委员会中的委员有庇护关系。地方天课委员会决定谁应该或不应该获得资助。他们不是以资格标准而是以当地权力关系来作出判断。当地有权势的人利用天课资金去促进自己的政治利益。正如亚洲开发银行对天课和基金委员会资助分配的调查发现:"定位是资助穷人。在许多地方,资金事实上分配给了与天课委员会有联系的家境较好的人。最后,即使天课资金能给穷人,腐败也会降低转移支付的数量,并且还必须通过贿赂(才能得到)。"[④]

　　天课资助的分配是这样,巴其他社会保障也存在同样的问题。人民党政府发

---

　　① 　Faisal Bari, Emma Hooper and Shahid Kardar(etc.), "Conceptualizing a Social Protection Framework for Pakistan", Asian Development Bank, *Background Paper No. 4,* 2005, pp.19–20.

　　② 　Haroon Jamal, "A Profile of Social Protection in Pakistan: An Appraisal of Empirical Literature", SPDC Research Report Number No. 81, Social Policy and Development Centre, Karachi, May 2010, p.15.

　　③ 　G.M.Arif, "Targeting Efficiency of Poverty Reduction Programs in Pakistan", Asian Development Bank, *Working Paper No. 4*, May 2006, p.29.

　　④ 　Haroon Jamal, "A Profile of Social Protection in Pakistan: An Appraisal of Empirical Literature", SPDC Research Report Number No. 81, Social Policy and Development Centre, Karachi, May 2010, p.15.

起成立的贝娜齐亚收入支持项目也在最初阶段使用议员来确定受益人资格。议员在确定受益人资格时加入了政治派别因素。只有那些与议员的政治联系较密切的人才有资格获得议员的推荐。2009 年 4 月,人民党政府停止了议员确定受益人的方法,改为实行代理变量收入调查法。不过,至今在巴基斯坦,不是所有的巴社会保障项目都实行这种代理变量收入调查法,当地有权势的人对社会保障资金的分配有较大的影响。

在巴基斯坦,这样的道德风险无处不在。政治干预与官员的渎职无处不在。巴基斯坦有效治理的缺失直接影响社会保障的有效定位。在巴基斯坦的历史发展中,政治庇护、法律秩序缺失、精英主导政治的问题长期存在。除非巴基斯坦进行官僚机构与司法改革,或者社会保障的定位不可能是有效的。

由于巴社会保障的受益人识别政治化、管理层级多、项目重叠、同一项目由不同机构管理,巴社会保障体系的管理成本不断攀升,从而相应地影响福利支出水平。例如,雇员老年福利制度的管理成本不断攀升就是很明显的。它的管理成本比其他国家的相同养老金制度高。在 1997 年—2000 年之间,雇员养老金制度的管理成本就上升了 19.3%。2000 年,该项目的管理成本占总收入的 4.9%,占全部保费收入的 20.7%。[①] 雇员社会保障制度的管理成本却在上升。例如,在旁遮普省,该社会保障的人均管理成本从 1996—1997 年度占总收入的 18.8% 上升到 1998—1999 年度的 19.4%。相反,人均社会保障的开支增长缓慢。巴其他省份,管理成本也呈上升趋势。矿工劳工福利体系的管理成本也极高。西北边境省此项管理成本占所有收入的 8.8%,旁遮普省此项管理成本占总收入的 30.3%,俾路支省此项管理成本为总收入的 70.2%。[②]

巴基斯坦社会保障制度主要项目存在重叠现象。天课基金与巴基斯坦基金委员会都有以每月生活补助形式的现金转移支付、恢复生产能力资助、个人资金资助、食品援助、学校与职业培训。这两个项目需要改善定位,提高各自的治理结构。雇员社会保障制度与雇员老年福利制度都提供残疾养老金和遗属养老金,项目上重叠,缺乏统一的管理程序。

贝娜齐亚收入支持项目不但与天课与巴基斯坦基金委员会的各个项目相互重叠,同时也与其他社会保障项目重叠。例如,贝娜齐亚收入支持项目也实行健

---

①　Mohammad Irfan, "Poverty and safety nets: a case study of Pakistan", Pakistan Institute of Development Economics, Islamabad, 2003, p.13.

②　Mohammad Irfan, "Poverty and safety nets: a case study of Pakistan", Pakistan Institute of Development Economics, Islamabad, 2003, p.14.

康保险项目,包括健康保险计划与团体人寿保险,同时也给那些弱势群体提供长期的恢复生产能力资助。贝娜齐亚收入支持项目也介入劳动力市场项目。在劳动力市场,人民党政府通过人民工程计划和小额信贷为那些穷人和失业者提供短暂的就业机会,以改善其收入状况。巴政府这些公共工程项目在发展巴基础设施和提高就业的同时,也从事职业培训。例如,在旁遮普省, 150 个培训机构每年培训 31000 人。这些培训得到天课基金的支持。①

巴社会保障项目的重叠增加了投递服务的成本,提高了雇主参与成本,也相应地提高了逃避交费的可能性,从而从总体上降低巴社会保障体系的效率。因此,巴基斯坦社会保障改革的方向是把分散、重叠、缺乏协调的各社会保障整合为统一的社会保障体系。

巴基斯坦社会保障各项目也存在严重的腐败问题。世界银行就曾报告在天课资金的分配体系中就存在着严重的腐败和庇护问题。受益人资格的决定是随意决定的。天课资助定位是帮助穷人,但是实际上覆盖的却不完全是穷人。天课基金的资助体系缺乏客观的定位工具。天课的资助实际上对于贫困与收入分配的影响非常有限。天课资助也并没有改善学生入学率。很多巴基斯坦穷困家庭仍然没有钱让自己的孩子上学。②

巴其他社会保障项目中还存在贪污与挪用公款的现象。由于地方天课委员会委员的挪用, 35% 的农村天课接受者没有收到全额资助, 45.8% 的城市天课接受者没有收到全额资助。在农村, 14.2% 获得天课资助资格的人一点没有也收到天课资金,在城市,这一比例更是高达 41.3%。③ 1/10 的受益者宣布,他们只有拿出转移支付金的 10% 去行贿才能拿到自己的资助金。④ 由于社会保障机构内的官员的贪污与挪用公款,社会保障的资金未能全面送到需要资助的人手中。

雇员老年福利制度内出现的腐败现象更是屡见报端。2010 年 11 月 3 日,雇员老年福利制度的员工走上街头,举行为期 4 周的罢工,抗议该福利机构主席扎法尔·伊克巴尔·贡达尔腐败,不合法地任命来自巴有影响家庭的 170 人为该福利制度的主任、副主任、助理主任职务,违背该福利制度的规定与条例。这些人是

---

① Sabur Ghayur, "Reforming Social Protection", *Daily Times*, July 8, 2013.

② World Bank Human Development Unit, South Asia Region, "Social Protection in Pakistan", October 18, 2007, pp.38–41.

③ G.M.Arif, "Targeting Efficiency of Poverty Reduction Programs in Pakistan", Asian Development Bank, *Working Paper No. 4*, May 2006, p.37.

④ World Bank, "Social Protection in Pakistan: Managing Household Risks and Vulnerability", *Report No.35472-PK*, October 18, 2007.p.vii.

巴联邦政府劳工与人力资源部部长、联邦信息部部长、雇员老年福利制度主席贡达尔和其他有影响政治人物的儿子、侄子、女婿和亲戚。雇员老年福利制度为这些人提供 4 星期的贵宾食宿条件,并由巴最大私立大学为他们组织为期 4 个月的培训,共花费 3500 万卢比,并为他们配备全新小汽车,花去养老金基金的数百万卢比。这些做法在其他雇员老年福利制度机构工作的员工带来挫折感、歧视和失望。①

2013 年 6 月 30 日,雇员老年福利制度涉及 400 亿卢比的腐败案丑闻曝光。该丑闻涉及该福利制度主席贡达尔等数名高官。他们违规,未经董事会同意与巴国防住房委员会达成协议购买其地块。该地块市场价为 10 亿卢比,而雇员老年福利制度却支付了 160 亿卢比。该福利机构损失 150 亿卢比。他们未经董事会同意购买伊斯兰堡市马卡茨区的皇冠假日酒店。该福利机构从该酒店的产权所有人阿卜杜勒·加尧姆手中以 12 亿卢比购买,而该酒店的实际价格为 5.5 亿卢比。雇员老年福利制度损失 6.5 亿卢比。该福利机构为主席贡达尔购买豪华汽车,供其个人使用。该福利制度损失 4000 万卢比。该福利机构主席贡达尔未经董事会同意,在伊斯兰堡市建设板球场,使养老金基金损失 8000 万卢比等。②

巴基斯坦有许多直接或间接地资助穷人或弱势群体的社会保障项目,但是由于缺乏整体战略,这些单个的项目仍然是临时的、应急的和分散的。政府为了应对某些事件,提出解决特殊问题的社会保障立法,并立即实施。由于缺乏监管、评价的可信机制,从而很难评估是否现有社会保障项目都实现了其目标。实际上,有些项目已经过时。因此,许多项目没有或很少对其原有设计或功能进行调整。

2008 年人民党执政后推行贝娜齐亚收入支持项目,并试着把这一社会保障项目作为推行社会保障项目合理化的统一平台,把原来重叠的社会保障项目进行合理化以提高财政和管理效率。例如。巴基金委员会的食品援助项目停止,旁遮普省的食品援助项目也在 2010 年停止。食品援助的功能主要由贝娜齐亚收入支持项目承担。虽然天课基金还承担一部分,但是其覆盖面已经很低。但是由于巴基斯坦实际上是两大政党轮流执政,人民党上台会实行有利于工人或中下层阶层的利益的社会保障政策,而穆斯林联盟(谢里夫派)上台会实行倾向于中上阶层利益的社会保障政策。谁上台都会削减对方发起的社会保障项目的开支。如 2013 年 5 月执政的穆斯林联盟(谢里夫派)认为贝娜齐亚收入支持项目带有人民党的痕迹,所以,不但要改名,同时要削减其福利开支。这种竞争、同时又对抗

① "EOBI Corruption Report", http://www.labournews.net/Inv2/index.php?option=com content&view=article&id=2305:eobi-corruption-:report&catid=67:reports&Itemid=105.

② "Rs 40 billion EOBI corruption scandal lands in SC", *Daily Times*, June 30, 2013.

的两党关系延缓了巴统一、整体的社会保障体系的建设。

目前，巴基斯坦社会保障体系存在的问题和有待完善的地方，实际上与巴经济发展水平有关。到 2012 年，巴基斯坦的名义国内生产总值估计为 2400 亿美元，税收收入占 GDP 的比重是世界上最低，大约只占 GDP 比重的 9%。[1] 2012 年，巴基斯坦的人均名义 GDP 只有 1578 美元。[2] 到 2013 年 3 月份，人民党执政届满时，巴基斯坦全部财政收入为 14490 亿卢比。[3] 巴政府的债务占 GDP 的比重已经上升到 56.8%。同时，巴基斯坦在 2010 年、2011 年遭受史无前例的洪水灾难，大约影响到 2000 万人的生活，加重了巴原来的财政赤字。[4] 巴基斯坦这样的财政收入状况会对巴基斯坦公共服务，尤其是社会保障开支形成制约因素。巴基斯坦社会保障支出与覆盖率不足，应该与巴财政能力不足有很大关系。完善的社会保障体系是以经济持续发展、财政收入不断增长为前提。

第五节　人民党政府的俾路支抚慰计划及其实施效果

一、巴基斯坦俾路支危机的由来与发展

俾路支省位于巴基斯坦的西南部，是巴基斯坦面积最大的省份，占巴国土面积的 43%，但是人口却只占巴总人口的 7%。自巴基斯坦建国以来，该省部落与其他地方势力对于巴基斯坦政府强行把俾路支地区并入巴基斯坦表示不满，要求更多的自治权。巴基斯坦政府谋求加强中央政府的权力，削弱俾路支省的管理权。由于巴政府长期忽视俾路支省的发展，在俾路支省大量开发自然资源，而当地人受益有限，导致该省经济、社会与文化教育发展落后，为此，俾路支人数次武装反抗中央政府，甚至要求独立，脱离巴基斯坦联邦。巴基斯坦的俾路支危机从建国

---

① Muzzammil Aslam, "Economic Cost of Strikes", http://e.thenews.com.pk/newsmag/mag/detail_article.asp?id=2266&magId=10/

② http://www.finance.gov.pk/survey/chapter_11/Overview%20of%20the%20Economy.pdf

③ Nazia Gul, "Fiscal Development" in *Pakistan Economic Survey 2012–2013*, Ministry of Finance, Government of Pakistan, Islamabad, 2013, p.51.

④ World Bank, "Pakistan Towards an Integrated National Safety Net System: Assisting Poor and Vulnerable Households: An Analysis of Pakistan's Main Cash Transfer Program", *Report No.66421-PK*, January 24, 2013, p.5.

之初一直延续至今,成为巴基斯坦最大的政治隐患,直接关系到巴基斯坦国家的生存。

(一)巴基斯坦俾路支危机的历史渊源

俾路支人的历史可追溯到 2000 年前,但是很少有人知道他们的起源,因为他们历史的大部分是通过口头相转,没有书面证据。[①] 俾路支人随着亚历山大的入侵而进入现在的巴基斯坦西南部,比伊斯兰教在公元 7 世纪和 8 世纪的侵入还要更早一些。他们住在巴俾路支省卡拉特(Kalat)地区周围,屈服于当时的筬炜印度教徒(Sewai Hindus)[②]。早在 12 世纪,俾路支人米尔·贾格尔汗[③](Mir Chakar Khan)就建立过部落联盟。[④] 公元 16 世纪,莫卧儿王朝和俾路支人把筬炜印度教徒从卡拉特地区赶走。到公元 1666 年,俾路支人又再次战胜莫卧儿王朝,取得自治权,并建立卡拉特邦联国。俾路支人的社会由 17 个俾路支部落组成,通过部落酋长制度来进行管理。这种部落制度延续至今。这些酋长宣誓忠于卡拉特邦联的俾路支汗,负责守护邦联的领土,抗击外来入侵者。卡拉特邦联通过对部落酋长的忠诚和庇护体系,较好地维系了邦联制。部落酋长在自己的领地享有充分的自治权。

伴随莫卧儿王国的衰落,卡拉特汗纳西尔汗(Nasir Khan)崛起。他的统治范围延伸到伊朗、阿富汗的俾路支部落。1749—1793 年的纳西尔汗统治时期,卡拉特王国拥有真正的自治,首次包括大多数俾路支人。[⑤] 从 1805 年到英国入侵前,卡拉特国保持了名义上的独立,因为周边的王国对这片贫瘠的高原缺乏兴趣。[⑥]

1839 年,英国人由于担心俄国人向南扩张势力,侵入俾路支地区。同年,英国与卡拉特汗签订条约,允许英属印度的军队通过俾路支斯坦,不应设任何障碍。1854 年,英国人与卡拉特汗达成协议:卡拉特汗答应未经英国人的准许不能与其他外国势力保持联系,如果必要可请英国军队保护其领地上通过的商队;阻止其属下袭击英国领地;作为回报,卡拉特汗每年将得到 15 万卢比的补贴。卡拉特实际上享有半独立地位。[⑦]

---

① Rajshree Jetly, "Baluch Ethnicity and Nationalism(1971–1981):An Assessment", *Asian Ethnicity*, Vol. 5, No. 1(February 2004), pp.7–26.

② 筬炜印度教徒在俾路支地区建立了一个印度教的王国。

③ 汗(Khan),在这里为"首领"、"王公"之意。

④ Selig S. Harrison, *In Afghanistan's Shadow: Baloch Nationalism and Soviet Temptations*, Washington: Carnegie Endowment for International Peace, 1981, pp.12–20.

⑤ Selig S. Harrison, "Baluch Nationalism and Superpower Rivalry", *International Security*, Vol. 5, No. 3(Winter, 1980–1981), pp.152–163.

⑥ "Balochis of Pakistan: on the Margins of History", The Foreign Policy Centre,London,November 2006, pp.11–12.

⑦ "Balochistan Unrest: Causes and Response", *IPRI (Islamabad Policy Research Institute) Journal*, Vol. 6, No.2(Summer 2006), pp.56–73.

1876 年,英国派往俾路支的首席专员罗伯特·桑德曼(Robert Sandeman)与卡拉特汗签订条约。卡拉特将其领地,包括恰兰(Kharan)、莫克兰(Makran)和拉斯贝拉(Lasbela)接受英国人的保护。英国人为卡拉特汗提供资金支持。俾路支地区部落酋长请求罗伯特·桑德曼调解他们中间的冲突。以前,这些酋长们是卡拉特汗出面调解。英国人在俾路支地区推行所谓"桑德曼管理体制",即英国人给予俾路支各部落首领萨达尔(Sadar)充分的自治权,管理部落事务。这些萨达尔接受英国人的统治,并由英国政府为他们提供资金支持。在这种体制下,卡拉特汗没有直接管理这些萨达尔的权力。英国人为了实现自己的目的,保留了俾路支地区的部落制度,部落首领的自治权得到加强。英国人只对俾路支地区所处的战略地位感兴趣,对俾路支部落的社会经济结构没有任何变革。

1893 年 11 月 12 日,在英国压力之下,阿富汗被迫接受了英属印度外务秘书亨利·莫蒂默·杜兰关于划分阿富汗与英属印度的边界协议,即"杜兰协定",同意了英俄关于阿富汗东部边界的安排和英国划定的阿南部边界。根据该协议,俾路支地区的一部分被划给阿富汗,另外一部分划给英属印度。1905 年,协议正式生效。但是巴基斯坦俾路支人反对这种划分。英国人为了维护巴俾路支地区的稳定,并没有干预卡拉特的事务,只要俾路支人允许英国部队进入阿富汗即可。

在英国人的统治下,卡拉特汗很难获得完全的独立,只能管辖自己附属的地区。此时的巴俾路支地区被划分为三个部分:英国人的俾路支区、俾路支王国:卡拉特、莫克兰和拉斯贝拉以及部落地区。[1]

早在 1930 年,一些俾路支领导人就预见到英国人会最终离开,从而开始呼吁卡拉特独立。[2] 1935 年,俾路支的首个卡拉特民族党(Kalat National Party)成立。该党的主要目标是当英国人离开后,获得统一、独立的俾路支斯坦。[3]

当英国即将撤出之际,俾路支卡拉特艾哈迈德·亚尔汗(Ahmad Yar Khan)指出 1876 年的条约承诺:英国人将尊重卡拉特的主权和独立。艾哈迈德·亚尔汗并在 1946 年在给英属印度内阁代表的一封备忘录中强调:首先,接替英国的政府只能继承与英国有盟约关系的邦,不能继承与英国政府没有盟约关系的卡拉特国;其次,英国人离开后,卡拉特将保留 1876 前已经获得的独立地位;再次,原附

① Tahir Amin, "Ethno-National Movements of Pakistan", Islamabad: Institute of Policy Studies Islamabad, 1993, p.64.

② Alok Bansal, "The Revival of Insurgency in Balochistan", *Strategic Analysis*, Vol. 29, No. 2 (April–June 2005), pp.250–268.

③ Selig S. Harrison, *In Afghanistan's Shadow: Baloch Nationalism and Soviet Temptations*, Washington: Carnegie Endowment for International Peace, 1981, pp.22–23.

属于卡拉特国的俾路支诸公国以及后来在胁迫下被迫租借给英国的区域将归还卡拉特国。因此,该备忘录宣称,卡拉特国将成为拥有完全主权,并在内外事务上完全独立的国家,可以自由地与其他任何政府和国家签订条约。[①]

卡拉特汗聘请真纳(Jinnah)为自己的法律顾问,负责争取卡拉特国独立。卡拉特汗努力争取与尼泊尔同样的独立地位。[②] 1947 年 8 月 4 日,有蒙巴顿勋爵、卡拉特汗、卡拉特国首席部长和穆罕默德·阿里·真纳参加的圆桌会议讨论决定卡拉特国将在 1947 年 8 月 5 日成为一个独立国家,并可以独立国家身份与邻国签订友好条约;卡拉特有自我决定的权力。[③] 此时的蒙巴顿勋爵和印度人都认为俾路支将不能依靠自己生存,将被迫加入巴基斯坦。

随后,英国当局通知卡拉特领导人他们所控制的区域以及英国管辖的马里和布格蒂的部落区转交给卡拉特国。因此,巴基斯坦的整个俾路支地区归卡拉特国管辖。

1947 年 8 月 15 日,在巴基斯坦正式建立的前一天,卡拉特汗拒绝加入新成立的国家:巴基斯坦,宣布卡拉特独立,并愿意就国防、外交与通信事务与巴基斯坦谈判建立邦联关系。卡拉特将在下列协议的基础上与巴基斯坦合作。该协议是:俾路支斯坦将保持自治,行使对土地、资源和政治事务的管辖权;巴基斯坦政府负责货币、外交和国防。但是巴基斯坦领导人最后背弃了这一协议。[④] 卡拉特汗还组成了卡拉特议会的上下院。1947 年 8 月 15 日,卡拉特国民议会开会,决定不加入巴基斯坦,再次声明卡拉特是一个独立的国家,愿与巴基斯坦建立友好的盟国关系。1948 年 1 月,由俾路支部落酋长组成的卡拉特上院在讨论是否合并到巴基斯坦一事时,反对与巴基斯坦合并,因为巴基斯坦将危及俾路支国家的存在。

在巴基斯坦正式建国之前,真纳领导的穆斯林联盟与卡拉特签署过共同声明,宣布承认卡拉特不是印度的附属土邦,构成独立的实体;穆斯林联盟将承认并尊重其独立。但是英国政府不想俾路支地区作为一个独立的国家,愿把俾路支地区合并到巴基斯坦,因为英国人认为与其在弱小的俾路支地区保持基地,还不如支持其合并到巴基斯坦,更有利于英国人。英国人离开后,巴基斯坦领导人对俾路支是否加入巴基斯坦,采取了两面手法:表面上同意,实质上使用武力手段。经

---

① 　Ibid. p.23.

② 　Veena Kukreja, *Contemporary Pakistan: Political Processes, Conflicts and Crisis*, New Delhi: Sage Publications, 2003, p.131.

③ 　Ahmed Yar Khan Baluch, *Inside Baluchistan, a Political Autobiography of His Highness Baiglar Baigi: Khan-e-Azam-XIII*, Karachi: Royal Book Company, 1975, p.147.

④ 　Aurangzaib Alamgir, "Pakistan's Balochistan Problem:An Insurgency's Rebirth", *World Affairs*, November/December 2012, pp.33–38.

过9个月的拉锯战谈判。当谈判临近破裂时,巴基斯坦军队在俾路支地区的卫成司令于1948年4月1日,奉命向卡拉特进军。如果卡拉特汗拒绝合并,就使用武力逮捕。由非俾路支的移民所主导的奎达市政当局批准加入巴基斯坦的决议。卡拉特汗投降,被迫签订加入巴基斯坦的协定,接受合并。

巴基斯坦用武力强行合并俾路支地区,伤害了当地俾路支人的民族主义感情,成为俾路支危机的主要根源。代表俾路支广大民众的卡拉特民族党反对加入巴基斯坦。俾路支民族主义者开始为争取地区自治,武装反抗巴基斯坦。卡拉特汗的兄弟阿卜杜勒·卡里姆宣布武装反抗巴基斯坦。这次武装反抗开俾路支武装反叛巴基斯坦的先河。

俾路支民族有悠久的自治传统。俾路支在12世纪和1666年建立过类似邦联的国家,地方部落或附属的公国都有充分的自治权。当英国侵入巴俾路支地区时,通过桑德曼管理体制,仍然保留了俾路支人民的自治权。在巴基斯坦正式建立的前一天,卡拉特汗愿意就国防、外交与通信事务与巴基斯坦谈判,以建立特殊关系。实际上,卡拉特汗希望与巴基斯坦建立邦联,而不是联邦,更不是合并。但是巴基斯坦名义上是联邦制,实质上其领导人更愿意推行中央集权制。他们不能容忍卡拉特的自治。因此,巴基斯坦对待俾路支人比英属印度殖民政权更严厉。巴基斯坦政府剥夺俾路支人民的自治权遭到俾路支民族主义者,尤其是地方势力的反抗。

巴基斯坦俾路支地区长期实行部落制度,通过地方部落首领萨达尔来管理地方事务。在自己的部落中,这些萨达尔享有广泛的管理权与司法特权。在英国统治期间,部落制度得以保留,英国人未作任何改革,部落首领萨达尔的自治权反而得到加强。俾路支地区的各个部落俨然成为国中之国。英国人对这些部落首领的纵容使他们不愿屈服于巴基斯坦的管理。当巴基斯坦在这些部落区开采石油、天然气、铜矿等自然资源时,这些部落首领更不能容忍。

总之,巴基斯坦俾路支民族的自治传统、部落社会的保留以及巴基斯坦武力合并俾路支地区一并构成巴基斯坦俾路支危机的历史渊源。

(二)巴基斯坦俾路支危机的发展:俾路支人五次武装反抗巴基斯坦

巴基斯坦自1947年建国以来,由于巴基斯坦政府加强对俾路支地区的控制,不尊重俾路支民族的自治要求,忽视俾路支民族地区的社会经济发展,巴基斯坦俾路支民族曾经五次武装反抗巴基斯坦中央政府。时间区间为1948年;1958年;1962年—1969年;1973年—1977年;2004年至今。每一次反抗比上一次反抗更为激烈;每一次反抗的组织能力与民众对反抗的支持度都比上一次增加。巴基斯坦政府使用武力镇压手段一次比一次严厉,从而导致大量的人员伤亡和财产损失,也使一些俾路支民族主义者从最初要求自治,转而主张独立和脱离巴基斯坦。巴基斯坦俾路支危机加深,直接威胁到巴基斯坦统一。

1. 俾路支人的第一次反叛

当巴基斯坦使用武力强迫卡拉特签订合并协议时,卡拉特汗的兄弟阿卜杜勒·卡里姆王子于 1948 年 5 月宣布武装反抗。卡里姆及其队伍进入阿富汗,在绍拉瓦克(Shorawak)地区的马扎尔卡雷兹(Mazar Karez)的地方建立指挥部,希望获得阿富汗和苏联的支持,但是阿富汗政府不同意卡里姆王子和卡拉特民族党在其领土建立基地。卡里姆的资源有限,所以,其行动也受到限制。他开始在恰勒瓦区(Jhalawan District)[①]领导由 700 名部落成员以游击战反抗巴基斯坦中央政府。

卡里姆王子的游击战得到俾路支民族主义运动领导人和卡拉特汗的秘密支持。由于计划不周,加上得不到阿富汗的支持,卡里姆领导的抵抗运动极其艰难。卡拉特汗受到巴基斯坦军队要报复的威胁,规劝其弟投降。巴基斯坦军队承诺保证他的安全,并赦免其随从人员。巴基斯坦的官员与阿卜杜勒·卡里姆王子的代表签订了一个保证其安全的协议,并手按《古兰经》对真主发誓将履行协议。1950 年,巴基斯坦军队撕毁协议,在卡里姆及其随从在回卡拉特的路上伏击了他们,逮捕了卡里姆王子及其随从。[②] 俾路支人的第一次武装反抗被巴基斯坦镇压。

卡里姆王子领导的第一次武装反抗在巴基斯坦俾路支人的历史上产生了重要影响。首先,它表明巴基斯坦的俾路支人并不同意巴基斯坦合并卡拉特。其次,该事件导致俾路支人普遍认为巴基斯坦背叛了签订的保证卡里姆等人安全的协议。俾路支人认为这是巴基斯坦一系列背信弃义的第一次,从而使俾路支人对巴基斯坦的不信任。这种互不信任伴随着巴基斯坦的历史发展,巴基斯坦的俾路支危机越陷越深。卡里姆王子及其追随者被巴基斯坦法院判为长期监禁。

2. 俾路支人的第二次反叛

1955 年,巴基斯坦政府推行所谓"一个单位计划(One Unit Plan)",即把西巴基斯坦的四个省:旁遮普省、信德省、西北边境省、俾路支省和一些土邦合并为一个单位,即西巴基斯坦省,以创造一种"平等"的概念,解决巴基斯坦宪法的困境:平衡东巴孟加拉省。当时,东孟加拉省是巴基斯坦联邦中人口最多的省。巴

---

① 恰勒瓦区位于卡拉特的南部,莫克兰东部,与信德省接壤。恰勒瓦土邦与 1947 年加入巴基斯坦。

② Taj Mohammad Breseeg, *Baloch Nationalism: Its Origin and Development*, Karachi:Royal Book Company, 2004, pp.238–240.

基斯坦政府希望把全国分为两个省：西巴基斯坦省和东巴基斯坦省，使它们在立法机关中的议员代表名额相等，在政治结构上以取得平衡。巴基斯坦政府认为这一计划能起到一箭双雕的作用：既可以抑制东孟加拉省，也可以整合西巴基斯坦，把西巴各种族、民族、地方势力、土邦统一起来，强化巴基斯坦的民族认同。

但是巴基斯坦政府的这一愿望未能实现。东巴孟加拉省最后离开了巴基斯坦，而西巴中的西北边境省和俾路支省都认为失去了自治权，从而造成中央与地方的紧张关系。俾路支省比其他地方更为激烈地抵制这一计划。起初，俾路支人的抵制是非暴力的。1957年10月，俾路支民族主义者在拜见当时巴基斯坦总统伊斯坎德尔·米尔扎时，希望他不要把卡拉特纳入一个单位计划，并让政府支持卡拉特的发展。他们认为俾路支地区加入西巴省将威胁到他们独特的身份，并进一步被主导的旁遮普省边缘化。卡拉特王子为结束这种一个单位制，专门组织俾路支人民党。卡拉特汗动员各部落首领、萨达尔反对一个单位制。但是后来上台的阿尤布汗将军采取更加严厉的措施。当一些部落的萨达尔开始与巴基斯坦政府管理俾路支地区的代表首席专员不合作时，1958年10月6日，阿尤布派遣巴基斯坦军队向卡拉特进军。巴军队逮捕了卡拉特汗及其随从，指控他们秘密与阿富汗谈判以发动全面的叛乱。巴基斯坦军队也向那些抗议政府的人发动攻击。阿尤布汗第二天宣布全国处于军事管制法[1]，进一步加深部落萨达尔对中央政府忌恨，因为该法限制他们土地的数量，限制了他们的自由。部落萨达尔也加入反抗的队伍之中。

巴基斯坦军队本想通过逮捕卡拉特汗以阻止事态扩展，但是对卡拉特汗的逮捕却带来相反的结果：俾路支人的反叛遍布俾路支地区。巴军队对俾路支的一些村庄进行轰炸，怀疑藏匿游击队员。巴军队在恰勒瓦地区的军事行动遭到当地忠于卡拉特汗的萨达尔的抵抗。泽里（Zehri）部落的首领瑙鲁兹·卡汉（Nauroz kahan）领导其部落武装在山上用游击战抵抗巴军队，要求废除一单位制。巴军队通过以保证其安全和赦免其随从为借口，劝瑙鲁兹·卡汉及其队伍投降。一旦他们投降，瑙鲁兹·卡汉的五个儿子及其下属以叛国罪被处以绞刑。瑙鲁兹·卡汉被捕。1964年死在霍卢（Kholu）监狱。[2]瑙鲁兹·卡汉成为俾路支民族主义抵抗运动的第一位烈士。他成为巴基斯坦政府使用欺骗手段的代表符号。

---

① Tarique Niazi, "Democracy, Development and Terrorism: The Case of Baluchistan (Pakistan)", *International Journal of Contemporary Sociology*, Vol. 42, No.2 (2005), pp.267–293.

② Selig S. Harrison, *In Afghanistan's Shadow: Baloch Nationalism and Soviet Temptations*, Washington: Carnegie Endowment for International Peace, 1981, pp.27–28.

3. 俾路支人的第三次反叛

1958 年俾路支人反叛被镇压后，"一个单位"体制继续。俾路支领导人开始组织一系列的政治联盟反对"一个单位"体制。1962 年阿尤布政府实行"基本民主制"，即政府委员会实行五级体制：专区、市、区、分区五级。然而，许多俾路支民族主义者认为任命专员作为中央政府的代表侵犯了地方和地区政府的自治权。1962 年的大选中，俾路支地区有影响的人物阿图乌拉·门加拉、海尔·巴赫什·马里和艾哈迈德·纳瓦兹·布格蒂当选国会议员。他们开始发表激烈的演讲，声称俾路支人的许多权利遭到巴基斯坦政府剥夺。巴政府认为这些坚定的民族主义者当选会威胁基本民主的目标：缩小部落体制影响力。为此，巴政府剥夺了他们的萨达尔头衔，任命他们部落新的首领。但是门加拉部落和马里部落的新首领萨达尔遭人暗杀。阿图乌拉·门加拉和海尔·巴赫什·马里被逮捕。门加拉受到谋杀的指控被关进监狱。①

1962 年，巴基斯坦军队在俾路支地区内部的关键位置驻扎军队，促使俾路支人发动新抵抗运动。这场新的抵抗运动由马里部落萨达尔谢尔·穆罕默德·马里领导。他认识到需要把无组织混乱地抵抗转变为正规的游击战。为此，他从南部恰勒瓦区的门加拉部落到北部的马里部落和布格蒂部落建立营地网络。此外，俾路支地区另两大部落门格尔和布格蒂部落也加入武装反抗。因此，俾路支人的第三次武装反抗已波及到巴基斯坦俾路支 1/6 的许多地区。一些民族团体没有加入，如普什图族。俾路支的萨达尔们要求巴政府释放犯人，允许保留枪支，恢复部落的习惯法，从部落撤走警察和税收人员，停止公路建设，恢复萨达尔的特权，政府不能干预部落事务等。② 俾路支游击队员伏击军队、火车等。作为报复，巴军队采取比较严厉的镇压。

1965 年，印巴战争爆发，俾路支人的反抗暂停。战后，巴政府军恢复在俾路支地区的军事行动。布格蒂部落组成了抵抗。巴军队对该部落实行了空中轰炸，造成反叛分子和平民伤亡。布格蒂部落首领阿克巴尔·布格蒂被捕入狱。俾路支地区的部落武装与巴政府军的战斗一直零星持续到 1969 年，叶海亚汗将军宣布放弃一个单位的政策，才使俾路支各部落首领同意停火。俾路支各游击队仍认为巴基斯坦政府对俾路支人的敌视仍然存在，为此，他们的组织仍保存下来，并继续培训各级干部。

---

① Imtiaz Ali, "The Balochistan Problem", *Pakistan Horizon*, Vol. 58, No. 2（April 2005）, pp.41–62.

② A.B.Awan, Balochistan: *Historical and Political Process*, London: New Century Publishers, 1985, pp.227–233.

俾路支人的第三次武装反抗,比前两次的反抗规模要大,主要部落首领参加了反叛。这次反抗名义上是反对阿尤布政府的"一个单位体制",实质上是反对巴政府削弱俾路支人的自治权,剥夺部落首领的特权。这些部落首领萨达尔名义上争取俾路支人的权力实质上为自己的私利,反对巴基斯坦政令统一。因此,巴基斯坦政府只有真正落实联邦制,赋予地方自治权才能解决俾路支危机。

4. 俾路支人的第四次反叛

1969 年,叶海亚将军上台后,宣布废除 1962 年宪法和"一个单位制",解散了国民议会和省议会,同时,宣布将在 1970 年 10 月 5 日举行大选。在此之前,俾路支人与西北边境省的普什图族联合组成民族人民党。该党在俾路支省和西北边境省拥有广泛的支持,强烈主张省自治。它在反对"一个单位制"的运动中发挥了重要的作用。1971 年,巴基斯坦人民党领袖阿里·布托出任巴基斯坦总统。

在 1970 年—1971 年的竞选中,民族人民党在俾路支省组织严密,主要由俾路支民族主义运动三位著名领导人:高斯·巴赫什·比增乔、海尔·巴赫什·马里和阿图乌拉·门格尔领导。另一位有权势的布格蒂部落的首领阿克巴尔·门格尔也为民族人民党工作。

大选结果公布,民族人民党在俾路支省议会选举中获得 9 个议席,加上伊斯兰神学者协会获得的 2 个议席,两党在该省获得 11 个议席。两党在俾路支省组成联合政府。高斯·巴赫什·比增乔出任俾路支省督,阿图乌拉·门加尔出任俾路支省首席部长。然而,不久,巴基斯坦中央政府与俾路支省政府的矛盾加深,最后酿成俾路支省的内战。

联邦政府指责民族人民党不与中央政府合作;民族人民党领导人多次发动挑衅行为,限制联邦海岸警卫队在俾路支省的活动。新的俾路支省政府希望通过把普什图人和俾路支人安排在管理的关键职位,取代非普什图人和非俾路支人的职位,以扩大自己的政治基础。阿图乌拉·门加尔宣称在 12000 名政府雇员中,只有 3000 名是俾路支人;90% 的边防警察是外地人。[1] 但是这种做法却遭到布托中央政府的激烈反对。布托认为俾路支省要求本省自然资源更多的比例,以及公平配置产业的做法是对中央政府施压的一种策略。布托开始担心民族人民党在俾路支省的崛起会损害自己的威信,尤其是巴基斯坦人民党又在该省没有基础。[2] 布托开始寻找机会解散民族人民党俾路支政府。

---

[1]　Mohammad Waseem, *Politics and the State in Pakistan*, Lahore: Progressive Publishers, 1989, p.338.

[2]　Rajshree Jetly, "Baluch Ethnicity and Nationalism（1971–1981）:An Assessment", *Asian Ethnicity*, Vol. 5, No. 1（February 2004）, pp.7–26.

布托政府发现驻巴基斯坦的伊拉克大使馆内藏有 300 支苏式冲锋枪和 48000 发子弹。布托政府指控民族人民党领导人不但挑战宪法权威而且与伊拉克、苏联勾结阴谋分裂巴基斯坦。[1] 1973 年 2 月 14 日,布托政府宣布解散俾路支省政府,实行省督管理。由民族人民党与伊斯兰神学者协会共同执政的西北边境省政府为表示抗议,也宣布辞职。布托政府指控民族人民党领导人制造了混乱和动乱,决定禁止民族人民党的活动,宣布该党为非法组织。

促使布托解散俾路支省政府,除了因为伊拉克大使馆事件以外,还有两个以下因素。第一,布托认为与民族人民党发起的俾路支民族主义运动的军事对抗不但会削弱该党的权力,而且还会损害布托政府在旁遮普省的声望,因为巴基斯坦军队主要来源于旁遮普省;第二,布托没有预料到对俾路支省的有限军事行动会产生如此大的影响,因为俾路支地区过去一直远离公众视野。布托热衷于中央集权,对巴基斯坦原有的多元化熟视无睹。[2]

俾路支省政府的被解散激化了俾路支地方势力与中央政府的对抗,导致俾路支人的第四次武装反抗。1973 年 4 月,俾路支游击队开始伏击军队的运输。布托政府进行报复,派遣军队进入俾路支省,并把三位俾路支民族主义领导人高斯·巴赫什·比增乔、海尔·巴赫什·马里和阿图乌拉·门加尔监禁。俾路支游击队此时得到俾路支民族主义运动的两个组织:俾路支人民解放阵线与俾路支学生组织的支持。这两个组织为俾路支游击队提供物质与道义上的支持。到 1974 年 7 月,俾路支游击队已经封锁俾路支地区与邻近省份联系的所有道路,破坏了铁路联系,并通过大规模的炮击阻碍石油公司的石油钻探和勘测作业。[3]

伊拉克政府为俾路支的反叛分子提供支持,希望俾路支人与政府的冲突传播到伊朗。伊拉克在巴格达为俾路支解放阵线提供办公室。伊朗政府为防止俾路支的反叛波及到本国的俾路支地区,为巴军队提供数架休伊眼镜蛇武装直升机,并由伊朗飞行员驾驶。[4] 到 1974 年 8—9 月间, 5.5 万名俾路支反叛分子与 8 万名政府军战斗。政府军同时得到伊朗空军的支持。伊朗运用武装直升机协助参战。俾路支反叛分子遭受毁灭性的打击,当地无数无辜平民伤亡,约有 7 千个俾

---

[1]　Syed Fakharuddin Shah and M. Zubair Khan, "Zulfiqar Ali Bhutto Regime and Growth of Baloch Nationalism in 1970s", *Global Journal of Human Social Science*, Vol. 12, No. 7（April 2012）, pp.61–68.

[2]　Imtiaz Ali, "The Balochistan Problem", *Pakistan Horizon*, Vol. 58, No. 2（April 2005）, pp.41–62.

[3]　Veena Kukreja, *Contemporary Pakistan: Political Processes, Conflicts and Crisis*, New Delhi: Sage Publications, 2003, p.135.

[4]　"Balochistan Insurgency–Fourth Conflict 1973–1977", http: www.globalsecurity.org/military/world/ war/balochistan–1973.htm.

路支人家庭逃往阿富汗避难。大约有 5 千名反叛分子和 3 千 3 百名政府军士兵被杀害。[①]1974 年年末,被政府军俘虏和向政府军投降的反叛分子共有 5 千多名。布托政府对这些部落人员实行大赦,同时为寻求政治解决,也释放了三位俾路民族主义运动的领导人。然而,由于布托政府使用残酷的武力镇压俾路支人的抵抗,俾路支人的分离主义情绪增强了,俾路支人也被动员到一个史无前例的程度。

俾路支人的第四次反叛比前两次规模更大,参与人数更多。俾路支人与巴基斯坦政府的对抗也更为激烈。布托政府使用极端的强制措施镇压俾路支人的抵抗,不但无助于解决俾路支问题,而且使俾路支人与巴基斯坦中央政府的伤疤继续化脓。政府的镇压使激进的俾路支人从此对巴基斯坦政治体制和政党政治失去了信心。俾路支人普遍开始憎恨巴基斯坦军队和旁遮普人。俾路支人的民族主义的情绪日益高涨。俾路支年轻人,尤其是受过教育的俾路支中产阶级感到被巴基斯坦政府疏远。他们由此成为俾路支人第五次反叛的骨干。巴基斯坦的俾路支危机显然加深了。

5. 俾路支人的第五次反叛

1977 年上台的齐亚·哈克决定从俾路支省撤军,与俾路支民族主义领导人和解。他释放了被关在监狱里的民族人民党领导人,并宣布大赦参加反叛的部落人员,从而出现巴政府与俾路支民族主义者 25 年的休战。之所以出现这种局面,主要是因为:第一, 20 世纪 70 年代叛乱的失败使许多激进的俾路支人沮丧;第二,1978 年阿富汗穆罕默德·达乌德政权的垮台使激进的俾路支民族主义者失去了外部支援;第三,齐亚允许俾路支民族主义者参加 20 世纪 80 年代的选举,只要他们不与政党联系;尽管他们可以赢得选举,组成省政府,但是他们没有任何实际权力和自治权。[②]

1999 年 10 月 12 日,穆沙拉夫通过政变上台,俾路支省的局势逐渐恶化。俾路支省在天然气特许费、发展项目,尤其是瓜达尔港的建设上与中央政府的关系紧张。

2001 年 10 月 7 日,美国发动对阿富汗的反恐战争后,俾路支人的抵抗运动开始兴起,因为穆沙拉夫政权以反恐为由在俾路支省设置许多军营。

自 2002 年开始,俾路支反叛分子开始频繁攻击政府在俾路支省的发展项目

---

① Alok Bansal, "The Revival of Insurgency in Balochistan", *Strategic Analysis*, Vol. 29, N0. 2（April–June 2005）, pp.250–268.

② Mickey Kupecz, "Pakistan's Baloch Insurgency: History, Conflict Drivers and Regional Implications", *International Affairs Review*, Vol. 20, No. 3（Spring 2012）, pp.95–110.

与基础设施,如天然气管道、铁路轨道、桥梁、电站、电话局、军队与政府设施。按照政府统计,自 2002 年以来共发生 843 次攻击;俾路支省的不同地区都有暴力事件,包括 54 次攻击执法机构, 31 次攻击天然气管道, 417 次火箭弹袭击, 291 次煤矿爆炸, 50 次绑架事件。仅俾路支省戈赫卢(Kohlu)区就发生 166 次暴力事件。[①] 俾路支解放军和俾路支解放阵线宣布对以上事件负责。

2004 年,俾路支反叛分子还绑架和谋杀了在瓜达尔港项目中工作的三位中国工程师,并攻击了俾路支省首席部长的军队和苏伊机场。巴基斯坦政府开始时忽视这些攻击,以为随着时间的过去,自然会平息。然而,当俾路支反叛分子发动猛烈攻击时,政府的准军事部队对俾路支省的一些地区发动了围攻。第四次反叛平息 31 年后,巴政府军再次进驻俾路支省,以摧毁所谓"恐怖分子训练营",保护经济设施,如苏伊天然气田,以及一些在建的关键工程:如瓜达尔港和米拉尼(Mirani)大坝等。

2005 年 1 月,一位在苏伊工作女医生沙兹娅·哈立德被国防安全卫队的一名上尉和三位成员轮奸。事后,军队努力掩盖犯罪,从而遭到俾路支解放军的强烈报复,导致巴基斯坦石油公司的财产遭到重大损失。俾路支反叛分子也攻击天然气净化厂和巴基斯坦石油公司工人。为此,从天然气净化厂的天然气供应一度中断。即使天然气管道破裂,也没有人愿意去修理。按照巴基斯坦政府的报道,在四天的战斗中,反叛者用小型武器射击 14000 发子弹,436 发迫击炮,60 发火箭弹。巴安全部队回报以更强大的火力。巴政府大约使用边防军 7000—10000 名人员,300 名炮兵和武装直升机人员都被派到俾路支省镇压叛乱,同时布置了 3000 到 4000 名突击队员驻守在信德省、旁遮普省与俾路支省的省界上。[②]

在激战中,供给旁遮普省和信德省工业企业的天然气一度中断,迫使政府派遣数千人的部队到苏伊地区镇压布格蒂和马里部落的武装人员。2005 年 3 月,巴军队与布格蒂部落武装发生激进。军队炮轰了布格蒂首领纳瓦布·布格蒂的居住区和周围地区。军队一天的炮击导致 60 人被炸死,其中包括 33 名俾路支人和 8 名边防军人员, 100 人受伤和众多房屋、寺庙受到严重破坏。[③]

在接下来的 9 个月中,俾路支省的局势相对平静下来。然而, 2005 年 12 月

①　Alok Bansal, "Balochistan:Continuing Violence and Its Implications", *Strategic Analysis*, Vol. 30, No. 1 (Jan–March 2006), pp.46–62.

②　Alok Bansal, "The Revival of Insurgency in Balochistan", *Strategic Analysis*, Vol. 29, NO. 2 (April–June 2005), pp.250–268.

③　Shahzada Zulfiqar, "War without End", *Newsline*, Karachi, April 2005, p.45.

14 日,不知名的武装人员向戈赫卢政府军营发射了 8 颗火箭弹,而穆沙拉夫总统 2 小时后准备来此视察、演讲。这件事令穆沙拉夫失去面子。12 月 17 日,巴安全部队再次发起对戈赫卢地区马里部落的进攻。安全部队使用了武装直升机对马里部落进行空中打击。第二天,战斗延伸到戈赫卢地区全境,并波及到邻近的德拉布格蒂区。

俾路支民族主义者宣称安全部队滥射导致大量的人员伤亡和破坏力。有 72 名部落武装人员被杀, 228 名部落武装人员受伤,还有一些平民伤亡。[1] 俾路支反叛者使用他们熟悉的策略进行反击:炸毁天然气管道、铁轨、通信设施和电塔。他们还在其他省攻击天然气管道。

在国民议会中的反对党指控穆沙拉夫政权在俾路支地区实行对无辜平民的种族屠杀。巴基斯坦人权委员会规劝政府停止屠杀戈赫卢地区的俾路支人,要求立即停火,寻求政治解决。该人权委员会宣称军队的行为违犯了国内外的规则,并谴责巴情报部门在该地区发挥的助推作用。纳瓦布·布格蒂向联合国调解人汇报那些被杀害的人中 85% 是妇女和小孩。在这样的报道下,巴其他的少数民族也开始反对旁遮普对巴基斯坦政治的主导。俾路支民族主义者得到其他的非旁遮普的少数民族的支持。巴基斯坦媒体也承认无论是俾路支省还是旁遮普省的公众开始同情俾路支反叛者。俾路支分离主义运动无论在国内媒体还是国际论坛都获得了表达意见的机会。俾路支民族主义者抓紧寻求国际上的支持。[2]

2006 年 8 月 26 日,进入山区领导俾路人反抗的布格蒂部落领袖纳瓦布·阿克巴什·布格蒂被政府军杀害。穆沙拉夫政权希望俾路支反叛者吸取经验教训,从而放弃抵抗运动。巴军方给其他省的民族主义者发出一个明显的信号:如果他们也步俾路支民族主义者的后尘,也将受到严厉惩处。

军方同时也给其邻国:印度与阿富汗发出强烈信号:希望他们不要对俾路支民族主义者抱任何希望。[3] 但是布格蒂之死却加强了俾路支人的抵抗运动。普通俾路支人、甚至信德人、旁遮普人、普什图人都批评穆沙拉夫政权。这一事件进一步加重了俾路支人对巴联邦政府,尤其是巴军队的怨恨。[4]

---

[1]　Shahzada Zulfiqar, "Fight to the End", *Newsline*, Karachi, February 2006, p.35.

[2]　Alok Bansal, "Balochistan:Continuing Violence and Its Implications", *Strategic Analysis*, Vol. 30, No. 1（Jan-March 2006）, pp.46-62.

[3]　Muhammad Ijaz Laif and Muhammad Amir Hamza, "Ethnic Nationalism in Pakistan: A Case Study of Baloch Nationalism during Musharraf Regime", *Journal of Pakistan Vision*, Vol. 10, No. 1（2009）, pp.49-81.

[4]　Umbreen Javaid, "Concerns of Balochistan: Effects and implications on Federation of Pakistan", *Journal of Political Studies*, Vol. 1, No.2（Winter 2010）, pp.113-125.

　　布格蒂被杀害促进俾路支民族主义运动的团结。即使十多年来一直与布格蒂不和的赖萨尼部落也表示愿与布格蒂部落紧密团结。[①] 这是巴基斯坦政府极不愿看到的事情。纳瓦布·阿克巴什·布格蒂的孙子巴勒姆达格·布格蒂（Barhamdagh Bugti）和俾路支马里部落决定继续战斗。[②] 2007 年,俾路支新的军事组织:俾路支共和军开始出现。

　　按照联合国的估计,在 2005—2007 年的军事行动中在俾路支地区大约有 8.4 万人流离失所,其中 2.6 万人是妇女, 3.3 万人是小孩。巴基斯坦人权委员会报告指出至少有 5 万人逃离他们在布格蒂地区的家园。由于巴安全部队对马里和布格蒂地区实行封锁,有 8 千多人因为营养不良,缺乏栖身之所和疾病而死亡。[③]总之,这场内战为普通平民带来的灾难是巨大的。

　　2008 年的后穆沙拉夫时代,巴基斯坦人民党政府和纳瓦布·谢里夫政府推行的政治进程,寻求和解。但是巴基斯坦安全部队和情报机构针对俾路支民族主义者推行的 “杀害并抛尸（kill-and-dump）”的镇压方式。在 2008 年大选中,俾路支民族主义党因为阿克巴尔·布格蒂被杀害决定抵制大选。因此, 2008 年大选后成立的俾路支省议会中没有反对党的存在。

　　巴基斯坦人民党在 2008 年执政后,为巴基斯坦政府曾经滥用武力向俾路支人民道歉。人民党随后当选的巴基斯坦总统的扎尔达里坚持认为有必要采取措施愈合伤口,恢复俾路支人对联邦的信任。

　　2009 年 10 月,贝娜齐亚·布托和解委员会公布了和解路线图,呼吁与俾路支民族主义者和解,重建俾路支省基础设施,实行资源分配新的计算公式。

　　2009 年 11 月,人民党政府承诺向省下放更多的自治权。同年 11 月 24 日,人民党政府向国民议会提交了一份赋予俾路支更多自治权的 39 点计划,即所谓“俾路支抚慰计划”。该计划包括同意俾路支政治流亡者回国,释放关押的俾路支政治活动分子,军队从俾路支省一些关键地方撤军,努力为俾路支年轻人创造工作岗位,改革联邦资源分配机制,俾路支省控制该省更多资源等。俾路支一揽子改革计划涉及俾路支人不满的所有内容,包括一些敏感议题,如释放政治犯,政治

　　① Alok Bansal, "Nawab Bugti's Assassination: Future Portents", *Strategic Analysis*, Vol. 30, No.3（Jul-Sep 2006）, pp.646-654.

　　② Amir Ali Chandio, Khairpur Sindh and Mariya Omelicheva, "Baloch National Movement 2003-2012: An Analysis", *Interdisciplinary Journal of Contemporary Research in Business*, Vol. 4, No. 10（February 2013）, pp.1048-1059.

　　③ Rabia Aslam, "Greed, creed and governance in civil conflicts: a case study of Balochistan", *Contemporary South Asia*, Vol. 19, No. 2（June 2011）, pp.189-203.

对话,让政治流亡者回国,调查失踪人员,司法调查等。①

但是俾路支民族主义运动一直期望获得更多的自治权,反对以上计划。温和的民族主义者也担心政府的建议只不过是施放的烟幕弹,而在背后继续实行有系统地从肉体上消灭俾路支民族主义者。俾路支民族主义者最终完全拒绝了该计划。

2008 年后,政府对俾路支省的军事行动已经结束。巴军方实行隐秘的镇压方式。俾路支民族主义者被巴安全部队绑架,杀害并被抛尸野外,即巴安全部队实行的所谓"杀害并抛尸"行动。在俾路支省,被巴安全部队以这样的方式消失的具体人数,人们并不是很清楚。2008 年,巴政府内政部长拉赫曼·马利克宣称至少有 1100 人成为牺牲品。2009 年 4 月 3 日,俾路支民族运动主席吴拉姆·穆罕默德·俾路支与另外两人从他的办公室被带走,随后,他们的尸体被发现,连中数十枪。②

2012 年 8 月,巴基斯坦人权委员会认定有 198 个俾路支人在 2000 年 1 月到 2012 年 5 月期间被消失;其中仅 2012 年一年就有 57 个失踪人的尸体被找到。③

2008 年后,俾路支民族主义者也根据冲突性质的变化,调整了自己的战斗策略:除从事伏击安全部队,袭击天然气管道、铁路轨道等公共设施外,开始转向不加区别,不分地域地滥用暴力,甚至使用恐怖主义暴力:人体炸弹。

2009 年,俾路支地区共发生过 792 次暴力事件,造成 386 人死亡。其中 92% 的武装袭击是俾路支民族主义反叛者所为。2010 年,暴力事件加剧。俾路支地区共发生 730 次暴力事件,导致 600 人死亡。④2012 年 4 月 23 日,俾路支反叛者在巴拉合尔火车站放置炸弹,炸死 2 人,伤 40 人,包括妇女和小孩。⑤

2011 年,因为反叛分子与安全部队的暴力冲突,共造成 711 人死亡,其中 542 人为平民,122 人为安全部队人员,47 人为反叛分子;2012 年,双方冲突造成 954 人死亡,其中 690 人为平民,178 人为安全部队人员,86 人为反叛分子;2013 年,双方冲突进一步造成 960 人死亡,其中 718 人为平民,137 人为安全部队人员,

① Frederic Grare, *Balochistan: The State Versus the Nation*, Carnegie Endowment for International Peace, Washington, D.C., April 2013, p.12.

② Amir Ali Chandio, Khairpur Sindh and Mariya Omelicheva, "Baloch National Movement 2003–2012: An Analysis", *Interdisciplinary Journal of Contemporary Research in Business*, Vol. 4, No. 10 (February 2013), pp.1048–1059.

③ Human Rights Commission of Pakistan, *Hopes, Fears, and Alienation in Balochistan: Report of an HRCP Fact-Finding Mission (May5-19, 2012)*, August 30, 2012, pp.59–71.

④ Mickey Kupecz, "Pakistan's Baloch Insurgency: History, Conflict Drives and Regional Implications", *International Affairs Review*, Vol. 20, No. 3 (Spring 2012), pp.95–110.

⑤ Khuram Iqbal, "Baloch insurgency faces uncertain future", *Asian Times*, August 9, 2012.

105 人为反叛者；在 2014 年的头 10 天，冲突导致 108 人被杀害，其中 79 人为平民，14 人为安全部队人员，15 人为反叛者。[①]

　　面对严峻的俾路支局势，人民党政府吉拉尼总理与俾路支领导人阿图乌拉·门格尔于 2010 年 5 月举行会谈。但是由于俾路支门格尔和马里两大部落领导人出现严重分歧而没有取得成果。2012 年 9 月，俾路支民族人民党主席阿克巴尔·门格尔在伊斯兰堡会见巴基斯坦穆斯林联盟（谢里夫派）领袖纳瓦布·谢里夫和巴基斯坦正义党领袖伊姆兰·汗。门格尔提出俾路支省与巴基斯坦"和平分离"，即通过俾路支省的全民公决，自我决定其前程。但是巴基斯坦军方，陆军参谋长基亚尼将军对此宣称：军队支持政治解决俾路支问题，前提是这种解决方法不违背宪法。他进一步强调任何违背宪法的步骤都是不能接受。[②] 由于双方立场差距太大，这次会谈没有取得任何成果。

　　2013 年 6 月上台的纳瓦布·谢里夫也希望通过政治和解，加快俾路支发展项目，缓解俾路支人的不满。2014 年 1 月 30 日，他前往俾路支省省府奎达市，会见俾路支省首席部长、省督和省议员，指示组成一个委员会吸引流亡国外的俾路支领导人和俾路支民族主义者回国，实现政治和解。[③] 但是由于最近的俾路支民族主义运动中出现民族分离主义者。他们不再要求自治权，而是要求俾路支省独立。巴基斯坦的俾路支危机更加错综复杂。

　　俾路支省的第五次反叛已经不再局限于游击战，而是扩展到了俾路支地区全境，甚至扩展到外省。尽管反叛者的目标主要是政府设施和政府人员，但是广大平民的生命与财产也遭受了重大损失。巴基斯坦政府宣称由俾路支民族主义部落首领阿图乌拉·门格尔、海尔·巴克什·马里领导的俾路支解放军是暴力事件的策划者。但是俾路支民族主义运动的领导人已经转变为受过教育、出身中产阶级的非部落领导人。俾路支的两大组织：俾路支学生组织与民族人民党为俾路支民族主义提供了领导人与干部。[④] 尤其值得注意的是，俾路支地区的妇女积极参与了各种暴力与示威活动。许多自杀式的攻击活动中就有俾路支妇女的参与。因此，巴基斯坦政府解决俾路支危机的难度增加了。

————————

　　① "Balochistan Assessment-2014", http://www.satp.org/satporgtp/countries/pakistan/Balochistan/index,ht.

　　② "Army to Support Any 'Constitutional' Solution to Balochistan Unrest: Kayani", *The Dawn*, October 3, 2012.

　　③ "Ending insurgency in Balochistan", *The Frontier Post*, February 16, 2014.

　　④ Adeel Khan, "Renewed Ethnonationalist Insurgency in Balochistan, Pakistan: The Militarized State and Continuing Economic Deprivation", *Asian Survey*, Vol. 49, No. 6（November/December 2009）, pp.1071-1091.

二、巴基斯坦俾路支危机的原因

巴基斯坦自建立以来,俾路支民族主义者大规模的武装反抗中央政府就有五次。巴基斯坦军队也相应进行了严厉的镇压,但是俾路支民族主义者没有被压制下去。俾路支民族主义运动的范围在扩大,反叛的军事组织在增多,甚至出现激进民族主义者,直接要求俾路支省独立,脱离巴基斯坦联邦。巴基斯坦统治精英把导致俾路支人反叛的原因简单地归结为两个方面:一是,俾路支民族主义政党由于拒绝参加大选,被排斥在权力之外;二是,那些俾路支封建领主担心政府的大型发展项目将大量增加来自非俾路支民族的外来人口,削弱了他们对这些人口的控制。他们为了保持自己的特权,反对各种发展项目。

其实,每一次俾路支民族主义者的反叛,都有具体原因。俾路支危机的历史渊源是巴基斯坦强行合并俾路支地区,当时的大多数人并不情愿加入巴基斯坦。危机之所以长期没有得到解决,主要因为巴基斯坦国家的脆弱和缺乏民主,巴军方主导了针对俾路支危机的政策。巴军方倾向于实行军事镇压。具体而言,巴基斯坦俾路支危机发展到今天,既有政治、经济和社会因素,也有外来势力的介入。

(一)俾路支人在巴政府中缺少自己的代表,从而对巴基斯坦国家没有认同感

俾路支人在巴基斯坦国家和政府结构缺少自己应有的代表。其代表也存在被边缘化。除了扎法鲁拉·汗·贾迈利[1]被穆沙拉夫任命为短暂的巴基斯坦总理外,俾路支民族没有人再出任过巴基斯坦联邦政府的关键职位。在巴基斯坦存在的头三十年里,在不同时间段出任巴内阁的成员的 179 人当中,只有 4 人属于俾路支民族。巴基斯坦军队长期遵循英国人统治的传统:招募的兵员中,77% 属于旁遮普人,19.5% 来自西北边境省的普什图人,2.2% 来自信德人,0.6% 来自俾路支人。[2]然而,巴基斯坦建国后,这一比例一直没有多大变化。1970 年,巴基斯坦军队中的所有军官中,大约 70% 来自旁遮普人,15% 来自普什图人,10% 来自穆哈吉尔人,5% 来自信德人和俾路支人。在巴基斯坦的高级军官,这种情况更糟。在 1959 年 6 月,在巴基斯坦将军中,11 个来自旁遮普人,另 11 个来自普什图人。至今,在巴基斯坦的高级军官中也很少有俾路支人。[3]

---

[1]　扎法鲁拉·汗·贾迈利曾于 2002 年 12 月 21 日到 2004 年 6 月 26 日,当选为巴基斯坦第 13 届总理,时间为 1 年零 6 个月。

[2]　Veena Kukreja, *Contemporary Pakistan: Political Processes, Conflicts and Crisis*, New Delhi: Sage Publications, 2003, pp.132–133.

[3]　Alok Bansal, "Factors Leading to insurgency in Balochistan", *Small Wars & Insurgencies*, Vol. 19, No. 2(September 2008), pp.182–200.

尽管在 1991 年分配给俾路支省和信德省的兵源比例提高到 19%,并且放宽了他们的教育和身高限制,但是到 1998 年,来自俾路支省和信德省的各级士兵减少了 1 万人。分配给俾路支省的兵源名额实际上更多招募该省的普什图人和非俾路支的其他居民。巴基斯坦的军队主要被旁遮普人所控制。俾路支人认为巴基斯坦的军队实质上是旁遮普人的军队。

1979 年,在俾路支省的 830 个高级文官中,只有 181 人是俾路支人,而在该省政府秘书、主任、副专员一级的文官中,只有 1 人是俾路支人。俾路支省的警察的高级警官和 3/4 的警察是非俾路支人。俾路支省的司法机构也是同样的情况。自 1948 年俾路支地区被强行合并以来,俾路支人在俾路支省执政只有 37 个月,包括阿图乌拉·门格尔任该省首席部长 8 个月,纳瓦布·阿克巴尔·布格蒂任省督 17 个月,阿克巴尔·门格尔出任该省首席部长 12 个月。[①]

为安抚俾路支人的不满,1980 年,齐亚·哈克决定把俾路支省在联邦机构中的代表比例提高到 3.9%。然而,俾路支人到今天也很少在联邦政府有自己的代表。军队招募的主要是俾路支省北部地区的普什图人。2002 年在俾路支省的 14 个政府秘书中,只有 4 人是俾路支人。到今天,俾路支人在巴基斯坦的军队、文官队伍,尤其是外交官员中很少有自己的代表。

由于俾路支人在巴基斯坦政府机构、军队、司法机构、警察机构等缺乏足够的代表。俾路支民族很难认同巴基斯坦政府和巴基斯坦这个国家。巴基斯坦政府及其分支机构在俾路支地区被人们看成是外来的机构。所以,当巴基斯坦政府向这个地区驻扎部队、派出管理机构,尤其是开采自然资源时,立即遭到俾路支人的抵抗。

（二）巴政府长期忽视俾路支省的经济社会发展，导致该省自然资源最丰富，却是最穷的省

俾路支省拥有大量的大理石和石灰石储量,拥有世界上 95% 的石棉。该省还拥有大量的重晶石、铬铁矿、铁矿石、铬、铜、煤等储藏。俾路支省地下还埋藏大量的石油储备和天然气。但是俾路支人自己并没有从这些自然资源中得到好处。

1953 年,巴基斯坦在俾路支地区的苏伊地区发现天然气储藏。苏伊的五口天然气井满足巴基斯坦国内和商业需要的 38%。1964 年,天然气开始供给木尔坦市和拉瓦尔品第市,及旁遮普省。但是俾路支省人口中只有 5%—6% 的人口能用上天然气。在俾路支地区开采的 85% 的天然气供给其他省的工业和家用,为巴基斯坦节省了数百万美元进口能源的费用,而俾路支省 28 个区中只有 4 个区

---

① Massoud Ansari, "Between tribe and country: The Crisis of Balochistan", May 2007, http://himalmag. com/component/content/article/53/1212–Between–tribe–and–country–The–crisis–Balochistan.html.

得到供应。相比之下,旁遮普省的每个村庄都用上了天然气。为此,俾路支民族主义者抱怨到他们的资源都被旁遮普人主导的中央政府掠夺了。事实上,尽管俾路支地区的天然气只占巴基斯坦全部天然气产量的36%,但是该省只消费自己天然气的17%,其他的83%的天然气输给其他省。①

同时,俾路支省的天然气价格也被人为压低,低于其他省的天然气价格。例如,俾路支省的天然气价格定为每千立方英尺为0.29美元,相反,信德省每千立方英尺的价格是1.65美元,旁遮普省同样单位天然气的价格是2.35美元,并且巴政府给俾路支省补偿的特许费只是井口价(the wellhead price)②的12.4%,是世界是最低的。由于中央政府支付各省的天然气特许费是以井口价为基础,俾路支省的天然气特许费被人为压低。在俾路支地区山达克铜矿的开采项目中,俾路支民族主义者抱怨:政府把铜矿利润的50%给了负责铜矿开采的中国公司,其余的利润中,48%归中央政府,只有2%归俾路支省。③

俾路支地区产出巴基斯坦初级能源(包括天然气、煤和电力)的40%。巴基斯坦政府宣布俾路支地区的天然气储藏已经开采不了多久,需要钻得更深,重新开采。专家们估计俾路支地区还有190亿立方英尺的天然气和60亿桶的石油储备。俾路支人决定阻止未经他们同意的进一步开采。他们要求平等地分享资源。由此可见,对资源的掠夺与保护成为俾路支危机的重要动因。

巴建国以来的各届政府忙于开采俾路支地区的矿产资源,但是却忽视了俾路支地区的经济与社会发展,使俾路支省成为巴基斯坦最穷的省份。俾路支省生活在贫困线以下的人口占本省人口的48%。也就是说,俾路支省接近一半的人口生活在贫困线以下。其他省份,如旁遮普、西北边境省和信德农村生活在贫困线以下的人口比例分别为26%,29%,38%。④

俾路支省的经济发展长期落后于巴基斯坦其他三省。从1972—1973财年到2005—2006财年,俾路支省的经济增长了2.7倍,而西北边境省与信德省增长了3.6倍,旁遮普省增长了4倍。从2001—2002财年到2005—2006财年,俾路支省的经济下降了2.5%,而旁遮普省和西北边境省的经济都增长了9.1%,信德省

---

① Frédéric Grare, "Pakistan: The Resurgence of Baluch Nationalism", Carnegie Endowment for International Peace, Carnegie Paper No. 65, Washington. D.C., January 2006, p.5.

② 井口价格是指原油或天然气生产者在扣除运输费后收取的价格。

③ Adeel Khan, "Renewed Ethnonationalist Insurgency in Balochistan, Pakistan: The Militarized State and Continuing Economic Deprivation", *Asian Survey*, Vol. 49, No. 6(November/December 2009), pp.1071–1091.

④ "Balochis of Pakistan: on the Margins of History", the Foreign Policy Centre, London, November 2006, p.47.

的经济增长了 6.1%。在 2007—2008 财年到 2009—2010 财年,俾路支省的经济下降了 0.6%,而巴基斯坦的总体增长率为 4.7%。[①] 人民党政府在 2009—2010 财年启动对俾路支的抚慰计划后,俾路支省经济摆脱下降状态。由于俾路支省经济的长期停滞,俾路支省的失业率高达 20%。2001—2002 财年到 2009—2010 财年,俾路支省的年均就业增长率只有 1.1%。参见下表 11-3。

表 11-3　巴基斯坦各省的就业增长量

省	就业增加量（单位：100 人）					年均增长率（%）
	2001—2002	2005—2006	2006—2007	2007—2008	2009—2010	
旁遮普	25224	27292	29130	28970	31150	2.7
信德	10819	11043	11300	12260	12900	2.2
开伯尔 *	5208	5881	5080	5730	5710	1.2
俾路支	1931	1988	2140	2130	2110	1.1
巴基斯坦	43286	46365	47650	49090	51870	2.3

* 开伯尔是开伯尔 – 普赫图赫瓦省的简称,即原来的西北边境省。

Source："The State of Economy：Devolution in Pakistan"，Fourth Annual Report 2011，Institute of Public Policy，Beaconhouse National University，p.93.

从表 11-3 可以看出,俾路支省年均就业增长率只占全国就业增长率的 47.8%,占旁遮普省年均就业增长率的 40.7%。年均就业增长率低意味着年轻人就业的机会少。年轻人参加各种反叛组织、恐怖组织的概率增加。

值得注意的是,俾路支地区的 90% 的镇与村庄处于极不发展的境地,那里的人民生活在绝对贫困之下,承受了最糟糕的不平等。俾路支人的相对贫困,引发了他们对中央政府以及主导中央政府的旁遮普人的仇恨。失业和绝对贫困的存在无疑降低了人们加入反叛的机会成本,尤其是俾路支地区存在大量的失业年轻人,让反叛组织招募反叛人员更加容易。

由于中央政府忽视俾路支地区,俾路支人的基本生活设施,如医疗、教育、通讯、基础设施长期处于落后的状态。即使到 21 世纪,俾路支地区仍然呈现中世纪的阴郁画面。该省人口中 70% 的人没有天然气设施, 78% 的人没有用上电, 62% 的人口没有安全的饮用水。该省的德拉·布格蒂区因为出产天然气成为全国资源最丰富的区,但是它的社会发展指数在全国 91 个区中排名最后。由于缺

---

① "Balochistan"，Pakistan Institute of Legislative Development and Transparency，Islamabad，March 2012，p.11.

乏基础设施,金融行业对俾路支省的企业有偏见。俾路支省的私营部门缺乏资金投资于工业和农业,导致该省失业率高。[①]

按照巴基斯坦劳动力考察报告(2009—2010),俾路支省的识字率只有51.5%,其中妇女的识字率更低,巴基斯坦全国的识字率为57.7%。俾路支省的城市人口比例为23.3%,也低于全国的城市人口比例33.4%。[②] 俾路支地区的女孩上学的比例不到20%。在农村,只有39%的家庭在离家两公里的范围内有可用的水源。该省30个区中,只有5个区有卫生设施。在大多数区中,只有3%的人口能用上污水处理系统。[③] 在整个俾路支省,既没有现代心脏病医院,也没有血液透析中心。病人不得不运到数千里以外的卡拉奇市,接受治疗。同样,俾路支中小学和学院都缺少师资,无法保证教学质量。为此,那些经济状态好一些的家庭,只有把小孩送到旁遮普省和信德省学习。那些来自其他族裔的教师和商人纷纷逃离俾路支省。

俾路支省社会经济的落后状态是巴中央政府长期忽视的结果。巴基斯坦中央政府长期以来没有真正贯彻联邦制的原则,力图建立中央集权国家,忽视了俾路支省的特殊性与该省人民的基本权利。巴中央政府长期按照人口基数比重分配联邦中央对省的财政转移资金。从1990—1991财年到2010—2011财年,俾路支省得到联邦中央财政转移资金的比重最低。

表11-4 1990—2011年巴基斯坦四省获得联邦中央转移资金的比重(%)

财 年	1990–1991	1991–1992	1996–1997	1997–1998	2005–2006	2007–2008	2009–2010	2010–2011
旁遮普	55.3	45.1	51.3	47.0	47.1	47.3	47.2	46.7
信德省	24.0	23.9	24.9	23.8	30.1	29.8	29.3	26.7
开伯尔*	12.7	19.0	15.9	17.8	14.4	14.8	15.2	27.1
俾路支	7.9	12.0	7.9	11.4	8.4	8.0	8.3	9.5
巴基斯坦	100	100	100	100	100	100	100	100

* 开伯尔是开伯尔-普赫图赫瓦省的简称,即原来的西北边境省。

Source: "The State of Economy: Devolution in Pakistan", Fourth Annual Report 2011, Institute of Public Policy, Beaconhouse National University, p.93.

---

① Rabia Aslam, "Greed, creed and governance in civil conflicts: a case study of Balochistan", *Contemporary South Asia*, Vol. 19, No. 2(June 2011), pp.189–203.

② "Balochistan", Pakistan Institute of Legislative Development and Transparency, Islamabad, March 2012, p.11.

③ Mir Sher Baz Khetran, "Crisis in Balochistan: Challenges and Opportunities", *Strategic Studies*, Vol. 31, No.1(March 2011), pp.24–39.

俾路支省由于联邦转移的资金比例少,同时联邦政府应付给该省的天然气开发的特许费又被人为压低,俾路支省的发展资金不足。此外,由于该地区因为经常爆发暴力事件与恐怖袭击,私人投资也不愿进入。俾路支省的经济与社会发展缺乏资金。由于省经济不景气,又进一步导致该省税收不足。如2010—11财年,俾路支省的直接税收收入为2.5亿卢比,只占旁遮省直接税收收入178亿的1.4%;俾路支省的间接税收收入为9.8亿,占旁遮普间接税收收入738亿的1.3%。[①] 俾路支省的税收不足,无力承担其为民服务的社会功能。

总之,巴基斯坦中央政府不合理的资源收入分配方式,以及长期忽视俾路支地区的经济与社会发展,导致俾路支人的相对贫困,加剧俾路支人对中央政府的怨恨。失业、贫困、挫折以及对联邦政府的失望导致很多俾路支人拿起武器,加入反叛队伍。

(三)种族被边缘化的挫折感,激起俾路支人反叛中央政府

1972年,巴基斯坦政府为了更好的控制俾路支人,把西北边境省的普什图族移民到俾路支省。现在,俾路支省北部地区由普什图人居住,南边由俾路支人居住。俾路支省人口不再是单一的俾路支人。1979年,阿富汗战争爆发,阿富汗境内的大量普什图难民来到俾路支省,迅速改变了该省两大种族的人口结构。在俾路支省的许多地区,俾路支人不再是主导的种族。两大种族的紧张关系在1991年达到高潮,导致暴力的种族冲突。如果这些阿富汗难民决定永久地住在俾路支省,那么,该省俾路支人与普什图人的传统种族平衡将被打破,并朝着有利于普什图人的方向发展。

2001年,以美国为首的联军在10月7日发起对阿富汗基地组织和塔利班的一场战争,进一步使俾路支人在本省处于边缘化。战争造成来自阿富汗的普什图族难民进入俾路支省,在数量上使俾路支人在俾路支省边缘化,从而使俾路支感觉到身份危机。同时,随着许多极端的好战分子进入,也引来巴联邦部队和准军事部队进入俾路支省,使得俾路支民族主义者感到不满。为此,一些俾路支民族主义者杀害那些非俾路支人,尤其是旁遮普人,外来教师以及反对暴力的温和俾路支政治领导人。[②] 当塔利班分子出现在该省时,巴军队进入,对那些俾路支反叛者采取严厉镇压,进一步使暴力活动升级。

---

① "The State of Economy:Devolution in Pakistan", Fourth Annual Report 2011, Institute of Public Policy,Beaconhouse National University, p.93.

② Mickey Kupecz, "Pakistan's Baloch Insurgency: History,Conflict Drivers and Regional Implications", *International Affairs Review*, Vol. 20, No. 3(Spring 2012), pp.95-110.

　　为了控制俾路支地区,巴基斯坦军队相继在俾路支省的奎达市,锡比区、洛拉莱区和胡兹达尔市设置了军营,随后又在该省的苏伊区、戈赫卢区和瓜达尔港设立新的军营,另外巴军队还在俾路支省有3个海军基地，4个导弹试验场，2个核试验场和59个准军事部队基地。① 这些军营成为平行的政府,省政府无权管辖。这些军营大肆侵占当地人的土地。在苏伊区,军队就侵占500英亩的土地。为此,俾路支人认为这一个个军营就是殖民和掠夺的工具,孤立和封锁俾路支人。

　　由于担心在本省会降为少数族裔,俾路支人反对在本省进行的大型项目建设。他们认为这些项目不会为他们带来多少经济机会,相反会被外来人利用,把他们的土地变成殖民地,并把他们降为少数族裔。尽管巴政府宣布这些大型项目将为俾路支省带来各种好处,但是俾路支民族主义者认为这些项目从未经俾路支人同意、协商,从未与俾路支人分享利润。例如，2002年巴基斯坦穆沙拉夫政府决定与中国公司合作建设瓜达尔港就是一个案例。巴基斯坦中央政府和中国公司分别占瓜达尔港利润的50%和48%,俾路支省只得到2%的利润。此外,所有基础建设全部由非俾路支公司承担。港口的大多数技术职位主要由旁遮普人和其他非俾路支人负责。巴中央政府没有想办法培训当地俾路支人以适应港口的工作。例如,在港口第一阶段的建设中,大约雇佣了600人,其中,只有100人是按天付酬的俾路支人。②

　　俾路支人认为一旦港口建成,瓜达尔及其周边的人口将由7万猛增到500万。该地区的种族结构将发生转变,越来越多的旁遮普人、信德人将来到这里。俾路支人将成为少数族裔,被边缘化。俾路支人清楚地记得信德省的首府卡拉奇市的发展历史。刚独立时,卡拉奇市有50万的信德人。现在卡拉奇市已经超过1400多万,其中90%的人口是非信德族,从而信德人成为自己首府的少数族裔。③ 俾路支民族主义者相信政府正在把瓜达尔港变成另一个卡拉奇市。他们相信有一天，500万俾路支人会在自己的省变成一个少数族裔。

　　此外,瓜达尔港项目暴露出巴基斯坦历史上最大的土地掠夺的丑闻。当地俾路支人数代拥有的土地,但是缺少所有权的证明文件。巴基斯坦的政治精英们通过贿赂税务员把瓜达尔的土地登记在自己的门下。这些土地再以数倍的价格再

---

　　①　"Nationalists justify extreme action by angry Baloch", *Daily Times*, February 4, 2006.

　　②　Frédéric Grare, "Pakistan: The Resurgence of Baluch Nationalism", Carnegie Endowment for International Peace, Carnegie Paper No. 65, Washington. D.C., January 2006, p.6.

　　③　"Pakistan: The Worsening Conflict in Balochistan", Asian Report No. 119, International Crisis Group, September 14, 2006, p.15.

卖给那些来自卡拉奇市、拉合尔市和其他大城市的开发商。那些贫穷的未受教育的俾路支人被赶走。因此,瓜达尔港点燃了俾路支人仇恨旁遮普人统治巴基斯坦的火焰。俾路支民族主义者认为巴基斯坦军队是最大的土地掠夺者,是黑手党。他们篡改土地记录,把俾路支地区的整个海岸都卖给了旁遮普人,而当地数十年依靠渔业为生的瓜达尔俾路支人被边缘化,生活水平没有改善。为此,俾路支民族主义者向瓜达尔港和其他发展项目发动多轮攻击。2006年,中国两名在瓜达尔港工作的工程师遭人暗杀,引起中国政府和国际社会的关注。巴基斯坦政府忽视了俾路支人对瓜达尔港的怨恨。

巴基斯坦政府指控俾路支民族主义部落首领萨达尔反对本省的发展,尤其是反对大型项目的建设。然而,俾路支三个主要部落:马里、布格蒂和门格尔的萨达尔宣称他们并不反对发展,而是反对以发展和现代化之名剥夺俾路支人的权利,使他们边缘化。[1]

(四)萨达尔制度为部落首领动员部落人员反叛中央政府提供了有利条件

巴基斯坦的俾路支地区仍然保留了部落制度。这些部落在7世纪到15世纪中,俾路支人社区从家族单位发展到酋长制。这种酋长制成为萨达尔制度的前身。应部落纷争与战争的需要,部落里开始通过选举,选出阅历丰富、有智慧、勇敢的人,赋予萨达尔的称号。[2] 在萨达尔制度中,萨达尔成为部落首领,是封建领主。

1948年,巴基斯坦强行合并俾路支地区以后,为了管理的便利仍然保留了萨达尔制度。因为在俾路支地区的官僚机构落实中央政府的政策要靠部落的萨达尔。政府也给这些萨达尔利益回报。通过这种方式,许多地方的萨达尔逐渐转变为政府官员。巴基斯坦政府像英国殖民者一样认为通过萨达尔制度管理俾路支地区会经济、有效和简单。

1976年,人民党领导人阿里·布托在一次公开集会上宣布解散萨达尔制度,但是没有采取具体措施,对萨达尔制度没有多少影响,只停留在议会内与政府文件中。[3] 阿里·布托之后的政府由于萨达尔的顽强抵抗,并没有把废除萨达尔制度变为现实。萨达尔仍然拥有不受限制的权力,并保持装备现代武器的私人军队。

现在,萨达尔制度成为俾路支地区部落组织的基础。俾路支人社会由17个

---

[1]　Muhammad Ijaz Laif and Muhammad Amir Hamza, "Ethnic Nationalism in Pakistan: A Case Study of Baloch Nationalism during Musharraf Regime", *Journal of Pakistan Vision*, Vol. 10, No. 1 (2009), pp.49–81.

[2]　[巴基斯坦] 阿卜杜拉·江·贾玛尔迪尼:《俾路支斯坦萨达尔制度的历史背景》,《南亚研究季刊》2005年第1期。

[3]　Mansoor Akbar Kundi, "Sardari System", http://forum.pakistanidefence.com/index.php?showtopic=25513.

大的部落组织和 400 多个次级部落组织。萨达尔对本部落的事务拥有绝对的统
治权。① 萨达尔的决定就是法律。他为追随者提供集体安全庇护,处理他们与政
府和其他部落的纠纷与不满。他有权征税,数额由他决定。俾路支人对自己的传
统和特点:诚实、友善,引以自豪,坚信自己的萨达尔制度。马里、门格尔和布格蒂
是三个实力最大的部落。他们的领导人有能力购买大量的武器与物资。不过,三
个部落之间仍然存在矛盾。

　　由于部落社会结构主导了俾路支地区的政治进程,巴政府很难在这里培养社
会改革的政治愿望,因为任何社会改革都会挑战其传统的家长式社会结构。这些
部落领导人为保证个人利益忽视俾路支地区的社会和经济进步,维持自己对本部
落民众的庇护权,阻碍部落底层民众的政治权利意识觉醒。

　　在俾路支人文化中,萨达尔处在地位和权威层级金字塔的顶端。未经萨达尔
同意,就想得到部落组织认可是不可能的。处在权力中心的萨达尔,受到其族人
的尊敬与崇拜。即使反对萨达尔制度的年轻人,也发现维持对本部落萨达尔的忠
诚是一种荣誉。萨达尔制度、俾路支的传统和荣誉观与服从中央政府的现代国家
观相冲突。在俾路支部族社会中,人们对萨达尔和部落的认同超过了对国家的认
同。在俾路支人中,国家是对萨达尔权力的威胁。如果俾路支人接受国家,那么
萨达尔对部族成员的权威就将消失。在俾路支人看来,对萨达尔的威胁,就是威
胁俾路支文化。只要萨达尔仍在抵制国家,国家就对俾路支部族社会没有足够的
权威。

　　在俾路支部落社会中,人们因为种族、语言、宗教、土地等原生纽带使得俾路
支部落获得了族群认同,排斥外部的力量。俾路支人在历史发展中获得的心理归
属感和同胞的原生情感联系,增强了部族社会的认同,超过了对国家的认同。

　　在长期的历史传统中,俾路支部落人员养成了忠于萨达尔的传统。当巴基斯
坦政府通过派出专员,在部落区建立行政派出机构,实行土地改革,限制萨达尔拥
有的土地规模,损害萨达尔权威和利益时,萨达尔就会很容易动员部落人员抵制
中央政府,甚至反叛中央政府。为了更有效动员整个部落民众,包括对其不满的
人,俾路支部落的萨达尔还提出旁遮普人主导了中央政府与军队,把俾路支地区
变为旁遮普人殖民地的观点,把反叛国家行为,标榜为反种族压迫的行为,以吸引
本部族的人加入反叛队伍。

---

　　①　Rajshree Jetly, "Baluch Ethnicity and Nationalism (1971–81): An Assessment", *Asian Ethnicity*, Vol. 5, No. 1 (February 2004), pp.7–26.

由于巴基斯坦联邦中央政府长期忽视俾路支地区的社会与经济发展,大部分俾路支人生活在绝对贫困或相对贫困中,尤其是失业年轻人对国家的怨恨超过对部落的不满。萨达尔利用自己的地位与影响力通过宣传鼓动,唤醒他们的族群意识,以捍卫种族生存和种族文化之名,动员他们认同自己的目标。

巴基斯坦建国后,俾路支地区三大部落:马里、布格蒂和门格尔部落的三位萨达尔:海尔·巴赫什·马里、阿图乌拉·门格尔和阿克巴尔·汗·布格蒂利用自己在部落中的特殊地位,纠集其部落人员参加抵抗运动,扩展自己的私人武装。他们三人在前四次反叛中发挥了核心领导作用。在第五次反叛中,布格蒂部落中的另一位萨达尔:纳瓦布·阿克巴尔·布格蒂成为反叛头领。他被巴政府军杀害后鼓励了更多的俾路支人加入反叛队伍。

总之,在俾路支部落地区,人们对族群身份认同感高于对巴基斯坦国家的认同感。巴基斯坦历届中央政府对该地区的忽视与歧视政策又进一步加强这种俾路支人的族群认同。当俾路支部落社会的政治精英:萨达尔利用自己的特殊地位鼓动民众参加反叛队伍,并把这种反对国家的行为与反对旁遮普人的统治结合起来,激励更多的人加入反叛队伍。

(五)外部势力对俾路支民族主义运动的支持

在现代社会中,外部势力的支持成为一国少数族裔民族主义运动得以持续的动力。卷入种族冲突的国家将面对外部势力的干预。美国杜克大学学者唐纳德·L.霍洛维茨指出,分离主义运动是否会出现取决于国内政治,而分离主义运动能否实现其目标则取决于国际政治,取决于国家之外的利益与势力的平衡。[①]巴基斯坦情报机构与在奎达市的政府官员估计俾路支解放军每月活动的开支高达4000万至9000万卢比。如果没有外部势力的支持,俾路支解放军的活动无法维持。

俾路支地区有着丰富的石油和天然气储藏。外部势力希望这些资源由独立的俾路支国而不是巴基斯坦控制。这些外来势力希望在俾路支地区的事务中保持一定的影响力。[②]俾路支解放军的成员受过良好的培训,能够选择自己攻击的目标,能清楚了解他们的策略与战略目标。他们无处不在,有自己的联系网络。这一切表明国外势力对俾路支解放军的成员进行了军事培训,并且俾路支解放军使用的武器都是俄罗斯的原装,而不是巴军方所有。俾路支解放军从不缺复杂

---

① Donald L. Horowitz, *Ethnic Groups in Conflict*, Berkeley: University of California Press, 1985, p.230.

② Moeed Yusuf, "Use of Force will Worsen the Situation in Balochistan", *The Friday Times*, January 21-26, 2005.

的武器与弹药,拥有高质量的火箭弹和火箭发射器。这些武器应是国外势力所提供。[①] 这些武器最有可能的来源就是阿富汗。在20世纪70年代,当阿里·布托政府在俾路支地区发动军事打击时,阿富汗成为俾路支反叛者唯一的武器弹药来源。

与巴俾路支省接壤的阿富汗传统上就一直鼓励俾路支人以某种形式脱离巴基斯坦。在1973年—1977年的俾路支人反叛中,阿富汗为俾路支反叛者提供武器弹药,并为其领导人和组织,如俾路支学生组织和俾路支人民解放阵线提供庇护所。俾路支反叛者的训练营就建立在阿富汗,训练俾路支游击队员。在阿富汗穆罕默德·达乌德[②] 执政期间,俾路支人民解放阵线的一个领导人米尔·哈扎尔（Mir Hazar）收到阿富汗政府给俾路支游击队员每人每月32美元的资助,到20世纪80年代中期,对该组织的资助费增加到每年87.5万美元。[③] 据巴基斯坦情报机构报告,阿富汗卡尔扎伊政府仍然支持纳瓦布·巴克什·布格蒂之孙巴哈姆达赫·布格蒂及其武装组织。

穆沙拉夫曾向美国游说,请求援助,宣称巴基斯坦政府要的200名布格蒂反叛分子在阿富汗。据此,巴方谴责卡尔扎伊政府帮助和支持俾路支武装分子。在最近的俾路支反叛中,布格蒂和马里的反叛分子在阿富汗寻求庇护,并从阿富汗穿过边界发起攻击。[④]

与阿富汗一样,伊朗也总是认为俾路支问题对其国家安全有着重要的影响。东部俾路支人的叛乱对伊朗自己的俾路支少数族裔有严重影响。不过,伊朗的俾路支人组织松散,还期望他们的巴基斯坦同胞支持。当巴基斯坦俾路支人在1957年—1959年、1969年—1973年反叛时,伊朗俾路支民族主义运动不活跃。但是伊朗国王仍担心伊朗俾路支族群受到巴基斯坦俾路支族群的影响,追求独立,所以,他与巴基斯坦联邦政府联手控制伊朗与巴基斯坦的俾路支人的反叛活动。在1973年—1977年的俾路支人第四次反叛中,伊朗政府出动武装直升机支持巴基斯坦军队,击毙马里部落1.7万名游击队员,残酷地镇压了此次叛乱。[⑤] 最近,巴

---

①　Alok Bansal, "The Revival of Insurgency in Balochistan", *Strategic Analysis*, Vol. 29, No. 2（April-June 2005）, pp.250–268.

②　穆罕默德·达乌德（1909—1978）,任阿富汗王国首相（1953—1963年）和阿富汗共和国总统（1973年7月—1978年4月）。1978年4月27日在政变中被害。

③　Selig S. Harrison, *In Afghanistan's Shadow: Baloch Nationalism and Soviet Temptations*, Washington: Carnegie Endowment for International Peace, 1981, p.81.

④　Yunas Samad, "Understanding the Insurgency in Balochistan", *Commonwealth & Comparative Politics*, Vol. 52, No.2（2014）, pp.1–28.

⑤　Selig S. Harrison, "Nightmare in Baluchistan", *Foreign Policy*, No. 32（Autumn, 1978）, pp.136–160.

基斯坦政府怀疑伊朗政府支持俾路支反叛者的活动，以反击美国与巴基斯坦把俾路支省作为后方基地以便将来进攻德黑兰。[①] 巴基斯坦情报机关指认伊朗与印度为俾路支反叛者提供资金；他们对巴基斯坦建设瓜达尔港怀恨在心。因为瓜达尔港挑战了由印度为伊朗所建的查巴哈港。[②]

印度是巴基斯坦的宿敌。它们之间发生过三次战争。由于克什米尔问题，印度的首要策略是使巴基斯坦陷于困境，为此，印度支持反对巴基斯坦中央政府的俾路支民族主义者，为他们的活动提供资金支持，并利用国际舆论向巴基斯坦施压。[③] 2004 年 8 月 13 日，俾路支省首席部长贾姆·穆罕默德·优素福就宣称，印度情报人员在俾路支省全境维持着 40 个反叛分子训练营。印度还试图与阿富汗结盟在巴基斯坦西部边界向巴基斯坦施压，以迫使巴基斯坦永远放弃在克什米尔地区的恐怖活动，如果有可能，还可以通过对话达成有利印度的条件结束克什米尔的冲突。[④] 中国在巴基斯坦尤其是在俾路支地区的影响增大，这是印度所不能接受的。印度认为中国在建设瓜达尔港的作用对它在本地区的经济和战略利益有潜在的威胁。所以印度会尽力减少中国在俾路支地区的影响力。

俄国人介入俾路支地区早在巴基斯坦建国之前。获得进入印度洋的机会是俄国企望已久的利益和战略。俾路支地区是俄罗斯唯一能进入不冻港的通道。苏联入侵阿富汗是其战略的一部分。与此战略相联系，俄罗斯支持俾路支民族主义者。美国在巴基斯坦的影响也不符合俄国人的利益，因此，俄罗斯的战略就是加强自己在俾路支地区的影响。巴基斯坦在美国联盟中发挥重要作用，为此，俄罗斯人的策略就是破坏俾路支地区的稳定。[⑤]

美国自从巴基斯坦建国起就介入巴基斯坦的政治角逐。当 1979 年苏联人入侵阿富汗以后，美国在巴基斯坦的介入就越深。美国支持当时的齐亚·哈克政权组织反对苏联军队和阿富汗纳吉布拉政权的圣战。美国的战略就是阻止苏联人进入暖水印度洋。当苏联军队退出阿富汗后，美国人暂时把注意力离开巴基斯

① Frédéric Grare, "Pakistan: The Resurgence of Baluch Nationalism", Carnegie Endowment for International Peace, Carnegie Paper No. 65, Washington. D.C., January 2006, p.9.

② Zahid Hussain, "Gathering Storm", *Newsline*, February 15, 2005, p.25.

③ "Editorial: India and Balochistan", *Daily Times*, April 7, 2009.

④ Frédéric Grare, "Pakistan: The Resurgence of Baluch Nationalism", Carnegie Endowment for International Peace, Carnegie Paper No. 65, Washington. D.C., January 2006, pp.9–10.

⑤ Amir Ali Chandio, Khairpur Sindh and Mariya Omelicheva, "Baloch National Movement 2003–2012: An Analysis", *Interdisciplinary Journal of Contemporary Research in Business*, Vol. 4, No. 10（February 2013）, pp.1048–1059.

坦。当美国发动阿富汗战争,尤其是中国在俾路支地区投资增加时,美国把注意力再次转向巴基斯坦,尤其是俾路支地区。2006 年 6 月,美国拉尔夫·彼得中校在武装部队月刊发表"流血的边界(Blood Borders)"一文,向美国政府建议按照教派与宗教标准肢解穆斯林国家,其中包括整合巴基斯坦、伊朗和阿富汗的俾路支地区,创立"大俾路支斯坦国(Great Balochistan)"。2012 年 2 月 8 日,美国三位共和党议员向国会提交议案,支持俾路支人民实行自决,建立主权国家。[①] 2013年 2 月 27 日,美国国会中的茶党议员戴纳·罗拉巴克要求俾路支人民就是否独立进行全民公决。[②] 拉尔夫·彼得和美国议员的建议反映了美国对俾路支地区的企图。

英国情报机构也参与了对俾路支分离主义分子的秘密支持。2006 年 6 月,巴基斯坦参议院国防委员会指控英国情报六处在俾路支省与伊朗边界地区支持俾路支反叛者。英国参议员国防委员会的 10 名议员曾举行闭门会议讨论英国情报机构支持俾路支分离主义分子。此外,以色列情报机构摩萨德也在伊朗、阿富汗南方和巴俾路支地区支持俾路支反叛分子。[③]

由此可见,一些大国为了自己的利益,纷纷介入巴基斯坦的俾路支危机,使俾路支问题更加复杂。不过,尽管有数国在不同时间段介入俾路支危机,但是还没有一个国家愿意全力支持俾路支省脱离巴基斯坦。他们的支持大部分停留在口头同情和道义支持,因为俾路支危机的溢出效应会影响到自己的利益。

三、巴基斯坦俾路支危机的溢出效应

俾路支危机的进一步升级将对巴基斯坦的安全产生灾难性的影响,并对邻国,如伊朗、阿富汗、伊朗以及整个南亚地区产生溢出效应。俾路支危机升级有可能导致巴基斯坦的巴尔干化[④]。

(一)对本国的溢出效应

俾路支地区的反叛加上巴其他地区的种族民族主义运动,如信德民族主义运动、普什图分离主义运动,将对巴基斯坦国家的控制力形成挑战。如果俾路支地区的反叛活动取得成功,或传播到其他省,如有长期种族民族主义历史的信德省,

---

① Sajjad Shaukat, "Scheme to disintegrate Balochistan", *The Frontier Post*, January 11, 2014.

② "US Congressman Rohrabacher demands referendum in Balochistan", *The Dawn*, February 27, 2013.

③ Michel Chossudovsky, "The Destabilization of Pakistan", *Global Research*, December 30, 2007.

④ 巴尔干化(Balkanization)是指一个国家或政区分裂成多个互相敌对的国家或政区的过程,是地缘政治学带贬议的术语。

那么巴基斯坦将失去大片的领土。在这种情况下,作为巴基斯坦国家与军队中的主导民族旁遮普人将不惜一切代价维护国家的统一。如果民族分离主义者与伊斯兰教原教旨主义者的力量联合起来,将给巴基斯坦带来巨大的灾难。

如果俾路支危机进一步加深,以旁遮普人为主导的巴基斯坦军队一定会再次卷入战争。这场战争将会给巴基斯坦带来巨大的财产损失和人员伤亡。由于巴基斯坦军队与布格蒂等反叛部落不可能达成妥协,只会再创造出一个南瓦济里斯坦,使巴军队不能自拔。俾路支地区广袤、干旱的土地将把巴军队陷于不利的境地。[1]

俾路支人的长期叛乱必将点燃信德人的分离趋势。信德省与巴中央政府也长期存在问题。在信德省督期地下活动的分离主义组织为信德解放军(Sindh Liberation Army)。该组织宣称对信德省内地和俾路支省的攻击和爆炸负责。从信德省和俾路支省破坏行动的同步来看,信德解放军与俾路支解放军存在联系。[2]俾路支人反叛活动得到信德民族主义者的响应。即使穆哈吉尔民族运动领导人曾经参加政府,也作出支持俾路支人的声明。可见,俾路支省的反叛活动会最终点燃巴基斯坦民族、宗教与语言民族主义的火焰,威胁到巴基斯坦的联邦。

如果俾路支省独立,巴基斯坦将自孟加拉省分离后,再次经历一次分裂。巴基斯坦将失去其大部分自然资源,将更多依赖中东国家的能源供应。尽管俾路支省的自然资源现在还没有完全开发,主要供应非俾路支省,如旁遮普,但是他们的能源无疑将为独立的俾路支国提供资金。俾路支省的独立也将破灭巴基斯坦对瓜达尔港和其他大型工程的希望。巴基斯坦从俾路支人分离的损失不只限于经济领域。巴基斯坦选择核武器的试验地点有可能不得不靠近人口密集区。未来的俾路支国有可能选择非核战略以获得国际上的援助。

(二)对南亚地区的溢出效应

巴基斯坦俾路支地区的长期反叛对整个南亚地区的政治与经济产生多种影响。例如,只要反叛活动继续存在,南亚各国就很难完成地区项目,如中亚天然气管道和伊朗—巴基斯坦—印度管道工程项目。毫无疑问,反叛活动、政治不稳定和巴基斯坦的解体将对整个南亚地区带来严重的安全威胁。越来越多的学者认识到俾路支反叛活动对邻国和阿富汗的反恐战争产生巨大的影响,尤其是那些同样有俾路支少数族裔的伊朗与阿富汗两国。

巴基斯坦俾路支人的种族冲突首先溢出到伊朗。伊朗与巴基斯坦接壤,也

---

①　Alok Bansal, "The Revival of Insurgency in Balochistan", *Strategic Analysis*, Vol. 29, No. 2 (April–June 2005), pp.250–268.

②　Hasan Mansoor, "Sindh Liberation Army: Myth or Reality", *The Friday Times*, February 11–17, 2005.

有大量的俾路支人口。2005 年,伊朗的俾路支人受巴基斯坦俾路支反叛的影响也开始反抗伊朗政权。伊朗的俾路支民族主义者组织自己的军事组织:"真主旅(Jundallah)"。该组织声称为捍卫俾路支人的利益而发动暴力与恐怖活动。[①] 自2007 年以来,伊朗真主旅对伊朗革命卫队发动了一系列的恐怖袭击。2009 年,真主旅通过自杀式袭击杀害 42 人,包括在锡斯坦 – 俾路支斯坦省的 15 名伊朗革命卫队的精英。[②] 伊朗与巴基斯坦过去共同合作镇压俾路支民族运动。现在,俾路支地区也成为两国关系紧张的地方。两国互相指责对方干预国内事务。巴基斯坦俾路支危机的升级会导致伊朗出现不稳定的局面。巴基斯坦俾路支冲突将直接阻碍伊朗—巴基斯坦—印度的天然气管道项目的建设。由于阿富汗也有大量的俾路支少数族裔,巴基斯坦俾路支人的反叛也会波及到阿富汗的俾路支地区,尤其是一些激进的巴基斯坦俾路支民族主义者号召建立"大俾路支斯坦国",将包括阿富汗的俾路支地区。

对于印度来说,持续的俾路支危机会转移巴基斯坦军队的注意力,减少其在印巴边界上发起恐怖袭击的能力,同时,也会对巴基斯坦政府施压以解决印巴分歧问题。长期的反叛活动将对巴基斯坦和印度长期的能源安全产生不利影响,迫使巴基斯坦转向印度,为旁遮普省内地进口石油。

巴基斯坦俾路支危机有可能破坏本已脆弱的印巴和平。巴基斯坦怀疑印度使用俾路支反叛者发动代理人战争。印度对俾路支地区反叛的支持会对南亚地区的和平带来灾难性后果。巴基斯坦以前也使用过代理人渗透到印度管辖的克什米尔地区。印度的这种行为会使巴基斯坦军方不惜以战争甚至核打击为威胁。印度对俾路支分离主义分子的支持有可能导致巴基斯坦解体,分成几个新的民族国家。随着巴基斯坦的巴尔干化,大量的难民会涌入印度,带来人道主义危机,考验印度政府的能力。此外,持续的俾路支反叛活动也会对其他国家,如中国、孟加拉国的地区安全产生负面影响。

总之,巴基斯坦俾路支危机的产生,既有历史因素,也有当代因素。但是危机出现的主要原因是巴宪法规定的联邦制原则没有得到真正的落实。巴基斯坦几代政治精英都追求中央集权,削弱地方自治权。外部势力的介入使俾路支危机变得复杂起来。尽管一些激进的俾路支民族主义者主张俾路支省独立,但是温和的俾路支民族主义者和当地大多数民众仍然主张更多的自治权,愿意留在巴基斯坦

---

①　Chris Zambelis, "Baloch Militancy Resurfaces in Iran", *Asian Times Online*, November 21, 2012.

②　Farhan Hanif Siddiqi, "Security Dynamics in Pakistani Balochistan: Religious Activism and Ethnic Conflict in War on Terror", *Asian Affairs*, Vol. 39, No. 3 (2012), pp.157–175.

联邦内。巴基斯坦政府如何顺应后者的要求,避免俾路支省脱离联邦,维护国家的统一,考验着巴基斯坦新一代政治精英的智慧。

四、穆沙拉夫政权的俾路支抚慰计划

在人民党政府实行俾路支抚慰计划之前,穆沙拉夫政权也曾实行过俾路支抚慰计划,以安抚俾路人的不满情绪。不过,后者的抚慰计划实际上没有实施,而人民党政府的抚慰计划取得了较好的效果。但是两次抚慰计划都遭到激进俾路支民族主义者的拒绝。他们要求更多的权力,也不相信巴基斯坦联邦政府。

穆沙拉夫执政时期,俾路支省的法律与秩序更加恶化。俾路支省在天然气特许费、发展项目,尤其是瓜达尔港的建设上与联邦政府的关系紧张。自 2002 年开始,俾路支反叛分子开始频繁攻击联邦政府在俾路支的发展项目与基础设施,如天然气管道、铁路轨道、桥梁、电站、电话局、军队与政府设施。为应对这些挑战,缓和中央政府与俾路支省的紧张关系,2004 年 9 月 23 日,当时的巴基斯坦政府总理乔杜里·舒贾特·侯赛因在参议院宣布在议会建立有关俾路支问题的委员会,以研究俾路支人的不满与怨恨,并提出补救措施。[①]

该委员会由乔杜里·舒贾特·侯赛因领导,于 2004 年 9 月 29 日组成,包括 29 名成员,不久,又增加 9 名委员,共 38 名委员,其中,包括 16 名议员以及来自各政党的 12 名国会议员,并包括俾路支民族主义者的代表,如属于俾路支民族人民党的萨拉乌拉·俾路支、门格尔家族集团和属于纳瓦布·阿克巴尔·布格蒂共和民族党的阿马努拉·基伦尼。[②] 他们都是俾路支民族主义运动各派别的主要领导人。该委员会随后细分为两个分委员会。参议员穆沙希德·侯赛因·赛义德领导的一个分委员会授权负责评估俾路支省的现状,并提出适当建议。该分委员会共有 19 名成员,其中 5 名成员是国会议员。参议员瓦希姆·萨贾德领导的另一个分委员会负责提出建议,以促进各省之间关系的协调,并从加强联邦的角度,保护各省的权利。[③]

---

① Farhan Hanif Siddiqi, "Security Dynamics in Pakistani Balochisatn: Religious Activities and Ethnic Conflict in the War on Terror", *Asian Affairs:An American Review*, Vol. 39,No.3(September 2012), pp.157–175.

② Muhammad Rizwan, Muhammad Waqar and Muhammad Arshad, "A Wave of Contemporary Insurgency in Balochistan", *IOSR Journal of Humanities and Social Science*, Vol. 19, No. 2, Ver. II(Feb., 2014), pp.97–105.

③ Noor ul Haq(ed.), *Aghaz-e-Huqooq-e-Balochistan*, Islamabad Policy Research Institute, Fact File XII, No.1, 2010, p.1.

　　穆沙希德·侯赛因·赛义德领导的分委员会为深入了解俾路支问题与有关联邦和省机构,以及各政党的地方领导人进行了大量细致深入地讨论。为加快进程,乔杜里·舒贾特·侯赛因总理规定 2005 年 1 月 7 日为完成报告的最后期限。2005 年 6 月 23 日,侯赛因·赛义德领导的分委员会向议会提交了俾路支抚慰计划,内容主要分为以下几个部分:

（一）特许权使用费和天然气开发附加费 [①]

　　俾路支地区出产天然气和石油的地区应至少获得该省天然气与石油收入的 15%;在巴基斯坦石油公司、巴基斯坦石油和天然气开发有限责任公司和苏伊南部天然气公司的董事会中俾路支省的代表应占多数;获许在俾路支地区勘探的公司应将其总开支的 5% 用于当地的社会福利项目,而那些成功勘探到石油与天然气的公司必须将其税前利润的 5% 用于当地的社会事业项目;未能勘探到天然气与石油的公司在其离开前应向巴基斯坦石油部提交审计报告;天然气输送公司应优先为出产天然气地区的村与镇输送天然气;对俾路支特许权使用费的欠款应在 2005 年 6 月 30 日计算出来,并在 2005 年 12 月 31 日全部支付。

（二）俾路支省在联邦政府的雇佣比例

　　宪法规定的俾路支省在联邦政府 5.4% 的职位配额应立即在所有联邦各部、公司和部门落实;如果这些部门一旦有空缺职位,应立即宣布和公告,以便俾路支省空缺的配额得以填补,同时,还应采取其他措施填补俾路支省在军队、民间武装部队的代表;如果来自俾路支省的人因为资历与经验不符合某职位,可以暂时以合同的方式雇佣来自其他省的人,直到俾路支省的人员有资格适合为止。

（三）瓜达尔港

　　瓜达尔港口管理局总办事处应立即从卡拉奇市搬到瓜达尔市,瓜达尔港管理局的董事会成员至少应有 50% 以上的俾路支人担任;瓜达尔港管理局总收入的 7% 应用于俾路支地区的发展;瓜达尔港的就业岗位应优先给瓜达尔市的人。其次,应照顾马克兰地区和俾路支省的人;为培训马克兰区和俾路支省的年轻人,联邦政府应在瓜达尔市建立渔业培训机构、职业技能培训机构以及其他研究机构和学院;为促进瓜达尔地区的社会发展,联邦政府宣布一项至少 30 亿卢比的特别发展计划,包括促进该地区的医疗、住房、教育、道路以及自来水供应系统;由俾路支省高等法院首席法官任命的司法委员会进行一项司法调查,以查清瓜达尔地区国

　　[①]　该抚慰计划的全部内容参见 Senate of Pakistan, *Report of the Parliamentary Committee on Balochistan*, November, 2005, pp.95–101.

有土地的配发与占用,核查现有私人住房项目的违规与违法行为。

（四）俾路支省高速公路的建设与维护

联邦政府应为俾路支省的高速公路建设优先提供资金;国家高速公路管理局以及财政部为此应废除各种繁杂的程序;所有已经批准的高速公路项目,并且已拖延的项目应抓紧建设;与其他省份、与伊朗、阿富汗相联系的高速公路应优先开工;俾路支省政府应与一些工业公司、私人有特许证的公司和商业部准备一份特别计划,为处理和储存一些易腐商品,如出口到中东地区的水果与蔬菜等,提供专家与出口信贷等。

（五）反干旱策略

应确立有效的反干旱策略,以减轻俾路支省的缺水状况,因为该省已经干旱7—8年,该省60%人口的生活受到严重影响;俾路支省政府已经鉴定许多水坝地点,有些还在等巴基斯坦政府批准,这些水坝应该建立;议会俾路支问题委员会建议的长期策略是优先建立一些新的大坝和储水池,短期策略是给受旱严重地区的农户发放农业贷款,并核销电费。

（六）联邦与联邦组成单位的资金分配

全国财政委员会的分配决议不必要地被拖延,应该立即宣布其新决议,并对俾路支人民的要求给予考虑;各方应居于人民福利的基础上,而不是据于各种政治考虑,就全国财政委员会新的分配决议达成共识;发展水平和落后程度在计算标准中与其他因素成为首要考虑因素。

（七）在俾路支省建立相互信任机制的政策与管理措施

巴基斯坦边防军和海岸警卫队不应在俾路支省内地设卡检查,它们的职责应是在边境巡逻,检查走私和毒品;设在拉斯贝拉区的乌塔尔检查站和设在阿卜杜拉堡区的沙拉巴赫检查站应该废除,以缓解俾路支人民的不满;建立工程办事处以协调联邦政府和省政府在俾路支省的在建和待建工程;俾路支省被逮捕的政治犯应进行审查,那些有轻微罪行的人应被释放,同时,也应建立核查机构审查执法机构滥用权力的行为;应为俾路支省苏伊地区制定特别的发展计划;高等教育委员会给俾路支省以特别的奖学金配额,以帮助当地的学生能在国内和国外获得硕士和博士学位;联邦政府拟在瓜达尔市、德拉·布格蒂区和戈赫卢区建立军营的工作应停止。

针对穆沙拉夫政权改善俾路支人状况的建议,俾路支民族主义者提出相似的建议:停建军队与准军事部队的军营,向该省受冲突的灾区重新调整资金;立即评估德拉·布格蒂区和戈赫卢区流离失所人口所遭受的损失,并使他们重回家园,补偿他们的损失；取消在 1999 年—2008 年期间，在瓜达尔和拉斯贝拉区占领的民用和军事用地；实行支付相同的天然气井口价政策，并支付俾路支省 30% 的特许权使用费；终止情报机构干涉俾路支的政治、社会和部落事务。

当议会俾路支委员会的抚慰计划提出后，却接连发生了暴力事件。2005 年12 月 14 日，不知名的武装人员向戈赫卢的政府军营发射了 8 颗火箭弹，而总统穆沙拉夫 2 小时后准备来此视察、演讲。12 月 15 日，总监察长和边防军的直升飞机遭到袭击，舒贾特·扎梅厄中将和萨利姆·纳瓦兹准将受伤。巴基斯坦军方失去耐心，12 月 17 日，巴安全部队再次发起对戈赫卢地区的马里部落的进攻。[①] 军队与俾路支反叛分子的武装冲突升级，乔杜里·舒贾特·侯赛因政府苦心提出的抚慰俾路支人的建议被束之高阁。

2006 年 8 月，布格蒂部落领袖纳瓦布·阿克巴什·布格蒂被杀害，彻底扼杀了乔杜里·舒贾特·侯赛因政府政治上的主动权，推动俾路支民族主义运动领导人从要求在 1973 年宪法内的自治权转向更高要求。他们自此要求完全控制俾路支省的自然资源、移交对瓜达尔港的控制权，反对联邦政府建立更多的军营。巴基斯坦联邦中央政府与俾路支民族主义的关系更加紧张。双方谈判的大门再次关闭。

因此，穆沙拉夫政权的俾路支抚慰计划没有得到实施，成为一纸空文。为此，该计划的主要作者穆沙希德·侯赛因·赛义德宣称，正是军事当局的鹰派阻挠议会俾路支委员会报告的实施，执政党穆斯林联盟（领袖派）为和平解决俾路支危机向政府提出了非常有价值的建议。[②]

五、人民党政府的俾路支抚慰计划

人民党上台执政后，俾路支地区仍处在冲突之中。俾路支反叛者选择该省的天然气管道、电力设施、安保人员和非俾路支籍的居民为攻击目标。[③] 俾路支地区的法律与秩序处在恶化之中。人民党政府宣布促进俾路支地区的和平与和解是其主要政策之一。吉拉尼总理宣布的头 100 天执政纲领承诺通过谈判集中精力解决俾路支问题。

为取得俾路支领导人的信任，人民党政府释放了一些著名的俾路支领导人。

---

① Shahzada Zulfiqar, "Fight to the End", *Newsline*, Karachi, February 2006, p.35.

② "Time for solution in Balochistan", *Daily Times*, June 10, 2008.

③ Frederic Grare, "Balochistan: The State Versus the Nation", Carnegie Endowment for International Peace, Washington, D.C., April 2013, p.12.

人民党领导人扎尔达里总统代表整个国家为过去政府犯下的暴行和不公正对待向俾路支人民道歉,并承诺将不惜成本让俾路支人民回到主流上来,参加国家事务,从而为解决长期以来的俾路支问题奠定了新的基调。

人民党政府为此成立由人民党参议员拉扎·拉巴尼领导所有政党参加的议会委员会,负责调查俾路支人的不满,并对这些不满提出建议。经过 18 个月的调查,并与各方面的俾路支团体与领导人协商,最终形成"俾路支抚慰计划（Aghaz-e-Haqooq-e-Balochistan",于 2009 年 11 月 24 日提交议会表决通过。

人民党政府的俾路支抚慰计划分为五个部分,对俾路支民族主义者关心的主要问题,从对资源的拥有权到省自治权,都提出了自己的建议,是一个名符其实的一揽子改革计划。

（一）宪法有关的事宜

议会组成了一个宪法修改委员会。该委员会已经开始着手考虑各种宪法修改的意见,包括省自治权将很快得以落实;省自治权的范围、形式和程度将由议会修宪委员会来决定。修宪委员会决定对宪法关于自治权的以下规定作出修改:共同立法名单将从宪法中删除;2002 年警察令和俾路支地方政府的规定将废除;有效实施宪法第 153 条关于共同利益委员会的规定;落实宪法第 160 条关于全国财政委员会的分配决议;重新调整全国财政委员会分配方案的计算标准。[①]

通过废除宪法中的共同立法名单来增加省自治权已经得到巴基斯坦两院 2/3 议员的通过。穆斯林联盟（谢里夫派）和穆斯林联盟因为担心会削弱联邦结构,对此持保留意见。[②] 议会委员会建议共同利益委员会和国家经济委员会每年至少应开会两次,并应每年向两院提交其报告,以保障其履行职能,以有效解决各省之间的利益矛盾。

（二）政治有关事宜

联邦政府应立即释放所有政治犯,那些犯有严重罪行的人除外;联邦政府应与该省有关政治派别开启政治对话,并让他们回到主流政治中来;促进政治流放者回国,那些从事恐怖活动的人除外;自 2002 年至今,由俾路支省议会一致通过的有关省事务的决议应在宪法法律框架内实施;俾路支省应修改其地方政府令,以适应地方管理的需要。

---

① 有关人民党政府的俾路支抚慰计划内容,参见 "Text of Balochistan Package", *Daily Times*, November 25, 2009.

② Shahid Hamid, "The Aghaz-e-Huqooq-e-Balochistan Package: An Analysis", Pakistan Institute of Legislative Development and Transparency, December 10, 2009, p.9.

在这里提出的政治上的事宜主要是为了缓和联邦中央政府与俾路支民族主义者的紧张关系,为推动省自治权建立一些信任。由于一些俾路支民族主义运动领导人一直流亡国外,如何让他们回到巴主流政治,参与政治对话成为此计划成功的关键。

（三）管理有关事宜

联邦政府应立即重新考虑联邦政府在俾路支省的机构,停止所有与反恐无关的军事行动;驻扎在苏伊区的军队应由边防军代替,除必须在边境设立军营外,不应再在俾路支省设立军营;联邦应就失踪人员案设立委员会,该委员会应由俾路支省高等法院现任法官领导,包括联邦国防部、内务部和俾路支省国土部成员;确认失踪人员名单,如果他们没有被指控应立即释放,如果他们被指控,应该由主管法庭在七天内审理。

将俾路支省原先定为"B"区全部转变为"A"区[1]的政策应随时加以评估,城市地区应有正规警察;应暂停在苏伊地区和戈赫卢地区新的军营建设,军队应从这两个地区撤走;边防军应纳入俾路支省首席部长的管辖;联邦政府应尽快为俾路支地区受洪灾地区的人民发放食品救济金。[2]

高等教育委员会应给予俾路支省特别的奖学金配额,以促进该省的学生能在国内或国外获得攻读硕士和博士的机会。

该部分的一些建议直接来自2005年穆沙拉夫时期的抚慰计划,有些建议来自俾路支省各界的强烈要求,如边防军应由该省首席部长管辖,军队从苏伊和戈赫卢地区撤走,停止新建军营等。不过,由于俾路支省首席部长没有约束边防军的直接手段,如军官任命权,管辖边防军很难做到。

（四）经济有关事宜

在授权勘探地区允许尝试公私合营,该地区应获得开发合同给予省政府收入的15%;在巴基斯坦石油公司、巴基斯坦石油和天然气开发有限责任公司和苏伊南部天然气公司的董事会中应有俾路支人的代表;天然气输送公司应优先为出产天然气地区的村与镇输送天然气,同时联邦政府应将天然气开发所获得纯利润的10%用于该地区的发展项目。

所有新的大型项目开工需征得俾路支省政府的同意与批准;瓜达尔市将被设

---

[1]　在俾路支省,由俾路支省部落武装演变而来的征税部队（Balochistan Levies）控制的区域称之为"B"区,由俾路支省警察部队控制的区域称之为"A"区。

[2]　2007年7月,俾路支省发生特大洪灾,共造成该省110人在洪灾中身亡,另外,洪水还造成该省20多万人无家可归,150万人的生活受到影响。

为自由经济区,那里的年轻人应被提供技术培训,吸收到瓜达尔发展局和瓜达尔港务局和自由经济区工作;联邦政府应为俾路支省尽快创造 5000 个就业岗位,并在 12 年里分期支付该省 1954 年到 1991 年天然气开发附加费 1200 亿卢比欠款;俾路支省将购买巴基斯坦石油有限公司、巴基斯坦石油与天然气开发有限公司、苏伊南部天然气公司公开市场股权的 20%;联邦政府将把其在山达克铜矿拥有30% 股份中转让 20% 给俾路支省;在全巴基斯坦实行统一的天然气价格等。

以上这些建议是对联邦政府长期忽视俾路支地区经济发展的一种纠偏,涉及该省众多民生问题,尤其是联邦政府承诺为俾路支省创造 5000 个就业岗位,分 12年付清天然气开发附加费欠款 1200 亿卢比,对俾路支省的经济发展有实质意义。

人民党政府提出的俾路支抚慰计划涵盖宪法、政治、管理、经济议题,得到了巴基斯坦主流政党的肯定。

人民党领导人扎尔达里认为抚慰计划为实现民族和解迈出了重要一步。它的实施不但满足了俾路支人长期以来的诉求,而且有利于促进俾路支省与联邦的和谐关系。[1] 吉拉尼总理评价道,抚慰计划为解决俾路支问题迈出了历史性的一步,但是要完全解决俾路支人民的不满,去除俾路支人民的被剥夺感还有很长的路要走。[2]

巴基斯坦其他主要政党,如巴基斯坦穆斯林联盟(谢里夫派)、巴基斯坦穆斯林联盟(领袖派)、统一民族运动党和人民民族党都支持俾路支抚慰计划,认为巴基斯坦必须维持联邦制,分离主义要求不可能被接受;政府的抚慰计划只是一个开端,为俾路支省承诺了一个更好的明天;希望俾路支民族主义者能够参与与联邦中央政府的谈判,以保证其合法诉求。

但是巴主流政党在对落实多大程度的省自治权问题存在一些分歧。穆斯林联盟的两个派别(谢里夫派和领袖派)并不赞同废除全部的共同立法名单,因为他们担心削弱联邦中央政府。在历史上,穆斯林联盟这两个派别就支持强大的联邦中央政府,抵制地方政党要求的更多自治权。现在,他们支持修改联邦中央与各省的权力分配,但是并不愿意在共同立法名单上作过多让步。由于穆斯林联盟(谢里夫派)急于想废除总理不能连任两届的限制,只好在共同立法名单上作出让步。

俾路支省的政党与集团在关于抚慰计划上并没有取得完全一致,出现明显的分歧。那些参加 2008 年选举,加入主流政党的俾路支政党或集团在制定抚慰计划的过程中发挥了重要作用。但是,那些抵制 2008 年选举的激进俾路支民族主

①　"Govt to implement Balochistan Package Promptly: Zardari", *The News*, December 08, 2009.

②　Mahmood Zaman, "Balochistan Package, Healing of Wounds", *The News*, December 03, 2009.

义的政党、集团,例如俾路支民族人民党(门格尔部落)、俾路支民族阵线、共和民族党、马里统一战线、俾路支学生组织拒绝抚慰计划。他们对该抚慰计划深感失望,因为这些建议只是对 2005 年穆沙希德·侯赛因·赛义德报告的简单抄袭,毫无新意。他们认为俾路支人民斗争的主要目标是让中央政府承认他们对俾路支省资源与海岸的所有权。

俾路支民族人民党秘书长哈比卜·贾利比·俾路支描述抚慰计划是一种对俾路支人的戏弄。他说俾路支人不需要大型项目;俾路支人要的是主权自治。俾路支民族阵线副秘书长萨迪克·赖萨尼表示俾路支民族阵线要求恢复在 1947 年就已存在的俾路支国家状态。共和民族党领导人纳瓦布·阿克巴尔·布格蒂认为抚慰计划是一种分裂国家阴谋的一部分;为拯救国家,俾路支省应给予最大程度的自治权,军队情报部门和三军情报部门应停止干预政治。[①] 俾路支省老资格政治家、门格尔部落首领阿图乌拉·门格尔公开指责抚慰计划是对俾路支人的捉弄,"他们每隔几个月以不同的名字,重复这些事情"[②]。

针对人民党政府的抚慰计划,俾路支民族主义运动领导人之一、俾路支民族人民党领导人阿赫塔尔·门格尔于 2012 年 9 月 27 日出席巴最高法院关于俾路支问题听证会,提出解决俾路支问题的"六点纲领":①所有公开和隐蔽的针对俾路支人的军事行动应该停止;②所有失踪人员都应公布;③所有由军队情报部门和三军情报部门建立的敢死队应解散;④俾路支政党应允许自由政治活动,不受军队情报部门和三军情报部门的干预;⑤那些负责杀害和失踪俾路支人的人应该被登记入册;⑥数千因冲突而流离失所的俾路支人应恢复他们的正常生活。[③]

阿赫塔尔·门格尔还对最高法院法官说道:"如果统治者决定继续给我们制造残缺不齐的尸体,为什么我们不和平地分离,却追求一个流血地分离。"[④]

人民党对阿赫塔尔·门格尔的"六点纲领"没有作正面回答。联邦内政部长拉赫曼·马利克评论道:政府在恢复失踪人员的问题是认真的;这位前俾路支省首席部长阿赫塔尔·门格尔所有正当合理的不满都将得到解决。[⑤] 支持联邦政府的媒体也极力否认在俾路支省有任何的军事行动和所谓敢死队。

但是巴基斯坦的主要反对党支持阿赫塔尔·门格尔的"六点纲领"。穆斯

---

① "Balochistan Nationalists reject package", *The Dawn*, November 25, 2009.

② Saba Imtiaz, "Ataullah Mengal interview:'Aghaz-e-Haqooq package a joke'", *The Express Tribune*, December 20, 2011.

③ A. R. Jerral, "The Balochistan Plan", *The Nation*, October 03, 2012.

④ Ishtiaq Ahmad, "Baloch situation and its six-point's solution", *South Asia Monitor*, October 07, 2012.

⑤ "Mengal's six points on Balochistan", *The Dawn*, October 02, 2012.

林联盟（谢里夫派）领导人谢里夫宣布支持俾路支领导人的"六点纲领"，指出国家应该吸取过去的经验教训，只有这样，另一个东巴基斯坦分裂的事件才不会重复发生；领导人应该坐在一起，认真考虑那些方面疏远了俾路支省人民，否则，"暴行会迫使俾路支人考虑脱离（巴基斯坦）"[1]。

巴基斯坦正义运动党领袖伊姆兰·汗也宣布支持"六点纲领"，指出由于俾路支省没有建立代表自己的政府，2008年后该省的局势完全恶化；联邦政府应采取紧急措施解决俾路支人民的抱怨与不满。[2]

巴基斯坦朝野对人民党政府的俾路支抚慰计划存在分歧，特别是俾路支民族主义者的拒绝使该计划的实施就面临着许多困难，很难取得预期的结果。

六、人民党政府俾路支抚慰计划的实施效果

俾路支抚慰计划在议会通过后，人民党领导人扎尔达里和吉拉尼总理都宣布要加快推进计划实施。扎尔达里对媒体宣布有关省自治权的宪法修正案已经由议会委员会完成，将很快公布；随后，全国财政委员会分配方案的计算公式也将发生改变。他尤其强调："所有新开工的大型工程都得到了俾路支省政府的同意与批准，联邦政府将很快为俾路支省创造5000个就业岗位。"[3]

吉拉尼也再一次向被疏远的俾路支领导人发出邀请，以开展对话。他表示为促进相互理解和和解，把长期疏远的人民纳入国家主流政治，他准备去所有老资格的俾路支领导人的家中开展对话。

经过人民党联邦政府与俾路支省政府的努力，俾路支抚慰计划61个政策建议中，完成了45个，共完成了85%，另16个政策建议处在不同阶段的建设中。以参议员拉扎·拉巴尼和内政部长马利克为领导的俾路支议会委员会共召开过15次会议讨论抚慰计划的实施。[4] 俾路支抚慰计划具体的实施效果如下：

（一）宪法修正实施情况

2009年6月，人民党政府提议修宪，在议会中成立了一个由27名由各政党代表组成的宪法改革委员会，负责起草宪法第十八修正案。2010年4月8日和15日，巴基斯坦国民议会和参议院分别通过第十八修正案。4月19日，巴基斯坦

---

①　Qamar Zaman, "As govt shies away, PML–N backs Baloch chieftain", *The Express Tribune*, September 29, 2012.

②　"Imran Khan endorses Sardar Mengal's six points", *The Dawn*, September 28, 2012.

③　"Govt to implement Balochistan package promptly: Zardari", *The News*, December 08, 2009.

④　"Implementation of Aghaz–e–Haqooq–e–Balochistan", *Asianet Pakistan*, November 02, 2011.

总统扎尔达里签署宪法第十八修正案。

第十八修正案扩大了省政府的自治权,废除了联邦政府与省政府的"共同立法表",将其中大部分立法权限下放到各省,并由省议会负责起草本省涉及这些领域的法律。中央政府授权各省向国内外发行债券,并在国家经济委员会的监督下提供担保以增加其财政权能。各省内发现的矿产、油气等资源与中央平等分享。中央与省的纷争将首先提交"共同利益委员会"处理,而不是直接由最高法院裁决。中央还将成立"行动委员会",以监督向地方转移权力的顺利进行。[①]

通过第十八修正案,联邦政府还废除 2002 年警察令和 2001 年俾路支地方政府的规定。人民党政府在抚慰计划通过后的一年内,共同利益委员会就召开过 7 次会议,而在 1975 年至 2006 年期间,共同利益委员会只召开过 11 次会议。[②]

2009 年 12 月 31 日,巴基斯坦四省首席部长在俾路支省瓜达尔市签署了第七届全国财政委员会分配决议。联邦政府多贡献出其财政收入比重的 10% 给四个省,因此,各省在全国财政收入分配中的比重从本财年的 47.5% 提高至下财年(2010—2011)的 56%,并最终到 2015 年提高至 57.5%。相应地,巴四省分配池的资金由 5500 亿卢比增加到 2010—2011 财年的 8500 亿卢比,并进一步到 2015 年再增加到 12500 亿卢比。[③]

这一届分配决议的重要成就是充分考虑了俾路支省的要求。长期以来以人口为基数的财政分配公式得到修正。新的财政分配计算标准除考虑人口外,还加进了落后程度、税收征管与收入创造、区域面积指标。以上四个指标所占分值的比重为:人口为 82%,贫困程度为 10.3%,税收征管与收入创造为 5%(税收征管为 2.5%,收入创造为 2.5%),区域面积为 2.7%。[④]

按照新的财政分配计算标准,在 2010—2011 财年,旁遮普在四省财政收入分配池的比例为 51.7%,资金为 4370 亿卢比,信德省的比例为 24.6%,资金为 2070 亿卢比,开伯尔-普赫图赫瓦省比例为 14.6%,资金为 1230 亿卢比,俾路支省的比例为 9.09%,资金为 770 亿卢比(联邦政府另拨付 63 亿卢比给俾路支省,以使其达到 830 亿卢比)。联邦中央和各省政府同意承担西北边境省所有的反恐战

① 李青燕:《巴基斯坦宪政改革及其影响》,《国际问题研究》2010 年第 5 期。

② "Implementation of Aghaz-e-Haqooq-Balochistan", *Medialine Pakistan*, November 02, 2011.

③ Usman Mustafa, "Fiscal Federalism in Pakistan: The 7th National Financial Commission Award and Its Implications", *PIDE Working Papers 2011: 73*, Pakistan Institute of Development Economics, Islamabad,2011, p.7.

④ Aisha Ghaus-Pasha, Hafiz A. Pasha and Asma Zubair, "Fiscal Equalisation A)mong Provinces in FNC Awards", *The Pakistan Development Review*, Vol. 49, No. 4(Winter 2010), pp.563-576.

争费用,并将全国可分配财政收入的 1% 拨付该省,作为战争追加资金。[①]

在第七届全国财政委员会分配决议中,俾路支省获益最多。其在各省财政收入分配池的比例由 7.17% 增加到 9.09%。旁遮普省、信德省和开伯尔 – 普赫图赫瓦省同意让渡的比例分别为 1.27%、0.39% 和 0.26%。[②] 联邦政府同时也确保每年从各省财政收入分配池中给该省的工程项目支付 830 亿卢比,承诺修改支付给俾路支省的特许权使用费和开发附加费的计算公式,保证继续对俾路支省的发展提供财政支持。[③]

(二)政治有关事宜的实施情况

为使俾路支民族主义者、分离主义者回到国家的主流政治,吉拉尼要求俾路支省省督、首席部长和内政部长与该省政治异见人士举行会谈,同时,及时解决他们的委屈与不满,积极促使那些在国外自我流放的俾路支民族主义者回国。

2011 年 7 月 6 日,人民党政府的国务部长与边境地区部长与俾路支省的部落代表萨达尔奥马尔·格罗加吉、萨达尔巴兹·穆罕默德·卡瑟兰以及大毛拉阿斯马特·乌拉等俾路支省代表举行政治对话。[④] 经过对话与宣传,到 2013 年大选开始时,俾路支省所有主要政党都提交了参加选举的有关文件。[⑤] 这与 2008 年选举形成了鲜明的对照。当时俾路支省主要的政党都抵制了大选。

联邦政府派人与纳瓦布·阿克巴尔·布格蒂的继承人联系以弄清他们对调查纳瓦布·阿克巴尔·布格蒂被谋杀案司法委员会组成人员的意见。俾路支省议会通过意在解决过去强加于他们不公正的 27 个决议中,其中 20 个已得到实施。

(三)管理有关事宜的实施情况

吉拉尼总理宣布在戈赫卢和苏伊地区的军营建设已经停工,联邦政府已从俾路支省的戈赫卢和苏伊地区撤走军队,代之以边防军,同时取消了数个检查站;俾

---

① Muhammad Sabir, "Financial Implication of 7th NFC Award and Its Impact on Social Services", *The Pakistan Development Review*, Vol. 49, No. 4(Winter 2010), pp.387–403.

② Zubair Shahid, "Fiscal Federalism in Pakistan: History, Radical Departures and Prospects Ahead", University of Trento, International School on Local Development and Global Dynamics, April 25, 2012, p.8, Electronic Copy available at: http://ssrn.com/abstract=2066529.

③ Farhan Hanif Siddiqi, "Security Dynamics in Pakistani Balochisatn: Religious Activities and Ethnic Conflict in the War on Terror", *Asian Affairs:An American Review*, Vol. 39,No.3(September 2012), pp.157–175.

④ "Balochistan Parliamentarian call for true implementation of Aghaz–e–Haqooq–e–Balochistan", *Balochistan Times*, July 06, 2011.

⑤ "Aghaz–e–Haqooq–e–Balochistan Package: Prime Minister reviews progress toward implementation", Recorder Report, April 03, 2013.

路支省的边防军已正式纳入俾路支省首席部长管辖;原俾路支省海岸警卫队的征税权力被收回,超出海岸警卫队驻地界线而设立的各种检查站被取消。

2010 年 4 月,俾路支省议会批准了"2010 俾路支省征税部队法案",在该省恢复部落征税武装,取消了将"B"区转变为"A"区的政策①;但是由于一些警察官员向俾路支省高等法院请愿,申诉,该法院发出暂缓令。俾路支省领导人宣布撤走准军事部队:征税部队,因此,从 2012 年 9 月开始,俾路支省的各区仍由警察部队控制,"B"区仍将转为"A"区。②

联邦政府成立了失踪人员调查的宪法委员会,同时在巴最高法院成立了人权委员会,也在俾路支省政府内建立了分支;172 件针对没有犯严重罪行的政治犯的案件已经撤消,在 681 名政治犯中,已有 665 人已经被释放。③

关于失踪人员数目,吉拉尼估计,在人民党 2008 年上台之前,失踪人员数目在 6000 到 8000 人。按照人民党政府的调查,人民党执政后失踪人员数量为 992人,其中 262 人已经回家④;联邦政府专门制定了苏伊和德拉·布格蒂地区的发展计划, 40 亿卢比的资金已经到位,以提高这些地区人民的生活水平,同时,为帮助德拉·布格蒂地区无家可归的人民恢复家园专门拨付 10 亿卢比,为毛拉巴德(Maulaband)地区流离失所的人民恢复家园拨款 1.2 亿卢比。⑤

高等教育委员会为俾路支省的 263 名学生提供出国学习机会, 2009—2010财年,俾路支省有 750 名学生获得奖学金, 2010—2011 财年,俾路支有 450 名学生获得奖学金⑥;按照总理奖学金计划,来自俾路支省各区的 150 个优秀学生获得在巴基斯坦顶尖学术单位学习的机会。联邦政府对他们实行全额资助,每名学生每月获得 1500 卢比的生活费。⑦ 总理奖学金资助的俾路支学生人数后来也增加到 300 名。联邦政府专门拨款 50 亿卢比以保证该项目的持续性。⑧

联邦政府已为来自俾路支省的 400 名国内学生和 200 名海外学生提供了博士奖学金;俾路支省的 30 个区将按照其人口规模分享海外和国内的奖学金项

①　"Levies forces restored in Balochistan", *The Express Tribune*, April 06, 2010.

②　Syed Irfan Raza, "Balochistan Police may Assume Levies Functions", *The Dawn*, September 23, 2012.

③　"Implementation of Aghaz-e-Haqooq-e-Balochistan", *Asianet Pakistan*, November 02, 2011.

④　"Gilani Invites Self-Exiled Baloch Leaders for Talk", *The News*, December 10, 2009.

⑤　"Gilani for Fresh Efforts to Improve Situation in Balochistan", *The Express Tribune*, May 30, 2012.

⑥　"Cabinet Reviews Progress on Aghaz-e-Haqooq-e-Balochistan Package", *Associate Press of Pakistan*, July 13, 2011.

⑦　"Aghaz-e-Haqooq-e-Balochistan Package: Prime Minister Reviews Progress toward Implementation", *Recorder Report*, April 13, 2013.

⑧　"4564 Balochistan Youth given federal jobs", *Pakistan Observe*, April 03, 2013.

目。① 联邦政府为了提高俾路支省教师的质量,还给该省各教育机构的教师提供了 390 个博士奖学金。②

联邦政府在俾路支省的兹霍布区、卡拉特区、诺什基区、皮欣区、阿卜杜拉堡区和瓜达尔区建立俾路支省信息技术大学的分校区。③

联邦政府还在俾路支省农村地区新建了 111 所小学, 109 所小学改造成为初中学校, 108 所初中学校改造成高中学校,同时,新建 14 所专科学院;联邦政府专项拨款 1 亿卢比维修和翻新俾路支省的医疗机构, 8 个民间药房被改造成基本医疗单位,原 14 个基本医疗单位改造成农村医疗中心,原农村医疗中心进一步改造成区中心医疗。两个拥有 50 个床位的医院由职工福利理事会建立。同时,联邦政府在俾路支省的本杰古尔区、卡拉特区、穆赫区、和卡赫拉克区都建了一个拥有 50 个床位的医院,在默斯杜杰区建了一个拥有 100 个床位的医院。④

2010 年 7 月,俾路支省遭受重大洪灾。人民党政府专门向俾路支省政府拨款 10 亿卢比,抗洪救灾和食品救济。2012 年 9 月,俾路支省德拉·穆拉德·贾迈利等区再次遭受重大洪灾,阿什拉夫总理再次向俾路支省拨付特别救灾资金 26 亿卢比,其中, 20 亿用于恢复被破坏的基础设施, 6 亿用于食品救灾。⑤

（四）经济有关事宜的实施情况

通过第七届全国财政委员会分配决议,联邦拨付给俾路支省的资金由 2007 年的 430 亿卢比增加到 2011—2012 财年的 1080 亿卢比。联邦政府给俾路支省的特许权使用费和天然气开发附加费的份额增加,也追加了该省的大型发展工程的资金。俾路支省在巴基斯坦石油公司、巴基斯坦石油和天然气开发有限责任公司和苏伊南部天然气公司的董事会的代表已落实。现在,没有一个董事会中没有俾路支人的代表。⑥

联邦政府同意支付俾路支省提出的累积的天然气开发附加费欠款 1200 亿卢比,已经向该省支付 200 亿卢比,剩余 1000 亿卢比,联邦政府将分 10 期支付,每

---

① "HEC to award 600 PhD scholarship to Students", *Daily Times*, September 14, 2012.

② "HEC approves Rs. 10 billion projects for Balochistan", *The Nation*, April 15, 2013.

③ "Aghaz-e-Haqooq Package: Reassurance aside, much left to be done in Balochistan", *The Express Tribune*, October 11, 2011.

④ "Balochisatn Presents Rs. 152 Billion Tax-free Budget", *The Dawn*, June 12, 2010.

⑤ Majid Siddique, "PM announces Rs.2.6 billion relief package for Balochistan's food-hit areas", *Business Recorder*, September 23, 2012.

⑥ "Implementation of Aghaz-e-Haqooq-e-Balochistan", *Medialine Pakistan*, November 02, 2011.

年支付俾路支省政府 100 亿卢比。[①] 天然气已经供应到俾路支省天然气主产区，如苏伊、皮尔科赫和洛蒂区。俾路支省的 13 个区已经通上了天然气。[②]

瓜达尔市的当地人已经吸收到瓜达尔港务局，并对瓜达尔市的土地分配情况进行了司法调查。瓜达尔港已把其收入的 10% 用于俾路支省的发展，瓜达尔港的 40 个工程合同中有 25 个已经授予本地承包商。瓜达尔港务局将以公私合营的方式运作，俾路支省首席部长是港务局的当然主席。为保护小渔民的生计，大型拖网渔船限制在离海岸 33 海里以外的海上作业，同时，联邦政府为这些小渔民赔偿 1.28 亿卢比。[③]

国家职业技术教育委员会招收了 5080 名来自俾路支地区的学员，给予他们高质量的技术教育。为满足俾路支人在联邦机构工作职位不少于 6% 的配额，吉拉尼总理为俾路支省批准了 3000 个联邦税务机构工作职位。2011 年，1500 名俾路支人已经到岗，2012 年另 1500 名俾路支人到岗。[④] 到人民党完成任期，来自俾路支省的 1 万名年轻人加入到巴基斯坦的军队。[⑤] 俾路支省在巴军队代表中的比例已由 2001 年的 1% 提高到 2013 年的 4%，接近俾路支民族占巴总人口的比重。

联邦政府给予俾路支人更多的就业机会。俾路支人 118 人被安排到巴基斯坦海岸警卫队，18 位工程师加入瓜达尔港务管理局，18 人加入巴基斯坦国家银行，117 人加入巴基斯坦国民银行。[⑥] 联邦政府给俾路支省的年轻人提供了 5000 个工作岗位，并为他们支付 5 年的薪水。[⑦] 联邦政府特为俾路支人在联邦政府内留出 7582 个职位，其中，4561 个职位已由俾路支人就职，剩余的 3021 空缺由建设部安排给俾路支人。[⑧]

贝娜齐亚收入支持项目加大了对俾路支省贫困妇女的支持力度，共有 75 万名妇女获得每月 1000 卢比的资助，总计支付 51 亿卢比。天课基金对在俾路支省

---

① Zahid Gishkori, "Aghaz-e-Haqooq Package: Reassurances aside, much left to be done in Balochistan", *The Express Tribune*, October 11, 2011.

② "Cabinet Reviews Progress on Aghaz-e-Haqooq-e-Balochistan Package", *Associate Press of Pakistan*, July 13, 2011.

③ "Implementation of Aghaz-e-Haqooq-e-Balochistan", *Medialine Pakistan*, November 02, 2011.

④ Ibid.

⑤ Nawal Ali, "Initiative on Balochistan development", *Pakistan Observer*, March 04, 2013.

⑥ "42 of total 61 targets under Balochistan Package implemented", *Pakistan Observer*, March 30, 2012.

⑦ "Gilani for Fresh Efforts to Improve Situation in Balochistan", *The Express Tribune*, May 30, 2012.

⑧ "Aghaz-e-Haqooq-e-Balochistan Package: Prime Minister Reviews Progress toward Implementation", *Recorder Report*, April 13, 2013.

各地医院就诊的穷人的资助水平也得到提高。联邦政府给巴水电发展局发放了40亿卢比,作为其对俾路支省农户补贴的补偿。①

为落实俾路支抚慰计划的实施,同时也为了监督拨付资金的使用,联邦政府成立了以参议员拉扎·拉巴尼和内政部长拉赫曼·巴利克为首的监督委员会。人民党政府两任总理吉拉尼和阿什拉夫亲自监督实施抚慰计划。

总之,从以上数据与事实来看,尽管人民党政府的俾路支抚慰计划的许多内容是穆沙拉夫时期抚慰计划的翻版,但是人民党政府是在认真实施抚慰计划,完成了绝大部分的承诺与建议,并不是如俾路支激进民族主义者所说:人民党政府对抚慰计划的实施是在敷衍了事。② 由于财力所限,人民党执政期间的许多大型项目,如水利建设、铁路、公路建设一时未能完工。

在政治上,由于俾路支激进民族主义者从一开始就怀疑人民党制定抚慰计划的动机,拒绝与联邦政府合作,导致与俾路支相关利益方,尤其是自我流放国外的俾路支分离主义者的政治对话没有取得什么进展。尽管人民党政府反复向他们发出参加政治谈判的邀请,甚至宣布对俾路支分离主义者实行大赦,撤消对所有流放在国外的俾路支领导人,如巴勒姆达格·布格蒂③、哈布尔·马里④ 的所有罪行指控。⑤ 但是由于彼此缺乏信任,这些流放在国外的俾路支领导人拒绝回国,从而使有关俾路支问题的和平谈判耽搁下来。

在巴基斯坦,长期以来针对俾路支问题的政策实际上由巴军人集团和情报部门主导,作为文人政府的人民党政府无法彻底阻止他们在俾路支省实行"杀害并抛尸"的秘密取决俾路支民族主义者的行为,俾路支省法律与安全局势仍不容乐观。

由于巴基斯坦存在严重的官员贪污腐败现象,联邦政府拨付给俾路支省的各项资金,有些并没有完全落实。广大俾路支人的生活一时难有明显提高。

当人民党在2013年大选中败北后,穆斯林联盟(谢里夫派)政府决定实行新的解决俾路支问题的政策。人民党政府的俾路支抚慰计划告一段落。

① Shalid Ali Butt, "Balochistan Package:implementation advancing with pace", *Associate Press of Pakistan*, March 09, 2011.

② Javaid-ur-Rahman, "Implementation of Balochistan package a far cry", *The Nation*, November 05, 2011.

③ 巴勒姆达格·布格蒂为阿克巴尔·布格蒂之孙,俾路支共和党(Baloch Republic Party)的主要创始人。现居住在瑞士。

④ 哈布尔·马里是俾路支解放军(Balochistan Liberation Army)的领导人,从事武装分离运动,现居住在伦敦。

⑤ Shakeel Anjum, "Govt announces amnesty for angry Baloch Leaders", *The Express Tribune*, February 24, 2012.

第六节　人民党政府关于北部地区政治改革及其溢出效应

巴基斯坦的北部地区 ① 与中国、印度、阿富汗和塔吉克斯坦接壤，面积72971平方公里，人口约180万，包括伊斯兰教的四个教派：什叶派占人口的39%，逊尼派占人口的27%，伊斯玛仪派占人口18%，苏菲派占人口16%，以及至少24个种族和语言团体。②

1947年，克什米尔北部地区宣布加入巴基斯坦。该地区的人民长期以来一直要求巴基斯坦组成单元必要的政治权力。巴基斯坦历届政府对本地区实行渐进的政治改革，力图把该地区纳入巴基斯坦联邦的政治框架内，给予北部地区与其他省份同等的政治地位。2009年9月7日，巴总统扎尔达里签署吉尔吉特－巴尔蒂斯坦授权与自治令，把该地区的名称从"北部地区"正式改为"吉尔吉特－巴尔蒂斯坦"，赋予该地区与其他四省同等的政治地位与权力。这一政治改革对巴基斯坦、中国与印度都产生了不同的溢出效应。

一、巴基斯坦北部地区的由来与存在的问题

在1947年印巴分离之前，巴基斯坦北部地区是查谟－克什米尔国的一部分，由信奉印度教的哈里·辛格王公管辖，尽管该地区人口的绝大多数是穆斯林 ③。1891年英属印度军队侵入该地区。出于战略考虑，英国人规劝哈里·辛格王公将北部地区转交给英国，由英国军队对该地区的安全负责。1935年，王公将北部地区的行政管理权转交给英国，而领土仍属于查谟－克什米尔国。租借的时间从

---

① 巴基斯坦北部地区，1947年以前属于查谟－克什米尔的北部地区，1947—1969年为巴基斯坦实际控制的克什米尔北部地区；1970年，巴政府正式命名为巴基斯坦直辖北部地区，2009年9月，巴基斯坦政府将巴基斯坦直辖北部地区进一步改名为吉尔吉特－巴尔蒂斯坦地区。在国际上，许多学者仍习惯称其为巴基斯坦北部地区。本文根据事件发生的时间，交替使用巴基斯坦北部地区与吉尔吉特－巴尔蒂斯坦地区两种称呼。

② Saroj Saini and Dr Shaheen Showkar Dar, "Geopolitical Significance of Gilgit Baltistan of J & K State", *International Journal of Humanities and Social Science Invention*, Vol. 2, No. 5（May 2013）, pp.48–56.

③ 在查谟－克什米尔地区人口中，穆斯林占77.1%，印度教徒占20.1%，锡克教徒占1.7%，佛教徒占1.0%，基督教徒占0.1%，Herman Kreutzmann, "Kashmir and the Northern Areas of Pakistan: Boundary-Making along Contested Frontiers", *Erdkunde*, Vol. 62, No. 3（Jul.–Sep., 2008）, pp.201–219.

1935 年 4 月 1 日生效,为期 60 年。[1] 英国人在吉尔吉特镇有一个机构,负责监管英国殖民者在该地区的战略利益,监督其边境政策的实施。英国人把北部地区作为抵抗苏联人向中亚扩张的一个缓冲带。

1947 年 8 月 1 日,英国正式将其在吉尔吉特镇的管理机构移交给查谟－克什料尔的统治者。在印巴分离时,穆斯林占多数的地区加入巴基斯坦,印度教徒在多数的地区加入印度,然而,查谟－克什米尔王邦的大多数人是穆斯林,而统治者哈里·辛格是印度教徒。哈里·辛格不想加入印巴任何一方,而是宣布查谟－克什米尔为不属于任何一方的独立国家。辛格设想继续做克什米尔国的君主,同时,与印度、巴基斯坦都保持友好关系。但是查谟－克什米尔的北部地区大多数人是穆斯林。他们倾向于加入巴基斯坦。[2]

当巴基斯坦在得到克什米尔穆斯林的支持下发动对其攻击时,哈里·辛格王公请求印度援助。1947 年 10 月 26 日,印度要求哈里·辛格王公签署整个查谟－克什米尔地区加入印度的协议书。但是吉尔吉特军陆战队（Gilgit Scouts Corps）[3] 的指挥官英国人威廉·布朗上校倾向于巴基斯坦,率领其穆斯林军队反叛。

在该地区的大多数英国官员选择为巴基斯坦服务。他们操纵局势朝有利于自己的方向发展,成功地使用“分而治之”的策略,规劝穆斯林官员和查谟－克什米尔国军队的士兵倒戈,加入到反叛队伍中来。这些反叛者和吉尔吉特准军事部队向吉尔吉特挺进,迫使临时总督投降,成立临时的“吉尔吉特与巴尔蒂斯坦人民共和国”。[4] 英国人认为让巴基斯坦掌握富有战略地位的北部地区更适合他们未来的战略要求。[5] 布朗上校宣布印度人的统治已经结束,吉尔吉特和其邻近的地区愿意加入巴基斯坦,以适应当地人民的愿意。[6]

1947 年 10 月,印巴两国为了争夺克什米尔地区发生第一次印巴战争,同年

---

[1]　Priyanka Singh, "Gilgit Baltistan: Between Hope and Despair", Institute for Defense Studies & Analyses, IDSA Monograph Series No.14, March 2013, New Delhi, p.14.

[2]　Martin Sökefeld, "From Colonialism to Post-colonial Colonialism: Change Modes of Domination in the Northern Areas of Pakistan", *The Journal of Asian Studies*, Vol. 64, No. 4（November 2005）, pp.939–973.

[3]　吉尔吉特军陆战队于 1889 年由英国军队中的阿尔杰农·杜兰（Algernon Durand）上校所创,原为“吉尔吉特征税部队”,是一个招募当地人加入的准军事部队,1935 年,该部队由兼职转为全职的部队。

[4]　V. P.Malik, "Northern Areas of J&K: Darkness and Silence", *The Express Tribune*, June 18, 2007.

[5]　Priyanka Singh, "Gilgit Baltistan: Between Hope and Despair", Institute for Defence Studies & Analyses, IDSA Monograph Series No.14, March 2013, New Delhi, p.15.

[6]　Anita D. Raman, "Of Rivers and Human Rights: The Northern Areas, Pakistan's Forgotten Colony in Jammu and Kashmir", *International Journal on Minority and Group Rights*, Vol. 11, No.1/2,（Spring/Summer, 2004）, pp.187–228.

12 月 31 日,印度把克什米尔问题提交联合国安理会。1948 年 4 月 21 日,联合国通过第 47 号决议,要求印巴实现停火、非军事化和公民投票。

1949 年 4 月 28 日,巴基斯坦政府、查谟 - 克什米尔政府与全体查谟 - 克什米尔穆斯林大会党在联合国的监督下,在卡拉奇市达成协议,划定了停火线,克什米尔北部地区的国防、外交和管理由巴基斯坦政府负责。[①] 巴基斯坦政府同时负责处理难民回家问题,直接管理吉尔吉特和拉达克地区。

根据卡拉奇协议,查谟 - 克什米尔政府保留了在查谟 - 克什米尔地区的地方管理权力,而克什米尔北部地区则由巴基斯坦中央政府直接管理。[②] 在克什米尔北部地区的人们也就成为巴基斯坦人。巴基斯坦为此把穆斯林逊尼派占绝对多数的地区合并为一个管理单位,称为查谟 - 克什米尔地区,而把穆斯林什叶派占绝对多数的吉尔吉特和巴尔蒂斯坦地区称之为巴基斯坦的北部地区。[③]

1947 年 11 月 4 日,威廉·布朗领导的临时政府宣布加入巴基斯坦。巴基斯坦政府应临时政府的邀请向该地区派出政治代表穆罕默德·阿拉姆正式对北部地区实行管辖权。

1966 年,在苏联人调解下,印巴双方签订的《塔什干协议》,要求参加 1965 年印巴战争的双方军队退回实际控制线以内,再次确认巴基斯坦对北部地区的实际控制。1972 年,印巴双方签订的《西姆拉协议》再次确认维持现状。[④] 1967 年,巴基斯坦在北部地区单独设立了政治代表处,总部在吉尔吉特。

1970 年,巴基斯坦阿里·布托政府正式将查谟 - 克什米尔的北部地区命名为巴基斯坦北部地区。该北部地区主要分为吉尔吉特区、巴尔蒂斯坦区、拉达克 - 沃扎勒德区以及罕萨和纳加两个土邦。

1975 年的查谟 - 克什米尔宪法没有赋予北部地区像查谟 - 克什米尔政府一样拥有司法与立法权限。1977 年,通过政变上台的齐亚·哈克政权暂停了 1973 年宪法,在巴基斯坦北部地区实行军事管制法,并在巴全国推行伊斯兰化。

---

① Saroj Saini and Dr Shaheen Showkar Dar, "Geopolitical Significance of Gilgit Baltistan of J & K State", *International Journal of Humanities and Social Science Invention*, Vol. 2, No. 5（May 2013）, pp.48–56.

② Anita D. Raman, "Of Rivers and Human Rights: The Northern Areas, Pakistan's Forgotten Colony in Jammu and Kashmir", *International Journal on Minority and Group Rights*, Vol. 11, No.1/2,（Spring/Summer, 2004）, pp.187–228.

③ Jurgen Creutzmann, "Pakistan's Manipulation of the Status of Gilgit– Baltistan", March 24, 2013, http://www.neurope.eu/kn/article/pakistan-s-manipulation-status-gilgit-baltistan.

④ Herman Kreutzmann, "Kashmir and the Northern Areas of Pakistan: Boundary-Making along Contested Frontiers", *Erdkunde*, Vol. 62, No. 3（Jul.–Sep., 2008）, pp.201–219.

　　1981 年,巴基斯坦国籍法应用到巴基斯坦北部地区,巴基斯坦联邦政府承认北部地区的人民拥有巴基斯坦公民权,因此,他们被发放身份证和护照。尽管如此,北部地区的人民仍然没有享有宪法所规定的基本权利。北部地区仍然被巴基斯坦看作是特别区域,没有自治权。

　　巴基斯坦北部地区的人民与克什米尔地区的人民在种族与文化上没有相似性。尽管这样,查谟－克什米尔政权力求把自己的行政管制权延伸到北部地区,把查谟－克什米尔地区高等法院的司法判决延伸到北部地区。但是北部地区的人民通过向巴基斯坦最高法院上诉成功地抵制了这种行为。巴基斯坦政府把对北部地区的行政管辖权归于联邦克什米尔和北部地区部。

　　巴基斯坦军方一直认为北部地区是查谟－克什米尔有争议地区的一部分,任何对该地区宪法地位的划定只有等到克什米尔争议地区得到解决,因此,巴基斯坦 1956 年、1962 年和 1973 年宪法都没有确认北部地区为巴基斯坦的一部分,并且与同为联邦直辖的部落地区不同,北部地区在巴基斯坦国民议会和参议院中都没有自己的代表。巴基斯坦北部地区与查谟－克什米尔地区以及巴基斯坦控制的其他地区一样都被认为是有争议的地区,然而,巴基斯坦政府却赋予查谟－克什米尔地区完全的自治权,包括有自己的宪法。相反,巴基斯坦直辖北部地区却长期使用边境犯罪条例 ①,剥夺了当地居民的基本政治和公民权利。②

　　自克什米尔北部地区由巴基斯坦控制以来的六十多年时间里,巴基斯坦之所以一直没有把北部地区完全合并到巴基斯坦联邦,主要是担心一旦采取这样的步骤就会削弱巴基斯坦对整个克什米尔地区的主权主张。巴基斯坦如果把北部地区赋予在宪法框架内的正式的省份,那么,印度就有可能把其管辖的克什米尔地区合法地归于印度联邦。

　　在巴基斯坦的历史中,军人集团与文人政府交替执政,联邦政府没有把在北部地区建立民主机构作为首要任务。由于该地区民众缺乏政治意识,没有形成有活力的公民社会,全身心投入政治的领导人稀少,导致北部地区很难形成对中央政府的压力。该地区受过教育的年轻人愿意选择到联邦政府的工作或移居到巴基斯坦的其他城市。巴基斯坦的主要政党对该地区人民的困境很少予以关注。本地区的人民在国家政治生活中没有自己的声音,在国民议会中也没有自己的代

---

　　① 　边境犯罪条例是巴基斯坦应用于联邦直辖部落区和北部地区的一系列特别法规。该条例剥夺了当地公民的基本权利,宣称三项公民的基本权利:上诉权、诉讼代理权和举证权不适用于两地的公民。

　　② 　"Discord in Pakistan's Northern Areas", International Crisis Group, Asian Report No. 13, April 12, 2007.

表,巴基斯坦的主要媒体也忽视他们。这一趋势吸走当地有潜力的领导人,从而使本地陷于传统的教派冲突之中。

传统上,巴基斯坦北部地区的人民是热爱和平的,经常出现跨种族和跨部落的婚姻。人们的种族联系和对部落的忠诚超过了教派的身份。巴基斯坦北部地区的教派暴力冲突的历史可以追溯到20世纪60年代和70年代。当时穆斯林逊尼派和什叶派领导人开始相互攻击对方。在国际局势上,随着20世纪80年代末和90年代初的伊朗革命和阿富汗战争加剧了穆斯林国家的教派冲突。在巴基斯坦介入阿富汗战争之际,各种宗教极端主义者加紧了活动,各种宗教团体都获得了活动自由。在什叶派为多数的北部地区空气中充满着紧张气氛。

1975年,巴基斯坦北部地区出现首例教派暴力冲突,夺去数人生命。当时穆斯林什叶派正在举行穆哈兰节① 庆祝游行,突遭有人从穆斯林逊尼派清真寺的射击。事后,对逊尼派领导人的逮捕导致吉尔吉特南部逊尼派居住区的骚乱。1983年,该地区出现第二次教派冲突,起因源于对是否看见月亮的争议。什叶派领导人宣称看见了月亮,什叶派社区的人开始结束斋戒,开始庆祝,而逊尼派领导人宣称没有看见月亮,逊尼派人仍然在斋戒。为此,两派在吉尔吉特发生暴力冲突,死亡2人,伤者数人。②

1979年建成的喀喇昆仑公路,使巴基斯坦北部地区与巴其他省份有了方便的交通联系,但是恰逢巴基斯坦宗教极端主义的兴起。喀喇昆仑公路也使北部地区容易遭受新的威胁。各种非法的武器、毒品、外来人口、宗教极端思想相继进入该地区。

1988年5月,巴基斯坦北部地区发生大规模地针对什叶派的暴力冲突。逊尼派向什叶派发动攻击,导致穆斯林两派发生严重的暴力冲突。在当地领导人的干预下,局势逐渐得到控制。但是四天后,齐亚·哈克军人政权使用来自阿富汗与巴西北边境省逊尼派的宗教民兵共8000多人从喀喇昆仑公路侵入巴北部地区吉尔吉特镇,屠杀了4000多名什叶派教徒,并焚烧了什叶派的许多村庄。③ 当时驻扎在吉尔吉特镇的准军事边防警察部队没有进行干预。这些宗教民兵要经过长途跋涉才能到达吉尔吉特镇,在路上并没有遭到安全部队的任何阻挡。④

---

① 穆哈兰节（Muharram）是回历正月最初十天内举行的什叶派教徒节日。

② Izhar Hunzai, "Conflict Dynamics in Gilgit–Baltistan", United States Institute of Peace, Special Report No.321, Washington.D.C., January 2013, p.5.

③ Mohammed Shehzad, "Textbook Controversy in Gilgit", *The Friday Times*, July 4–10, 2013.

④ Seema Shekhawat, "Sectarianism in Gilgit–Baltistan", *Faultlines*, Vol. 20, January 18, 2011, pp.81–97.

　　1988 年的大屠杀标志着一个全新教派冲突的开端。经常受到外部势力,如伊朗和沙特阿拉伯提供资金与培训支持的全副武装的教派组织开始出现。1988年以后的教派冲突更具有暴力性、不可预测性和更严重性。在 1988 年至 2010 年之间,巴北部地区共发生 117 次教派暴力事件。[①] 2003 年,北部地区发生宗教课本事件。什叶派领导人认为巴基斯坦教育部颁发的教材中,提倡逊尼派的思想与价值观,企图宣传两派之间的宗教仇视。为此,北部地区吉尔吉特区数百所的中小学的学生抵制上课,举行抗议集会。[②]

　　2005 年 1 月 8 日,吉尔吉特区著名的什叶派宗教领导人赛义德·阿伽·齐亚丁·里兹维被逊尼派武装组织强格维军所杀害。随后,什叶派进行报复活动。逊尼派的公共与私人财产被焚烧,许多逊尼派官员遭到攻击。逊尼派区的森林部门的官员与其他 6 名工作人员在办公室被活活烧死。逊尼派卫生部门主任在办公室被杀害。在巴部队恢复秩序之前,大约有 12 人被杀害。巴北部地区的教派暴力冲突随后还波及到巴其他地区。

　　随着美国和巴基斯坦反恐战争的深入,许多塔利班分子纷纷躲进巴基斯坦北部地区,使当地教派冲突与塔利班的恐怖袭击相互交织。巴基斯坦塔利班分子与逊尼派极端主义组织相互勾结,共同发动针对什叶派的袭击,使巴北部地区的形势更为严重。[③]

　　巴基斯坦出现的教派暴力冲突直接导致北部地区的教派关系紧张。二者之间出现恶性循环。巴基斯坦的教派暴力冲突直接点燃北部地区的教派矛盾,反之亦然。巴基斯坦历届政府操纵宗教集团以实现自己目的是北部地区教派冲突的主要原因。[④] 此外,巴基斯坦否认北部地区的宪法身份,用高度集权的官僚机构进行管理,否认当地居民的政治权利和上诉权,从而创造出这样一种气氛:越来越多失业的年轻人除通过暴力冲突以外,寻找不到其他出气孔。在巴基斯坦北部地区人民心中存在一种挥之不去的被疏远感,最终只会导致混乱和灾难。

　　巴基斯坦北部地区人民的被疏远感随着时间的过去而越来越强烈。许多因素导致产生这种被疏远感。

---

　　① 　Izhar Hunzai, "Conflict Dynamics in Gilgit-Baltistan", United States Institute of Peace, Special Report No.321, Washington.D.C., January 2013, p.6.

　　② 　"The Northern Areas of Pakistan Occupied Kashmir", http://www.satp.org/satporgtp/kpsgill/2003/chapter3.htm.

　　③ 　Senge H. Sering, "Talibanization of Gilgit-Baltistan and Sectarian Killing", Institute for Defence and Analyses, October 19, 2009.

　　④ 　Zaigham Khan, "Gilgit on Fire", *The News*, January 15, 2005.

首先,巴北部地区的人民缺乏政治权利。巴北部地区缺少任何民主与宪法的机制解决人们的问题,从而导致民众日益不满。该地区长期以来处在军事管制法的管制下,一直被巴历届政府所忽视,政治改革一直停留不前,人民的权利遭到压制,他们的需要被忽视。在 20 世纪 70 年代以前,该地区也被传统的边境犯罪条例管制。任何一个居民只要离开一个月或从这个村子去另一个村子都必须向当地警察局汇报。[①]

巴基斯坦北部地区加入巴基斯坦以来,其宪法地位一直处在一个不稳定的状态。由于巴北部地区模糊的政治地位,不但该地区法律框架,而且其地方政府体系和司法体系都无法建立。该地区缺乏适度的政治代表,官僚的权力过大。联邦克什米尔与北部地区部长实际上成为北部地区的行政长官,拥有所有行政、司法、财政大权。尽管北部地区委员会的委员也选举自己的行政长官,但是他没有多少权力。[②] 相继负责该地区立法的咨询委员会和立法委员会,实际上是职能不全的咨询机构,实权一直掌握在巴基斯坦联邦克什米尔与北部地区部手中。该地区的主要官员来自外省,如西北边境省和旁遮普省。这一切都强化了本地区人民的被疏远感。人民日益增长的不满没有机制可以排遣,只好把不满发泄在对立的教派之中。

其次,巴北部地区的人民在政府机构中缺乏自己的代表。在北部地区的警察、行政与政府的高级官员中都没有当地人,甚至在低层职能部门中,也没有当地人。这些官员主要来自北部地区以外省份的人,从而使当地人民认为管理机构是外部加强的,属于殖民统治。在北部地区的最高行政长官:联邦克什米尔与北部地区部长也一直是外地人,而在其他省份的最高行政长官都是由本地人出任。即使到现在,名义上的首席部长也没有实权,仍然按伊斯兰堡的政府和机构的指示行事。出身于当地的高级官员即使有专业特长也不能出任北部地区决策层的关键职位。

来自北部地区的一些人在巴高层机构、警察与军队出任官员,可以在北部地区以外的任何地方任行政长官,就是不能在本地任行政长官。北部地区的人民哪怕为一点小事都得到伊斯兰堡。他们一直要求在本地有解决他们问题的机构,因为在联邦政府的那些官员们处理事情既没有效率也不方便。他们为此经常需在伊斯兰堡和拉瓦尔品第市呆上数天,等待处理结果。

①　Alok Bansal, "Gilgit-Baltistan: An Appraisal", Centre for Land Warfare Studies, Manekshaw Paper No. 37, New Delhi, 2013, p.20.

②　Mansoor Alam, "Northern Areas Odyssey", *The Nation*, February 14, 2004.

在独立后的早期,本地区的人民在保卫领土的战争中表现出色,但是随着时间的推移,本地人在部队中的比例逐年降低,被越来越多的外来人所取代,因为当地人,尤其是什叶派的人不再被信任。当地的准军事部队也逐渐被来自旁遮普省和信德省的边境警察部队所取代,承担本地区的安全职责。[①]

再次,巴北部地区的社会与经济发展极端落后。巴北部地区成为巴基斯坦最穷和最边缘化的地区。在北部地区,每个家庭一天的平均收入不到 0.5 美元,85% 的人口没有安全的饮用水,60% 以上的居民饮用敞开渠道的水。这种水受细菌感染程度高出世界卫生组织标准的 500 倍。因此,由于劣质的水和卫生条件夺去 50% 在 1—5 岁之间小孩的生命。[②] 该地区人民的识字率只有 14%,低于巴基斯坦全国平均水平 31%,其中,该地区的妇女识字率只有 3.5%。每 6000 人才有一个医生,每 1500 人才有一个医院床位。生活的基本设施如电力、饮用水与基本医疗设施都缺乏。整个北部地区没有自己的工业,85% 以上的人生活在贫困线以下。[③]

人民主要依靠政府提供的工作和参加与国防有关的工程去谋生。巴基斯坦在当地实行核试验以前,旅游成为本地主要的经济产业,但是在当地进行核爆炸试验与"9·11 事件"以后,教派暴力冲突与恐怖事件频繁,使原有的支柱产业旅游业衰落。[④] 失业率不断攀升。在巴北部地区 70% 的人口是低于 25 岁的年轻人。这些年轻人当中 70% 处在失业之中。[⑤] 如此高失业率和缺少工作机会,只会使本地形势紧张与动荡。

巴基斯坦在北部地区的斯卡都和巴沙建大型水坝,淹没了数百万英亩的肥沃土地,为巴其他地区提供便宜的电力,当地也不能从这些水利工程获得特许使用费。[⑥] 巴沙水利工程遭到当地人的反对,因为他们担心水坝将影响该地区原有的社会、经济与生态平衡,将淹没狄阿莫区的 32 个村庄,使数千人无家可归。为此,

---

①　Alok Bansal, "Gilgit-Baltistan: The Roots of Political Alienation", *Strategic Analysis*, Vol. 32, No.1 (February 2008), pp.81–101.

②　"Gilgit Baltistan: Paradise on Fire", April 16, 2012, http://www.scoop.it/t/parachinarvoice/p/1608500056/2012/04/16/gilgit-baltistan-paradise-on-fire-bottomnews.（上网时间 2014 年 6 月 15 日）

③　Alok Bansal, "Rumbling in the Northern Areas", *Strategic Analysis*, Vol. 29, No. 1（Jan.–Mar., 2005）, pp.148–154.

④　Ibid.

⑤　Ishfaq Ahmed, Muhammad Musarrat Nawaz, Tehmina Fiaz Qazi, "Impact of Terrorism on Tourism Industry: a point to ponder", *International Journal of Academic Research*, Vol. 3 No. 4（July 2011）, pp.249–256.

⑥　Ibrahim Shahid, "Bhasha Dam may leave Northern Areas High and Dry", *Daily Times*, February 21, 2006.

当地人为抗议修建巴沙水坝,举行抗议活动。[①] 尽管,巴基斯坦政府最近保证让北部地区人民分享特许使用费,也无法完全平息当地人的不满。

最后,北部地区原有的教派与种族的边缘化。在巴北部地区传统的居民主要是穆斯林什叶派以及部分伊斯玛仪派。当巴基斯坦接管北部地区以后,有意识地把其他地区的人口,尤其是逊尼派人口大量移民到北部地区。在宗教上,巴其他地区的伊斯兰教神职人员将十二伊玛目派和逊尼派的宗教信仰引进过来,从而出现地理与语言界线恰好与教派身份相分离。不同的山谷讲不同的语言,同时信仰不同的宗教。现在,在吉尔吉特的人口中60%是什叶派,40%是逊尼派。在巴尔蒂斯坦的人口中96%是什叶派,2%是苏菲派,2%是逊尼派。[②]

自20世纪80年代以来,巴基斯坦政府奉行通过逊尼教派打压什叶派的政策。该地区什叶派的绝大多数人都感觉到巴政府有意把他们边缘化。1988年,政府支持逊尼派民兵抢掠烧杀什叶派村庄就是一个明证。

自此以后,北部地区的人民是按信仰与教派发生分裂。教派冲突时有发生。随着,巴基斯坦政府支持大量的外来省份的人移民到此,北部地区的许多民族担心在自己的传统家园被边缘化。从1998年到2011年,由于大量移民,巴北部地区的人口增加了63.1%,相比,查谟－克什米尔地区的人口在此期间只增加了22.1%。在此期间,狄阿莫区的逊尼派人口就翻了两倍多。[③]

由于非什叶派穆斯林经济条件比什叶派的穆斯林要好,他们大量在斯卡都区和吉尔吉特区购买土地和定居,从而导致非什叶派穆斯林人口急剧增加。在吉尔吉特和斯卡都区传统上非什叶派与什叶派的人口比例是1∶4,现在已经改变为3∶4。如果这一趋势继续下去,非什叶派将成为北部地区的多数人口。[④] 北部地区的民族主义者认为巴基斯坦的国家机构在改变当地人中结构,削弱什叶派人口的多数地位中发挥了重要作用。

二、巴基斯坦北部地区的政治改革进程

1947年,巴基斯坦政府接管克什米尔北部地区以后,殖民地时期的边境犯罪条例在整个北部地区得以实施。巴政府派出政治代表对本地区拥有司法与行政

---

① Md.Sadiq, "Bhasha: The Damned Dam", http://www.jammu-kashmir.com/insights/insight20060520a.html.

② "Story of Gilgit Deaths Foretold", *Daily Times*, January 15, 2005.

③ Alok Bansal, "Gilgit-Baltistan: An Appraisal", Centre for Land Warfare Studies, Manekshaw Paper No. 37, New Delhi, 2013, p.26.

④ "The Problems of the Northern Areas", January 31, 2001, http://www.jammu-kashmir.com/insights/insight20010101a.html.

权力。在 1947 年 11 月以前,在查谟－克什米尔国家的管辖下,该地区拥有独立的司法体系,当地人民有到高等法院去上诉的权利。为解决巴基斯坦北部地区的政治地位问题,满足当地人民的要求,巴基斯坦历届政府在不时间里采取了行政与政治改革措施。

1950 年,吉尔吉特的政治代表处脱离西北边境省,归新建的联邦克什米尔事务部管辖,把对北部地区的管辖权力移交给此部,取代西北边境省对该地区的管辖。在这样的制度安排下,为吉尔吉特和巴尔蒂斯坦派出的政治特派代表作为省督的代理该地区事务。

1952 年,联邦政府任命北部地区政治特派代表为克什米尔事务部联合秘书,拥有北部地区的管理权和司法权。[①]

1967 年,克什米尔事务部实行改革,把高等法庭和税收专员的权力转交给派往北部地区的政治特派代表,并分别在吉尔吉特区和巴尔蒂斯坦区建立一个政治机构。该地区的权力都移交给政治机构。该政治机构成为本地区和治安法庭的法官、征税人、负责实施边境犯罪条例的最高行政长官、警察局长和社会的实际控制人。

1970 年,巴基斯坦政府在北部地区建立由 16 名委员组成的咨询委员会。这 16 名委员会从北部地区选出。该咨询委员会有权批准发展项目和其他职权范围的事情。根据 1972 年阿里·布托总统令,巴基斯坦政府重新在北部地区重设政治特派代表,作为联邦政府派出的最高行政长官。吉尔吉特和巴尔蒂斯坦政治机构转变为区,任命派出行政长官,同时建立一个新区:狄阿莫区。

1973 年的巴基斯坦宪法正式把吉尔吉特区与巴尔蒂斯坦区合并,命名为联邦直辖北部地区,包括五个区:吉尔吉特区、斯卡都区、狄阿莫区、冈切区和吉泽尔区。[②]

1974 年,人民党阿里·布托政府首次启动对巴北部地区的行政与司法改革,废除了传统的王公统治和边境犯罪条例。[③] 罕萨作为最后一个土邦合并到北部地区。联邦中央政府维持对该地区的直接管理。北部地区咨询委员会成为该地区的最高行政机构,其职能一直履行到 1999 年。该咨询委员会改名为北部地区立法委员会。[④]

---

① Omar Farooq Zain, "A Socio-Political Study of Gilgit Baltistan Province", *Pakistan Journal of Social Science*, Vol. 30, No.1 (September 2010) , pp.181–190.

② Ishtiaq Ahmad, "Empowering Northern Areas without Jeopardizing Kashmir", September 4–10, 2009, http://www.ishtiaqahmad.com/item display.aspx?listing id=608&listing type=1.

③ Alok Bansal, "In Pursuit of Forced Assimilation : Sectarian and Ethnic Marginalization in Gilgit-Baltistan", *India Quarterly: A Journal of International Affairs*, Vol. 63, No.2 (April 2007) , pp.56–80.

④ Mansoor Alam, "Northern Areas Odyssey", *The Nation*, February 14, 2004.

1985年,巴基斯坦政府在北部地区推行改革,建立一个高层次的委员会,由联邦财政、计划、法律、内务、教育和克什米尔事务部秘书官组成。受该委员会的推荐,来自北部地区的一个代表艾哈迈德·阿里·沙阿出任联邦克什米尔事务部顾问。

1987年,北部地区的民族主义者向当时的齐亚·哈克政权提交了一份决议书,要求赋予北部地区更多的自治权和平等的发展机会,改善北部地区的基础设施和经济发展,扩大北部地区的政治参与权,保证北部地区人民向高等法院和最高法院上诉的权利等。① 在贝娜齐亚·布托第一届任期期间,人民党政府拟赋予北部地区联邦直辖部落区的地位。但是该计划来不及实施,贝·布托被解除了总理职位。

1993年3月,巴查谟–克什米尔高等法院就北部地区的法律地位问题通过一项裁决,批评巴政府当局,无视北部地区人民的基本权利,要求查谟–克什米尔政府立即实施对北部地区的管理权,并要求巴基斯坦政府协助查谟–克什米尔政府完成这一任务。巴基斯坦政府为此向最高法院上诉。1994年9月14日,最高法院通过一项判决,宣称北部地区是查谟–克什米尔国的一部分,但是按照1974年的查谟–克什米尔临时宪法的规定,北部地区不是查谟–克什米尔的一部分。②

贝·布托第二届政府颁发的"1994北部地区委员会法律框架令"成为该地区的基本法律。在该法律框架内,联邦克什米尔与北部地区部部长领导各行政部门。这些行政部门承担北部地区的警察、行政、发展与法律制定;北部地区委员会成为北部地区立法委员会。立法委员会的成员有所增加,通过民主选举产生。不过,北部地区立法委员会只履行有限的咨询职能,缺乏重要的立法权,无权让行政部门对其负责。由于北部地区在联邦中央没有自己的代表,所以,它在有关预算问题上没有发言权。③

1994年,贝·布托政府批准了北部地区改革计划,通过了北部地区的部门规则,建立了首席秘书和公务员秘书处。北部地区的首要文官就是首席秘书。秘书处领导各个部门。按照1994年的北部地区部门规则的界定,政府在北部地区就是指最高行政长官、副行政长官和首席秘书。④ 贝·布托政府在1994年同时实

　　① Hermann Kreutzmann, "Kashmir and the Northern Areas of Pakistan: Boundary–Making along Contested Frontiers", *Erdkunde*, Vol. 62, No. 3 (Jul.–Sep., 2008), pp.201–219.

　　② K.P.S. Gill, "The Northern Areas of Pakistan Occupied Kashmir", http://www.satp.org/satporgtp/kpsgill/2003/chapter3.htm.

　　③ Khalid Khokar, "Self–Rule for the People of Northern Areas", *The Political Spectator*, October 26, 2009.

　　④ "Northern Areas Rules of Business", Deputy Secretary Services, GAD and Law, Northern Areas Secretariat, Gilgit, March 01, 2000.

行司法改革,建立由 3 名法官组成的首席法院作为当地法院和治安法官的上诉法院,并将该上诉法院作为北部地区的最高法院。任何属于联邦或省高级法院的高级法官都有资格出任北部地区首席法院的法官。来自北部地区的区治安法官也有资格成为该法院的成员。

1994 年 10 月,北部地区首次举行以政党为基础的选举,选举 26 名北部地区行政委员会的委员。该行政委员会的委员拥有与西北边境省立法机构议员同样的地位、薪酬和特权。但是该行政委员会没有立法权力,只有一个咨询机构。真正的权力掌握在由巴基斯坦政府联合秘书领导的联邦克什米尔与北部地区部手中。该部门对北部地区的所有事项有最高控制权。

巴北部地区长期遭政府的忽视引起巴最高法院的司法干预。1999 年,巴基斯坦最高法院在审福齐耶·萨利姆·阿巴斯(Fouzia Saleem Abbas)诉巴基斯坦政府的著名案件中,指出不管出于什么意图与目的,北部地区的人民都是巴基斯坦的公民;像其他公民一样,他们都有权要求基本权利,也有义务交税和承担应有的责任。

最高法院进一步指出北部地区人民有权参加本地区的管理,有权拥有独立的司法体系。这些权利得到巴基斯坦宪法的保障。为此,最高法院指示巴基斯坦联邦政府应在从 1999 年 5 月 28 日开始的六个月内对北部地区适当地管理,并对巴基斯坦宪法和有关规定、命令和制度作必要的修改,以确保北部地区的人民拥有基本的权利,通过他们自己选举的代表来管理本地区,建立独立的司法体系获得司法服务和其他服务,以落实巴基斯坦宪法赋予他们的基本权利。[1]

尽管有最高法院的判决,北部地区仍直接由联邦克什米尔与北部地区部的行政指令管辖。该部部长是非选举的最高行政长官。北部地区的立法机构:北部地区立法委员会没有权力。其事务仍由伊斯兰堡派出的文武官员的领导。正是这种被忽视和政治权利被剥夺的共同感受导致巴基斯坦北部地区的内乱,出现脱离联邦的分离主义运动。

2004 年 10 月,前联邦克什米尔与北部地区部部长、参议员尼萨尔·梅蒙代表穆沙拉夫总统宣布北部地区改革方案:北部地区立法委员会的委员从 29 名增加到 32 名;新增加的 3 名委员将从原来担任的 24 名委员会成员中选出;修改地方政府条例,增加妇女在区委员会的席位;原联邦克什米尔与北部地区部的权力转交给北部地区的管理机构。此外,穆沙拉夫总统将为北部地区另外拨付 5 亿卢比

---

[1]　Tariq Hassan, "Constitutional Drawbacks", *The News*, March 28, 2009.

用于北部地区的基础建设。①

2007 年 10 月，穆沙拉夫在内外交困的情况下，宣布北部地区实行宪政改革。按照改革计划，原北部地区立法委员会将升级为立法议会，有权讨论和通过本地区预算，有权就 49 个领域提出立法；副行政长官将改变为最高行政长官，有全面的行政与财政权力，现有的最高行政长官将成为北部地区政府的主席。最高行政长官将由新的立法议会选举产生；原联邦克什米尔与北部地区部所拥有的全面管理权与财政权全部移交给北部地区的政府；新的立法议会有权对最高行政长官、议会发言人和副发言人提出不信任投票。②

不过，北部地区的司法体系没有改变，仍然是联邦克什米尔与北部地区部的一部分。此外，北部地区将首次设立总会计师职位，以审计该地区的账目。穆沙拉夫还宣布为北部地区发放不少于 5 万卢比的农业贷款。同时，巴政府还为本地区中小企业发放贷款，提高北部地区的地区发展预算，从 65 亿卢比提高到 76 亿卢比。③

这次宪政改革实际上把北部地区的地位提高到类似查谟－克什米尔地区的地位，同时，没有损害巴基斯坦对有争议的克什米尔地区的领土要求。因此，所有克什米尔地区的领导人，包括泛党独立大会④ 都欢迎这次改革。⑤ 然而，2007 年改革方案不足之处是权力过于集中在联邦克什米尔与北部地区部。其部长是北部地区议会的当然主席。他既不对议会负责，同时，也不会被议会弹劾，相反，他对议会通过的立法有否决权。把如此多的权力集中在议会主席身上，实际上说明联邦政府在北部地区推行的宪法改革只是名义上的，缺乏实质内容。

对此，吉尔吉特区的律师们集会抗议穆沙拉夫的政治改革。律师们拒绝这一改革，认为它根本不反映当地人民的真实愿望；新的改革计划完全遭到伊斯兰堡那帮官僚的裁剪。他们宣称改革计划完全忽视了本地区的司法体系；1994 年的法律框架令是非法的，应该通过宪法制度来取代，通过宪法法院来取代本地区卑躬

① Ibrahim Shahid, "Northern Areas Reforms Package: Legislative Council Seats Raised to 32", *Daily Times,* October 12, 2004.

② "Constitutional Package for N. Areas", *The Dawn*, October 23, 2007.

③ Ibrahim Shahid, "Musharraf Announce Political Reforms for Northern Areas", *Daily Times*, October 24, 2007.

④ 泛党独立大会成立于 1993 年 3 月 10 日，是一个由克什米尔地区 26 个政治、社会与宗教组织组成的政治阵线，其宗旨是获得对克什米尔地区的自我决定权，实现独立。

⑤ Ershad Mahmud, "The Gilgit–Baltistan Reforms Package 2007: Background, Phase and Analysis", *Policy Perspectives*, Vol. 5, No. 1（Jan–June 2008），pp.1–22.

曲节的法庭。他们要求落实 1999 年最高法院对本地区的裁决，而不是进行琐碎的改革。[1]

三、人民党政府北部地区的政治改革

巴基斯坦人民党政府考虑到北部地区人民的持续要求，决定赋予北部地区完全的内部自治，使它与巴基斯坦其他省的地位相等，但又不是一个省级单位。2009 年 9 月 7 日，为解决巴基斯坦北部地区的政治地位问题，扎尔达里总统签署"2009 年吉尔吉特 – 巴尔蒂斯坦授权与自治令"，把该地区的名称从"北部地区"改为"吉尔吉特 – 巴尔蒂斯坦"，开始了该地区的政治改革。人民党政府为该地区建立了省督、首席部长、内阁各部之职以及司法体系，作为联邦政府下放管理权的一部分。

按照查谟 – 克什米尔委员会的模式，人民党政府建立了由巴基斯坦总理领导的吉尔吉特 – 巴尔蒂斯坦委员会（Gilgit–Baltistan Council）。吉尔吉特 – 巴尔蒂斯坦委员会由以下成员构成：巴基斯坦总理、吉尔吉特 – 巴尔蒂斯坦省督、巴总理从联邦部长和联邦议员提名的 6 名成员、吉尔吉特 – 巴尔蒂斯坦首席部长及由该地区议会选出的 6 名成员。[2] 巴基斯坦总理将是该委员会的主席，省督是该委员会的副主席，联邦克什米尔与北部地区部部长是不投票的当然委员。委员会的立法领域为 55 项。[3] 省督由巴基斯坦总理提名，由巴基斯坦总统任命。联邦信息部长盖马尔·扎曼·凯拉被任命为吉尔吉特 – 巴尔蒂斯坦的临时省督，直到任命来自吉尔吉特 – 巴尔蒂斯坦的当地省督。

吉尔吉特 – 巴尔蒂斯坦议会（Gilgit–Baltistan Assembly）被赋予批准本地预算的权力。议会由 33 名议员组成，其中 24 名通过直接选举产生，6 名妇女议员专门预留，由选举产生，3 名专家议员专门预留，选举产生；由议会选举首席部长、正副议会发言人。吉尔吉特 – 巴尔蒂斯坦议会的立法领域从 49 项增加 61 项，以及其他所有不由吉尔吉特 – 巴尔蒂斯坦委员会立法范围的事项。[4]

按照人民党领导人扎尔达里的观点，该总统令的目的就是为该地区提供最大程度的管理自治。该总统令规定吉尔吉特 – 巴尔蒂斯坦的首席部长为议会上院

---

[1]　"Lawyers Protests Northern Areas Reform Package", *Daily Times*, October 24, 2007.

[2]　Razia Musarrat, "Federalism in Pakistan, Current Developments", *International Journal of Academic Research in Business and Social Sciences*, Vol. 2, No. 4（April 2012）, pp.450–459.

[3]　Asim Yasin, "Gilgit–Baltistan gets internal, political autonomy", *The News*, August 29, 2009.

[4]　Altaf Hussain, "The Gilgit–Baltistan Reforms", December 2009, http://www.forumfed.org/en/pubs/pakistan/Gilgit–Baltistan%20Reforms%20AHussain%20FinalDec09.doc.

的当然领导人,同时规定公共服务委员会、选举委员会的主席和总检察长等职务的产生与任命;省督由联邦政府任命,负责该区域行政控制。

此外,2009 年的政治改革还确定了吉尔吉特 – 巴尔蒂斯的司法体系,规定该地区的上诉法院的首席法官由吉尔吉特 – 巴尔蒂斯坦委员会主席根据巴基斯坦总理在省督的建议任命,其他法官也由委员会主席在省督的建议下,同时咨询首席法官的意见上任命。法官的数目也从 3 名增加到 5 名。[①]

2009 年的吉尔吉特 – 巴尔蒂斯坦的政治改革具有以下显著特点:

(1)吉尔吉特 – 巴尔蒂斯坦委员会成为一个实权机构。吉尔吉特 – 巴尔蒂斯坦在巴基斯坦联邦政府没有自己的代表,相反,巴基斯坦总理领导的委员会在吉尔吉特 – 巴尔蒂斯坦行使实权,从而让当地民选的立法议会没有多少活动空间,行使自己的权力。此外,按照查谟 – 克什米尔临时宪法,吉尔吉特 – 巴尔蒂斯坦地区的所有官员都有义务向巴基斯坦宣誓效忠。

(2)以总统令颁布的 2009 年吉尔吉特 – 巴尔蒂斯坦授权与自治令缺乏法律或宪法的约束力。人民党政府提出的改革方案实际上也没有提交给巴两院讨论与通过,因为吉尔吉特 – 巴尔蒂斯不是巴基斯坦宪法界定的领土一部分,在巴基斯坦联邦也没有自己的代表。因此这种总统令也可以随时被撤消,完全取决于巴基斯坦政府。吉尔吉特 – 巴尔蒂斯坦的未来仍然不确定。

(3)吉尔吉特 – 巴尔蒂斯坦首席部长被邀请以观察员身份参加联邦内阁。吉尔吉特 – 巴尔蒂斯坦在 1972 年—2009 年之间通过各种改革,逐渐提升为类似省级的管理单位。所有这些改革都是在巴宪法和联合国关于克什米尔解决决议框架之外实施的。作为一个管理单位,该地区具有类似巴其他省的职能,但是在巴两院中没有自己的代表。经过 2009 年的本地区选举之后产生的吉尔吉特 – 巴尔蒂斯坦首席部长被邀请以观察员身份参加内阁会议,以便与巴基斯坦高层决策者保持相互联系。吉尔吉特 – 巴尔蒂斯地区按照巴宪法第 160 条第一款规定,作为非宪法地区也应该在巴全国财政委员会有代表。然而,即使获得参加该委员会也意义不大,因为非宪法区的代表没有投票权。全国财政委员会的决定主要由多数决定。

(4)新的政治改革带来征税问题。按照新的政治改革计划,吉尔吉特 – 巴尔蒂斯坦将以一个管理单位履行职责,将通过征税创造收入。在此以前,北部地区

---

① "Reform Package for NA Receives Wide Applause", August 29, 2009, http://www.aaj.tv/2009/08/reform–package–for–nas–receives–wide–applause/.

由于其政治地位不明确,所以,过去没有征过税。但是该地区政治地位明朗后,巴基斯坦政府决定对本地区的公司,包括登记的企业和工薪阶层征税。但是实行税收制度改革在广大民众中得不到支持。吉尔吉特－巴尔蒂斯坦政府也似乎不情愿征税,如收入税、销售税、财产税。在一个缺乏治理和发展的背景下,对民众的征税将进一步加剧当地人民的贫困。

（5）限制议会与委员会对有关议题的辩论与讨论。吉尔吉特－巴尔蒂斯坦议会与委员会不能辩论与国防、财政、内部安全与外交有关的议题,或质疑吉尔吉特－巴尔蒂斯坦最高上诉法院和首席法院的判决。该地区的预算虽然由本地议会通过,但是预算的准备工作却由伊斯兰堡的官僚们完成,例如,联邦克什米尔与北部地区部首席秘书、省督和其他政治派出者。尽管吉尔吉特－巴尔蒂斯坦建立了一系列的政治机构,但是这些政治机构都必须忠于巴基斯坦。

（6）定居者更容易进入吉尔吉特－巴尔蒂斯坦地区。2009年总统令规定,在该地区拥有财产和资产的人或拥有当地身份证的人有资格成为吉尔吉特－巴尔蒂斯坦的公民。[1]

2009年的总统令是人民党政府首次把前查谟－克什米尔国家的北部地区合并到巴基斯坦。这些改革的实施将提高本地区的管理能力,及时处理当地人民面临的各种问题。现在,巴北部地区的人民长期要求的内部自治权得到满足,进一步加强巴基斯坦联邦。[2] 尽管巴北部地区的人民还没有得到其他四省人民拥有的宪法权利,还不能把自己的代表选进巴基斯坦国民议会和参议院,但是相比以前的改革而言,这次政治改革有很大的进步,赋予了当地人民有限的民主权利,能够选出自己的议会代表。

该地区人民的民主愿望不能始终受制于克什米尔的争端。也许克什米尔争议还需要数十年才能解决。克什米尔争端的不能解决,并不能意味着与克什米尔争议地区在历史上、地理上和种族上完全不同的吉尔吉特－巴尔蒂斯坦的政治身份长期处于模棱两可,人民的权利长期遭到忽视。2009年的政治改革是一次大胆的尝试,让该地区的人民享受到基本的政治权利与服务。

巴基斯坦北部地区的人民对这次改革持较高的期望。大多数人都盼望能成为巴基斯坦联邦的一个省。在本地随后的选举中,人民表现出很高的投票热情。

---

[1]　Priyanka Singh, "Gilgit Baltistan: Between Hope and Despair", Institute for Defence Studies & Analysis, IDSA Monograph Series No. 14, New Delhi, March 2013, pp.21-22.

[2]　Razia Musarrat, "Federalism in Pakistan, Current Developments", *International Journal of Academic Research in Business and Social Sciences*, Vol. 2, No. 4（April 2012）, pp.450-459.

人民期望改革能在巴宪法的授权范围内授予该地区以省的地位,将权力将正式移交给吉尔吉特 - 巴尔蒂斯坦政府。

在这次对巴北部地区的政治改革中,人民党政府并没有正式放弃按照联合国的要求,通过举行全民公决决定克什米尔地区的未来。尽管人民党政府授予该地区类似省级单位的政治、立法和司法机构,但是也谨慎地没有让吉尔吉特 - 巴尔蒂斯坦成为一个真正的省。这种改革力求在不损害巴基斯坦对查谟 - 克什米尔地区未来地位的原则要求与赋予该地区人民基本权利之间保持着一种微妙的平衡。在现实中,该地区的人民并不完全满意这种改革。他们期望获得更多的权利。

这次政治改革的不足是巴基斯坦拒绝北部地区人民要求建立自己的议会体系、没有赋予北部地区在巴议会、共同利益委员会、全国水电委员会、印度河流域管理局、全国司法委员会和全国财政委员会的代表权。北部地区人民被拒绝到巴基斯坦最高法院上诉,没有建立自己的高等法院、最高法院。[①]

2009 年的总统令把所有管理、政治和司法权集中于省督。省督的权力过大。作为该地区的省督有权任命、调动和解聘核心部门,如公共事务委员会、选举委员会、边界委员会的领导人以及总审计师、税收专员、上诉和首席法院的首席法官、地区内阁成员与顾问、警察总监、首席秘书、部门秘书与地区委员会成员,并且,省督还有权批准预算,解散内阁与议会,实行紧急状态。他同时还是巴尔蒂斯坦委员会的副主席和投票委员,有权否决委员会和立法议会通过的法律。省督同时还有权任命和解聘当地政府的各个部长,只会导致幕后交易和政治操纵,也使部长们忠于省督而不是首席部长。其实,首席部长才应是最高行政长官。这种双层体制只会使行政管制不协调和无效率。

作为北部地区的省督总是在伊斯兰堡,而不是在吉尔吉特 - 巴尔蒂斯坦办公。当地人民很少得到他的服务。由于 2009 年的政治改革,并没有对当地反对派的权力作出保障,对正在兴起的分离主义势力作出安抚,从而导致当地一些政治家要求吉尔吉特 - 巴尔蒂斯完全独立。

对于这次政治改革,巴北部地区的绝大多数民众,包括议员、乌里玛、名人、政治领导人和知识分子都表示欢迎,认为人民党政府对该地区的改革措施是正确和及时的,足以带给吉尔吉特 - 巴尔蒂斯坦的人民与其他省份同等的地位。但是该地区的人民关注此次改革的主要问题是他们在巴基斯坦联邦国民议会与参议院

---

① Senge H. Sering, "Constitutional Impasse in Gilgit–Baltistan: The Fallout", *Strategic Analysis*, Vol. 34, No. 3（May 2010）, pp.354–358.

没有自己的代表。2009 年以前,联邦直辖部落区与吉尔吉特－巴尔蒂斯坦地区的地位一样,都是联邦直辖地区,但是联邦直辖部落区在巴基斯坦议会两院中都有自己的代表。

吉尔吉特－巴尔蒂斯坦地区的人民为巴基斯坦国家纳税,遵守其法律,但是他们却没有自己的代表。这种做法违背了普遍的民主规则。吉尔吉特－巴尔蒂斯坦地区人民的诉求是合情也是合法的。

巴基斯坦的部分媒体认为现有的改革并不足以使北部地区取得与其他省份平等的地位,因为改革并没有给这种平等地位以宪法保障,并没有取得省的名称。少数人认为这种改革只是做的表面文章,需要一些具体的步骤,如修宪,给予该地区宪法的同等地位。

北部地区的政治团体、倾向独立的组织以及倾向于印度的团体都拒绝这种改革。吉尔吉特－巴尔蒂斯坦统一运动拒绝人民党政府的政治改革,要求像查谟－克什米尔政府那样获得完全的内部自治权,因为尽管在当地建立了政府,但是它只行使有限的权力;本地区的议会和首席部长实际上只起着橡皮图章的作用。

巴基斯坦穆斯林联盟(领袖派)声明拒绝北部地区新的改革计划。该党宣称改革计划没有给吉尔吉特－巴尔蒂斯坦地区临时的省地位,缺乏像查谟－克什米尔地区所拥有的自治权。这正是北部地区人民长期所追求的。[①]

巴控查谟－克什米尔地区的大会党领导人宣布对这种改革没有信心,并且,巴基斯坦政府的这种做法会给印度当局制造机会。印占查谟－克什米尔解放阵线认为吉尔吉特－巴尔蒂斯坦地区的改革是"殖民式"的计划。印占查谟－克什米尔民族人民党主席利雅卡特·哈亚特更宣称巴基斯坦对该地区绝对没有权力决定有争议的查谟－克什米尔地区 200 万人民的命运,违反了联合国的决议。印度也对巴基斯坦的改革计划提出抗议,尤其对吉尔吉特－巴尔蒂斯坦首席部长宣布该地区成为巴基斯坦第五个省表示严重抗议。印度认为巴基斯坦非法占领该地区。[②]

人民党政府在实行政治改革的同时,也针对吉尔吉特－巴尔蒂斯坦辅之以经济发展援助。人民党政府总理宣布该地区的社会经济发展成为政府首要考虑的

---

① "PML-Q Reject New Package", *Daily Times*, August 30, 2009.

② Mohammad Waseem, "Federalism in Pakistan", August 2010, www.forumfed.org/pubs/Waseem-Fed-Overview.pdf.

目标,为北部地区启动 563 个项目,拨款 523 亿卢比。①2009 年 9 月,巴基斯坦政府与中国签订大型能源工程,在吉尔吉特 – 巴尔蒂斯坦地区阿斯托尔区的本吉(Bunji)建立年发电量在 7000 兆瓦的水利工程。②

为了弥补因 2009 年的地震对当地的影响,吉拉尼宣布将从当地招募 5000 名警察,按比例分配到各区以维持法律与秩序,同时,把吉尔吉特 – 巴尔蒂斯坦警察队伍的工资提高 100%,让当地警察享受到联邦首都警察的福利待遇。当地政府雇员将享受到山区津贴,其最低工资达到每月 6000 卢比。

联邦政府还将为吉尔吉特市修建污水处理系统,为当地卫生部门拨款 15 亿卢比,为当地公共发展项目拨付 100 亿卢比,为当地的大学的建设与升级拨付 20 亿卢比,为修建水电项目拨付 10 亿卢比。③

联邦政府对北部地区的援助还包括:来自当地 3000 名人员在教育部门任职;当地 5 万个家庭获得贝娜齐亚收入支持项目每月 1000 卢比的资助;当地人民从此可收取狄阿莫 – 巴沙水利工程的特许权费用;巴基斯坦财政部为吉尔吉特 – 巴尔蒂斯坦政府拨款 1 亿卢比,用于资助罕萨河上游遭受洪灾的人民。④

人民党政府吉拉尼总理还宣布为吉尔吉特 – 巴尔蒂斯坦人民的经济福祉专门制订发展计划:①北部地区运输公司的车队的车辆将增加一倍;②改善巴北部地区与中国通商口岸苏斯特干港的关系;③扩建吉尔吉特和斯卡都机场;④重开巴基斯坦国家银行和农业银行在北部地区的办事处;⑤为促进巴北部地区的职业技能发展,巴国家职业技术教育委员会在吉尔吉特设立分支机构;⑥该地区公务员的基本工资固定为每月 6000 卢比;⑦为吉尔吉特 – 巴尔蒂斯坦地区补贴 15 万吨的小麦等。⑤

2012 年 6 月,阿什拉夫出任人民党政府总理后,关注北部地区的发展,发起了各种发展项目,包括培训中心,妇女技术培训中心。数百名当地妇女受益于这些中心的培训。阿什拉夫总理还专门拨款 20 亿卢比,以解决当地政府的财政困难,并承诺一旦政府的财政好转,还将给予更多的财政援助。曾经担任水利部长

① Parvez Jabri, "Govt Committed to Socio-economic Development of GD: Gilani", *The Business Recorder*, October 07, 2011.

② "Pakistan Gilgit-Baltistan Autonomy", *The Dawn*, September 09, 2009.

③ M.Taqi Akhunzada, "Gilani Announce Uplift Projects for Gilgit-Baltistan", http://www.geo.tv/important.events/2009/gilgit baltistan elction/pages/english news11-11-2009.asp.

④ "Gilgit Baltistan", http://www.achievements.gov.pk/GilgitBaltistan.aspx.

⑤ "Gilani's ten-point 'development package' for Gilgit-Baltistan", http://pamirtimes.net/2009/09/29/gilanis-ten-point-development-package-for-gilgit-baltistan/.

的阿什拉夫总理还将在北部地区修建大中型水电项目,包括发电量在 7100 兆瓦的狄阿莫－巴沙水坝,发电量在 34 兆瓦的哈泼(Harpo)水坝,发电量在 80 兆瓦的珀达(Phandar)水坝等。[①]

总之,人民党政府注意政治改革与经济发展相结合,改善当地人民的福利,以打压当地的分离主义趋向。

四、巴基斯坦北部地区政治改革的溢出效应

巴基斯坦北部地区以其独特的地缘政治地位,使该地区的政治改革对巴基斯坦、中国与印度产生不同的溢出效应。巴北部地区位于中亚、南亚与中国的交汇处。其北部与东部分别是兴都库什山脉和喀喇昆仑山脉,其南部是喜马拉雅山脉。西北部通过瓦罕走廊与阿富汗边界接壤,北部、东部与我国新疆维吾尔自治区与西藏自治区边界接壤,其西部是巴基斯坦开伯尔－普什图赫瓦省,其西南边是巴基斯坦控制的查谟－克什米尔地区,南边是印占查谟－克什米尔邦。[②] 1947 年以前,苏联人与英国人争夺该地区的控制权。尽管现在该地区由巴基斯坦实际控制,但是印度仍紧盯着该地区,宣称对该地区拥有主权。

巴基斯坦北部地区的政治改革使该地区成为类似巴基斯坦的第五个省,无论是在战略上、政治上还是经济上都是巴基斯坦重要的行政单位。巴北部地区也成为巴基斯坦发展与中国的关系,尤其在建立巴基斯坦与中国的经济走廊、中亚经济带中起着关键作用。巴基斯坦可以利用北部地区的地理位置、资源与人民来实现其国家目标。因此,可以说巴基斯坦北部地区的政治改革首先对巴基斯坦自身产生有益的溢出效应。

巴北部地区拥有世界上最多的淡水资源,灌溉了巴基斯坦旁遮普省和信德省的农田。对水资源短缺的巴基斯坦而言,巴基斯坦北部地区成为其生命线。北部地区拥有的八条河流和无数溪流的水力发电潜力远远超出巴基斯坦的电力需求。现在,正在建设或已经建成的水力发电大坝将源源不断地为巴基斯坦提供电力。

巴基斯坦北部地区为巴基斯坦提供重要的矿产资源。在该地区南部,拥有镍、铜、锡、煤等高品质的矿床。在该地区的东北部、北部及西北部地区拥有丰富的铁、银、黄金、锌、大理石、花岗石、石灰石、砷等矿产资源。同时,该地区还是世

---

① "PPP govt pursuing multi-pronged strategy for GB development", *Pakistan Observer*, March 06, 2013.

② Mandip Singh, "Pakistan-Occupied Kashmir- A Buffer State in the Making", *Strategic Analysis*, Vol. 37, No. 1(January-February 2013), pp.1-7.

界上宝石的重要产地。① 这些矿产资源为巴基斯坦工业生产提供重要的原料。

在军事上,巴北部地区实际上成为巴基斯坦军队在战时向印占查谟－克什米尔地区进攻的一个跳板,同时,巴情报机构也可利用北部地区向印占查谟克什米尔地区渗透,为该地区激进极端主义分子和反叛分子提供安全庇护所。由于巴基斯坦国土面积狭长,面对强大的印度,巴基斯坦缺乏战略纵深,尤其是缺乏核战略纵深。在印度大肆推进的核战略面前,如果巴基斯坦进一步失去北部地区与查谟－自由克什米尔地区,巴基斯坦将"无处可藏",完全陷于印度的包围之中。②

巴基斯坦北部地区的政治改革,赋予该地区有限的民主与自治权,将最终扭转当地出现的极端主义思潮。这种极端主义思潮最初局限于北部地区的穆斯林逊尼派与什叶派的教派冲突,随后,进一步发展成为极端主义与恐怖主义,并波及到我国的新疆和印占克什米尔和巴基斯坦全境。民主、自治与发展才是解决极端主义的最终方法。在民主体制中,人民会逐渐认识到通过和平方法来实现自己的政治抱负,而不是以宗教的名义使用武力。因此,北部地区的政治改革有利于最终解决本地区的极端主义,有利于我国和印度反对恐怖主义。

巴基斯坦北部地区的政治改革对中国产生正的溢出效应,为中国人在本地区快速增长的利益提供了安全保障。中国通过跨越北部地区的喀喇昆仑公路,以及从白沙瓦到瓜达尔港的公路与铁路,使中国打通到波斯湾的通道,为中国开辟一条与中东国家和非洲国家的石油、天然气及其他矿产资源的运输线路,大大节省了中国走东部沿海到达这些国家的时间。从我国新疆喀什,再经巴基斯坦北部地区的喀喇昆仑公路再到瓜达尔港,只需 48 个小时,而中国油轮从我国东部沿海经马六甲海峡,到印度洋,再到瓜达尔港,需花费 16 到 25 天时间。③ 因此,从中国新疆,经巴基斯坦北部地区到达瓜达尔港的能源通道,可以防范战时马六甲海峡受人控制,我国能源运输面临的风险。

2006 年 2 月,巴基斯坦石油自然资源部与中国发改委在北京签署中巴能源领域合作框架协议,提出修建跨喀喇昆仑油气管道方案,通过巴基斯坦瓜达尔港把中东与中国新疆连接起来。这条喀喇昆仑油气管道,由于其经过巴基斯坦北部地区而具有广阔的前景。巴基斯坦北部地区是连接中国、塔吉克斯坦、阿富汗、印

---

① Omar Farooq Zain, "A Social-Political Study of Gilgit Baltistan Province", *Pakistan Journal of Social Sciences,* Vol. 30, No.1(September 2010), pp.181–190.

② 胡仕胜:《克什米尔争端之原委(续)》,《国际资料信息》2001 年第 12 期。

③ Selig S. Harrison, "China's Discreet Hold on Pakistan's Northern Areas", *New York Times*, August 26, 2010.

度与巴基斯坦的枢纽,通过该地区可以使中亚里海地区的石油输往世界石油市场,尤其是经济快速增长的中国。从土库曼斯坦或哈萨克斯坦修建石油管道通过塔吉克斯坦,然后进入巴基斯坦北部地区,与喀喇昆仑管线在吉尔吉特附近汇合,最后,继续输往瓜达尔港。中国可以通过喀喇昆仑管道与巴北部地区有中亚油管相接进口中亚石油。

由于喀喇昆仑公路如此重要,我国政府准备扩建该公路为四车道,从原来路宽 10 米扩建到 30 米,在原来的基础上增加三倍的运输能力,保证在极端恶劣的天气条件下,载重运输车也能通过。随着巴基斯坦与我国在 2007 年签订自由贸易协议,巴基斯坦北部地区作为贸易、水资源、天然气和石油的运输通道的重要性进一步增加。巴北部地区也会成为不稳定的巴基斯坦与我国新疆维吾尔自治区的缓冲带。为减少恐怖分子在我国新疆维吾尔自治区的活动必先打击吉尔吉特 - 巴尔蒂斯坦地区的恐怖组织。

随着巴北部地区的政治改革,吉尔吉特 - 巴尔蒂斯坦会成为巴基斯坦宪法下的一个正式的省份。这将有利于巴基斯坦保护我国在本地区的大量投资与项目建设。最近十多年的时间里,我国在巴北部地区投资了大量基础设施项目,包括扩建公路,修建中小型水电项目、桥梁、铁路、通讯设施和引水渠等。其中,完全由我国投资建设的本杰水坝,估计需花费 70 亿美元,发电量为 7000 兆瓦。[①]

中国在巴北部地区的投资与活动改变了本地区的地缘政治和地缘战略平衡,客观上帮助巴基斯坦挫败印度对本地区以及其他有争议的克什米尔地区的战略利益,制约了印度对本地区的领土要求。

巴基斯坦对北部地区的政治改革与中国在北部地区的投资活动遭到印度的强烈反对。印度对巴基斯坦北部地区的政治改革表示抗议,理由是整个查谟 - 克什米尔地区都是印度不可分割的一部分。[②] 如果巴基斯坦把其控制的北部地区完全合法化,印度也将把其占领的查谟 - 克什米尔地区完全合法化,并宣布有争议的克什米尔问题已经解决。[③] 印度认为中国在巴北部地区的基础设施建设,形成对本地区的主导,在长远上损害了印度在本地区的利益。印度担心中国与巴基斯坦对印度形成限制与包围。

印度反对中国在巴基斯坦北部地区的投资活动,尤其是中国在此地区两项基础建设:巴沙 - 狄阿莫大坝与喀喇昆仑公路升级、扩建。我国一直强调所有工

---

①　Syed Fazl-e-Haider, "Pakistan Acts to Guard Chinese Interests", *Asian Times*, September 04, 2009.

②　Pallavi Singh, "Gilgit-Baltistan: A Question of Autonomy", *The Indian Express*, April 29, 2010.

③　Syed Fazl-e-Haider, "Pakistan Acts to Guard Chinese Interests", *Asian Times*, September 04, 2009.

程都是为了民用。但是印度坚持中国在巴北部地区的出现对其构成了安全威胁。2010年,印度外交部长照会中国外交部长声称,克什米尔地区是印度的核心利益,而西藏与台湾是中国的核心利益。① 为此,印度要求中国停止在巴北部地区的所有活动。印度认为巴基斯坦非法占领克什米尔北部地区,因此,中国的此地区的活动就违反了国际准则。

　　总之,巴基斯坦北部地区的政治改革不但对其国内政治产生了重要影响,同时对邻国中国和印度也产生了不同的溢出效应。由于巴基斯坦并未完全把北部地区纳入巴基斯坦联邦,巴北部地区的教派与恐怖主义活动日益交织,当地的经济发展仍未有大的起色,年轻人的失业率居高不下,吉尔吉特－巴尔蒂斯坦地区的未来前景仍未可观。大国对这一地区的关注与争夺,将进一步增加该地区的神秘色彩。

第七节　人民党政府的反恐政策与宪法修正案的通过

　　2008年上台的人民党政府面临着国内恐怖势力的挑战,为此,人民党政府把反对恐怖主义组织作为执政的首要任务。同时,人民党也极力推动宪法的第十八修正案,重新让巴基斯坦走上议会民主的道路。人民党执政时期的这两项政策与活动成为其执政的两大亮点,得到巴国内外的肯定。

一、人民党政府的反恐政策与活动

　　2008年3月,人民党上台执政面临国内安全形势的恶化。国内恐怖势力:巴基斯坦塔利班运动活动猖獗,为此,人民党领导人扎尔达里在就职演说中阐述了人民党政府"三位一体"的反恐策略,即对话、发展和威慑,三管齐下的策略。前两项策略是出于政治上的考虑,与愿意放弃武力的势力对话,努力促进当地经济的发展和提高当地人民生活水平,使国内各部族和睦相处,最终摆脱恐怖分子的侵袭。

　　2008年6月,人民党政府重新派遣军队在西北边境省的斯瓦特河谷地区、巴阿边境的巴焦尔地区开展多次军事行动,击毙和打伤数百名恐怖分子。② 同年7

---

　　①　Indrani Bagchi, "Keep off PoK, India Warns China", *Times of India*, September 15, 2011.

　　②　http://www.france24.com/en/20080629-pakistan-broadens-anti-militant-offensive.

月 21 日,巴政府军与俾路支分离主义分子发生战斗,击毙 32 名恐怖分子,抓获 12 名恐怖分子。① 同年 8 月 6 日,巴军队又在部落区巴焦尔地区开展"狮心"的军事行动,击毙 100 名恐怖分子,抓获 30 多名恐怖分子。②

2009 年 2 月,人民党政府与巴西北边境省斯瓦特地区的塔利班——"执行先知穆罕默德法典运动"达成协议,同意在斯瓦特地区实行伊斯兰教法,以换取塔利班放弃武器。但是塔利班武装分子撕毁协议,巴政府军 2009 年 4 月 28 日对布内尔(Buner)地区的武装分子发动军事打击。到 6 月低,巴政府军重新控制布内尔 90% 的地区。到 7 月低,巴政府军控制斯瓦特地区大多数镇。在巴政府军的强势攻击下,塔利班的派别开始分化。③

2009 年 10 月 17 日,巴政府军在南瓦济里斯坦地区发动"拯救之路"的军事打击。巴政府军 28000 余人从三个方向向南瓦济里斯坦进攻,首先攻占巴基斯坦塔利班头目哈基穆拉·马哈苏德的出生地科特凯镇(Kotkai)。11 月 2 日,巴政府军攻占加尼古勒姆镇。巴政府军于 11 月 17 日攻占马哈苏德的重点据点萨拉托加堡,马肯镇和拉达赫镇。

到 2009 年 11 月 21 日,在"拯救之路"的军事行动中,共有 570 名外国武装分子被击毙。④ 2009 年 12 月 12 日,巴军方宣布在南瓦济里斯坦的军事行动取得胜利。

2010 年 3 月 23 日,巴政府军对恐怖分子占据的巴焦尔地区的奥拉克扎伊镇和古拉姆地区发动新一轮的军事打击,到 2010 年 6 月 3 日,巴军方宣布清除了以上地区的恐怖分子,击毙 150 名恐怖分子。⑤

人民党政府发动、军方配合的反恐战争,重创巴境内的塔利班势力,改善了西北边境地区和部落地区的安全局面。但是反恐战争也进一步激化塔利班的反政府、反社会的情绪,同时也造成本地区的难民潮。巴基斯坦的反恐形势仍然艰巨。

二、人民党政府通过宪法修正案

人民党执政的一个突出政绩是实行了巴基斯坦的宪政改革,废除了宪法第十七修正案,通过了第十八修正案,恢复了 1973 年宪法确定的责任内阁制。

---

① http://news.yahoo.com/s/nm/20080721/wl_nm/pakistan_baluchistan_dc_1.

② Laura King and Zulfiqar Ali, "Pakistan fighting ends as troops withdraw", *Los Angeles Times*, October 10, 2008.

③ Matthew I. Nelson, "Pakistan in 2009: Tacking the Taliban", *Asian Survey*, Vol. 50, No. 1 (2010), pp.112–126.

④ "Six Pakistani troops, 14 Taliban killed in clashes - Summary", *Earth Times News*, November 21, 2009.

⑤ "Anti-Taliban operations successful: Pakistan", *The Hindu,* June 3, 2010.

2009 年 6 月，人民党政府准备修宪。巴议会成立了一个由 27 名由各政党代表组成的宪法改革委员会，负责起草宪法第十八修正案。2010 年 4 月 6 日，人民党政府召开特别会议，通过了宪法第十八修正案。同年，4 月 8 日和 15 日，巴基斯坦国民议会和参议院分别通过第十八修正案。4 月 19 日，巴基斯坦总统扎尔达里签署宪法第十八修正案。

宪法第十八修正案的主要内容如下：

首先，总统权力向总理和议会集中，废除穆沙拉夫通过的第十七修正案。总统的权力被削弱，总理的权力被加强，正如 1973 年宪法的规定，总统成为象征性的国家元首；总统只有根据总理或内阁的建议才能解散议会；随后，总统必须咨询总理和反对党领导人，在 90 天内确定选举的时间和任命看守总理和内阁；总统只有当对总理的不信任投票在议会通过时才能撤换总理；总统只有根据总理的建议，任命参谋长联席会议主席和陆军、海军和空军的参谋长、公共事务委员会主席；总统根据总理的建议任命各省省督①；总统无权任命最高法院大法官、选举委员会主席；总统无权随时召开紧急会议和举行全民公投；总统不能因为某个省动乱而宣布整个国家进入紧急状态；总统批准议会提案的时间受到限制。

总理不再有义务就内阁决定、管理信息向总统汇报；总理只须就内外政策和立法建议向总统通报。总统的考虑时间只有 15 天，并且总统在 10 天内将按照总理的建议行事。这些限制减少总统的自由裁量权，总理与内阁的建议更有分量。

议会和总理的权力得到加强，议会发挥更大的作用，总理掌握实权。通过建立朝野政党议会协商机制，建立议会特别委员会等方式，强化议会对重大事务的介入和控制，巩固议会权威。总理成为国家行政的核心。

修正案还规定未经议会信任投票不得解散政府，并解除总理和首席部长不能担任三届的禁令，总理的政治地位得到保障，同时也为已担任过两届总理的谢里夫和贝·布托上台扫清障碍。

其次，扩大地方政府的自治权。修正案废除了联邦政府与省政府的"共同立法表"，将其中大部分立法权限，包括婚姻、合约、枪支持有、劳资关系、教育、环境污染、破产以及其他 40 个不同领域的立法权下放到各省，并由省议会负责起草本省涉及这些领域的法律。②

---

① Mahboob Hussain, "Eighteen Amendment in the Constitution of Pakistan: Success and Controversies", *Asian Social Science*, Vol. 8, No. 1（January 2012）, pp.81–88.

② Iram Khalid, "Role of Judiciary in the Evolvement of Democracy in Pakistan", *Journal of Political Studies,* Vol.19, No.2（Winter 2012）, pp.125–142.

　　修正案规定通过国家财政委员会决议来确定国家财政在联邦政府与省政府之间的分配,但是,不能减少以前此协议规定的各省份额。联邦政府授权各省向国内外发行债券,并在国家经济委员会的监督下提供担保以增加其财政权能。各省内发现的矿产、油气等资源与联邦政府平等分享。联邦政府在修建大型水电项目时,须与所在省协商。联邦政府与省的纷争将首先提交"共同利益委员会"处理,而不是直接由最高法院裁决。联邦政府还将成立"行动委员会",以监督向地方转移权力的顺利进行。①

　　再次,增加了公民的基本权利。修正案将公民的受教育权、公平审判权和信息权写入宪法,有关结社权的条款得到修改。对公民的逮捕和拘留,必须保障公平审判和正当程序。每个公民都有权获得公共重要事项的信息。国家有责任为所有 5 至 16 岁的小孩提供教育。修正案还删除了对结社权的各种限制。②

　　第四,改革司法机构的组成与任命。总统和总理都不能直接干预司法人员的任命,而是由两级制来管理:先由司法委员会提出候选人,再经政府与反对党对等组成的特别议会委员会来确认。司法委员会由七位委员,大法官出任委员会的主席。大法官控制其中四位委员,其他三位为联邦法律部长、总检察长和巴基斯坦律师协会的一名资深律师。

　　修正案的附加款还给予大法官在委员会审议中的决定票。议会委员会如果反对司法委员会的提名,需要 3/4 的多数才能实现;在 14 天内,议会委员会没有拒绝提名,视为确认,不管其是否投票。

　　第五,从法律上防范军人政变。为消除军人执政留下的阴影,修正案规定政府只承认正式任命的总统,将军人总统齐亚·哈克从历届总统名单中删除,认定穆沙拉夫推翻时任总理谢里夫的行动违宪。修正案还规定任何中止或搁置宪法或已经尝试这样做都将被视为叛国罪,即使最高法院也不能使这样的行为合法化。

　　第六,减少内阁规模。修正案规定内阁部长人数,包括国务部长人数将限制为议会议员总数的 11%。省政府部长人数不能超过省议会议员总数的 15% 或 11%。这一规定将在大选后生效。③

　　第七,加强选举委员会的地位。修正案规定建立独立的选举委员会。选举委

---

　　① 李青燕:《巴基斯坦宪政改革及其影响》,《国际问题研究》2010 年第 5 期。

　　② Mahboob Hussain, "Eighteen Amendment in the Constitution of Pakistan: Success and Controversies", *Asian Social Science*, Vol. 8, No. 1(January 2012), pp.81–88.

　　③ Iram Khalid, "Politics of Federalism in Pakistan:Problems and Prospects", *South Asian Studies*, Vol. 28, No. 1(January–June 2013), pp.199–212.

员会的任期从三年提高到五年;选举委员会为一个常设机构,省选举委员会委员不能是在任法官;有小孩或配偶正在参加选举的人不能任命为看守内阁成员。①

第八,修正案将巴西北边境省的名字改为开伯尔 – 普赫图赫瓦省,承认了普什图族的民族身份;同时更改了俾路支省的拼写为 "Balochistan",信德省的拼写更改为 "Sindh",以安抚两省的地方政治力量。②

第十八修正案的通过得到国内外的一致好评。第十八修正案不但清理了军事独裁者为了使自己违宪行为的合法化而对宪法的众多扭曲,而且还处理了一系列数十年一直影响巴基斯坦健康发展的政治问题。③ 第十八修正案成为巴基斯坦政治和宪法历史上最重要的里程碑。在宪法修正案上,巴媒体对人民党领导人扎尔达里总统给予积极评价,称宪法修正案是总统扎尔达里的又一个巨大成就。扎尔达里将作为巴基斯坦历史上第一位削减自己权力的总统而载入史册。④

不过,宪法第十八修正案仍存在一些不足:

首先,修正案删除了穆沙拉夫要求的 "每个政党都应当,遵守法律,举行党内选举,选举它的工作人员和党的领导人"。删除这一条款,实际上纵容了巴基斯坦主要政党长期不举行党内选举的做法,从而形成家族式政党。

其次,修正案限制政党议员的 "跳党" 行为,即议员投票反对所属政党政治立场的行为。如果一个政党领导人发现其党员有这样的行为,议会发言人将此人除名。这种规定限制议员的权力,加强了党内的集权。⑤

2010 年 12 月 22 日与 30 日,巴基斯坦国民议会和参议院分别通过宪法第十九修正案,对宪法中任命法官的两级制进行修改,设计了新的任命最高法院法官的体制,以减少司法部门与行政、立法机构的矛盾与冲突。

按照宪法第十九修正案,由最高法院大法官领导的司法委员会成员增加 4 名成员。最高法院大法官经与司法委员会商议向国民议会提名最高法院法官候选人,由国民议会的委员会讨论、考察提名候选人的品行,并对该候选人作出批准或拒绝的决议。由国民议会的委员会拒绝的提名候选人,司法委员会不能再提名。

---

① Asma Jahangir, "Strength and Pitfalls of Constitutional Reforms in Pakistan", *The Dawn*, April 16, 2010.

② Mahboob Hussain, "Eighteen Amendment in the Constitution of Pakistan: Success and Controversies", *Asian Social Science*, Vol. 8, No. 1 (January 2012), pp.81–88.

③ Haris Gazdar, "Democracy in Pakistan ;The Chasm", *Economic &Political Weekly*, Vol. XIV, No. 22 (May 29, 2010), pp.10–12.

④ 陈继东、晏世经等:《巴基斯坦报告 (2010)》,巴蜀书社 2012 年版,第 21 页。

⑤ C.Christine Fair, "Pakistan in 2010: Flooding, Governmental Inefficiency, and Continued Insurgency", *Asian Survey*, Vol. 51, No. 1 (2011), pp.97–110.

国民议会委员会作出拒绝的决议,必须说明理由。如果国民议会处于解散,则由参议院的委员会来履行此项职能。议会委员会将通过的候选人名单提交给内阁总理,再由他转交总统,由总统正式任命。该宪法修正案还规定只有巴基斯坦律师协会的现任成员,有15年的工作经历的人才有资格被司法委员会提名。①

宪法第十九修正案关于最高法院法官新的任命体系,有利于维护巴基斯坦政府机构立法、司法与行政机关权力制衡,避免国家机关在任命法官的事务上产生对抗,避免把法官任命政治化。宪法第十九修正案的通过再次表明议会民主的胜利。

2012年2月14日与20日,巴基斯坦国民议会和参议院分别通过宪法第二十修正案,重新规定了建立中立看守政府、独立选举委员会以及举行自由、公正大选的程序。为此,人民党政府可以确保在未来举行的大选是自由、公正与透明的大选。

宪法第二十修正案主要削弱了巴基斯坦总统在任命看守总理,举行大选的权力。巴基斯坦总统只留下履行负责看守总理及其内阁成员宣誓就职的监督职能。在以前通过的宪法第十八修正案中,总统通过与离任的总理与反对党领导人商议后,任命看守总理,负责举行大选。总统实际上在筹建看守政府的过程中发挥主导作用。在各省中,总统的代表省督也遵循同样程序,通过与各省离任的首席部长与该省反对党领导人商议后,任命看守首席部长,负责举行省选举。这次宪法第二十修正案对此进行了根本变革。现在,巴基斯坦选举委员会与选举委员会主席在看守总理与其内阁成员的任命中有最终决定权。

按照宪法第二十修正案的规定,议会授予巴基斯坦选举委员会广泛的权力。在新的筹建看守政府的机制中,总理与国民议会的反对党领导人将就筹建看守政府一事进行磋商。最后确定看守政府名单的过程必须在国民议会解散前三天完成。如果总理与反对党领导人未能达成一致意见,由来自政府与反对党各四名成员组成的委员会提出其建议。如果该工作委员会未能取得一致意见,则议会授权巴基斯坦选举委员会确定名单提交给总统。② 整个工作将在一周内完成。在各省中的看守政府与首席部长的任命也遵守以上程序。

第二十修正案还规定,巴基斯坦选举委员会的任期由原来的二年延长为五年;巴基斯坦大法官负责选举委员会主席就职的监督,选举委员会主席则负责新任选举委员会成员就职的监督; 现任总理与省首席部长将继续工作到其替代者

---

① "President Asif Ali Zardari Signed the 19th Constitution Amendment Bill", *The Express Tribune*, January 02,2011.

② "20th Amendment", *The Nation*, February 17, 2012.

被任命时为止;各政党当现有妇女和少数民族预留的议席到期时,将向议会提交为妇女和少数民族预留席位的名单。该修正案还对近两年通过补选当选的议员的资格进行了确认,因为在此之前,巴最高法院暂停了他们的议员资格。[①]

宪法第二十修正案的通过无疑进一步加强了巴基斯坦的民主,表明人民党政府继续执行其和解政策传统。巴基斯坦成为英联邦威斯敏斯特模式[②]的一员。

第八节　扎尔达里时代人民党执政实践评价

巴基斯坦人民党在扎尔达里的领导下首次完成五年任期,修改了宪法,推动俾路支省、联邦直辖部落区和巴北部地区的政治改革与经济发展,提高巴妇女的地位,启动贝娜齐亚收入支持项目,使巴基斯坦的社会保障进入一个新的阶段;在经济上,人民党政府促进农业和出口贸易的增长,不过,由于经济政策的失误:货币政策与财政政策不协调,巴基斯坦的经济出现通货膨胀率居高不下与经济持续低迷并存在的滞胀局面。

一、人民党政治上的执政成就及存在的问题

人民党在扎尔达里领导下首次完成五年任期。这是人民党引以自豪的成就。但是人民党执政存在的问题,又使其执政成就的光彩黯淡下来。

(一)人民党政治上的执政成就

人民党在扎尔达里的领导下,在 2008 年—2013 年执政期间,在政治上取得了一些不错的成就。这些成就随着时间的推移愈发显示出对于巩固巴基斯坦民主、巴基斯坦联邦的意义。

首先,人民党民选政府首次完成五年任期,通过了宪法第十八修正案。

在巴基斯坦历史上,民选政府与军人集团交替执政。自齐亚军人政权上台以来历届民选政府都不能完成五年任期。这届人民党政府能够完成五年任期,自然成为人民党执政的首个成就。

20 世纪 70 年代的人民党阿里·布托政府因为齐亚·哈克军人集团发动军事

---

① "Senate approves 20th Amendment Bill after Consensus", *The Dawn*, February 20, 2012.

② 威斯敏斯特模式（Westminster Model）指遵循英国国会体制的民主议会制,以其所在的威斯敏斯特宫为名。在这种模式下,政府对议会负责,高级行政官员组成内阁,行政与立法两权制衡,国家元首的地位为政府之象征,实权掌握在内阁总理之中。

政变而结束。人民党贝·布托两届政府分别被伊沙克汗和莱加里总统提前解散。穆斯林联盟（谢里夫派）的首届政府被总统伊沙克汗提前解散，第二届政府因为穆沙拉夫军人集团发动军事政变而提前结束。

2008 年 3 月，人民党执政后，实行民族和解政策，首次在巴基斯坦推行共识政治，避免采取报复政治，开创了一个健康的政治传统。尽管人民党政府面临穆斯林联盟（谢里夫派）、最高法院的挑战，人民党领导人扎尔达里以其政治技巧维系了人民党领导的脆弱联合政府，渡过一个个执政危机。

人民党政府在国民议会中不拥有简单多数，在国民议会 342 名议员中只拥有 127 个议员，但是仍然通过了三个宪法修正案和 48 个立法，书写了巴基斯坦历史。[①] 其中，宪法第十八修正案恢复了 1973 年"布托宪法"确立的责任内阁制，改变了巴基斯坦的权力结构，巩固了巴基斯坦的民主制度。

宪法第十八修正案清理了军事独裁者为使自己违宪行为合法化而对宪法的扭曲。1985 年，齐亚·哈克政权通过了宪法第八修正案，授予总统解散国民议会和联邦内阁的权力。2003 年，穆沙拉夫军人政权通过宪法第 17 修正案，授予总统解散议会与内阁的权力。宪法第十八修正案废除总统解散议会与内阁及解除总理职务的权力。该修正案剥夺了最高法院赋予军人政变合法化的权力，规定任何中止、搁置或尝试搁置宪法的行为都将被视为叛国罪，废除军人干政的恶习。

该修正案还重新调整了联邦政府与省之间的权力分配，废除了联邦政府与省政府的"共同立法表"，将其中大部分立法权限，包括婚姻、合约、劳资关系、环境污染、破产等领域的立法权下放到各省，由省议会负责起草本省涉及这些领域的法律。[②]

按照该修正案的要求，人民党政府重新确定国家财政在联邦政府与省政府之间的分配。2009 年 12 月 31 日，巴基斯坦四省首席部长在俾路支省瓜达尔市签署了第七届全国财政委员会分配决议。联邦政府多贡献出其财政收入的 10% 给四个省。各省在全国财政收入分配中的比重从本财年的 47.5% 提高至下财年（2010—2011）的 56%，并最终到 2015 年提高至 57.5%。[③] 这一决议对于巩固巴基斯坦联邦，推动了地方经济的发展有深远的意义。

---

① "Why the PPP government is good for Pakistan", *The Express Tribune*, February 24, 2012.

② Iram Khalid, "Role of Judiciary in the Evolvement of Democracy in Pakistan", *Journal of Political Studies,* Vol.19, No.2（Winter 2012）, pp.125–142.

③ Usman Mustafa, "Fiscal Federalism in Pakistan: The 7th National Financial Commission Award and Its Implications", *PIDE Working Papers 2011: 73*, Pakistan Institute of Development Economics, Islamabad,2011, p.7.

其次,人民党政府推动边远省份与地区的政治改革与经济发展,增强巴基斯坦联邦的凝聚力。

针对长期存在的"俾路支问题",2009年11月,人民党政府提出了"俾路支抚慰计划",对俾路支民族主义者关心的主要问题提出了一揽子政策。人民党政府为表示诚意积极组织与俾路支民族主义者的对话,赦免并鼓励流亡国外的俾路支激进民族主义者回国,释放了在押的俾路支民族主义活跃分子。172件针对没有犯严重罪行的政治犯的案件已经撤消,在681名政治犯中,已有665人已经被释放。①

人民党政府也同意支付俾路支省的天然气开发附加费欠款1200亿卢比,分10期支付,每年支付俾路支省政府100亿卢比。② 天然气也已经供应到俾路支省天然气主产区,如苏伊、皮尔科赫和洛蒂区。俾路支省的13个区已经通上了天然气。③ 人民党政府纠正以前政府不公正对待俾路支民族的一些做法,有效地阻止俾路支民族的离心倾向。

为解决巴北部地区的政治地位,2009年9月7日,扎尔达里总统签署"2009年吉尔吉特–巴尔蒂斯坦授权与自治令",把该地区的名称从"联邦直辖北部地区"改为"吉尔吉特–巴尔蒂斯坦",为该地区建立了省督、首席部长、内阁、公共服务委员会、选举委员会、总检察长职位以及司法体系。同时,人民党政府对巴北部地区也辅之以经济发展援助。吉拉尼总理宣布为该地区启动563个项目,拨款523亿卢比。④ 人民党政府实行吉尔吉特–巴尔蒂斯坦的政治改革与经济发展相结合,改善当地人民的福利,打压当地分离主义趋向。

2011年8月12日,人民党政府启动对联邦直辖部落区的政治与司法改革,将修改后的《边境犯罪条例》和《政党条例》的适用范围扩展到联邦直辖部落区。

原来的《边境犯罪条例》对部落区的人民实行集体惩罚制,类似中国古代的连坐制。一人犯法,他们的父亲、兄弟、叔叔以及与他有血缘关系的亲戚,乃至整个部落的人都将被认为有罪。政府甚至有权将认为有罪的人及其亲戚的房屋夷

---

① "Implementation of Aghaz-e-Haqooq-e-Balochistan", *Asianet Pakistan*, November 02, 2011.

② Zahid Gishkori, "Aghaz-e-Haqooq Package: Reassurances aside, much left to be done in Balochistan", *The Express Tribune*, October 11, 2011.

③ "Cabinet Reviews Progress on Aghaz-e-Haqooq-e-Balochistan Package", *Associate Press of Pakistan*, July 13, 2011.

④ Parvez Jabri, "Govt Committed to Socio-economic Development of GD: Gilani", *The Business Recorder*, October 07, 2011.

为平地作为惩罚。[①]

　　修改后的《边境犯罪条例》规定妇女、16 岁以下的儿童和 65 岁的老年人不能以集体惩罚名义进行逮捕或拘留，不能以集体惩罚的名义逮捕整个部落的人。政府也不能下达拆毁房屋的命令。[②] 此外，《边境犯罪条例》新增了保护民众被误判的条款，即如果证实某人被错误判决，他将获得赔偿。

　　《政党条例》延伸到联邦直辖部落区，允许当地政党独立发挥作用，提出自己竞选纲领，向所在选区的选民进行政治动员，以反击极端分子向当地人民宣传有害的极端主义思想，使部落区人民进入国家主流政治生活。[③]

　　再次，人民党政府发起贝娜齐亚收入支持项目，推进社会保障制度建设。

　　作为社会党性质的政党，人民党尤为关注本国社会保障制度建设。人民党在组阁后不久，就向巴国民议会提出建立贝娜齐亚[④] 收入支持项目的方案，并宣布向该项目拨款 340 亿卢比。[⑤] 该项目的核心是为月家庭收入低于 6000 卢比（相当于 67 美元）的贫困家庭的主妇[⑥] 每月提供 1000 卢比的资助。该项目覆盖巴基斯坦的四个省份，并包括联邦直辖部落区、巴控克什米尔地区。

　　人民党政府还在世界银行的帮助下，设计代理收入变量调查法代替过去通过议员确定受益人资格的方式，减少人为干预。贝娜齐亚收入支持项目也是一个包括健康保险、小额信贷和职业培训等庞大的组织，为巴基斯坦妇女摆脱贫困提供多种服务。

　　2009—2010 财年，人民党政府为该项目支付 118 亿卢比，资助的受益家庭为 280 万个家庭。[⑦] 2010—2011 财年，该项目支付 343.3 亿卢比，受益家庭为 308.1

---

① "Major changes made in FCR: Fata people get political rights", *The Dawn*, August 12, 2011.

② Rahmanullah, "Political Reforms and Its Impact on FATA", *Tigah:A Journal of Peace and Development*, Vol. 3, No. 3（July 2013）, pp.49–73.

③ Asmatullah Khan Wazir and Muhammad Zaheer Khan, "Mainstreaming FATA through Legal and Political Reforms", *Tigah:A Journal of Peace and Development,* Vol. 4, No.4（January 2014）, pp.25–48.

④ 贝娜齐亚为人民党前任领导人、扎尔达里之妻贝·布托的名字，全名为贝娜齐亚·布托。

⑤ Haris Gazdar, "Social Protection in Pakistan: In the Midst of a Paradigm Shift?", *Economic and Political Weekly*, Vol. 46, No. 28（July, 2011）, pp.59–66.

⑥ 该项目界定所谓"主妇"是有一个年满 18 周岁，并已经结婚妇女。该妇女可是以下情况：1）与自己的丈夫和她未结婚的子女生活在一起；2）一个离婚妇女与她未结婚的子女生活在一起；3）一个离婚妇女单独生活或与她的父母 / 亲戚生活在一起；4）寡妇单独生活或与她未结婚的子女或与她的父母 / 亲戚生活在一起。

⑦ Anila Channa, "Social Protection in Pakistan: A Profile of Existing Programmers and an Assessment of Data Available for Analysis", Asia Research Centre, London School of Economics, March 30, 2012, p.9.

万个。2011—2012 财年,该项目支付 404.1 亿卢比,受益家庭为 396.1 万个[①]　在五年执政期间,人民党政府总共为贝娜齐亚收入支持项目支付了 800 多亿卢比,同时,为贫困家庭的妇女提供了小额信贷,为她们及她们的子女提供职业培训,为贫困家庭提供健康保险等。[②]

人民党还对原有的社会保障项目:雇员社会保障制度、职工福利基金、雇员老年福利制度、天课基金、基金委员会等社会保障项目进行了调整,并相应提高了资助额度,扩大了资助范围。人民党政府通过基金委员会,为 13.5 万名寡妇、孤儿和其他需要帮助的人提供资助,为孤儿建立了巴基斯坦温暖之家等。人民党的社会保障建设对于减少巴基斯坦贫困人口,改善贫困家庭的生活状况发挥了重要作用。

第四,人民党政府继承贝·布托关注妇女权益的传统,保护妇女的权利。

巴基斯坦的妇女长期遭受不公平的待遇。人民党自贝·布托担任党的领导人以来突出强调保护妇女权益。这届人民党政府继承这一传统。巴议会相继通过的立法中,有 24 个立法与妇女权益有关。

2012 年 3 月 8 日,议会通过的"国家妇女地位委员会法案",加强对侵犯妇女权利的监管;"妇女处于困境和拘留基金法案",为需要帮助的妇女提供资金和法律援助。[③]

2009 年,"保护妇女在工作场所免受骚扰法"在议会通过,旨在为巴基斯坦妇女创造一个安全工作环境。性骚扰是巴基斯坦就业妇女面临的最大障碍之一。该法案要求所有公共和私人组织,制定内部细则和投诉 / 申诉机制,为所有工作的妇女提供安全工作环境。

2011 年 5 月 10 日,巴议会通过"硫酸控制和硫酸犯罪防止条例",首次严惩对妇女泼硫酸致人伤残的行为。该法案规定,任何人实施以硫酸伤害他人,将被处以终身监禁或至少 14 年的监禁,另处罚金 100 万卢比,约合 11160 美元[④];受硫酸攻击的受害者有权享受"残疾人条例"的各项照顾措施。每一个医务工作者,不管其在什么性质的医疗单位工作都有法定义务为这些受害者提供及时检查,要

---

①　"BISP' Funding may be Slashed by 30%", *The Express Tribune*, June 4, 2013.

②　S. Rahman, "Achievement2011s of the PPP Government", *The News*, January 10, 2013.

③　"History of Women Empowerment in Pakistan", http://www.pcst.org.pk/wst/wst_hwep.php.

④　"National Assembly Unanimously Approves Bill to Control Acid Crime", *The Express Tribune*, May 10, 2011.

不计成本地治疗她们的伤口,并向就近的警察局报告。①

扎尔达里总统希望在人民党执政期间,巴基斯坦妇女将完全拥有巴基斯坦男人所有的权利。经过人民党政府的努力,巴基斯坦的妇女相比过去,其政治与经济地位都有很大的提高。

第五,人民党政府努力维护工人阶级的利益与福利。

巴工人阶级是人民党的重要支持者。人民党前任领导人阿里·布托和贝·布托都相信人民党的力量来源于巴工人阶级。他们在执政时都努力维护工人阶级的利益。扎尔达里领导下的人民党继承这一传统,努力维护工人阶级的权利。人民党政府把巴非熟练工人的最低工资,从每月 6000 卢比提高到 7000 卢比。人民党政府还将工人的养老金提高到每月 3000 卢比。②

为保障工人权利,人民党政府取消了反劳工的"2002 年劳资关系法",解除了对工会的限制,将熟练工人最低工资提高到每月 8000 卢比,工人工资增加了158%。③ 现在,雇员与雇主在巴基斯坦企业中是伙伴关系。

2009 年 8 月 15 日,人民党政府正式出台"贝娜齐亚雇员股票期权计划",决定将国有企业 1000 亿股票市值免费分配给他们的雇员(包括工人、职员和管理层)。这些雇员将获得国有企业企业 12% 的股票。④ "贝娜齐亚雇员股票期权计划"将惠及 86 家国有企业的 50 万雇员。

例如,巴基斯坦石油公司每个长期工作的雇员免费得到该公司股票的 2307 股。按 2010 年 3 月 22 日卡拉奇股票交易所巴基斯坦石油公司每股的价格191.10 卢比计算,雇员所得的 2307 股折合现金为 440867 卢比。一些工作年限在 20 年至 25 年之间的雇员每人得到 800 万至 1200 万股票收入。因此,巴媒体评论,该计划将使巴基斯坦石油公司数百名低层干部工人一夜之间成为百万富翁。⑤

对于人民党在政治上所取得的成就,人民党政府总理阿什拉夫在告别演讲中说道:"媒体是自由的,司法是独立的,民主已经生根,选举如期举行。这在历史上

---

① Asma Ghani, "Govt to Introduce Acid Control and Burn Crime Prevention Bill", *The Nation*, September 11, 2010.

② "Benazir Employees Stock Option Scheme: Empowering Worker's Agenda", http://www.pakrealestatetimes.com/showthread.php?tid=13350.

③ S. Rahman, "Achievement of the PPP Government", *The News*, January 10, 2013.

④ "Stock Option for Workers", *The Dawn*, August 31, 2009.

⑤ Farhad Jarral, "Benazir Employees Stock Option Scheme", *The News*, March 24, 2010.

是首次。"①

（二）存在的问题

尽管人民党取得了以上成就，但是执政期间出现腐败、安全与教派暴力冲突等问题。安全问题直接影响了民众的日常生活，从而使民众更多看到人民党执政存在的问题。

首先，腐败问题尤为突出。在巴基斯坦历史上，历届政府都存在腐败现象，但是这届人民党政府存在的腐败问题更突出。按照透明国际巴基斯坦 2012 报告，在人民党吉拉尼当政四年时间里，巴基斯坦因为腐败、逃税和糟糕的治理，共损失 8.5 万亿卢比，相当于 940 亿美元。②

巴财政部长肖卡特·塔林③ 估计，在吉拉尼执政四年期间，损失达到 2.25 万亿卢比。据巴媒体报道，吉拉尼政府为了应对巴最高法院对人民党领导人扎尔达里总统的腐败案所花费的资金就高达七千万卢比。④

在各种腐败中，政府官员与议员的逃税尤为突出。按照 2013 年 12 月巴基斯坦调查报告中心公布的数据，巴基斯坦 50% 的议员根本没有交过税。他们当中 1/10 的人没有在税务机关中登记。巴上层的逃税行为鼓励社会中的中下层也逃税。巴基斯坦调查报告中心的报告感叹道："如果政治家自己都不交税，他们也就失去了向别人征税的道德权威。"⑤

在人民党执政期间，发生了不少轰动一时的腐败大案。2012 年 2 月，巴基斯坦国际航空公司向美国波音公司达成以 15 亿美元，购买 5 架波音 777 飞机的协议。但是透明国际认为在这一交易中，至少有人拿了 5 亿美元的回扣，因为协议规定每架波音 777 飞机为 3 亿美元，实际上高出市场价 50%。⑥

2012 年，巴基斯坦钢铁公司也曝出腐败丑闻。该公司出现巨大的损失：商业损失达到 46.8 亿卢比；腐败损失 99.9 亿卢比；管理不善与疏忽大意损失 118.4 亿卢比，总共损失 265.1 亿卢比。⑦ 为此，巴联邦调查局开始调查，但是由于调查进

---

① Victor Mallet and Farhan Bokhari, "Pakistan: A Fragile Transition", *Financial Times*, December 19, 2012.

② "Rs.8,500 bn Corruption Mars Gilani Tenure:Transparency", http://www.geo.tv/article-34007-Rs-8500-bn-corruption-mars-Gilani-tenure-Transparency.

③ 肖卡特·塔林出生于 1953 年，在 2009—2010 年期间，曾担任吉拉尼政府的财政部长。

④ Sabir Shah, "An Overview of PPP's 53-month Performance", *The News*, August 27, 2012.

⑤ Ibid.

⑥ "$500 Million Corruption in PIA, says PTI", *Pakistan Today*, February 26, 2012.

⑦ Azam Khan, "Rs. 26 Billion Corruption: NAB Given 3 Months to Probe Steel Mills Case", *The Express Tribune*, May 17, 2012.

程缓慢,巴最高法院将该案的调查权移交给巴基斯坦问责局,并责令该局三个月结案,同时起诉人民党政府内政部长拉赫曼·马利克藐视法庭罪,原因是他干预此案调查。

这届人民党政府曝光的腐败案还有很多。巴基斯坦媒体称这届政府是巴历史上最腐败的政府。

其次,安全局势堪忧。巴基斯坦糟糕的安全局势成为巴各界诟病人民党的理由。巴境内的恐怖分子、叛乱分子和教派极端武装分子成为巴国内暴力事件的主要制造者,其中,巴基斯坦塔利班成为发动恐怖袭击的主要祸害。人民党政府对这几股恐怖势力想不出更好的扼制对策,致使执政的期间各种暴力袭击造成大量人员伤亡,扰乱了社会正常秩序。

从2008年2月到2013年3月完成任期,巴基斯坦因为各种恐怖主义袭击、自杀袭击、教派暴力冲突、种族政治冲突、政党仇杀等造成的伤亡人数为93011人,其中死亡人数45433人,受伤人数47578人,参见下表11-5。

表11-5　2008—2013年巴基斯坦发生暴力袭击次数、伤亡人数

年　份	袭击次数	死亡人数	受伤人数
2008	2577	7997	9670
2009	3816	12632	12815
2010	3396	10003	10283
2011	2985	7107	6736
2012	2217	5047	5688
2013*	1108	2647	2386
总和	16099	45433	47578

* 为2013年1—4月的数据。

Source:Nadia Mushtaq Abbasi, "Impact of terrorism on Pakistan", *Strategic Studies*, Vol. 32, No.2（June 2013）, pp.33–68; Sumera Khan, "Political Violence Claims 2670 Lives:Report", *The Express Tribune*, May 7, 2013.

从表11-5可以看出,2009年与2010年,人民党同巴军队合作,发动反恐战争,致使国内恐怖暴力袭击事件反弹。2009年因恐怖暴力事件死亡人数达到创纪录的12632人,以后逐年略有下降。在这些伤亡人数中,存在大量的平民和安全部队人员伤亡。在人民党执政期间,共有9897名平民和2230名安全部队人员被杀害。[①]

---

　①　Masood Rehman Khattak, "Security Situation 2008–2013: An Overview", March 22, 2013, http://www.weeklypulse.org/details.aspx?contentID=3409&storylist=2.

在俾路支省、开伯尔－普赫图赫瓦省和联邦直辖部落区的民众人人自危。在这些地区几乎每天都发生枪击、爆炸、绑架、偷盗、抢掠事件。巴基斯坦最大商业城市：卡拉奇市成为世界上最危险的城市之一：不但存在暴力恐怖袭击、教派暴力冲突，还存在党派积极分子争夺地盘的政治谋杀。参见下表 11-6。

表 11-6　2008—2013 年期间卡拉奇市各类暴行被杀害人数

年　份	教派暴力杀害人数	绑架并杀害人数	定点杀害（非党派人士）人数	政党活动分子被杀害人数
2008	18	173	123	144
2009	10	121	82	209
2010				
2011	23	346	418	329
2012	104	391	843	356
2013*	73	203	545	174

*2013 年的统计时间为 2013 年 1—6 月。

Source：Nadia Mushtaq Abbasi，"Impact of terrorism on Pakistan"，*Strategic Studies*，Vol. 32，No.2（June 2013），pp.33-68.

在 2012 年，仅卡拉奇市，1694 人因各类暴力事件被杀害，几乎每天都有 5 人被各种暴力事件杀害。巴基斯坦最繁华的商业城市已经成为最危险的城市。

在现代社会中，政府的一个基本职能是保护人民的生命财产安全。巴安全局势的恶化表明人民党在履行保护人民生命财产的基本职能方面是失职的，而这是选民评价政党执政是否成功的主要指标。因此，人民党失去了大多数选民的支持。

再次，教派暴力冲突严重。巴基斯坦的教派冲表现为伊斯兰极端分子向非穆斯林，尤其是艾哈迈迪派、印度教徒和基督教徒发动的袭击；穆斯林中的多数派逊尼派向什叶派发动袭击；为报复，什叶派的激进武装组织也向逊尼派发动袭击。在教派冲突中，律师、商人、医生和教师成为教派极端武装组织重点袭击的对象。

2008—2012 年，人民党执政期间发生的教派暴力事件，及伤亡人数情况，参见下表 11-7。

表 11-7　2008—2012 年教派暴力事件数、伤亡人数

年　份	教派暴力事件次数	被杀害的人数	受伤人数
2008	97	306	505
2009	106	190	398
2010	57	509	1170
2011	30	203	297
2012	173	507	577
总和	463	1715	2947

Source: Gulshan Majeed and Rehana Saeed Hashml, "Sectarian Conflict: A Dominant Threat to Pakistan's Internal Security", *Journal of Political Studies*, Vol.21, No. 1（Summer 2014）, pp.103–118.

在人民党执政的这五年期间,因教派暴力事件导致的人员伤亡人数高达 4662 人。人民党政府在应对教派冲突方面,政策不当,措施不力。巴基斯坦人权组织控告人民党政府对一系列爆炸事件视而不见,没有采取足够的措施保护什叶派人。[1]

二、人民党政府管理国内经济的一些成绩与政策失误

人民党政府在经济上取得的成绩,相比其在政治上所取得的成就要逊色的多。人民党忙于应对最高法院与反对党的挑战,无暇顾及经济问题。经济政策失误使巴基斯坦经济走上滞胀的尴尬局面。

（一）人民党在管理国内经济上的一些成绩

尽管人民党政府管理国内经济的表现不如在政治上的表现,但是仍然取得一些成绩,使巴基斯坦的经济在某些方面有所改善。

首先,巴基斯坦出口和外汇储备有所改善。人民党执政之初正赶上全球经济衰退,巴基斯坦宏观经济指标开始恶化。消费价格指数在 2008 年 10 月达到 25%。[2] 巴外汇储备在 2008 年 9 月下降到 55 亿美元,仅够支付 2 个月的进口费用。[3] 为扭转巴出口下降的趋势,人民党政府在 2009 年 7 月制定了为期 3 年的战略性贸易政策框架,促进了巴基斯坦的出口。巴基斯坦的出口从 2008—2009 财年的 176.88 亿美元增加到 2012—2013 财年的 244.6 亿美元,增加了 38.3%。参见下表 11-8。

---

① "Deadly bombing hits Shia district in Karachi", March 04, 2013, http://www.aljazeera.com/news/asia/2013/03/20133315617954671.

② Pakistan and IMF, "Pakistan: Letter of Intent, Memorandum of Economic and Financial Policies, and Technical Memorandum of Understanding", International Monetary Fund, November 20, 2008, p.2–3.

③ "Pakistan's Economy:S weets and Stones", *The Economist*, September 13, 2008.

表 11-8　2008—2013 年巴基斯坦出口增长情况表（单位，百万美元）

年　份	2008—2009	2009—2010	2010—2011	2011—2012	2012—2013
出口额	17688	19290	24810	23641	24460
增长率（%）	−7.16	9.06	28.61	−4.71	3.64

Source: "Download Statistical Appendices Table 8.3 Export, Import and Trade Balance" in Pakistan Economic Survey 2013–14", Ministry of Finance, Government of Pakistan.

　　人民党政府促进出口的政策取得了一定成效。2010—2011 财年,取得比上一年增长 28.61% 的好成绩。由于巴基斯坦出口结构单一,主要是纺织品出口,容易受到国际市场的冲击。

　　与此同时,在人民党执政期间,来自巴国外工人的汇款增长迅速,改善了巴基斯坦外汇储备。巴财政部、中央银行与财政部海外机构共同发起"巴基斯坦汇款倡议"项目,为海外工人向国内汇款提供便利汇款渠道,改进支付体系。在人民党政府的努力下,随着中东各国经济的复苏,巴海外工人向国内汇款逐年增长。尽管在 2012—2013 财年比上一财年下降 12.2%。但是总体上是增加的。见下表 11-9。

表 11-9　2008—2013 年巴基斯坦海外工人汇款及增长表（单位：百万美元）

年　份	2007—2008	2008—2009	2009—2010	2010—2011	2011—2012	2012—2013
汇款量	6451.24	7811.43	8905.90	11200.97	13186.56	11569.82
增长率（%）	17.4	21.1	14.0	25.8	17.7	−12.2

Source: Dr. Imtiaz Ahmad, "Growth and Investment" in "Pakistan Economic Survey 2012–13", Ministry of Finance, Government of Pakistan, 2013, p.14.

　　伴随巴基斯坦海外工人汇款和出口的增长,巴基斯坦的外汇储备也有所改善,摆脱了人民党执政时出现的窘境。2007—2008 财年,巴基斯坦的外汇储备为 113.98 亿美元,而 2011—2012 财年的外汇储备达到 182.43 亿美元,增长了 60%。

表 11-10　2008—2013 年巴基斯坦外汇储备（单位：百万美元）

年　份	2007—2008	2008—2009	2009—2010	2010—2011	2011—2012	2012—2013
外汇储备	11398.7	12425.2	16750.4	18243.8	15288.6	11019.6
增长率（%）	−27.1	9.0	34.8	8.9	−16.2	−27.9

Source: The State Bank of Pakistan, http://www.sbp.org.pk/ecodata/FER/index.asp.

　　巴外汇储备在人民党执政的前三年出现了明显增长。在执政的后二年,巴基

斯坦需偿还国际货币基金组织 30 亿美元的贷款。2012 年 1 月,巴基斯坦支付 IMF14
亿美元的货款[①],加上出口下降导致外汇储备连续两年下降。尽管国外工人的汇款
有所增加,但是由于巴基斯坦经济总体低迷,巴基斯坦外汇储备形势仍不容乐观。

其次,农业发展成为人民党政府引以自豪的成绩。小麦是巴基斯坦民众的
主粮之一。当人民党上台时,巴基斯坦需要进口小麦,但是通过人民党政府的促
进政策,巴基斯坦农业实现健康转变。吉拉尼政府提高政府收购小麦的价格,从
2008 年 4 月的每 40 公斤 625 卢比,提高到 2008 年 10 月的每 40 公斤 950 卢比,
收购价格增加了 52%。[②] 阿什拉夫政府也再次将小麦收购价格从 2012 年的第 40
公斤 1050 卢比,增加到 2012 年 10 月的每 40 公斤 1200 卢比。小麦收购价格增
加了 14%。[③] 这一政策调动了广大中小农户种小麦的积极性。巴小麦播种面积
从 2007—2008 财年的 855 万公顷增加到 2008—2009 财年的 940.6 万公顷,小麦
播种面积增加了 5.8%,同时,小麦产量从 2007—2008 财年的每公顷 2451 公斤,
增加到 2008—2009 财年的每公顷 2657 公斤,每公顷产量增加 8.4%。[④]

人民党政府同时向广大农户提供肥料、拖拉机和其他农业设施的补贴,向农业部门
注资近 10 亿卢比。巴商业银行也加快对农业的信贷支持。2008—2009 财年巴商业银
行对农业信贷为 2330 亿卢比,2009—2010 财年进一步增加到 2481 亿卢比,2010—
2011 财年和 2011—2012 财年分别达到 2630 亿卢比和 2938 亿卢比,创历史新高。[⑤]

在人民党政策推动下,巴基斯坦由原来的小麦进口国,现在已经变成小麦出
口国,实现了历史飞跃。

表 11-11　2008—2013 巴基斯坦小麦产量与增长率（单位：1000 吨）

年　份	2007—2008	2008—2009	2009—2010	2010—2011	2011—2012	2012—2013
产　量	20959	24033	23311	25214	23473	24211
增长率（%）	−10.03	14.7	−3.0	8.2	−6.9	3.1

Source: Omer Farooq, "Agriculture", in "Pakistan Economic Survey 2013–14", Ministry of Finance,
Government of Pakistan, 2014, p.25.

①　"Economy has Picked up , Claims Gilani", *The Dawn*, January 20, 2012.

②　Rashid Amjad, Musleh ud Din and Abdul Qayyum, "Pakistan: Breaking out of Stagflation into
Sustained Growth", *The Lahore Journal of Economics*, Vol 16, Special Edition (September 2011), pp.13–30.

③　"Government of Pakistan Increases Wheat Procurement Price", December 12, 2012, http://www.
thecropsite.com/news/12630/government–of–pakistan–increases–wheat–procurement–price.

④　Omer Farooq, "Agriculture" in "Pakistan Economic Survey 2009–10", Ministry of Finance,
Government of Pakistan, 2010, p.20.

⑤　Imtiaz Ahmad, "Growth and Investment" in "Pakistan Economic Survey 2013–14", Ministry of
Finance, Government of Pakistan, 2014, p.28.

2010—2011 财年,巴基斯坦的小麦产量达到最高值,而 2009—2010 财年与 2011—2012 财年因为受到洪灾的影响,小麦产量略有下降。到 2013 年 3 月,人民党政府完成任期时,巴基斯坦的小麦产量比 2007—2008 财年的小麦产量仍高出 15.5%。巴基斯坦从小麦进口国变为小麦出口国,对于巴基斯坦的粮食安全具有重要战略意义。

再次,巴基斯坦的人均收入有所增长。由于出口、农业的发展及海外工人汇款增加,巴基斯坦人均收入从 2008—2009 财年的 1026 美元增加到 2012—2013 财年的 1340 美元,增长了 30.6% 。2008—2013 巴基斯坦人均收入增长参见图 11-1。

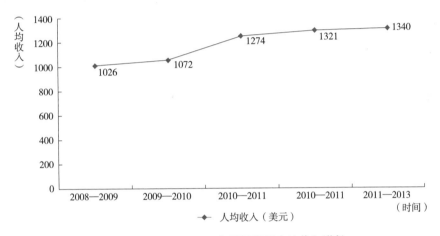

图 11-1　2008—2013 年巴基斯坦人均收入增长

Source:Imtiaz Ahmad,"Growth and Investment" in "Pakistan Economic Survey 2013–14", Ministry of Finance, Government of Pakistan, 2014, p.17.

(二)人民党政府管理国内经济的政策失误

人民党政府在经济上虽然取得了一些成绩,但是管理国内经济出现政策失误:财政政策与货币政策不协调,使巴基斯坦呈现经济增长持续低迷,通货膨胀率居高不下的滞胀局面。

在人民党执政的五年期间,巴基斯坦年均经济增长(真实 GDP 增长)为 2.8%,扣除年均人口增长率 2.0%,年均经济增长率只有 0.8%,而年均通货膨胀率却高达 12.7%,城市年均失业率高达 8.17%。这些数据表明巴基斯坦的经济已经出现经济持续低迷,通货膨胀率和失业率,尤其是城市失业率居高不下的滞胀局面。

表 11–12　2008—2012 年巴基斯坦主要经济指标

年　份	2008—2009	2009—2010	2010—2011	2011—2012	2012—2013
经济增长率	0.4	2.6	3.62	3.84	3.7
通货膨胀率	17	10.1	13.7	11.0	7.4
城市失业率	7.11	7.21	8.84	8.84	8.84

Source: S. Ejaz Wasti（ed.）, "Pakistan Economic Survey 2013–2014", Ministry of Finance, Government of Pakistan.http://www.finance.gov.pk/survey_1314.html.

在人民党执政期间,经济之所以出现滞胀局面,主要原因是人民党政府的经济政策失误:货币政策与财政政策不协调,控制通货膨胀的目标没有达到,反而拖累了经济增长。

首先,巴央行从紧的货币政策没有得到人民党政府的财政政策的配合,导致货币政策无效,控制高通货膨胀率的目标落空。

2008 年 11 月 20 日,人民党政府与国际货币基金组织达成借款协议。IMF 首先给予巴基斯坦 23 个月的资助,价值为 51.7 亿特别提款权,相当于 76 亿美元。迫于当时通胀压力,在 IMF 的要求下,巴基斯坦央行制定了从紧的货币政策,以控制高通货膨胀率。巴基斯坦基准利率:中央银行向商业银行贷款的贴现率,从 2008 年的 10.1% 一路上升到 2008 年 11 月的 15%,在 10 个月时间上升 50%。

表 11–13　2007—2012 年巴基斯坦中央银行的贴现率数据

时　间	贴现率（%）	时　间	贴现率（%）
2008 年 1 月	10.5	2010 年 9 月	13.5
2008 年 7 月	13	2010 年 11 月	14
2008 年 11 月	15	2011 年 8 月	13.5
2009 年 4 月	14	2011 年 10 月	12
2009 年 8 月	13	2012 年 8 月	10.5
2009 年 11 月	12.5	2012 年 10 月	10
2010 年 7 月	13	2012 年 12 月	9.5

Source: "Monetary Policy Statements and Decisions", State Bank of Pakistan, http://www.sbp.org.pk/m_policy/mon.asp.

巴基斯坦央行采取从紧的货币政策。巴基斯坦的基准利率一直在13%以上,直到 2011 年 10 月才有所放松,逐渐降低贴现率。在整个人民党执政期间年均贴现率为 12.4%,处于高位水平。

从紧的货币政策通过提高中央银行对商业银行的贴现率,减少商业银行的信贷,控制货币流通量,达到抑制总需求过快增长,降低通货膨胀率的目的。从紧的货币政策需要适度从紧的财政政策相配合,增加财政收入,减少财政支出,抑制总需求过快增长,从而降低通货膨胀率。但是人民党执政期间,并没有实行适度从紧的财政政策,税收收入也增长缓慢。

巴基斯坦税基本来就狭窄,同时还有许多免税赦免。巴税收体系的不完善导致大量逃税行为。巴基斯坦全国仅 1% 的人口纳税, 3% 的注册纳税人付 90% 的增值税[1],税务部门在 2011 年统计发现,全国只有 76.8 万人交过收入税。[2]

人民党政府曾承诺每年提高税收占 GDP 之比的 1%,到 2013 年,税收占 GDP之比达到 15%。[3] 然而,人民党政府的高级官员,包括吉拉尼总理、内政部长拉赫曼·马利克都不热心增税,因为他们在 2002 年—2007 年期间就没有交过税。[4]

2012 年人民党政府推行"税收大赦"和"税收登记"计划,即通过赦免以前偷逃税收的罪行,重新进行登记;只要一次交税 4 万卢比（约合 400 美元）,过去所欠的税就一笔勾销。人民党认为这是快速增加公共财政,扩大税基的最快办法。然而,计划以失败而告终,最终只是鼓励更多的偷逃税收。2008—2013 年,巴基斯坦的税收占 GDP 之比,并没有实现预期目标,总体上低于 9%,导致巴基斯坦的财政赤字逐年上升。

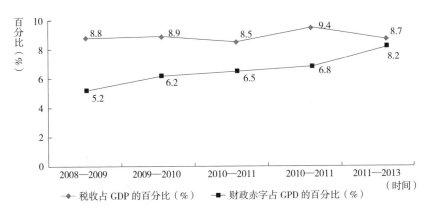

图 11-2　2008—2013 年巴税收占 GDP 之百分比与财政赤字占 GDP 百分比

Source:Nazia Gul, "Fiscal Development" in "Pakistan Economic Survey 2013–14", Ministry of Finance, Government of Pakistan, 2014, p.58, p.61.

① 　Jos é Lopez-Calix and Irum Touqeer, "Revisiting the Constraints to Pakistan's Growth", Policy Paper Series on Pakistan PK20/12, World Bank, June 2013, p.38.

② 　"Plugging Leaks, Poking Holes; Pakistan Economy", *The Economist*, December 08, 2012.

③ 　Zubair Mohammad, "The PPP's Terrible Economic Performance", *The Express Tribune*, November 6, 2012.

④ 　Maha Khan Phillips, "Pakistan: Failing Economy, Failed State?", *Institutional Investor*, October 2011.

　　巴基斯坦的税收占 GDP 之比,在人民党执政期间年均处于 8.86% 之间,是世界上最低的水平。在 2008—2013 年间,人民党政府的财政赤字在逐年上升,从 2008—2009 财年的 5.2% 上升到 2012—2013 财年的 8.2%,总体上升了 58%。人民党政府的支出与财政收入的缺口越来越大。人民党在执政期间没有严守基本的财政纪律。

　　面对通货膨胀压力和从紧的货币政策,人民党政府应实行适度从紧的财政政策进行配合,以解决国内两位数的通货膨胀率。但是人民党政府居于自身利益的考虑,提高工人的工资与福利,提高政府雇员的工资,扩大社会保障,同时,保持巨额的财政补贴,使央行从紧的货币政策控制货币流通量的目标落空。

表 11-14　2008—2009 财年至 2012—2013 财年政府的财政补贴（单位:10 亿卢比）

	电力部门	食品与农业	炼油厂	其　他	小　计
2008—2009					
财政补贴	109.8	29.3	67.7	6.6	213.4
所占百分比	51.5	13.7	31.7	3.1	100
2009—2010					
财政补贴	178.8	22.2	11.2	1.3	213.5
所占百分比	83.7	10.4	5.3	0.6	100
2010—2011					
财政补贴	334.8	25.7	10.8	9.3	380.6
所占百分比	88	6.8	2.8	2.4	100
2011—2012					
财政补贴	464.0	35.3	6.2	7.5	512.9
所占百分比	90	6.9	1.2	1.5	100
2012—2013					
财政补贴	344.1	8.7	3.4	1.8	357.9
所占百分比	96.1	2.4	1.0	0.5	100
财政补贴总计	1431.5	121.2	99.3	26.5	1678.5

Source:"Fiscal Policy Statement 2013-14", Debt Policy Coordination Office, Ministry of Finance, Government of Pakistan, 2014, p.23.

人民党执政的五年期间,政府的各种补贴高达16785亿卢比,其中电力部门补贴为14315亿卢比,食品与农业的补贴为1212亿卢比,炼油厂补贴993亿卢比,其他补贴为265亿卢比。如此高额的财政补贴,只会增加社会需求和货币流通量,从而抵消从紧货币政策的效应。为弥补巨额补贴带来的财政缺口,人民党政府又转向中央银行、有关指定银行借款。2008—2013年人民党政府向巴中央银行的借款量参见图11-3。

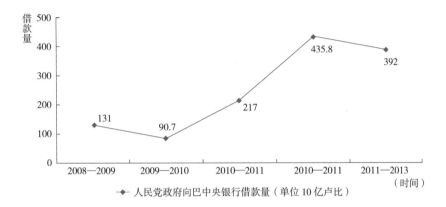

图 11-3　2008—2013 年人民党政府向巴中央银行的借款量

Source:"Money and Credit", in "Pakistan Economic Survey 2013–14", Ministry of Finance, Government, 2014, p.74.

人民党政府向巴中央银行的借款从 2008—2009 财年的 1310 亿卢比增加到 2012—2013 财年的 3920 卢比,增加了两倍,尤其在 2009—2010 至 2011—2012 财年,人民党政府向巴中央银行的借款增加了 3.8 倍。此外,人民党政府为弥补税收不足,还向指定银行出售政府债券,申请贷款等,弥补财政赤字。

人民党政府向银行部门的借贷平均每月高达 680 亿卢比,约合 7.95 亿美元。[①] 如此高额借贷,必定使政府的国内债务急剧增加。人民党政府向银行部门大量借贷,为财政赤字融资,挤出了对私人部门的信贷,尤其是中小企业的信贷。政府部门又支付巨额补贴,导致货币流通量增加。人民党执政前的 2007—2008 财年,巴基斯坦的广义货币 M2 供应量是 46891 亿卢比,而到 2012—2013 财年的广义货币 M2 供应量是 88588 亿卢比,增长了 89%。

---

① "PEW Express Concern on PPP–Led Government Excessive Borrowing", *The Pakistan Time*s, January 14, 2011.

表 11-15 2008—2013 年巴基斯坦广义货币 M2 供应量（单位：10 亿卢比）

财政年份	2007—2008	2008—2009	2009—2010	2010—2011	2011—2012	2012—2013
M2	4689.14	5137.21	5777.23	6695.19	7641.79	8858.86
增长率（%）	15.3	9.6	12.5	15.9	14.1	15.9

Source: "Download statistical appendices", in "Pakistan Economic Survey 2013–14", Ministry of Finance, Government of Pakistan.

在 2008—2013 年期间，巴基斯坦的广义 M2 的年均增长率为 13.6%，而在此期间，巴基斯坦的年均 GDP 的增长率只有 3.08%。M2 的年均增长率是 GDP 年均增长率的 4.4 倍。

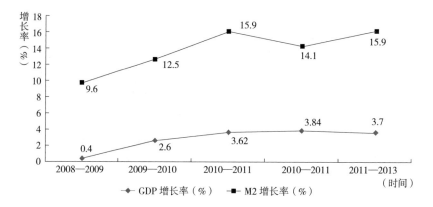

图 11-4 2008—2013 年巴基斯坦历年的 M2 与 GDP 增长率的比较

Source："Download statistical appendices", in "Pakistan Economic Survey 2013–14", Ministry of Finance, Government of Pakistan; Imtiaz Ahmad, "Growth and Investment", in "Pakistan Economic Survey 2013–14", Ministry of Finance, Government of Pakistan, 2014, p.5.

巴基斯坦的货币供应量超出产出（GDP）增长率的 4.4 倍，只会带来各类资产价格上升，形成通货膨胀。巴基斯坦实行从紧的货币政策力图控制商业银行的贷款量，从而控制货币流通量。但是巴基斯坦政府的巨额财政补贴，向央行和其他指定商业银行的借款，提高工资和社会福利标准却增加了货币流通量。人民党政府不受约束的财政政策使从紧的货币政策无效。

其次，巴基斯坦从紧的货币政策在没有控制住通货膨胀的同时，却拖累了巴基斯坦的经济增长。

2008—2013 年期间，巴基斯坦商业银行的年平均贷款利率高达 13.7%，制约了商业银行的信贷投放。企业考虑借款成本，会停止向银行部门的货款，从而导致巴经济投资不足。巴基斯坦银行信贷量占 GDP 的百分比,参见下图 11-5。

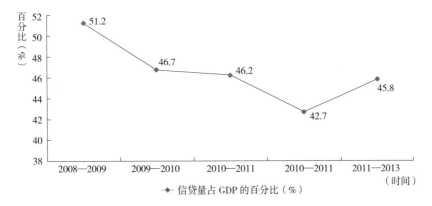

图 11-5 巴基斯坦银行在 2008—2012 年的信贷量占 GDP 的比重

Source:"Data",World Bank,http://data.worldbank.org/indicator/FS.AST.DOMS.GD.ZS.

商业银行对私人企业的信贷从 2007—2008 财年占 GDP 的 28% 下降到 2011—2012 财占 GDP 的 16%。[①] 随着国内信贷量的下降,及政府财政赤字增加,巴基斯坦的公共投资与私人投资都处于下降。投资水平下降直接影响巴基斯坦产出水平。

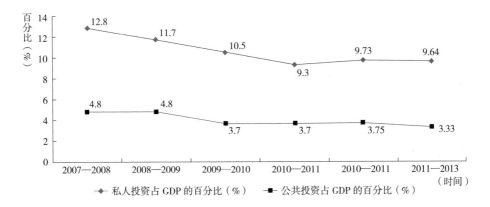

图 11-6 2007—2013 年巴基斯坦公共投资与私人投资占 GDP 的百分比

Source:Imtiaz Ahmad,"Growth and Investment",in "Pakistan Economic Survey 2013–14",Ministry of Finance,Government of Pakistan,2014,p.18.

———————————

① José Lopez–Calix and Irum Touqeer,"Revisiting the Constraints to Pakistan's Growth",Policy Paper Series on Pakistan PK20/12,World Bank,June 2013,p.27.

　　公共投资占 GDP 的比例从 2007—2008 财年年的 4.8% 下降到 2012—2013 财年的 3.33%，下降了 30.6%，几乎下降了 1/3。私人投资占 GDP 的比重由此从 2007—2008 财年的 12.8% 下降到 2012—2013 财年的 9.64%，下降了 24.7%。巴私人企业投资下降，经济活力严重不足。总之，在人民党执政期间，无论是公共投资还是私人投资都出现了下降，其中，公共投资下降更多。人民党更多关注非生产性支出，如财政补贴，社会福利，而生产性投资不足。

　　私人企业由于巴央行实行从紧的货币政策，借贷成本提高，也不愿更多投资。巴基斯坦的公共投资与私人投资的双下降，使巴基斯坦的产出（GDP）增长缓慢，尤其是工业，制造业的增长缓慢，从而制约了整个经济的发展。

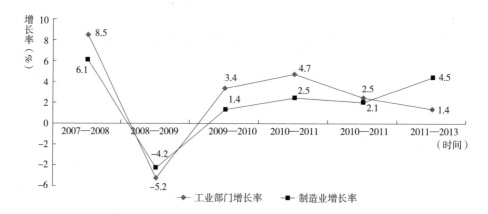

图 11-7　2007—2013 年巴基斯坦工业、制造业的增长率

Source：Source：Source：Imtiaz Ahmad，"Growth and Investment"，in "Pakistan Economic Survey 2013-14"，Ministry of Finance，Government of Pakistan，2014，p.6.

　　巴基斯坦的工业部门从 2007—2008 财年增长率的 8.5% 的高峰跌入 2008—2009 财年的谷低，工业部门出现负增长，为 -5.2%，制造业从 2007—08 财年的增长率的 6.1% 跌落到 2008—2009 财年增长率的 -4.2%。工业与制造业的增长在 2008—2009 财年到 2010—2011 财年有所回升，但是增长乏力。在人民党执政的后两年，工业增长率又出现下降。尤其是经济增长的核心部门：大型制造业在 2008—2009 财年跌落最深，增长率为 -6%，并且在人民党执政的后四年大型制造业复苏最慢。2009—2010 财年增长 0.4%，2010—2011 财年增长为 1.7%，2011—2012 财年增长为 1.1%。[①]

---

　　① Imtiaz Ahmad，"Growth and Investment"，in "Pakistan Economic Survey 2013-14"，Ministry of Finance, Government of Pakistan, 2014, p.6.

工业与制造业的增长缓慢必然使巴基斯坦整个经济增长乏力,出现持续低迷。

综上所述,人民党政府为扼制高通货膨胀率,实行从紧货币政策没有得到财政政策的配合,既没有控制高通货膨胀率,同时,又拖累了经济增长,使巴基斯坦经济出现高通货膨胀率与持续经济低迷增长并存的滞胀局面。

总之,这届人民党政府为巴基斯坦的民主制度建设作出了可贵贡献。但是由于未能扼制巴基斯坦腐败问题,加上经济政策失误,巴基斯坦经济出现滞胀局面,使巴基斯坦的许多家庭重新滑入贫困阶层。经济困境与生活水平下降使民众用选票决定了人民党在2013年选举下台的命运。人民党再次成为在野党。2013年9月8日,人民党领导人扎尔达里完成五年总统任期,正式卸任。巴基斯坦人民党扎尔达里时代结束。

参考文献

一、英文文献

1. A.B.Awan, Balochistan: *Historical and Political Process*, London: New Century Publishers, 1985, pp.227–233.

2. Abdul Ghafoor Bhurgri, *Zulfikar Ali Bhutto: The Falcon of Pakistan*, Karachi: SZABIST, 2002.

3. Abdul Quddus Suhaib, "Contribution of Zakat in the Social Development of Pakistan", *Pakistan Journal of Social Science*, Vol. 29, No. 2（December 2009）, pp.313–334.

4. Adeel Khan, "Pakistan in 2006: Safe Center, Dangerous Peripheries", *Asian Survey*, Vol. 47, No. 1（January/February 2007）, pp.125–132.

5.——, "Pakistan in 2006: Safe Center, Dangerous Peripheries", *Asian Survey*, Vol. 47, N0. 1（January/February 2007）, pp.125–132.

6.——, "Pakistan in 2007: More Violent, More Unstable", *Asian Survey*, Vol. 48, No. 1（January/February 2008）, pp.144–153.

7. Afnan Khan, "Sasti Roti Scheme: Punjab govt's promotional act", *Daily Times*, May 27, 2010.

8. Ahmed Issam, "Pakistan political crisis: Prime Minister Gilani scrambles to shore up confidence", *Christian Science Monitor*, January 03, 2011.

9. Akmal Hussain, "Post-Election Challenge in Pakistan", *Economic and Political Weekly*, Vol. 23, No. 50（Dec. 10, 1988）, pp.2630–2631.

10.——, "Is Pakistan's Economic Crisis Financial or Real?", *Economic and Political Weekly*, Vol. 24, No. 8（Feb. 25, 1989）, pp.403–404.

11. Ahmed Rashid, "Pakistan on a knife–Edge Uncertainty", *The World Today*, Vol. 53, No. 1（Jan., 1997）, pp.7–10.

12. ——, "All Together Now: Diverse Opposition Groups Combine to Combat Bhutto", *Far Eastern Economic Review*, August 8, 1996, p.24.

13. Ahmed Yar Khan Baluch, *Inside Baluchistan, a Political Autobiography of His Highness Baiglar Baigi: Khan-e-Azam-XIII*, Karachi: Royal Book Company, 1975.

14. Aisha Ghaus–Pasha, Hafiz A. Pasha and Asma Zubair, "Fiscal Equalisation A）mong Provinces in FNC Awards", *The Pakistan Development Review*, Vol. 49, No. 4（Winter 2010）, pp.563–576.

15. Aleem Maqbool, "Pakistan's Attorney General Resigns", BBC News, April 3, 2010.

16. Ali K.Chishti, "MQM Quits again", *The Friday Times*, Vol. 24,No.02, February 22–28, 2013.

17. Ali,M.M., "Pakistan's New President Zardari Seeks to Consolidate His Hold om Power", *Washington Report on Middle East Affairs*, Vol. 27, Nov. 2008.

18. Alok Bansal, "The Revival of Insurgency in Balochistan", *Strategic Analysis*, Vol. 29, No. 2（April–June 2005）, pp.250–268.

19. ——, "Balochistan:Continuing Violence and Its Implications", *Strategic Analysis*, Vol. 30, No. 1（Jan–March 2006）, pp.46–62.

20. ——, "Factors Leading to insurgency in Balochistan", *Small Wars & Insurgencies*, Vol. 19, No. 2（September 2008）, pp.182–200.

21. ——, "Gilgit–Baltistan: The Roots of Political Alienation", *Strategic Analysis*, Vol. 32, No.1（February 2008）, pp.81–101.

22. ——, "Rumbling in the Northern Areas", *Strategic Analysis*, Vol. 29, No. 1（Jan.–Mar., 2005）, pp.148–154.

23. ——, "In Pursuit of Forced Assimilation : Sectarian and Ethnic Marginalization in Gilgit–Baltistan", *India Quarterly: A Journal of International Affairs*, Vol. 63, No.2（April 2007）, pp.56–80.

24. Amir Ali Chandio, Khairpur Sindh and Mariya Omelicheva, "Baloch National Movement 2003–2012: An Analysis", *Interdisciplinary Journal of Contemporary Research in Business*, Vol. 4, No. 10（February 2013）, pp.1048–1059.

25. Anees Jillani, *Advance Toward Democracy: The Pakistani Experience*,

Lahore: Progressive Publishers, 1991,pp.180–181.

26. Anila Channa, "Social Protection in Pakistan: A Profile of Existing Programmers and an Assessment of Data Available for Analysis", Asia Research Centre, London School of Economics, March 30, 2012.

27. Anita D. Raman, "Of Rivers and Human Rights: The Northern Areas, Pakistan's Forgotten Colony in Jammu and Kashmir", *International Journal on Minority and Group Rights*, Vol. 11, No.1/2,（Spring/Summer, 2004）, pp.187–228.

28. Anita Joshua, "Supreme Court strips Gilani of Prime Ministership", *The Hindu*, June 19, 2012.

29. ——, "Gilani guilty of contempt of court", *The Hindu*, April 26, 2012.

30. Anita M. Weiss, "Benazir Bhutto and the Future of Women in Pakistan", *Asian Survey*, Vol. 30, No. 5（May, 1990）, pp.433–445.

31. Anthony Hyman，"Pakistan in Uncertain Times", *The World Today*, Vol. 42, No. 7（Jul., 1986）, pp.118–121.

32. Anwar H. Syed, *The Discourse and Politics of Zulfikar Ali Bhutto*, New York: St. Martin's Press, 1992.

33. ——, "Z.A. Bhutto's Self–Characterizations and Pakistani Political Culture", *Asian Survey*, Vo. 18, No.12（Dec. 1978）, pp.1250–1266.

34. ——, "Pakistan in 1977: The 'Prince' is under the Law", *Asian Survey*, Vol. 18, No. 2（Feb., 1978）, pp.117–125.

35. ——, "The Pakistan People's Party and the Punjab: National Assembly Elections, 1988 and 1990", *Asian Survey*, Vol. 31, No. 7（Jul., 1991）, pp.581–597.

36. ——, "Pakistan in 1997: Nawaz Sharif's Second Chance to Govern", *Asian Survey*, Vol. 38, No. 2（Feb., 1998）, pp.116–125.

37. Aqil Shah, "Praetorianism and Terrorism", *Journal of Democracy*, Vol. 19, No. 4（Oct. 2008）, pp.16–25.

38. Arif Azad，" MQM and Growth of Ethnic Movements in Pakistan", *Economic and Political Weekly*, Vol. 31, No. 18（May 4, 1996）, pp.1061–1062.

39. Arshad Hussain, "IMF–back austerity measures: Government stops printing currency notes", *Daily Times*, March 20, 2011.

40. ——, "Nine months of FY 2012–13", *The Dawn*, April 18, 2013.

41. Asad Sayeed, "Social Protection in Pakistan: Concept, Situation Analysis

and the Way Forward", The Centre for Research on Poverty Reduction and Income Distribution, Government of Pakistan, Working Paper 5, February 2004.

42. ——, "Social Protection in Pakistan: Concept, Situation Analysis And the Way Forward", United Nations Development Programme, *Working Paper No. 05*, February 2004.

43. Asian Development Bank and World Bank, "2011 Pakistan Floods: Preliminary Damage and Needs Assessment", Working Paper, Washington D.C., January 01, 2014.

44. Asmatullah Khan Wazir and Muhammad Zaheer Khan, "Mainstreaming FATA through Legal and Political Reforms", *Tigah:A Journal of Peace and Development*, Vol. 4, No.4（January 2014）, pp.25–48.

45. Atif Laiq, "Energy Crisis Leaves Pakistan Textiles in Tatters", *The Muslim Times*, July 27, 2011.

46. Aurangzaib Alamgir, "Pakistan's Balochistan Problem:An Insurgency's Rebirth", *World Affairs*, November/December 2012, pp.33–38.

47. Babar Ali, "Pakistan: Where Is the Opposition?", *Economic and Political Weekly*, Vol. 22, No. 47（Nov. 21, 1987）, pp.1998–1999.

48. Benazir Bhutto, *Benazir Bhutto: Daughter of the East*, London: Simon & Schuster, 1989.

49. ——, *Pakistan: The Gathering Storm*, New Delhi: Vikas, 1983.

50. ——, *The Way out: Interview, Impressions, Statements, and Messages*, Karachi: Mahmood Publications, 1988.

51. Candace Rondeaux, "Governing Coalition Collapses in Pakistan", *The Washington Post*, August 26, 2008.

52. C. Christine Fair, "Why the Pakistan army is here to stay: prospects for civilian governance", *International Affairs*, Vol. 87, No. 3（2011）, pp.571–588.

53. ——, "Pakistan in 2010: Flooding, Governmental Inefficiency, and Continued Insurgency", *Asian Survey*, Vol. 51, No. 1（2011）, pp.97–110.

54. Charles H. Kennedy, "The Politics of Ethnicity in Sindh", *Asian Survey*, Vol. 31, No. 10（Oct., 1991）, pp.938–955.

55. Charles H. Kennedy and Rasul Bakhsh Rais（eds）, *Pakistan: 1995*, Boulder: Westview Press, 1995.

56. Chris Zambelis, "Baloch Militancy Resurfaces in Iran", *Asian Times Online*, November 21, 2012.

57. Claude Georges Pierre Rakisits, "Pakistan's twin interrelated challenges: economic development and security", *Australian Journal of International Affairs*, No. 66, No. 2（April 2012）, pp.139–154.

58. Craig Baxter, "Pakistan Votes–1970", *Asian Survey*, Vol. 11, No. 3（Mar., 1971）, pp.197–218.

59. C. S. Manegold and S. Le Vine, "Benazir Bhutto's decline and fall", *Newsweek*, Vol. 116, No. 8（Aug., 1990）.

60. Dilip Mukerjee, *Zulfiqar Ali Bhutto:Quest for Power*, Delhi: Vikas Publishing PVT LTD, 1972.

61. David Bamber, Christina Lamb and Rajeev Syal, "Straw to freeze Bhutto assets as theft inquiry gathers pace", *The Sunday Telegraph*, December 10, 2000.

62. David Dunbar, "Pakistan: The Failure of Political Negotiation", *Asian Survey*, Vol. 15, No. 2（May, 1972）, pp.441–461.

63. David Loshak, *Pakistan Crisis*, London: William Heinemann, 1971.

64. Dilip Mukerjee, *Zulfiqar Ali Bhutto:Quest for Power*, Delhi: Vikas Publishing PVT LTD, 1972.

65. Donald L. Horowitz, *Ethnic Groups in Conflict*, Berkeley: University of California Press, 1985.

66. Durr–e–Nayab and Shujaat Farooq, "Effectiveness of Cash Transfer Programmes for Household Welfare in Pakistan; The Cash of the Benazir Income Support Programme", Poverty and Social Dynamics Paper Series PSDPS:4, Pakistan Institute of Development Economics, Islamabad, 2012.

67. Eliza Van Hollen, "Pakistan in 1986: Trials of Transition", *Asian Survey*, Vol. 27, No. 2（Feb.,1987）, pp.143–154.

68. Eric Gustafson, "Economic Problems of Pakistan Under Bhutto", *Asian Survey*, Vol. 16, No.4（Apr.,1976）, p.364–380.

69. Ershad Mahmud, "The Gilgit–Baltistan Reforms Package 2007: Background, Phase and Analysis", *Policy Perspectives*, Vol. 5, No. 1（Jan–June 2008）, pp.1–22.

70. Fahd Rehman, "Asset Allocation for Government Pension Funds in Pakistan: A Case for International Diversification", *The Lahore Journal of Economics*, Vol. 15,

No. 1（Summer 2010），pp.127–151.

71. Faisal Bari, Emma Hooper and Shahid Kardar（etc.），"Conceptualizing a Social Protection Framework for Pakistan", Asian Development Bank, *Background Paper No. 4, 2005.*

72. Farakh Shahzad, "BISP–A Commitment Falling Short", *Pakistan Today*, June 25, 2011.

73. Farhat Haq，"Rise of the MQM in Pakistan: Politics of Ethnic Mobilization", *Asian Survey*, Vol. 35, No. 11（Nov., 1995），pp.990–1004.

74. Farhan Bokhari, "Musharraf Volte–Face Fuels Fears of Instability," *Financial Times*（London），December 30, 3004.

75. Farhan Hanif Siddiqi, "Security Dynamics in Pakistani Balochistan: Religious Activism and Ethnic Conflict in War on Terror", *Asian Affairs*, Vol. 39, No. 3（2012），pp.157–175.

76. Frances Harrison , "Benazir Bhutto: The First Year", *Contemporary Review*, Vol. 256, No. 1489（Feb., 1990），pp.62–67.

77. Frédéric Grare, *Balochistan: The State Versus the Nation*, Carnegie Endowment for International Peace, Washington, D.C., April 2013.

78. ——, "Pakistan: The Resurgence of Baluch Nationalism", Carnegic Endowment for International Peace, Carnegie Paper No. 65, Washington. D.C., January 2006, p.9.

79. ——, "The Evolution of Sectarian Conflicts in Pakistan and the Ever-Changing Face of Islamic Violence", *South Asia: Journal of South Asian Studies*, Vol. 30, No. 1（April 2007），pp.127–143.

80. Ftikhar H. Malik，"The State and Civil Society in Pakistan: From Crisis to Crisis", *Asian Survey*, Vol. 36, No. 7（ Jul., 1996），pp.673–690.

81. Gabriele Koehler, "Transformative social protection:reflections on South Asian policy experience", Centre for Social Protection, April 2011.

82. Gabriele KÖhler,Marta Call and Mariana Stirbu, "Social Protection in South Asia: A Review", United Nations Children's Fund Regional Office for South Asia, July 2009.

83. Gerald A. Heeger, "Socialism in Pakistan", in Helen Desfosses and Jacques Levesque（ed.），*Socialism in The Third World*, New York: Praeger Publishers, 1975.

84. G.M.Arif, "Targeting Efficiency of Poverty Reduction Programs in Pakistan", Asian Development Bank, *Working Paper No. 4*, 2006.

85. Government of Pakistan, *Economic Survey*, Statistical Supplement, 1992–3, GDP, Finance Division, Islamabad, 1992.

86. Government of Pakistan, *White Paper on The Performance of the Bhutto Regime Vol.IV The Economy*, Islamabad, 1979.

87. Government of Pakistan, "Pakistan: Fiscal Policy Statement 2009–10", Debt Policy Coordination Office, Minister of Finance, Islamabad.

88. Government of Pakistan, "Pakistan: Fiscal Policy Statement 2010–11", Debt Policy Coordination Office, Minister of Finance, Islamabad.

89. Government of Pakistan, Ministry of Commerce, "Press Brief on Strategic Trade Policy Framework 2012–15", Islamabad, 2012.

90. Government of Pakistan, "Zakat and Ushr Ordinance, 1980", Islamabad, June 20, 1980.

91. Government of Pakistan, "A Social Protection Strategy to Reach the Poor and the Vulnerable", Planning Commission, Center for Poverty Reduction & Social Policy Development, Islamabad, June 2007.

92. Government of Pakistan, "Poverty Reduction Strategy Paper: Annual Progress Report FY 2008/09", PRSP Secretariat– Finance Division, Islamabad, 2009.

93. Government of Pakistan, "PRSP Progress Report:Fiscal Year 2011/12", PRSP Secretariat– Finance Division, Islamabad, 2012.

94. Government of Pakistan, *Annual Plan 2012-13, Plan Commission*, Islamabad, 2012.

95. Gulshan Majeed and Rehana Saeed Hashml, "Sectarian Conflict: A Dominant Threat to Pakistan's Internal Security", *Journal of Political Studies*, Vol.21, No. 1 (Summer 2014), pp.103–118.

96. Hafiz A.Pasha, Sumaira Jafarey and Hari Ram Lohano, "Evaluation of Social Safety Nets in Pakistan", SPDC Research Report Number No. 32, Social Policy and Development Centre, Karachi, May 2010.

97. Hairs Gazdar, "Pakistan's Precious Parties", *Economic and political Weekly*, Vol. 43, No. 6 (Feb., 2008), pp.8–9.

98. ——, "Social Protection in Pakistan: In the Midst of a Paradigm Shift?",

Economic and Political Weekly, Vol. 46, No. 28（July, 2011）, pp.59–66.

99. ——, "Social Protection in Pakistan: in the Midst of a Paradigm Shift?", Centre for Social Protection, CSP Research Report 13, January 2011.

100. ——, "Democracy in Pakistan ;The Chasm", *Economic &Political Weekly*, Vol. 24, No. 22 （May 29, 2010）, pp.10–12.

101. Haroon Jamal, "A Profile of Social Protection in Pakistan: An Appraisal of Empirical Literature", SPDC Research Report Number No. 81, Social Policy and Development Centre, Karachi, May 2010.

102. Hasan–Askari Rizvi, "Towards a two –party system?", *The Nation*, 8 October 1993.

103. ——, "Pakistan in 1998: The Polity under Pressure", *Asian Survey*, Vol. 39, No. 1（Jan.– Feb., 1999）, pp.177–184.

104. Hasan Mansoor, "Sindh Liberation Army: Myth or Reality", *The Friday Times*, February 11–17, 2005.

105. Helen Desfosses and Jacques Levesque（ed.）, *Socialism in The Third World*, New York: Praeger Publishers, 1975.

106. Herman Kreutzmann, "Kashmir and the Northern Areas of Pakistan: Boundary–Making along Contested Frontiers", *Erdkunde*, Vol. 62, No. 3 （Jul.–Sep., 2008）, pp.201–219.

107. Human Rights Commission of Pakistan, *Hopes, Fears, and Alienation in Balochistan: Report of an HRCP Fact-Finding Mission (May5-19, 2012)*, August 30, 2012.

108. Huma Yusuf, "Sectarian Violence: Pakistan's Greatest Security Threat?", NOREF Report, Norwegian Peacebuilding Resource Centre, July 2012, p.2.

109. Husain Haqqani, "Beyond Musharraf", *Wall Street Wall*, Feb. 20, 2008.

110. Hussain Kashif, "Punjab Assembly passes Sasti Roti Authority Bill 2009", *Daily Times*, July 16, 2010.

111. Ian Talbot, "Pakistan in 2002: Democracy, Terrorism and Brinkmanship", *Asian Survey*, Vol. 43, No. 1（January/February 2003）, pp.198–207.

112. ——, *Pakistan: A Modern History*, London: Hurst & Company, 2009.

113. Ibrahim Shahid, "Northern Areas Reforms Package: Legislative Council Seats Raised to 32", *Daily Times,* October 12, 2004.

114. Iftikhar Firdous, "Railway, Steel Mills takes off the Chopping block", *The Express Tribune*, December 15, 2011.

115. Iftikhar H. Malik, "Pakistan in 2000: Starting Anew or Stalemate", *Asian Survey*, Vol. 41, No. 1 (January/February, 2001), pp.104–115.

116. Ijaz Kakakhel, "Power sector reforms:Transition to relocate PEPCO functions", *Daily Times*, November 10, 2010.

117. Ijaz Nabi, "Two Social Protection Programme in Pakistan", *The Lahore Journal of Economics*, Vol.18, Special Edition (September 2013), pp.283–304.

118. Imran Ashraf Toor and Abu Nasar, "Zakat as Social Safety Net: Exploring the Impact", Social Policy and Development Centre, SPDC *Research Report No. 53*, Karachi, 2000.

119. Imtiaz Ahmad, "Growth and Investment" in "Pakistan Economic Survey 2013–14", Ministry of Finance, Government of Pakistan, 2014, p.17.

120. Imtiaz Ali, "The Balochistan Problem", *Pakistan Horizon*, Vol. 58, No. 2 (April 2005), pp.41–62.

121. Indrani Bagchi, "Keep off PoK, India Warns China", *Times of India*, September 15, 2011.

122. International Monetary Fund, "Pakistan: Request for Stand–by Arrangement", *IMF Country Report No. 08/364*, Washington, D. C., November 20, 2008.

123. International Monetary Fund, "Pakistan: 2009 Article IV Consultation and First Review Under the Stand–By Arrangement", *IMF Country Report No. 09/2013*, Washington, D. C., April 2009.

124. International Monetary Fund, "Pakistan: Poverty Reduction Strategy Paper", IMF Country Report No. 10/183, Washington D.C. June 2010.

125. International Centre for Ethnic Studies, *Electoral Politics in Pakistan: National Assembly Elections, 1993: Report of SAARC-NGO OBSERVERS*, New Delhi:Vikas Publishing House Pvt Ltd, 1995.

126. Iqbal Akhund, *Trial and Error: The Advent and Eclipse of Benazir Bhutto*, Oxford: Oxford University, 2000.

127. Iram Khalid, "Role of Judiciary in the Evolvement of Democracy in Pakistan", *Journal of Political Studies,* Vol.19, No.2 (Winter 2012), pp.125–142.

128. Imran Ali Kundi, "Fragile Economy Remained Tottering during last 5 Years", *The Nation*, March 18, 2013.

129. Irwin Isenberg (ed.) , *The Nations of the Indian Subcontinent*, New York: The H.W. Wilson Company, 1974.

130. Ishfaq Ahmed, Muhammad Musarrat Nawaz, Tehmina Fiaz Qazi, "Impact of Terrorism on Tourism Industry: a point to ponder", *International Journal of Academic Research*, Vol. 3 No. 4 (July 2011) , pp.249–256.

131. Izhar Hunzai, "Conflict Dynamics in Gilgit–Baltistan", United States Institute of Peace, Special Report No.321, Washington.D.C., January 2013.

132. Jamil Rashid, "Economic Causes of Political Crisis in Pakistan: The Landlords Vs. The Industrialists", *The Developing Economies*, Vol. 16, No.2 (1978) , p.169–181.

133. James P.Piscator (eds) , *Islamic Fundamentalism and the Gulf Crisis*, Chicago: American Academy of Arts and Sciences, 1991.

134. Javed Iqbal, "Stagflation and power outage", *The Lahore Times*, August 3, 2012.

135. Jos é Lopez–Calix and Irum Touqeer, "Revisiting the Constraints to Pakistan's Growth", Policy Paper Series on Pakistan PK20/12, World Bank, June 2013, p.38.

136. K. Alan Kronstadt, "Pakistan's Domestic Political Developments: Issues for Congress", *Congressional Research Service (CRS) Reports for Congress* , Updated January 5, 2003.

137. ——, "Pakistan's 2008 Elections: Results and Implications for U.S. Policy", Congressional Research Service Report for Congress, April 9, 2008.

138. Kamran Aziz Khan, "2002 Elections in Pakistan: A Reappraisal", *Journal of Political Studies*, Vol. 18, No. 1 (Summer 2011) , pp.93–108.

139. Kamran Khan and John Lancaster, "Musharraf Vows to Remain Army Chief," *Washington Post*, December 19, 2004;

140. Karin Brulliard and Shaiq Hussain, "Pakistan Lawyers strike over naming of judges", *The Washington Post*, February 16, 2010.

141. Katharine Adeney, "The Federal election in Pakistan, February 2008", *Electoral Studies*, Vol. 28, No. 1 (2009) , pp.141–173.

142. Kevin Whitelaw and Aamir Latif, "Pakistan:Banazir Bhutto's bold plan", *U.S. News & World Report*, Vol. 143, No.12 (10/8/2007), pp.31–32.

143. Khalid B. Sayeed, "How Radical is the Pakistan People's Party", *Pacific Affairs*, Vol. 48, No. 1 (Spring, 1975), pp.42–59.

144. ——, "Pakistans Basic Democracy", *The Middle East Journal*, Vol. 15, No. 3 (Summer 1961), pp.249–263.

145. ——, *Politics in Pakistan: the Nature and Direction of Change*, New York: Pareger,1980.

146. ——, "Pakistan in 1983: Internal Stresses More Serious than External Problems", *Asian Survey*, Vol. 24, No. 2 (Feb., 1984), pp.219–228.

147. Khawar Mumtaz and Farida Shaheed, *Women of Pakistan:Two Steps Forward , One Step Back?* London: Atlantic Highlands, N.J.: Zed Books, 1987.

148. Larry P.Goodson, "The 2008 Elections", *Journal of Democracy*, Vol. 19, No. 4 (Oct., 2008), pp.5–15.

149. Laura King and Zulfiqar Ali, "Pakistan fighting ends as troops withdraw", *Los Angeles Times*, October 10, 2008.

150. Lawrence Ziring, *Pakistan: The Enigma of Political Development*, Boulder: Westview Press, Inc.

151. ——, Ralph Braibanti, and W. Howard Wriggins (ed.), *Pakistan ; The Long View*, Durham: Duke University Press, 1977.

152. ——, "Pakistan: The Campaign before the Storm", *Asian Survey*, Vol. 17, No.7 (Jul., 1977), pp.581–598.

153. ——, "Pakistan:A Political Perspective", *Asian Survey*, Vol. 15, No. 7 (Jul., 1975), pp.629–644.

154. ——, "Pakistan in 1989:The Politics of Stalemate", *Asian Survey*, Vol. 30, No. 2 (Feb., 1990), pp.126–135.

155. ——, "Pakistan in 1990: The Fall of Benazir Bhutto", *Asian Survey,* Vol. 31, No. 2 (Feb., 1991), pp.113–124.

156. ——, "The Second Stage in Pakistani Politics: The 1993 Elections", *Asian Survey*, Vol. 33, No. 12 (Dec., 1993), pp.1175–1185.

157. Liberal Forum Pakistan, *Supporting Democracy: Election-2002 Report*, Islamabad: The Authority, 2002.

158. Lodhi, Maleeha, "Pakistan People's Party and Pakistani Democracy", *Journal of South Asian and Middle Eastern Studies*, Vol. 6, No. 3 (Spring,1983), pp.20–31.

159. Mahboob Hussain, "Eighteen Amendment in the Constitution of Pakistan: Success and Controversies", *Asian Social Science*, Vol. 8, No. 1 (January 2012), pp.81–88.

160. Mahmood Monshipouri and Amjad Samuel, "Development and Democracy in Pakistan: Tenuous or Plausible Nexus", *Asian Survey*, Vol. 35, No. 1 (Nov., 1995), pp.973–989.

161. Maleeha Lodhi, Bhutto, *The Pakistan People's Party and Political Development in Pakistan,*

162. *1967-1977*, PhD Dissertation of London School of Economic and Political Science, November, 1988.

163. —— "Pakistan's Politics in 1986", in Raza Mehdi, *Pakistan Today,* Lahore: Progressive Publishers, 1987, p.24.

164. Maleeha Lodhi and Zahid Hussain, "Is Nawaz Sharif 's Time Up?", *Newsline,* (March 1993), pp.27–33.

165. Makhdoom Amin Fahim, *Trade Policy 2009-10*, Government of Pakistan, Ministry of Commerce, Islamabad.

166. Manan, Abdul; Islam, Shamsul, "Faisalabad political rally: Nawaz demands urgent 'memogate' inquiry", *The Express Tribune*, November 20, 2011.

167. Mandip Singh, "Pakistan–Occupied Kashmir– A Buffer State in the Making", *Strategic Analysis*, Vol. 37, No. 1 (January–February, 2013), pp.1–7.

168. Mansoor Ijaz, "Time to take on Pakistan's jihadist spies", *Financial Times*, October 10, 2011.

169. Martin Sökefeld, "From Colonialism to Post–colonial Colonialism: Change Modes of Domination in the Northern Areas of Pakistan", *The Journal of Asian Studies*, Vol. 64, No. 4 (November 2005), pp.939–973.

170. Mary Englar, *Benazir Bhutto: Pakistani Prime Minister and Activist*, Minneapolis: Compass Point Books,2006.

171. Marvin G.Weinbaum and Stephen P.Cohen, "Pakistan in 1982: Holding on", *Asian Survey*, Vol. 23, No. 2 (Feb., 1983), pp.123–132.

172. Masood, Azhar. "Court tells government to prosecute Zardari". *The Arab News,* January 20, 2010.

173. Masroor Aftal Pasha, "MQM quits coalition,Sindh governor resigns", *Daily Times*, June 28, 2011.

174. Matthew J.Nelson, "Pakistan in 2008: Moving beyond Musharraf", *Asian Survey*, Vol. 49, No. 1（Jan./Feb., 2009）, pp.16–27.

175. ——, "Pakistan in 2009: Tacking the Taliban?", *Asian Survey*, Vol. 50, No. 1（Jan./Feb., 2010）, pp.112–126.

176. Maurice Duverger, *Political Parties: Their Organization and Activity in the Modern State*, London: Methuen &Co. Ltd, 1954, p.63.

177. M.D.Dharamdasani（ed.）, *Pakistan Under Democratic Regime*, Varanasi: Shalimar Publishing House, 1994.

178. Meenakshi Gopinath, *Pakistan in Transition:Political Development and Rise to Power of Pakistan People's Party*, New Delhi:Manohar Book Service, 1975.

179. M. G. Weinbaum, "The Elections in Pakistan: Where Everyone Lost", *Asian Survey*, Vol. 17, No.7（Jul., 1977）, pp.599–618.

180. Mian Sayed Rasul Raza, *Zulfikar Ali Bhutto: The Architect of New Pakistan*, Peshawar : Sarhad Publications, 1977.

181. Michel Chossudovsky, "The Destabilization of Pakistan", *Global Research*, December 30, 2007.

182. Mickey Kupecz, "Pakistan's Baloch Insurgency: History,Conflict Drivers and Regional Implications", *International Affairs Review*, Vol. 20, No. 3（Spring 2012）, pp.95–110.

183. Mir Sher Baz Khetran, "Crisis in Balochistan: Challenges and Opportunities", *Strategic Studies*, Vol. 31, No.1（March 2011）, pp.24–39.

184. Moeed Yusuf, "Use of Force will Worsen the Situation in Balochistan", *The Friday Times*, January 21–26, 2005.

185. Mohammed Asghar Khan, *Generals in Politics*, New Delhi: Vikas, 1983.

186. Mohammad Imran, "MMA may sit out ARD Campaign against Musharraf", *Daily Times*, Lahore,March 28, 2005.

187. Mohammad Irfan, "Poverty Alleviation and Social Protection in Pakistan", Pakistan Institute of Development Economics, Islamabad, 2007, p.13.

188. Mohammed Shehzad, "Textbook Controversy in Gilgit", *The Friday Times*, July 4–10, 2013.

189. Mohammad Waseem, *Democratization in Pakistan: A Study of the 2002 Elections*, Oxford: Oxford University Press, 2006.

190. ——, "Pakistan's Lingering Crisis of Dyarchy", *Asian Survey*, Vol. 32, No. 7 (Jul. 1992), pp.617–634.

191. ——, *The 1993 Elections in Pakistan*, Lahore: Vanguard Books, 1994.

192. ——, *Democratization in Pakistan: A Study of the 2002 Elections*, Oxford: Oxford University Press, 2006.

193. ——, *Politics and the State in Pakistan*, Lahore: Progressive Publishers, 1989,p.338.

194. Moonis Ahmar, "Ethnicity and State Power in Pakistan: The Karachi Crisis", *Asian Survey*, Vol. 36, No. 10(Oct., 1996), pp.1031–1048.

195. M. R. Kazimi, *A Concise History of Pakistan*, Oxford: Oxford University Press, 2009.

196. Muhammad Akram, "PPP,PML–Q decide to halt 'alliance'process", *Daily Times*, April 22, 2011.

197. Muhammad Arshad, "Does Money Matter for Women's Empowerment? A Study of the Benazir Income Support Program (BISP)", International Institute of Social Studies, The Hague, Netherlands, November, 2011.

198. Muhammad Ijaz Laif and Muhammad Amir Hamza, "Ethnic Nationalism in Pakistan: A Case Study of Baloch Nationalism during Musharraf Regime", *Journal of Pakistan Vision*, Vol. 10, No. 1 (2009), pp.49–81.

199. Muhammad Rizwan, Muhammad Waqar and Muhammad Arshad, "A Wave of Contemporary Insurgency in Balochistan", *IOSR Journal of Humanities and Social Science*, Vol. 19, No. 2,(Feb., 2014), pp.97–105.

200. Muhammad Yeahia Akhter, "Electoral Politics and Corruption Under Civilian Rule in Post–1971 Pakistan", *South Asian Survey*, Vol. 11, No. 1 (2004), pp.75–94.

201. Muneer Ahmad, *Political Sociology:Perspective on Pakistan*, Lahore: Punjab Adbi Markaz, 1978.

202. Munir Ahmad, *Aspects of Pakistan's Politics and Administration*, Lahore: University of the Punjab South Asia Institute, 1974.

203. Nabeela Asghar, Zakir Hussain and Hufeez Ur Rehman, "The impact of Government Spending on Poverty Reduction: Evidence from Pakistan 1972–2008", *African Journal of Business Management*, Vol. 6, No.3 (January 2012), pp.845–853.

204. Nadia Mushtaq Abbasi, "Impact of terrorism on Pakistan", *Strategic Studies*, Vol. 32, No.2 (June 2013), pp.33–68.

205. Naila Kabeer, "Social Protection in South Asia: A Review", Institution of Development Studies, SUSSES, August 2009, p.26.

206. Naila Kabeer, Khawar Mumtaz and Asad Sayeed, "Beyond Risk Management :Vulnerability, Social Protection and Citizenship in Pakistan", *Journal of International Development*, Vol.22, No.1 (Jan.2010), pp.1–19.

207. Nasim Shah Shirazi, "Targeting Coverage and Contribution of Zakat to Households' Income: The Case of Pakistan", *Journal of Economic Cooperation Among Islamic Countries*, Vol. 17, No.3 (1996), pp.165–186.

208. Nasim Zehra, "All Eyes on Supreme Court, " *The Nation*, 23 May 1993.

209. National Democratic Institute for International Affairs, *The October 1990 elections in Pakistan : report of the International Delegation*, Washington, D.C. : The Institute, 1991, pp.23–24.

210. Naushin Mahmood and Zafar Mueen Nasir, "Pension and Social Schemes in Pakistan: Some Policy Options", Pakistan Institute of Development Economics, Islamabad, 2008.

211. Nazia Gul, "Fiscal Development" in "Pakistan Economic Survey 2013–14", Ministry of Finance, Government of Pakistan, 2014.

212. Neil Higgins (ed.), *South Asia 2012*, 9th Edition, London and New York: Routlege, 2013, p.520.

213. Noor ul Haq (ed.), *Aghaz-e-Huqooq-e-Balochistan*, Islamabad Policy Research Institute, Fact File XII, No.1, 2010.

214. Norman D. Palmer, "The Two Elections: A Comparative Analysis", *Asian Survey*, Vol. 17, No. 7 (Jul., 1977), pp.648–666.

215. Omer Farooq, "Agriculture", in "Pakistan Economic Survey 2013–14", Ministry of Finance, Government of Pakistan, 2014.

216. Omar Farooq Khan, "Pakistan Supreme Court rejects Gilani's appeal", *The Times of India,* February 10, 2012.

217. Omar Farooq Zain, "A Social–Political Study of Gilgit Baltistan Province", *Pakistan Journal of Social Sciences,* Vol. 30, No.1（September 2010）, pp.181–190.

218. Omar Noman, *The Political Economy of Pakistan 1945-85*, London: KPL limited, 1988.

219. Otto Kirchheimer, "The transformation of the Western European Party Systems", in Joseph Lapalombara and Myron Weiner（eds.）, *Political Parties and Political Development*, Princeton:Princeton University press, 1966.

220. Pakistan and IMF, "Pakistan: Letter of Intent, Memorandum of Economic and Financial Policies, and Technical Memorandum of Understanding", International Monetary Fund, November 20, 2008.

221. Pallavi Singh, "Gilgit–Baltistan: A Question of Autonomy", *The Indian Express*, April 29, 2010.

222. Pamela Constable, "Pakistan Party Quits Cabinet over Justices", *The Washington Post*, May 13, 2008.

223. Parvez Jabri, "Govt Committed to Socio–economic Development of GD: Gilani", *The Business Recorder*, October 07, 2011.

224. Paula R. Newberg, "Pakistan's Troubled Landscape", *World Policy Journal*, Vol. 4, No. 2（Spring, 1987）, pp.313–331.

225. ——, "Pakistan at the Edge of Democracy", *World Policy Journal*, Vol. 6, No. 3（Summer, 1989）, pp.563–587.

226. ——, "Pakistan at the Edge of Democracy", *World Policy Journal*, Vol. 6, No. 3（Summer, 1989）, pp.563–587.

227. Paul Newberg, "Dateline Pakistan: Bhutto's Back", *Foreign Policy*, No. 95, Summer, 1994, pp.161–174.

228. Philip E. Jones, *The Pakistan People's Party: Rise to Power*, Oxford: Oxford University Press, 2003.

229. Piloo Mody, *Zulfi;My friend*, New Delhi: Thomson Press（India）Limited, 1973.

230. P.L. Bhola, *Benazir Bhutto: Opportunities and Challenges*, New Delhi: Yuvraj Publishers & Distributors, 1989.

231. Priyanka Singh, "Gilgit Baltistan: Between Hope and Despair", Institute for Defense Studies & Analyses, IDSA Monograph Series No.14, March 2013, New Delhi.

232. Qamar Zaman, "As govt shies away, PML–N backs Baloch chieftain", *The Express Tribune*, September 29, 2012.

233. Rabia Aslam, "Greed, creed and governance in civil conflicts: a case study of Balochistan", *Contemporary South Asia*, Vol. 19, No. 2 (June 2011), Pp.189–203.

234. Rafi Raza, *Zulfikar Ali Bhutto and Pakistan, 1967-1977*, Oxford: Oxford University Press, 1997.

235. Rahmanullah, "Political Reforms and Its Impact on FATA", *Tigah:A Journal of Peace and Development*, Vol. 3, No. 3 (July 2013), pp.49–73.

236. Rais A. Khan, "Pakistan in 1991: Light and Shadows", *Asian Survey*, Vol. 32, No. 2 (Feb., 1992), pp.197–206.

237. ——, "Pakistan in 1992: Waiting for Change", *Asian Survey*, Vol. 33, No. 2 (Feb., 1993), pp.129–140.

238. Rais, Rasulb, "Elections in Pakistan: Is Democracy Winning?", *Asian Affairs*, Vol. 12, Nol. 3,(1985:Fall), pp.43–61.

239. Raj Kumar, *Pakistan Peoples Party: Zulfikar Ali Bhutto Benazir Bhutto*, New Delhi: Sumit Enterprises, 2008.

240. Rajshree Jetly, "Baluch Ethnicity and Nationalism (1971–1981) : An Assessment", *Asian Ethnicity*, Vol. 5, No. 1 (February 2004), pp.7–26.

241. Ram Marshru, "Pakistan: As Corrupt as Ever?", *The Diplomat*, January 08, 2014.

242. Rashid Amjad, Musleh ud Din and Abdul Qayyum, "Pakistan: Breaking out of Stagflation into Sustained Growth", *The Lahore Journal of Economics*, Vol 16, Special Edition(September 2011), pp.13–30.

243. Rasul B. Rais, "Elections in Pakistan: Is Democracy Winning?", *Asian Affairs*, Vol. 12, Nol. 3,(1985:Fall), pp.43–61.

244. ——, "Pakistan in 1988: From Command to Conciliation Politics", *Asian Survey*, Vol. 29, No. 2,(Feb. 1989), pp.199–206.

245. ——, *State,Society,and Democratic Change in Pakistan*, Oxford: Oxford University Press, 1997.

246. ——, "Pakistan: Hope Amidst Turmoil", *Journal of Democracy*, Vol. 5, No.2 (April 1994), pp.132–143.

247. Razia Musarrat , Ghulam Ali and Muhammad Salman Azhar, "Federalism

in Pakistan, Current Development", *International Journal of Academic Research in Business and Social Science*, Vol. 2, No. 4 (April 2012), pp.450–459.

248. ——, "Federalism in Pakistan, Current Developments", *International Journal of Academic Research in Business and Social Sciences*, Vol. 2, No. 4 (April 2012), pp.450–459.

249. Riazul Hassan, "Restructuring of public sector enterprises", *The Express Tribune*, May 14, 2012.

250. Richard S.Wheeler, "Pakistan in 1975: The Hydra of Opposition", *Asian Survey*, Vol. 16, No. 2,(Feb., 1976), pp.111–118.

251. Robert LaPorte, "Pakistan in 1972: Pick Up Pieces", *Asian Survey,* Vol. 13, No.2(Feb., 1973), pp.187–198.

252. ——, "Pakistan in 1995: The Continuing Crisis", *Asian Survey,* Vol. 36, No. 2 (Feb., 1996), pp.179–189.

253. ——, "Pakistan in 1996: Starting Over Again", *Asian Survey*, Vol. 37, No. 2 (Feb., 1997), pp.118–125.

254. Robert Looney, "Economic Impacts of the Floods in Pakistan", *Contemporary South Asia*, Vol. 20, No.2 (May 2012), pp.225–241

255. Rogelio Gomez Hermosillo and Asad Sayeed, "Graduation Strategies for Safety Net Beneficiaries: Policy Note", Government of Pakistan, January 1, 2010.

256. Ronald J. Herring, "Zulfikar Ali Bhutto and Eradication of Feudalism' in Pakistan", *Economic and Political Weekly*, Vol. 15, No. 12 (Mar., 1980), pp.599–614.

257. Rone Tempest, "Pakistan: Democracy or Bhuttoism? Exile's Return May Revive Cult", *Los Angeles Times*, Apr., 27, 1986.

258. Rounaq Jahan, *Pakistan: Failure in National Integration*, New York: Columbia University Press, 1972.

259. Saba Imtiaz, "Ataullah Mengal interview: 'Aghaz-e-Haqooq package a joke'", *The Express Tribune*, December 20, 2011.

260. Safdar Mohmood, *Pakistan Political Roots and Development 1947-1999*, Oxford: Oxford University, 2000.

261. Saeed Shafqat, *Military Hegemony Versus Party Dominance: The Politics of Reform, Resistance and Conflict,* PhD Dissertation for Political Science, University of

Pennsylvania, 1986.

262. ——, *Civil-Military Relations in Pakistan:From Zuflikar Ali Bhutto to Benazir Bhutto*, Boulder: Westview Press, 1997.

263. ——, "Pakistan Under Benazir Bhutto", *Asian Survey*, Vol. 36, No., 7（Jul., 1996）, pp.655–672.

264. Saeed Suhrawardy, "The Leadership Syndrome", *The MILLI GAZETTE,* Apr. 1–15, 2004.

265. S.A. Hameed, "Poverty Alleviation measures of Punjab Government", *The Nation*, June 04, 2009.

266. Sajjad Malik, "24–Member Federal Cabinet Takes Oath", *Daily Times*, April 01, 2008.

267. Sajjad Shaukat, "Scheme to disintegrate Balochistan", *The Frontier Post*, January 11, 2014.

268. S. Akbar Zaidi, "Pakistan's Economy in Deep Crisis", *Economic and Political Weekly*, Vol. 29, No. 28（Jul. 9, 1994）, pp.1719–1720.

269. ——, "Pakistan's Economy in Deep Crisis", *Economic and Political Weekly*, Vol. 29, No. 28（July 1994）, pp.1719–1720.

270. ——, "Social and Structural Transformation in Pakistan", *Economic & Political Weekly*, Vol. 43, No. 20（May, 2008）, pp.10–11.

271. Salmaan Taseer, *Bhutto: a political biography*, Delhi: Vikas Publishing House PVT LTD, 1980.

272. Samina Yasmeen, "Democracy in Pakistan: The Third Dismissal", *Asian Survey*, Vol. 34, No. 6（Jun., 1994）, pp.572–588.

273. Samuel Baid , "Pakistan: Crisis is Inherent", *Strategic Analysis*, Vol. 35, No. 2（2011）, pp.342–371.

274. Saroj Saini and Dr Shaheen Showkar Dar, "Geopolitical Significance of Gilgit Baltistan of J & K State", *International Journal of Humanities and Social Science Invention*, Vol. 2, No. 5（May 2013）, pp.48–56.

275. Sayed Rasul Raza, *Zulfikar Ali Bhutto: The Architect of New Pakistan*, Peshawar : Sarhad Publications, 1977.

276. Sean Stewart Price, *Benazir Bhutto*, London: Raintree, 2010.

277. S.Ejaz Wasti, "Economy Survey 2010–11", Minister of Finance, Government

of Pakistan, Islamabad.

278. Selig S. Harrison, *In Afghanistan's Shadow: Baloch Nationalism and Soviet Temptations*, Washington: Carnegie Endowment for International Peace, 1981.

279. ——, "Baluch Nationalism and Superpower Rivalry", *International Security*, Vol. 5, No. 3（Winter, 1980–1981）, pp.152–163.

280. ——, "Nightmare in Baluchistan", *Foreign Policy*, No. 32（Autumn, 1978）, pp.136--160.

281. ——, "China's Discreet Hold on Pakistan's Northern Areas", *New York Times*, August 26, 2010.

282. Senge H. Sering, "Talibanization of Gilgit–Baltistan and Sectarian Killing", Institute for Defence and Analyses, October 19, 2009.

283. ——, "Constitutional Impasse in Gilgit–Baltistan: The Fallout", *Strategic Analysis*, Vol. 34, No. 3（May 2010）, pp.354–358.

284. Seyyed Vali Reza Nasr, "Democracy and the Crisis of Governability in Pakistan", *Asian Survey*, Vol. 32, No. 6（Jun., 1992）, pp.521–537.

285. ——, "Students, Islam and Politics: Islami Jama'at–i Tulaba in Pakistan, " *The Middle East Journal*, Vol. 46, No. 1（Winter 1992）, pp.74–75.

286. Shahbaz Rana, "Government Amends Employees Stock Option Scheme", *The Express Tribune*, November 09, 2012.

287. Shahid Hamid, "The Aghaz–e–Huqooq–e–Balochistan Package: An Analysis", Pakistan Institute of Legislative Development and Transparency, December 10, 2009.

288. Shahid Javed Burki, *Pakistan Under Bhutto, 1971-1977*, New York: St. Martin's Press, 1980.

289. ——, *Pakistan Under Bhutto, 1971-1977*, London: The Macmillan Press, 1988, Second edition.

290. ——, "Pakistan under Zia, 1977–1988", *Asian Survey*, Vol. 28, No. 10（Oct., 1988）, pp.1082–1100.

291. Shai Oster, Jason Leow and Matthew Rosenberg, "Seeking Funds, Pakistan Turns to 'Strong' Ally China", *The Wall Street Journal*, October 15, 2008.

292. Sharif al Mujahid, "Pakistan : First General Election", *Asian Survey*, Vol. 11, No. 2（Feb., 1971）, pp.159–171.

293. Shakeel Anjum, *Who Assassinated Benazir Bhutto*, Islamabad: Dost Publications, 2010.

294. Shanza N. Khan and Sara Qutub, "The Benazir Income Support Programme and The Zaka Programme: A Political Economy Analysis of Gender", Overseas Development Institute,London, November 2010.

295. Shaukat Masood Zafar, "Governance Crisis and Economic Dilemma of Pakistan", *The Pakistan Spectator*, April 30, 2011.

296. Shyam Bhatia, "My sister has made too many concessions–Murtaza", *Times of India*,（New Delhi）, February, 9, 1989.

297. S.M. Burke and Lawrence Ziring, *Pakistan's Foreign Policy: an Historical Analysis*, Oxford: Oxford University Press, 1990.

298. Stanley Wolpert, *Zulfi Bhutto of Pakistan: His Life and Times*, Oxford: Oxford University Press, 1993.

299. Stephen Philip Cohen and Marvin G. Weinbaum, "Pakistan in 1981: Staying on", *Asian Survey*, Vol. 22, No. 2（Feb., 1982）, pp.136–146.

300. Subrata K. Mitra, Mike Enskat, and Clemens Spiess（ed.）, Kay Lawson（foreword）, *Political Parties in South Asia*, Westport: Praeger Publisher, 2004.

301. Sumera Khan, "Political Violence Claims 2670 Lives:Report", *The Express Tribune*, May 7, 2013.

302. Surendra Nath Kaushik, *Politics in Pakistan: With Special Reference to Rise and Fall of Bhutto*, Jaipur（India）: Aalekh Publishers,1985.

303. ——, *Pakistan Under Bhutto's Leadership*, New Delhi: Uppal Publishing House, 1985.

304. Syed Fakharuddin Shah and M. Zubair Khan, "Zulfiqar Ali Bhutto Regime and Growth of Baloch Nationalism in 1970s", *Global Journal of Human Social Science*, Vol. 12, No. 7（April 2012）, pp.61–68.

305. Syed Faz–e–Haider, "New Premier Ashraf Returns to Battle with Pakistan power crisis", *The Asian Time*, June 26, 2012.

306. ——, "Pakistan Acts to Guard Chinese Interests", *Asian Times*, September 04, 2009.

307. Syed Iqbal Haider Zaidi, "Employees' Old Age Benefit Institution", *The Business Recorder*, April 27, 2013.

308. Syed Irfan Raza, "Balochistan Police may Assume Levies Functions", *The Dawn*, September 23, 2012.

309. Tahir Amin, "Pakistan in 1993: Some Dramatic Changes", *Asian Survey*, Vol. 34, No. 2 (Feb., 1994), pp.191–199.

310. ——, "Pakistan in 1994: The Politics of Confrontation", *Asian Survey*, Vol. 35, No. 2 (Feb., 1995), pp.140–146.

311. ——, "Ethno–National Movements of Pakistan", Islamabad: Institute of Policy Studies Islamabad, 1993, p.64.

312. Tahir Mehdi (eds), *National Assembly Elections in Pakistan- 1970-2008: A Compendium of elections related facts and statistics*, Lahore: Church World Service Pakistan/Afghanistan and Free and Fair Elections Network, 2010.

313. Taj Mohammad Breseeg, *Baloch Nationalism: Its Origin and Development*, Karachi:Royal Book Company, 2004.

314. Tarique Niazi, "Democracy, Development and Terrorism: The Case of Baluchistan (Pakistan)", *International Journal of Contemporary Sociology*, Vol. 42, No.2 (2005), pp.267–293.

315. The International Center for Ethnic Studies, *Pakistan Election 2002: South Asian Non-Governmental Election Observer Mission Report*, Colombo:Gunaratne Offset Limited, 2003.

316. Transparency International–Pakistan, *National Corruption Perception Survey 2006*, Karachi, Pakistan, 10 August, 2006.

317. Umbreen Javaid, "Concerns of Balochistan: Effects and implications on Federation of Pakistan", *Journal of Political Studies*, Vol. 1, No.2 (Winter 2010), pp.113–125.

318. Usman Mustafa, "Fiscal Federalism in Pakistan: The 7th National Financial Commission Award and Its Implications", *PIDE Working Papers 2011: 73*, Pakistan Institute of Development Economics, Islamabad,2011.

319. Vaqar Ahmad, Muhammad Zeshan and Muhammad Abdul Wahab, "Poverty and Social Impact Analysis of Workers' Welfare Fund", *Public Policy and Administration Research*, Vol. 3, No. 7 (2013), pp.62–76.

320. Veena Kukreja, *Contemporary Pakistan: Political Processes, Conflicts and Crisis*, New Delhi: Sage Publications, 2003.

321. Verinder Grover and Ranjana Arora (ed.), *Political System in Pakistan 3: Political Parties, Elections and Regionalism in Pakistan*, New Delhi: Deep&Deep Publications, 1995.

322. Victoria Schofield, *Bhutto: Trial and Execution*, London: CASSELL LTD., 1979.

323. Victor Mallet and Farhan Bokhari, "Pakistan: A Fragile Transition", *Financial Times*, December 19, 2012.

324. Vinod Sharma, "Sharif, Zardari agree to form coalition government", *Hindustan Times*, February 22, 2008.

325. V. T. Joshi, *Pakistan: Zia to Benezir*, New Delhi: Konark Publishers Pvt Ltd, 1995.

326. Walsh, Declan, "After Suicide, New Focus on Acid Attacks in Pakistan", *New York Times*, April 10, 2012.

327. Weisman, Steven R., "PAKISTAN AND 'BHUTTOISM; Term Often Invoked by Opposition Leader Stirs Emotion, Memories, Fear and Debate." *New York Times*, 23 Aug. 1986.

328. William L. Richter, "Pakistan in 1984: Digging In ", *Asian Survey*, Vol. 25, No. 2 (Feb., 1985), pp.145–154.

329. ——, "Pakistan in 1985: Testing Time for the New Order", *Asian Survey*, Vol. 26, No. 2 (Feb., 1986), pp.207–218.

330. W. Eric Gustafson, "Economic Problems of Pakistan Under Bhutto", *Asian Survey*, Vol. 16, No.4 Apr., 1979) , pp.364–380.

331. W. Eric Gustafson and William L. Richter, "Pakistan in 1980: Weathering the Storm", *Asian Survey*, Vol. 21, No. 2 (Feb., 1981), pp.162–171.

332. World Bank, "Pakistan Towards an Integrated National Safety Net System, Assisting Poor and Vulnerable Households: An Analysis of Pakistan's Main Cash Transfer Program", Human Development Sector, South Asian Region, *Report No.66421-PK*, January 24, 2013.

333. World Bank, "Social Protection in Pakistan: Managing Household Risks and Vulnerability", *Report No.35472-PK*, October 18, 2007.

334. Yasir Hussain, *The Assassination of Benazir Bhutto*, New Delhi:Epitome Books, 2008.

335. Yunas Samad, "Understanding the Insurgency in Balochistan", *Commonwealth & Comparative Politics*, Vol. 52,No.2（2014）, pp.1–28.

336. Zafar Afaq Ansari and Abdul Rashid Moten, "From Crisis to Crisis: Musharraf's Personal Rule and The 2002 Elections in Pakistan", *The Muslim World*, Vol. 93, No. 3/4（2003）, pp.373–390.

337. Zahid Gishkori, "Aghaz-e-Haqooq Package: Reassurances aside, much left to be done in Balochistan", *The Express Tribune*, October 11, 2011.

338. ——, "Opposition Forces Government to Defer Women Domestic Violence Bill", *The Express Tribune*, April 6, 2012.

339. Zahid Hussain, "Pakistan:No Tears for Benazir: The Dismissal of Her Government By the President", *India Today*, Nov., 30, 1996.

340. ——, "Benazir Bhutto Convicted", *The Windsor Star*, Apr., 16, 1999.

341. Zaila Husnain, "Social Safety Nets", *Pakistan Economic Survey 2012-13*, Minstry of Finance, Government of Pakistan, Islamabad, 2012.

342. Zia Khan, "National Assembly Passes Landmark Women's Rights Bill", *The Express Tribune*, November 15, 2011.

343. Zubair Chodhury, "Subsidizing the Poor still remains a dream", *The Express Tribune*, June 24,2013.

344. ——,"The Economic Cost of Corruption", *The Express Tribune*, December 29, 2013.

345. Zulfikar Ali Bhutto, *The Quest for Peace*, Karachi: The Pakistan Institute of International Affairs, 1966.

346. Zulfikar Ali Bhutto, *The Great Tragedy*, Karachi: Pakistan People's Party, 1971.

347. Zulfikar Ali Bhutto, *Marching Towards Democracy: Statement and Speeche*s, Rawalpindi:Pakistan Publications, 1972.

348. Zulfikar Ali Bhutto,*Political Situation in Pakistan*,Lahore:Pakistan People's Party（ Sole distributors: Al-Bayan）, 1969, pp.14–15.

349. Zulfikar Ali Bhutto, *Awakening the People: A Collection of Statement, Article, Speeches 1966-1969*, Rawalpindi: Pakistan Publications, 1969.

二、中文文献

1.［巴基斯坦］阿卜杜拉·江·贾玛尔迪尼:《俾路支斯坦萨达尔制度的历史背景》,陆水林译,《南亚研究季刊》2005 年第 1 期。

2. 陈继东、晏世经等:《巴基斯坦报告（2010）》,巴蜀书社 2012 年版。

3. 陈继东、晏世经等:《巴基斯坦报告（2011）》,云南大学出版社 2012 年版。

4. 陈继东:《巴基斯坦议会选举与政党实力消长》,《南亚研究季刊》2008 年第 2 期。

5. 陈小萍:《中巴贸易能源通道构想与前景》,《南亚研究季刊》2009 年第 1 期。

6. 曹久金:《伊斯兰教的天课制度》,《阿拉伯世界》1990 年第 4 期。

7. 董漫远:《巴基斯坦政坛风云突变》,《世界知识》1988 年第 13 期。

8. 杜冰:《巴基斯坦教派冲突探析》,《国际研究参考》2013 年第 7 期。

9. 胡仕胜:《克什米尔争端之原委（续）》,《国际资料信息》2001 年第 12 期。

10. 郭晨风:《评布托政绩与布托主义》,《国际政治研究》1991 年第 2 期。

11. 姬陵:《贝·布托面临严峻考验》,《世界经济与政治》1995 年第 4 期。

12. 汪涛、刘丽:《巴基斯坦国民议会选举透视》,《国际资料信息》2008 年第 3 期。

13. 李德昌:《巴基斯坦的政治发展（一九四七——一九八七）》,四川人民出版社 1989 年版。

14. 李德昌:《贝·布托获胜的原因及面临的困难》,《世界经济与政治》1989 年第 8 期。

15. 李德昌:《巴基斯坦经济形势及人民党政府的经济政策》,《南亚研究季刊》1989 年第 3 期。

16. 李谋戢:《巴基斯坦政局》,《南亚研究季刊》1985 年第 2 期。

17. 李青燕:《巴基斯坦宪政改革及其影响》,《国际问题研究》2010 年第 5 期。

18. 刘津坤:《对贝·布托重返政坛的初析》,《国际问题研究》1994 年第 1 期。

19. 荣鹰:《巴基斯坦新政府政策走向》,《国际政治研究》2008 年第 3 期。

20. 余行:《巴基斯坦:较量远未完结》,《世界知识》1990 年第 22 期。

21. 王鸿余:《重掌政权的贝·布托及内外政策趋向》,《国际展望》1993 年第 21 期。

22. 王虹:《巴基斯坦总统解散贝·布托政府》,《国际资料信息》1996 年第 11 期。

23. 汪涛、刘丽:《巴基斯坦国民议会选举透视》,《国际资料信息》2008 年第 3 期。

24. 叶海林:《巴基斯坦:阴霾犹在》,《中国新闻周刊》2008 年 2 月 25 日。

25. 杨勇:《巴基斯坦部落区改革与中国的作用》,《南亚研究季刊》2013 年第 3 期。

26. 郑瑞祥:《巴基斯坦政局的变化和面临的挑战》,《国际问题研究》2008 年第 6 期。

后　记

　　巴基斯坦人民党前领导人贝·布托2007年12月遭到伊斯兰极端分子的袭击而遇害,震惊全世界,同时也引起我对巴基斯坦人民党的兴趣。我萌生了研究巴基斯坦人民党的想法,但是,由于手头有关巴基斯坦人民党的资料不多,同时又忙于其他课题,所以研究时断时续。2011年9月,我前往美国哥伦比亚大学政治系做访问学者一年,偶尔在哥大图书馆介绍小册子中发现南亚图书馆。我拿着哥大图书馆介绍,找遍了哥大各图书馆也没有发现南亚图书馆。最后,图书馆的工作人员告诉我:南亚图书馆正在筹建中。失望之余,哥大图书馆的工作人员向我介绍了他们收藏的南亚文献。我惊喜地发现:虽然没有南亚图书馆,但是他们收藏的巴基斯坦人民党的有关文献,足够我完成多年的心愿。我来哥大政治系访问的原来计划是研究西方政党理论的最新发展,我决定改变计划,将研究重点放在巴基斯坦人民党的研究上。

　　本书的第一至第四章在我来哥大之前写有初稿,在哥大时我做了全面修改,补充了新的材料。第五章至第十章是在哥大做访问学者时所写。第十一章是我在2012年下半年回国后所写。本书研究巴基斯坦人民党的时间截止到2013年3月人民党完成五年任期。

　　2013年5月,巴基斯坦人民党在国民议会选举中失利,成为反对党。穆斯林联盟(谢里夫派)赢得大选。纳瓦兹·谢里夫出任巴基斯坦总理。人民党只在信德省议会的选举中获胜,成为只在信德省执政的地方党。2014年10月19日,人民党新领导人比拉瓦尔正式登上政治舞台。人民党是否能进入比拉瓦尔时代还未能可知,因为比拉瓦尔的父亲扎尔达里仍然控制着人民党的日常运行。对于人民党自2013年3月以后的历史,待时机成熟,再作研究。

　　细心的读者会发现,本书是按照人民党的发展历史来撰写的。本书将人民党的历史分为三个时期:佐菲卡尔·阿里·布托时代、贝娜齐亚·布托时代、阿西夫·阿里·扎尔达里时代。至于布托妻子努斯拉特夫人领导的 1979 年—1985 年,由于大部分人民党的实际日常工作由贝·布托负责,所以本书并不单列努斯拉特夫人时期。

本书对每一时期的人民党活动分为选举动员、选举成绩分析、执政政策或反对党活动、上台执政或下野的原因分析来进行论述。尽管本书的角度是论述巴基斯坦人民党的政治活动,实际上人民党的活动是在巴基斯坦整体的政治环境中产生的,所以,本书论述的巴基斯坦人民党历史实际上就是巴基斯坦自 1967 年至 2013 年的政治经济发展史。

南亚地区的家族政治盛行。巴基斯坦人民党也是典型的家族式政党。人民党由阿里·布托所创。第二任领导人是布托的大女儿贝·布托。第三任领导人阿西夫·扎尔达里是贝·布托的丈夫、布托之女婿。第四任领导人比拉瓦尔是贝·布托和扎尔达里的儿子、布托之外孙。作为家族政党的人民党能够在巴基斯坦得到发展,并成为执政党有着深厚的历史土壤,同时,也因为人民党还是一个现代性的政党。人民党的意识形态与西欧社会党一致,从民主社会主义转变到社会民主主义;人民党的意识形态与广大发展中国家的社会党一致,从民众主义、民族主义转变为民主社会主义和社会民主主义。人民党的意识形态与时代同步。人民党的政策关注巴基斯坦的民生与民主,尤为关注巴工人阶级、农民和领薪阶层以及广大弱势群体的利益,也主张创造公私伙伴关系、促进私人部门的发展。人民党的政策是与时代同步,有现代性。人民党的四位领导人都曾经留学西方名校,通晓和坚持民主、自由、平等与正义的价值观。人民党领导人的价值观是现代的,因此,巴基斯坦人民党虽为家族式政党,但是仍是现代性政党,为恢复和维持巴基斯坦民主、改善民生作出了重要贡献。

巴基斯坦是我们的近邻,也是我国的友好兄弟国家。研究巴基斯坦的重要中左翼政党:巴基斯坦人民党,对于我们了解巴基斯坦有着重要的意义。希望有更多的学者参与对巴基斯坦人民党的研究。

本书的出版感谢哥伦比亚大学图书馆,为研究巴基斯坦提供的各种文献;感谢人民出版社詹素娟女士为本书的出版做了许多工作,本书的出版也凝结了她的辛勤劳动与汗水。感谢人民大学国际关系学院杨光斌教授在百忙中为本书作序。他的序言为本书增色不少。感谢我的家人对我写作研究的支持。

因为资料与写作时间的限制,人民党的许多方面还没有研究。本书存在的不当之处,恳请专家们的批评指正。

向文华

2015 年 1 月 12 日

责任编辑:詹素娟

封面设计:彭世兴

图书在版编目(CIP)数据

巴基斯坦人民党研究/向文华 著. -北京:人民出版社,2015.6

ISBN 978－7－01－014973－8

Ⅰ.①巴…　Ⅱ.①向…　Ⅲ.①巴基斯坦人民党-研究　Ⅳ.①D735.364

中国版本图书馆 CIP 数据核字(2015)第 140536 号

巴基斯坦人民党研究

BAJISITAN RENMINDANG YANJIU

向文华　著

人民出版社 出版发行

(100706　北京市东城区隆福寺街 99 号)

北京中科印刷有限公司印刷　新华书店经销

2015 年 6 月第 1 版　2015 年 6 月北京第 1 次印刷

开本:710 毫米×1000 毫米 1/16　印张:31

字数:450 千字

ISBN 978－7－01－014973－8　定价:78.00 元

邮购地址 100706　北京市东城区隆福寺街 99 号

人民东方图书销售中心　电话 (010)65250042　65289539